楚系青铜器研究

刘彬徽 著

楚学文库

张正明 主编
刘玉堂 执行主编

长江出版传媒
湖北教育出版社

图书在版编目（CIP）数据

楚系青铜器研究 / 刘彬徽著. -- 武汉 : 湖北教育出版社, 2024.5
（楚学文库）
ISBN 978-7-5564-4395-6

Ⅰ. ①楚… Ⅱ. ①刘… Ⅲ. ①青铜器(考古)－研究－中国－楚国(?-前223) Ⅳ. ①K876.414

中国国家版本馆CIP数据核字(2023)第112175号

楚系青铜器研究 CHUXI QINGTONGQI YANJIU

出品人	方　平	责任编辑	刘　宁
封面设计	蔡立国	责任校对	李庆华
美术编辑	李　枫　何亦明	责任督印	刘牧原

出版发行	长江出版传媒	430070　武汉市雄楚大道 268 号
	湖北教育出版社	430070　武汉市雄楚大道 268 号
经　销	新　华　书　店	
网　址	http://www.hbedup.com	
印　刷	湖北新华印务有限公司	
地　址	武汉市硚口区长风路 31 号	
开　本	787mm×1092mm　1/16	
印　张	42	
字　数	576 千字	
版　次	2024 年 5 月第 1 版	
印　次	2024 年 5 月第 1 次印刷	
书　号	ISBN 978－7－5564－4395－6	
定　价	220.00 元	

总　序

光阴荏苒，岁月不居，弹指间《楚学文库》初版问世已近三十个春秋。蓦然回首，当年的盛况仍历历在目：《楚学文库》甫一亮相，即在北京召开了出版座谈会与楚学研讨会，著名学者季羡林、张岱年、何兹全、任继愈、邹衡、庞朴、黄展岳、俞伟超、黄景略、瞿林东、刘梦溪、王渝生、徐敏、白翠琴和主编张正明等先生欣然赴会，畅所欲言，对《楚学文库》给予了高度评价，称其“是本世纪楚文化研究成果的一次重要总结和集中展示”，为“区域文化研究树立了里程碑”，“对其他地域文化的研究必将产生强大的推动作用”，《光明日报》以《光彩神州，丰润中华》为题，整版刊发了与会学者的精彩发言。李学勤先生因故未能莅临盛会，特意致函主编张正明先生，盛赞《楚学文库》“不愧为楚文化研究的集大成之作”。社会反响异常强烈，文化史学界更是好评如潮，虽多次重印，某些专著仍一书难求。

然而，自《楚学文库》出版以来，有关楚文化的考古发现层出不穷，出土文献联翩而至，相关研究成果亦如雨后春笋，学术界对楚文化的认知已由量的积累上升到质的飞跃，加之初版《楚学文库》已难以购全，因此，增补、修订《楚学文库》成为学术界和广大读者的共同心愿。湖北教育出版社审时度势，毅然决然对《楚学文库》进行增修，堪称远见卓识之举！

相较于原版《楚学文库》，增修版至少有如下优长。

一是体量增大，即所收专著数量增加。初版《楚学文库》共有专著18部，除《楚人的纺织与服饰》尊重作者意愿未纳入外，其他17部全部纳入增修版，并在此基础上增加了3部专著，即张正明先生的《楚文化史》，刘彬徽、刘长武先生的《楚系金文汇编》和宋公文先生的《楚令尹制研究》，共计20部。其中，《楚系金文汇编》弥补了初版有简帛文字研究而无铜器铭文研究的缺憾，与原《楚系简帛文字编》可谓珠联璧合，便于人们在一套丛书中得窥楚文字之全豹；《楚令尹制研究》不仅填补了楚令尹制度研究的空白，还为楚官制研究向纵深推进提供了有益的借鉴，二书的重要意义不言而喻。尤其值得关注的是张正明先生《楚文化史》的收入，该书堪称海内外第一部全面、系统、深入研究楚文化的精品力作，不仅在楚学界具有开榛辟莽之功，而且在中国区域文化乃至中华传统文化研究领域享有盛誉，其影响力并未因时光流逝而消减。回想起1987年《楚文化史》横空出世，旋即在历史文化学界掀起一股先睹为快的热潮，书中锦句如“从楚文化形成之日起，华夏文化就分成了北南两支：北支为中原文化，雄浑如触砥柱而下的黄河；南支即楚文化，清奇如穿三峡而出的长江……”等，一时为楚文化研究者和爱好者广泛征引传诵，几近“有井水处皆歌柳词”之情状。正是由于《楚文化史》一书思接千载，视通万里，新意纷披，文采斐然，故虽屡屡再版，依然洛阳纸贵。此次其被纳入增修版，与初版中的《楚史》相映生辉，更利于人们对楚国历史文化的全面认识和整体把握。

二是内容增加，即每部专著都增添了新的内容。近30年间，随着湖北枣阳九连墩楚墓、河南新蔡葛陵楚墓、湖北宜昌万福垴遗址等的发掘，尤其是湖北荆门郭店楚简和上海博物馆、清华大学、安徽大学珍藏的战国竹简等出土文献陆续问世，极大地丰富了楚文化的内容。各位作者秉持精益求精的态度，对新资料悉心梳理、精细甄别，进而充实到原书相关部分，从而使原著更加丰满。

三是精度更高，即匡谬正误，推陈出新。随着新材料的出现、新方法的运用和新技术手段的推广，楚文化研究高潮迭起。增修版各位作者在充分吸收最新研究成果的基础上，提出了一系列新的见解，纠正了原著中存在的谬误，廓清了初版中某些模糊的认识，调整了不甚合理的结构，文字表述也更加准确、精炼和畅达。

人们常常以章太炎先生的“前修未密，后出转精”来形容作品的初版和修订版的差别，我们虽不敢如此自诩，但增修版的质量超越初版则是毋庸置疑的。时值《楚学文库》初版问世29周年和主编张正明先生仙逝18年之际，湖北教育出版社历经9年艰苦细致的工作，郑重推出《楚学文库》增修版，充分体现出该社对学术的尊崇、对事业的执着和对楚文化研究一如既往的关心与支持，其中也饱含着对张正明先生的敬重和缅怀。

作为忝列张正明先生门墙的弟子，我承蒙湖北教育出版社真诚而盛情的邀请，有幸主持了《楚学文库》的增修工作。受命之日，我即摒弃其他琐务，全身心恭奉其事，未敢有丝毫懈怠。因为从某种意义上说，我把这项工作当作是恩师张正明先生布置的一次特殊作业，只不过评判这次作业的不再是恩师，而是广大热心的读者。

因我学识浅陋和能力有限，各位作者增修的时间也较为仓促，增修版错讹之处在所难免，诚望读者诸君不吝指正。

刘玉堂

2024年4月28日

于武汉东湖之滨

编者献辞 *

楚学是一个正在开拓中的学术园地，从初辟草莱到蔚成气象，还不满半个世纪。

楚学的任务是对楚国的历史和文化做多层面的、全方位的研究，需要众多志士仁人为它献出智慧和辛劳。

楚学的对象自成一个博大精深的体系，从神话、传说到信史，从石器时代、铜器时代到铁器时代，从天文、历法到地理，从物质形态的、精神形态的到制度和风俗，从民族、语言到文字，到玉帛到干戈，从科学到巫术，从老、庄的“玄览”到屈、宋的“流观”，从事象到模式，等等，凡上古文化涉及的一切，无所不包。只靠一个学科或者几个学科的力量，断难窥其堂奥而得其神髓。

中国的古代文化是多元复合的，它的主体华夏文化是二元耦合的。所谓二元，就方位来说是北方与南方，就流域来说是黄河与长江，就代表性的始祖来说是黄帝与炎帝，就象征性的灵物来说是龙与凤，就学术的主流来说是儒家与道家，就风格的基调来说是雄浑、谨严与清奇、灵巧。早在先秦，就形成了这样的格局。春秋战国时代的华夏文化，北方以晋（韩、赵、魏）为表率，南方则由楚独领风骚。近数十年来，学术界论及中国古代文化，大抵重北轻南，重河轻江，重黄轻炎，重龙轻凤，重儒轻道，总之，不免失之偏颇。要全面地认识中国古代文化，不可不研究楚学。

世界的古代文化更是多元复合的，它的主体即旧大陆的古代文化也是二元耦合的。这个二元，简单地说来，就是西方与东方。从公元

* 本文系 1995 年版《楚学文库》编者献辞。

前6世纪中到公元前3世纪中，西方的希腊与东方的楚竞辉齐光，宛如太极的两仪。然而，近百余年来，学术界论及世界古代文化，往往重西轻东，也不免有偏颇之失。要全面地认识世界古代文化，也不可不研究楚学。

我们奉献给读者的这套《楚学文库》，结集了晚近的楚学专著，总计有书18部。出齐之后，则非仅一斑，而足使读者获睹楚国历史文化的全豹。

对于学术问题，见仁见智是正常的现象。我们的编纂宗旨是择善而取，不拘流派，不分门户，不求千口一腔。各部专著分开来看，都自成一家言。整套文库合起来看，则可谓："纷总总其离合兮，斑陆离其上下。"

《楚学文库》编委会

目　　录

序　论

我国的青铜时代，大约始自公元前两千年左右，结束于公元前五世纪，在时间上大体与我国夏商周三代相当。夏商周三代高度发达的青铜文明不仅在我国历史上而且在世界历史上都闪耀着极为灿烂的光芒。我国青铜器的光辉成就至今仍极富吸引力，无论是研究社会科学的或研究自然科学的，都离不开对青铜时代的研究。在推陈出新、发展民族文化方面，亦可以从中吸取不少可资借鉴的养料。因此，中华人民共和国成立以来，随着青铜器的大量发现，对中国青铜时代和青铜器的研究，达到了一个崭新的阶段，获得了不少可喜的成果。

中国青铜器自然包括了楚系青铜器在内。有没有必要专门来写一本楚系青铜器的书呢？这个问题值不值得重视？在转入正题之前，谈谈这个问题，或许能引起读者们对楚系青铜器的更大的关注与兴趣。这可以从它本身的重要性与研究它的紧迫感两个方面来谈。

第一，先谈重要性，也就是说研究楚系青铜器这一专题，在楚史、楚文化研究中和在我国古代文明史研究中处于什么样的地位？如果说它处于十分重要的地位，又表现在哪些方面？

楚国立国于周初，亡于秦始皇统一中国之时，它基本上处于我国青铜时代向铁器时代过渡的阶段。因此，如果根据青铜时代的特点来研究楚国历史，也可作如下表述：楚国历史就是我国青铜时代一个地区的青铜文化史，甚至可以说就是指南部中国的青铜时代发展史。这个地区的中心是江汉地区，在其后期扩大到广大南方地区。到铁器时代初期（战国时期），青铜礼乐器的使用仍未终结。[①]

① 郭宝钧《中国青铜器时代》（生活·读书·新知三联书店 1963 年）认为：“中国的青铜器时代，略当历史上的夏、商、西周下至春秋战国之时。”（第 3 页）

在青铜时代，青铜器的制作和使用在当时社会生产和生活中处于中心地位，青铜器的发展水平反映了一个国家、一个地区的经济发达程度，是衡量当时社会生产力发展水平的重要标志。打个比喻，近代社会的钢产量往往成为衡量一个国家生产力水平的标志。在青铜时代，青铜业的发展水平也可作如此观。因此，要了解楚国历史发展程度、楚文化发展程度，青铜器的研究是必不可少的一项重要内容。正如张正明先生所言，青铜器是构筑“楚文化的美轮美奂的高堂邃宇”的六根重要支柱之一。[①] 还要看到，近代社会的钢产量只是衡量一个国家生产力水平的标志之一，而青铜器则不然，它不仅可以衡量青铜器时代的生产力水平，而且更是古代文明发展程度的标志，我国青铜时代正是我国古代文明的形成期。我国古代文明许多方面的特征要根据考古发现的实物来阐明，在这方面，青铜器显然也处于中心地位。在那时，“国之大事，在祀与戎”[②]。我国青铜时代的最大特征，在于青铜器的使用与祭祀、战争分不开，主要用于祭祀与战争的礼乐器、武器成为青铜器的大宗和重器。礼乐器又是贵族们“明贵贱，辨等列”的标志物，“当时的风俗好尚、意识形态、工艺水平、文化进程也蕴蓄于其中”[③]。“中国青铜时代这个概念与古代中国文明这个概念之间相合到几乎可以互换的程度。青铜器本身当然便是古代中国文明的突出的特征。”[④] 如此看来，研究楚国历史与楚文化特征、水平，就不能不首先把楚系青铜器的情况弄清楚。楚系青铜器资料在阐明楚国政治、经济、文化、军事等等方面都有着特殊的重要地位。我们将会看到，如果不把蕴蓄于楚系青铜器中的奥秘淋漓尽致地揭示出来，就会如有的学者指出的：“对我国古代文明的发展的理解就会是片面的或者是比较片面的。”[⑤] 只有抱着这样的认识，

① 张正明．楚文化史［M］．上海：上海人民出版社，1987．

② 左传［M］．北京：中华书局，1990：861．

③ 郭宝钧．商周铜器群综合研究［M］．北京：文物出版社，1981．

④ 张光直．中国青铜时代［M］．北京：生活·读书·新知三联书店，1983．

⑤ 俞伟超．关于楚文化发展的新探索［C］//先秦两汉考古学论集．北京：文物出版社，1985．

我们才能予以高度重视，热切关注，深入研究。

第二，再谈紧迫感，这就牵涉到我国青铜器和楚系青铜器的研究现状了。我国历代学者在青铜器方面的研究下大气力的不少，其中尤以郭沫若《两周金文辞大系图录考释》（以下简称《大系》）最为著名。自那以后，特别是中华人民共和国成立以来，青铜器的发现已数百倍于往昔，但研究成果与青铜器的发现程度很不相称。对楚系青铜器的研究来说，这种不相称的程度可能更甚。同样应该看到的是，楚系青铜器的研究方面，与中原地区青铜器的研究相比较，也不太相称。中原地区的青铜器由于发现早而多，研究者亦夥，其研究成果有目共睹。而楚系青铜器的大量发现却是近半个世纪的事，面对这些犹如涌泉般层出不穷的高超水平与独特风格的楚系青铜器，应该如何研究？它的独特风格具体表现在哪些方面？是如何形成的？在更早的西周早中期有没有楚国的青铜器？楚系青铜器在楚史、楚文化研究中可以提供哪些富有说服力的资料？……对这些问题的回答并不是轻而易举之事。学术界在研究楚系青铜器时对某些问题尚存在异议纷生、各执一词的情况，何者可信？何者非是？宏观研究必须建立在微观研究的基础之上，否则，所得结论难免流于空泛、武断甚至错误。因此，必须下大气力作专题性的深入研究，才能获得符合客观历史实际的结论。

基于以上重要性与迫切性的认识，在楚史、楚文化日益受到国内外学术界重视的今天，作为处于楚文化重要地区的文物考古工作者应义不容辞地承担这一重任，怀着强烈的责任感，面对日益增加的新材料、新发现，紧密配合楚文化研究的步伐，尽快地把蕴蓄于楚系青铜器中的奥秘淋漓尽致地揭示出来。

笔者较长时期以来从事楚文化遗址、墓葬的考古发掘工作，对楚系青铜器一往情深则是近二十年来的事。在研究中首先感到数量众多的楚系青铜器的年代问题仍是首要的和基本的问题，因此对楚国有铭青铜器的绝对年代和相对年代进行了一次系统的初步整理与研究①，对东周楚国青铜器的年代（主要指众多的无铭青铜器）、内涵和文化特征等问题进行了初步研究②。

研究楚青铜器必不可免地要将一些不属于楚国而却具有楚文化特征的别的小国或地区出土的青铜器也包括在内，这类铜器以使用“楚系”的概念较为妥当。对楚系青铜器，笔者业已作了一次初步研究。③由于有了上述的基础，感到已有必要、也有条件来从事楚系青铜器的整体研究，以求较有系统地、详尽地阐明楚系青铜器各个方面的问题。通过对楚系青铜器的全面论述，庶几能对楚史、楚文化研究和先秦文明史研究添上一砖一瓦。这当然只是作者的主观愿望，能否达此目的，则全依读者、方家的判断。

关于本书编写原则、体例与方法，有必要略加说明：

第一，楚系青铜器如同我国先秦青铜器一样，内容包括生产工具、兵器、礼器、乐器及其他生活用具、杂器等；但在商周时代，青铜铸造业的主要和大量产品、精品、重器是青铜礼乐器，这是中国青铜时代的一个重要特点。正如有的学者认为：“青铜礼乐器可以代表当时的青铜文化。”④青铜礼乐器研究“是青铜器研究的主体”⑤，因此，本书将以楚系青铜礼乐器为主，其他类青铜器则有选择地作必要的论述⑥。

---

① 刘彬徽．楚国有铭铜器编年概述［M］// 古文字研究：第 9 辑．北京：中华书局，1984；刘彬徽．湖北出土两周金文的国别年代考述［M］// 古文字研究：第 13 辑．北京：中华书局，1986.

② 刘彬徽：楚国青铜礼器初步研究［C］// 中国考古学会第四次年会论文集．北京：文物出版社，1985.

③ 刘彬徽．楚系铜器略论［C］// 楚文化研究论集：第 1 集．武汉：荆楚书社，1987.

④ 容庚，张维持．殷周青铜器通论［M］．北京：文物出版社，1984.

⑤ 马承源．中国青铜器［M］．上海：上海古籍出版社，1988：8.

⑥ 例如在第六章铜器铭文研究中就不限于礼器。鉴于本书的字数不能太多，若兼论礼乐器以外各类楚铜器，则篇幅太大，如有条件，拟另撰专著，作为本书姊妹篇。关于楚铜器铸造工艺，《楚学文库》另有专著推出，本书也不另立章节论述。

第二，本书书名为楚系青铜器研究，顾名思义，楚系青铜器比楚国青铜器范围要大，即那些不属于楚国，但其国已附属于楚国或即使不附属于楚国而具有楚文化特征的他国青铜器亦纳入楚系青铜器之列进行统一研究。

第三，本书立论的基础是所有已发现的（截止到 1990 年）楚系青铜器资料，而其重点则是研究中华人民共和国成立以来经过科学考古发掘获得的青铜器资料。由于目前所见楚系青铜器主要是春秋战国时期的，因此，本书所论实际上主要是对春秋战国时代楚系青铜器的研究。

第四，楚系青铜器是我国先秦青铜器中的一个重要的组成部分。因此，决不能脱离我国青铜器的整体来孤立地研究楚系青铜器。要想把楚系青铜器研究深透，就必须掌握并研究我国青铜器的总体状况。因此，在某种意义上说，也是对我国青铜器（主要是东周时期的青铜器）的一次整体研究。这样，工作量是很大的，有时需要长时间地反复对比研究，所花的时间比写书的时间不知多多少倍，但这是必要的。

第五，本书的研究将充分吸收已有的研究成果，但为行文方便，对一些前辈学者和当今各位同行一般均直陈其名、其论；于所说间有异议，亦不加隐讳，绝无不敬不尊之意。学术贵在创新，应提出新的有说服力的见解。然毕竟学力有限，如有不当，诚恳欢迎各位方家、学者批评、指正。

第一章　楚系青铜器的发现和研究

楚系青铜器的发现和研究的历史，以中华人民共和国的成立为界，可分为前后两大时期，在此以前，楚系青铜器多系零星发现，即或偶有成群铜器，也为盗掘所获。中华人民共和国成立以来，楚系青铜器主要是大量科学田野考古发掘所得，间或也有较重要的流散搜集品。研究工作在前期偏重于楚系青铜器铭文研究，中华人民共和国成立后对楚系青铜器的研究工作范围相当广泛，专题与综合研究均已取得了一些可喜的成果。楚系青铜器研究已成为我国青铜器研究总体中十分重要的组成部分。

第一节　楚系青铜器的发现

一、前期

楚系青铜器见于著录，最早为宋代的金石著作，录有铭文，有的并附图形。但发现楚系青铜器一事，却可以追溯到更早，例如《史记·楚世家》记载，楚武王五十一年伐随，“武王卒师中而兵罢”。《集解》引《皇览》[①]曰：“楚武王冢在汝南郡鲖阳县葛陂乡城东北，民谓之楚王岑。汉永平中，葛陵城北祝里社下于土中得铜鼎，而名曰‘楚武王’。由是知楚武王之冢。民传言，秦、项、赤眉之时欲发之，辄颓坏填压，不得发也。”《正义》曰：“有本注‘葛陂乡’作‘葛陵乡’者，误也。《地理志》云：‘新蔡县西北六十里有葛陂乡，即费长房投竹成龙之陂，因

① 《皇览》一书，系三国魏时作品，约八百余万字，为最早的类书，后佚。

为乡名也。’”

这一发现有时间、有地点、有实物（铜鼎），当不会讹传，应属基本可信。但云为楚武王冢，则不可信。出此铜鼎之地为今之新蔡县境，武王时尚非楚境。楚文王灭息以后，才可能接着北进，占领今新蔡一带。因之，此铜鼎年代最早也只能早到楚文王时，晚于文王世亦非不可能之事。铜鼎铭文中有楚武王之名，可能是楚武王后人追念楚武王而做此鼎。楚武王墓应距楚国都不远，不会远至今新蔡地带。这个出有武王名号铜鼎的墓，很可能是楚国派驻那里的一名王室贵族之墓。若以上推测不误，这应就是楚系青铜器发现的最早记载。可惜的是没有任何关于此铜鼎的资料（图形、铭文等）留传下来，只能当作传闻看待，这也许就是此器很少被人注意、在现代论著中未曾被人提及的原因。而论及楚系青铜器发现历史，则不可忽视，因它毕竟是发现楚系青铜器的最早记载。

有铭文等资料留传下来的楚系青铜器，在宋代吕大临《考古图》等书中只有楚公逆钟、楚王媵邛仲嬭南钟和楚王酓章钟[①]，惜多只有铭文传世，实物早已不存。有的铭文经翻刻，有些失真。

这寥寥数器，在薛尚功所撰《历代钟鼎彝器款识法帖》一书所著录的496件铜器中，虽属凤毛麟角，但这种“偶尔露峥嵘”的楚器竟是不可多得的几件楚国国君之器，弥足珍贵。它们的出土，预示着楚系青铜器将不会长久地被湮没于“地下博物馆”内的，在适当的时候，必将重见天日，大放光彩。

宋代以后，零散出土的楚铜器，在清代至民国时期的一些著录中，被记载的有铭楚器约20余件，其中重要者如楚公冡钟、楚王领钟、楚子暖簠、楚屈叔沱戈、楚王酓章剑、戈等。在《商周彝器通考》（以下简称《通考》）等图像类铜器著作中也有不少无铭楚铜器，只是那时未予分国研究，并未指明为楚器。在《大系》一书中胪列东周有年代可考

① 若包括后来学者考证为楚器的则还有王子昃。这些有铭器详况请参阅第六章。

的铭文铜器161器，其中楚器12件，仅次于齐器，居列国铜器第二位。然在整个东周铜器中，其数量仍不多，还不到十分之一。这与楚作为战国时期疆域最大诸侯国的地位仍不相称。

在20世纪20年代，安徽寿县和湖南长沙相继出土了一些楚国铜器（也有秦汉铜器）。① 而最为重要的发现，是在寿县李三孤堆楚王墓内出土的一大批铜器。1933年，当地豪绅在寿县朱家集南1.5千米的李三孤堆进行了一次大规模的盗掘，所得铜器及其他质料器物，一大部分为地方官僚豪绅勾结古董商人，私售于京、津、沪、宁等地，余下的亦分散多处，现以安徽省博物馆收藏最多，约七百余件，至于出土铜器总数，已很难估计，有说数千件者，大概以千余件之数较为可靠。

由于此墓铜器系盗掘出土，无科学记录，且实物多分散、佚失，严重地影响了这批铜器的科学研究价值。但它毕竟是一批难得的楚王室贵族的铜器，而且至今仍是唯一的一座楚王墓出土的铜器群。我国东周时期最大最重的铜鼎就出于此墓，铜礼器组合还算基本齐全，至今仍是研究楚系青铜器最重要的材料之一。

从以上简短的介绍可知，在中华人民共和国成立以前这一较长的历史时期内，宋代至清代仅著录了若干有铭楚器，其出土时间和地点除少数几件外都未记录。民国时期盗掘的楚幽王墓铜器约千件，蔚为大观。其他有出土地点记录者主要为寿县与长沙二地，作为楚中心区的湖北境内有记录者仅有嘉鱼、孝感、宜都三个零星点出土的几件。② 大规模的发现则是中华人民共和国成立以后的事了。

二、新时期

中华人民共和国成立后，考古界迎来了楚铜器发现的黄金时代。为配合大规模开展的社会主义基本建设和经济建设，文物考古单位发掘了

① 楚文化研究会．楚文化考古大事记［M］．北京：文物出版社，1984．

② 宜都所出为1件楚王孙遗者钟，原不明国属，或订为徐器，经研究为楚器。

大批楚遗址、楚墓葬，出土青铜器数量之多，种类之丰富，器形之精美，令人惊叹，为之振奋。

新时期铜器的发现有如下一些特点：

（1）出土铜器得到妥善保护，并及时做好田野清理发掘的科学记录。例如，1955 年在安徽寿县的治淮工程取土时发现铜器，当地政府十分重视，立即派出考古人员进行清理发掘，这就是早已闻名遐迩的蔡侯申墓内大批铜器群。同样是在寿县，一为蔡侯墓铜器、一为楚幽王墓铜器，都是国君级大墓，铜器都是成批成组，珍贵异常。前者得到及时保护，进行科学发掘，后者则遭滥挖乱掘，铜器失散。两相对比，令人感慨不已。再举一例，举世闻名的曾侯乙墓出土了大批精美铜器，是 1978 年中国人民解放军在工程建设中发现的。负责工程的解放军某部首长一向重视文物保护工作，当工程中发现情况异常时，即估计下有古墓与珍贵文物，立即报告文物考古部门，曾侯乙墓的“地宫”就是这样被叩开，大批精美铜器一如当年埋藏时那样呈现在人们眼前。在它西边 102 米处，1981 年在工程建设中，又发现了一批铜器，亦由当地立即报告文物部门，让工程暂停施工，经批准后进行科学清理发掘，这就是规模仅次于曾侯乙墓的又一曾国国君级的墓——擂鼓墩二号墓，出土的大批铜器又一次得到了科学的保护，获得了完整的资料。总之，中华人民共和国成立后，由于党和政府的重视，制定了相应政策、法令，大批铜器就是这样源源不断地从地下的楚文化宝库内完好地“请”了出来，为我们继承、发扬祖国优秀传统文化和研究楚文化提供了丰富而可靠的实物资料。

（2）大量楚铜器的出土，填补了楚铜器发展序列上的诸多缺环。在此以前，春秋时期和战国前期的楚铜器寥寥无几，几乎是空白。当 1933 年寿县楚幽王墓铜器出土后，学者们借以研究的只能与中原地区的铜器对比，因为那时早于幽王墓的大批楚铜器还沉睡在地下，无对比之可言。现在情况为之大变，从西周晚期到战国晚期，楚铜器本身的发展序列如同一环套一环的锁链一样，相互衔接，前后承袭，使我们看到了楚铜器有其自身的传统和序列。

值得注意和颇为有趣的是，楚铜器的发现顺序与它发展的顺序恰成反方向。这主要是指从楚墓出土成批成组铜器的时间上体现出来。例如：中华人民共和国成立初期的楚文化考古发掘是从长沙开始的，所出土的铜器多为战国中晚期的。[①] 长沙的发掘“证明长沙是楚国一大都会。1951 年的发掘，奠定了长沙以至整个楚文化考古的基石”[②]。20 世纪 50 年代，甚至一直到 60 年代“文化大革命”前，除长沙外，在河南信阳、湖北江陵发掘的大中型楚墓出土大批楚铜器，都是战国中期的。待时代的车轮转到七八十年代，考古工作者才大批地发掘春秋时期楚墓和战国早期大墓，出土大批早于战国中晚期的铜器群。例如 70 年代初，在湖北襄阳山湾出土了大量春秋中晚期铜器；70 年代中，在湖北当阳出土了可以早到春秋早期的楚铜器；到 70 年代末，在淅川下寺出土了足以代表春秋时期楚铜器发展水平高峰的大批楚铜器。近几十年来，楚铜器的发现如同波涛汹涌，一浪高过一浪，高潮迭起，铜器源源不断出土，纷华耀眼，令人目不暇接，眼花缭乱，美不胜收。铜器的年代，从战国晚期一直上溯到了西周晚期。年代晚的铜器群发现得早，年代早的铜器反而发现得晚。如此看来，早于西周晚期的更早的成批楚铜器群的破土而出，将是指日可待的事了。

（3）从发现地点看，楚铜器在宋代到民国的长时期内，知道出土地点的仅湖北嘉鱼、孝感、宜都和安徽寿县、湖南长沙等孤零零的几处，湖北的三地仅各出土一两件。中华人民共和国成立以来，情况为之大变，发现楚铜器的地点越来越多，遍布于江湘汉淮等原楚国广袤地域内，犹如满天星斗，处处闪耀着楚铜器的光芒。如果把楚式铜器的流传地点也包括进来，则西至昔日的巴蜀区，南至两广百越区，东至吴越地区，几乎南半个中国都有楚式铜器在闪光，向北在中原地区某些地点，

---

① 中国科学院考古研究所．长沙发掘报告［M］．北京：科学出版社，1957.

② 李学勤．东周与秦代文明［M］．北京：文物出版社，1984：132.

亦有着楚铜器的踪迹。

在楚铜器诸多出土地点中，犹如满天星斗中有些密布的星云、星团一样，有一些地点出土的楚铜器特别的多，在一个地点的铜器群也呈密集状出土。以出土礼器群的密集度而言，湖北的江陵、当阳、襄阳、随州，河南的淅川，湖南的长沙，安徽的寿县等地特别突出，若从铜器各类组合较完整的典型器群数量来看，江陵有 11 个器群，当阳 12 个、淅川 10 个、襄阳 8 个、长沙 7 个、随州 3 个、寿县 2 个。[①] 若从铜器群的大中小型类别来看，则几座国君级及高级贵族墓大型铜器群仅出于江陵（包括紧邻江陵的荆门包山二号墓）、淅川、随州、寿县等地。[②] 像这类为数尚不很多的星云般密集的铜器群地点，今后肯定还会有新的发现。

（4）楚铜器群种类齐全，大小齐备，这与中华人民共和国成立前只注重有铭器、重器、精器大不一样，凡是出土的各类大小器件，无不记录并妥善保存。中华人民共和国成立以前只有一个楚幽王墓铜器群，可以算是器物成群（且不论它出土后的分散与佚失），其他均零散不成群。而中华人民共和国成立后短短几十年内，就以铜礼器群为例，成组合的楚铜礼器群统计已达一百余器群[③]，它出自一二百座楚墓内，虽然总数只占约五千座楚墓的 1/40，但若与中原地区出土的铜礼器群比较，则其数目不相上下[④]。楚系铜器群器类之全与多，主要以一些大中型器群为代表，现将保存较好，出土器类数量多的 10 批典型器群列表于下（表 1–1）：

①② 典型器群数目统计与大型器群情况，请参阅本书第二章所附统计表。

③ 1983 年拙作《楚国青铜礼器初步研究》一文，统计为 110 个，自那以后又有增加。

④ 高明. 中原地区东周时代青铜礼器研究［J］. 考古与文物，1981（2–4）. 文中说："据初步统计，中原地区先后发掘的东周铜器墓葬，约有一百余座。"

表 1–1 楚系 10 个铜器群各类数量统计表

序号	铜器群单位	礼器	乐器	工具	兵器	车马器	杂器	合计	备注
1	淅川下寺 M_2 器群	52	26+77	6	47	330	10	548	曾被盗扰
2	淅川下寺 M_1 器群	36	9				5	50	
3	寿县蔡侯申墓器群	91	32		60	212	91	486	系初步整理数字
4	随州曾侯乙墓器群	117	65+246+103	6	4 732	958	12	6 239	总重量 10.5 吨
5	随州擂鼓墩 M_2 器群	67	36+22+1	/	/	155	3	284	初步统计
6	江陵天星观 M_1 器群	33	4+5	/	110	844	21	1 017	被盗、礼器多为残件
7	信阳长台关 M_1 器群	30 余	13+11	10	4	128	9	205	
8	江陵望山 M_1 器群	27	/	5	68	130	15	245	另有铜铃形器
9	荆门包山 M_2 器群	59	1	8	72	1 435	/	1 575	
10	江陵望山 M_2 器群	25	/	/	9	166	12	212	被盗、按出土铜器计算

从表 1–1 可以看出，出土的铜器数量最多的大中型楚墓，各类铜器数量都可统计出较准确的数字，只要查阅相应的发掘报告便一目了然。而 1933 年、1938 年被盗掘的楚幽王墓的各类铜器已无法准确地统计，仅礼器可大略统计为 140 余件。该墓出土器物（包括非铜器在内）有四千余件或千余件两种说法。

在 1971 年至 1976 年发掘的湖北襄阳余岗的蔡坡、山湾墓葬中，有 25 座出土铜器，加上在墓地出土的零散铜器，铜器总数为 1 524 件。其中铜礼器与零件 113 件，工具 32 件，兵器 279 件，车马器 954 件，其他铜器 146 件。①

① 杨权喜. 襄阳余岗东周青铜器的初步研究［J］. 江汉考古，1990（4）.

在 1975 年冬至 1976 年初发掘的湖北江陵雨台山 558 座楚墓中，约 224 座出土有铜器，但每墓所出数量很少，这与这些墓葬均为中小型、多为士与庶民身份的墓有关。出土铜鼎仅 18 件，容器总数 52 件；而兵器出土最多，达 518 件，出土于 216 座墓中。若以全墓地 558 座墓平均数计，几乎每墓就有 1 件兵器，这构成小型楚墓的一大特色。其次有铜车马器 141 件、服饰类铜带钩 31 件、铜镜 9 件、铜衡器 14 件、铜工具 16 件、乐器 3 件、杂器 4 件，总数 788 件。[①]

上述两个墓地铜器，前者主要为春秋时期的，后者主要为战国时期的。比较其异同，器类大体相同，其中礼器、工具、车马器，前者多于后者，兵器和服饰器则后者多于前者。出土总数相当悬殊。襄阳墓地出铜器的仅 25 座，而铜器总数却多达 1 524 件。雨台山墓地出铜器的墓 224 座，出土铜器反而少得很，仅 788 件，少了一半之数。这当然与两个墓地的墓主身份有关，因雨台山墓地的出铜器的墓多系小型墓，大多仅一两件兵器。墓主身份高的铜器数量多，例如同在江陵，天星观 M_1 这一大贵族墓出土铜器 1 000 余件，若包括被盗走铜器在内，恐怕比上述襄阳余岗墓地的铜器总数还要多得多。

说起被盗，楚地与中原地区一样在中华人民共和国成立以前的漫长岁月中，真不知有几何？见之于著录的一些楚器，特别是有楚王及大贵族名号的铜器，恐怕大多出自被盗掘的大墓。遭劫尤甚的是那些大而精的礼器，如江陵天星观 M_1，铜礼器几乎全被盗。河南淅川下寺 M_2、M_8 也被盗扰。20 世纪七八十年代在湖南发掘的临澧九里 M_1、湘乡牛形山 M_1、M_2 等大型墓内，铜礼器全部被盗一空。由此推想，我们今天所见一些精美的曾为之惊叹不已的青铜器虽已千百倍于中华人民共和国成立以前所发现的，然相对于尚沉寂于地下的楚铜器来说，仍只是很少的一部分。楚国几十代王墓至今仅发现一个末代国君之墓（且被盗），今后如发掘出哪怕是一两个未经盗掘的楚王墓，可以想象，出土铜器数量会超

① 湖北省荆州地区博物馆．江陵雨台山楚墓［M］．北京：文物出版社，1984 年．

过迄今任何一个楚系墓葬，出土铜器的精品也可能会超过迄今所见到的任何珍品。那些当年勤劳智慧的楚国劳动者创造出来的奇迹般的铜器及其他瑰宝，必将极大促进我们对楚铜器的认识，将楚文化的研究推向一个前所未有的高度。岁月无情又有情，正如我们这些生长在中华人民共和国的楚文化考古与研究工作者比在此以前的历史时期更为幸运一样，在今后新历史时期中，担当继往开来的新一代考古与研究工作者，会比我们更加幸运。

（5）上述那些成组成群的铜器特别是大型墓出土的重器、精品器群，令世人瞩目。除此之外，中华人民共和国成立以来，在流散文物的搜集中，在零散出土后搜集的铜器中，亦有不少重要发现，有的也是令人叹为观止的奇珍或是有重要历史价值的瑰宝。例如 1959 年湖南省博物馆在长沙搜集的 1 件楚公豪戈①，此人之钟早已流到国外（日本），这件便成为现存国内的时代最早的 1 件楚国国君之器，也是年代最早的 1 件楚国有铭铜器，不仅是楚地而且是我国的国宝，其重要价值自不待言。又如，1957 年和 1960 年在安徽寿县发现的鄂君启节②，其长篇铭文有极重要的历史价值，为先秦符节中最珍贵的实物，同样为我国价值连城的国宝之一。1984 年又在湖南搜集到有长铭的铜量③，亦为铜量中之最珍贵者，同样为一重要国宝。

还有些发现虽属一般，过去也发现过，如在湖南发现的王命节、楚屈叔沱戈、郗之新造戈等④，中华人民共和国成立前都已发现并见之于著录，但原物多已不存，现再次发现，得以让世人目睹实物予以研究，亦不失为重要的发现。从湖南屡次出土重要的楚铜器来看，湖南已成为楚铜器重要蕴藏地之一，今后仍值得大力重视，新的重要发现将仍大有可能。当然，楚国的王墓铜器群的发现，自然应寄希望于楚中心腹地的

① 高至喜．“楚公豪”戈［J］．文物，1959（12）．

② 殷涤非，罗长铭．寿县出土的“鄂君启金节”［J］．文物参考资料，1958（4）．

③ 周世荣．楚邦客铜量铭文试释［J］．江汉考古，1987（2）．

④ 周世荣．湖南楚墓出土古文字丛考［M］// 湖南考古辑刊：第 1 集．长沙：岳麓书社，1982．

湖北省昔日楚都地区，人们将翘首以盼。

以上是对楚铜器发现的简略回顾，虽不免挂一漏万，但对楚铜器发现的历史过程，特别是对中华人民共和国成立以来的发现历史进程及其特点已作了一次轮廓性的概述。在本书的其他章节里，对一些铜器发现的细节还会补充说明，这里就不详细胪列了。

第二节　楚系青铜器的研究

一、前期

先就宋代至民国时期的研究状况作一简述。这一时期大体可分为前后两段。

宋至清代为此一时期的前段。早在宋代，金石学著作中已著录有若干楚铜器，以著录铭文和文字训诂为重点。宋代吕大临的《考古图》，被认为“是创造性地把青铜器作为历史资料研究的第一部重要著作”①。它与只录铭文的书不同，有图形、有大小尺寸，拓片、释文两存，很有利于对铜器形制、花纹、铭文等方面的研究。在文字考释方面，清代学者如孙诒让释楚公逆钟之逆为鄂，即楚熊鄂之器，至今仍为不刊之论。清末民初，一代国学大师王国维倡二重证据法，将纸上材料与地下材料结合起来，注重对铜器等实物资料的研究，其中对几件楚铜器结合历史进行考证，例如对王子婴次炉，认为即楚令尹子重之器，学者多宗之。

民国时期，相继出版的郭沫若《大系》、容庚《殷周青铜器通论》（后简称《通论》）等书，开辟了青铜器分国与断代研究的新领域，使青铜器研究不再属于旧式金石学范畴，标志着青铜器研究开始形成了一门综合研究的“独立的学科”②。特别是郭沫若《大系》一书“考订现存

① 马承源．中国青铜器［M］．上海：上海古籍出版社，1988：5.

② 马承源．中国青铜器［M］．上海：上海古籍出版社，1988：6–7.

金文之年代先后，成一有系统的编年史料”，“按国别异同分类，成一有组织之国别史料”[①]，使青铜器研究走上了真正科学化的道路。此书编列楚国铜器十又二器，虽在今日看来，有的要重新订正，更要大力补充[②]。然此书仍不失为我们进行楚铜器编年研究的基础。历史文献有编年史料的编纂与研究，同样，对物质史料的重要门类之一的楚铜器，也应有这一类实物史料的编纂与研究。郭氏此书开创了对铜器这一类实物史料编年研究的新纪元，意义深远。书中关于楚铜器部分虽然还只能对一些传世和盗掘出土的有铭文楚铜器进行编年研究，但我们今日从事的楚国、楚系铜器的年代学研究仍然是他开创的分国与断代研究的道路的继续，并且还将长期继续进行下去。

对民国时期楚铜器最重要的一次发现——寿县朱家集楚王墓出土的大批铜器，当时学术界极为关注，著名学者唐兰、胡光炜、郭沫若、于省吾、商承祚、刘节等纷纷著录、撰文研究。其中以刘节《楚器图释》所载《寿县所出楚器考释》一文最为详备，不但对铭文作考释研究，而且第一次较详地就其形制、纹饰与中原地区铜器加以对比，以探寻楚铜器发展的承袭关系与自身特征。通过分析指出：“凡此种种，皆可证楚器之纹样于先秦诸器中自有渊源可寻，未可以外来影响一语而搪塞其责也”[③]，论其形制、纹样后又指出：“楚赵韩郑皆有共通之点，就异者言，则韩赵各自有作风。而楚郑之相同较多者，盖因二国交界，习染至易也。”[④]这些看法无疑都很中肯。当然，囿于那时的资料，对楚铜器的渊源与特征概括还只能是粗线条的，个别论说也有需修订之处。寿县朱家集楚王墓大批铜器群的发现和学者们的研究，在楚文化发现和研究上意义重大，“成为楚文化这个学科诞生的契机”[⑤]，也可以说是对楚铜器作专门研究之肇始。

① 容庚，张维持．殷周青铜器通论［M］．北京：文物出版社，1984：151．

② 参阅《楚国有铭铜器编年概述》与本书第六章。

③④ 均见刘节《寿县所出楚器考释》一文。

⑤ 张正明．楚文化史［M］．上海：上海人民出版社，1987．

至于20世纪二三十年代在长沙盗掘的楚器，虽《长沙古物闻见记》《长沙——楚民族及其艺术》等书有所记录[①]，但着力于绚丽多彩的漆器等物，对为数甚少的楚铜器还谈不上什么研究。在对传世有铭铜器研究方面，特别应提到的是张政烺所撰《邵王之諻鼎及簋铭考证》一文[②]，对邵（昭）王之諻鼎、簋及传世王子昃鼎，均论证为楚器（《大系》未收录），在楚铜器中增加了两个重要的标准器，至今视为定论。

总之，中华人民共和国成立以前的长时期内，主要是对一些非科学出土的楚铜器作一些初步的整理研究，以寿县楚铜器为契机，已开始对形态、纹饰等楚铜器内涵作初步研究，是对楚铜器这一领域作专门研究的孕育和肇始时期。

二、新时期

由于楚铜器发现数量剧增，资料丰富，中华人民共和国成立以来的楚铜器研究（包括铭文研究）已取得了多方面的突出成就，在我国考古学、古文字学、历史学研究中发挥出越来越大的作用。

这一时期楚铜器研究的进展情况，可分为两个阶段，20世纪50年代至70年代为第一阶段，主要是对发现的一批批楚铜器群的整理研究。

20世纪50年代长沙发掘了几百座楚墓，铜器数量不多，待1957年发掘信阳长台关楚墓，出土较多、保存完好如新的楚铜器之后，出现了第一篇专论楚铜器风格的论文，这就是已故学者顾铁符先生《有关信阳楚墓铜器的几个问题》一文[③]，他研究了长沙和信阳楚墓里铜器保存情况“和没有入过土的毫无区别”的原因，对几件器物的定名进行了讨

① 商承祚. 长沙古物闻见记［M］. 金陵大学中国文化研究所印，1939；蒋玄佁. 长沙——楚民族及其艺术［M］. 今古出版社，1949. 第二卷由上海美术考古学社1950年出版。

② 此文刊于《历史语言研究所集刊》第八本第三分册。

③ 顾铁符. 夕阳刍稿——历史考古述论汇编［M］. 北京：紫禁城出版社，1988.（此文原刊于《文物参考资料》1958年1期）

论，并对战国楚器风格进行分析，指出信阳楚墓的铜器“主要是战国时代楚国铜器的作风”，“一方面有长沙的风格，同时和寿县楚墓的（指朱家集楚王墓铜器——引者注）也有相似之处”，铜鼎足“直而高似乎是楚器明显特点”①。顾氏曾参加了长沙楚墓的发掘，对长沙出土铜器自然有深刻的印象。在当时楚铜器不多的情况下，已初步归纳出战国楚铜器的个别特点，是难能可贵的。在当时有学者据编钟铭文的解释将此墓年代定在春秋末年的情况下，指出此墓铜器的时代风格都是战国的，对楚墓年代学研究也不无裨益。

50年代于寿县发掘的蔡侯申墓铜器群，数量比信阳铜器群更多，出土后陈梦家即著文作了较详的研究②，有不少看法至今仍是正确的。但他着力于与中原铜器对比的共性研究，对铜器的楚文化因素未曾注意。他据此墓铜器把朱家集楚王墓的几种铜器的年代主观地定为战国早期，显然有误。后来的研究表明，蔡侯申墓铜器群应归属于楚文化系统，为楚系青铜器群中重要的器群之一。

50年代发现的鄂君启节有长篇错金铭文，是十分珍贵的历史资料，一些著名学者纷纷研究。③

20世纪70年代相继发掘出土了几批春秋至战国早期铜器群之后，进入到80年代时，开始了楚铜器研究的第二阶段，为专题深入与综合研究的新阶段。这一方面是由于有经科学考古发掘出土的丰富的楚铜器群资料④，另一方面与我国学术研究高潮特别是与楚文化研究热潮的兴起有关。中华人民共和国成立以来一批又一批令人震惊的楚文物（包括铜器）出土，使“楚文化研究”或如学者们说的“楚学”这一新的学科得以应运而生，所谓“北夏南楚”两大热门课题，正方兴未艾，如日中

① 顾铁符. 夕阳刍稿——历史考古述论汇编［M］. 北京：紫禁城出版社，1988.（此文原刊于《文物参考资料》1958年1期）

② 陈梦家：寿县蔡侯墓铜器［J］. 考古学报，1956（2）.

③ 详本书第六章。

④ 一些出土重要铜器群墓的发掘报告，如《信阳楚墓》《曾侯乙墓》《淅川下寺楚墓》《包山楚墓》等考古发掘报告的相继出版，为楚铜器研究提供了极好的资料条件。

天。楚铜器研究在“楚学”这一新兴学科中自然有着重要的地位与作用，并且在我国青铜器总体研究中也有着重要的地位与作用。所以，从事我国青铜器研究和楚文化研究的学者无不以极大的兴趣关注楚铜器的研究。例如《新中国的考古发现和研究》①《中国大百科全书·考古卷》二书中都有对楚铜器的论述，《考古卷》指出：我国东周时期青铜器“总的看来，地方特点都比较明显，尤以秦、楚两国更为突出”②，又如《中国美术全集·工艺美术编·青铜器》一书的序言对南方以楚为中心的东周青铜器也有较多的论述与评价：“南方的楚国，这时仍受中原统治者的歧视，实际其文化已有很高的发展。楚人青铜器受中原因素的影响，随着楚国力量的壮大而递减，渐而建立自己的风格，对周围各诸侯国起着越来越大的影响作用，以致把周朝一些同姓诸侯如蔡国都囊括在其影响圈内。”③我国青铜器通论性专著，如 20 世纪 50 年代在《通考》基础上编写的《殷周青铜器通论》一书，著录楚铜器还只限于中华人民共和国成立之前的，而在 60 年代编著的《商周铜器群综合研究》④一书，已把寿县楚系蔡侯墓铜器群和信阳楚墓、朱家集楚幽王墓作为铜器群分期的两个界标进行论列⑤。在《东周与秦代文明》等以考古材料为主的一些著作中也有对楚铜器的论述。在这些论述全国性考古发现和全国性青铜器的专著中，都已把楚铜器视为我国整个青铜器体系中一个重要的组成部分。

同样，楚铜器作为楚文化内容的一个重要部分，在一些楚文化研究论著中，亦有专门的章节予以论述。例如《楚文化史》⑥一书，对楚铜器特别是铜礼器有鸟瞰式的概述与评估，指出楚铜器“与中原风格大

① 此书由文物出版社 1984 年出版。

② 此书由中国大百科全书出版社 1986 年出版，引文见 108 页。

③ 此书由文物出版社 1986 年出版（序言由青铜器卷主编李学勤撰写）。

④ 郭宝钧遗著，由邹衡、徐自强整理，文物出版社 1981 年出版。

⑤ 书中把信阳楚墓定为战国末年楚考烈王世之墓，把此墓铜器群作为战国晚期界标，应予改订为战国中期。

⑥ 张正明. 楚文化史［M］. 上海：上海人民出版社，1987.

异其趣”，楚铜器铸造技术的娴熟运用，“可使中原的铜礼器瞠乎其后”。在《楚文化志》一书中更辟出专门的一章作为楚文化重点内容予以论述。

在这第二阶段中，楚铜器研究取得的重大进展与成就，主要体现在对楚铜器的一些专题研究上，即在年代分期、组合、形制、纹饰、铭文、铸造等方面作分门别类的深入探讨，以下分别予以介绍。

（1）楚铜器的年代学研究。大量的成组成群的楚铜器出于楚国和楚系墓葬，因此，楚铜器的年代学在某种意义上就是楚墓的年代学。通过对几千座楚墓的发掘与研究，东周楚墓年代学已基本建立起来了。过去对某些铜器群年代推断有误的看法也就可以得到纠正。① 但是，楚铜器的年代特别是分期研究，与楚墓的年代与分期研究，毕竟不是一回事，它的年代分期与楚墓的分期有联系也有区别。在 20 世纪 80 年代初已出现了专门研究楚铜器年代分期的论文，如把楚国铜器群分为七期 ②，将湖北地区楚铜器分为六期 ③，有作年代序列考察而未分期的 ④。在对某类楚铜器作形态和铭文研究时也有兼讨论年代序列的。虽然，专论楚铜器年代分期的论文还不多，且意见也不尽一致，但比之 80 年代以前不可能作分期研究的状况，毕竟是填补空白的研究。年代学研究是一切考古学文化研究的基础，楚铜器群自身发展的年代序列得以确定，这是楚文化考古研究和楚铜器研究取得巨大成就的标志之一、重大成果之一，正是有了这一基础性成就，为开展对楚铜器内涵与特征的研究，对它与其他文化区铜器的关系的探讨，创造了条件，奠定了基础。

（2）楚铜器组合研究。20 世纪 70 年代特别是中华人民共和国成立

① 例如对河南信阳楚墓铜器群，其年代有定此墓为春秋末年，而视为春秋铜器，有对此墓定为战国早期或末年，作为战国早期或晚期铜器群界标，都应予以纠正。

② 刘彬徽．楚国青铜礼器初步研究［C］// 中国考古学会第四次年会论文集．北京：文物出版社，1985．文内有楚铜器分期图表。

③ 陈振裕．湖北楚墓综述［C］// 湖北省考古学会论文选集．武汉大学学报论丛，1987．文内有楚青铜器分期表。

④ 李零．论东周时期的楚国典型铜器群［C］．中国古文字研究会，1986.

以前尚罕有成组成群的铜器出土，不存在这一课题。这只能是在楚铜器群甚多且序列明确的情况下才能产生的新课题。这一新课题在考古学文化研究方面可以加深对区域文化特点的认识。例如通过对春秋早中期铜器组合的地区对比研究，认识到楚以鼎、簠、壶（或加盘、匜）组合形式为特点，而与同时存在的汉淮间的诸小国鼎、盆、壶（或加盘、匜）的组合和姬周文化的鼎、簋、壶组合等不同的组合形式相区别，看到了组合形式的差别反映的文化特征上的差异。[①] 在一本楚文化研究专著中也专辟一节讨论楚铜器的"鼎、簠对偶"组合，对楚文化在组合上的这一特征给以很高的评价。[②] 如同楚墓出土陶器器类组合有自身的演变序列一样，楚铜器组合也有与中原地区存在一定差异的组合演变序列。[③] 这些新认识、新研究成果在以往楚铜器资料不足的条件下是无法得到的。

铜器组合及其变化所反映的社会风尚、社会等级、社会制度变化的历史学方面的考察，是学者们较早就注意研究的问题。例如郭宝钧把商代到东周的铜礼器组合归纳为"重酒（器）的组合"、到"重食的组合"、再到"钟鸣鼎食"的组合，显示贵族社会上层风尚的演变。[④] 邹衡、王世民等着力于通过组合及其变化的研究说明社会等级的划分及其发展演变情况，以探讨社会制度的变化，其中就包含了一些楚铜器群的例证。[⑤] 在楚墓的分类与等级关系研究中，以楚铜器组合与陶礼器组合

---

① 刘彬徽．楚国春秋早期铜礼器简论［M］// 楚文化觅踪．郑州：中州古籍出版社，1986．（1983 年河南省楚文化讨论会论文）

② 王光镐．楚文化源流新证［M］．武汉：武汉大学出版社，1988．

③ 刘彬徽．楚国青铜礼器初步研究［C］// 中国考古学会第四次年会论文集．北京：文物出版社，1985．

④ 郭宝钧．商周铜器群综合研究［M］．北京：文物出版社，1981．

⑤ 邹衡《商周考古》一书有关章节。又见《商周铜器群综合研究》一书的整理后记。王世民．关于西周春秋高级贵族礼器制度的一些看法［C］// 文物与考古论集．北京：文物出版社，1986．

的变化与特征进行分析的，散见于不少论文。① 从楚铜器组合及其变化探讨楚礼制特点的专门性研究则比较少见，还有待于继续深入研究。

（3）楚铜器形态学研究。这是楚铜器内涵与特征的一个重要门类，包括铜器定名与功用、形态发展序列、形态特征等，都需要对数以千计的楚铜器进行综合分析，方能有较全面、深入的认识。对标志着楚文化特征的典型铜器进行深入研究更有必要。例如对楚式缶、楚式鼎、楚系铜壶、楚系铜敦以及楚镜等的研究都已有一定深度的专论性文章②，对揭示楚系典型铜器类的演化谱系与独特风格提供了不少真知灼见的见解。全面论述各类楚铜器的概说性文章也已出现③，其中有的论点虽尚可商榷，然毕竟是一篇概论楚铜器之力作。此外，在一些研究我国青铜器的论著和楚文化研究论著中也穿插有关于楚铜器形态及其特征的论述，不一一胪列。④

（4）楚铜器纹饰研究。楚铜器纹饰研究的重要性不亚于对楚铜器形制的研究。固然，在楚铜器形态学研究中也要论及纹饰，但往往处于次要地位，至今尚不多较详细的楚铜器纹饰的专论文章，以致使人们感觉到形制的研究成果大大多于对纹饰研究的成果。

在楚文化热的今天，结合各类装饰华美的实物，讨论楚器纹饰的独特风格与工艺美术水平，已开始形成楚艺术研究热，这类研究大大提高了人们对楚美学、艺术的认识，人们得到了美的享受与心灵的启迪。⑤

---

① 例如：俞伟超，高明．周代用鼎制度研究［J］．北京大学学报，1978（1-2），1979（1）；彭浩．楚墓葬制初论［C］// 中国考古学会第二次年会论文集．北京：文物出版社，1982；郭德维．楚墓分类问题探讨［J］．考古，1983（3）．

② 刘彬徽．罍、缶辨证［J］．江汉考古，1982（2）；高崇文．东周楚式鼎形态分析［J］．江汉考古，1983（1）；高崇文．西周时期铜壶的形态学研究［M］// 考古类型学的理论与实践．北京：文物出版社，1989；刘彬徽．东周时期青铜敦研究［M］// 湖南博物馆文集．长沙：岳麓书社，1991；雷从云．楚式镜的类型与分期［J］．汉汉考古，1982（2）；高至喜．论楚镜［J］．文物，1991（5）．

③ 李零．楚国铜器类说［J］．江汉考古，1987（4）．

④ 在本书第四章形态研究中有所介绍。

⑤ 彭德．楚艺术研究［M］．武汉：湖北美术出版社，1991．

但是楚铜器在艺术、美学上的意义、作用，仅仅是其中的一个重要方面。另一方面即它在铜器断代和文化特征、历史内涵上的意义、作用，也是相当重要的一个方面。而要利用纹饰作这种研究，对纹饰本身的整理、分类和特征的研究就至关重要。现时虽尚无楚铜器纹饰的专辑，而上海博物馆编辑的《商周青铜器纹饰》[①]一书可聊补此缺，所收纹饰拓本极为清晰，为里程碑式的纹饰图录。书中收录楚铜器纹饰拓本也极便研究。在《通论》《商周铜器群综合研究》（以下简称《铜综研》）《中国青铜器》等书中都有我国青铜器纹饰的章节，也包含了楚铜器纹饰的论述，足资参考。

在楚铜器纹饰断代与特征的研究中，李学勤为注重较多的学者之一，例如关于吐舌蟠螭纹的时代特点的论述[②]，在关于淅川下寺楚墓青铜器特色的论述，他指出："青铜器繁缛的浮雕状花纹和立雕状的附加装饰，比中原地区出现得早，已显示出楚国的特色。"[③]而同样是讨论下寺楚墓青铜器纹饰，有的则认为"与中原地区青铜器的纹饰也没有什么两样"[④]。在这两种不同的看法中，显然当以前者为是。在纹饰研究中如同在形制研究中一样，以往多认为楚铜器仅是沿袭中原铜器而已，不太注意或未充分认识到楚铜器在继承中原西周铜器基础上的创造与革新。我们有责任以具体的材料进行对比，揭示出楚铜器创新的风格。无疑，对楚铜器纹饰的具体而微的研究，尚不到谈论烦琐考证的时候，而是必须大力加强的一个薄弱环节。

（5）楚铜器铭文（金文）的研究。中华人民共和国成立后短短的几十年间发现楚系铜器铭文文字的数量数百倍于以往时期，加上大批楚竹简、玺印、货币等楚文字，使得楚系文字研究成为我国古文字学研究领域的重要部分，研究者亦夥。在何琳仪《战国文字通论》一书和《建国

---

① 此书由文物出版社 1984 年出版，书前有马承源所撰《商周青铜器纹饰综述》一文，对我国青铜器纹饰作了分类研究，为铜器纹饰研究最重要论文之一。

② 李学勤. 光山黄国墓的几个问题［J］. 考古与文物，1985（2）.

③ 李学勤. 东周与秦代文明［M］. 北京：文物出版社，1984：125.

④ 张剑. 从河南淅川春秋楚墓的发掘谈对楚文化的认识［J］. 文物，1980（10）.

以来古文字研究概况及展望》等文中有概略评述。[1] 在《楚文化史》《楚文化志》二书中也有专门章节。还有《楚系文字略论》《楚系文字与楚国风俗》等综论性文章。[2]

中华人民共和国成立后出版的工具书如《金文著录简目》《新出金文分域简目》《商周青铜器铭文选》《古文字类编》，特别是《殷周金文集成》这一大型金文总汇，“为殷周青铜器的研究，尤其是青铜器铭文的研究，提供极大的方便”[3]，同样，对楚铜器和楚金文的研究也将提供极大的方便。对楚系铜器铭文的研究，按其内容，大体可分三个方面：

第一，楚铜器铭文的编年研究仍是首要的问题，20世纪30年代《大系》一书开创了按年代与国别整理金文的科学道路与方法，对于利用金文研究历史做出了不可磨灭的贡献。中华人民共和国成立以来，不少学者仍在继续从事此项工作。由于一些金文资料的编纂仍是采用按器类和字数多少的方法编排的，虽然在说明中注明了年代，然从铭文的编次却看不清国别与年代。[4] 新出《商周青铜器铭文选》[5] 所附拓本大多原大精印，极便研究。该书按《大系》体例分国编排。但楚国金文编排的顺序并不完全以年代先后为标准，对所定年代有的过于笼统（如仅言春秋或战国），并且只收录了一部分楚铜器铭文，在楚铜器铭文资料日益增多的情况下，必须系统整理研究其年代序列，对凡属有楚铜器特征的非楚国铜器铭文也应纳入到楚系金文范围内作统一的编年研究。在这方面已出现的代表性论文有：《楚国有铭铜器编年概述》[6]，《湖北出土两

---

① 此书由中华书局1989年出版，在战国文字分域概述章内，专有“楚系文字”一节，于铜器铭文研究评价公允。论文为曾宪通撰著，载《中国语文》1988年1期。

② 黄锡全．楚系文字略论［J］．华夏考古，1990（3）；陈松长．楚系文字与楚国风俗［J］．东南文化，1990（4）．

③ 夏鼐为此书写的前言，上列诸书详见书末附录。

④ 如《金文总集》《殷周金文集成》均按器类、字数多少编排。

⑤ 马承源主编，文物出版社1986年至1990年出齐全四册。

⑥ 刘彬徽撰，刊于《古文字研究》第9辑。

周金文的国别年代考述》[①]，《楚国铜器铭文编年汇释》[②]《楚国有铭铜器编年补论》[③] 等。在《战国文字通论》一书中，对一些有绝对年代可考的楚系铜器铭文也进行了年代学的研究。

第二，楚铜器铭文的文字学研究，对中华人民共和国成立后发现的楚系铜器铭文，一些著名的古文字学家如郭沫若、张政烺、于省吾、陈梦家、唐兰、朱德熙、李学勤、裘锡圭等都有研究，还有一些中青年古文字研究学者均或多或少对楚系铜器铭文中一些疑难字作了探讨、释读。在诸多著作中，如《战国文字通论》所说："在考释文字方面，朱德熙、裘锡圭的贡献比较突出。他们合写或分写了许多颇有水平的考释文字专文。这些文章反映他们掌握材料娴熟，方法严谨，因此对未识的战国文字多有创获。"[④] 他们的论文中就有不少楚金文的研究。在谈到对随县曾侯乙墓乐器铭文的研究[⑤] 时，该书又指出："裘锡圭、李家浩就其中症结性的文字予以讨论，解决许多释读方面的问题。"[⑥] 还可提到的是 1988 年朱德熙与李家浩合写的《鄂君启节考释（八篇）》[⑦]，也是一篇多有创获的力作。对楚铜器铭文的文字考释，已取得很大的成就，但疑难字仍多。通过古文字学界的共同研究，将不断地有所突破，取得比过去更大的成果。

第三，结合文字考释着重于铭文内容的某些专题研究，前面提到的著名古文字学家都在文字考释的同时不同程度地进行了铭文内容的研究，对铭文反映的历史学诸多问题有所探讨。新中国成立以来的几批长篇楚铜器铭文，不少学者（包括青年研究工作者）也都不同程度地进行了历史学方面的研究。例如，对鄂君启节铭文，还有谭其骧、商承祚、

① 刘彬徽撰，刊于《古文字研究》第 13 辑。

② 李零撰，刊于《古文字研究》第 13 辑。

③ 刘彬徽撰，刊于《文物研究》第 7 辑，黄山书社，1991。

④⑥ 何琳仪. 战国文字通论［M］. 北京：中华书局，1989：12.

⑤ 裘锡圭，李家浩. 曾侯乙墓钟磬铭文释文与考释［M］// 曾侯乙墓. 北京：文物出版社，1989.

⑦ 纪念陈寅恪先生诞辰百年学术论文集［M］. 北京：北京大学出版社，1989.

黄盛璋、刘和惠等着重于历史地理方面的探讨[①]；对曾侯乙墓编钟大批乐律铭文，黄翔鹏、曾宪通等着重于乐律等音乐学方面的研究[②]。

在对新出土的楚铜器铭文进行研究的同时，不少学者对传世楚铜器铭文的研究也多有新见。例如，张亚初考释楚公豪其人应为楚君熊渠。学者们对有关新出与传世楚铜器铭文的研究，在本书第六章将概略地予以采录、介绍，在此不再赘述。

（6）楚铜器的铸造工艺研究。自从在楚境发现了全国最大规模的商周采冶铜矿遗址——大冶铜绿山古铜矿及规模较小的湖南麻阳古铜矿等遗址，发现了以代表铸造工艺的最高水平——熔模铸造技术（简称失蜡法）及其他先进铸造工艺形成的楚铜器以来，楚国青铜铸造工艺的先进与高超水平，令世人大为惊叹："从世界范围来看，楚国青铜铸造工艺的水平是第一流的。"[③]由于这方面的发现与研究，在某些方面应该改写中国乃至世界的科学技术史，需要有一部较为详尽的专门论著才能反映楚人在这方面的伟大创造与卓越贡献。

关于楚人运用失蜡法这一先进工艺的实物，最先有曾侯乙墓出土的盘尊上的透空附饰，经专家鉴定，得到确认。[④]之后又发现了年代比曾侯乙盘尊早一百多年的下寺楚墓出土的铜禁、铜盏等，其上的镂空附饰、构件也是失蜡法铸成。[⑤]由此推测，失蜡法这一先进技术，应为楚国的能工巧匠们所创造发明。仅以这两个地点的楚铜器来作推论，也许会有人以为作此结论为时尚早。可喜的是，又有新的发现。例如，处于楚国南境的湖南岳阳，1987 年出土了 1 件有铭文的楚铜盏[⑥]，其圈顶盖

---

⑦ 楚文化研究会．楚文化考古大事记［M］．北京：文物出版社，1984：31.

② 有关论文较多，例如：黄翔鹏．曾侯乙钟、磬铭文乐学体系初探［J］．音乐研究，1981（1）；黄翔鹏．释"楚商"——从曾侯钟的调式研究管窥楚文化问题［J］．文艺研究，1979（2）；曾宪通．关于曾侯乙编钟铭文的释读问题［M］// 古文字研究．北京：中华书局，1986.

③ 张正明．楚文化史［M］．上海：上海人民出版社，1987：82.

④ 《曾侯乙墓》一书附录鉴定书。

⑤ 汤文兴．淅川下寺一号墓青铜器的铸造技术［J］．考古，1981（2）.

⑥ 详见本书第二、六章。

钮和三个器足均为镂空和透空的龙蛇形铜梗构成，已经专家鉴定，亦无疑问地应为失蜡法铸成[①]。此盏的年代与下寺 M_2 出土铜盏年代相近，出土铜盏的两墓的年代同属楚铜器墓第三期。[②]从地点看，一个在楚之北境，一个在楚之南境；在同一时期，失蜡法技艺在楚境南北遥相辉映，这说明什么呢？只能表明当时楚境内的青铜铸造业已不是孤立的一两个地点，它已在楚国大地上比较普遍地发展着。迄今所见失蜡法铸件，在东周时代虽不限于楚国，但均以楚国的为早。既然年代最早的失蜡法铸件已在楚国三个地点发现，大概不至于“地不爱宝”，有意偏袒楚人吧。因此，就目前材料看，得出失蜡法由楚人最先发明并已达到了当时最高水平的结论，应不算妄断。由此而认为楚国的青铜铸造工艺代表了当时我国乃至世界青铜工艺的最高水平，也当不为过誉之辞。

关于楚青铜铸造工艺的研究，《楚学文库》丛书中将另有专著推出，本书不再另立章节论述，仅作以上简略的说明。

关于楚青铜器研究的几个方面已如上述。还有楚青铜器与其他地区青铜器的相互关系、楚青铜器与礼制研究等课题以及运用楚青铜器资料进行考古学和历史学的研究等其他方面，其成果均相当丰富，在此不一一赘述，有的则在本书的相关章节里作适当说明。

以上主要是就内地的研究而论，海外以及港、台学者的研究尚未论及。事实上，海外和港、台学者如美国张光直，日本梅原末治、白川静、桶口隆康、林巳奈夫[③]、松丸道玄都是研究我国青铜时代和青铜器的著名学者，他们的著作虽未专门研究楚铜器，但都把楚铜器纳入我国青铜器系统，作为我国青铜器的一个部分而作整体研究，他们的研究成果也在不同程度上反映了楚青铜器研究的成就。

澳大利亚汉学家巴纳对中国青铜器铸造技术作过实地考察与研究，

---

①② 详见本书第二、六章。

③ 林巳奈夫．殷周时代青铜器之研究——殷周青铜器综览［M］．此书较为详备，检索也较方便，惜国内不易见到。

包括对曾侯乙墓铜器群及其他楚系铜器也作过实地考察与研究。① 他1972年所撰《楚艺术的起源与性质》一文②，是海外第一篇对包括楚铜器在内的楚器纹饰进行研究的专论，惜全文未曾翻译成中文。

香港著名学者饶宗颐先生在他的《荆楚文化》一文及其他论文内也有包括楚铜器的论述，对曾侯乙墓的钟磬铭辞作过专项研究。③ 香港张光裕先生曾与巴纳合著过中国金文专著，他本人也有一些我国青铜器及其铭文的研究论文，也包含了若干楚铜器研究的成分。

台湾学者文崇一所著《楚文化研究》④ 一书，其中有对楚铜器的论述。台湾学者谭旦冏的两篇论文——《春秋铜器的新编年与龙纹的演变》《战国铜器的新编年与龙纹的续变》，是两篇专论我国东周龙纹的较有分量的论文⑤，研究对象也包括了楚系铜器纹饰中的龙纹。

台湾学者陈芳妹从事中国青铜器形态学研究，成绩斐然。其《盆、敦与簠——论春秋早中期间青铜粢盛器的转变》《商周青铜酒器析论》两篇论文，也包括了对若干楚铜器的论述在内，值得重视。⑥

总之，海外与港、台学者对楚系铜器的研究也多有创获，他们的成就在我国青铜器和楚铜器研究中都做出了重要的贡献。在今天改革开放的新形势下，海外与港、台学者和大陆学者的联系会更多，共同交流，共同促进；他们对我国青铜器和楚铜器研究的成就定会更大、更多。

---

① 巴纳给笔者寄赠过几篇论铸造技术的文章，系英文本。

② 张光裕博士曾以此文英文本寄赠。此文副标题为——衡量中国对太平洋区域影响的必要序言。后由笔者请湖北省社会科学院的金德万同志翻译了其中的三节（张啸虎校），刊于该院内部刊物《国外社会科学选译》1981年1–2期。

③《荆楚文化》刊《历史语言研究所集刊》第41本第2分册，1969年。饶宗颐，曾宪通．随县曾侯乙墓钟磬铭辞研究［M］．香港：香港中文大学出版社，1985.

④ 文崇一．楚文化研究［M］．民族学研究所专刊之十二，1967.

⑤ 谭旦冏．铜器概述［M］．故宫博物院，1981.

⑥ 陈芳妹之文，第一篇由《文物与考古》(3)——《台湾及海外中文报刊资料专辑》转载，书目文献出版社1987年，第二篇收入《商周青铜酒器特展图录》(台北1989年印)。

以上对楚铜器研究情况的概略介绍，难免挂一漏万。楚铜器研究进展之快，成果之大，是应充分肯定的。自然，毋庸讳言，在楚铜器的研究中，也有不尽如人意之处，为有助于今后在楚铜器研究上取得更大的成就，在此不揣冒昧，谈点研究中的不足之处与应该注意加强的环节。

第一，楚铜器资料的整理、研究，仍是一项必须加强的基础工作，在研究中有些看法的分歧或误断，往往是由于资料的不足或使用时不够审慎而引起的。这一方面需要文物考古部门在发表与整理研究资料时，尽量做到较为详细、准确，不遗漏资料，出版的资料（尤其是细部纹样）应清晰可辨。另一方面在运用这些资料时要尽量做到审慎使用。例如信阳长台关一号楚墓的敦，发表资料时称敦 2 件、三足敦 1 件。① 在我们对楚系敦作了研究之后，发现不能照引，只能如实地把 2 件无足敦称之为盒。又，寿县楚幽王墓的敦（《楚器图录》之一二）为 1 件有盖的三足敦②，但盖为误配，有的论著照引而论，显然也欠妥。由于未全面掌握所有资料，得出以偏概全的看法，这样的例子并不罕见。

第二，楚铜器的年代学研究虽已取得了不容低估的成就，但至今在有的论文甚至专著里，仍出现对楚铜器年代定得不准确甚至错误的情况。在国外和港台的有关论著中，因限于条件，不能目验实物，只能依靠发掘简报和有关楚铜器著录中的年代予以移录，但这些著录特别是出版年代较早的著录，把年代定得过早、过晚或过于笼统（如仅定为春秋或战国时期）的情况并不少见。在近年论文中，对楚铜器的年代定得不准或有误的情况也仍时有出现，这表明对楚铜器的年代学研究，还是值得大力加强的一个重要环节。

第三，在楚铜器内涵、特征的研究方面，综合的考察与概括是必要的，但具体的微观研究同样也是必要的；而且在现时资料已相当丰富的情况下，更有必要在组合、形制、纹饰、铭文、冶铸等等方面作深入细致的研究。当然，在这些方面的深入研究，需要专门从事楚铜器和我国

① 河南省文物研究所．信阳楚墓［M］．北京：文物出版社，1986：49.

② 安徽博物馆筹备处所藏楚器图录：第一集［M］．合肥：安徽省博物馆，1953.

青铜器研究的专业工作者更多的工作。许多问题的解决，往往要经过长年累月的深入细致的对比研究，并且要多接触实物、研究实物，方能如庖丁解牛，鞭辟入里，入木三分。

第四，在讨论楚铜器和其他文化系统铜器的关系中，过去出现过偏执一方的缺点，即或者过于强调中原地区青铜器对楚铜器的影响，忽视楚铜器在形成自身风格后对其他地区铜器的影响；或者过分强调楚铜器对其他地区铜器的影响。这也是今后研究中仍需加以注意的问题。

第五，楚铜器的研究，由于其内涵相当丰富，许多问题的研究牵涉到多方面的学科，需要诸如历史文献学、考古学、古文字学、历史地理学、乐律学以及自然科学、技术科学等多学科的协力攻关，在一些专题上才能取得突破性的进展。例如对曾侯乙墓铜器群的卓有成效的多学科研究就是显著的例子。今后仍需加强这方面的工作，使楚铜器的研究在我国传统文化和地域文化的研究中产生越来越大的影响与重要作用。

以上所谈，特别是谈到研究中存在的问题时，并非表明自己已做得很好，全无差错，同样也是自己今后应予注意的，目的是借以共勉，使对楚铜器的研究“更上一层楼”。

第二章　楚系青铜器群的分期与年代

第一节　分期概论

一、分期的意义与依据

要想了解楚系青铜器的发展水平、独特风格及相关问题，首要的前提条件是必须判明楚系青铜器的年代。郭沫若早年在研究两周铜器铭文时就说过："夫彝铭（即铜器铭文或简称金文——引者注）之可贵在足以征史，苟时代不明，国别不明，虽有亦无可征。"① 对铜器铭文的研究是如此，对铜器本身的研究也更是如此。时代不分，一团混沌，除作为古董玩器之外，是没有办法利用来研究历史的。② 在这方面，郭沫若对于两周金文的研究，正是我们效法的榜样。自宋代以来，研究金文者不计其数，专著也多，但是没有抓住年代这一关键环节。郭氏摆脱前人的窠臼，首先以主要的精力从事那表面看来十分枯燥、烦琐而实际上意义重大的考订年代的工作，他"考订现存金文之年代先后，成一有系统的编年史料"，"按国别异同分类，成一有组织之国别史料"③。从此，使金文资料的整理走上了正确的道路，正如他自己所说："倏忽相凿而混沌果死，则幸莫如之。"④ 他在学术史上完成了一件凿破鸿蒙的开创

① 郭沫若. 两周金文辞大系图录考释［M］. 北京：科学出版社，1958. 见考释序文。

② 郭沫若又云："时代性没有分划清白，铜器本身的进展无从探索，更进一步的作为史料的利用尤其是不可能。就这样，器物愈多便愈感觉着浑沌，而除作为古玩之外，无益于历史科学的研讨，也愈感觉着可惜。"见青铜时代［M］. 北京：人民出版社，1954：301.

③ 容庚，张维持. 殷周青铜器通论［M］. 北京：科学出版社，1958.

④ 郭沫若. 两周金文辞大系图录考释［M］. 北京：科学出版社，1958.

性工作。我们研究楚系青铜器乃至整个中国青铜器都必须首先紧紧抓住年代学这一基础研究工作。

楚系青铜器的年代，有的可以知道其绝对年代，即相当于历史纪年上的何年或何王世，但这只限于那些有纪年可考的有铭楚系青铜器，这仅是楚系青铜器中的极小部分，绝大部分楚系青铜器（包括一些有铭铜器）却只能判明其相对年代，这种相对年代的判定，属于铜器分期问题，是以一个具有某些共同特征的时距为界限，这种时距界限愈明确、时距愈短，在年代学研究上的结论就愈为重要。例如对东周时期的楚系青铜器年代分期，分为七期就比分为六期要准确和重要得多（此点后详）。

一些传世的或零散出土与搜集的楚系青铜器，只能依其本身的特点进行断代（如铭文透露的年代信息，形制、花纹的时代特征）。有共存关系的成组成群的青铜器，主要出于一些墓葬。一般来说，墓葬的年代也就是该墓出土青铜器群的年代（个别墓葬内也有早于该墓的铜器）。因此，楚系青铜器墓年代分期研究也就成为楚系青铜器的断代研究的一项至关重要的工作。

20 世纪 70 年代以来，湘、鄂、豫、皖四省所发掘的楚墓数量已达五千座左右，占我国东周时期墓葬总数的百分之七十以上，有如此丰富的楚墓资料，对楚墓进行分区、分类、分期研究刻不容缓。在文物考古工作者的共同努力下，东周楚墓年代学已逐步建立起来。如湖南地区的楚墓分为六期①，湖北江陵地区的楚墓分为八期②，湖北当阳赵家湖和江陵雨台山两地的楚墓各分为七期和六期③，湖北地区的楚墓分为七期④。

---

① 高至喜．试论湖南楚墓的分期与年代［C］// 中国考古学会第一次年会论文集．北京：文物出版社，1980；再论湖南楚墓分期与年代［C］// 楚文化研究论集：第 1 集．武汉：荆楚书社，1987.

② 郭德维．江陵楚墓论述［J］．考古学报，1982（2）.

③ 高应勤，王光镐．当阳赵家湖楚墓的分类与分期［C］// 中国考古学会第二次年会论文集．北京：文物出版社，1982；湖北省荆州地区博物馆．江陵雨台山楚墓．北京：文物出版社，1984.

④ 杨权喜．湖北省楚文化考古发现和研究［C］// 湖北省考古学会论文选集．武汉大学学报增刊，1987.

这都包括了一些楚铜器墓的分期在内，而专门就整个楚铜器墓进行分期，条件成熟的时间还要晚些，特别是春秋时期楚铜器墓的分期，只有到 80 年代，公布了湖北当阳、襄阳和河南淅川下寺等几批典型材料后才有可能系统地对整个楚铜器墓进行分期。

楚铜器墓分期在楚墓年代学研究中的重要性在于：第一，楚铜器墓的共同特点大于地域差别，可以把所有楚铜器墓综合起来进行分期，不像陶器墓目前还只能按不同地区予以分期（如上述的湖南地区、湖北地区及较小范围的湖北当阳和江陵地区）。第二，由于有的墓葬出土铜器铭文有绝对年代可考，可以把一些楚墓的年代定得更为准确。第三，一些铜器墓内兼出陶器，由这类有陶、铜器共存的楚墓年代，可以串连那些仅出陶器的墓，把大多数陶器墓的年代也定得更准确些。可以说，楚铜器墓与楚陶器墓在楚墓年代分期中的作用，犹如车之两轮，鸟之双翼，缺一不可，两者相辅相成、相得益彰。但综上所述，在某些情况下，楚铜器墓的年代分期对楚墓年代学的建立，其作用还要大些。

为便于讨论，有必要就铜器墓分期的主要依据说明一下：

第一，铜器器类的组合、形态演变的阶段性特征，是铜器墓分期的内在依据。其情况详见本书第三、四、五章，本章讨论分期时，只引述其研究结论。墓内共存的陶器及其他器类也应作为断代的内在依据，予以综合考察。

第二，墓内铜器群中的有铭铜器，有的有绝对年代可考，这是可靠的标准器，具有断代的标尺作用，再采用郭沫若早年即已倡导的标准器系联法进行分期断代研究。

第三，有的铜器墓有绝对年代可考，如属楚系墓葬的蔡昭侯墓，墓主蔡昭侯卒于公元前 491 年，这就是该墓下葬年代。因此，此墓出土铜器大部分都铸于蔡昭侯在位之时（前 518—前 491 年），个别的不铸于此时（详下节）。又如曾侯乙墓，由于墓内出土有楚惠王五十六年铸的镈钟，从而推断此墓下葬年代当为此年或稍晚。① 再如荆门包山二号墓出土的大批竹简中有大量纪年纪月纪日的纪时材料，笔者通过对这些材料研究楚国历法，并进而推算出此墓下葬年代为公元前 316 年②，这是此墓青铜器的年代下限。像这样年代明确的青铜器群也是可以起到断代标尺作用的，可以成为分期中的界标。郭宝钧先生研究我国商周青铜器分期时，就确定若干铜器群为界标进行分期，对东周时期的铜器群曾选定了三个界标（但个别的定得不准）。③ 这种界标法，实际是标准器法的扩大运用，可名之曰青铜器群界标法。我们讨论青铜器分期时，也将以若干年代明确的青铜器群作为界标进行研究。

1983 年，笔者参加中国考古学会第四次年会，所提交的论文，以楚铜礼器墓为主要研究对象，选择了一些年代明确的楚铜器群作为分期的界标，第一次提出了楚铜器墓分为七期的新分期法。④ 自那以后，由于新材料的增加和分期研究的深入，其分期还可再细分为段、组；作为标尺中的个别铜器群年代有必要作适当的调整；同时也出现了一些有争议的看法，有必要作进一步的讨论。主要的问题是：楚铜器墓为什么要分为七期？各期的起讫年代如何界定？每一期内还能否再细分为前后两段（两组）？每个期、组的典型铜器群如何确定？以下就是对上述问题的讨论及所得到的结论。

二、东周楚铜器分为七期

东周时期楚铜器和楚铜器墓的分期⑤，目前存在两种分期法：

---

① 曾侯乙墓［M］. 北京：文物出版社，1989.

② 详见下节。

③ 郭宝钧. 商周铜器群综合研究［M］. 北京：文物出版社，1981.

④ 刘彬徽. 楚国青铜礼器初步研究［C］// 中国考古学会第四次年会论文集. 北京：文物出版社，1985.

⑤ 应该说明的是楚铜器和铜器墓的分期两者既有共同性又有差别，因楚铜器墓特别是甲类大型墓内往往有早于墓葬年代的铜器，但这只是少数，故在讨论分期时也可一起讨论，一起分期，请参阅刘彬徽. 楚墓出土铜器的年代略说［J］. 中原文物，1989（4）.

第一种分为六期，即按东周历史时期分为春秋早、中、晚期和战国早、中、晚期，共六期。①

第二种分为七期，即春秋时期分为四期，战国时期分为早、中、晚三期，前后共七期，这是笔者的主张。②

这两种分期法的共同点是战国时期均分为早中晚三期，其区别在于春秋时期的分期相差一期，多分出的这一期是指春秋中期应再分为前后两期，而不是两段，其前期之上限可到春秋早期之末年，其后期之下限可到春秋晚期之初年。为什么要多分出这一期？有什么必要性与客观依据？这种分期依据大体有以下几点。

第一，由楚铜器自身演变规律所决定。春秋时期楚铜器在器类组合、形制、纹饰等方面的变化所显示出来的特征，明显地可区别为四个相互衔接的时段，这四个时段中每段的器类与型式变化，以乙类铜器墓为例，简括如下：

第一期　鼎 A、簠Ⅰ、壶 AⅠ、盘 AⅠ、匜 AⅠ。

第二期　鼎 BⅠ、簠Ⅱ、盏 A、缶 A、盘 AⅡ、匜 AⅡ。

第三期　鼎 BⅡ、簠Ⅲ、盏 BⅠ、缶 BⅠ、盘 BⅠ、匜 BⅠ。

第四期　鼎 CⅠ、簠Ⅲ、敦 A、缶 BⅡ、盘 BⅡ、匜 BⅡ。

（以上各期器类组合与型式的变化，详见本书第三、四、五章并器物图）

以上春秋时期每一期都有特定的器类组合与型式，各自独为一期而又相连续，第一期的楚文化特征，在于组合中以簠代簋③，而器型则是周式的延续。第二期为楚特有的新器种初创期，如盏、缶，均为前一期

① 高崇文．东周楚式鼎形态分析［J］．江汉考古，1983（1）．见第 9 页的楚式鼎发展序列图（图 10），但在讨论有的鼎型如 CⅠ型时，也区分为春秋中期和春秋中期晚段两期。

② 刘彬徽．楚国青铜礼器初步研究［C］// 中国考古学会第四次年会论文集．北京：文物出版社，1985．

③ 刘彬徽．楚国春秋早期铜礼器简论［M］// 楚文化觅踪．郑州：中州古籍出版社，1986．

所无。新出现的纹饰即所谓吐舌蟠螭纹开始流行。[①] 第三期，盏、缶等器种由 A 型变为 B 型，趋于定型化，吐舌蟠螭纹由粗犷变为细花即微型化，这一期是楚铜器独特风格的形成期。第四期有楚式敦的产生，其他器型也有相应的变化。由此表明，之所以划分为四期而不是三期，正是春秋时期楚铜器自身演变的阶段性的客观反映。[②]

第二，有淅川下寺楚墓的分期为重要依据。下寺楚墓共分为五组[③]，或分为春秋中期、春秋中晚期、春秋晚期三期。或分为早、中、晚三期[④]，发掘报告合并为甲乙丙三组，分为一、二、三期[⑤]。共同点是均分为三期，这三期与本书的分期对应关系如下：

第二期　淅川下寺楚墓早期（第一组：M_8、M_7）。

第三期　淅川下寺楚墓中期（第二、三组：M_{36}、M_{1-4}）。

第四期　淅川下寺楚墓晚期（第四、五组：M_{10}、M_{11}）。

可以认为，春秋时期楚铜器墓的分期，实有赖于淅川下寺楚墓这批重要资料，乃得以较准确地分为四期。[⑥]

第三，与中原地区铜器墓分期比较，可得有力佐证。

中原地区东周时期铜器墓的分期，与楚铜器墓分期一样，也存在两

① 李学勤. 光山黄国墓的几个问题［J］. 考古与文物，1985（2）. 文中指出这种蟠螭纹“特征是都从螭口吐出小舌，垂于颈部。我们可称这种类型的蟠螭纹为吐舌蟠螭纹”，“其产生可能在春秋早期之末”。

② 请参阅第四章所列器形演变图（为省篇幅，未分型分式说明，图像本身即标明了型式的变化）。

③ 河南省丹江库区文物发掘队. 河南省淅川县下寺春秋楚墓［J］. 文物，1980（10）.

④ 赵世纲. 楚人在河南的活动遗迹［C］// 楚文化研究论文集. 郑州：中州书画社，1983；张剑. 略论河南淅川下寺春秋楚墓的葬制特点［C］// 楚文化研究论文集. 郑州：中州书画社，1983.

⑤ 河南省文物研究所，河南丹江库区考古发掘队，淅川县博物馆. 淅川下寺春秋楚墓［M］. 北京：文物出版社，1991：319. 三期起讫年代，与本书不同。

⑥ 所依据的资料为《文物》1980 年 10 期、《考古》1981 年 2 期的简报。近承文物出版社和赵世纲同志支持，使本人有幸先看到这批墓葬发掘报告一书的校样，大大有助于本书的写作，特此致谢。

种分期法。第一种分期法分为六期[①]，与楚铜器墓的六期分法相同。第二种分期法分为七期，对春秋时期分期也同样是把春秋中期分为两期，即“春秋中期偏早”与“春秋中期偏晚”。[②]

楚铜器墓分期与中原地区东周铜器墓分期基本相同，绝不是偶然的。众所周知，楚铜器与中原地区铜器都是我国古代青铜器的重要组成部分，虽各有特点，然由于社会发展的阶段性大体一致，楚铜器与中原地区铜器的发展演变也基本上是同步的。这样，楚铜器与中原地区铜器的分期相同，也就会容易理解，势所必然了。

第四，为楚国社会历史发展的阶段性所决定，对这一点，将在下节论述年代范围时再谈。

总之，楚铜器与楚铜器墓的分期为七期而不是六期，特别是对春秋时期楚铜器墓分为四期而不是三期，是建立在对楚国历史发展与楚铜器本身研究的基础上的。分期细一点、精确些，也是科学研究的要求，这种分期正是对楚铜器作进一步研究的必然结果。

三、各期起讫年代

楚铜器墓的七期，每一期的起讫年代，每一期的年代范围如何？有必要予以估定。

楚墓的分期（包括铜器墓分期），过去一般据历史时期分为春秋早、中、晚，战国早、中、晚等期予以讨论，对这些时段，史学界有大体一致的看法，故在讨论年代分期时，对各期绝对年代往往可略而不论。但现在对楚铜器墓的分期特别是春秋时期楚铜器墓分期，并不是按春秋早、中、晚期来区分，其各期起讫年代就必须重新予以说明。况且，史学界、考

① 高明．中原地区东周时代青铜礼器研究［J］．考古与文物，1981（2–4）．此文所分六期系一般的历史分期法，即春秋早中晚三期，战国早中晚三期，并界定了每期的具体年代。

② 李学勤．东周与秦代文明［M］．北京：文物出版社，1984．书内论及洛阳东周墓的分期一节（第 24 页），与《中原地区东周时代青铜礼器研究》的六期分法对照，正好是将春秋中期分为前后两期，由六期变为七期。

古界对春秋与战国两大期分界的绝对年代，春秋与战国两大阶段内的早、中、晚期的分界年代，意见也未统一。在这种情况下，如果不说明笔者对各期年代的看法，那么，很可能同样说春秋晚期（别的期也一样），各人心目中的起讫年代却并不相同，甚至可能相差数十年之久。这对分期的讨论无疑是不便的。因此，着重讨论一下各期起讫年代，显然是十分必要的。

以下依次论述各期的起讫年代及其年代范围。

第一期的起讫年代。其起始之年即我国东周时期的起始年代，指公元前 770 年，这是没有异议的。此期的下限年代即第一、二期的分界年代，相当于春秋早、中期之际，其绝对年代则需讨论。这里首先涉及对历史时期春秋中期的起始年代如何确定的问题。现知春秋中期开始的年代有二说：

一是指公元前 655 年，即晋灭虢之年，这是上村岭虢国墓地的下限年代。① 这个虢国墓地没有晚于春秋早期的墓葬，因此，考古界一般以此年代作为区分春秋早期与中期的分界年代，或统称为公元前七世纪中叶，绝对年代定为公元前 650 年。②

二是指公元前 659 年，这是鲁僖公元年，即以此年“为春秋中期之始”③。

楚铜器墓第一、二期的分界年代，也即第一期下限、第二期起始年代，比这两个年代还应提早一些，其根据有：

第一，从铜器演变看，我国春秋时期青铜器的新风格在春秋早期尚未出现，一般以新风格出现作为春秋中期开始的标志。例如，“吐舌蟠螭纹是春秋时期出现的新纹饰”④。这种吐舌蟠螭纹出现的年代，有学者曾上推至宋襄公在位之年，即公元前 650—前 637 年。⑤ 但新近报道的河南商水县出土的原仲簠和同墓的簋等器上有吐舌蟠螭纹。⑥ 作器者原

① 中国社科院考古研究所. 上村岭虢国墓地［M］. 北京：科学出版社，1959.

② 高明. 中原地区东周时代青铜礼器研究［J］. 考古与文物，1981（2-4）.

③④⑤ 李学勤. 光山黄国墓的几个问题［J］. 考古与文物，1985（2）.

⑥ 秦永军，韩维龙，杨凤翔. 河南商水县出土周代青铜器［J］. 考古，1989（4）.

仲就是《左传》庄公二十七年所载的原仲，此人死于公元前667年。如此看来，吐舌蟠螭纹的出现年代可以提早到公元前667年左右或更早。“这批青铜器，被李学勤先生称为‘很重要的发现’。”① 之所以很重要，其中之一似乎可以据此将春秋中期开始的年代还稍提前些，即使春秋中期开始的年代仍按传统的说法不变，而作为以新风格、新特点出现的第二期铜器的年代就必须提前，根据原仲簠的年代，似乎可将绝对年代定为公元前670年左右。

道一风同，既然中原地区的宋国铜器上已有吐舌蟠螭纹，这种新纹饰在楚国铜器上出现的时间也当相近，只是还未发现有如宋原仲簠那样有绝对年代可考的铜器罢了。而相对年代接近的楚铜器墓则已发现了。

例如信阳平桥 $M_2$②，笔者于1983年就已认为此墓组合同于楚制（即乙类墓组合中以簠代簋），这是已降服于楚的樊君之墓，应为楚系墓葬③。李学勤先生更进而论定这个樊君与楚同姓（芈姓），“恐非诸侯而是楚的封君”④。此墓铜器上已有原仲簠上那样的吐舌蟠螭纹。在河南洛阳中州路 M_{2415}⑤、光山黄君孟墓⑥、1971年发掘的新野小西关墓⑦的铜器上都有这类吐舌蟠螭纹，这几座墓的年代都属春秋中期偏早，中州路 M_{2415} 属中原地区铜器墓第一期。光山黄君孟墓的下限年代为黄国灭亡之年（前648年）。过去笔者曾将平桥 M_2 列入春秋早期晚段墓葬，如上所述，平桥 M_2 与光山黄君墓、新野小西关墓、中州路 M_{2145} 等墓年代相

① 秦永军，韩维龙，杨凤翔．河南商水县出土周代青铜器［J］．考古，1989（4）．

② 河南省博物馆，信阳地区文管会，信阳市文化局．河南信阳平桥春秋墓发掘简报［J］．文物，1981（1）．

③ 刘彬徽．楚国春秋早期铜礼器简论［M］// 楚文化觅踪．郑州：中州古籍出版社，1986；刘彬徽．楚国青铜器礼器初步研究［C］// 中国考古学会第四次年会论文集．北京：文物出版社，1985．

④ 李学勤．光山黄国墓的几个问题［J］．考古与文物，1985（2）．

⑤ 中国科学院考古研究所．洛阳中州路［M］．北京：科学出版社，1959．

⑥ 河南信阳地区文管会，光山县文管会．春秋早期黄君孟夫妇墓发掘报告［J］．考古，1984（4）．

⑦ 郑杰祥．河南新野发现的曾国铜器［J］．文物，1973（5）．

近，其相对年代应改定为春秋中期偏早，属楚铜器墓分期的第二期，其上限年代应改定为春秋中期偏早，属楚铜器墓分期的第二期，其上限年代也许可早到公元前670年前后。

因此，楚铜器墓第二期起始的年代应比通常所说的春秋中期开始的年代为早，将第二期的开始年代提早到公元前670年前后应该是合理的。

第二，从楚历史发展来看。第二期开始之年如果定在公元前670年，正是楚成王即位之次年（楚成王即位于前671年）。楚在此以前已称王，经武王、文王二代，灭邓、伐郑、“实县申息，封畛于汝”，楚在春秋早期已开始强大。《史记·楚世家》记，楚成王即位后“天子赐胙”，周天子由责备“楚为王”，变为正式承认楚的王号。楚成王南进北伐，纵横捭阖，楚已成为举足轻重的大国，经济文化得到迅速发展，楚器新风格开始形成。因此，以楚成王即位之际为楚铜器第二期开始之时也是恰当的。

再来讨论第二、三期的分界年代，亦即第二期下限年代与第三期起始年代。

前面提到中原地区东周铜器墓将春秋中期分为偏早与偏晚两期，春秋中期的年代一般是指公元前七世纪中叶到公元前六世纪中叶，绝对年代为前650年至前550年。这两期的分界年代应是这一年代范围的中界年代，亦即公元前600年左右。把这一年代作为楚铜器墓二、三期之间的分界年代也是适宜的。当然，如前所指，第二期的上限年代并不是前650年，而是早于此年的前670年，第三期的下限年代也不是前550年，而应稍晚些，此点留待后论。

把前600年定为楚铜器墓二、三期分界之年，其理由还可作些说明。

第一，关于淅川下寺楚墓的年代与期别问题。下寺楚墓中只有二号墓可据铭文考究绝对年代，其年代主要有公元前552年和前548年两说①，从年代学来说，相差几年影响不大。此二号墓属下寺墓地第三组

① 主前552年说者见该墓群简报，载《文物》1980年10期。主前548年说者较多，首先提出者有俞伟超、李家浩、李零，见李零.“楚叔之孙倗”究竟是谁［J］.中原文物，1981（4）.

墓，晚于第一、二组墓，有的同志认为第一组 M_8 的墓主与第三组的 M_2 的墓主“显然是同族”[①]，既然是同族，又置于同一墓地，年代又有早晚之分，则此墓地也可能是一家族墓地，其第一、二、三组各属一代，每代以 20 年间隔计，则一至三组墓的年代相差 60 年左右，这样，第一组墓的年代上限可早至公元前 620 年前后，这已属楚铜器墓第二期年代范围。对于第一组墓的年代，下寺楚墓发掘报告一书的主要编写者赵世纲在给笔者来信中说：“我一直认为当定为春秋中期晚段（公元前 620—前 570 年）”[②]，他指出的这一年代范围，在没有绝对年代可考的情况下，无疑是慎重的说法。笔者以前也是把其下限年代定在公元前 575 年。[③] 但考虑到这组墓的年代上限已超过公元前 600 年，此组墓又属下寺楚墓早中晚三期中的早期，其铜盏、缶等器型属楚铜器第二期特征，故在此把第一组墓下限年代稍为提前，将第一组墓的期别纳入楚铜器墓第二期。

第二，传世的楚王子昊鼎与楚王领钟的年代也可作为分界年代的参考。[④] 王子昊鼎上腹部纹饰为四方连续的微型化蟠螭纹，为楚铜器第三期特征。此鼎年代据考证为前 597—前 575 年间。[⑤] 楚王领钟正鼓部花纹不见于第三、四期楚铜钟上，笔者考证此钟年代为楚穆王世时，即前 625—前 614 年间。[⑥] 如此看来，第三期的起始年代应介于这两器的年代之间。把第三期始年即二、三期之分界年代定为前 600 年也正好适合于

① 李零. 论东周时期的楚国典型铜器群［M］// 古文字研究：第 19 辑. 北京：中华书局，1992.

② 这一看法已写入此墓地发掘报告一书中（见该书 319 页）。

③ 刘彬徽. 楚国青铜礼器初步研究［C］// 中国考古学会第四次年会论文集. 北京：文物出版社，1985.

④ 铭文及考释见第六章。

⑤ 张政烺. 邵王之諻鼎及簋铭考证［M］// 历史语言研究所集刊. 商务印书馆，1939；刘彬徽. 楚国有铭铜器编年概述［M］// 古文字研究：第 9 辑. 北京：中华书局，1984.

⑥ 请参阅第六章关于楚王领钟铭文及年代的研究。

对这两器年代的考察。

第三，从楚国历史发展来看，公元前597年邲之战，楚大胜晋，楚之霸业成功，标志着楚国进入最强盛期；这正是楚铜器独特风格的形成期，此期中的铜器以淅川下寺出土的王子午鼎和用失蜡法铸成的铜禁等为其突出代表；第三期的始年当不晚于前597年。所以，把前600年定为二、三期分界年代，从楚历史发展看，也是恰当的。接下来讨论第三、四期的分界年代，亦即第三期下限年代与第四期起始年代。

春秋中晚期的分界年代，一般定为公元前六世纪中叶，绝对年代为前550年，楚铜器墓第三、四期的分界年代则要晚于这个年代。大约可推迟到前530年前后，试述其依据。

第一，淅川下寺楚墓第三组墓与第四组墓出土的铜器种类与特征有较大的变化，间隔的时间应较长。第三组墓铜器仍是典型的春秋中期特征，它的年代为前550年前后，其余风自应还会延续一段时间。把此组墓作为铜器第三期后半段的标尺，下限年代应还晚一些。下寺第四组墓已有铜敦，比蔡昭侯墓之敦年代稍早。这样考虑，把淅川下寺第三、四组墓的分界定为前530年较为恰当，推而广之，可作为楚铜器三、四期之分界年代。

第二，属于楚系铜器的许公买簠有年代可考，也可作分期参考，此器作于公元前546—前523年间。[①] 器上的微型化多体蟠螭纹流行于第三期，到第四期为另一种类型的几何形蟠螭纹所代替。此器当为第三期末年的特征。由此看来，把在此器制作年代范围内的前530年，作为两期的分界年代，就铜器形制、纹饰演变的阶段性来说，是比较适宜的。

第三，从楚历史发展看，楚铜器第三期正是楚历史上春秋霸业鼎盛期，从前597年邲之战霸业成功，到前538年、前537年楚会诸侯于申，以诸侯之师伐吴、伐徐，楚灵王为章华之台，“与诸侯落之”（《左传》昭公七年），前530年“楚子狩于州来，次于颍尾……围徐以惧吴[②]”

① 浩文. 关于许公买瑚的一点意见［J］. 江汉考古，1984（1）.

② “惧吴”，使动句式，意为使吴国害怕楚国。

(《左传》昭公十二年)。楚北上、东进之霸业余威未减。殆至前530年以后，吴反攻楚，竟至入郢。楚之霸业期便转入守成期了。因之，以前530年为分界年代，与楚历史发展阶段性也相符。

再接下来讨论第四、第五期之间至五至七期之间的分界年代。第四、五期之间的分界年代也就是春秋时期与战国时期的分界年代。这个分界年代，史学界讨论中出现了以下多种：前480年、前476年、前453年、前403年等。①一般将其相对年代定为公元前五世纪中叶。本书将第四、五期的分界年代定为公元前450年左右。此年代与中原地区东周铜器墓分期所定的前453年相近。②

第五、六期的分界即战国早、中期的分界年代可定在公元前380年。此年代与中原地区铜器墓所定相同。③

第六、七期的分界即战国中、晚期的分界年代定为公元前300年。

第七期的下限为楚国灭亡之年，即公元前223年。这属于战国时期的五、六、七期起讫年代，看法基本一致，不再讨论。

以上所论楚铜器墓的分期年代，概括如下：

第一期　公元前770—前670年　积年100年

第二期　公元前670—前600年　积年70年

第三期　公元前600—前530年　积年70年

第四期　公元前530—前450年　积年80年

第五期　公元前450—前380年　积年70年

第六期　公元前380—前300年　积年80年

第七期　公元前300—前223年　积年77年

以上七个时期，每期各占七八十年(除第一期外)，代表楚铜器墓和楚铜器发展的七个阶段。在一般情况下，铜器的形制、纹饰大约每隔五十年左右就要发生明显的变化。④以此考虑，间隔七八十年为一个时

① 杨宽．战国史［M］．上海：上海人民出版社，1980．

②③ 高明．中原地区东周时代青铜礼器研究［J］．考古与文物，1981(2–4)．

④ 李学勤．怎样辨识青铜器的制作年代［J］．文物天地，1985(3)．

期的分期法是适宜的。西周时期铜器的分期，一般分为早、中、晚三期，每期各占八九十年。[①]历史发展到东周时期，时代的车轮转动得更快，由八九十年为一期减为七八十年为一期，也是合乎历史前进的趋势的。

以上分期的年代均取其整数，表明这些年代有一定的或然率、相对性。由于此前尚无人提出过对每期起讫具体年代的看法，也许笔者这些看法带有一定的冒险性，但路是人走出来的，既然有此必要，就需率先认定。随着今后考古新发现的增加，研究的进一步开展，其年代分期也许要作必要的调整。

四、分期与分组

楚铜器墓分为七期，在每期内再细分为前后连续的段、组，是分期研究的进一步要求。目前业已具备了这方面的条件：一是铜器墓数量较多，年代序列的缺环已基本弥补。二是有以陶器墓为主的楚墓年代学研究成果，如当阳赵家湖楚墓的年代，在七期中又细分为十二段[②]，湖北地区的楚墓有的分为十三段[③]。三是可与中原地区铜器墓分期、分组相比较；中原地区东周铜器墓不仅分六期，还细分为前后连续的十组[④]。对楚铜器墓的分段、分组，笔者虽曾在有的期别中区分为早中晚段[⑤]，但语焉不详。加之那时尚有缺环，未曾对各期予以分段、分组。现在既已具备了分段、分组的条件，理应加以讨论。

① 陈梦家．西周铜器断代［J］．考古学报：第 9 册．

② 高应勤，王光镐．当阳赵家湖楚墓的分类与分期［C］// 中国考古学会第二次年会论文集．北京：文物出版社，1982；湖北省荆州地区博物馆．江陵雨台山楚墓［M］．北京：文物出版社，1984．

③ 杨权喜．湖北省楚文化考古发现和研究［C］// 湖北省考古学会论文选集．武汉大学学报增刊，1987．

④ 高明．中原地区东周时代青铜礼器研究［J］．考古与文物，1981（2–4）．

⑤ 刘彬徽．楚国青铜礼器初步研究［C］// 中国考古学会第四次年会论文集．北京：文物出版社，1985．

在每一期内分出前后相连续的段、组，是分期研究的深化，分期的依据也就是分组的依据。我们在 100 多个楚铜器墓礼器群中选取了 78 个铜器群作为分期分组的基本材料。每一期选取一个或数个典型器群为标准器群，作为分期分组的界标，根据前述关于分期的三个依据和每一期的起讫年代范围，将这 78 个器群分期分组依次排列其年代先后的序列，共得七期十四组。这样，便可简明扼要地制出分期表和年代序列表（见表 2–1、表 2–2），表中未分出十四个组的界限，特再作下表说明：

组　别	典型铜器群序号
第一组	1
第二组	2—3
第三组	4
第四组	5—8
第五组	9—13
第六组	14—25
第七组	26—32
第八组	33—41
第九组	42—43
第十组	44—47
第十一组	48—51
第十二组	52—67
第十三组	68—71
第十四组	72—78

对这七期十四组铜器群，不可能也不必要对每个器群都论述其年代依据，只需对其中的标准器群和需要进一步研究的铜器群作必要的分析与讨论，这就是下节的内容。

表 2–1　楚铜器群分期表

期别	年代范围 公元前	楚国历史时期	组别	典型单位铜器群举例
一	770	春秋始强期	一	当阳赵家塝 M_2 铜器群
			二	枝江百里洲铜器群
二	670	春秋争霸期	三	南漳川庙山 M_{18} 铜器群、当阳赵家塝 M_3 铜器
			四	淅川下寺第一组墓（M_8、M_7）、谷城新店墓铜器群、当阳赵家塝 M_4 铜器
三	600	春秋霸业期	五	淅川下寺第二组墓（M_{36}）、当阳金 M_9 铜器群
			六	淅川下寺第三组墓（M_1—M_4）、当阳慈化楚墓铜器群
四	530	春秋守成期	七	淅川下寺第四组墓（M_{10}）、蔡侯墓、襄阳山湾 M_{33} 铜器群
			八	淅川下寺第五组墓（M_{11}）、襄阳山湾 M_{23} 铜器群
五	450	战国争雄期	九	曾侯乙墓铜器群
			十	襄阳蔡坡 M_4 铜器群
六	380	战国强盛期	十一	江陵天星观 M_1、信阳长台关 M_1 铜器群
			十二	江陵望山 M_1、荆门包山 M_2 铜器群
七	300	战国衰亡期	十三	江陵张家山 M_{201}、雨台山 M_{480} 铜器群
	223		十四	长沙丝茅冲 M_{33}、寿县楚幽王墓铜器群

注：

① 表 2–1 典型单位铜器群资料来源同表 2–2 之著录栏，著录号与本书附录二（引用考古材料及其简称表）之编号相同，资料来源均见附录二。

② “楚国历史时期”栏的“一至七期”期别名称为新版增补改订。

③ “组别”栏的“三组”铜器群为新版改订。

表 2-2　楚系铜器群年代序列和主要器类统计表

期别	顺序号	器群名称	鼎	簋	簠	盏	敦	盒	壶	尊缶	浴缶	盘	匜	钟	其他器类	著录号
一	1	当阳赵家塝 M_2	1	2											陶器：鬲、簋、罐、豆	〔1〕
	2	南阳西关铜器	3		2				2						工具、车马器，戈、矢、削等	〔3〕
	3	枝江百里洲铜器	3		2				2			1	1			〔2〕
二	4	当阳赵家塝 M_3	1	2											陶器：鬲、簋、罐、豆	〔1〕
	5	信阳平桥 M_2	2		2				2			1	1		工具：削、锛、刀、锥	〔4〕
	6	淅川下寺 M_8	1		4						1		1		盉 1、工具、兵器、车马器	〔5〕
	7	淅川下寺 M_7	2		2	1					2	1			勺 1，玉、石料器	〔5〕
	8	谷城新店墓	5		2				2		2	1			鉌 1、勺 1	〔6〕
	9	当阳赵家塝 M_4	1	2											陶器：簋、敦、豆、罐	〔1〕
三	10	江陵岳山楚墓	1		2	1					1	1	1			〔7〕
	11	淅川下寺 M_{36}	2		2						2	1	1		工具、兵器、车马器	〔5〕
	12	襄阳山湾 M_6	2		2						2	1	1		勺 1、戈 1	〔8〕
	13	当阳金家山 M_9	2	2		1									鉌 1、陶器：鬲、鼎、豆、罐	〔9〕
	14	当阳赵家塝 M_8	2	2		1									鉌 1，陶器：簋、敦、豆、罐	〔10〕
	15	当阳郑家湾 M_{23}	1			1									鉌 1	〔10〕
	16	当阳金家山 M_{247}	1			1									鉌 1，陶器：豆形盆、豆、罐	〔11〕
	17	当阳金家山 M_{248}	1			1									鉌 1，陶鬲 2	〔11〕
	18	当阳慈化楚墓	2		1						1	1	1			〔12〕
	19	襄阳山湾 M_{15}	1			1					1	1	1			〔8〕

续表

期别	顺序号	器群名称	鼎	簋	簠	盏	敦	盒	壶	尊缶	浴缶	盘	匜	钟	其他器类	著录号
三	20	淅川下寺 M_4	1		1						1	1	1		刀 1	〔5〕
	21	淅川下寺 M_1	13	1	2	1			方壶 2	2	2	1	1	9	鬲 2、盉 1、斗 1、勺 2、匕 5，玉石料器	〔5〕
	22	淅川下寺 M_2	19	2	1	1			1	2	2	1	1	26	斗 1、勺 2、匕 9、鉶 1、鬲 2、盆 2、豆 1、方俎 1，兵器、工具、车马杂器、壶冠 1、禁 1、鉴 1	〔5〕
	23	淅川下寺 M_3	6		4	1				2	2	1	1		盉 1、鉴 1、提链壶 1、方体器 1、斗 1、勺 2、镜 1、单耳器 1，玉石料器	〔5〕
	24	淅川毛坪 M_{18}	2		1							1	1			〔13〕
	25	岳阳筻口铜器	2		1	1						1	1		盉 1	〔14〕
四	26	襄阳山湾 M_{33}	2		1		1				1	1	1		斗 1，兵器、马衔	〔8〕
	27	淅川下寺 M_{10}	4		2		1			2	2	1	1	9+9	斗 1、勺 1，兵器、车马器等	〔5〕
	28	当阳曹家岗 M_5	4		2						1				斗 1、勺 1、鉶 1，兵器、车马器、杂器等	〔15〕
	29	襄阳山湾 M_{14}	1		1						1	1	1		勺 1，工具、兵器	〔8〕
	30	当阳杨家山 M_6	1				1								鉶 1	〔10〕
	31	枝江姚家港 M_{14}	2		2						1	1	1		斗 1	〔16〕

续表

期别	顺序号	器群名称	鼎	簋	簠	盏	敦	盒	壶	尊缶	浴缶	盘	匜	钟	其他器类	著录号
四	32	寿县蔡昭侯墓	19	8	4		2		方壶2	2	4	3	1	12+8+9	鬲8、豆2+2、尊盘3套、方鉴缶2、圆鉴缶2、鉴1、盉2+1、斗1、勺1、镈于1、兵器、车马器、杂器等	〔17〕
	33	淅川下寺 M_{11}	3		2		1			2	2	1	1		斗1、勺1、匕1，兵器、车马器、杂器等	〔5〕
	34	襄阳山湾 M_{23}	1		1						1	1	1		兵器、车马器等	〔8〕
	35	襄阳山湾 M_{22}	1				1								马衔	〔8〕
	36	襄阳山湾 M_{19}	1				1					1			兵器	〔8〕
	37	宜城骆家山 M_1	1			1									戈1	〔18〕
	38	当阳金家山 M_{235}	1				1									〔10〕
	39	潢川高稻场铜器				1					1	1	1		鉶1	〔19〕
	40	湘乡何家湾 M_1	4				1		1						削1	〔20〕
	41	吴县何山墓葬	5		2						1	1	1		楚叔盉1	〔21〕
五	42	固始侯古堆 M_1	9		2				2		1	1	1	9+8	方豆2、盉1、鉶1，车马器、陶礼器	〔22〕
	43	随州曾侯乙墓	22	8	4			2	2+2	2	4	1	2	64+1	鬲1、甗1、炉盘1、豆2+1、鼎形器9、鉴缶2、盘尊1、罐1、斗1、勺3、匕14、过滤器1，兵器、车马器、工具、杂器等，陶尊缶2	〔23〕

续表

期别	顺序号	器群名称	鼎	簋	簠	盏	敦	盒	壶	尊缶	浴缶	盘	匜	钟	其他器类	著录号
五	44	长沙浏城桥 M_1	4												匕 1、兵器、车马器、工具等，陶礼器	〔24〕
	45	襄阳蔡坡 M_4	2		1		1	2	2		1	1	1		勺 2、斗 1，陶礼器，兵器、工具、车马器等	〔25〕
	46	舒城九里墩大墓			2		1							4	盉 1、青铜鼓座 1，兵器、工具、车马器、杂器	〔26〕
	47	固始白狮子地 M_1	2						2				2		熏 1、兵器、车马器、工具，陶罐	〔27〕
六	48	江陵天星观 M_1	1						盖 2		1	1	1	4	盉 1、兵器、车马器	〔28〕
	49	江陵藤店 M_1	2						2			1	1		方豆 2、勺 2，陶礼器	〔29〕
	50	信阳长台关 M_1	5				1	2	2			4	1	13	高足壶形器 2、提链罐器盖 3、勺 1、匕 6，陶礼器，兵器、工具、车马器、杂器	〔30〕
	51	随州擂鼓墩 M_2	17	8	4				2+2	2+2	2	1	1		豆 2+1、鬲 10、甗 1、盂 1、鼎钩 6、匕 3、炉 1、箕 1、工具、车马器	〔31〕
	52	江陵望山 M_1	9				2		4	2	1	2	2		盉 1、器盖 1、炉 1、箕 1、镜 1，陶礼器、兵器、工具、车马器、杂器	〔32〕

续表

期别	顺序号	器群名称	鼎	簋	簠	盏	敦	盒	壶	尊缶	浴缶	盘	匜	钟	其他器类	著录号
	53	荆门包山 M_2	19		2		2	3	6	2	2+1	4	1	铙1	甗1、鉴2、勺1、匕6、箕1，兵器、工具、车马器、服饰器、杂器等	〔33〕
	54	江陵望山 M_2	5				4		4	1		2	2		勺2、灯2，陶礼器，兵器、工具、车马器，镜1	〔32〕
	55	随州擂鼓墩 M_{13}	2				1		2						勺2、剑1、戈1，陶罐2	〔34〕
	56	江陵张家山 M_{104}	1				1		1						兵器、工具	〔35〕
	57	江陵李家台 M_4	1				1		1						兵器、工具、印章，漆盾，虎座飞鸟等	〔36〕
	58	江陵马联 M_2	2				2		2			1	1		勺1，兵器	〔37〕
六	59	鄂州鄂钢 M_{53}	1				1		1						勺1	〔39〕
	60	麻城白骨墩 M_1	2				1		1						勺1	〔38〕
	61	临澧九里 M_{17}	1				1		1						车马器、兵器，工具陶鼎豆，漆木器	〔40〕
	62	长沙荷花池 M_1	2				1		2					铙1	兵器、车马器、镜1	〔41〕
	63	长沙识字岭 M_{315}	2				1		1							〔42〕
	64	长沙烈士公园 M_3	1				1		1							〔43〕
	65	长沙砚瓦池楚墓	2				1		1			1	1			〔44〕
	66	叶县旧县 M_1	5						3					6	斗1、高柄小壶2、筒形瓶1，兵器、车马器等	〔45〕

续表

期别	顺序号	器群名称	鼎	簋	簠	盏	敦	盒	壶	尊缶	浴缶	盘	匜	钟	其他器类	著录号
六	67	上蔡城西楚墓	2				1		2					钮钟13	勺2，兵器，马衔，铁臿	〔46〕
七	68	江陵马砖 M_1	2						1				1		匕1、耳杯2、鉌1、镜1，陶礼器	〔47〕
	69	江陵张家山 M_{201}	2					1				1	1		兵器、工具、车马器，镜，器盖	〔48〕
	70	江陵雨台山 M_{480}	1					1	1						器盖1	〔49〕
	71	荆门包山 M_4						1	1						盉1、箕1、勺1、匕1、器盖1，兵器、工具、车马器	〔34〕
	72	长沙识字岭 M_1	4					2							勺1、兵器	〔50〕
	73	常德德山 M_{26}	1					1							兵器、天平砝码	〔51〕
	74	长沙丝茅冲 M_{33}	4						2				1		盉1、勺1	〔52〕
	75	桃源三元村 M_1	2						2				1	1	天平盘2、镜1，兵器	〔53〕
	76	寿县朱家集楚王墓	39	8	9		5		6	3	4	4	1	30余	鬲4、甗3、豆7、镐6、盉1、鉴3、炉2+1、匕6、勺4、箕、俎、耳杯、罐等	〔54〕
	77	舒城秦家桥 M_1	2						2			1	1		勺1、盉1，陶礼器：鼎、盒、壶、盘、罐，漆木器等	〔55〕
	78	武进孟河楚墓	2					1	2						勺、匕2、带钩1、剑1，陶、玉器	〔56〕

第二节　楚系青铜器群年代分论

前节概论所附统计表，共有 78 个楚系墓葬出土的铜器群，基本上是按它们的相对年代早晚关系，从早到晚依次排列的。这种年代早晚关系的排定，颇费思绪。就目前情况看，笔者自信能基本上反映当前楚墓年代学与铜器断代学研究的成果，有的也是自己多年研究所得到的认识。当然，认识总是有局限性的，尤其是考古学研究在很大程度上要经受新发现的材料的检验。

对这 78 个铜器群的年代，有的已有共识，不需再讨论；有的则看法分歧较大，除了年代上的看法不同外，还有其国别是否属于楚国，文化属性是否属于楚文化系统的分歧。在一个墓内出土的铜器，也不一定都是一个时期的，有的可能要大大早于该墓葬的年代，这也需要进一步加以考察。为此，在本节内，将就上述需要讨论的问题逐一进行分析。按七个时期，每个时期内从早到晚的序列予以分论。

一、第一期

东周一期的楚铜器群有：当阳赵家塝 M_2、枝江百里洲、南阳西关等三个铜器群。

当阳赵家塝 M_2 的年代，为本期最早的一座，由于有不同看法，再稍作说明。一种意见定为“西周末至春秋初”[①] 或“两周之际”[②]，另一种意见定为“春秋早期偏晚”[③]，孰是孰非？从共存陶器看，确如论者所指出的“和中原西周末春秋初同型器酷似”[④]，当不至于晚到春秋早期偏晚。然而铜鼎与各地两周之际的铜鼎相比，其腹部已较深，显出较晚的特点，要晚于两周之际。这样看来，这座墓的年代似以春秋早期早段为宜，故笔者将其定为东周楚铜器墓的第一期早段，归属第一组。

①④ 王光镐．当阳赵家塝楚墓略析［J］．江汉考古，1983（1）．

② 王光镐．楚文化源流新证［M］．武汉：武汉大学出版社，1988．

③ 陈振裕，杨权喜．襄阳山湾五座楚墓的年代及其相关问题［J］．江汉考古，1983（1）．

枝江百里洲铜器群的年代，定为春秋早期无异议，但有的将其定为春秋早期的前段（西周末春秋初）①，则值得讨论。

这个器群中的匜有铭文，应为楚武王于公元前704年称王以前不久之器，② 从所出土鼎、簠、壶的形态看，已具有春秋早期较晚的特点，故这个器群的年代应为春秋早期晚段，归属第二组。

南阳西关铜器群的年代，其中簠有铭文，表明应为楚灭申国以后之器，楚灭申的年代在公元前687—前684年之间③，此器铸作年代当在此期间或稍晚。从这些铜器均保留两周之际至春秋早期作风来看，不会晚于第一期的下限年代，因此，它同样为东周一期晚段，属第二组。

关于赵家塝 M_2 和枝江百里洲两个铜器群的文化属性与国别，存在截然不同的看法，我们认为均属楚器④。至于南阳西关铜器，也应为楚器。其中簠的作器者申公彭宇⑤，为楚灭申后所置申县的县公。《左传·哀公十七年》："彭仲爽，申俘也，文王以为令尹，实县申、息。"铭文中的彭宇，可能就是彭仲爽家族中人。器作于灭申以后，自当归属楚系铜器。当然，这一器群的风格与同时期中原地区的铜器相似，这无足为怪。（校补：枝江百里洲铜器年代在本书附录六再论）

本期铜器群，能确定的仅上述三个，年代上还不能衔接；当阳赵家塝 M_2 与枝江、南阳两个器群之间年代差距较大，其间还有缺环。早于赵家塝 M_2 的器群也还有待发现。⑥

二、第二期

属于第二期的铜器群主要有：信阳平桥 M_2 器群，淅川下寺第一组

① 杨权喜．湖北省楚文化考古发现和研究［C］// 湖北省考古学会论文选集．武汉大学学报增刊，1987.

② 详见本书第三章关于枝江百里洲铜器国别、文化属性的讨论。

③ 何浩．楚灭国研究［M］．武汉：武汉出版社，1989：207.

④ 请参阅本书第三章。

⑤ 申本为周在南阳的封国，已由在南阳出土自名南申伯的铜器证实。

⑥ 过去仅有传世的几件有铭铜器，经科学发掘的成组成群的铜器还有待今后的工作。

墓的 M_8、M_7 两个器群，谷城新店器群，当阳赵家塝 M_3、M_4 器群。

信阳平桥 M_2 的年代在前节概论中已论定，为本期的早段，即第三组。对其国别与文化属性有三种不同的看法：

第一种，为樊国墓，其铜器为樊国器。①

第二种，此樊君“是楚的同姓，恐非诸侯而是楚的封君”。②

第三种，此为楚国另立的芈姓樊国的樊君之墓，应归属楚系墓葬与楚系铜器。③

第三种看法较为合理。墓内铜器从形制、纹饰看很难说已有楚的风格，为什么可以归属楚系铜器？其依据有三。

第一，从铜器组合形式看，春秋早、中期的礼器组合有地区上的和文化上的差别：楚国的和楚文化系统的为鼎、簠、壶、盘、匜；汉淮间非姬姓小国的则为鼎、盆、壶、盘、匜；汉淮间姬姓曾国则为鼎、簋、壶、盘、匜。平桥 M_2 与 M_1 为樊君夔夫妇墓（据 M_1 铜器铭文，知为樊夫人墓，M_2 为樊君墓），M_2 的组合属楚文化系统的组合，而 M_1 的则属汉淮间非姬姓小国的组合，这种组合的不同并不是年代早晚引起的变化，而只能解释为文化归属不同引起的变化。④

第二，樊君墓较小，铜器制作较粗，无一件樊君自名之器，又无兵器，如果为与楚国无缘之国君，为什么竟无一件兵器随葬呢？

第三，墓葬所在地并非文献记载的樊国所在地。⑤

有此三点依据，就只能解释为原来的樊国已被吞并，这个与楚同宗的樊国被楚改封到了信阳。自然改从楚制，即使用楚国礼器的组合形式。

关于樊君夔为楚封君之说，乃据《三代》一件樊君鬲的铭文而论。⑥

① 见此墓发掘简报结语，《文物》1981 年 1 期。

② 李学勤．光山黄国墓的几个问题［J］．考古与文物，1985（2）．

③ 此樊国为芈姓之说，请参阅第六章之（五）樊君鬲条。

④ 刘彬徽．楚国春秋早期铜礼器简论［M］// 楚文化觅踪．郑州：中州古籍出版社，1986．

⑤ 这个樊国故地有在今湖北襄阳市北和河南新蔡县北二说，请参阅于豪亮．论息国和樊国的铜器［J］．江汉考古，1980（2）．

⑥ 樊君鬲铭文考释见第六章。

但是，据光山黄君孟夫妇墓[①]，黄国之君自称黄君，樊国之君也当自称樊君，而不一定是楚封君称谓，且据现有材料，楚之封君最早的为春秋晚期；在此以前楚是否有封君之制，难以证实。故这个樊君仍以指樊国国君为宜，只不过已非原来的樊国而为楚另立的樊国国君罢了。

因此，我们认定，信阳平桥 M_2 应属楚系墓葬，所出铜器应为楚系铜器。

本期第四组墓铜器群，先讨论淅川下寺的两个。

淅川下寺 M_8、M_7 为夫妇墓，墓的年代相近，其年代上限可早到公元前 620 年左右（见前节）。M_8 虽被盗，但仍有 8 件铜礼器，且多有铭文，如楚叔之孙以邓之鼎和匜，上鄀公簠等。发掘报告推断墓主为楚叔之孙以邓，可信。[②] 从上鄀公簠铭文得知此上鄀公为芈姓，属楚王族，而楚叔之孙亦为楚王族。由此似可更进一步推断，此楚叔之孙以邓当为楚灭上鄀后置为上鄀县的县公，故他在簠铭中称上鄀公，乃得有两器同出于此墓。上鄀之灭年，我曾推定为公元前 622—前 613 年。[③] 何浩考定为公元前 621—前 616 年。[④] 上鄀公簠当作于前 622—前 613 年间或稍晚，但不会晚于第二期下限年代（前 600 年）。显然下寺 M_8、M_7 器群的年代为第二期之末年、属第四组。墓中以邓匜为平底，从铜器形制演变看，似乎不会这么早就有平底匜，但新型器的出现时间与流行时间，有的会相距甚远，如曾侯乙墓内一件所谓“拥颈鸡鸣”戈，流行于战国中晚期，但却早在战国早期的曾侯乙墓就出现了。

谷城新店器群应为楚灭谷后的楚器，楚灭谷的年代在公元前 670—前 656 年间。[⑤] 这器群中的立耳鼎、簠、壶均有春秋早期遗风，缶形虽与楚缶相似，但有三耳，当为地方特征；平盖鼎与下寺 M_7 的相同。如

① 河南信阳地区文管会，光山县文管会．春秋早期黄君孟夫妇墓发掘报告［J］．考古，1984（4）．

② 河南省文物研究所，河南丹江库区考古发掘队，淅川县博物馆．淅川下寺春秋楚墓［M］．北京：文物出版社，1991．

③ 刘彬徽．上鄀簠及楚灭鄀问题简论［J］．中原文物，1988（3）．

④⑤ 何浩．楚灭国研究［M］．武汉：武汉出版社，1989．

此看来，这一墓葬的年代与下寺 M_8、M_7 相同，只是其中有的铜器铸作年代稍早于墓葬年代而已。（校补：湖北随州新出土东周二期楚器群）

当阳赵家塝 M_3 的年代，或定为“春秋早期晚段”①，或定为“春秋中期或晚期偏早”②，均可商。从此墓所出铜鼎形制、纹饰看，显然晚于属第二期第三组的平桥 M_2 之鼎，而比属于第三期五组的下寺 M_{36} 的同型鼎为早；所出陶器中的罐、豆各有早、晚二式。其年代当介于第三组与第五组之间，与下寺 M_8、M_7 大致相当，同属第四组。

本期器群的年代序列也有缺环，信阳平桥 M_2 与下寺 M_8、M_7 之间的年代差距较大，应还有中介环节的楚系墓葬与铜器。这也有待于今后的新发现，以填补年代序列中的这一小段空白。（校补：表 2-1 有修订）

三、第三期

第三期器群较多，共 16 个墓的器群，从中选择几个器群为标准器群。属于本期早段（第五组）的标准器群为下寺 M_{36} 和当阳金家山 M_9 两个器群。属于本期晚段（第六组）的标准器群为当阳慈化 M_1 和下寺第三组墓的 M_1—M_4 等墓出土的器群。

先讨论本期内下寺楚墓铜器群年代。下寺 M_{36} 的相对年代，发掘报告置于下寺 M_8、M_7 和下寺 M_1、M_2 之间是对的，但把它与 M_8、M_7 同列入该墓地第一期，而与第二期的下寺 M_1、M_2 相区别。我则把它与下寺 M_1、M_2 列入第三期，而与下寺 M_8、M_7 分属不同的期。之所以作这一调整，主要从礼器鼎、簠等器形考察，其时代风格与下寺 M_2 更接近些，而与下寺 M_8、M_7 相差较大。所以把下寺 M_{36} 铜器作为第三期早段（第五组）的标准器，比较恰当。

再看下寺楚墓中的第三组墓，以 M_2 为主墓，M_1、M_3、M_4 为其妻妾之墓。其中当然以 M_2 的年代最为重要，此墓内共出铜器 548 件，为春秋时期楚国贵族墓铜器数量最多、最重要的一座。其中礼器 52 件、乐

① 王光镐．当阳赵家塝楚墓略析［J］．江汉考古，1983（1）．

② 陈振裕，杨权喜．襄阳山湾五座楚墓的年代及其相关问题［J］．江汉考古，1983（1）．

器 26 件、有楚叔之孙倗铭文者（郑子倗或仅一倗字）共 23 件。7 件鼎的器腹铭文表明为王子午之器，但盖上铭文表明为倗所有，乐器铭文表明为王孙诰作器。这样，墓中铜器作器者共有三人，即王子午、王孙诰、楚叔之孙倗，而以倗器最多。对于这三个人的关系，看法不同，导致对墓主与年代的看法也不同，目前存在以下三种不同的看法：

第一种看法，墓主就是铜器铭文中的郑子倗，即是《左传》等古籍记载的薳子冯。① 此人在公元前 558 年官为大司马，前 551 年升为令尹，前 548 年卒②，故把此墓绝对年代定为前 548 年。

第二种看法，认为墓主为王子午，即令尹子庚，其称谓均见于《左传》等古籍。或认为此王子午“又称郑子倗”③，为同一个人之器。王子午卒于公元前 552 年，主此说者定此墓年代为前 552 年。④

第三种看法，认为此墓墓主既不是令尹子庚（王子午），也不是郑子冯，而是王子午之孙名叫倗的人，此人与王子午相差两代，墓的年代当晚至公元前 516 年左右。⑤

这三种说法均各有道理，但墓主及其年代只能有一个，必须于三者择其一。第一、二种看法年代相近，第三种看法与前二种看法在年代上相差较大。在这种情况下，铜器群总的时代特征的考察就能起重要作用。从整体考察，此墓铜器具有春秋中期的时代风格，与属于春秋晚期的下寺 M_{10}、M_{11} 铜器的区别显而易见。下寺 M_{10}、M_{11} 的铜器与蔡昭侯墓的时代风格相似；如果把此墓的年代定为前 516 年左右，则与下寺 M_{10}、M_{11} 和蔡昭侯墓年代相近。这与此墓铜器群的时代风格不相符合，可见这个年代显得太晚。

① 李零．楚叔之孙倗究竟是谁？［J］．中原文物，1981（4）；刘彬徽．楚国有铭铜器的编年概述［M］// 古文字研究：第九辑．北京：中华书局，1984 年．

② 见《左传》襄公十五、二十二、二十五年。

③④ 赵世纲，罗桃香：再谈淅川下寺二号墓的墓主与年代［C］// 楚文化研究论集：第 2 集．武汉：湖北人民出版社，1991．

⑤ 张亚初．淅川下寺二号墓的墓主、年代及与一号墓编钟的名称问题［J］．文物，1985（4）．

这样看来，只有在第一和第二种说法中择其一说了。笔者仍坚持第一种说法[①]，即墓主为𨚵子冯，年代为前548年。这一年代与此墓铜器群的时代风格是相一致的。

墓内铭文铜器中的三个人：王子午、王孙诰、楚叔之孙倗，有学者认为这是祖孙三代人。如墓主为倗子冯，则王孙诰为其父，王子午为其祖父。[②]但铭文本身并没表明其间必然是这种关系，也不排斥是另外的关系。从铜器考察，王子午鼾腹的双线勾勒龙形纹，在墓内倗尊缶、M_1的方壶上也有（结构有异），假若王子午为𨚵子冯之祖父，以二十年一代计，其年代已近公元前600年左右。这种纹饰能否有这么早？此器年代会不会这么早？难以对比，只能存疑。总之，此三人不一定有亲属关系，而应是年代相近的三个人物（王孙诰与楚叔之孙倗或许是父子关系）。

下寺M_2墓主为𨚵子冯，年代为前548年，这是春秋时期唯一有绝对纪年的楚国贵族墓，其铜器群可作为第三期和整个春秋时期的最重要标准器群。与此墓同组的下寺M_1、M_3、M_4的年代早晚关系也是清楚的，其先后序列为M_4—M_1—M_2—M_3。[③]这一组墓铜器中多有𨚵子倗作器之铭文，器应作于他任大司马与令尹期内，作器时间距其卒年大概最多相差二三十年，恰处于本期年代范围内的中段。因此这些铜器应成为本期断代上最重要的标准器。当然，这组墓内也有更早一些的铜器，如M_2内的两件盆（报告定其中一件名称为𬭚），M_1内的立耳鼎与江叔鬲，其年代也许能早到第二期，这仅是少数几件，并不影响把这组墓铜器作为标准器群的作用。

本期除下寺楚墓器群外的其他器群的年代，按统计表排列的顺序略加说明。

本期第一个器群出自江陵岳山楚墓，它的年代原定为第二期[④]，经

① 刘彬徽．楚国有铭铜器编年概述［M］//古文字研究：第9辑．北京：中华书局，1984．

② 李家浩认为铭文中的王子午非《左传》所载的王子午。（在给笔者的来信中，告知已撰有论文，论述下寺M_2铜器铭文中的王子午、王孙浩、𨚵子倗三人之关系）

③ 河南省文物研究所，河南省丹江库区考古发掘队，淅川县博物馆．淅川下寺春秋楚墓［M］．北京：文物出版社，1991：319．

④ 拙作《楚国青铜礼器初步研究》定为第二期，现予改定。

新材料的检验，应稍推迟。此器群中的盏、浴缶的形态与第二期下寺 M_7 的差别较大，而与第三期的同型，虽然其中的鼎、簠、匜有第二期风格，然器群年代应以较晚之器来定，故以改属第三期为宜。它与下寺 M_{36} 这一标准器群比较，应大体同时。考虑到其中几件器物有第二期的特点，可排在下寺 M_{36} 之前，为本期年代最早的器群。

襄阳山湾 M_6 的年代，发掘报告及该报告作者的论文均定为"春秋晚期前段"[①]，可商。此墓铜器的总体风格显然与下寺 M_2 这一组器群相似；其器物种类、数量与下寺 M_{36} 同，鼎、簠、盘、匜的形态也与下寺 M_{36} 的同类器相似，其年代应与下寺 M_{36} 相近。考虑到有的器物（浴缶）形态较之下寺 M_{36} 稍晚，当排于下寺 M_{36} 之后，属第五组，相当于春秋中期后段，而不是春秋晚期前段。

本期最末一个器群为岳阳筻口新发现的一组铜器，1987 年出土，为湖南春秋时期出土铜礼器组合最完整的一个，计有鼎 2、簠 1、盏 1、盉 1、盘 1、匜 1 等，共有七件，其中盏有铭文。[②] 与本期的标准器群比较，时代特征相同，仅提链盉、三足匜显出较晚的特征，故将其作为本期最晚的一个器群。

附带提一下新郑韩故城内的郑伯大墓铜器群[③]，其器物种类与时代特征均与淅川下寺 M_1—M_4 器群相似，铜器中有不见于下寺楚墓的中原式铜器，但确有与下寺 M_1—M_4 铜器形态相同或相近的器物，这些应属楚系铜器[④]。从此墓铜器总体考察，其年代范围相当于楚铜器第三期。

---

① 湖北省博物馆. 襄阳山湾东周墓葬发掘报告［J］. 汉汉考古，1983（2）；陈振裕，杨权喜. 襄阳山湾五座楚墓的年代及其相关问题［J］. 江汉考古，1983（1）. 该文将 M_6 的鼎与 M_{33} 的鼎分为有早晚关系的 A、B 两型鼎，显然，M_6 鼎的年代早于 M_{33} 鼎的年代，M_6 其他铜器也显出早于 M_{33} 铜器的特征，将山湾 M_6 铜器定为东周第三期是恰当的。

② 岳阳市文物工作队. 岳阳县凤形嘴山一号墓发掘简报［J］. 文物，1993（1）. 铭文详见本书六章。

③ 见《新郑彝器》。

④ 关于新郑铜器，在本书第八章还将论及。

四、第四期

第四期典型器群 16 个（见表 2–2），其中襄阳山湾 M_{33}、下寺 M_{10}、蔡昭侯墓、下寺 M_{11} 等器群可作为本期断代的标准器群。下寺 M_{10} 和 M_{11} 两个器群的早晚关系十分清楚，前者可作为本期早段（第七组）的标准器，后者可作为本期后段（第八组）的标准器。襄阳山湾 M_{33} 与下寺 M_{10} 两个器群不仅组合基本相同，器形也十分相似，其中的敦，两墓所出，如出一范。因此二者年代可说完全相同。山湾 M_{33} 内有铭文者两件，一件即楚子夜隣敦，乃楚王室贵族之器，为典型楚器。下寺 M_{10} 仅钟有铭文，作器者为吕王之孙黝。[①]吕为楚灭[②]，故此人当已成为楚民。钟的年代，稍早于墓葬的年代[③]。

本期最重要的一个器群为蔡侯墓所出的数量众多的成组成群铜器。[④]共出土铜器 486 件，其中礼器 91 件，乐器已知有 29 件[⑤]。这是春秋时期楚系铜器群中重要的一批。自 1955 年出土以后，对其墓主与年代、墓的文化属性有不同看法。

先谈墓主与年代。前后出现过六种说法：

1. 墓主为蔡平侯庐　　前 530—前 522 年
2. 墓主为悼侯东国　　前 521—前 519 年
3. 墓主为昭侯申　　前 518—前 491 年
4. 墓主为成侯朔　　前 490—前 472 年
5. 墓主为声侯产　　前 471—前 457 年
6. 墓主为元侯　　前 456—前 451 年

---

① 铭文及其考释请参阅本书第六章。

② 吕被楚灭时间在公元前 625—前 596 年间，请参阅何浩. 楚灭国研究［M］. 武汉：武汉出版社，1989.

③ 钟的年代问题请参阅本书第四章第四节乐器中关于黝钟的论述。

④ 安徽省文物管理委员会，安徽省博物馆. 寿县蔡侯墓出土遗物［M］. 北京：科学出版社，1956.

⑤ 发掘报告，谓其中甬钟“已知有 12 件”，“编镈已知有 8 件”，编钟“已知有 9 件”，看来，下葬时之数量当多于此数。

以上六种说法，下葬年代最早者为前522年，最晚者为前451年，早晚相差达71年。通过三十年来的研究，现在意见已趋一致，可以肯定为蔡昭侯申之墓，墓的年代为公元前491年。[①] 墓内铜器的铸作年代，特别是一些有铭铜器的制作年代，看法还不尽一致，但都认为应作于蔡昭侯在位期间，即公元前518—前491年，有相当一部分当作于其死前不久。无论如何，这一制作年代不超过三十年间的铜器群，可作为这一时期铜器断代很重要的一批标准。[②]

关于蔡侯墓及铜器群的文化属性，我们归属楚系墓葬与楚系铜器范畴，但也有持异议者。论者认为此墓存在中原文化、江淮文化、楚文化三种文化因素，这无疑是对的。但又进一步认为："若以它们在内涵文化中占的比重而论，应该说还是江淮文化比较楚文化更为突出一些。"[③] 判断其文化属性，当然应以何文化因素为主要地位而定，若果如论者所言，那就不能归属于楚文化系统了。关键在于判明这三种文化因素以何者为主。从铜器群考察，铜器群中礼器最能反映文化属性，这可从以下两方面来看：

第一，器类组合。楚系铜器第四期的基本组合为鼎、簠、敦、浴缶、盘、匜。[④] 这些基本器类同样存在于蔡昭侯墓内。由于此墓为大型贵族墓，除这些基本器类外，还有簋、豆、鬲、方壶、尊缶、尊盘、鉴缶等，也同样见于楚系大型墓内，如下寺 M_2、楚系曾侯乙墓内都有。这种器类组合与江淮文化为主的同期墓是不相同的。[⑤]

第二，器物形态。鼎类中的镬鼎、圜底鼎、鼾等都是楚式风格，鬲

---

① 目前对墓主及年代看法已趋一致，故所举六种不同看法，不再详加辨析。

② 以此墓铜器为标准，第四期中有的铜器群要早于它，有的则晚于它，限于本书篇幅，不再详论，请参阅表2-2的年代先后序列。

③ 刘建国．蔡侯墓文化属性试析——兼论楚式青铜器的形成及其外因［C］// 楚文化研究论集：第2集．武汉：湖北人民出版社，1991：242.

④ 楚铜器器类组合及其特征，请参阅本书第三章。

⑤ 安徽境内的同期大墓有舒城九里墩墓（《考古学报》1982年2期），也属楚系墓葬、楚系铜器范畴。在江苏境内的同期墓如六合程桥墓，北山顶墓（见第八章），其组合与此不类。

类中有一件也是楚式的，敦、方壶、尊缶、浴缶也是典型的楚式风格。簋与曾侯乙墓的形态相似，这种方座簋虽是周式传统器形，但在楚墓内间样存在，可说是楚化了的中原器物。可以说，大部分器物形态都有楚风。关于敦，论者谓“蔡侯墓敦，器体长圆，堪属敦的时代最早的一例，蔡国或其附近有可能是敦的发源之地”[①]。但这不是“敦的时代最早的一例”；早于蔡侯墓的敦，在襄阳山湾 M_{33}、淅川下寺 M_{10} 等墓已有出土，器体为扁圆球体，比之蔡侯墓敦的长圆球体，年代稍早。蔡墓之敦显受楚敦影响。谁早谁晚，是很清楚的。说“蔡国及其附近地区有可能为敦的发源地”，这只是一种推测。一个不容怀疑的事实是，迄今敦的时代最早和发现数量最多的地区恰好不在蔡国及其附近地区，而在楚的中心腹地江汉地区和今南阳——襄阳一带。我们只能从这一事实出发，得出敦的发源地在楚中心文化区的认识。从以上的分析，此墓铜器群的文化特征应是以楚为主，提出“江淮文化比较楚文化更为突出一些”的看法，恐难以使人信服。把蔡侯申墓及其铜器群归属楚文化系统，应是毋庸置疑的。[②]

本期最末一组铜器为江苏吴县何山墓葬所出，简报定其相对年代为春秋晚期，推测为公元前 506 年吴攻入楚都之后所掠获的楚器，墓主为伐楚有功之臣。[③] 从墓内楚铜器的组合与风格看，其鼎、簠、盉、缶的组合与楚系铜器第三期同；鼎、缶、匜为楚器风格，盉有“楚叔之孙途为”的铭文，更是典型楚器。这组楚器葬入此墓，而与吴越文化器物共存，其墓主也不一定就是为简报所云的吴臣，也可能是已供职于吴越的楚人，伍员（子胥）就是逃亡于吴的楚人，受到吴王的重用而竟至导吴伐楚。也许还有受到楚王迫害或其他原因入吴为吴臣的楚人，考虑此墓年

① 刘建国．蔡侯墓文化属性试析——兼论楚式青铜器的形成及其外因［C］// 楚文化研究论集：第 2 集．武汉：湖北人民出版社，1991：234．

② 蔡国在政治上已成为楚的附庸，文化上受楚影响也是必然的，这方面已有学者论及，不再复述。

③ 吴县文物管理委员会．江苏吴县何山东周墓［J］．文物，1984（5）．

代为本期之末年，时越已灭吴，也可能是臣事于越的楚人。总之，此墓应属楚系墓葬，墓内出土的一组楚系铜器无疑应纳入楚系铜器中予以研究。

五、第五期

第五组铜器不多，但有属于楚系的曾侯乙大批铜器，足资代表。其他有固始侯古堆 M_1、长沙浏城桥 M_1、襄阳蔡坡 M_4、固始白狮子地 M_1 等四墓出土的铜器。襄阳蔡坡 M_4 的铜器也是本期（属第 10 组）重要的标准器，其年代无异议。对于固始侯古堆 M_1 的墓主、墓的国别与文化属性则存在不同看法，后面再论。

曾侯乙墓出土青铜礼器 117 件、用具 17 件、青铜乐钟 65 件、钟架构件和钟镈挂件 246 件，青铜磬架及编磬挂件 102 件，建鼓座一件，兵器 4 732 件，车軎马饰 958 件，墓主外棺框架 1 副，共计 6 239 件，总重量近 10.5 吨。由此可见，此墓出土的青铜器的数量和重量，是历年来一墓所出最多的一次。就单个器物说，如一对盛酒器——大尊缶，高度分别为 1.26 米和 1.25 米，重量各为 327.5 千克和 292 千克，其体型、重量均超过了以往出土的同时代器物，为东周时期我国最大最重的盛酒器。其他如联禁大壶、鉴缶、大甬钟、建鼓座等，也都是世所罕见的重器。铸有 2 800 多字铭文的全套编钟，举世瞩目，其乐曲已传遍世界。用失蜡法铸造的盘尊附饰，为青铜器中的极诣，举世无双。此墓青铜器具有量多、形大、体重、工精等特点，反映了先秦楚地青铜工艺的高度发展水平，是楚系也是我国青铜器群中最重要的器群之一。

此墓为已附庸于楚国的曾（随）国国君之墓，据墓内出土的楚王酓章为曾侯乙宗彝作的镈钟铭文及铜器形态的考察，发掘报告定此墓年代为公元前 433—前 400 年之间。[①] 作为这样一座重要的大墓，这个年代幅度如能更缩小一些，会更有利于各种研究工作。关键是在于对铭文的解释，或可以解释为楚惠王酓章是在得到曾侯乙死讯后前往曾国国都西阳吊丧，回楚都后特地赶铸一套镈钟给他（下葬的可能只是一套镈钟中的

① 湖北省博物馆. 曾侯乙墓［M］. 北京：文物出版社，1989.

一件），曾侯乙的后人在等到这钟送到后才隆重地举行入葬仪式。如此说不误，则此墓的下葬年代就是公元前 433 年。

值得注意的是墓内有曾侯乙先辈留传下来的器，这些早于曾侯乙之器的年代如何确定？铜兵器中有曾侯邎和曾侯郕两代国君之器。曾侯乙盘尊原来也是曾侯邎的。[①]传世有曾子邎簠，惜器形已佚，从铭文字体行款与风格看，与蔡侯墓内铭文的时代相近，这个曾侯邎似为曾侯乙的祖辈，年代可早至第四期，曾侯郕可能为曾侯乙的父辈。如此说不误，则举世无双的曾侯乙盘尊的铸造年代可提前到春秋晚期，这就将我国成熟的失蜡法技术的年代大大提前了。对这件“青铜珍品中的珍品”，也就更应该大书特书（详第四章）。

此外，一件提链炉盘，有多处修补痕迹，是使用已久的标记，应早于下葬年代较久。

此墓的国别不属楚，但铜器属楚系，当无疑问，正如已有学者指出的：“这座墓属于曾（随）侯，但在楚国影响范围内，其器物可视为楚文化青铜器的典型。”[②]

关于固始侯古堆 M_1 的墓主与年代，存在以下两种看法：

第一种，为吴王夫差夫人墓，属吴墓。年代为春秋末年、战国初年。[③]

第二种，乃番子成周的家属之墓，为楚墓。年代为战国前期偏早。[④]

此墓的青铜器多有楚风，如鼎、浴缶、盉、盘、匜以及漆器中的镇墓兽方座，明显是继承了下寺楚墓铜器的传统，虽然也有地方风格的器物，如一件三足带盖铜壶。从主要方面看，应归属楚系墓葬、楚系铜

---

① 曾侯乙墓［M］. 北京：文物出版社，1989：229. 原铭文中之“曾侯邎”三字依稀可辨，后改刻为“曾侯乙作持用终”七字。

② 李学勤. 中国青铜器的起源与发展［M］// 中国美术全集·工艺美术编·青铜器上. 北京：文物出版社，1987.

③ 固始侯古堆一号墓发掘组. 河南固始侯古堆一号墓发掘简报［J］. 文物，1981（1）；欧潭生. 豫南考古新发现的重要意义［J］. 中原文物，1981（特刊）.

④ 李学勤. 东周与秦代文明［M］. 北京：文物出版社，1984：126.

器。第二种说法是对的。

长沙浏城桥 M_1、襄阳蔡坡 M_4、固始白狮子地 M_1 均为楚墓，年代晚于上述二墓，为本期晚段（第 10 组），意见比较一致，不再讨论。

六、第六期

第六期楚系铜器群的数量在各期中是最多的。表 2–2 中所列 20 例，多为铜器组合较为完整的墓。还有一些楚墓内仅出鼎或鼎壶等一、二种。这类墓在湘、鄂等地楚墓中的数量相当多，不再详列。

本期最重要的标准器群有：信阳长台关 M_1 器群，随州擂鼓墩 M_2 器群，江陵望山 M_1、M_2 器群，荆门包山 M_2 器群，年代都可确定。关于信阳长台关 M_1 的年代，在发现后曾一度据所出编钟铭文定为春秋晚期。①发掘报告定为战国早期②，均不确。现已基本公认为战国中期，墓内所出编钟，也应是战国中期器物。③

随州擂鼓墩 M_2 的年代，我们论定为战国中期偏早（东周六期早段）。④

望山 M_1 的年代，由于墓内出土了越王勾践剑，曾一度被看成春秋末年之墓。后又有定战国晚期者。⑤朱德熙等人据墓内竹简研究，定为怀王前期。⑥李学勤定“宣、威之间”⑦绝对年代可能为公元前 331 年左右⑧。望山 M_2 与包山 M_2 年代相当。

---

① 郭沫若．信阳墓的年代与国别［J］．文物参考资料，1958（1）.

② 荆州地区博物馆．湖北江陵藤店一号墓发掘简报［J］．文物，1973（9）：121.

③ 参阅本书第四章关于此钟的分析。新版补：编钟年代应早于墓葬年代。

④ 湖北省博物馆，随州市博物馆．湖北随州擂鼓墩二号墓发掘简报［J］．文物，1985（1）；刘彬徽．随州擂鼓墩二号墓青铜器初论［J］．文物，1985（1）.

⑤ 曾宪通．楚月名初探——兼谈昭固墓竹简的年代问题［C］// 古文字研究：第 5 辑．北京：中华书局，1981.

⑥ 朱德熙，裘锡圭，李家浩．望山一、二号墓竹简释文与考释［M］// 江陵望山沙冢楚墓．北京：文物出版社，1996.

⑦ 李学勤．东周与秦代文明［M］．北京：文物出版社，1984：128.

⑧ 刘彬徽．从包山楚简纪时材料论楚国纪年与楚历［M］// 包山楚墓．北京：文物出版社，1991.

包山二号楚墓是 1987 年发掘的[①]，出土的铜器群十分完整，是本期典型楚墓内最重要的标准器群。其中铜礼器 59 件，据竹简遣策记载，其器物名称多可与实物对照，从而使我们能得知这些器物在当时的实际称呼。此墓墓主名卲（昭）𠡸，为楚昭王的直系后裔，官居左尹，死前二年又获得爵位。其卒年可据出土竹简中的历法材料予以推算。经笔者综合研究，论定楚历建丑，从而能据科学的古历谱推算其卒年，结论为此人卒于公元前 316 年。这也就是此墓的下葬年代。[②]墓内铜器应都是铸于墓主卲𠡸生前一二十年间。[③]有如此明确的绝对年代，铜器的年代又如此一致，是战国时期楚铜器断代的一批十分重要的标准器群。

七、第七期

第七期的典型铜器群有 11 个，以寿县楚王墓器群最为重要。由于系 20 世纪 30 年代盗掘出土，铜器散失严重，又无科学整理的综合资料，存在问题尚多，有必要着重说明。

此墓系 1933 年、1938 年两次被盗，而不是三次被盗，出土器物总数“应是一千余件”[④]。主要部分约七百件，现藏于安徽省博物馆。关于铜礼器和有铭文器物的统计，以李零《论东周时期的楚国典型铜器群》（简称《器群》）和曹淑琴、殷玮璋《寿县朱家集铜器群研究》（简称《器研》）较为详备。[⑤]但二文互有出入，且未统计礼器总数。现据以上两文的统计并参考有关论文与材料，综合整理作统计表如下：

---

① 湖北省荆沙铁路考古队．包山楚墓［M］．北京：文物出版社，1991.

② 1988 年学术会议论文；刘彬徽．从包山楚简纪时材料论及楚国纪年与楚历［M］// 包山楚墓．北京：文物出版社，1991.

③ 据对卲𠡸尸骨鉴定，墓主死时 35—40 岁，所铸铜器不会早于他弱冠之年，故可肯定铸于一二十年内。有的论文分为“古式”“今式”二种，所谓“古式”也应是下葬以前所铸，与“今式”年代相同。

④ 刘和惠．关于寿县楚王墓的几个问题［C］// 文物研究：第五集．合肥：黄山书社，1989.

⑤ 《器群》一文系参加中国古文字研究会第六次年会（1986 年）论文，发表于《古文字研究》第 19 辑；《器研》载苏秉琦主编的《考古学文化论集》（一），文物出版社，1987 年版，199-228 页。

表 2-3　寿县楚幽王墓出土铜礼器、日用容器统计表

		大鼎	鐈鼎	鼎	升鼎	匜鼎	鬲	甗	簠	簋	豆	敦	鎬	圆壶	尊缶	圆鉴	浴缶	盘	匜	小计
	酓前		1			1				4								1		7
	太子			2									1							3
	酓忎		2											勺3		匕6		1		12
	大府									1	盏	1	1							3
	太后脰官					1														1
	王后少府			1	2															3
铸	王后六室									4	4		2		2					12
	集腏	1																		1
	集脰			4									1				方炉1			6
	集糌			1				1												2
	集醻			1										盉1		炉1				3
客	集既							1										1		2
	御铚																方炉		1	1
	愆	1																		1
	客豊愆			4																4
	大右人															1				1
	集脰			鼎盖1																1
	以上小计①	2	3	14	2	2		2		9	4	1	5		2	1		2	1	63
	无铭铜器②			9	7		4	1	8		3	4	1	6	1	2	4	2		80
合计		2	3	23	9	2	4	3	8	9	7	5	6	6	3	3	4	4	1	143

注：

①另有盉 1、勺 3、匕 6、炉 3 未填入小计栏，合共为 63 件。

②另有其他无铭礼器：鼎钩 17、炉 1、三足壶 1、扁壶 1、箕 1、罐 1、小盘 3、耳杯 2、俎 1，共计 28 件，总计 80 件。

据上表统计，此墓出土的有铭铜礼器 63 件，无铭铜礼器 80 件，总计为 143 件。实际出土铜礼器数量当多于此数。表中未列入曾姬无卹壶与酓章剑，而《器群》《器研》均作为此墓所出。刘和惠认为盗掘者私自售出的器物中“难免有其他墓葬出土物混入，因为该铜器群出土后，通过报章渲染、影响颇大，某些古董商人为着抬高其所售文物价格，把一些非出自李三古堆大墓之器，也饰言出自该墓，如熊章剑和曾姬无卹壶就是明证”[①]。此说有一定道理。酓（熊）章剑系“江夏黄氏百川

① 刘和惠．寿县朱家集李三古堆大墓墓主的再认识［J］．东南文化，1991（2）．

尊古斋得之潍县范估申之者”[①]。曾姬无邮壶为“上海庐江刘晦之氏所藏”[②]，并未明言出自该墓，而李景聃都计算到此墓出土物内。应如刘和惠所说，不计入此墓出土物中为宜。

关于此墓墓主与年代，一般已认为乃楚幽王之墓。幽王卒于公元前238年，这是该铜器群的下限年代。

但是，在研究中出现了不同的看法。一种看法认为“是两个楚王陵的出土物”，“酓肯、酓忎两组铜器应是盗掘出土以后被混在一起的”[③]。但值得注意的是，酓前器仅鼎、簠、盘几件，按已发现的大型墓葬情况，墓主可以葬入先人的少量器物。因此，这一说法缺乏充分的依据，仅作推测难以使人信服。

又一种新看法是，此墓不是幽王墓，而是王后墓，这个王后“当是考烈王后”[④]。其根据是墓内出土器“以‘王后’器为主”[⑤]。但是，第一，王后器总数才15件，在已知的60余件铭文器中是少数；第二，王后器乃铸客为王后少府、六室所为，属宫廷府、室的日用器，而没有如酓肯鼎、酓忎鼎那样表示身份、地位的重器；第三，此王后其人据笔者所考，应为幽王王后而非考烈王王后（详第六章）。因此，笔者认为考烈王后墓之说，证据不足，仍以定为楚幽王墓为宜。就铜器群的年代范围而言。包括考烈王和幽王两个王世，即公元前262年—前228年之间。

以上关于楚系铜器群的分期与年代的讨论，只能说是粗线条的，更细致的分析还将贯串于本书各章之中，特别是第三、四、五章之中，本章的论述无非是起到纲举目张的作用，有了年代学的框架，就奠定了本书论述的基础，就不至于产生沙地建屋、空中楼阁之感。我们在以后各

---

①② 李景聃．寿县楚墓调查报告［M］// 田野考古报告：第一册．上海：商务印书馆，1936.

③ 见《器研》216、217页。“肯”字应改释为“前”，详见第六章。

④⑤ 刘和惠．寿县朱家集李三古堆大墓墓主的再认识［J］．东南文化，1991（2）.

章分别考察楚铜器组合、形制、纹饰、铭文等方面的内涵与特征，还可进一步看清每一期的规律性变化，并且还可视其变异程度的大小，再归纳为四个大的阶段，其阶段性变化与分期的对应关系如下：

第一阶段　西周晚期至东周一期

第二阶段　东周二、三期

第三阶段　东周四、五期

第四阶段　东周六、七期

每一阶段的特征与名称，将在各章分论后，在总论一章内再作必要的归纳与说明。

第三章　楚系青铜器组合研究

组合研究是楚系青铜器研究的一个重要方面。这是伴随科学考古发掘而来的一个新的研究课题。在此以前的传世品和流散搜集的铜器，即使得知其出土时成组成群，由于器群早已分散，不可能对其组合作科学研究。中华人民共和国成立以来，众多楚系墓葬内出土了成组成群的铜器，由于楚墓规模大小不同，器群组合也有差异；随着时序的变化，器群组合也引起相应的改变。前者是组合方面的横向区别，可以用组合形式分类的方法来进行研究，后者是组合方面的纵向演变，可以用组合形式分期的方法进行探讨，目的是寻求组合方面的一些规律性的认识，并进而考察其所反映的社会历史方面的意义。

第一节　组合形式的分类与分期

楚墓出土的青铜礼器，由于墓主身份不一样，随葬铜礼器的种类、数量、形制、大小都不同，有必要进行分类研究。但这种分类，与楚墓的分类有一定的区别。对于楚墓的分类，近十年来已有不少学者作了研究，正如有的学者所主张的，楚墓的分类标准不能拘于某一方面，例如只从用鼎制度看，或只从棺椁的多少看，而必须综合墓葬的规模与所有随葬品的品种、数量等作为标准予以分类。① 对于青铜礼器组合的分类，其标准比较单一，主要以每一单位礼器群中的器物种类配合情况为依据，从第二章所论楚墓铜礼器群组合情况分析，可依据其组合内容与形式的不同，分为甲、乙、丙三个不同的类别。

① 郭德维．楚墓分类问题探讨［J］．考古，1983（3）．

一、甲类复合组合形式

组合中不仅食器、酒器、水器（包括盥器）、乐器俱全，且每类中往往又有几个器种，食器中烹饪器有鼎、鬲、甗（或缺鬲、或缺甗），鼎类中又有若干型式，包括楚国特有的平底束腰铜鼾；盛食器有簠、簋、豆、敦等（也有缺一、二种者；豆、敦较晚出）；酒器类有壶、尊缶、盉、勺等；水器有鉴、浴缶、盘、匜等；乐器有甬钟、钮钟、镈钟等（或只一种）。这类复合组合形式的铜器群均出自少数大贵族墓，即前章已论及的以下器群：

淅川下寺 M_1、M_2 铜器群。

安徽寿县蔡侯申墓铜器群。

湖北随州曾侯乙墓铜器群。

湖北随州擂鼓墩 M_2 铜器群。

湖北江陵天星观 M_1 铜器群。

湖北荆门包山 M_2 铜器群。

安徽寿县李三孤堆楚王墓铜器群。

除以上典型器群外，属第六期的河南叶县旧县 M_1 内出土有铜鼾、钮钟，但此墓被盗严重，食器、酒器、水器几乎被盗一空，虽可归入甲类器群，但失去了典型器群的意义，故不列入。

此外，还有两个器群，即河南固始侯古堆 M_1 器群与信阳长台关 M_1 器群。从墓葬分类看，有的学者以之归入大型楚墓一类。此两墓均出土了青铜乐器，但礼器的组合形式并不是复合的，都没有铜鼾。从铜器群的组合分类来说，它们不能归入甲类。这表明墓葬的分类与铜器群组合的分类上的区别。这种区别说明什么问题？这属于礼制研究的范围，我们在第七章再作讨论。

甲类组合形式的特点是，组合中的器种从出现于组合之中后，早晚各期变化不大，其变化主要表现在每一个器种的型式不同。最晚一期的楚王墓铜器群，几乎囊括了东周时期的所有器种，然每一器种的晚期时代特征却是鲜明的。

二、乙类组合形式

这一类铜器组合形式比较单一，烹饪器中只有一种鼎（无镬、鼾），盛食器中有一或两种（如簠、敦），酒器有一或两种（壶、尊缶）。但第二至第三期有的缺酒器，而以水器中的浴（盥）缶（以下单称缶）为基本器种。盥器盘、匜在第四期以后也有空缺的。基本上无青铜乐器（仅前举固始侯古堆 M_1 和信阳长台关 M_1 有青铜乐器）。

这类组合形式的楚铜器群大多出于中等的楚墓，以下分述各期的典型器群和其组合情况。

第一期　典型器群

河南南阳西关铜器群。

湖北枝江百里洲铜器群。

它们共有的组合形式是鼎、簠、壶。（百里洲增加盘、匜）

第二期　典型器群

河南淅川下寺 M_7 铜器群。

湖北谷城新店铜器群。

它们共有的组合形式为：鼎、簠、缶$_A$、盘、匜。

下寺 M_7 器群中还有盏（A 型）为第一期所无，乃楚器一新品种，但在谷城新店器群中未见，而壶为第一期器类的延续，未见于下寺 M_7，故此两器群中的盏、壶均不是共有器种，不作为基本组合中之器种。

这一期属于乙类组合形式的还有几个器群，但不能作为典型器群。如信阳平桥 M_2，其组合为鼎、簠、壶、盘、匜，与一期相同；特别是壶的形态也是一期的；可以认为是第一期组合形式的延续。平桥 M_1 的器群组合中无簠，簠为盆所代，属于文化性质上的差异[①]，更不能作为典型器群。淅川下寺 M_8 与 M_7 为一组墓，组合应相近，然 M_8 被盗，组合

---

① 刘彬徽．楚国春秋早期铜礼器简论［M］// 楚文化觅踪．郑州：中州古籍出版社，1986．

不全，故亦不属组合中的典型器群。

第三期　典型器群

河南淅川下寺 M_{36}、M_3、M_4 铜器群。

江陵岳山楚墓铜器群。

襄阳山湾 M_6 铜器群。

当阳慈化楚墓铜器群。

岳阳筻口楚墓铜器群。

这一期楚墓多，故典型器群也多，器群分布的地点也广，北到河南南部，南到湖南北部，在其中心区域的江陵、当阳、襄阳等地均较多见。

这一期共有的组合形式是鼎、簠、缶$_B$、盘、匜（但岳阳器群无缶而有盉）。

第二、三期的组合与第一期组合比较，有明显的变化，即组合中缶代替了壶，盏在上述器种中虽只一见（岳山器群），但在甲、丙类已较多见，相对于其他各期来说，也已成为此期的一个重要器种。在此期所有三大类组合的器群中，出盏与不出盏的约各占一半，由于在乙类组合中所占比例不大，也可以考虑盏并非必备器种，因此，第二、三期组合的基本形式可归纳为：鼎、簠、缶、盘、匜。

第四期　典型器群

淅川下寺 M_{10} 铜器群。

襄阳山湾 M_{33} 铜器群。

淅川下寺 M_{11} 铜器群。

枝江姚家港 M_1 铜器群。

它们共有的组合形式为：①鼎、簠、敦$_A$、缶、盘、匜（前二例）；②鼎、簠、缶、盘、匜（后二例）。

在此期所有乙类组合中，除去第三期组合的延续器群外，敦在组合中所占比例超过一半，成为这一期组合的基本器种。

这一期的组合形式与第三期的不同，就在于组合中增加了敦，形成了新的组合形式。

第五期　典型器群

襄阳蔡坡 M_4 铜器群。

目前所见，乙类组合仅此典型器群。在这一期中还有固始白狮子地 M_1，侯古堆 M_1 出土器群和长沙浏城桥 M_1 器群。这三座墓在墓群分类上都属于大中型贵族墓，但其礼乐器组合均不具甲乙类组合形式，如长沙浏城桥 M_1 只出 4 件铜鼎和 1 件铜匕；固始白狮了地 M_1 也只出鼎、壶、匜三种；这种铜礼器组合不全的情况当另作研究。

这一期典型器群的组合形式为：鼎、簠、敦、壶、盘、匜。蔡坡 M_4 出土铜器中还有盒与缶。盒的形制与这一时期的甲类组合曾侯乙墓器群中的盒相似，为墓主郊游之日常用器，不属礼器之列，故不列入组合形式中。缶有铭文，表明器主为蔡国某一公子之器，非楚人器，亦不得列入此墓群基本组合之中。这样，此一时期组合形式与上一期（第四期）的组合形式的差别，就在于组合中以壶代替了缶。

第六期　典型器群

河南信阳长台关 M_1 铜器群。

江陵望山 M_1 铜器群。

江陵望山 M_2 铜器群。

江陵李家台 M_4 铜器群。

鄂钢 M_{53} 铜器群。

长沙荷花池 M_1 铜器群。

这一期典型单位较多，也是由于这一时期的楚墓发掘数量多。它们共有的组合形式是：鼎、敦、壶、盘、匜。其中有一部分器群仅有鼎、敦、壶三种。

在这一期的组合形式中，另有江陵藤店 M_1 器群为鼎、豆、壶、盘匜，组合中有豆无敦，为一特例。豆为方豆，盖钮呈莲瓣形，器型非楚式，推测墓主为他国之入仕于楚者，故这一组合不作为楚器组合形式（在中原地区有此组合形式）。

这一期组合形式与上一期（第五期）组合形式的差异在于组合中已没有了簠，敦成为食器中唯一的器种。

第七期　典型器群

江陵张家山 M_{201} 铜器群。

江陵雨台山 M_{480} 铜器群。

前者组合形式为：鼎、盒、壶、盘、匜。后者组合形式为：鼎、盒、壶。

这一期组合完整者只此二墓，但在江陵、常德、长沙等地不完整组合中多见有盒，在江陵、长沙、淮阳、寿县等地这一期楚墓中也多见有仿铜盒的陶盒出土，可知盒已作为基本器种出现，成为取代敦的新的组合形式。

综上所述，各期乙类组合形式有着自身的演变规律，现将其演变简括如下：

第一期	鼎	簠			壶		盘	匜
第二期	鼎	簠				缶$_A$	盘	匜（或加盏$_A$）
第三期	鼎	簠				缶$_B$	盘	匜（或加盏$_B$）
第四期	鼎	簠	敦$_A$			缶	盘	匜
第五期	鼎	簠	敦		壶		盘	匜
第六期	鼎		敦		壶		盘	匜
第七期	鼎			盒	壶		盘	匜

（注：除敦、缶、盏外，每一期的其他器类都有不同的型式，此处省略）

应该说，甲类组合只是乙类组合的扩大和增加，乙类组合是甲、乙两类共有的组合形式，是楚铜器组合的基本形式。

七个时期中，鼎和盘、匜自始至终都有，盘、匜在有的组合中或缺，严格说只有鼎一直是自始至终不变而保持的恒态。这正是作为我国青铜文化有异于世界其他国家之最基本的标志物。其次，簠为楚青铜文化的基本标志物之一，存在于甲类组合的始终，在乙类组合中为第一至第五期的基本器种。敦亦为楚文化区基本标志物之一。在乙、丙类组合中为第四至第六期的基本器种，至第七期为盒所代替；而在甲类组合中存在于第四至第七期。缶是二、三、四期基本组合中必备的一种，在甲类组合中一直延续到第七期，也为楚青铜文化基本标志物之一。壶是五、六、七期基本组合中必备的器种。壶代替缶，显示出春秋与战国两个大的阶段中器物组合的主要区别。可以说，从乙类组合形式看，春秋与战国两大时期的主要区别，在于战国时期以敦代簠，以壶代缶，即：

春秋时期：鼎、簠、缶、盘、匜。

战国时期：鼎、敦、壶、盘、匜。

乙类组合的第四、五两期（春秋晚期与战国早期）组合有簠，表明由春秋到战国转变过程中的连续性，是过渡性和阶段性的组合形式。我们说，春秋时期的基本组合为鼎、簠、缶、盘、匜，然而第一期却为鼎、簠、壶、盘、匜；须知这一期的组合并不能代表春秋时期的主流。第一期组合可作为西周晚期组合形式的延续。事实上，其壶的形态也是西周时期型式的遗留。再者，我们说战国时期的基本组合为鼎、敦、壶、盘、匜，也是指主流组合而言，其最晚一期的鼎、盒、壶组合开秦汉之际墓葬器物组合之先河（主要指各地大量出现仿铜的陶鼎、盒、壶的组合）。这样，铜器组合形式依时代发展而演变的规律，洞若观火，显示出楚青铜文化在组合方面自成系列的规律性，同时也是其文化特征的标志之一。

为了说明这一点，不妨将楚系青铜组合与东周时代中原地区的青铜礼器组合演变规律加以比较。中原地区的铜礼器组合演变规律已有学者作了初步研究[①]，可以用来作一对比，简括如下：

期　别	楚文化区	中原地区
第一期	鼎簠壶盘匜	鼎簋壶盘匜
第二期	鼎簠缶$_A$盘匜（盏$_A$）	鼎簋鉶盘匜

① 高明．中原地区东周时代青铜礼器研究［J］．考古与文物，1981（2–4）．

第三期	鼎簠缶盘匜（盏）	鼎簋鉶盘匜
第四期	鼎簠敦$_A$缶盘匜	鼎豆罍盘匜
第五期	鼎簠敦壶盘匜	鼎豆壶盘匜
第六期	鼎敦壶盘匜	鼎敦壶盘匜
第七期	鼎盒壶盘匜	鼎盒壶[①]

由上对比，可以很清楚地看出楚青铜器组合形式与中原地区的同与异。

相同的方面：第一，都同样由食器（盛牲、盛饭器）、酒器、水器等基本器类组成一个完整的组合形式。第二，都有随时代发展而变化的组合形式。第三，第六、七期的组合形式相同，但同一种器物的型式不同（这种不同之处在第四章再论）。第四，每种组合形式向新的组合形式变化的阶段性基本上一致。正是由于东周时期中原地区文化与南方楚文化都是我国青铜文化的两个重要组成部分，社会历史变化也有着相同的阶段性，反映在礼器组合上，有其基本相同的方面，是必然的。特别是到了战国中期以后，两地的组合形式已趋统一（器物型式有差异），说明两地区文化的交流更为密切，这与这一时期历史发展向统一方向变化的趋势相一致。

不同的方面：第一，每个时期（除战国中晚期外）组合中的器种有差别。第二，各有自身的组合演变序列。春秋早期，礼器组合中的基本器物已有差别。中原地区是鼎、簋、壶、盘、匜，沿用西周以来鼎、簋配合使用的传统礼制。虽然也有出簠的墓，但和簋同出，且仅有个别的墓出簠，可见簠不是组合中的基本器种。而楚国则不同，楚乙类组合为鼎、簠、壶、盘、匜，簠、簋不共存，以簠代簋。楚以鼎、簠相配使用的新的组合形式代替了西周以来鼎、簋相配使用的周式旧制，表明早在春秋早期，楚文化通过器物组合的新制在礼制方面已显示出自己的特征。春秋中期（第二期）以后，组合演变上的差别主要表现在盛饭器与盛

① 原文为鼎敦壶，应改为鼎盒壶。

酒、水器的器种有异，这是楚文化有别于中原地区文化的一种表现形式。

三、丙类组合形式

这一类组合形式实际上是乙类组合的简化形式，它的特点是组合形式不全，基本的组合只有鼎和另一种器物，如一、二、三期组合分别为鼎、簠；鼎、盏；鼎、敦。四、五、六、七期组合主要为鼎、壶，或仅有鼎一种。器种的兴替时间与乙类组合形式基本一致。但组合不全，不如甲乙类组合之为完整组合形式，不能作为楚铜器基本形式，故不再详述。

在以上三大类组合中，我们以较多的篇幅论述了乙类组合形式，这一类有着极分明的演变规律，是表明楚铜器组合形式特征及其演变的有代表性、典型性的一类组合形式。

这样说明，并不是我们只把注意力放在乙类组合方面，以研究楚铜器的所有方面。从科学研究的全部内涵来说，必须把三种组合形式的铜器综合起来考察，而从形制、纹饰、工艺等方面看，甲类组合形式的铜器更显出不可忽视的重要性。甲类组合的铜器出自一些大型墓。比之乙类、丙类组合的铜器来说，其器类品种更多，数量大，不少器物造型雄浑、奇特，大多有题材多样、装饰繁缛的纹饰；不少器物的铭文有很高的史料价值。许多精美绝伦的青铜器反映了青铜铸造工艺的高度水平。且这些大型墓年代更为明确，铜器的铸作年代甚至有绝对年代可考，因此，甲类组合形式的铜器在楚系铜器研究中的地位是至关重要的。

还有一点要说明的是，我们在此章讨论组合形式及其演变，仅着重于器种的有无和增减，而基本未涉及每个器种的型式，然而在更为细致的分类、分期中，型的区别，式的变化，却是考古学文化研究中的基本工作。这方面的研究将在第四、五章再论述。

第二节 楚铜器组合研究中若干问题的讨论

前面我们在大量似乎杂乱纷呈的楚墓铜器群中抽绎出了有规律可循的铜礼器的组合形式及其演变规律，从而在器类组合方面显示出了楚文化特征与时代特征。但我们的研究还不能就此止步，因为在这一课题的研究中，还有一些问题需要展开讨论。

对于器类组合的研究，如同对器物形制、纹饰、工艺等方面的研究一样，同样是考古学文化研究的重要课题，在楚文化研究中也不能例外。人们最初曾着重于对楚陶器组合形式的研究。随着铜器群的大批发现，对楚铜器组合的研究也成了热点。笔者在20世纪80年代初已著文予以探讨。与此同时或稍后，研究者提出的看法中，有的深表赞同，有的尚有不同的看法，在此略述管见。

例如，在《湖北楚墓综述》[①]一文中，归纳了楚铜器的基本组合，并制出了湖北楚墓青铜器年代分期图表。对于分期的问题，前章已曾讨论，不再重复。在基本组合器类中，将浴缶与尊缶这两类功用不同（一为水器，一为酒器）、器型不同的器种合并为一个器种，显然有误。又，关于楚铜器的基本组合，该文认为：春秋早期的基本组合为：鼎、簠、簋；春秋中期的基本组合为：鼎、簠、缶、簋（省略了该文的式别，因为讨论的不是分期问题）。然而，我们认为簋不宜列入基本组合之中。如前节所述，楚铜器乙类组合代表了楚系铜器的基本组合形式，在春秋早中期，乙类组合中就没有簋，基本组合为鼎、簠、壶和鼎、簠、缶，成为与中原地区组合相区别的重要标志。丙类组合中的簋，只能看作是周文化因素的遗留，不应作为春秋早中期楚铜器组合中的基本器种。

对组合研究论述较多的要推《楚文化源流新证》[②]（以下简称《新证》）一书。该书把不同的组合形式，作为区分楚文化与其他文化的重要

① 载《湖北省考古学会论文选集》，武汉大学学报增刊1987年。

② 王光镐. 楚文化源流新证［M］. 武汉：武汉大学出版社，1988.（以下引文凡未注明出处者，均见此书）

方面来对待，这种从宏观高度来把握研究课题的方法，是值得肯定的。书中根据豫南及江汉平原西周晚期至春秋中期已发现的数十例青铜器材料，理出了三种不同的食器组合形式，即第一种，“以鼎、簋相配为基本组合形式”，第二种“以鼎、簠相配为基本组合形式”，第三种“以鼎、豆相配为基本组合形式”，认为：“这足以体现古代文化面貌实质性差异的三组之分，一非出于时差，二非出于地别，三非出于等级之异。关于其历史缘起的唯一一种最基本可能性，就只能是它们代表着不同的文化类型”，进而得出结论：“鼎、簋对偶”是姬周文化特征，“春秋中期以前的楚青铜文化确已以鼎、簠对偶为特征”，而第三种鼎、豆相配则是楚文化圈中“尚保留着异族原居文化色彩的一支”。这种以不同组合来考察不同考古学文化的看法无疑也是必要的。但由此而及的其他一些看法，还可再作讨论。

“以不同的食器组合划分不同的考古学文化，在此以前对豫南及江汉平原周代青铜文化研究中尚无前例。”虽然论者在书内提到不同食器组合只是区别不同考古学文化的一个最基本特征，但做出这种概括性说明，很容易使人以为区别不同的考古学文化仅只是不同的食器组合。事实上，区别不同的考古学文化还有其他方面。就以组合中的器种而言，也不仅仅食器不同。例如前述相当于春秋中期前后的楚铜礼器第二、三期组合中，与中原地区器类组合的差别中就还有楚浴缶。划分不同的考古学文化，除铜器器类组合外，还有陶器等其他器类的组合，以及器物形制、纹饰，制造工艺等方面的差别。不仅是物质文化方面的表现形式，还有透过物象所反映的制度、精神文化方面的差别。正如《中国大百科全书·考古卷》中关于考古学文化的定义所云：“考古学中所讲的文化，有其特定的含义，专门指考古发现中可供人们观察到的属于同一时代，分布于共同地区，并且具有共同的特征的一群遗存。……一个文化不能由一种特征来划分。……只有许多特征的总和，才能把一个文化和另一个文化划分开来。”①诚然，不同的食器组合确是划分不同的考古学文化一个重要特征，但不是唯一的特征，只有所有特征的“总和”，“才能把一个文化和另一个文化划分开来”。

至于说“在此以前……尚无前例”。其实，在此以前，1983年就已有《楚国春秋早期铜礼器简论》②一文，根据新发现的材料，以铜器组合形式的不同，“分为三个不同的类型，即：楚国的或楚文化系统的礼器组合是鼎、簠、壶、盘、匜；汉淮间非姬姓小国的礼器组合是鼎、盆、壶、盘、匜；曾国的礼器组合是鼎、簋、壶、盘、匜。曾国的礼器组合与中原地区相同”。指出了楚文化这种“以簠代簋，作为礼器组合中的基本器物”，“显示出了自身的特征”，“正是它‘僭号称王’，不与中国之号谥的一种表现”，并强调指出：“对这一点（指春秋早期楚国铜礼器组合不同于周制的特点），过去似尚未引起人们的注意，这正是本文写作的目的”（上引均引自该文）。这表明，在此以前对此问题的讨论已有前例。

“这一基本特征不仅存在于春秋早中期的楚青铜文化，而且一直贯穿到它的最后终结。这就是说，鼎、簠组合是春秋早期以来楚青铜文化由始至终的一个最基本特征。”对这一看法，有两个问题需要讨论：第一，鼎、簠组合是不是“由始至终”的？第二，是不是“最基本特征”？

关于第一点，在前面第一节中，我们已分别归纳楚铜礼器组合形式为甲、乙、丙三大类。甲类组合诚如论者指出的，鼎、簠组合这种形式确是自始至终存在着的，一直到战国末年楚灭亡前夕的楚幽王墓内仍然有数量较多的簠。但是在乙、丙类内则不然，乙类组合中的簠只存在到第五期即战国早期，战国中期以后（即第六、七期）则为敦、为盒所代替，例如乙类组合中有信阳长台关M_1器群。论墓葬分类，已属大型墓，

① 中国大百科全书·考古卷［M］. 北京：中国大百科全书出版社，1986：253.

② 1983年在河南信阳市召开的河南省楚文化研究综合学术讨论会论文，其后收入《楚文化觅踪》一书，中州古籍出版社，1986年版。

我们据组合形式列为乙类，然其组合为鼎、敦、壶、盘、匜，组合中不再有簠。又如江陵望山 M_1 和 M_2，组合形式为鼎、敦、壶、盘、匜，其中也已不再有簠，簠为敦所代替。这足以表明乙类组合中之簠并不是自始至终的。至于丙类组合，它自始至终在组合中就没有簠。因此从甲乙丙三类组合全面考察，得不出“由始至终”的结论。论者还进而举出仿铜陶礼器作补充，认为：“大约不迟于春秋晚期，楚的鼎、簠对偶习俗便以仿铜陶礼器的形式出现在极下层贵族与庶民间。”既云“不迟丁春秋晚期”，就意味着此前未见，也就不是“由始至终”的。

关于第二点。首先得肯定，以春秋早中期的考古材料归纳出的楚青铜器鼎、簠组合形式，确不失为表现楚文化考古学特征的一个显著标志。笔者对此也作过讨论，《新证》亦予详加论证。例如所举曾国墓三例，樊君墓一例，南阳申公彭宇墓一例，都是很好的证明。笔者也是从春秋早期仅见的南阳申公墓、信阳樊君墓、枝江百里洲器群三例中全部都是鼎、簠、壶（有的加盘、匜）组合的情况，得出了楚青铜器组合中自具特征的新认识。《新证》对申公墓、樊君墓的看法与笔者看法一致，只是对枝江百里洲器群的看法不同，即笔者主张属楚，《新证》主张非楚（关于这一问题及对江陵岳山墓器群的国属问题，后详）。但这并不影响得出相似的结论。

鼎、簠组合确是楚青铜器群中一个重要的特征，但笔者认为不是“最基本特征”。“最基本特征”，则意味着：在时间上是“由始至终”的，在空间上是最普遍的或者至少是大量的足以构成与其他文化完全区分开来的特征。在时间上之不是“由始至终”的，前面已谈到了。它在乙类组合中只存在到战国早期，从乙类组合是楚青铜器有代表性、典型性的组合来看，把它说成是从春秋早期到战国早期这一段时间的基本组合，还比较合乎客观实际。既然不是自始至终的，就很难说是最基本的特征。次之，在空间地域上看，它似尚难以仅凭此一特征而构成与其他文化之基本上的区别。《新证》一书已列举了中原晋地一些出鼎、簠组合的实例，指出了并不是所有鼎、簠组合都是楚文化，这是对的。这里还想补充一些实例，在晋地及邻近的燕、中山国地，如战国早期的太原金胜村大墓出土众多青铜器中，盛饭器中无簋有簠[①]，也可视为鼎、簠组合。迟至战国中晚期之际的河北中山国王墓内同样也可视为青铜鼎、簠组合（有豆无簋）[②]。在山东地区，肥城小王庄的一组春秋早期青铜器为鼎、簠、壶等，也是鼎、簠组合[③]；邹县出土一组春秋早期青铜器为鼎、簠、罍等[④]，又是鼎、簠组合……凡此均足以表明其他地区同样存在着不少鼎、簠组合为特征的青铜器群，它们显然都不能划归楚青铜文化。我们还可把视线再转到楚青铜器群作细致考察。诚然，一直到战国晚期，在楚甲类组合形式中都确有簠，也即为论者一再强调的“由始至终”的例子吧，但必须指出的是，并不单纯为鼎、簠组合，而是还同时并存簋、豆、敦等的复合形式。战国中晚期的荆门包山 M_2、寿县楚王墓这些甲类组合中，尤其在最大的或如论者所说的“楚公族集团”的墓葬中，这种周式方座簋是从早到晚存在着。如属春秋中晚期之际的下寺 M_1、M_2 内有簋，比之稍晚的传世铜器——邵（昭）王之諻簋，也可能出自一座楚王墓或楚王室贵族墓。楚灭亡前夕的幽王墓内都还有簋，可以证明楚王室贵族（“楚公族集团”）一直是把这种周文化象征的簋作为自己的重要礼器的。

综上所述，单纯以楚青铜鼎、簠的有无来表明“最基本特征”看来比较勉强。我们说它是一个重要特征，也是在一定的意义上说的：第一，是从豫南与江汉平原这一特定区域存在着能反映不同文化类型的三种组合归纳出来的特点，至少在这一地区存在着代表性、典型性。第二，是从整个楚青铜礼器组合形式的演变来看，其乙类组合形式（在甲

① 山西省考古研究所，太原市文物管理委员会. 太原金胜村 251 号春秋大墓及车马坑发掘简报［J］. 文物，1989（9）.

② 河北省文物管理处. 河北省平山县战国时期中山国墓葬发掘简报［J］. 文物，1979（1）. 据此简报，M_1 为国君墓，无簋，但 M_6 内有簋。

③ 齐文涛. 概述近年来山东出土的商周青铜器［J］. 文物，1972（5）.

④ 王轩. 山东邹县七家峪村出土的西周铜器［J］. 考古，1965（11）. 其年代应为春秋早期。

乙丙三类中为典型的有代表性的一类）从春秋早期到战国早期有自身演变规律，在这种演变规律中，簠一直是基本器种，而在北方晋、燕、鲁、齐等地区虽则有鼎、簠组合情况，但未见自成序列的演变规律；还看不出簠是那些地区一定时期内固定不变的基本器种。故而我们可以认定楚的鼎、簠组合为反映楚青铜文化的一个重要特征，这一特征要和其他重要特征结合起来，方能显示出楚青铜器群的总体特征。

与鼎、簠组合的研究相关，有必要就前面提到的两个鼎、簠组合器群的文化归属问题进行讨论。

《新证》在论证了鼎、簠组合为楚青铜文化“最基本特征”后，对位于楚中心地区的有此“最基本特征”的器群反而认为：“江汉地区早期鼎、簠组合文化也不见得全是楚的或隶属于楚的文化”，“枝江百里洲春秋早期和江陵草市（即笔者所称的岳山，因岳山在草市附近）春秋中期的青铜器群，应是与楚无关的鼎、簠对偶文化类型”。这两个器群正是笔者主张的两个楚典型铜器群，看法既然截然相反，则不可不讨论。

先讨论第一个器群，即枝江百里洲器群，关于此器群的国别与文化属性，有三种不同的看法：

第一种，认为是息国之器。[1]

第二种，认为是楚国之器，这是笔者的主张。

第三种，认为是塞国之器，这是《新证》的主张。

对于第一种看法，持第二、第三种看法者均已作过辨析，认为息国之说难以成立，不再复述。

持第三种看法者以两件有铭铜器的作器者——考叔䏁父、塞公孙䏁父为研究对象，提出自己的看法：“察先秦时期的‘公孙’称谓，皆出自‘诸侯之子称公子，公子之子称公孙’，即都是用来特指诸侯之孙的，在周金文中概无例外。因此，所谓‘塞公孙’，自应指塞国公孙，‘塞’当为诸侯国名或族名。于是，枝江出土的例 24（即指百里洲铜器——引

① 于豪亮. 论息国和樊国的铜器［J］. 江汉考古，1980（2）.

者注）显然不属楚之贵族。这里所指是‘某公孙’而不是‘某公’，故而不会是指楚的县公。”

对这段话，有的说法笔者是赞同的，如先秦公孙称谓，确实一般来说是指诸侯之孙。楚的县公既可称公，则其孙据推理也可称公孙，然尚未见例证，故也不妨说楚县公之孙不能称为公孙。但还有一种情况值得注意，即楚王族之公孙出任县公、县尹或封于某邑，其本人仍可称公孙，如武城尹公孙朝（《左传·哀公十七年》），此公孙朝为令尹子西之子，为楚王族。又如楚公孙宁封于析（《左传·哀公十八年》），也许可称“析公孙宁”，这与枝江铜器铭文中的“塞公孙𦟀父”为同一词语格式。以此类比，则“塞公孙𦟀父”，也可理解为楚王族之公孙名𦟀父者，封于塞邑，犹如楚公孙宁之封于析邑。当然，在《左传》中，并未直接记载为“武城公孙朝”，“析公孙宁”，似乎仍是疑莫难定。可喜的是在东周铜器铭文中已找到这样的例子，可作为佐证。现举山东出土的 1 件铜器铭文为例加以讨论。

山东诸城臧家庄一战国墓内出土的编钟、编镈，其铭文为：

> 陈翊立事岁十月己亥鄘公孙朝子造器九。[1]

铭文中的“鄘”即山东境内古“莒”国，如不细加分析，会以为就是莒国公孙朝子之器。事实并非如此。

第一，该墓的年代为战国中期。而莒国早在战国早期的公元前 431 年就被楚所灭，莒已不复存在，不当有此器。

第二，铭文纪年用齐国特有的纪年法，陈字从土，是战国时田齐的专用字，田齐王族公孙辈自称公孙某，故简报作者也称此墓主、器主为“田姓贵族”。大概在此前之某个年代，齐国占领了此地，故得有此齐墓。

由上分析，就可得出结论：鄘公孙朝子其人，乃齐国王族名公孙朝

① 山东诸城县博物馆. 山东诸城臧家庄与葛布口村战国墓［J］. 文物，1987（12）.

子者封于鄘邑，故称“鄘公孙朝子”。山东省博物馆王恩田先生也赞同此说，认为这是齐占领莒地后“所封的陈齐王族，而不大可能是原莒国的国君后裔”[①]。因为莒国的原国君已“失守宗祀”，或迁之于他方，如田齐“迁康公海滨”（《史记·齐太公世家》），楚灭鲁，将鲁顷公“迁于下邑，为家人，鲁绝祀”（《史记·鲁周公世家》）。齐占有莒地之后所封的莒公与齐灭薛后所封的薛公——靖郭君、孟尝君一样，都是田齐王族。铭文中鄘公孙朝子即为田齐王族公孙朝子封于莒地者。

根据以上例证的分析，对枝江铜器上的“塞公孙寣父”的解释，便可以如此理解：

“塞公孙寣父”即楚王族公孙寣父之封于塞地者，这个“塞”字，据新出清华简的“繫年篇”，应释读为息国的“息”字。公元前680年楚文王灭息国，封楚王族名寣父者为息公，故有“塞公孙寣父”之称。

从铜器本身也可作点推论。簠铭考叔寣父，匜铭塞公孙寣父；观此两器形制、纹饰，簠器制作年代早于匜的制作年代。或可认为簠铸作时，此寣父尚未封于塞，故铭文中未见塞字，而冠以本人之字；匜铸作于封塞之后，故乃称“塞公孙寣父”。

枝江器群组合为楚乙类组合，而与中原地区，汉淮地区同时期的组合不同（见本章第一节），当属楚器无疑。

因此，笔者仍坚持原来的看法，属之楚国而非他国，其铜器组合不能排除在楚鼎、簠组合之外。

再讨论第二个器群：江陵岳山楚墓器群。

对此墓的国别和墓内一件鄴伯受簠的国别及这一铜器群的文化属性，存在三种不同的看法。

第一种看法，墓为楚墓，鄴伯受簠也是楚器，这是笔者的主张。

第二种看法，墓为楚墓，鄴伯受簠则是鄴国之器。[②]

第三种看法，此墓为鄴国之墓，鄴伯受簠亦为鄴国器，这是《新

① 王恩田先生给笔者的来信。

② 何浩．羕器、养国与楚国养县［J］．江汉考古，1989（2）．

证》的主张。

关于此墓的国别，简报判断为楚墓是对的，此墓出土铜器的组合属楚铜礼器特有的组合，其器型尤其是盏、缶的型式完全是楚的风格，把它断为楚墓应无疑问。

《新证》断为鄴国墓，主要是以该墓出土的有铭文铜器鄴伯簠来立论的，即由鄴伯簠为鄴国器进而据此推论此墓为鄴国墓。这样，问题的关键是要辨明鄴伯簠的国别。

论者认为："鄴伯受之'伯'当指鄴国国君，伯为其爵称……鄴伯之谓例同'某伯'，而非'伯某'，视此，'鄴伯'之'伯'自属诸侯爵称而非行辈称。鄴伯特指鄴国国君当无可疑。"

应当承认，在金文中，确有大量材料表明"某伯"之"某"为诸侯国名，"伯"为其爵称，而"伯某"之"伯"则为行辈称谓。《新证》指出这一点，无疑是对的。但是，说凡是"某伯"的"某"全部指国名，事实并非如此。正如有的学者所言："'某伯'的'某'除追称可能是日名、谥号外，凡生称一般都是国名、氏名。根据周代宗法制度的规定，不仅诸侯的君位由嫡长子承袭，其他贵族世家也代代以嫡长子为宗主。某国之'伯'，当然是诸侯，某氏之'伯'，不一定是国君。"[①] 这就是说，"某伯"除可指国君外，还可指某氏之长，某家族之族长。鉴于这种情况，学者们便审慎地说："'某伯'一称往往可兼有诸侯之伯与行辈之伯的两重意义。"[②]

为进一步说明问题，还可举一些不是国名的"某伯"的例子。

例 1：陕西扶风庄白出土铜器群多属微氏家族[③]，有多件铭文中有"微伯""微伯痶"称谓，如"微伯作齋鬲""微伯痶作簠""微伯痶作

① 盛冬玲．西周铜器铭文中的人名及其对断代的意义［C］// 文史：第十七辑．北京：中华书局，1983．

② 俞伟超，高明．周代用鼎制度研究［J］．北京大学学报，1978（1–2）．

③ 陕西周原考古队．陕西扶风庄白一号西周青铜器窖藏发掘简报［J］文物，1978（3）．

匕”。已有学者指出，这个微在殷时为一方国，其后人仕于周，世代为史官，“微”由国名变为此家族之氏名[①]，这个“微伯”之“微”就不是诸侯国名，而是氏名。

例2：传世的一件铜匜，其铭文为：“豖衞邑𢦏伯伯作宝匜，永宝用之。”[②]这是以封邑名为氏名。这个𢦏伯也非诸侯之伯。

例3：河南桐柏出土铜盘、匜等[③]，盘铭：“䄅伯庸自作宝盘……”又信阳杨河出土的铜鼎、盘、匜有相同的铭文。如鼎铭：“唯番䄅伯者尹（君）自作宝鼎……”[④]这个“䄅伯”也显然不是国君爵称，而是番（潘）国公族的一支，即“䄅伯”之“䄅”为氏名。

例4：传世伯叵卣，铭文：伯叵作西宫伯宝隮彝。[⑤]显然，这个西宫伯之“西宫”必是氏名，而非国名。

类似例子尚多，不再列举。其实，文献记载中同样也有这类例子，仅举一例，如《左传·宣公十二年》记载在楚晋邲之战中，“楚许伯御乐伯，摄叔为右，以致晋师……乐伯左射马，而右射人……”这个许伯、乐伯亦决非诸侯之伯。

总之，全面、准确的说法应是：“某伯”之称谓既可指诸侯，又可指某氏之伯。当然，“某伯”的“某”在某件铜器铭文里究竟是指国名还是氏名？这是一个需要进行综合研究的问题。对鄀伯受簠国别的判断也只能作如是观。

传世有羕史尊，研究者将“羕史”列为“诸侯史官”。[⑥]故有的学

① 黄盛璋．西周微家族窖藏铜器群初步研究［M］// 历史地理与考古论丛．济南：齐鲁书社，1982；唐兰．略论西周微史家族窖藏铜器的重要意义［J］．文物，1978（3）；伍士谦．微氏家族铜器群年代初探［C］// 古文字研究：第5辑．北京：中华书局，1981．

② 《三代吉金文存》17·34·4。

③ 王儒林．河南桐柏发现周代铜器［J］．考古，1965（7）．

④ 信阳地区文管会．河南信阳发现两批春秋铜器［J］．文物，1980（1）．

⑤ 《三代吉金文存》13·31·4。

⑥ 张亚初，刘雨．西周金文官制研究［M］．北京：中华书局，1986．

者认为“这是史籍缺载却赖铜铭得知的又一个先秦古国”。并进而认定“鄴伯受簠”之鄴就是这个古羕国，“鄴伯必为养国国君”，而出此器之墓则为“楚国贵族墓”。[①] 称墓为楚墓，器为鄴国器，这与笔者在《楚国青铜礼器初步研究》一文中的看法相同。

但是，正如前面所述，“某伯”之“某”，也可能是指某氏，“鄴伯”之“鄴”也存在解为“鄴”氏的可能性。鄴可读为养。[②] 鄴氏即养氏，楚确有养氏，《左传·宣公十二年》记载，前597年楚晋邲之战中“养由基为右”，乃楚庄王之亲近将领，誉为楚之神箭手，为养氏家族中出类拔萃人物。至于鄴氏之鄴的得名，也可能以鄴国被灭后的国名为氏名，氏名得名的方法甚多，在未找到直接证据前，最好付之阙疑可也。这样考虑，笔者在后来的另一文章中改定此器为楚器。[③]

平心而论，这两种解释（指鄴伯受簠为鄴国器或楚国器）均各有道理，似有雌雄莫辨之惑，为慎重起见，也可两说并存。这并不影响确定此墓为楚墓，整个器群属楚的结论。

论者在否定上述两个有鼎、簠组合的器群为楚器后，进而认为“枝江塞国及江陵鄴国墓实与当阳以北的楚国势力范围处于割裂状态，不仅不在春秋早中期的楚地范围内，而且不在当时楚人直接控制的势力范围内，故应是独立存在的另外的国族个体”。这个问题已超出了关于铜器组合研究范围，而属于进一步讨论楚历史发展、楚历史地理的历史学问题，在此不再辨析。在我们看来，对此看法恐怕是很难首肯的。

在把鼎、簠组合的文化特征和文化属性予以辨析之后，接下来便须对楚地非鼎、簠组合器群的文化属性问题亦应予以讨论。在当阳赵家湖的春秋时期楚墓中有几例鼎、簋组合的墓，在整理者的楚墓分类中定为

---

① 何浩．羕器、养国与楚国养县［J］．江汉考古，1989（2）．

② 裘锡圭．谈谈随县曾侯乙墓的文字资料［J］．文物，1979（7）．

③ 刘彬徽．湖北出土两周金文的国别与年代考述［C］// 古文字研究：第13辑：北京：中华书局，1986．

甲类楚墓，墓主身份多为士一级的小贵族。而从组合形式考察，应归属于楚系铜器中的丙类组合。论者认为："将应属姬周文化体系的当阳赵家湖前期甲类墓误以为是典型楚墓。现在看来，这是应当加以纠正的一种误解。"对此，已有学者就赵家湖墓群的文化归属作了分析，指出："为了做好这类墓的识别（即国属与文化属性的识别——引者注）工作，必须把视野扩大到20世纪70年代发掘墓数达297座的整个赵家湖墓区。从墓群的方位看，那是周人力不能逮之处。从墓群的结构来看，那是一个社会群体的文化遗存。从墓群的年代序列来看，那是连接成串的链条。从墓制、葬式和随葬的陶器来看，并不缺乏楚文化的考古学特征。"① 这里还想再强调一点、补充一点。强调一点的是，从整个赵家湖墓地的总体特征看，无疑应以楚文化因素为主，不仅是"并不缺乏"，而且是特征鲜明。补充一点的是随葬品中不仅是陶器而且铜器也有鲜明的楚文化特征。当然，这种鲜明不在于有无铜簋，而体现在与它共存的铜鼎、铜盏上，就以《新证》所举当阳金家山 M_9（属赵家湖墓区）来看，与簋共存的鼎、盏两种器物，《新证》也不否认是两种有鲜明楚文化特色的器物。在组合中的这三种铜器，即使簋是周文化系统的，而鼎、盏则为典型楚器，其比例是一与二之比，自应以楚文化系统器物为主来判定文化属性。我们还可再举出稍晚发掘的金家山 M_{247}、M_{248} 两例来看。② 金家山 M_{247} 是一座有棺有椁的墓，保存完好，出土陶器为盂、豆、罐，铜器为鼎、盏、鉶。如按墓葬分类，也可从赵家湖楚墓整理者划归为甲类，而从组合形式看，属楚铜礼器丙类组合，为楚下层贵族士一级的墓。铜器中的鼎、盏是典型的楚器，根本就未见簋，显然应归属楚文化系统。金家山 M_{248} 是一座只有一棺的小墓，竟然也出土了铜鼎、盏、鉶，也无簋，就连小墓内都是以楚文化青铜器为标志，这就足以表明这个墓地的楚文化性质。

至于该墓地中有的墓只出铜鼎、簋（伴出陶礼器也有楚文化特征，

① 张正明．楚墓与楚文化［J］．中原文物，1989（2）．

② 湖北省宜昌地区博物馆．当阳金家山春秋楚墓发掘简报［J］．文物，1989（11）．

已有文论及，此不详述），是不是就不是楚青铜文化属性呢？如只强调鼎、簋而归属“姬周文化系统”，这似乎太绝对化了一点。一般来说，在文化转变期中，旧文化因素的存在几乎是一通例。例如在周初的铜器组合中，就有殷商文化铜器组合的遗留。楚文化继承商周文化在南方发展，这是谁也不否认的；楚文化在勃兴之初，有周文化组合的遗留也是很自然的，毫不奇怪的。不独楚丙类组合如此，在甲、乙类组合中也不乏其例，如淅川下寺 M_1、M_2，这是谁也不否认的典型楚贵族墓，同样伴出有周式簋。

前举金家山 M_9，出土的铜鼎、簋、盏，其鼎、盏有精细繁缛的纹饰（金家山 M_{247}、M_{248} 所出亦如此），而同出之簋则素面无纹，器形也小，其精粗优劣之分，十分明显，反映了楚人对自身创新之器的爱好与重视。由此可知，在赵家湖墓区，簋的存在对判定该墓地的文化属性作用不大，它不是墓地铜器中必要的（鼎、盏必要，而簋为次要）和必然的（数量比例上很少）器种。因此，将“赵家湖前期甲类墓”断为“姬周文化系统”的看法，恐怕很难使人信服。

通过以上对于楚铜器组合研究中一些看法的讨论，当会更有助于我们对楚系铜器组合特征的认识。在我们考察楚系铜器组合方面的文化特征时，看来不能过于强调以“鼎、簋相配”与以“鼎、簠相配”来作为区分周文化与楚文化的标志。组合方面的基本特征，只有从整个组合形式的横向对比与纵向考察才能归纳出来，这就是前面第一节所论述的：第一，组合形式中若干基本器种和型式与中原周文化系统有差别，第二，楚铜器组合形式有不同于中原系统的独特的演变序列（演变情况见第一节）。这样，从整体研究得到的认识，便可以看出，如果只强调鼎、簠组合并不能全部概括出楚文化在铜器组合形式上的考古学特征。不宜对“鼎、簠相配”这一特征予以过高的评价。如说这“是楚国文化史上一次最无与伦比的质变，是一场文化的革命”，对于这种鼎、簠组合所显示的意义，从楚文化与周文化的区别，从楚文化与其他任何文化的区别来说，或是楚文化对于楚文化自身发展的前一时期的否定来说，都很难说是质变，是革命。楚文化不过是我国统一的华夏文化中的一个有特色的区域文化，楚青铜器也只能是我国商周时期青铜器中有独特风格的一个有机组成部分，很难说由于出现了鼎、簠组合就引起了质变，而且是“无与伦比的质变”，“是一场文化的革命”。

最后，关于“最能从根本上代表典型楚文化的，自是楚公族集团的文化”问题，虽已超出了对鼎、簠组合的考古学研究范围，也还可再稍加讨论。

我们认为，无论是鼎、簠组合也好，或是楚铜礼器的组合方面的综合特征也好，这种研究属于考古学研究范围。当然，考古学研究要与历史学的研究结合起来，以探讨历史发展的规律。《新证》有意识地将楚文化考古学研究与历史学研究结合起来，这个方向是对的，取得的研究成果不可否定。但毕竟二者有区别。正如有的学者在谈到民族学（历史学的分支）研究时指出：“民族学识别人们共同体的标志，不同于考古学识别考古学文化的标志……不能将二者简单地等同起来。”[①] 显然，对于楚铜器的组合特征，仅是作为识别楚文化考古学特征的标志，而且只能是其中一个重要的标志。而“楚公族集团文化”指的应是整个楚统治集团的上层文化，它的标志与作为考古学上楚文化的标志有范围大小的区别，不是考古学楚文化一个重要标志所能代表得了的。因此，也可以说，“不能简单地等同起来”。当然，论者原意也许并不是要区分楚公族集团文化与非公族集团文化，而只是强调楚公族集团文化的“主导地位”，规定、影响了统治阶级中非公族集团的文化，但即使如此，也难以证明只有楚公族集团才创造、规定了统治阶级的文化。前举例子也可说明这一问题。就以鼎、簠组合而言，到底是楚公族集团创造的，还是楚公族集团采取“拿来主义”，将已存在的这种组合转变为自己特别着

① 张忠培．关于考古学的几个问题［J］．文物，1990（12）．

重实行的制度呢？显然，两种可能都有。因之，无论从哪个角度看，说统治阶级文化才是占统治地位的文化，是较为稳妥的说法。

至于“楚公族集团文化”，《新证》指出它在楚统治集团文化中占有“主导地位”，那么，在楚统治集团文化中是否还有占次要地位的非公族集团文化呢？正如《新证》引述的马列经典著作的观点：只有统治阶级的文化才是占统治地位的文化。我们觉得，在统治阶级文化中要区别公族集团文化与非公族集团文化，恐怕很难。例如秦国的商鞅变法，楚国的吴起变法，其变法思想与措施无疑应代表了秦、楚公族（或楚王）的思想文化，但商鞅、吴起并不是秦、楚的公族。又例如，在考古楚文化中，早在春秋早期，非楚公族也使用鼎、簠组合，例如南阳申公彭宇墓铜器，墓主与铜器所有者彭宇显非楚公族。

以上就是在关于楚铜器组合研究相关问题中个人一些不成熟的看法，特提出来就教于《新证》作者[①]与读者，以有助于本人认识的提高和研究的深入。

① 笔者与《新证》作者为挚友，限于篇幅，在此对其书的成就未予介绍，却提出若干不同的看法，是有所顾虑的。但我想，学术上的讨论是正常的，不会影响朋友间的友谊，前辈学者中也有私交甚好的挚友，而学术上的一些看法与观点却不相同而传为佳话的例子，值得我们效法。这样考虑，才作上述讨论。自己的看法也难免有错误与不当之处。通过相互切磋，对自己也会大有裨益。

第四章 楚系青铜器分类研究

楚系青铜器的分类采用我国青铜器研究中共同使用的分类法。由于本书主要研究楚礼乐器，在本章只对礼乐器作分类研究。楚礼乐器按其用途分为食器、酒器、水器、乐器等四个部类，每个部类又有若干单独的器种。我们将在理出每一个器类的基本内涵之后，对其反映的楚文化特征与相关问题进行讨论。

第一节 食器

食器主要有鼎、鬲、甗、簋、簠、盆、盏、敦、盒等类。以下分类或几类合并论述。

一、鼎

鼎是我国先秦礼器，同样也是楚礼器中最重要的器类。楚墓所出礼器以鼎的数量最多，型式多，精品多；无疑是最值得重视与研究的一类楚铜器。在对楚铜鼎的专题研究方面，高崇文《东周楚式鼎形态分析》（简称《鼎析》）一文可为代表。但随着新资料的增加与研究的深入，有必要作些补充与再讨论。

《鼎析》将楚式铜鼎分为A、B、CⅠ、CⅡ、D、E、F等七型。[①] 其中A型立耳鼎和F型越式鼎数量少，前者仅在春秋早中期的墓中发现几件，后者主要见于战国中晚期墓葬。其所反映的楚文化因素甚微，在此不再讨论；对其他五型分为五个类型论述。

① 高崇文．东周楚式鼎形态分析［J］．江汉考古，1983（1）．

（一）Ⅰ类　折沿鼎（鼾鼎）

这一类型相当于《鼎析》的B型附耳折沿束颈鼎。此文发表以后至今，这类鼎的数量又有增加，并可填补该文所论年代序列上的缺环（原缺战国中期），计有东周一期5件，二期1件，三期19件，四期3件，五期2件，六期4件，七期2件，共计36件，出于19座楚系墓葬。①每墓出土此型鼎数量一般只有一两件，最多的为三期下寺M_1和M_2，各出4件和5件，从第四期蔡侯墓以后至第七期的此型鼎，全都出于高级贵族墓内，且其形体也是同墓所出鼎中最大的。其中以寿县楚幽王墓的1件最大最重，高113厘米，口径87厘米（图一，7），重400千克，为我国东周时期最大最重的鼎。②

东周时期这类楚铜鼎的年代序列和器形演变情况，请参阅图一，1—7。每期器形特征与演变规律在《鼎析》一文中已作说明③，不再补述。唯此文对这类鼎的定名与用途等问题，涉及较少，有进一步讨论的必要。

1. 名称问题

《鼎析》从形态特征定此类鼎为附耳折沿束颈鼎，这里简称为折沿鼎。以与Ⅱ、Ⅲ类鼎相区别，在没有自名的情况下，据形态特征来定名，是一种考古学的方法。但这类鼎中的一些有铭铜鼎，有的有器名。这就应该考虑用其自名来为这类鼎定名的问题。

为此，先列出这类鼎的自名：

飤鼾　见于楚王子昃鼎（铭文请参阅第六章，下同）。

飤盬　见淅川下寺M_2倗鼎铭文（器形见图一，3）。

---

① 见表2-2，出土墓葬单位的序号为：1、2、3、8、10、11、12、14、21、22、23、25、28、32、43、51、53、66、76。

② 安徽省博物馆．安徽省博物馆藏青铜器［M］．上海：上海人民美术出版社，1987．（该器编号80）

③《鼎析》分为5式，代表5期，该文划分东周为六期，缺第五期标本，故只有5式标本。本书划分东周为七期，每一期均有标本，故有7式。

飤𨡨　见蔡侯申鼎铭文（器形见图一，4）

飤表功用，𨡨为𨡨的繁构，以其自名定器名，无疑应定名为𨡨。但问题在于，有自名的鼎很少见[①]，能不能以此作为整个这一类鼎的名称呢？笔者的答复是肯定的，理由有二。

第一，从楚铜鼎的五个分类看，只在这一类鼎上有此器名，在其他四类鼎中无此器名，应可以肯定为这一类鼎的专有名称。

第二，此字当由西周铜器铭文中的器名“盂鼎”演变而来，𨡨又作𨡨即是证明，在其他地区诸侯国铜器铭文中，此字有不同的形体，如：钘、锰、𨱏，均为𨡨字异体。经查其有图像者，共同的特点都是折沿[②]，与这一类楚鼎相同。因此，从我国青铜器的鼎类来看，也可以认为，凡属这类折沿鼎可统一定名为盂鼎，而楚的盂鼎则有它的专名——𨡨。

2. 功用问题

关于这类鼎的社会功能与用途，在我国青铜器的研究中，存在三种不同的看法。

其一，这类鼎中的一些大鼎，即一墓所出铜鼎的最大者，就是周代用鼎制度中用作烹煮牲体的镬鼎。这一看法首先由郭宝钧提出：“大鼎（即镬）为熟牲之器。”[③]其后，考古学界多沿用此说。楚系鼎如蔡侯申墓、曾侯乙墓、包山 M_2、幽王墓内出土的一两件最大的鼎，我们也认为其功用应同镬鼎（图一，4—7）。但是，镬鼎只是𨡨类鼎中器体较大的那一部分，另一部分器形不大的𨡨，功用是什么？这个问题并未解决。

其二，认为盂鼎都为镬鼎。论者以铭文中的自名为依据，“把‘盂’‘锰’‘钘’‘𨡨’‘𨡨’释为镬”，“当并为镬鼎”。[④]论者虽未明言

① 荆门包山 M_2 出土两件大鼎，在竹简遣策中记为：“一牛鑐、一豕鑐。”鑐字可能为𨡨的同音异体字。（此字之释，还可研究）

② 如西周晚期的卫鼎自名“盂鼎”，为折沿圜底，图像见《考古》1974 年 1 期图版贰之 3。大鼎亦自名盂鼎，折沿上扬，图像见《通考》下册图 78。

③ 郭宝钧. 山彪镇与琉璃阁［M］. 北京：科学出版社，1959：42. 在第 43 页的器物对照表内，也把一墓中最大的鼎径称为镬，均未作进一步说明与论证。

④ 俞伟超. 先秦两汉考古学论集［M］. 北京：文物出版社，1985：65.

楚的𩰫类鼎都是镬鼎，但既以有此自名的鼎立论，就包括了这类鼎中的小鼎。[①]即是说，所有大大小小的楚𩰫类鼎都可作镬鼎使用。

其三，对盂鼎的功用为镬鼎，表示怀疑。认为："𩰫、镬虽然古音相近，但未必是一回事，我们怀疑它只是深腹鼎的一种别称，不是特殊鼎类"，"这种大鼎是不是镬，现在还不能肯定。"[②]这就是说，楚的𩰫类鼎无论大鼎抑或小鼎均还难以肯定其功用为镬鼎。

对以上三种说法如何看待？我们认为，第二说范围过大。那些器形较小的盂鼎（图一，1），若用作烹煮牲体的镬鼎，恐怕是不可能的。诚如第三说提到的，𩰫、镬虽然古音相近，二字在古代可以通用，但未必是一回事。但说"只是深腹鼎的一种别称"，也不确，因有的并不是深腹鼎。应如前所说，作为折沿鼎的专名。对大鼎之为镬鼎，第三说表示怀疑，"不能肯定"。我们认为，用不着怀疑，应予肯定。理由很简单，鼎的用途中确有镬鼎一项用途，而这些大鼎因器体特大，正好可作烹煮牲体的镬使用。当然，是不是只有这些大鼎才能作镬鼎使用？这可以研究。有论者提出，在"鼎实"（鼎内盛放物）上加以注意，是必要的。

因此，我们认为第一说可从。问题在于，那些较小的𩰫类鼎的功用是什么？在没有找到直接的证据以前，几种可能性都有，即：中型𩰫类鼎也可能有类似镬鼎的作用，而小型𩰫类鼎可能只是一种盛牲或盛其他食物的鼎。它们在鼎的三种功能——镬鼎、升鼎、羞鼎中，以哪一种为是，只能从出土𩰫类鼎的实际状况去判断。[③]

3. 源流与特征问题

楚𩰫类鼎形态上的折沿特点显然承传西周以来的传统器形，在东周一期仍属周文化系统，东周二期以后形成楚系𩰫类鼎特征——束颈，

---

① 例如前面提到的卫鼎，通高 22 厘米、口径 31.5 厘米，楚𩰫类鼎中如当阳金家山 M_9 出土的 1 件，高 23.6 厘米、口径 25.4 厘米，二器大小相似，都是小鼎。

② 李零．楚国铜器类说［J］．江汉考古，1987（4）．

③ 例如淅川下寺 M_2 的 1 件小型折沿鼎很可能为羞鼎。

腹、足向坦底、高足演变[1]；器名也形成专用字（鼾），而与其他地区同类鼎的字体有别。这就是共性中的个性。战国时期随着楚势力、楚文化的扩散，这类有自身一定特色的折沿束颈高足鼾也流传、影响到周围其他地区。

以上就是关于Ⅰ类即鼾类鼎的基本看法。

（二）Ⅱ类　箍口鼎（緐鼎、鐈鼎）

《鼎析》定为CⅠ型，称之为凸棱型子母口深腹鼎，作为子母口鼎的两个亚型之一。我们认为可以单独作一个类型而不必作为亚型。其依据有二：①承盖方法不同，口沿壁与腹壁成一直线，而近口沿处的外壁凸起一周箍带（或叫凸棱），以便承盖，这种承盖方式既与上述折沿鼎不同，也与下面将要论述的子口内折的鼎不同。②有自名，从现有材料看，在春秋中期自名为“緐鼎”，春秋晚期直至战国时期则自名为“鐈鼎”。因此，此类鼎器若据自名可称緐鼎或鐈鼎；若以形态定名，可简称为箍口鼎。在东周一期尚未发现。

二期的目前仅一见，即下寺 M_8 出土的楚叔之孙以邓鼎，自名“緐[2]鼎”（图二，1）。

三期典型器较多，如下寺 M_1、M_2 出土有“倗之飤𩰫”铭文的和无铭的此型鼎 8 件（图二，2）；当阳慈化楚墓出土两件，其中一件铭文为“楚子趆之飤緐”。本期总数共有 25 件。[3]

四期有铭文者如邓子午鼎，器名“飤鐈”[4]。这是年代最早的自名“鐈”的鼎，自此以后这类鼎可称鐈鼎。《说文》：“鐈，似鼎而长足。”此鼎的足确较长，且稍外撇。楚鼎之鼎足演变趋势是越来越高（长足），

① 这一特征并不是绝对的，例如包山 M_2 的两件大鼎即鼾 1 件无束颈，1 件足较矮，大多数鼾都有此特征，直至战国末年楚幽王墓内的大鼎仍是束颈，粗壮而高的足。仿铜的陶大鼎全都束颈、高足。新版补：东周一期的枝江百里洲鼎已具楚系特征。

② 緐即繁字，或作𦈢、𩰫等异体。

③ 据第二章表 2–2 所列各墓出土铜鼎数量统计，下同。

④ 此器铭文及拓片请阅见第六章 47 条。

与中原地区的鼎足越来越矮，适成鲜明的对比。本期除一个铜器群外，15个铜器群所出之鐈鼎共有31件，而其他类型鼎仅4件，是此类鼎器最盛行的时期（图二，3）。

与本期年代相当的此类鼎器有的还有异名，如襄阳出土的一件鼎铭为邓尹疾之涻盜[①]；上海博物馆藏一件褱鼎，名作“硼駝”，应属楚系铜鼎。

第五期在曾侯乙墓内出土的一件（器号为C.102），器形不大，高20.6厘米（图二，4）。[②]此墓毕竟是曾国墓，对这种鼎不太重视。

第六期已发现两件，出于包山M_2。两件大小相同，高46厘米、口径40厘米（图二，5）。竹简遣策记有“二喬鼎”[③]，喬即鐈，应指这两件鼎[④]。

第七期，也只发现两件，出于寿县楚幽王墓内，即两件较大的楚王酓忑鼎，自名“鐈鼎”（图二，6）。论者谓：“在寿县楚王墓中还出有两件较大的‘楚王酓忑鼎’……保留了CⅠ型凸棱型子母口盖鼎的特征，是B型和CⅠ型的混合形态，其用途应为镬鼎。”[⑤]实际上这两件鼎并不是镬鼎。第一，这不是此墓内最大的鼎，最大的鼎比这两件还大，这才是镬鼎。[⑥]第二，这两件酓忑鼎，自名“鐈鼎”，证之邓子午鼎名“飤鐈”，包山M_2竹简上的器名“鐈鼎”，都为箍口鼎。因此，这两件鼎非镬鼎，而是鐈鼎。鐈鼎为箍口鼎，所云B型即折沿鼎，二者的差别很明显，故也不能说“是B型与CⅠ型的混合形态”。

将以上各期的箍口鼎，以其代表性的标本，制出年代序列图（同见

① 铭文见第六章。

② 湖北省博物馆．曾侯乙墓［M］．北京：文物出版社，1989．

③ 湖北省荆沙铁路考古队．包山楚墓［M］．北京：文物出版社，1991．

④ 发掘报告定名为“螭钮鼎”。应按竹简所记，定名为喬（鐈）鼎。

⑤ 见《鼎析》。

⑥ 1件见图一，7。两件鼎均有铭文，详见第六章。

图二）。[①]

从年代序列图可以看出，此类鼎器演变趋势是：鼎体由圆圜形到纵长椭形再到横长椭形；腹底由圜底到坦底近平；足部由矮到高；这类鼎一律有盖，盖顶由圈柱钮到兽钮衔环并在周缘又有三个环钮或龙形环钮。都有纹饰，春秋时期盛行蟠螭纹等龙纹，战国时期简化成变形龙纹或几何纹。

此类鼎器年代最早者为东周二期后段（相当于春秋中期早段），从现有材料看，虽在其他文化区也有发现，但数量少，并不构成序列。又比楚文化区的晚出，可以说，这是楚人对鼎类形态的创新，属于典型的楚式鼎。其他地区的此类鼎器当受楚影响所致。

“鐈鼎”之“喬”字，早在商代卜辞中已出现，像一人登上屋顶之形，为举足登高的会意字。喬有高意，从金作鐈，但下面将要谈到的子口鼎也多为高足，而唯独此型名为喬鼎，也可能意味着楚人对所创新的此类鼎器看得比较高贵。例如战国末年的楚幽王墓，所出其他鼎都无较长的铭文，唯独此类鼎器有较长的铭文，并明言“以供岁尝”，即用于祭祀大典用，可见楚人对此类鼎器是相当重视的。正因如此，到战国时期，只有上层贵族才使用，成为高级贵族的等级标志物。

（三）Ⅲ类　子口鼎（馈鼎）

此类鼎器在《鼎析》一文中定为“CⅡ型，无棱型子母口、扁圆腹细高足鼎”，认为“此式鼎在战国早期就已出现，但主要流行于战国中期”。是否如此呢？

此类鼎器的口沿内折，唇上伸，形成子口，这才是真正的子母口鼎，它与Ⅱ类鼎在口沿外壁围一凸箍，大不相同，故不必与Ⅱ类鼎作两亚型处理，可单列一个型，以形态定名，可简称子口鼎。

以上三类鼎的口沿细部差异，可简明地以线条表示之：ㄱ、ㄟ、┙，

① 《鼎析》缺战国中晚期标本，并认为是以CⅡ型鼎代替了CⅠ型（即此类）鼎，不确，此点后面再论。

这就是以考古类型学方法分别定名的依据。

此类鼎器在楚墓内最早出现的年代不是战国早期，而可以大大提前。在第二期后段的下寺 M_7（图三，1）和谷城新店墓内，就已有此类子口鼎，其矩形钮平盖的特征多见于江淮流域，东至齐鲁境内，在安徽的春秋早期墓内就已出现。[①] 看来，这种平盖鼎的起源地可能在江淮流域和东方沿海一带。从下寺 M_7 的子口鼎来看，它可能为仿效江淮春秋早期的鼎而来，它虽不是楚式器，但可影响到楚式子口鼎的出现。在第三期前段（五组）的江陵岳山楚墓内已出现圈顶盖的子口鼎，从其器形、花纹看，显然应为楚式鼎（图三，2）。所以，楚子口鼎的出现可以提早到春秋中期。春秋晚期尚未发现。但既然春秋中期已发现有这类楚鼎，那么春秋晚期的这类楚鼎迟早应能发现。

战国早期以后，不仅大贵族墓内有此类鼎，在一些中小型楚墓内如仅出一两件铜鼎的均为此型，这是战国时期最盛行的一类楚鼎。现选择典型器制出这类鼎的年代序列图（见图三）。

如图三所示，春秋时期的形态与同时期的Ⅱ类鼎相近，到战国时期，特别是战国中晚期，差别就相当明显：一是盖上除环钮一种方式外，多为牛型钮，牛形或立或卧或侧伏，牛形钮在中原地区也有，但不如楚地普遍，故可视为楚式鼎的特征之一。[②] 二是腹部变得扁圆，甚至为扁盒状[③]，足部则越来越细长。而同时期中原地区的鼎，其腹部并不如此扁圆，足部的变化与楚鼎正好相反，变得越来越短（图三，6）。人们常说楚式鼎，过去大多指这种扁盒状高足鼎（图三，3、4、5）。

关于这类鼎的自名，春秋时期和战国早期未见[④]，战国中期则有同出竹简可资考证。望山 M_2 出土铜鼎 5 件（2 件完整，另 3 件仅存器盖及

① 安徽省文物考古研究所，舒城县文物管理所，安徽舒城县河口春秋墓［J］. 文物，1990（6）.

② 在大型楚墓内必有，中小型楚墓内以环钮盖铜鼎较多。

③ 如曾侯乙墓食具盒内的 2 件，扁盒状特点最为突出（图三，3）。

④ 春秋战国之际有传世的楚昭王之諻馈鼎，可能为此类鼎，惜器形已佚。

鼎足），竹简记载为“金器，六𩰫：（馈鼎）”①。此墓被盗，原来当如竹简所记，实为6件鼎。这类鼎的名称应就是竹简所记的“馈鼎”。假如说这是孤证，可喜的是包山楚墓竹简记载中又有发现，在大兆之金器“二鐈鼎”之后接写：“二□鹰鼎、二馈鼎”，铜鼎中有两对大小有异的子口鼎，可能就是“二鹰鼎”和“二馈鼎”。“鹰”和“馈”都是进献的意思，即异名实同，也可以叫一个名称，馈鼎的名称出现较多，可统一定名为馈鼎。②“进物于尊者曰馈”③，是用于祭祀和宴享宾客的重要礼器。

关于箍口鼎与子口鼎的关系，论者谓：“战国时期CⅡ型鼎（即子口鼎）是取代了CⅠ型鼎（即箍口鼎）”（见《鼎析》）。这是以前囿于材料不足而做出的判断。如上所述，箍口鼎、子口鼎都各有自身的发展序列，不能说是取代关系。

（四）Ⅳ类 束腰平底鼎（𣪘鼎）

这类鼎在《鼎析》一文中为D型鼎。就目前已发现的考古材料，鼎类铜器中的束腰平底鼎仍只限于楚文化区域内，被公认是显示楚文化考古学特征的一种重要器型，已有不少文章予以研究，但需进一步研究的问题仍多。如：为什么这种鼎只见于楚文化区？它与楚文化有何内在联系？它的渊源何在？它的演变特征如何？它的定名，它与楚国礼制特点的关系，等等。看来有必要作一次重点研究。

1. 发现情况

有明确出土地点的楚𣪘，最早发现于楚幽王墓内。中华人民共和国成立以来，在鄂、湘、豫、皖4省的楚、蔡、曾墓内先后出土了多批这类铜质和陶质的𣪘，现列二表于后。

① 湖北省文物考古研究所．江陵望山沙冢楚墓［M］．北京：文物出版社，1996.

② 望山M_2的称“馈鼎”，传世的昭王之諻鼎，也叫馈鼎。

③ 《周礼·天官·膳夫》郑注。

表 4–1　铜鼾统计表

发现地点	数量	期别	特征	大小（厘米）		备注	著录号
				高	口径		
淅川下寺和尚岭 M_1	2	（二）	束腰平底			铭文：克黄之鼾	①
淅川下寺 M_2	7	（三）	有盖，腹部六个附饰	60—67	58—66	有铭文：王子午之器。大小略有差别	〔5〕
淅川下寺 M_1	2	（三）	无盖、与上件纹饰稍异	60	62.5	铭文被刮磨	〔5〕
寿县蔡昭侯墓	7	（四）	无盖、腹部六个附饰	45	43.2	有铭文：蔡昭侯器。大小有差异	〔17〕
曾侯乙墓	9	（五）	箴盖、腹部四个附饰	35.5	45.8	有铭文、大小有微小差异	〔23〕
随州擂鼓墩 M_2	9	（六）	无盖、腹部无附饰	27	35	无铭文、九件形体小异	〔31〕
江陵天星观 M_1	?	（六）	腹部有附饰	?	?	墓被盗，仅存足 1、附饰 1	〔27〕
荆门包山 M_2	2	（六）	无盖、腹部三个附饰	31.7	39	无铭文、竹简记其名	〔33〕
河南叶县旧县 M_1	2	（六）	无盖、腹部无附饰	38.6	38.4	无铭文	〔45〕
寿县楚幽王墓	9	（七）	无盖、腹部四个附饰	51	49.5	二件有铭文，二件有盖	〔56〕
（出土地不详）	2	（七）	无盖、腹部无附饰	37	40	无铭文，一件在美国，一件在日本	②

①资料待发（附录五内之书已发表资料）。铭文“克黄之鼾”引自马世之《楚都丹阳地望探论》，载《中州学刊》，1991 年第 1 期。

②此据《美帝国主义劫掠的我国殷周铜器集录》，科学出版社，1962 年版，第 24 页 A117 的说明，器藏美国火奴鲁鲁艺术学院 2252 号，并注：“日本‘帝室博物馆鉴赏录’39，有一器与此相似，亦有铭。1955 年寿县蔡侯墓出土之平底鼎自名曰鼾，是此鼎形制所从来，详见《寿县蔡侯墓铜器》（《考古学报》1956 年第 2 期）。”

表 4–2　陶鼎统计表

发现地点	数量	期别	特征	大小（厘米）		备注	著录号
				高	口径		
长沙浏城桥 M_1	3	（五）	无盖、腹部三个附饰	19	–	口径尺寸未公布	〔24〕
信阳长台关 M_1	2	（六）	无盖、腹部无附饰	28.8	27.5	有的论文谓2件，此据报告推定	〔30〕
江陵望山 M_1	3	（六）	无盖、腹部四附饰	23.8	32.8	有纹饰	〔32〕
江陵望山 M_2	2	（六）	无盖、腹部三附饰	23.5	35.0		〔32〕
江陵沙冢 M_1	2	（六）	无盖、腹部三附饰	20.0	30.0		〔32〕
淮阳平粮台 M_{16}	4	（七）	无盖、附耳，腹无附饰	37.0	43.0	简报为Ⅰ式鼎	①
淮阳马鞍冢楚墓	1	（七）	无盖、附耳，腹无附饰	33.5	36.0	出 1 号车马坑内	②

①资料来源：河南省文物研究所等：《河南淮阳平粮台十六号楚墓发掘简报》，《文物》1984 年第 10 期。

②资料来源：河南省文物研究所等：《河南淮阳马鞍冢楚墓发掘简报》，《文物》1984 年第 10 期。陶器未全部修复，实际不止 1 件。

表中所列铜、陶鼎发现情况，是我们进行研究的材料基础（各期典型器形见图四）。要补充说明的是，江陵天星观出土铜鼎之足及附饰，过去未曾引起人们注意[①]；据发掘报告，足高 13.7 厘米，按器形大小比例计算，天星观 M_1 之铜鼎高度约为 40 厘米左右。其附饰，报道称为鼎钮，应为鼎之腹部附饰，由于该墓被盗，鼎之数量、大小均不清楚了。还有些大、中型贵族墓，因被盗，未见铜鼎，也可能原来随葬了铜鼎，但已无法知其真相。

关于鼎的器形发展变化，请参看图四。

① 如有的文章认为“目前发掘比王、令尹地位低的战国封君墓或比封君地位略低的墓，均不见有铜鼎出土”（见《江汉考古》1987 年第 4 期第 70 页），就是没有注意到天星观 M_1 内已有铜鼎出土这一情况。

2. 名称考释

这种形制的鼎，据器形或称为四兽平底鼎、平底升鼎[①]，而据器物自名或竹简记载则有下列称名方式：

[illegible]鼎　　淅川下寺 M_2 王子午鼎（器形见图四，1）

[illegible]鼾　　淅川下寺 M_2 王子午鼎之盖（倗之鼾）

[illegible]鼾　　寿县蔡昭侯墓（见图四，2）

鼾　　望山 M_2 竹简遣策

登鼎　　包山 M_2 竹简遣策（器形见图四，5）

蔡昭侯墓之此型鼎自名[illegible]鼾，有的文章误为飤鼾或无[illegible]字[②]，据原篆[illegible]、[illegible]应为一字的不同笔画，并有作[illegible]、[illegible][③]等形者。此字，字书所无，有的论文释为鬲[④]；有的释为胥[⑤]，可信，但并未指出胥与升字之关系，笔者以为胥当读为升字。第一，字音相同，上古音之胥，蒸部、章钮；升、蒸部、书钮，可知为叠韵双声字。第二，字义相同。说文段注："按礼经戴记，以此字为荐胥字，盖假借为蒸也，蒸、进也。"《集韵》："升，进也。"《吕氏春秋·孟秋记》："农乃升谷"，高诱注："升，进也"，由此可知，升和胥均同有"进"之义。第三，辞例可证。如《周礼·天官》郑玄注："取于镬以实鼎，取于鼎以实俎，实鼎曰胥，实俎曰载"，而《仪礼·士冠礼》郑玄注则云："煮于镬曰亨（烹），在鼎曰升，在俎曰载。"由这两条辞例（实鼎曰胥，在鼎曰升），更可证胥、升二字同义。当鼎字右旁加升字成一专用字之后，前面再加一胥字，则有叠床架屋之状，故在初起之时虽有胥鼾之称，到了战国中期的望山 M_2 竹简遣策中，就只单称鼾了。

---

① 四兽平底鼎之名见于安徽博物馆所编《楚器图录》（1953 年），平底升鼎之名见于《江汉考古》1983 年第 1 期第 5 页。

② 误称为"飤鼾"者见《江汉考古》1987 年 4 期第 69 页，只单称为"鼾"（鼾字前无字）者见《文物》1980 年第 10 期第 28 页。

③ 见《金文编》附录 679 号。

④ 伍仕谦．王子午鼎、王孙诰钟铭文考释［C］// 古文字研究：第 9 辑．北京：中华书局，1984：275.

⑤ 赵世纲，刘笑春．王子午鼎铭文试释［J］．文物，1980（10）.

包山竹简记为登鼎，登字与升字亦可通用。第一是古音相同，登为蒸部、端钮，升为蒸部书钮，亦为双声叠韵字。第二是字义相同，《说文》："登，上车也"，段注：凡上升曰登；《吕氏春秋·仲夏》："农乃登黍。"注："登，进也，植黍熟，先进之"，故登、升、进均同义。第三，辞例可证：《左传·僖公二十二年》："及邾师战于升陉"，《经典释文》云："升陉，本亦作登陉。"《礼记·乐记》："男女无辨则乱升"，《史记·乐书》作"男女无别则乱登"，可证登、升互用无别。因此，包山简"登鼎"即升鼎，正是指墓内出土的二件束腰平底鼎。

从以上所述，这类楚鼎的名称在当时楚境内并未形成统一的名称，有𨗳鼎、胥𪔂、𪔂、登鼎等几种名称。我们在此统一使用𪔂这一专名。

3. 形态分析

𪔂的器物形态具有独特的风格，众所公认。在这里着重对以下两点略加分析（参见图四，1—6）。

此型鼎的最独特之处在于：

第一，束腰，商周时期传统的鼎形是腹部外鼓（或直壁，主要见于方鼎），而此型鼎则中腰内收，并且还加有一束凸箍，犹如一条带子将中腰束紧。

第二，器身上附加龙形装饰。除个别墓所出无附饰外，在包山 M_2 发掘以前，所见材料，春秋时期的附饰为 6 个，战国时期的减为 4 个，成为区分此型鼎分属春秋或战国时期的标志之一。① 包山楚墓发掘之后，所出𪔂上的附饰为 3 个，知战国时期此型鼎的附饰应为 4 个或 3 个，浏城桥 M_1 和望山 M_2、沙冢 M_1 的陶𪔂上 3 个附饰正是仿同期的铜𪔂而制。

此型鼎的型态早晚变化不大，束腰有由紧到松的变化，幽王墓之𪔂，腹部已近桶形（图四，6），但略作束腰与腰上有凸带这一特点仍保留着。各个时期纹饰的变化较大，《鼎析》一文已作了说明；但说曾侯乙墓之𪔂腹为花叶纹则不确，应为龙纹和勾连云纹（图四，3）。幽王墓的 9 件𪔂，其

① 刘彬徽．曾侯乙墓青铜礼器研究［C］// 湖北省考古学会论文选集．武汉：武汉大学学报．1987．

花纹有所不同，并不全是谷纹（有的称粟纹）。

这里要进一步讨论的问题是：为什么楚鼎独有束腰这一特点？附饰有什么作用？试从楚俗、楚文化的背景予以探讨。

关于束腰的问题。楚鼎作成束腰形状只见于楚系铜鼎，在中原地区及其他地区均未见到过，颇可使人联想起以细腰为美的楚俗。楚以细腰为美，楚灵王所好尤甚，不仅是女子，且更以男子细腰为美。[①] 细腰不仅施于人，还施于宫殿，如楚有“细腰宫”；当然也可施之于楚器物，鼾为束腰，这或许是楚人风俗在器物形态方面的表现吧！而且这一楚俗既在灵王时已甚，它起源必更早。春秋早期楚武王自称：“我蛮夷也，不与中国之号谥”，“我自尊耳”。在与周王朝分庭抗礼过程中，楚的独树一帜的气概将会在各个方面表露出来。在鼎的形态上突破周的传统器制，正是顺理成章之事。

关于附饰的问题。鼎有附饰也表现了楚敢于突破周文化传统的气派。本来，在器物腹部附上华丽的装饰，这是春秋中期以来见于各地（包括中原周文化区）的时代风尚。但在其他地区，只见于鉴、壶、罍等器，在具有庄严性之鼎体上则罕见。在楚鼾上，加上了几个精巧的龙形附饰更显得雄浑壮观。这种附饰，到底是什么动物？或以兽形名之，称此型鼎为爬兽鼎。笔者以为，淅川楚鼾、蔡昭侯鼾、曾侯乙鼾及以后时期各式鼾上之附饰均应名之为龙形附饰为宜。楚人既爱凤、也爱龙，有名的“叶公好龙”故事就出自楚人。曾侯乙墓铜鼾上之龙纹为凤嘴龙身，集龙凤于一体，反映了楚人酷爱龙凤的心理（在望山 M_2 铜尊上有龙凤相间之花纹，晚至幽王墓铜器纹饰也是龙凤纹交相辉映）。

4. 与礼制的关系

从楚国铜礼器的使用情况来看，楚国的礼制是有自身特征的。[②] 在探讨楚国礼器所反映的礼制特点中，人们根据楚幽王墓、曾侯乙墓这类诸侯国君有 9 件铜鼾，令尹子庚有 7 件铜鼾，从而认为楚国对使用铜鼾有严格

---

① 张正明．楚文化史［M］．上海：上海人民出版社，1987：130.

② 刘彬徽．楚国青铜礼器初步研究［C］// 中国考古学会第四次年会论文集．北京：文物出版社，1984．本书第七章还将详论。

的限制与规定，在这以前无疑是以事实为根据的立论。1987 年初包山楚墓墓主为次于令尹的左尹，却只随葬了两件铜鬲，这不能不引起人们重新思考。楚国铜鬲的使用究竟有无制度？铜鬲是否为楚贵族身份的标识物？它在楚礼制研究中的作用如何？

从现有材料看，从春秋中期至战国早期，因有淅川楚墓和曾侯乙墓之 7 件和 9 件铜鬲，似乎可以认为，楚以及楚系小国的高级贵族在用鼎制度上都遵循周制以 9、7 等奇数列鼎来表示其身份，楚的独特性只是用不同于周文化的鼎形来体现，在鼎的使用制度上则沿袭周礼。然而，到了战国早期以后，楚人对自身独创的这种鼎型似乎反而不如以前那样重视，并没有把这种鼎型置于神圣的地位，在楚礼制中虽仍有一定的地位，但并不严格。这可从战国时期出土陶、铜鬲的楚墓予以分析。

（1）长沙浏城桥 M_1。时代为战国早期偏晚，出土陶鬲 3 件、圆底鼎 5 件、小口鼎 2 件、陶方座簋 6 件。按周礼，应为 7 鼎 6 簋之制，但鼎无 7 之数。若按陶鬲 3 件来看，只能相当于士的礼制，而该墓主身份应高于士，相当于大夫这一等级。

（2）望山 M_1。墓主身份为大夫，也有 6 件陶方座簋，3 件陶鬲。与浏城桥 M_1 情况相同，也表明使用的陶鬲与其身份不符。

（3）望山 M_2 和沙冢 M_1。墓主亦相当于大夫等级，而只有 2 件陶鬲，亦与墓主身份不符。

（4）信阳长台关 M_1。墓主身份比上述几墓墓主似应更高。随葬铜鼎 5 件，无铜鬲，仅 2 件陶鬲，数量反而比上述几墓的陶鬲还少 1 件，与墓主身份相差更大。

（5）再看包山 M_2。墓主是楚王政府机构中次于令尹的高级官吏，如果使用铜鬲有严格规定的话，应为铜鬲 5 件或 3 件，而出土实物及竹简记载却只有 2 件，也与墓主身份不符。

（6）最后分析一下楚幽王墓之铜鬲，虽然数量有 9 件，似乎可以与楚王的身份相符。但有两点值得注意：第一，这 9 件并不属于 1 套，其中 2 件有盖、2 件有铭文，纹饰亦异，可知为拼凑而成。第二，其中 2 件鬲是为王后内府所铸，可见在楚王眼里它并不是一种代表权力与地位的象征物，而是一般的宫廷实用器。

包山楚简关于此型鼎的记载是写在鐈鼎、馈鼎之后，可见包山楚墓的主人也并不把这种鼎凌驾于其他鼎之上，而只是当作一般的鼎而已。当然，从包山 M_2 出土了铜鼾这一点来看，楚礼制对使用铜鼾大概一直有较严格的规定，即其身份与地位应是相当于封君或高层官吏才能使用铜鼾，这反映了楚礼制保守性的特点。

楚鼾由于时代不同，大小的差别较显著。这种变化与楚礼制也有一定的关系。春秋时期，楚令尹子庚的鼾（图四，1）比战国晚期楚幽王墓之鼾（图四，6）更大更壮观，体现了楚在春秋时期的大国风度，也表明了鼾在楚礼制中极为重要。春秋晚期蔡侯之鼾与战国早、中期曾侯乙之鼾、擂鼓墩 2 号墓之鼾都比楚令尹鼾为小，也可旁证之。擂鼓墩 2 号墓之鼾不仅小，而且形体较简，腹部无附饰，九件为拼凑而成（图四，4）。[①]

战国时期，不仅楚王鼾小，楚贵族之鼾也小，如地位仅次于令尹之包山 M_2 墓主昭尨之鼾，高度只及令尹子庚鼾之一半，附饰由 6 个减为 3 个（也少了一半）。陶鼾也是如此，如浏城桥 M_1 之陶鼾高度不到令尹子庚鼾的 1/3。然而，楚对镬鼎却很重视，越来越大越重，如包山 M_2 之大鼎比曾侯乙大鼎和令尹子庚鼾还高；楚幽王墓之大鼎重达 400 千克，为先秦时期仅次于司母戊鼎的第二号大鼎。[②]

楚对自身独创的特色鲜明的鼾由重视到不够重视，这与战国时期“礼崩乐坏”的时代特征有关，也与青铜时代向铁器时代过渡的历史特点有关。但这种富有楚文化色彩的器形趋于简朴，似乎也表明了楚统治阶层已失去了昔日创造性的进取与开拓精神，随着楚国的灭亡，这种有特色的楚器也就寿终正寝了。

5. 渊源

关于楚鼾这种型制的来源，至今仍是一个有待探讨的问题，主要依

---

① 刘彬徽．随州擂鼓墩二号墓青铜器初论［J］．文物，1985（1）．

② 参看郭德维《楚墓葬制探讨》一文及吴兴同志在《文物天地》上之文。

靠新的考古发现才能提供令人信服的结论。

在20世纪50年代发现的蔡昭侯墓，出土了7件束腰平底鼾，那时可资对比的材料只有楚幽王墓之鼾，于是便有学者认为楚鼾是由蔡鼾演变而来。70年代末，发现了淅川下寺楚墓，所出令尹子庚鼾比蔡昭侯鼾既大而精，时代又比蔡鼾早，在事实面前，只能认为蔡鼾是受楚鼾影响，鼾是体现楚文化特征的典型器类之一。近年，在随州出土了有铭文的附耳收腹平底鼎，自名为“盅之登鼎”（简称盅鼎）。于是又有人认为是由这种“自铭为‘登鼎’的平底鼎发展而来”[①]。

要判定这两种鼎有无发展关系，必须解决两个问题：第一，器形相似。诚然，楚鼾与盅鼎同为平底，然一为立耳，一为附耳；一为束腰，一为束颈；一有附饰，一无附饰。可见二者器形并不相同，并不具备楚鼾基本特征。第二，年代应有先后，如果说楚鼾是由盅鼎发展而来，得有充足的材料证明楚鼾受到盅鼎这类器的影响，先决的条件是盅鼎的年代要早于最早的楚鼾。

关于盅鼎的年代，简报笼统称为春秋中晚期，笔者考定为春秋中期[②]，再申述之。盅鼎的颈腹部花纹为环带纹和鳞纹，这两种饰流行于西周晚期至春秋早期，但春秋中晚期仍在使用，如辉县琉璃阁M_{80}和M_{55}的年代，一为春秋中期、一为春秋晚期，在所出土的鬲腹上都仍有环带纹和鳞纹，故不能以盅平底鼎有这种纹饰而把年代定早。与盅鼎同出的有铭铜壶和铜戈同为盅之器，作器年代也应相同；盅壶上的网状蟠联纹、蕉叶纹的时代特征不早于春秋中期，它的莲瓣形盖具春秋中期特征，可见盅器年代均不可能早到春秋早期。所以，定盅鼎的年代为春秋中期是合适的。

关于最早的楚鼾，从已发表的材料看，以淅川下寺M_2和M_1所出为最早。M_2的为王子午即令尹子庚之器，铭文中既有令尹之称，则此鼎必

① 李零．楚国铜器类说［J］．江汉考古，1987（4）．

② 刘彬徽．湖北出土两周金文的国别年代考述［C］// 古文字研究：第13辑．北京：中华书局，1986．关于楚鼾形态渊源在本书附录六有新论。

铸于其任令尹期间（前558—前552年），有论文据以考定铸造之绝对年代为公元前558年[①]。相对年代可定为春秋中期偏晚或春秋中晚期之际。

由于下寺M_1之鼾原有铭文被刮去，器主名已不可考。与M_2之鼾比较，在器形上基本一致，而在纹饰上则有差异。令尹子庚鼾腹饰繁缛的蟠联纹，而M_1鼾的腹部则为环带纹和鳞纹，与盅鼎腹纹相似（花纹结构小异）。从纹饰的时代特征比较，下寺M_1之鼾的铸作年代应比令尹子庚鼾早，而与盅鼎的年代相近，即均为春秋中期。既然盅鼎与现知较早的楚鼾年代相同，就不能说楚鼾是由盅鼎这类登鼎发展而来，至多只能说是相互影响的关系。但是，与其说楚鼾是受了盅鼎这类登鼎的影响，还不如说盅鼎是受了楚鼾的影响。下寺M_1的鼾已具有十分完美的高大而精雅的形状，绝不是器小而形纹简朴的盅鼎所能比拟的。尤为可喜的是，1990年在楚文化研究会第五次年会上，河南省的同志介绍了淅川的新发现，在一楚墓内出土了有“克黄之鼾”铭文的铜鼾[②]，其年代不晚于公元前605年，属春秋中期前段，早于下寺M_1、M_2的鼾，不晚于盅鼎的年代。看来，要追溯楚鼾的渊源，恐怕要到更早的两周之际的鼎类中去寻找。从已有材料看，说束腰大平底鼾为楚人所创制的一种新的鼎型，是难以否定的客观事实。

（五）Ⅴ类　小口鼎（汤鼎、浴鼎）

这一类型在《鼎析》一文中为E型。从东周三期起，每一期都已有发现，随着时间的推移，每期的具体形态也有差别，可按其年代先后制出序列图（图五，1—6）。

由图显示，小口鼎的特点是，直领小口，宽肩、圆腹，圜底、三蹄足，双耳直立或外折立于肩部，盖口沿罩住器口，盖沿落于肩部（与浴缶盖情况相同）。从三足由短到长的早晚演变情况看，与Ⅰ至Ⅲ类鼎的演变趋势是相一致的，体现了楚圜底鼎演变的共同特征。

---

① 张闻玉．王子午鼎年代考［J］．江汉考古，1987（4）．

② 马世之．楚都丹阳地望探论［J］．中州学刊，1991（1）．

对这类鼎用不着像对（四）类鼎那样详细讨论，但有两个问题仍需研究。

1. 定名与用途问题

《鼎析》对此型仅从形态上定名为小口鼎，因那时有自名之小口鼎，材料还未公布，不可能对这一问题开展讨论。

淅川下寺 M_1、M_2、M_3 各出土 1 件小口鼎，不仅把楚系小口鼎的年代提早到了春秋中期①，更重要的是铭文中有自名：下寺 M_2 的称"鐈鼎"，下寺 M_3 的称"浴鬻"。虽出自两墓，但器主均为"楚叔之孙倗"②。一人之器，为什么会有两个不同的器名呢？也许这是同器异名或异名实同，青铜器名中确有这样的例子。但笔者怀疑其可能存在着用途上的一定差异，不妨试作推论。

先谈器名"鐈鼎"，鐈从康得声，康、唐、暘、汤等字古同音③，鐈当为汤的通假字，鐈鼎即汤鼎。在信阳长台关 M_1、江陵望山 M_2、荆门包山 M_2 的竹简遣策中就直接写作"汤鼎"，在其他地区铜器铭文中也有发现④，更是明证。

关于汤鼎的用途，现在通行的说法，均据《说文》"汤，热水也"，认为："'汤'者热水之谓也"；"汤鼎应指煮开水的鼎"，"与作为食器的鼎无关"⑤。这样，在楚文化研究中，把这种小口鼎的用途都作为水器、盥器对待，几乎已是定论之说。笔者过去也是这么认为的。⑥但在检索已有的小口鼎出土资料和有关文献资料时，发觉恐怕不能这么简单化地对待。就是说，汤鼎除了可作煮热水、开水之用外，还有没有另外的用途？

让我们先看对汤字的其他解释，《广雅·释诂二》："汤，爚也；"

① 《鼎析》分小口鼎为二式，以蔡侯申墓小口鼎年代最早，为Ⅰ式，根据下寺 M_1、M_2、M_3 之小口鼎材料，至少应为三个式别，即下寺的为Ⅰ式，蔡侯申墓的改为Ⅱ式。

② 器铭见本书第六章。

③ 这几个字在《说文通训定声》中同属壮部，《古韵通晓》中同属阳部，端、喻、定纽。

④ 战国早期的浙江绍兴 M_{306} 出有小口鼎，自名汤鼎，详见第八章三节。

⑤ 李零．楚国铜器类说［J］．江汉考古，1987（4）．此文归入水器类。

⑥ 见《曾侯乙墓》铜礼器、用具一节（本人执笔）。

王念孙疏证："沉肉于汤谓之爚"。《说文》："爚，爇也"；"爇，烧也"。这就是说，汤可以指"沉肉于汤"并予以烧煮。又《礼记·礼器》："三献爓，一献孰"，郑玄注："沉肉于汤也"；《礼记·内则》："钜镬汤，以小鼎，芗脯于其中，使其汤毋灭鼎"。用今天的话来说，就是在鼎内煮肉汤。因此，在梳理《说文》《礼记》有关文字之后，应肯定汤鼎又可以作烹煮肉食即肉汤之用，而非仅仅是煮热水、开水一种作用；并非"与食器无关"，而与食器有关。

这样，我们对倗的两个小口鼎为何有两个名称的问题，也就可做出新的解释："盪（汤）鼎"是用作煮肉汤的鼎；"浴鬻"则是作煮热水、开水用的鼎。前者可划归食器类，后者可划归水器类，如同水器"浴缶"一样，器名上都冠一"浴"字，确为沐浴、盥洗用之器。也许浴鬻与浴缶还有一定的差异，浴缶以盛洁水备用，在浴鼎内则可能会放些芳香物，经加热后，香溢满室；"浴兰汤兮沐芳"（《楚辞·九歌·云中君》），可能即此之谓。

事实上，在有的楚墓里也出土过两件小口鼎的情况，如信阳长台关 M_1、长沙浏城桥 M_1 两个墓内就各出土了两件小口鼎，在信阳长台关 M_1 的竹简遣策上有"一汤鼎"之记录，那么，另 1 件就不应叫汤鼎，而很可能就是如同下寺所出称为浴鬻的浴鼎了。

关于小口鼎在用途上的新看法是否可靠。希望能引起进一步的讨论。

2. 特征与源流问题

关于小口鼎的特征，可以从两方面看，一是在楚系铜鼎中从东周第三期至七期有连续的序列，形成鼎类中一个分类。而在其他文化区内则还没有这样的年代系列可成为一个分类。楚系墓葬所出铜小口鼎总数已在 10 件以上，陶小口鼎更不计其数，而在其他地区铜器中则屈指可数。① 可见这一特点相当明显。二是从形态看，有不少大而精之器，如下寺 M_1 和 M_2 的盪鼎、浴鼎，通高 41.5 厘米和 40.5 厘米，盖和器腹有

① 例如在中原及以北地区，仅报道过 1 件。在吴越徐舒地区有年代早的小口鼎（下详），然在整个东周时期数量亦少，不成系列。

精铸的蟠绕龙纹、三角云纹等，颇为精雅。与之可比美的有浙江绍兴 M_{306} 的 1 件徐人汤鼎，然其年代已晚至战国时期，并且有楚铜器因素的影响。因此，论我国东周时期之小口鼎，唯有楚系的最多、最精，水平最高，不为过誉。

关于其源流，已知东周最早的小口鼎出于安徽地区，即昔日徐舒文化区，但器形小而简朴，如安徽舒城河口出土的 1 件，高仅 21.3 厘米，饰粗线条简化窃曲纹，年代为春秋早期，早于楚小口鼎。从这一点看，也许可以认为楚系小口鼎是从徐舒地区年代早的小口鼎发展而来。但若将下寺汤鼎与河口小口鼎相比较，精粗之分过于悬殊，且无中介环节的小口鼎。故若下此结论恐怕为时尚早，有待今后在两地发现年代相同的小口鼎，再进行对比研究，方可做出判断。

楚系小口鼎在形成自身的风格以后，自然会影响到其他地区，例如前面提到的浙江绍兴 M_{306} 的 1 件。当然，由于这种铜小口鼎，在战国时期使用规格较高，如同楚鬲一样，似乎只限于高级贵族使用，其流传也受到了限制，不及Ⅱ、Ⅲ类楚式鼎流传之广。

除以上五类鼎外，在楚系墓葬内还有匜鼎、越式鼎。

匜鼎，仅在大贵族墓内出有几件铜匜鼎，如曾侯乙墓出土一件（图五，7），寿县幽王墓内出土两件，一为酓前器（图五，8），由铭文知为祭器，一为太后器，由铭文知为厨官食器。在宜城楚皇城遗地内曾搜集过 1 件。在中小型墓内间有陶匜鼎出土。匜鼎数量少，且楚器特色不多，不再单列一类论述。

越式鼎，主要出土于战国中晚期楚墓内①，常作敛口有盖鼎，与典型的越式鼎仍有一定的差别，是稍稍楚化了的越式鼎（图五，9）②。鉴于其数量少，流行的时地有限，也不再单列一类论述。

---

① 个别典型越式鼎出土于第四期末，如湖南湘乡何家湾 M_1 有 3 件，第五期未发现。

② 楚系越式鼎与典型越式鼎的区别，最明显的一点在于，由于受箍口鼎的影响，楚系越式鼎的口沿下往往有一道凸箍（凸棱），而典型越式鼎则无。对这一点，过去似尚无人论及，特此指出。

1. 东周一期　枝江百里洲出土

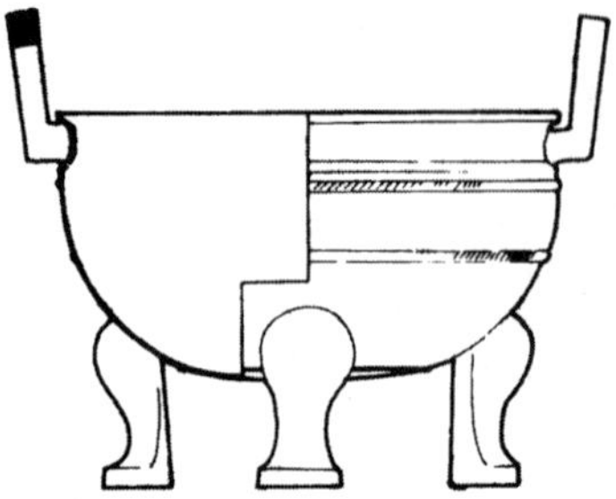

2. 东周二期　当阳赵家塝 M_3 出土

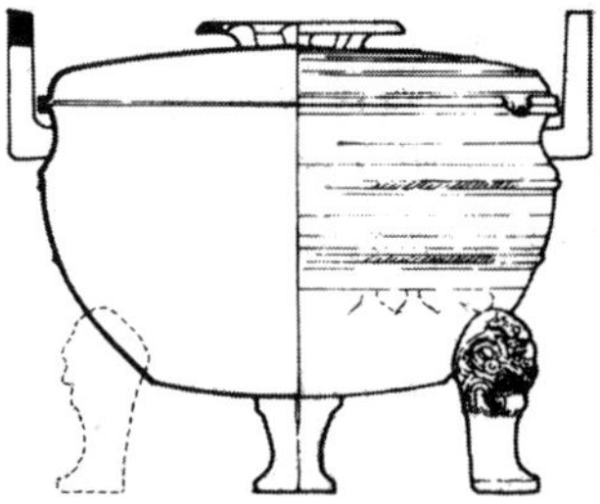

3. 东周三期　淅川下寺 M_2 出土

4. 东周四期　寿县蔡侯申墓出土

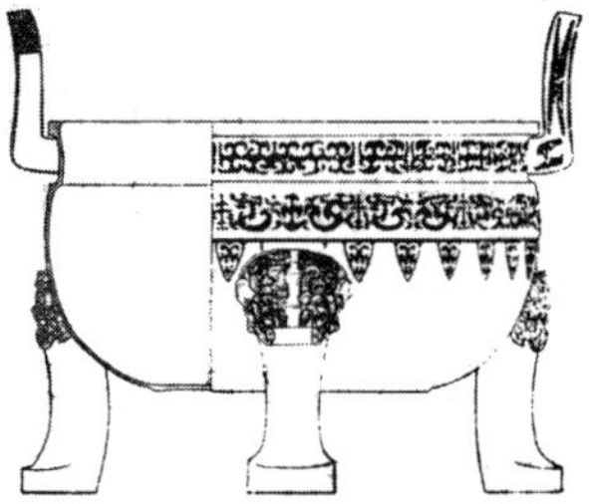

5. 东周五期　曾侯乙墓出土

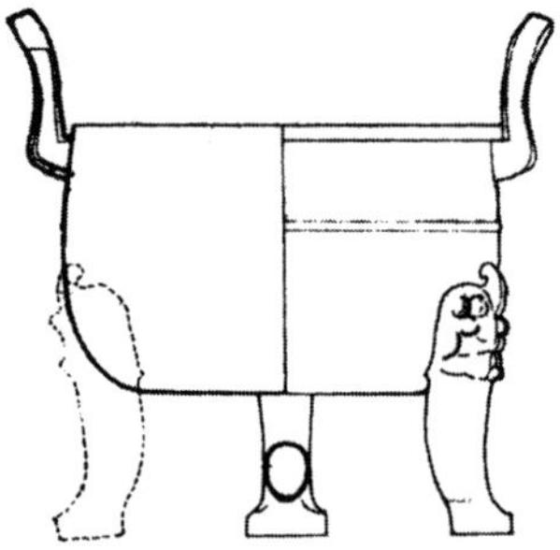

6. 东周六期　荆门包山 M_2 出土

7. 东周七期　楚幽王墓出土

图一　折沿鼎

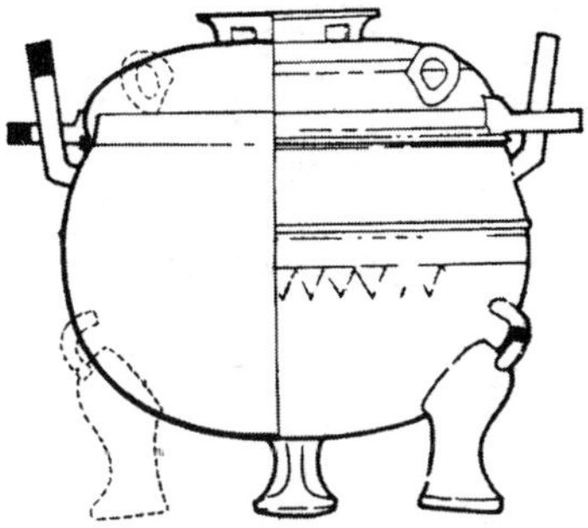

1. 东周二期　淅川下寺 M_8 出土

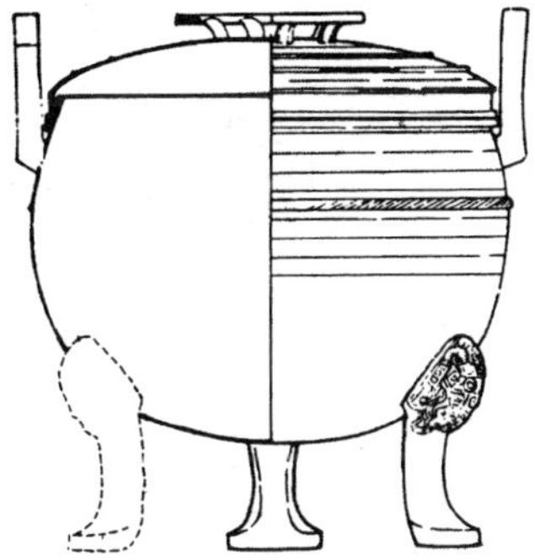

2. 东周三期　淅川下寺 M_1 出土

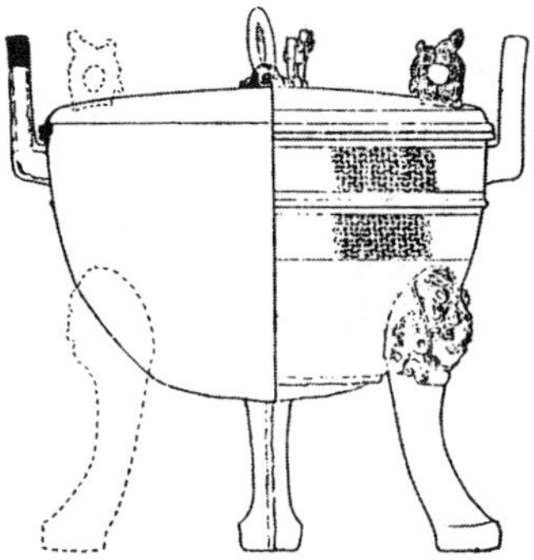

3. 东周四期　淅川下寺 M_{10} 出土

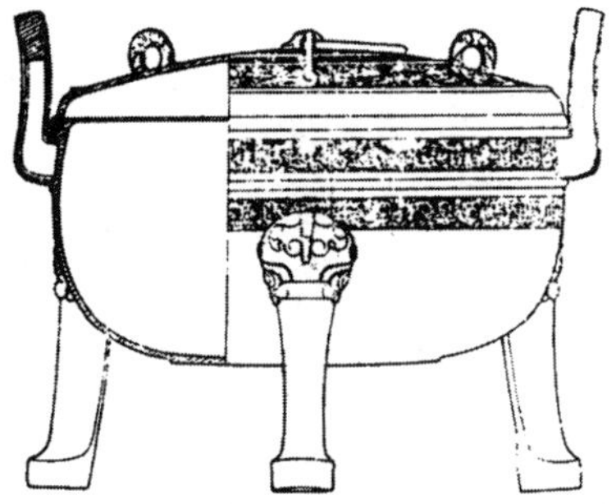

4. 东周五期　随州曾侯乙墓出土

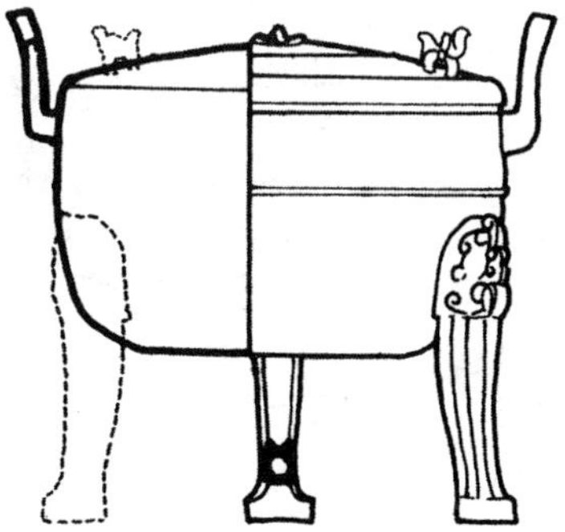

5. 东周六期　荆门包山 M_2 出土

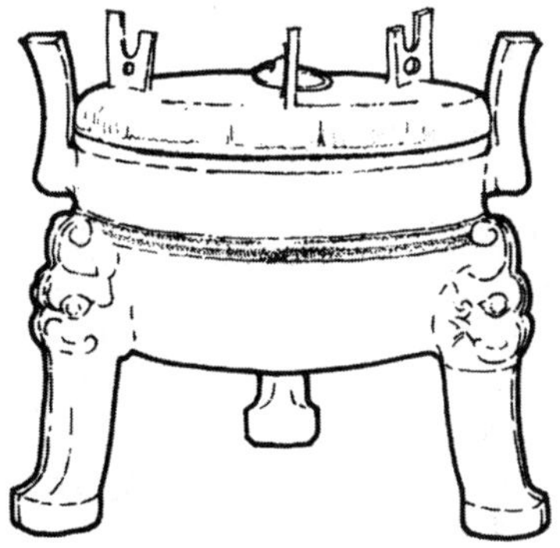

6. 东周七期　寿县楚幽王墓出土

图二　箍口鼎（繁鼎、鐈鼎）

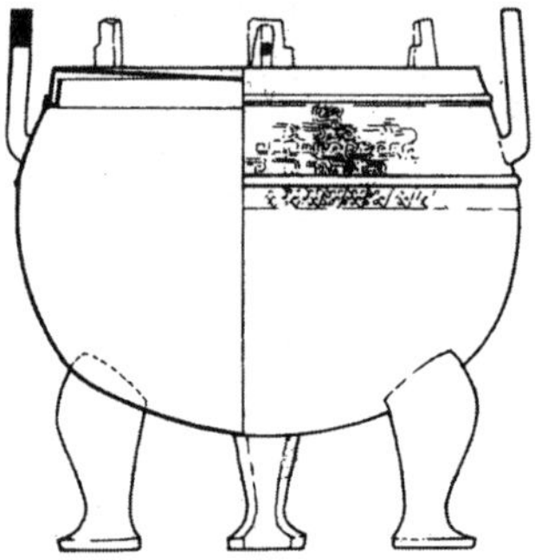

1. 东周二期　淅川下寺 M_7 出土

2. 东周三期　江陵岳山楚墓出土

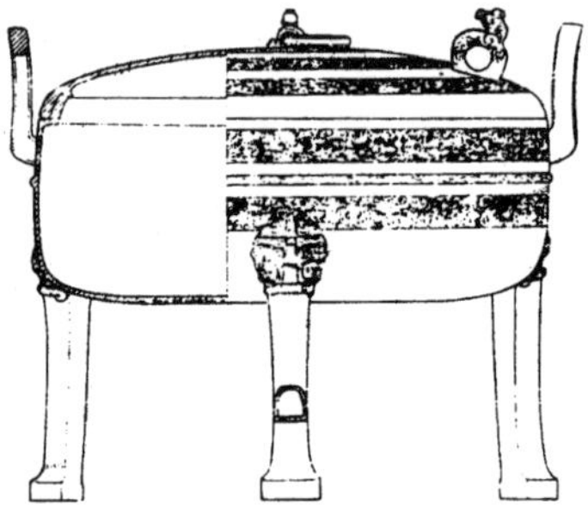

3. 东周五期　随州曾侯乙墓出土

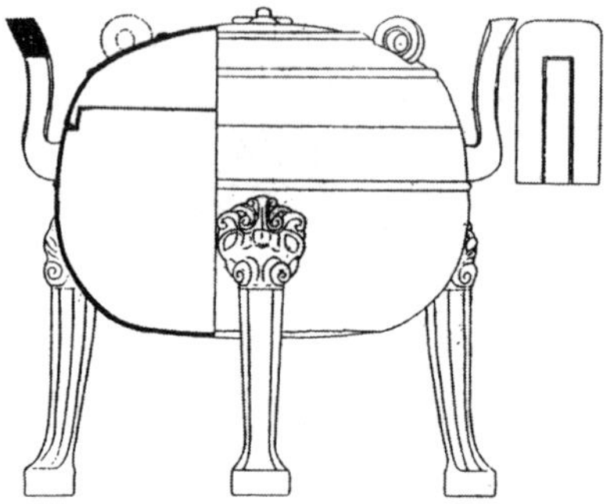

4. 东周六期　江陵望山 M_2 出土

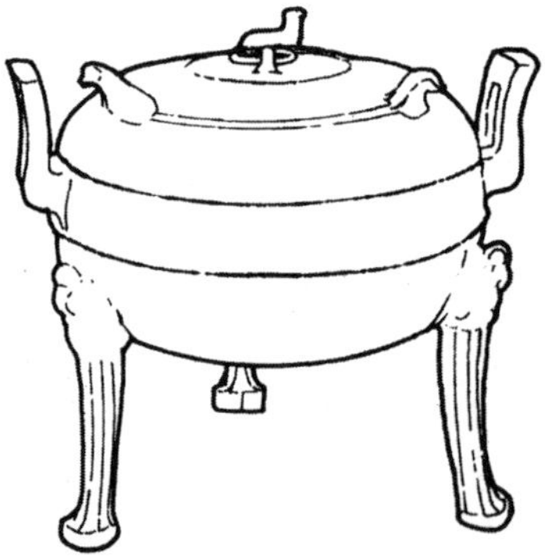

5. 东周七期　寿县楚幽王墓出土

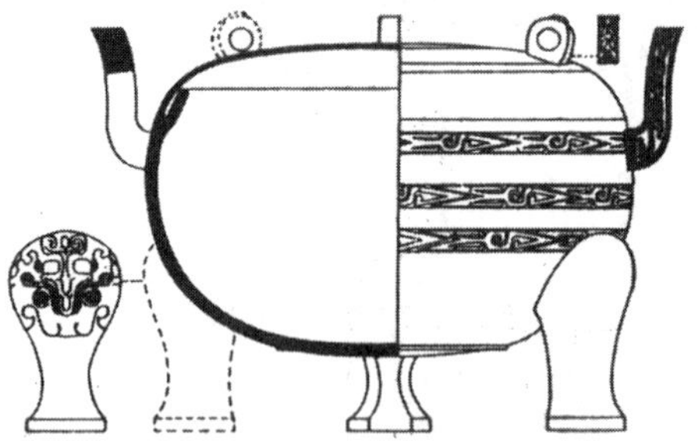

6. 战国中期　山西长治 M_{25} 出土

图三　子母口鼎（馈鼎）

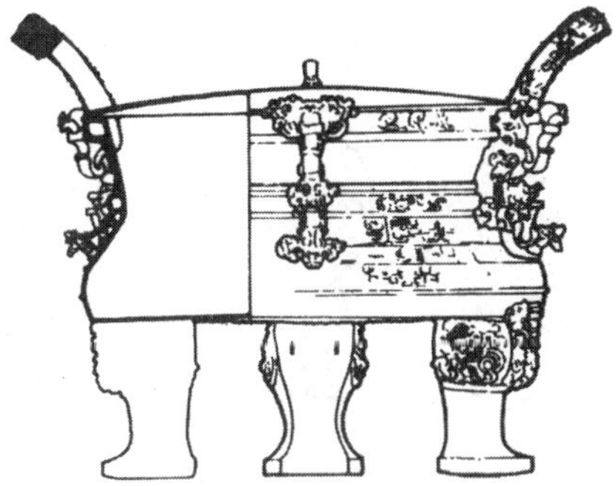

1. 东周三期　淅川下寺 M_2 出土

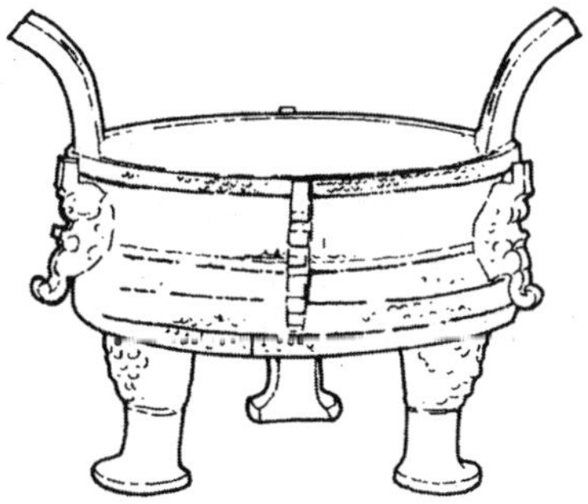

2. 东周四期　寿县蔡侯申墓出土

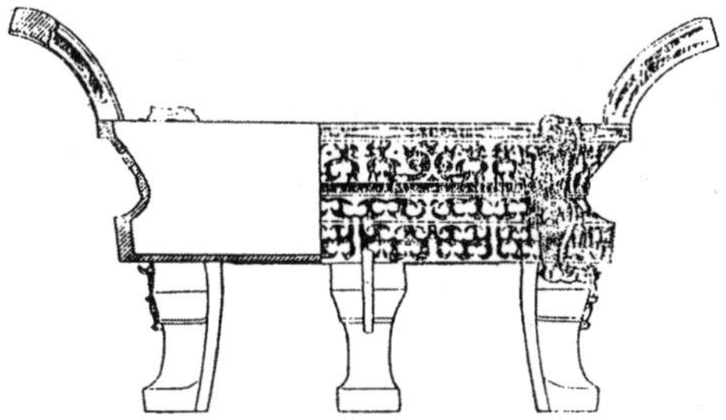

3. 东周五期　随州曾侯乙墓出土

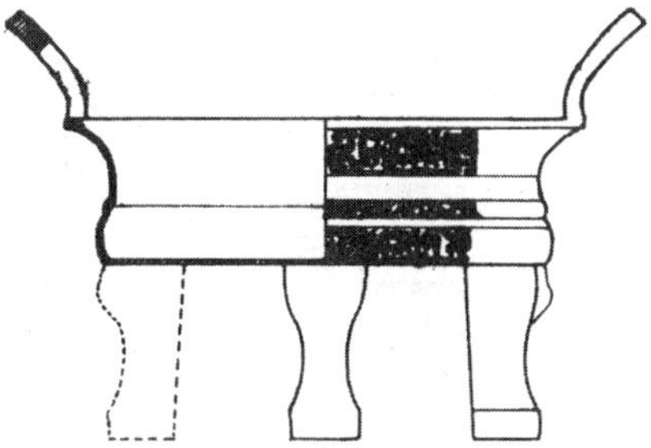

4. 东周六期　随州擂鼓墩 M_2 出土

5. 东周六期　荆门包山 M_2 出土

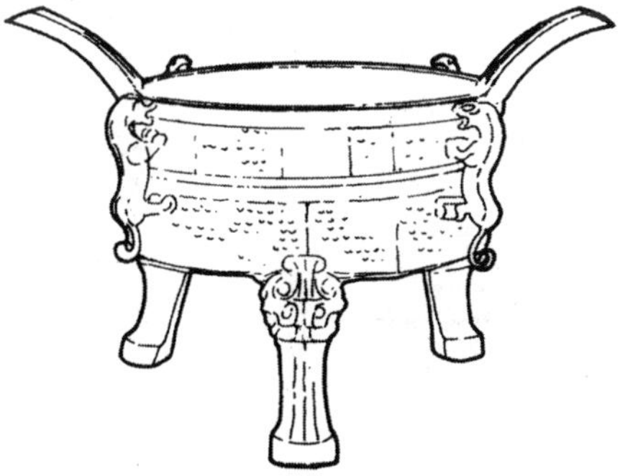

6. 东周七期　寿县楚幽王墓出土

图四　鼎

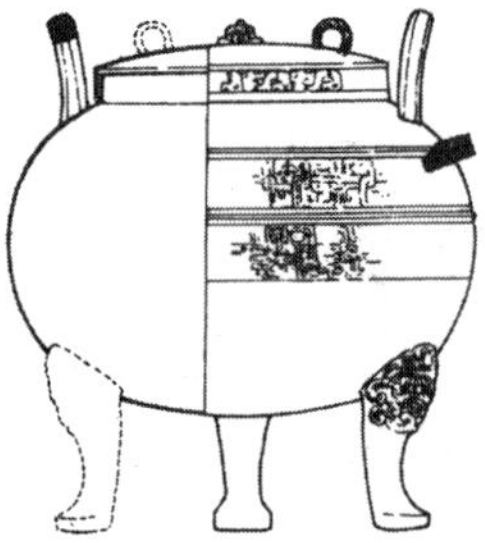

1. 东周三期　淅川下寺 M_2 出土

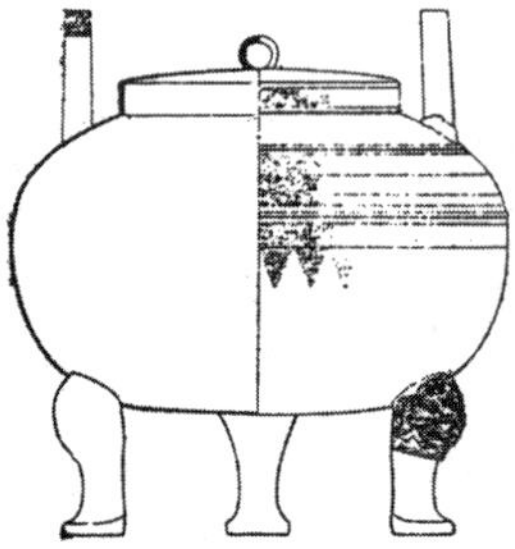

2. 东周三期　淅川下寺 M_3 出土

3. 东周四期　寿县蔡侯申墓出土

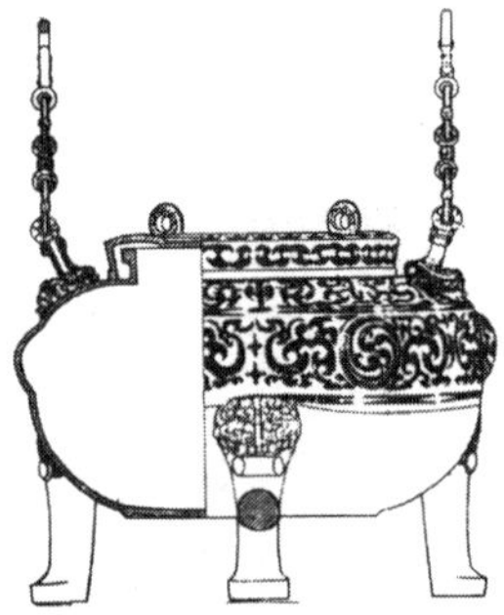

4. 东周五期　随州曾侯乙墓出土

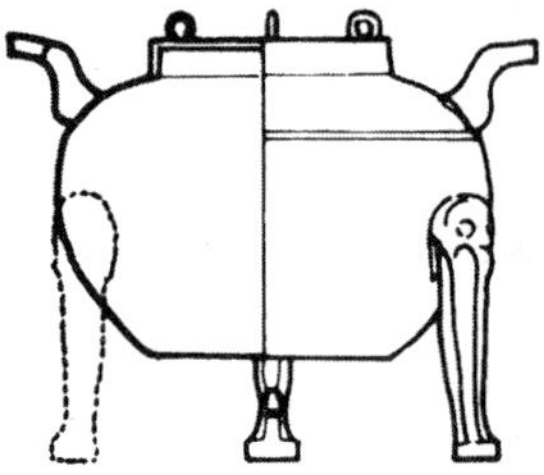

5. 东周六期　荆门包山 M_2 出土

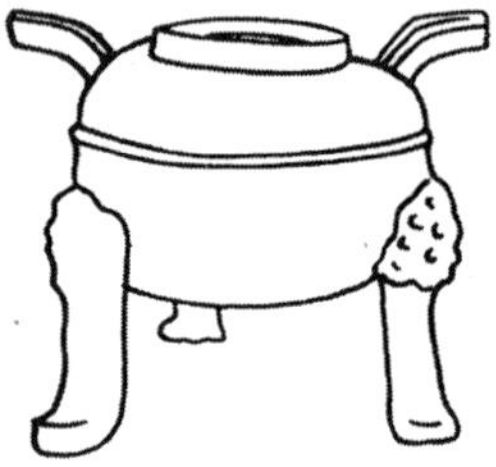

6. 东周七期　寿县楚幽王墓出土

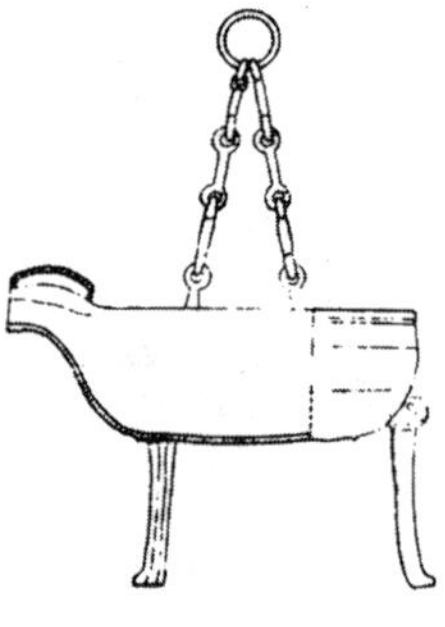

7. 东周五期　随州曾侯乙墓出土

8. 东周七期　寿县楚幽王墓出土

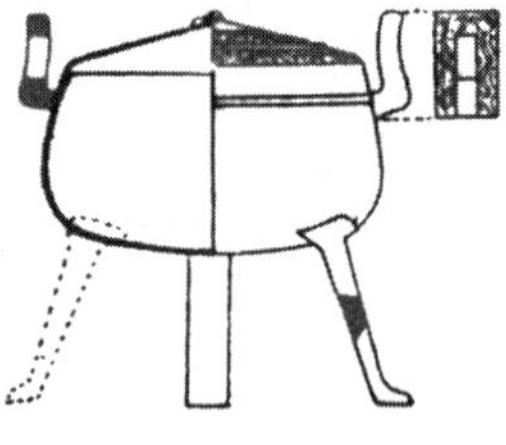

9. 东周七期　江陵雨台山 M_{480} 出土

图五　小口鼎、匜鼎、越式鼎

以上我们主要就楚鼎的五个类型进行了较为深入的讨论。这五类鼎各有自身的发展序列，且特色鲜明。楚国继承了商周以来的传统鼎型，但不囿于传统，而勇于创新，创制了束腰平底鼾这一标新立异的类型，是楚文化富有特色的典型器类之一，著名的王子午鼾成为最能代表楚器风格与水平的脍炙人口的重器。箍口鼎也是楚人创新的一个类型，并赋予名副其实的高足鼎名称——鐈鼎。子口鼎虽与中原类型相同，但其扁盒式高足型也是这类楚鼎的特色。就连最有传统色彩的折沿鼎，后来也创新出束颈、高足楚式鼎；到战国末年楚亡前夕，还铸出了我国东周时期最大最重的鼎，反映了楚人对鼎的重视与青铜器生产的长盛不衰。

二、鬲与甗

1. 鬲

楚鬲的数量远不及鼎类多，且多出于大贵族墓内。东周一期楚墓未出鬲[①]；二期仅有属楚系的平桥 M_1 出土的两件鬲，尚无楚风；三期的鬲在下寺 M_1、M_2 各出两件，其中 1 件江国鬲不属楚器，另 3 件楚鬲又分两个类型，一为仿陶器的楚鬲（图六，1），一为楚礼器鬲，其器体除束颈外，犹具中原风格，而腹部繁缛的附饰（四龙形扉棱状），增添了几分秀丽，颇具楚风，为同时期其他地区的鬲所罕见，当为楚人的创新（图六，2）。四期楚系蔡昭侯墓内有 8 件鬲，器形较小，皆素面，从弧形裆看，应为楚式鬲的一个器种。至五期的曾侯乙墓内所出的鬲，9 件为礼器鬲，乃周式鬲，1 件为仿陶的楚式鬲（图六，3）。六期随县擂鼓墩 M_2 内的鬲与曾侯乙墓一样，也是 9 件礼器鬲，1 件仿陶的楚式鬲，然 9 件礼器鬲已退化，远不如曾侯乙墓的精致、典雅。此期的楚贵族墓已不再见铜鬲，而陶鬲则仍然存在[②]，直至七期楚幽王墓内又有铜鬲[③]。

中原地区的鬲，其演变趋势是鬲足不断退化，以致足窝几乎不再存

① 楚鬲传世品有 1 件樊君鬲，铭文详见第六章。

② 包山 M_2 内无铜鬲，望山 M_1 内无铜鬲而有陶鬲。

③ 幽王墓内出土铜鬲 4 件，未发表图像，大的 1 件高 12.3 厘米、小的高 9.6 厘米。

在或徒具形式（图六，4）。而楚鬲的变化与楚鼎走着相同的道路，足窝不仅不退化，直到战国末年，其三足仍有一定的高度。

东周三期以降的楚鬲，特色鲜明：第一，楚式仿陶的铜鬲的存在，表明作为楚文化重要标志的陶鬲形态，已与代表楚上层礼器文化的铜鬲合二而一，是楚的俗文化与雅文化的结合。第二，楚系礼器鬲，装饰华美，尤以下寺的楚礼器鬲为突出代表，给人以富丽典雅之感。一是雅俗结合，一是典型的雅；雅俗共赏，这正是楚文化的可贵可爱之处。

2. 甗

礼器中这种蒸煮用的炊器，出土数量比鬲还少，东周一至四期尚未发现甗；第五至七期在大贵族墓内出土有甗；曾侯乙墓、擂鼓墩 M_2、包山 M_2 等 3 个墓内各出 1 件，幽王墓内出土 3 件，均为分体甗，上甑下鬲。曾侯乙墓的与擂鼓墩 M_2 的同形，耳为 Ω 形，甑底箄孔 8 个，鬲高裆高足，为楚式鬲型；甑腹有纹饰而鬲体为素面（图七，1）。包山 M_2 的稍异，甑体为立耳，甑底箄孔多达 22 个；腹部也有纹饰（与曾侯乙的不同）；鬲足裆部更高，素面（图七，2）。竹简遣策上记其名为“锆甗”。幽王墓的大甗形体高大，最大的一件通高 92 厘米，为已知东周最大的甗，真可谓“甗王”（图七，3）。

甗的演变特征主要表现在下体鬲的足部，与楚鼎、楚鬲的演变趋势相同，均愈晚愈高，而中原地区则愈晚愈矮，以至若有若无，试举 1 例（如图七，4），一看便一目了然，风格殊异。

楚甗目前虽只见于东周五至七期，但决非无源之水，今后在春秋时期的楚王大墓中有可能会出土。试看新郑郑伯大墓内有甗，便可作为此推论的依据。楚亡以后，楚甗与鬲也就“寿终正寝”，成为历史的陈迹了。甗被甑釜一类蒸煮器取代了，唯独炊煮器鼎一直保留在历史的长河中，当然已失去作为等级、权力象征的光环，而仅作为纯礼仪用器或实用器具罢了。

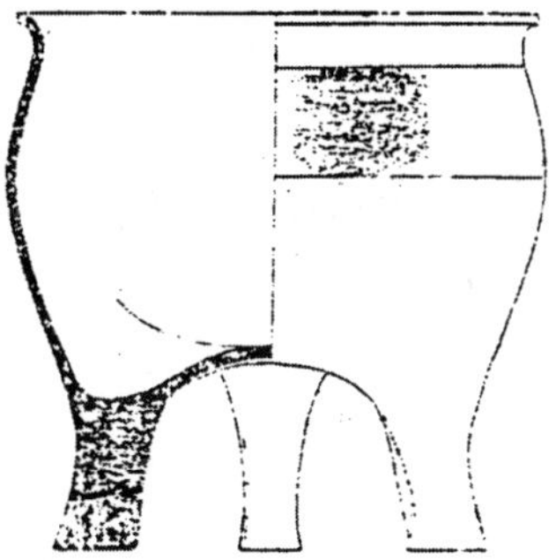

1. 东周三期　淅川下寺 M_1 出土

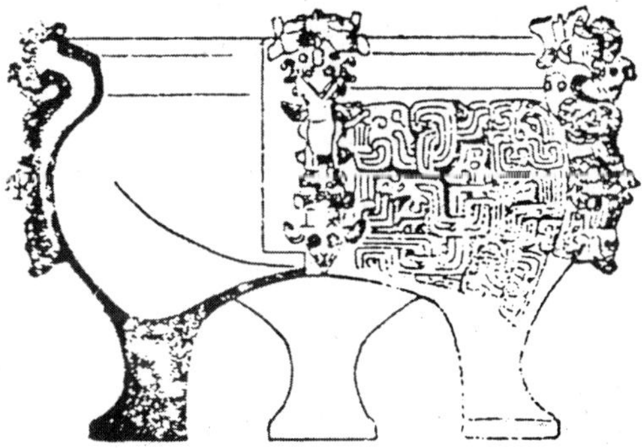

2. 东周三期　淅川下寺 M_2 出土

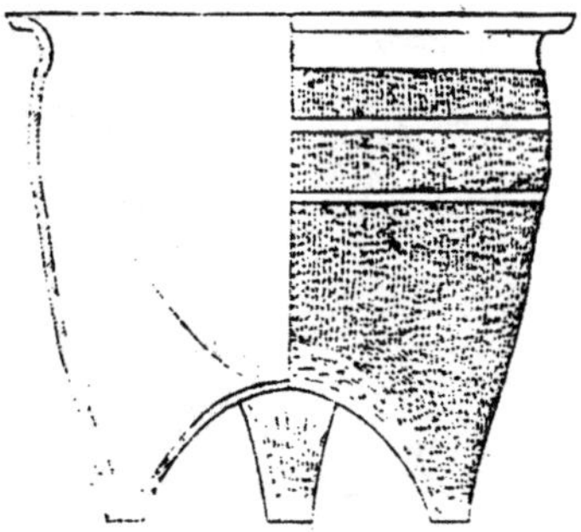

3. 东周五期　随州曾侯乙墓出土

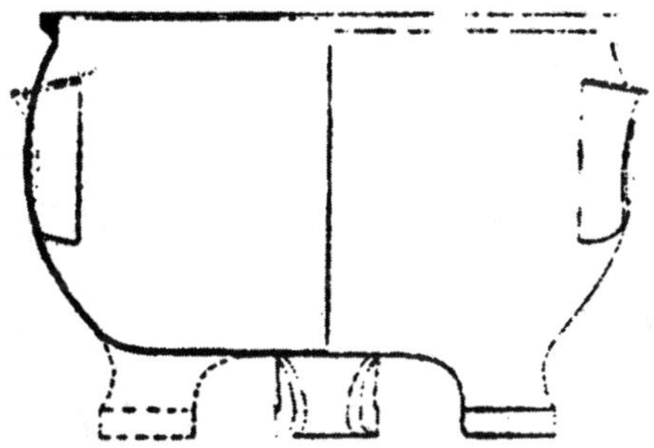

4. 战国早期　山西长子 M_7 出土

图六　鬲

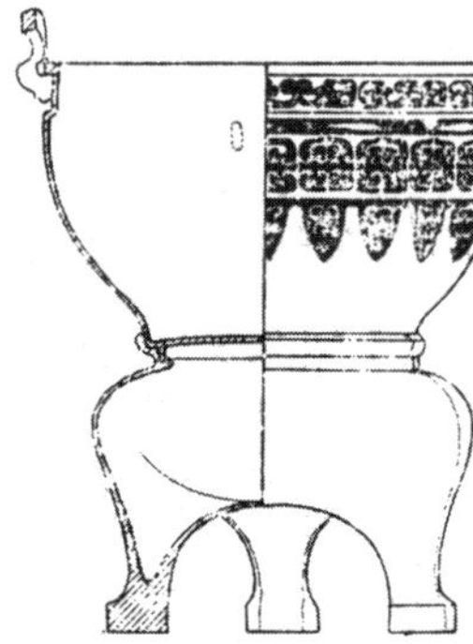

1. 东周五期　随州曾侯乙墓出土

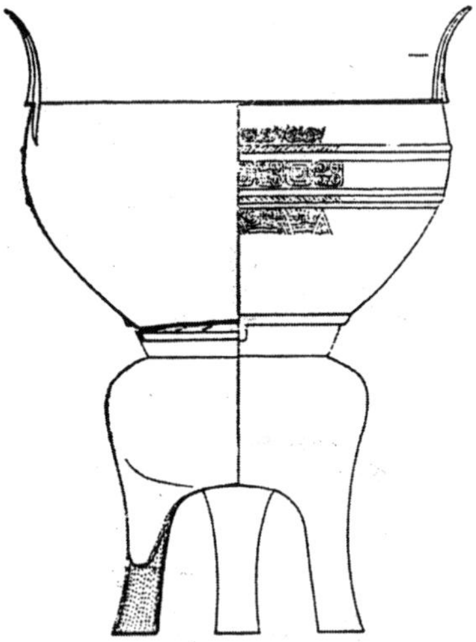

2. 东周六期　荆门包山 M_2 出土

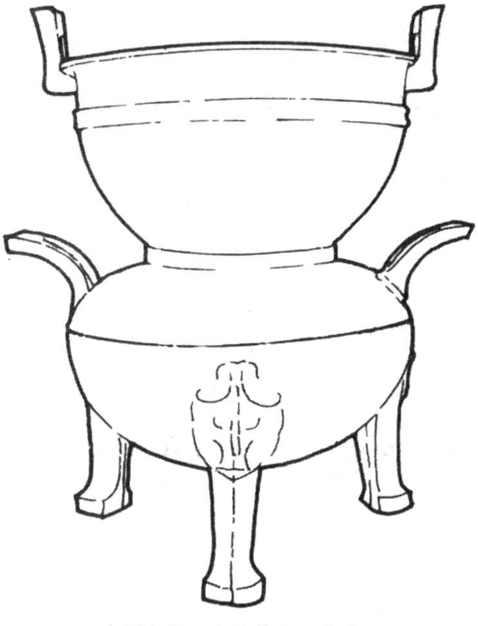

3. 东周七期　寿县楚幽王墓出土

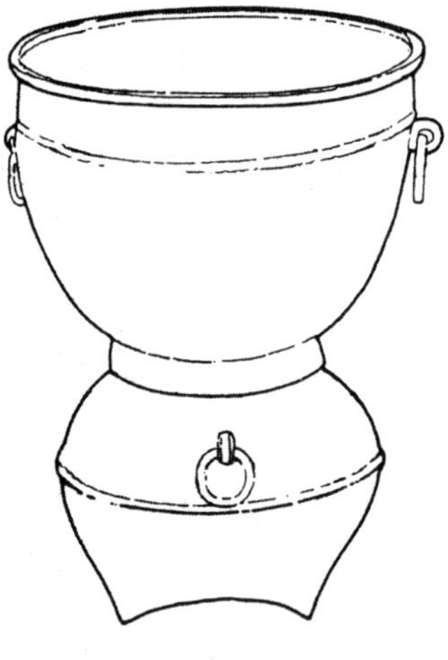

4. 战国早期　汲县山彪镇 M_1 出土

图七　甗

以上所述鼎、鬲、甗三类，鼎类中的镬和鬲、甗属于炊煮器类，又叫烹饪器类，为煮牲肉和粮食的器物，其功用即是变生食为熟食，是礼器中的重要门类之一。当然，这类器物并不是楚所独有，而是我国先秦中华文化中共同的器类。其器物形态也基本相同，仅因地域不同而有差异。如前所述，楚文化区的镬鼎、鬲、甗有自身的特色，反映了我国统一的青铜文化因地域不同而具有的多样性特点。往后的叙述，我们也同样会看到，这种多样性在不同的器类上都有表现，多姿多彩，千姿百态，以致令人目不暇接。为此，我们仍将不厌其烦，并繁中有序地继续进行论说。

三、簋与簠、豆

簋与簠这种礼器中的盛饭器，是楚器中重要器类之一。《说文》段玉裁注："方曰簠，圆曰簋，盛黍稷稻粱也"，即指这两种器物。

1. 簋

簋，铜器铭文作𣪘，是我国青铜器中的重要礼器之一。它按一定数量与鼎配合使用，用以表示贵族的等级、身份。按《周礼》等礼书记载，九鼎八簋为诸侯这一等级的贵族使用，七鼎六簋为卿和上大夫使用，五鼎四簋为大夫级使用，三鼎二簋或一鼎一簋为士一级下等贵族使用。东周时期特别是战国时期"礼崩乐坏"，贵族使用鼎簋的严格对应关系已发生混乱，僭礼乱礼的情况相当繁杂，这需要慎重研究。

簋是商周以来的传统器形，楚国在整个东周时期一直继承这种器形并加以改进与创新。从东周一期到七期各期都有发现。簋有两种形态——圈足簋和方座簋。从现有材料看，东周一期至三期流行圈足簋，四期至七期流行方座簋。铜簋大多出现在大贵族墓内，仅一至三期少量士一级贵族墓内偶有一两件。战国时期的中型墓内有仿铜的陶簋，小墓内则一件陶簋都不出，可见簋这种传统礼器的使用，不论陶或铜的，都还有一定的等级限制。

在当阳赵家湖的小贵族墓如赵 M_2、M_3、M_4 都出有铜簋，其年代分属一、二、三期。器形稍有差异，如赵 M_2 和 M_4 的为圈足（图八，1），M_3 的则在圈足下加三小足（图八，2），器身和器体也有小的差异。而最具代表性的则为下寺 M_1 和 M_2 出土的铜簋，铭文表明为楚令尹薳子冯之器，制作精致，纹饰繁缛，周身饰蟠绕龙纹和瓦纹，盖和腹部对称地分布四个龙形扉棱，双耳为龙首龙身构成；下寺 M_1 的为圈足，下寺 M_2 的则在圈足下加三小足。除这点不同外，整个器形与纹饰如出一范（图八，3、4）。这么精美的簋，在同时期我国各地所出的同型簋中均无可媲美之作，是这类簋中最为精致的代表作。这种类型的簋本盛行于西周，但西周的簋也无出其右者。这反映了楚人对这类型簋的重视与创新，这类簋也应被视作楚文化中有特色的器型之一。

第二种形态的簋为方座簋，数量较多，四期楚系蔡侯墓内出土 8 件，五期、六期曾侯乙墓和擂鼓墩 M_2 内各出土 8 件，七期幽王墓内出土 8 件。① 这些墓都是诸侯国君和楚王墓，按周礼规定，使用九鼎八簋之制，故所出方座簋都是 8 件。另外，有传世的邵（昭）王之諻簋 2 件②，如果是出自楚墓，很可能也是某一楚王墓所出，总数也可能是 8 件（这仅是推测而已）。

蔡侯申墓、曾侯乙墓、擂鼓墩 M_2 的方座簋的盖均为莲瓣形（图八，5、6）。昭王之諻簋的盖已佚（图八，7）。幽王墓的簋盖为云纹环钮，非莲瓣形（图八，8）。这种莲瓣形盖的簋是中原地区的特点，而不是楚的特点。器形上从早到晚变化的特点是腹部由圆鼓到扁鼓，簋体的圈足由矮到高，方座也是由矮到高。其纹饰则为同时代流行纹饰的风格，如幽王墓簋上的谷纹或谷粒纹就不见早于它的簋，而见于同墓其他器类。纹饰最精致的有曾侯乙墓的簋，器耳由鸟首龙纹构成，全身布满镶嵌的鸟首龙纹和流云纹，惜所镶绿松石已失，当年应是十分灿烂耀目的宝器。昭王之諻簋腹有四龙形扉棱，腹和座有传统的窃曲纹，又有“若轻

① 幽王墓内所出，据一些记载，还有圈足下加三小足的簋，但是否确为幽王墓所出，值得研究，此不论。

② 铭文并有关情况详见第六章。

云卷舒”[①]的变形龙纹，既显得古朴，又显出高雅之风，亦不失为楚簋精品之一。

由上所述，楚系铜簋的特色可概括为以下两点：第一，楚簋的两种形态（圈足簋、方座簋）均继承西周以来的传统簋型，但并不仅仅是因袭，而是在新的条件下进行改进与创新，下寺 M_1、M_2 的簋、曾侯乙墓、昭王之諻簋、幽王墓的簋均为创新之后的代表性器形，尤以下寺 M_1、M_2 和曾侯乙墓的簋最为精致，反映了楚青铜工艺的高超水平。与中原地区簋（图八，9）两相对比，差异是明显的。[②]

第二，楚系铜簋在东周时期自始至终存在着，有连续不断的序列，但主要存在于高级贵族墓内，战国时期成为体现礼制的重要器类。而在中原地区却没有这么明显的序列，也不如楚簋这样仍恪守旧制，这是颇为有趣的现象。[③]

2. 簠

簠和簋的功用相同。《周礼・舍人》：“凡祭祀共簠簋。”又《仪礼・公食大夫礼》：“宰夫膳稻于粱西”，郑玄注：“进稻粱者以簠”。出土和传世的西周簠上亦有“用盛稻粱”的铭文，足见簠的功用为盛稻粱之器，为祭祀和宴享宾客的重要礼器。较之中原地区，楚对簠的重视更胜一筹，各个时期都有铜簠出土。就现有材料而言，第一期出土 4 件，二期出土 5 件，三期出土 24 件，四期出土 17 件，五期出土 7 件，六期出土 6 件，七期出土 9 件，共 72 件。它的发展序列和鼎一样，相当清楚，有自身的演变规律（图九，1—6）。

簠在器形上的演变，主要看器身近口部的直壁与腹部斜壁的比例。东周一期和二期之初，斜壁与直壁的比例约为 2：1，此后比例不断缩小，到战国早中期之际，斜壁与直壁的比例趋于相等。战国中期以后，

① 《商周彝器通考》第 153 页。

② 中原地区簋的型式，参见《铜综研》136 页图三二，13 器，无双耳，无莲瓣，器表有纹饰。

③ 这涉及楚的礼制特点，请参阅第七章。

由腹壁长于直壁变化为小于直壁，六期的包山 M_2 的簠，七期楚幽王墓的簠最明显，与第一期相较，可谓明显之极。除这点外，器口部衔扣的变化也值得注意，第一期的器口无衔扣，第二期流行器长边各有一衔扣，第三期以后流行两长边各有两个衔扣。而到第七期的幽王墓铜簠，反而又退化到第一期的器口无衔扣的状况。其他如器耳、花纹每期都有相应的变化（参见图九，1—6）。当然，这些都是小的变化，并不影响整个体型。长方口、长方底，直、斜腹壁的基本形状是始终未变的。楚簠的这种基本形态与中原地区的相同，但有精粗之分。中原地区出土的一些簠，甚至大贵族墓内的簠，如春秋中晚期的长治 M_{270}、战国早期汲县山彪镇 M_1 以及战国中晚期之际的中山王墓内的簠均为素面，而同出的其他器物却大多有纹饰，且有较精者，表明中原地区对簠并不重视。而楚簠则不然，每一期的簠都有该时代特有的纹饰。从器耳看，中原地区的大多已简化为环耳，而楚簠的耳则为较象形的龙形耳。① 两相对比，其器形、纹饰精粗优劣之分也是一望可知的。

关于簠的名称，颇多异说。有的学者认为即经传记载的瑚②，有的据陕西出土的簠自名䀇，认为这应是簠的本名③，有的则认为其本字为医④。其实，楚簠按其自名的字体为“匿”，然写作簠已约定俗成，用不着再更改写法。

关于簠的使用制度，按礼书记载，天子、诸侯用四簠，上大夫用二簠。⑤ 而实际情况则有出入，如下寺 M_8 非王侯级甚至也不是卿、上大夫级，却使用四簠。战国曾侯乙墓和幽王墓均为四簠，则与周礼相符，这是楚礼制保守性的一点表现罢了。

---

① 到楚幽王墓的簠变为无耳，而中原晋地早在战国初期就已出现无耳簠了（见《文物》1986 年 6 期第 8 页图 16）。

② 《礼记・明堂位》：“有虞氏之两敦，夏后氏之四琏，殷之六瑚，周之八簋。”《左传・哀公十一年》：“仲尼曰：‘胡簋之事，则尝学之矣’。”

③ 高明．䀇、簠考辨［J］．文物．1982（6）．

④ 刘翔．簠器略说［C］// 古文字研究：第 13 辑．北京：中华书局，1986．

⑤ 据《周礼・聘礼》所记并郑玄注。

3. 豆与笾

豆在商代即已出现①，中原地区出土的豆有的内有粮食残迹②，故有的学者将其作为中原地区盛饭器中取代簋的一个基本器种③。楚墓所出与中原地区相反，并不构成礼器中的基本器种④，出土数量也少，这可能与盛行漆木豆有关⑤。

东周一至三期均未发现铜豆，到第四期的楚系蔡侯墓内始见铜豆（图一〇，1），并有与豆同类的笾。第五期曾侯乙墓内有全身镶嵌绿松石花纹的豆与笾（图一〇，2），十分精雅。固始侯古堆 M_1 内有方豆，铭文中器名为盉，信阳楚墓出土的方豆，竹简记为方琦，这类方豆应定名为盉（或琦）。第六期的藤店 M_1 和擂鼓墩 M_2 出方豆各 2 件（图一〇，3），湖南湘乡所出一豆，有精美纹饰⑥。第七期幽王墓内的豆深腹高柄（图一〇，4）。无锡出土郪陵君豆（图一〇，5），自名“钛盍（盒）”⑦，这种豆在楚墓遣策中称“豆”，故仍宜称为豆。

由上所述，豆的类型与序列不全，它的演变也未形成规律，只可肯定一点，即柄部（校）越来越高，与鼎的高足一样，成为楚器的一大特色。与之相反，中原地区的则愈来愈矮（图一〇，6），亦为两种风格相异之证。

鉴于铜豆在楚礼器制度中不是重要器种，精美者也较少，不再详论。

① 江西新干大墓出土的铜豆是目前已知年代最早者。
② 在洛阳烧沟战国墓出土的豆中“有粟米的残余”，见王仲殊．洛阳烧沟附近的战国墓葬［J］．考古学报，1954（2）．
③ 高明．中原地区东周时代青铜礼器研究［J］．考古与文物，1981（4）．
④ 见本书第三章。
⑤ 楚墓漆木豆数量多而华美，详见战国时期楚墓资料。
⑥ 中国美术全集·工艺美术编·青铜器下［M］．北京：文物出版社，1986．
⑦ 李零，刘雨．楚郪陵君三器［J］．文物，1980（8）．

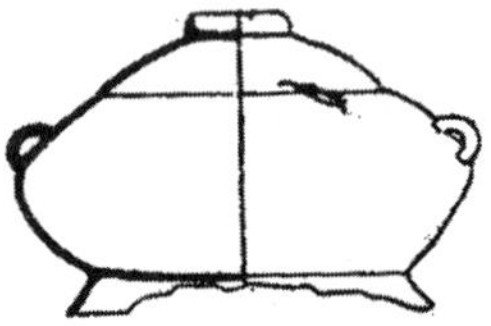

1. 东周一期　当阳赵家塝 M_2 出土

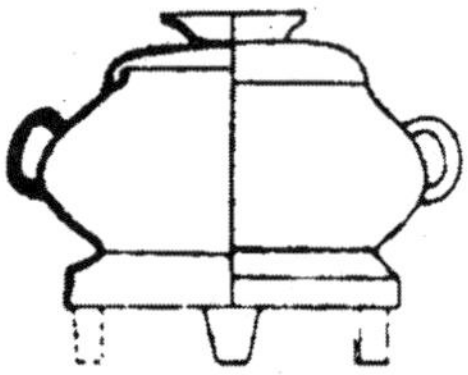

2. 东周二期　当阳赵家塝 M_3 出土

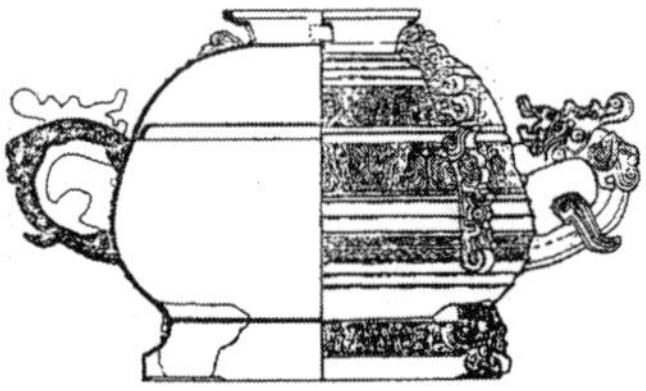

3. 东周三期　淅川下寺 M_1 出土

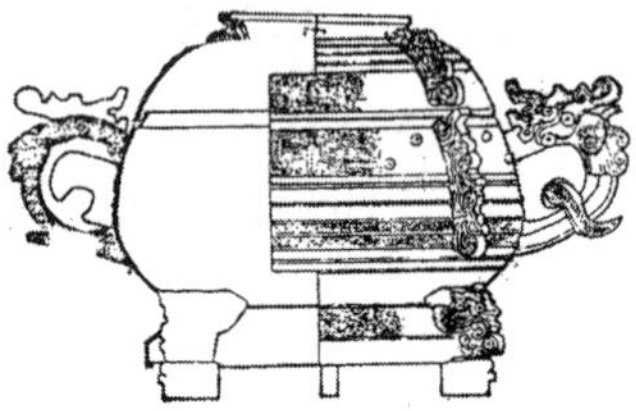

4. 东周三期　淅川下寺 M_2 出土

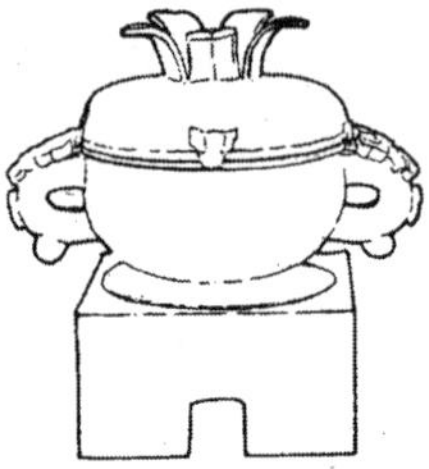

5. 东周四期　寿县蔡侯申墓出土

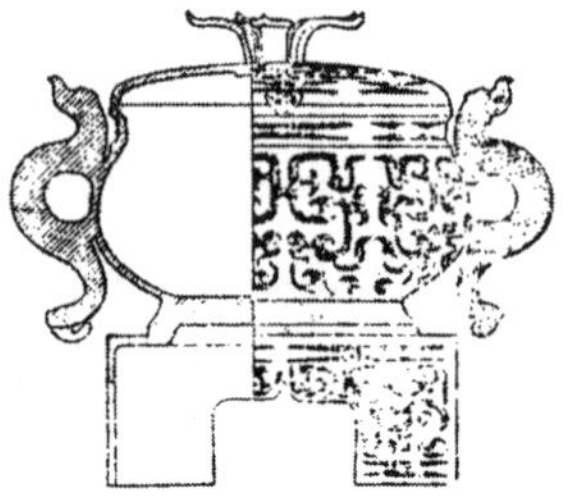

6. 东周五期　曾侯乙墓出土

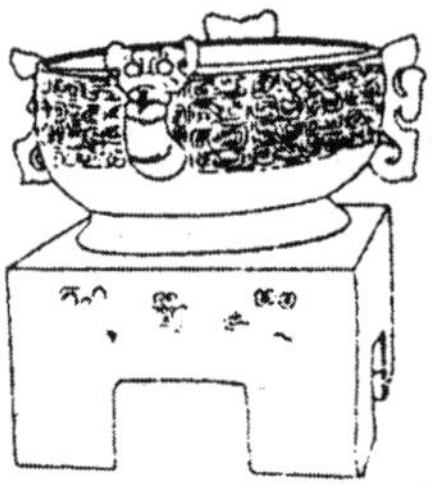

7. 东周四期　楚昭王之諻簋

8. 东周七期　楚幽王墓出土

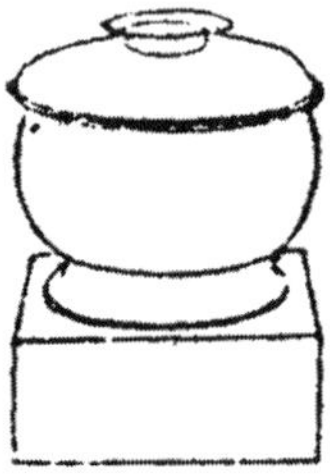

9. 春秋晚期　河南辉县琉璃阁出土

图八　簋

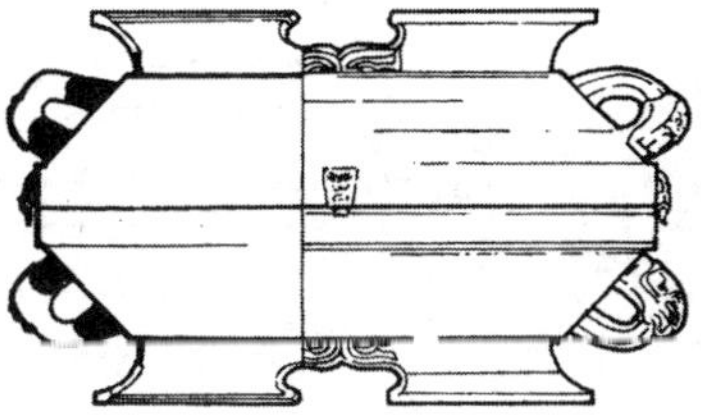

1. 东周二期　淅川下寺 M_8 出土

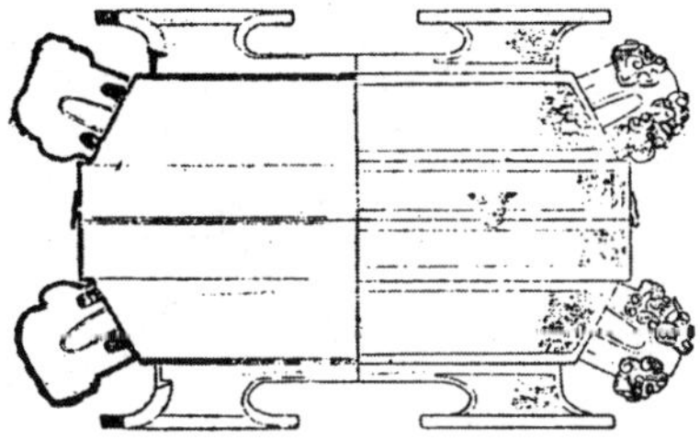

2. 东周三期　淅川下寺 M_1 出土

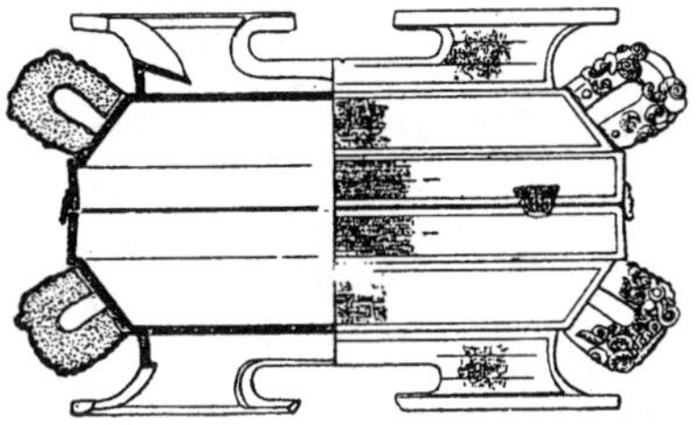

3. 东周四期　淅川下寺 M_{10} 出土

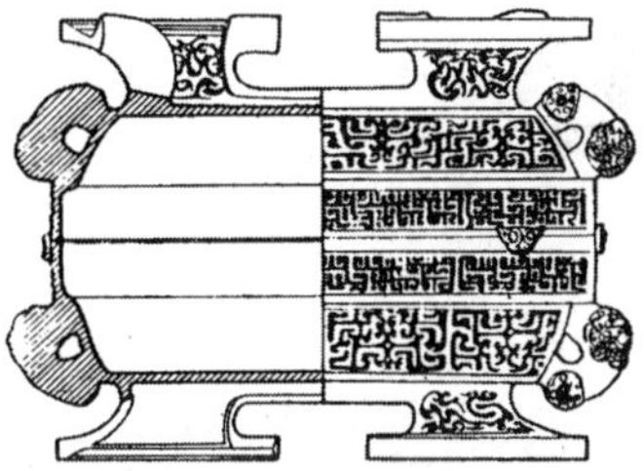

4. 东周五期　曾侯乙墓出土

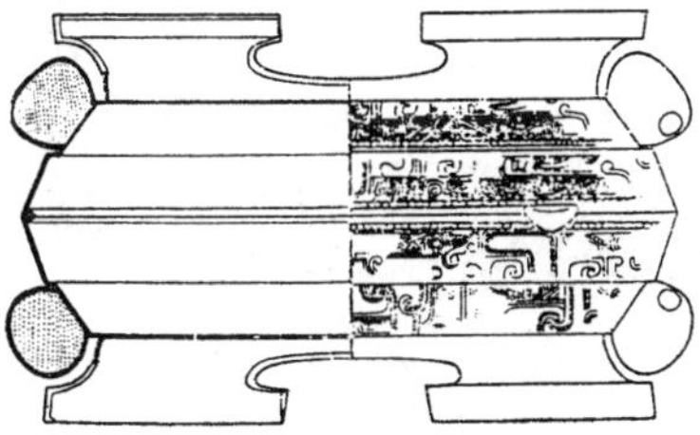

5. 东周六期　荆门包山 M_2 出土

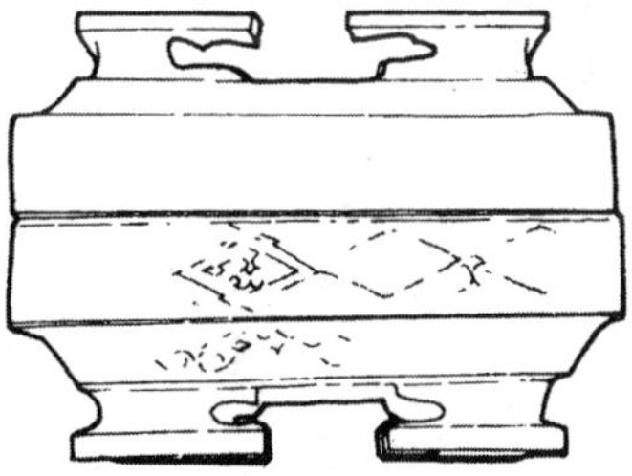

6. 东周七期　楚幽王墓出土

图九　簠

1. 东周四期　蔡侯申墓出土　2. 东周五期　曾侯乙墓出土　3. 东周六期　江陵藤店 M_1 出土

4. 东周七期　楚幽王墓出土　5. 东周七期　江苏无锡出土　6. 战国中期　山西长治 M_{53} 出土

图一〇　豆

四、盂、盆、盏、敦、盒

这几个器类功用相同，都为盛饭器。由于它们在形态上存在着演变关系，名称也有沿袭关系，有必要合并一起研究。为省篇幅和显目起见，先将这几类铜器的标本按年代序列排列器形图于次，并辅以其他地区的相应器形图，以便对比（图一一，1—5；图一二，1—6；图十三，1—10；图十四，1—5）。

在这几个器类中，先以盏与敦作为重点论述，然后再论盏的前身——盂与盆，以及敦与盒的关系。

1. 盏与敦的形态与名称

从形态上考察，楚系的盏与敦实际上为有着前后演变关系的两个类型——盆体敦与圆体敦，我们把盆体敦称盏，圆体敦称敦（下详）。

先说盆体敦，它的器体与西周以来的平底盆、盂相似，不同的是在器体平底下有三小足。据其盖顶圈形捉手的有无，又可分为甲、乙两个亚型，有圈形捉手的甲型盆体敦，现知最早出现于东周二期（图一二，1）；乙型无圈形捉手的盆体敦出现于东周四期（图一二，3、4）；看来二者之间也存在演变关系，即甲型演变为乙型盆体敦。三晋与齐地也有与楚系盆体敦相似之器形，笔者曾称之为盏形器[①]（图一二，5）。

再看圆体敦，它的器体由两个基本相同的半球形器扣合而成。也可分甲、乙两型。甲型器体作扁圆或圆球状，器盖的钮与器身的足不相同，即不对称。现知年代最早者为东周四期（图一三，1）。乙型器体为圆体或椭圆体，器盖与器身的钮与足相同，即上下对称。已知年代最早的为东周五期（图一三，5）。甲、乙两型圆体敦也存在着演变关系，即甲型演变为乙型。乙型敦是东周五期至七期即战国早期至战国晚期流行的主要器型（图一三，5、6、8、9），一般指称的敦均指此型，是楚铜器在战国时期流行的主要器类之一。（校补：本书附录七对此有修订）

① 刘彬徽．楚国青铜礼器初步研究［C］// 中国考古学会第四次年会论文集．北京：文物出版社，1985．本书附录六记有比本页所指图十二，1 器更早出的器。

中原地区和齐地在战国时期也流行这类敦（形态有小异，下详），文献记载，“敦规首，上下圆相连”，“敦与簠、簋容受虽同，上下内外皆圆为异”①，所指正是这一类敦型。

盆体敦甲型变为乙型，盆体敦演变为圆体敦，圆体敦由甲型变为乙型，其间的演变关系不仅有它们的自名为证（此点下面即论），而且从形态演变上也看得出来。盆体敦由甲型向乙型演变，主要体现在其盖顶由圈形捉手改为衔环钮或周边有环钮，这与鼎盖的演变情况相同。盆体敦器体颈部如不内束，而成为圜壁，器盖隆起，形似器体，就成了甲型圆体敦，甲型的盖再加深为半圆球体，钮、足相同，就成了乙型圆体敦。它们之间这种一脉相承的关系是相当明显的。

由形态考察可进而对盏与敦这两个类型的自名与定名问题予以考察。

楚系盆体敦的自名，传世有王子申盏盂（铭文与考释见第六章），1976年在湖北随州出土的一件盆体敦自名为盏（图一二，4）（铭文亦见第六章），笔者据此认为这类器均应定名为盏②。1987年湖南岳阳筻口出土的自名为“盏盂”③，与传世王子申盏的自名完全相同，而王子申盏仅存器盖④，器体已佚失，岳阳这一同名盏的发现，弥足珍贵。后在国内发表的早已流传国外的楚王酓审盏（铭文、图像见第六章），自名为盂，论者也肯定这类器“仍以称盏为好”⑤。其所以自名为盂，只能表明盏与盂有继承演变关系而已（下详）。

① 《仪礼·少年馈食礼》疏引《孝经纬钩命诀》；《尔雅·释丘》疏引《孝经纬钩命诀》。

② 见笔者1981年参加中国古文字研究会第四次年会论文《楚国有铭铜器编年概述》，后发表于《古文字研究》第9辑，中华书局1984年版，第331–372页。其后在《古盏小议》（刊《江汉考古》1983年1期，两人合写，第二部分对器名等问题的讨论由笔者撰写）一文中再次论证这一类器应定名为盏。

③ 岳阳市文物工作队．岳阳县凤形嘴山一号墓发掘简报［J］．文物，1993（1）．铭文与图形见第六章。

④ 铭文与图形见第六章。

⑤ 李学勤．楚王酓审盏及有关问题［N］．中国文物报，1990-5-31．

王子申盏、岳阳盏、楚王酓审盏均为甲型盆体敦，随州盏则为乙型盆体敦，由此证明甲乙两亚型的盆体敦均应定名为盏。

有意思的是，楚系第二类型敦——圆体敦也自名为盏，这就是楚幽王墓内出土的一件大府盏（铭文见第六章），在敦的口沿上有此器名，虽然此器只存一半，但显然可推定整器应为一件乙型圆体敦。这件器一度未被报道，未曾引起人们注意。现在说它为圆体敦的自名，又已有最新材料可资证明。这就是在江陵望山 M_2 和包山 M_2 的竹简遣策中的记录，根据与出土实物的核对，江陵望山 M_2 竹简中的“二合盏”，指的是墓中出土的 2 件陶敦。① 同墓出土的铜敦则被称为“盌”②，盌与盏为同器异名③，盌也就是盏。包山 M_2 出土的 2 件铜敦，在竹简中记为“二椹（盛）盏”④。这样，楚的圆体敦自名为盏，再一次得到了确证。

因此，楚器这两个类型——盆体敦与圆体敦全都自名为盏。但二者的形态毕竟有差异，从形态结合自名，还是分开定名为好，即盆体敦定名为盏，圆体敦定名为敦。这也照顾了以圆体敦为敦的习惯称谓。

敦之称谓，在三礼中多有出现，由于敦形已失传，宋代聂崇义作《三礼图》一书，把它画成一深腹圆足器上置一有龟形之盖⑤，令人啼笑皆非，讥其为牛头不对马嘴亦不为过。宋以来之古器物图录又每误敦为簋，及至容庚作《通考》一书，才在前人辨识基础上作了通盘的清理，纠正了误说，并引《孝经纬》之说，“其状正与陈侯午敦同”⑥。陈侯午敦自名为錞，錞即敦，器形与楚系之乙型圆体敦相似，均为圆体，而两者之器钮、足稍异。其实在齐地及附近，不仅圆体敦自名为敦，与楚盆

①② 湖北省文物考古研究所. 江陵望山沙冢楚墓［M］. 北京：文物出版社，1996. 此墓竹简释文为朱德照、裘锡圭、李家浩撰写，收入发掘报告发表。

③ 《方言》：“盂或谓之盌。”

④ 湖北省荆沙铁路考古队. 包山楚墓［M］. 北京：文物出版社，1991. 竹简释文亦在发掘报告内发表。

⑤ 聂崇仪. 新定三礼图［M］. 卷第十三第六页。

⑥ 《商周彝器通考》第 365 页。

体敦相类似之器亦自名敦（图一二，6）。[①] 不但如此，连与楚系盆、盂相似的平底器也自名为敦（图一一，3）。[②] 即是说，与楚系盆、盏、敦相似之器，在齐地及其相近地区（齐系）一律自名为敦。两地（楚系与齐系）在对待盆体敦与圆体敦之称谓上，楚名之曰盏，齐名之曰敦。这种不同，泾渭分明，鲜明之至。

由此可以明白，我们现在把圆体敦通称为敦，乃是以齐系如陈侯午敦这样的圆体敦来命名的，即以齐地专名变成为战国青铜敦的通名、共名。因它在楚地，并不称敦，而是称盏。前面已提到，从形态上区分盆体敦与圆体敦，把圆体敦称之为敦，作为共名、通名，是可取的。

对于盆体敦的定名，则不能以齐地之称（敦）来命名，而应以楚系之称（盏）作通名、共名为宜。齐系类似楚盆体敦之器亦可改称为盏，而不宜称其自名为敦。这对于战国青铜器分类定名和整体研究或许是适宜的，以免在称名问题上造成不必要的混乱与不规范。

以上是从青铜器分类定名来说，应分为盏与敦两类；而从形态上的定名来说，则可分称为盆体敦与圆体敦，这对进行形态学研究有好处。要说明的是，从形态上定名，尚存在不完全相同的称谓，例如，或称之为盏式敦与双合敦[③]，或称之为对称敦[④]。究应以哪种称名为宜，可以讨论。然笔者以为，楚系盆体敦与圆体敦均自名为盏，若把盆体敦称为盏式敦，则此称既可指盆体敦，也可指圆体敦。看来称盏式敦至少对楚系器来说是不适宜的。圆体敦的两半个器体虽然是对称的、双合的，但也有不对称、不双合的，它的盖钮与足有的并不对称；有的盖口有衔卡而器口无，有的为子母口，器口也不对称；有的两半个器体也不对称。如

① 王景东．山东胶南县发现荆公孙敦［J］．考古，1989（6）．

② 传世有齐侯敦，见《商周彝器通考》第 367 页，附图第 390 页。又有新发现的，见王敏之．河北唐县出土西周归父敦［J］．文物，1985（6）．（此敦年代为春秋中期——引者注）

③ 见《类说》一文。

④ 陈芳妹．盆、敦与簠——论春秋早中期间青铜粢盛器的转变［J］．故宫学术季刊（台），1985，2（3）．收入《文物与考古》（3）——《台港及海外中文报刊资料专辑》一书，书目文献出版社，1987 年版。

此看来，把圆体敦称之为双合敦与对称敦，也不太适宜。笔者称盆体敦是以器体像盆形而定其名，称圆体敦是因器体呈圆形或椭圆形，以器体（不计足、钮）的特征来定名，目的在便于进行形态学研究。

2. 盏与敦的文化特征分析

敦，是中国青铜器中的重要器类，以其独特的形态显示于世，在世界物质文明史上也是仅见的。作为我国青铜器中的一个器种，敦毫无例外地是反映中国古代文明特征的一种典型器类。花团锦簇的中国古代文明又是由许多区域文化之花所组成，敦在当时南北广大区域内出现，在不同的区域内，敦的形态又稍有变异，对这一点，虽已有学者论及，然语焉不详。对此，敦的文化特征的区域差别，值得进一步研究。

有的学者把敦的分布地域分为五区，并分区列表统计。[①] 据其统计，秦区仅有圆体敦 1 件。但这件敦系出自窖藏[②]，同出器物中一件鼎有铭文，知为吴国之器，正如报道者指出的，敦为楚器，鼎为吴器，乃由于某种原因（战争掠获或转赠等）而流传至秦地。第二区东周王城区，有盆体敦 3 件，圆体敦 1 件，第三区楚文化区有盆体敦 6 件，圆体敦 5 件，由于近些年出土数量大增，实际已远远不止此数。第四区齐区未统计盆体敦，实际上在《山东文物选集》一书内记载有 1 件，加上新近报道的 1 件，至少已有 2 件，其圆体敦统计为 2 件，实际不止此数。第五区晋区有盆体敦 2 件，圆体敦 3 件，实际上也不止此数。

对各地敦型对比研究表明，若显示敦的特征差异，分三区即可。第一区为楚文化区，第二区为东方齐文化区，第三区为北方中原文化区，即上述有的学者指称的东周王城区、晋区。

先就这三区的盆体敦作些分析。盆体敦在楚文化区发现最多，据粗略统计，总数已在 12 件以上，比前述统计的 6 件增加一倍以上，其相对年代均为春秋中晚期，最早者可早到春秋中期的前段（东周二期），

① 陈芳妹．盆、敦与簠——论春秋早中期间青铜粢盛器的转变［J］．故宫学术季刊（台），1985，2（3）．

② 韩伟，曹明檀．陕西凤翔高王寺战国铜器窖藏［J］．文物，1981（1）．

如当阳出土的一件[①]，淅川下寺 M_7 出土的一件[②]，传世的王子申盏。王子申卒年为公元前 571 年[③]，从墓葬年代学与器物形态学对比来看，中原文化区之盆体敦，最早者只能相当于春秋中期后段至春秋晚期之际。山东齐地的盆体敦，据对新近出土的公孙敦形态分析，其相对年代与楚文化区最早之盆体敦也许年代相当。

再看器物形态，楚文化区之盆体敦，铸作精工，纹饰华丽，尤以淅川下寺 M_1 之盏（盆体敦），最能反映楚文化的水平与风格（图一二，2）[④]，该器的圈形捉手盖及耳足均为玲珑剔透的龙形装饰，用失蜡法铸成，是盆体敦的最佳杰作。又如湖北宜城出土的一件，通体镶嵌龙纹与几何形纹（图一二，3）。而迄今所见中原文化区的盆体敦，大多素面无华，造型简朴（图一二，5），与楚敦迥异。山东齐地之敦有作素面者，有作通体饰乳丁虺纹者（图一二，6），风格亦与楚敦异趣。

由上对比可见，最早之盆体敦产自楚地，且不乏精工之器。所以笔者曾推测盆体敦乃楚人所创制[⑤]，就是基于以上所得出的认识。春秋中晚期，正是楚国问鼎中原的兴盛时期，也是楚文化发展的勃兴期，盆体敦的出现正是其创新精神的体现。到春秋晚期，这种创新精神进一步发展，盆体敦演变为圆体敦，就是势所必然了。

圆体敦时代最早者，也在楚文化区首见。在淅川楚墓、当阳楚墓、襄阳楚墓内都已出土了甲型圆体敦，在楚南境的今湖南湘乡楚墓内也有春秋晚期的甲型圆体敦（图一三，4）。[⑥] 淅川下寺 M_{10} 的 1 件年代不

---

① 宜昌地区博物馆. 馆藏铜器介绍［J］. 江汉考古，1986（2）. 该报道定器名为盆，不妥，下有三小足，应为盆体敦。

②④ 河南省文物研究所，河南丹江库区考古发掘队，淅川县博物馆. 淅川下寺春秋楚墓［M］. 北京：文物出版社，1991.

③ 李零. 楚国铜器铭文编年汇释［M］// 古文字研究：第 13 辑. 北京：中华书局，1986.

⑤ 刘彬徽. 楚国青铜礼器初步研究［C］// 中国考古学会第四次年会论文集. 北京：文物出版社，1985.

⑥ 湘乡县博物馆. 湘乡县五里桥、何家湾古墓葬发掘简报［C］// 湖南考古辑刊：第 3 集. 长沙：岳麓书社，1986.

会晚于公元前500年，由此可知，蔡侯墓内出土的圆体敦当亦受楚之影响。① 蔡昭侯墓的文化属性应归属于楚文化系统，是无可置疑的。

迄今为止，在中原文化区的甲型圆体敦年代不可能早于下寺 M_{10} 出土敦的年代，在新郑出土过此型敦（图一三，3）。新郑郑伯大墓内也有楚系铜器，这已有学者予以指出。郑国曾一度归附于楚，受楚影响和输入楚器乃理所当然。该墓内之盆体敦就应为楚器，而非中原文化系铜器。齐地尚未见有甲型圆体敦，可不论。

乙型圆体敦乃敦型成熟期之典型形态。目前在楚文化区出土最多，其数量达数十件之多，而陶敦数量则多至尚难以全部统计，是战国时期楚墓器类组合中最基本的器类之一，也是体现年代序列的标准器之一。乙型圆体敦年代最早者也出自楚墓，如年代为战国早期的襄阳蔡坡 M_4 就出有镶嵌动物纹饰的乙型圆体敦（图一三，5）。② 中原地区和齐区，迄今所见均为战国中期。这种时代差距，也使我们有理由认为，圆体敦也应是楚人首先使用。前已论及，甲型圆体敦为楚人在盆体敦基础上创新而成，乙型圆体敦由甲型圆体敦演变而成，也正合乎器物演变的客观规律。

就器物形态观察，楚系圆体敦的造型和装饰都别具一格，器体作和谐的圆形，器钮、足为对称的弯曲成S形的龙形，且铸有如行云流水般的图案，其精致者更镶嵌动物和几何形花纹（图一三，1、2、5、8），锦上添花，相得益彰，乃楚敦之上品。中原地区的圆体敦，多作小直足，子母口扣合（图一三，7），与楚敦之为平口沿扣合不同，且多素面器，与楚敦比较，相形见绌。

齐地之圆体敦也自有特色。乙型圆体敦的钮足为对称的小环形（图一三，10），与楚敦之成S形者不同。另有一种敦形只存器身，足为兽

① 该墓出土两件形态稍异之敦，第一件仿效楚甲型圆体敦。第二件盖钮与器足为对称的三小足，或以为这是乙型圆体敦之最早者。其实不然，此器为甲型圆体敦的变形体，器足与圆体敦之足稍异，故应视受楚影响而成之器。

② 湖北省博物馆. 襄阳蔡坡战国墓［J］. 江汉考古，1985（1）.

面直足，与中原地区之作小直足者相同。齐地之北的燕国地域也出有乙型圆体敦[①]，器身为椭圆体，但盖上无小环耳，盖、身为子母口扣合，钮、足为环形下加稍弯曲之小直足，兼有齐与中原地区之因素，可能是受此二区文化影响的燕地的作品。

由上所论，敦类器在春秋战国时期虽广被于我国大地，然而各地出现时间早晚不同，造型装饰各地风格不一，这种共性、个性关系，乃文化之普遍现象，即“道一风同”“因时因地而异”之谓也。各区域之铜敦又以楚文化区之敦最引人注目，其风韵与铸造技艺堪称独步。其他地区为之模仿、仿造，并不奇怪，楚人也是善于“博采众长”的。

3. 盏、敦的源流——盆与盒

关于敦的来龙去脉，学者亦多有论及，然亦大有可商之处。

关于敦的来源，我们把第一类敦称为盆体敦，即喻示着敦是由盆演变而来。有的学者认为敦“可能不必经过盆的中介，直接从簋演变而来”，其理由之一是，山东的齐侯敦（图一一，3）与平底盆相似，以为将盆的“器盖的圆环形盖足改为小环形，即是自名为敦的齐侯敦的造型”[②]。这显然是受资料不全的限制而做出的推断。其实，圆环形盖足（即本文所称圈形捉手）的盆同样可称之为敦，如河北唐县出土的归父敦即是例证[③]（图一一，4）。这个归父敦如无铭文自名，肯定要定名为盆。我们认为，把平底盆类器称为敦，仅是齐鲁地区的区域名称，江淮流域则通称为盆，例如樊君夔盆（图一一，1），晋地称之为䵼，例如晋公䵼（图一一，5），楚国可能称盆或盂。例如河南潢川出土一件盆，自名为盂[④]（图一一，2），论者认为此盆的主人即楚人[⑤]。我们同意以下看

① 安士敏．河北省唐山市贾各庄发掘报告［J］．考古学报，1953（6）．

② 陈芳妹．盆、敦与簋——论春秋早中期间青铜粢盛器的转变［J］．故宫学术季刊（台），1985，2（3）．

③ 王敏之．河北唐县出土西周归父敦［J］．文物，1985（6）．

④ 信阳地区文管会，潢川县文化馆．河南潢川县发现黄国和蔡国铜器［J］．文物，1980（1）．

⑤ 李学勤．论汉淮间的春秋青铜器［J］．文物，1980（1）．

法："盆为通名，而把𬮡当作区域的别名"[①]，要补充的是，齐地把盆称为敦也是区域性别名。但齐地既把盆称为敦，更加证明敦实由平底盆演变而来的看法是正确的。敦之名就由盆的一个区域名称转化为敦类器的共名。这样就可以解释为什么我们没有把自名的平底敦（实为平底盆）归入敦类。这种名敦之平底盆，论者虽引用文献记载称之为废敦（敦无足者），而作为器物形态学的科学分类，以归入盆类为宜。

有的学者指出有此自名为盆、𬮡、盂的器为同一类器，为同器异名，是正确的。[②]

《说文》："盂，饭器也"，同为盛食器，功能相同，可视为同类器。例如楚王酓审盏，为盆体敦，却自名为盂。又例如王子申盏盂，为盆体敦，却自名盏盂，显示了楚文化区的盏—敦之地域专名与盂同类。这种器名因功用相同而连称，铜器铭文中不乏其例，如青铜盉曾作为水器具有匜的作用，自名为盉匜。[③]因此，如上溯敦之渊源，可知敦由盆演变而来，盆则由西周之盂（指盛饭器之盂，非水器之盂）演变而来。故盆又可自名为盂，盆体敦也可自名为盂。由此看来，我们虽然从目前资料推断敦可能最初由楚人所创制，而其渊源则可上溯西周之青铜器。可见，无论是楚人或其他地区的人们创制的新器形都是在商周青铜文化发展的基础上的创新而已。

敦的演变去向是盒已得到了证明。青铜礼器组合也是由鼎、敦、壶等变为鼎、盒、壶等，这已为大量楚墓材料所证实，所出土的盒也有不乏精美者（图一四，2、3）。[④]敦变为盒的中介环节在楚墓出土陶敦中比较清楚，如常德楚墓中晚期陶敦的盖顶与器底均作平底，而腹壁弧形状

① 陈芳妹．盆、敦与簠——论春秋早中期间青铜粢盛器的转变［J］．故宫学术季刊（台），1985，2（3）．

② 张光裕．从𠂤字的释谈到𬮡、盆、盂诸器的定名问题［J］．考古与文物，1982（3）．

③ 张亚初．对商周青铜盉的综合研究［C］// 中国考古学研究——夏鼐先生考古五十年纪念论文集：二．北京：科学出版社，1986．

④ 江陵楚墓和荆门包山 M_4 有通体纹饰的盒，湖南长沙楚墓出土一盒，有精美纹饰，为盒类中最精致者，资料待发。（已发表，见《长沙馆藏文物精华》，2007 年）

仍如敦形。[①]再变化一下，去掉敦的盖钮与器足即成盒形了（有的器底加上浅圈足）。[②]山西的战国中晚期墓内出土有两个相同的圈足盒形器组成的盒（图一四，5），论者归属敦类。[③]这种器，笔者以为也是敦向盒转变的中介器类，应归属盒类，因有与敦形相近之处，可以称之为敦形盒。信阳楚墓出土的两件有盖平底盒（图一四，4），报告称之为敦[④]，显然不妥。论者曾据该墓竹简记载有器名“𣪘”字，认为即文献所载“命佐食启会”（士虞礼）中的“会”，《说文》：“会、合也。或者合就是会的演化”[⑤]，我们认为会就是盒之异名，为同类器，无须以演化论之。这涉及盒类器的研究。盒类器有两个类型，其中一个类型可能直接由盆演化而来，故在战国早中期墓内已有盒与敦共存（图一四，1）。[⑥]

关于敦的演变史，还有一点必须注意，敦虽然在春秋战国时期成为青铜礼器组合中的基本器类，但并未取代簋这种传统器物，在中原地区、齐区、楚文化区都是如此。在这方面，楚国保守西周以来鼎簋相配礼制也很明显，降至战国末期楚灭亡前夕的楚幽王墓内仍出土九鼎八簋，反映了楚礼制的保守性。[⑦]有的学者强调敦是由簋演变而来，敦取代了簋[⑧]，显然不符合客观历史实际。当然，指出敦在演变中接受了簋、盂一类器物的影响，也是事实。

4. 小结

以上所论，有必要再加以归纳一下，以作为对东周时期青铜敦的一

---

① 湖南省博物馆. 湖南常德德山楚墓发掘报告[J]. 考古，1963(9)；第471页图二〇，9。

② 实物曾在湖南省博物馆展览。

③ 山西省文物管理委员会，山西省考古研究所. 山西长治分水岭战国墓第二次发掘[J]. 考古，1964（3）.

④ 河南省文物研究所. 信阳楚墓[M]. 北京：文物出版社，1986.

⑤ 顾铁符. 有关信阳楚墓铜器的几个问题[J]. 文物参考资料，1958（1）.

⑥ 例如湖北襄阳蔡坡 M_4 出土两件，墓的年代为战国早期，曾侯乙墓的食具箱内也出土了两件盒。

⑦ 刘彬徽. 楚国青铜礼器初步研究[C]// 中国考古学会第四次年会论文集. 北京：文物出版社，1985.

⑧ 高明. 中原地区东周时代青铜礼器研究[J]. 考古与文物，1981（2-4）.

些带有概括性、规律性的认识。

（1）敦类器应分为形态稍异而前后衔接的两个基本类型，前一类型为盆体敦，后一类型为圆体敦。这两个类型又可各分为甲乙两个亚型，每一亚型又可因时因地不同分为若干式。现将其出现与使用年代表示如下：

类别	型别	春秋中期前段	春秋中期后段	春秋晚期	战国早期	战国中晚期
盆体敦	甲型	～～～～～～	～～～			
	乙型	～	～～～～～～	～～～～～～	～～～～～～	～
圆体敦	甲型		～～～	～～～～～～	～～～～～	
	乙型			～	～～～～～～	～～～～～～

注：表中曲线条所示即表示每个类型使用的时间范围

（2）敦是盆体敦和圆体敦的共名，盏是楚文化区称敦的区域性名称。在楚文化区，盏就是敦，盏不是如过去所说的有别于敦的另一个器类。在楚文化区，如果一定要将盆体敦与圆体敦分别称名，可分称为盏与敦（或盤）。然而圆体敦已沿用称敦。因此，从我国青铜器分类而言，凡盆体敦可通称为盏①，圆体敦可通称为敦。

（3）就已掌握的资料而言，敦这一新器类的产生地区以楚文化区和齐文化区最早，这两个地区是各自单独出现还是其间仍有早晚影响关系，目前尚无直接证据。但圆体敦的出现，楚文化区先于齐区则可以肯定。中原地区的圆体敦当是接受楚文化区敦的影响而出现的。我们必须打破传统的中原中心论，不要以为什么东西都是先起源于中原地区。文化影响总是相互的，楚文化中的青铜器在早期就受中原地区的强烈影响，敦虽然可能为楚人创制，但仍是在中原地区西周时期盆、盂类传统器类上的创新，是楚人在春秋时期革新精神的体现。楚文化区的敦，从造型到装饰，独具特色，反映了楚文化的风格与发展水平，也是中国青铜器在世界上显示特色的代表性器类之一。

① 笔者在《楚国青铜礼器初步研究》中称中原地区之盆体敦为盏形器，若不计与楚盏形态上小的差异，应可通称为盏。

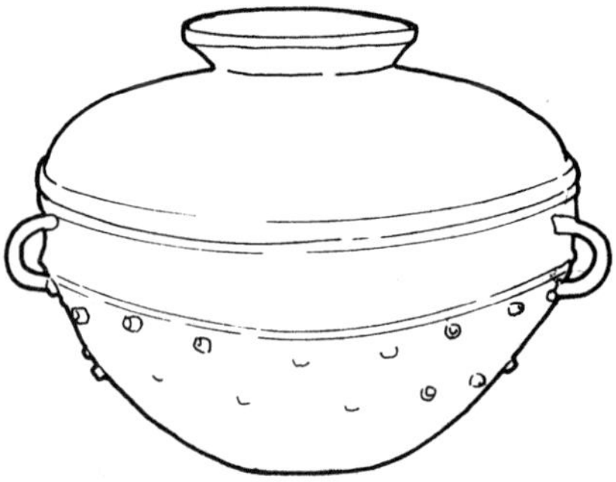

1. 樊君夒盆

2. 子諆盆

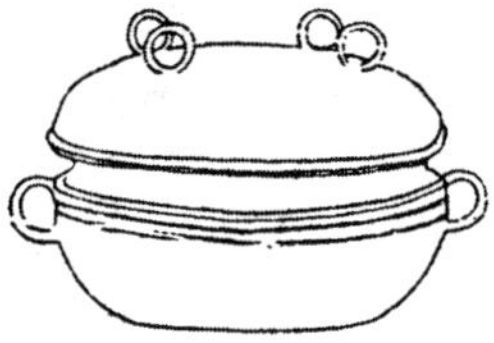

3. 齐侯敦（盆）

4. 归父敦（盆）

5. 晋公𥂴（盆）

图一一　盆

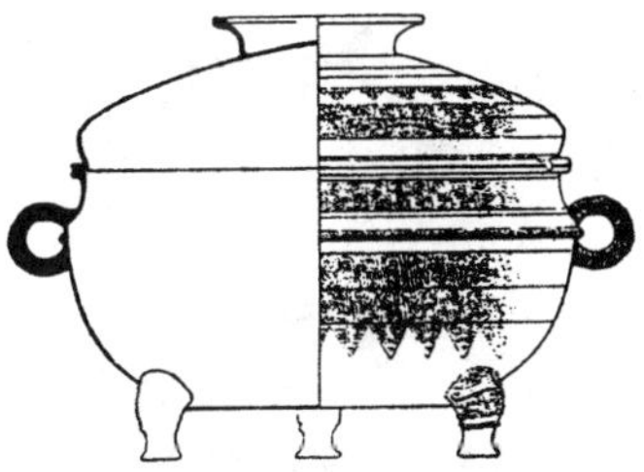

1. 东周二期　淅川下寺 M_7 出土

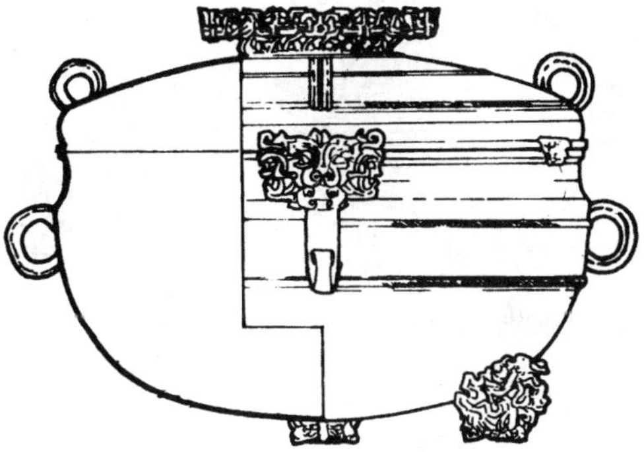

2. 东周三期　淅川下寺 M_1 出土

3. 东周四期　宜城楚皇城遗址出土

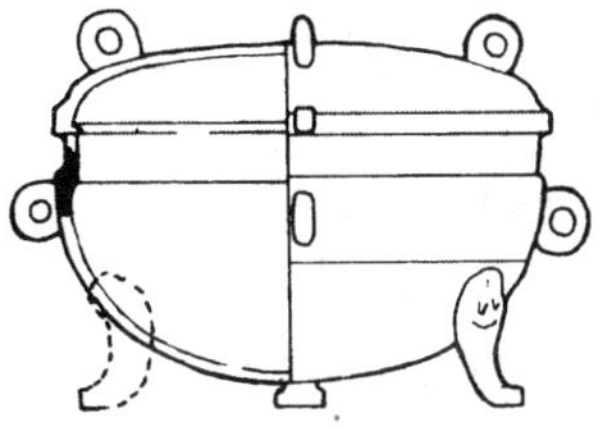

4. 东周四期　随州义地岗出土

5. 春秋晚期　河南洛阳中州路 M_4 出土

6. 春秋中晚期　传世器（故宫博物院藏品）

图一二　盏

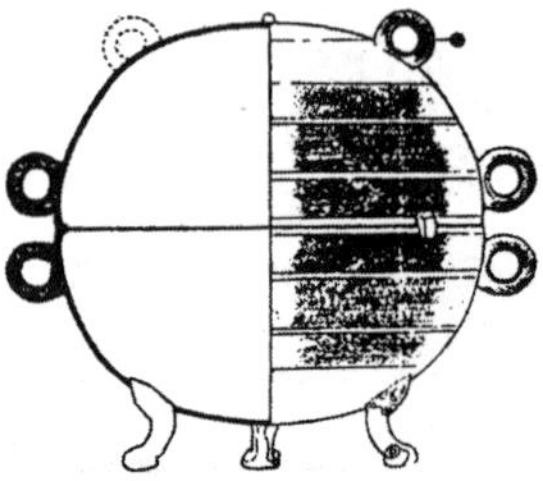

1. 东周四期　淅川下寺 M_{10} 出土

2. 东周四期　蔡侯申墓出土

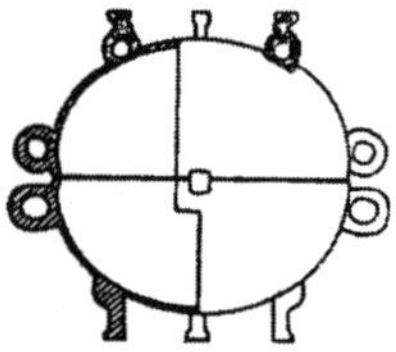

3. 东周四期　河南新郑出土

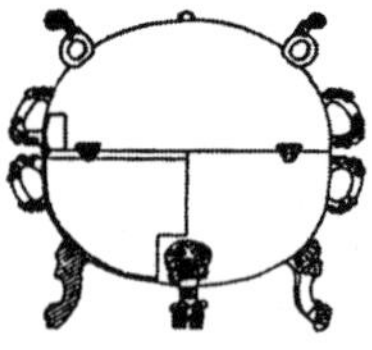

4. 东周四期　湖南湘乡何 M_1 出土

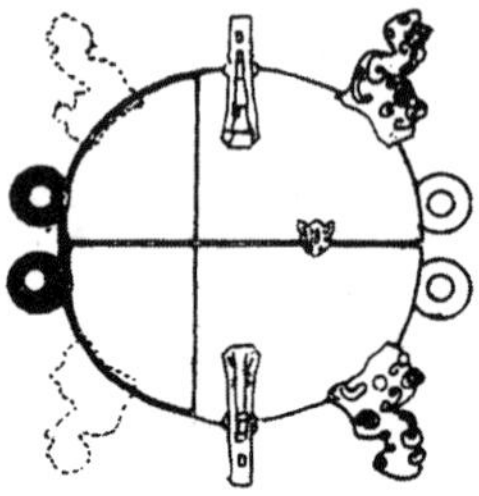

5. 东周五期　襄阳蔡坡 M_4 出土

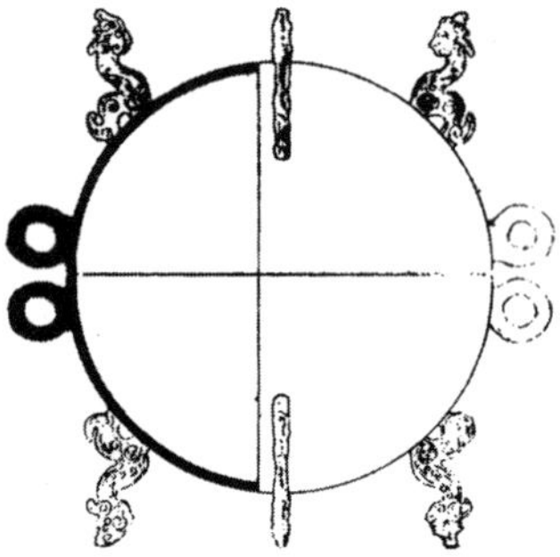

6. 东周六期　江陵望山 M_2 出土

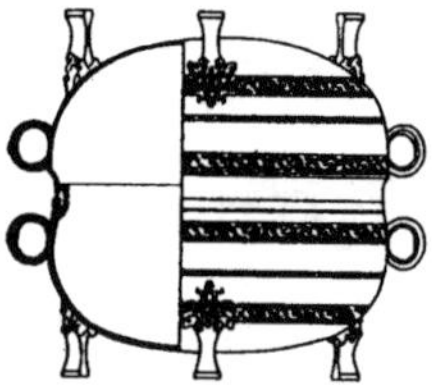

7. 战国中期　河南辉县出土

8. 东周六期　随州擂鼓墩 M_{13} 出土

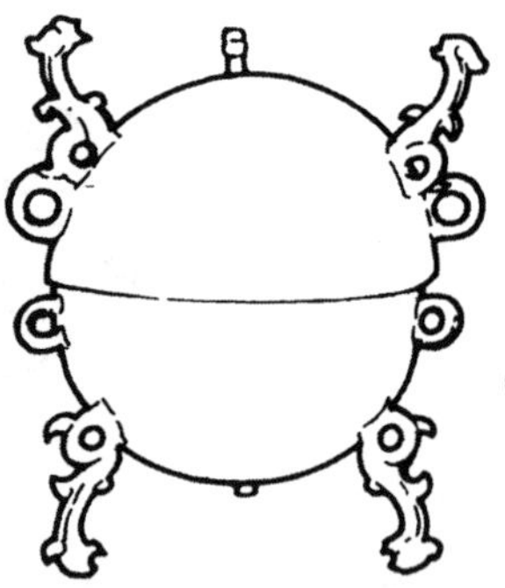

9. 东周七期　楚幽王墓出土

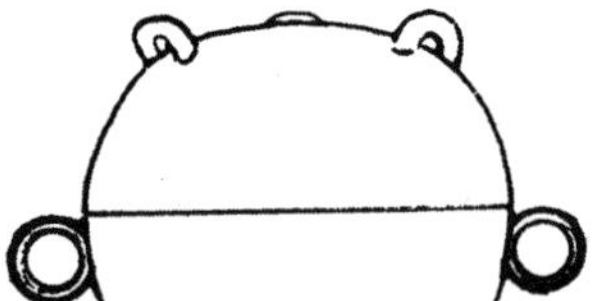

10. 战国中期　传世器陈侯午敦

图一三　敦

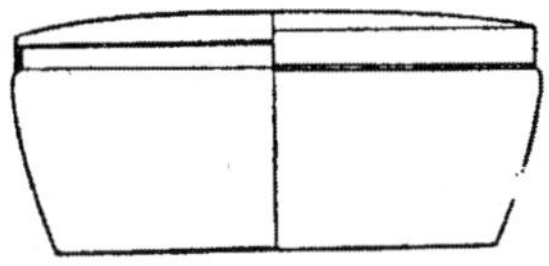

1. 东周五期　曾侯乙墓出土

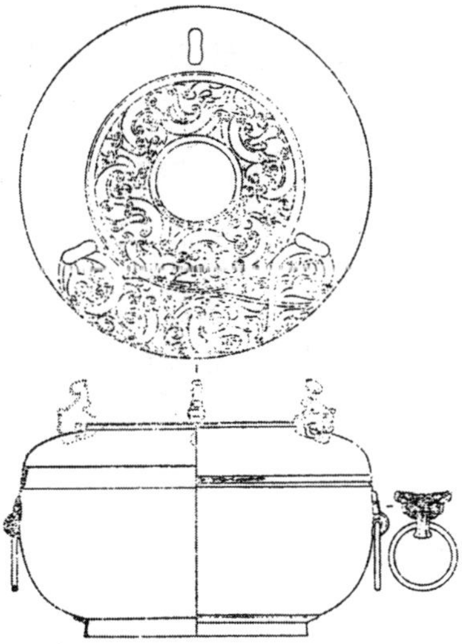

2. 东周六期　荆门包山 M_4 出土

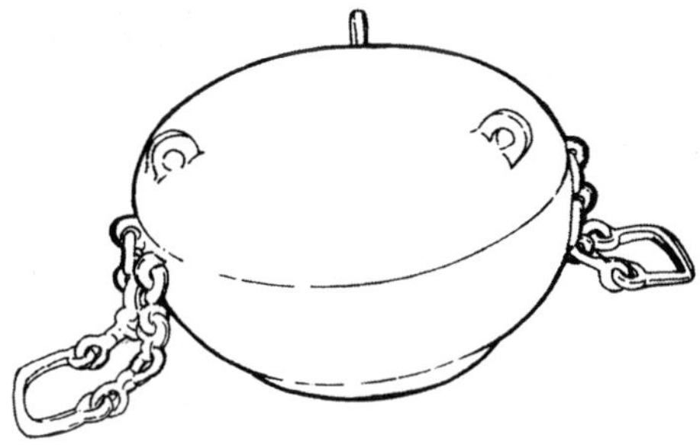

3. 东周七期　安徽蚌埠出土

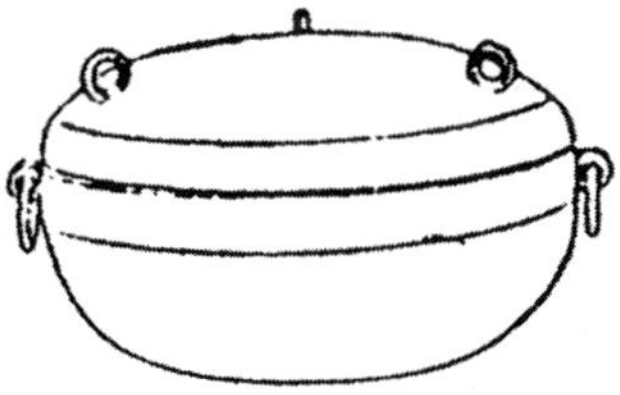

4. 东周六期　信阳长台关 M_1 出土

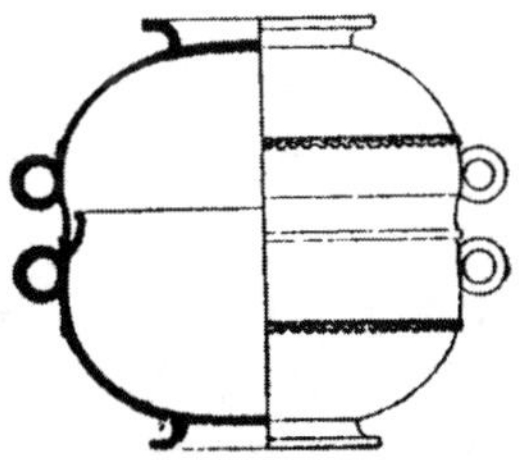

5. 战国中期　山西长治 M_{26} 出土

图一四　盒

五、其他食器

食器中还有若干器型比较少见，有的一时难以定名。大体有以下几种：

（1）下寺 M_3 出土的兽足盒形器[①]，器身为圆角长方型扁平体，与簠体相近，或可名兽足簠形器。通体有纹饰，颇为精致（图一五，1）。

（2）战国时期楚墓已出土了几件有盖、斜直腹壁、下有三小足的器物，有认为似奁而名奁尊者[②]，或认为其形与汉代有自名的温酒樽相同，而视为酒器，称之为尊或樽者[③]。江陵望山 M_2 和荆门包山 M_2 所出此类器有精美的纹饰[④]（图一五，2），包山 M_2 的 2 件，出土时器内存有兽骨，知为盛食器，不应视为酒器，似不宜再称之为尊或樽。可据形态特点定名为直腹三足器。望山 M_2 和包山 M_2 出土的竹简遣策中应有此器之名，待考定（也暂可按已流行的称呼简称为樽）。

（3）在曾侯乙墓内和叶县旧县 M_1 内各出土了一件下有三足盘上立盘形鼎和高足鼎的器（图一五，3）。前器与江西靖安出土的一件自名“炉盘”相似[⑤]，也定名为炉盘，后者简报定名为带盘小鼎[⑥]。现在看来，其定名仍可再议。诚然，曾侯乙墓的炉盘与江西之炉盘有相似之处，但仍有差异，且二器用途不同，曾侯乙墓此器出土时上盘形器内有鱼骨，知为煎煮鱼肉之器，属食器。而江西的则为取暖用的燎炉。功用不同，且形态也有差异，似不宜使用同一名称。曾侯乙墓的与叶县旧县的这两

---

① 河南省文物研究所，河南丹江库区考古发掘队，淅川县博物馆．淅川下寺春秋楚墓［M］．北京：文物出版社，1991．该书定此名。

② 湖北省文化局文物工作队．湖北江陵三座楚墓出土大批珍贵文物［J］．文物，1966（5）．

③ 称尊者见史树青．我国古代金错工艺［J］．文物，1973（6）；称樽者见中国美术全集·工艺美术篇·青铜器［M］．北京：文物出版社，1986.《青铜器》一书，也视为酒器，定名樽。

④ 包山 M_2 此器纹饰与江陵望山 M_2 相似，都为一些变形云龙纹。

⑤ 江西省历史博物馆，靖安县文化馆．江西靖安出土春秋徐国铜器［J］．文物，1980（8）．

⑥ 河南省文物研究所，平顶山市文物管理委员会，叶县文化馆．河南省叶县旧县 1 号墓的清理［J］．华夏考古，1988（3）．

件的结构基本相同，都是下有三足盘，曾侯乙的上有三足盘形器，也可称三足盘形鼎。这样，曾侯乙墓和叶县旧县 M_1 的 2 件器都可以说由上鼎下盘组成，以形态学特征定名，可称之为盘鼎。西周时期也出土过上鼎下盘之器，自名灾鼎。曾侯乙墓、叶县 M_1 的这种带盘鼎似乎也可称之为灾鼎。①

（4）曾侯乙墓内还出了 10 件内有小匕的鼎形器（图一五，4），也有称之为敦的，但楚敦为上下合体，且有环耳，故不宜称敦。径称为鼎也不适宜，只能以鼎形器名之，为食器类中较为特殊器形之一。当阳楚墓出土过类似而足短的陶鼎形器，也许有渊源。

（5）信阳楚墓内出土了 2 件鼓腹豆形器，在江陵望山楚墓和淮阳楚墓内出有陶质的此型器，证亦为楚系食器的一种。

（6）楚系铜俎少见，仅下寺楚墓和楚幽王墓内出有铜俎，以下寺楚墓所出为精（图一五，6）。战国时期一些中期楚墓内出土不少木俎。如曾侯乙墓、望山楚墓内均出有木俎。可知大多以木俎代铜俎随葬，这当是楚系铜俎少见的原因。

（7）寿县楚王墓内出土有自名“飤镐”之器，应为食器。器体较大，直口，深腹，圜底近平（图一五，5）。这类器仅见于幽王墓，无对比材料，尚难以究其内蕴。

（8）匕，用以挹取牲肉与饭食②，常作为鼎和鬲的附件。曾侯乙墓之匕最大的一件出土时放在两件镬鼎上，全长达 1.58 米，通体铸双钩蟠螭纹，大概是目前所见最长的一件匕。另一件置于鬲内，柄后段有镂空花纹，柄两边沿处镶嵌绿松石，是为最精美的一件（图一五，8）。江陵马山 M_1 出土的一件也颇精。这也反映了楚人对取食之具的重视与爱好；东周六、七期的铲形匕较多见，均素朴。

① 见《中国青铜器》一书，上鼎的底部中间有一圆柱立于下盘上，与曾侯乙墓、叶县旧县的形态有异。从这点考虑，还是叫盘鼎为宜。

② 匕有二型，其中一为锅铲形，过去有的误称为勺，《殷周青铜器通论》把幽王墓出土的这种匕误称为斗。据铭文与竹简记载，仍应称之为匕。

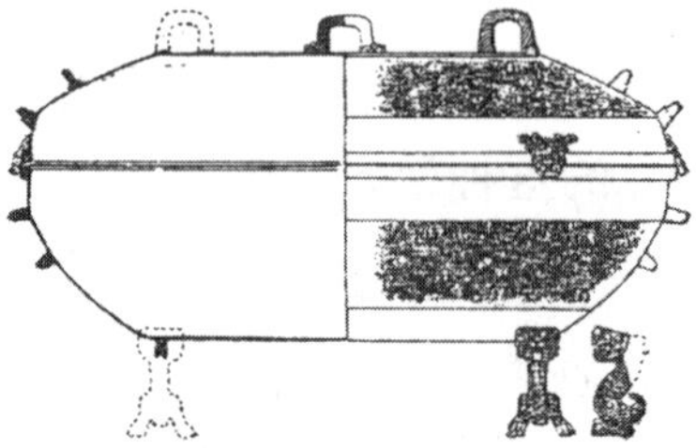

1. 兽足簠形器　淅川下寺 M_3 出土

2. 直腹三足器　江陵望山 M_2 出土

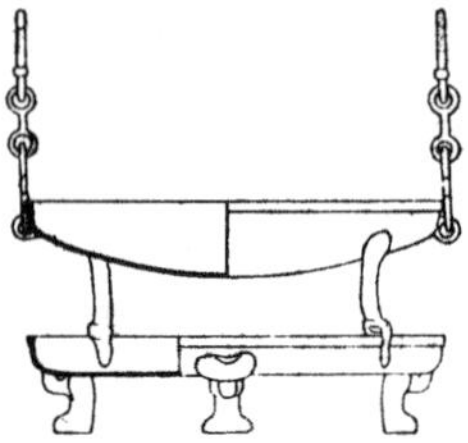

3. 盘鼎　曾侯乙墓出土

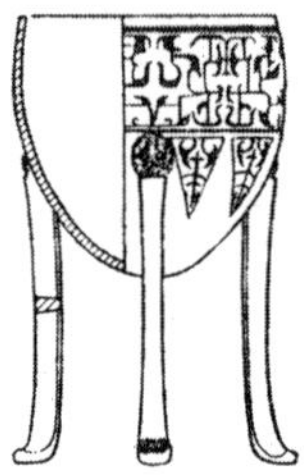

4. 鼎形器　曾侯乙墓出土

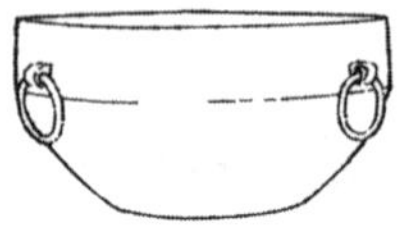

5. 镐　楚幽王墓出土

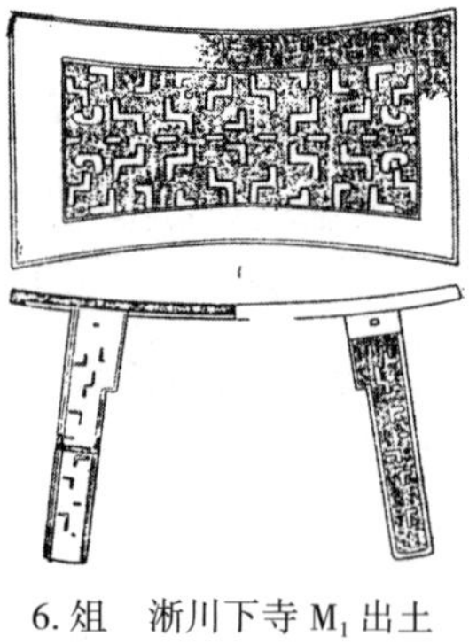

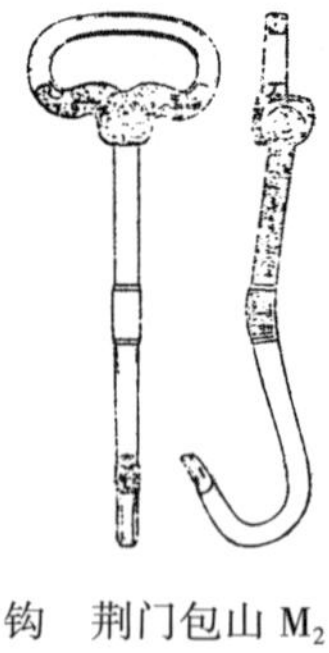

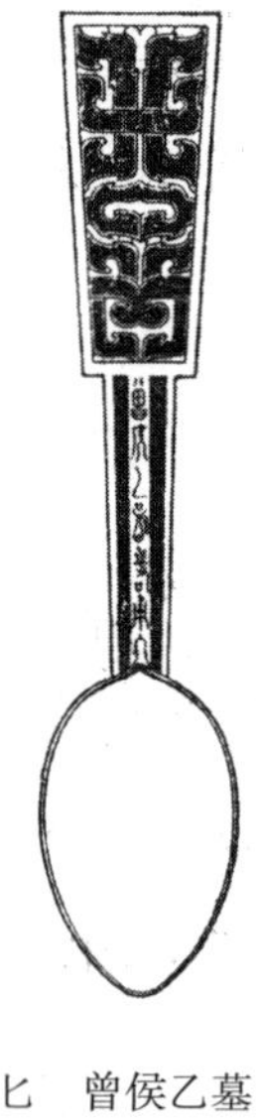

6. 俎　淅川下寺 M_1 出土　7. 鼎钩　荆门包山 M_2 出土　8. 匕　曾侯乙墓出土

图一五　其他食器

（9）鼎钩，这是钩鼎耳的用器[①]，曾侯乙墓出土了14件，镬鼎上的鼎钩出土时仍保持原状，置于鼎耳上或挂于鼎口沿上。另10件规整地放在五件盖顶上。形制相同，由提手和鼎钩两部分组成。其相接处为管形，套接后用铜栓钉连通，形成可以活动的旋钮，颇具技巧。钩端似鹅首状。饰阴线云纹，并有曾侯乙铭文。随州擂鼓墩M_2的6件鼎钩较简朴。荆门包山M_2出土的4件，提环与钩相接处的结构和曾侯乙墓的相同，但表面纹饰不同，为一兽面形，杆上饰三角纹，涡纹（图一五，7）。鼎钩还只发现于以上几座战国时期大贵族墓内，亦表明其使用有等级限制，只有这类大墓的鼎较大，才有必要配制如此精巧的鼎钩。

第二节　酒器

楚青铜酒器类有：壶、尊缶、鉴缶、盘尊、盉以及承方壶之禁，滤酒器、舀酒之勺等。

一、壶

分方壶、圆壶两类：

（一）方壶

这类壶的特征为长方口，长颈，圆鼓腹，颈腹间有明显的折棱，腹部有4个宽十字形凸带，将腹部分成8个纹饰区。2个长S形的龙耳。器形、纹饰随时代的变化而又稍有不同。

东周第一期的方壶已发现两件，1件出土于宜城楚皇城遗址内[②]。盖已失，腹部饰粗犷的单体卷龙纹，圈足饰垂鳞纹，高53厘米（图一六，1）。这是楚系方壶中年代最早的一件，另1件为枝江百里洲所

---

① 鼎钩，或可名鋊，《说文·金部》："鋊，可以勾鼎耳及鑪炭；从金、谷声，一曰铜屑，读若浴。"

② 楚皇城考古发掘队．湖北宜城楚皇城勘查简报［J］．考古，1980（2）．

出，形态稍异。① 第二期尚未发现。第三期有淅川下寺 M_1 出土的两件方壶，与一期方壶比较，颈部显得瘦长，下腹部鼓出较甚，有透空花纹的壶盖，两龙形耳衔环，圈足下有两龙蹲伏承托壶体；颈部和上腹有蕉叶形蟠虺纹，网状窃曲纹，龙耳、龙足的身躯均作透空虺形饰，两件大小相同，高 79 厘米（图一六，2）。这两件方壶高大而精美，纹饰变一期的古朴作风为精细繁缛，加上耳、足的龙形动物，虎虎有生气，为楚系方壶的代表作。下寺 M_2 内也有方壶，但因被盗扰，仅存一盖冠，有置方壶的禁（后详），由禁的精巧推测，也许此墓的方壶比 M_1 的还要高大、美观。

第四期有蔡昭侯墓的方壶两件，大小与下寺 M_1 的相同，花纹亦同，不同处在盖作莲瓣状，圈足下的四角各蹲一兽，看来，应为仿下寺之方壶而因时代不同有所变异。其龙耳、兽足不及下寺的生动、雄劲。两件大小相同，高 80 厘米（图一六，3）。

第五期在曾侯乙墓内出土了两件仿方壶形制的圆壶，不同处在于：盖为圆拱盖，顶端有衔环的蛇形钮，周边套一盖罩。颈部龙形耳上又饰小龙（龙头上装饰两条小龙，龙耳尾上附一小龙），圈足下无伏龙或蹲兽，出土时置于长方形的禁座上，器身饰细密的蟠螭纹，两件同大，比下寺 M_1 的和蔡昭侯墓的稍高，通高 99 厘米（图一六，4）。

第六期有随州擂鼓墩 M_2 的方壶，比较简朴（图一六，5）。传说出自寿县的曾姬无邮壶两件，据铭文考证为楚宣王廿六年即公元前 344 年之器，此二器现在台湾。② 据图像知其亦有一些时代特点，如盖部为盝顶状，上置 4 个 S 形钮，圈座下亦无伏龙或蹲兽，纹饰则为下寺 M_1 纹饰的遗制，通高 78.7 厘米（图一六，6）。这是战国时期年代最晚而仍保留楚器特色的一对方壶，弥足珍贵。

此期的仿铜方壶的陶方壶也有相当精美者，如江陵望山 M_1 的就是

---

① 湖北省博物馆．湖北枝江百里洲发现春秋铜器［J］．文物，1972（3）．分期图。

② 见台湾“故宫博物院”的《商周青铜酒器特展图录》。器铭考释与年代考订请参阅本书第六章和《楚系金文汇编》（2023 年版）。

陶方壶中的尤美者。

第七期再未见这种方壶，当已让位于新兴的与之形似的钫，但钫已无华丽的装饰，远不如楚方壶之精美。钫以后流行于汉代。

以上所述楚方壶，器形高雅，装饰华美，尤以下寺 M_1 的方壶为其中之佼佼者，两耳的龙似欲驾壶而起，足上的两龙似欲负托壶体升空，给人以动态的美感。与楚方壶形态相近的有：新郑郑伯大墓、太原金胜村、陕县后川 M_{2040} 等三墓所出，但一则时代晚于下寺方壶，二则器形、纹饰都与下寺有一定的差异。足下有二伏龙的方壶仅见于下寺与郑伯大墓，后者较之下寺稍为逊色。[①] 下寺 M_2 的方壶惜已佚失，否则当比 M_1 的更胜一筹。方壶的龙耳、龙足之精劲以楚为最。

楚方壶与其他文化区方壶的精粗之分，还可作点对比。如与下寺 M_1 年代相近而略晚的山西晋区方壶，腹部无十字形凸带，盖作莲瓣状，饰一种细蟠虺纹（图一六，7），器形较小，形体简朴，纹饰单调，比之同期楚方壶，大为逊色。与下寺 M_1 年代相近也略晚的秦区方壶，颈粗，下腹稍鼓，饰秦器特有的螭联纹（图一六，8），器形更小，只及下寺 M_1 所出之方壶的三分之一高，也与楚方壶大异其趣。楚方壶不失为东周方壶的佼佼者。

（二）圆壶

楚式圆壶指流行于第五至七期的两个类型——有铺首的短颈深腹型和有提链的长颈鼓腹型。

1. 铺首壶

先说第一类型——铺首壶，腹部有的光素，有的饰凹弦纹，都有铺首衔环。试举五至七期的壶形各一略作分析（图一七，1—5），形态早晚变化为：腹部最大经由中腹渐移至上腹，圈足也不断增高。腹部有凹弦纹者最早出现于六期，有的壶腹有几何云纹（图一七，4）。

---

① 郑伯大墓年代及与楚的关系请参阅第八章。

这种铺首壶也流行于中原地区，形制、纹饰有明显的差异，中原地区的有的镶嵌动物纹，而楚地罕见[①]；有的盖作莲瓣形，其上有立鸟[②]，这在楚壶上尚未见到。楚壶多几何云纹，如包山 M_2 的罍形圆壶上和幽王墓的圆壶上有如流云般的卷舒自如的几何云纹（图一七，3）。还有一点值得注意的是，楚壶弦纹多呈内凹状，而中原地区则多凸起于壶表（图一七，6），这也反映了南北风格的差异。

2. 提链壶

圆壶的第二个类型为提链壶[③]，指有提链系于肩侧以便提携的圆壶。下寺 M_3 出土的为已知最早的一件，长颈，微鼓腹，平底下有三小兽足支撑，壶顶饰浮雕盘龙，壶身有四组蟠虺纹和一周三角云纹，实用、美观（图一八，1）。第四期的尚未发现。第五期曾侯乙墓的提链壶 2 件，壶身瘦长，腹部外鼓且又缀以四个凸于器表的圆涡纹乳突；耳为龙形耳，提梁两端也为龙形；盖、颈、腹部镶嵌的龙凤勾连纹、几何云纹饰均富艺术美（图一八，2）。

第六、七期提链壶较多，较为美观的有：江陵雨台山 M_{480}、江陵马山 M_1、长沙烈士公园 M_3 等墓所出。其共同特征也是瘦长形，颈部细长，下腹有三个鼻钮，饰规整而纤细的几何形云雷纹（图一八，3—5）。这些同样是楚提链壶中的佼佼者。

中原地区的提链壶，与楚系的有一定的区别，如壶形不及楚的瘦长，颈部较粗而短；尚未发现有如曾侯乙提链壶那样结构复杂与美观的提链及纹饰，如与曾侯乙墓年代同属战国早期的汲县山彪镇 M_1 的即为一例（图一八，6），二者差异至为明显。[④]

---

① 湖北襄阳蔡坡 M_4 有镶嵌动物纹壶，笔者在湘乡县博物馆也见到一件。比中原地区少得多。

② 郭宝钧．山彪镇与琉璃阁［M］．北京：科学出版社，1959：15.

③ 也有称为提梁壶的，然楚系之提梁较复杂，多由若干节交捩钮相互套接构成一条锁链式的提梁，故以称提链壶为宜，中原地区类似的壶有自名“汲壶”者，为水器，楚系提链壶有的或许可兼作水器。存以待考。

④ 这种差异可参阅《两周时期铜壶的形态学研究》一文。

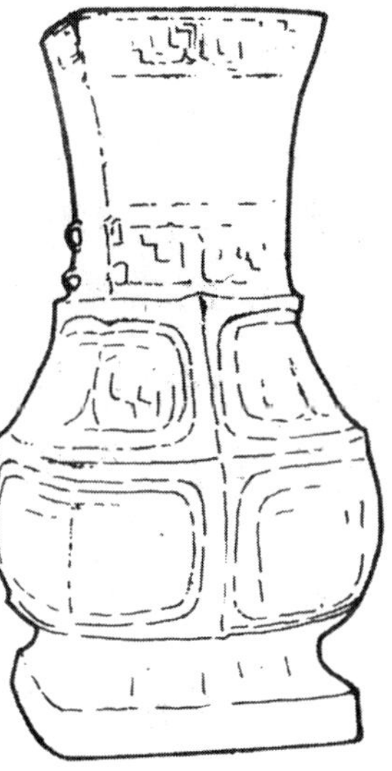

1. 东周一期　宜城楚皇城出土

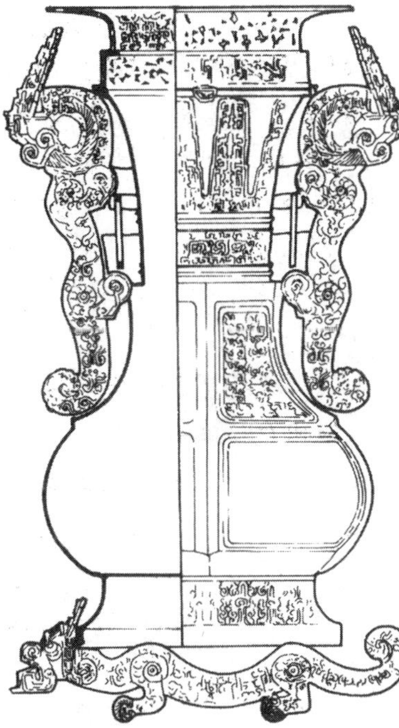

2. 东周三期　淅川下寺 M_1 出土

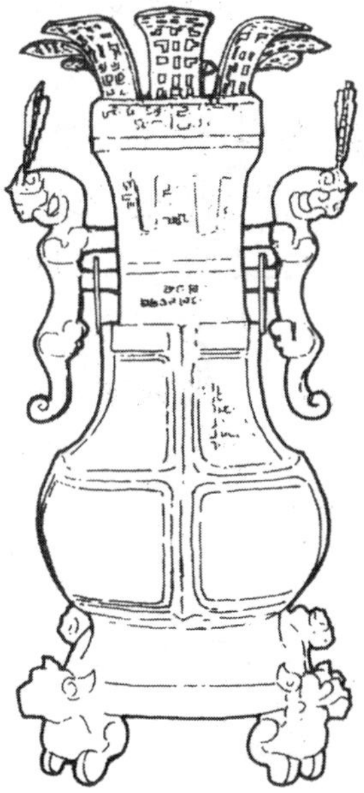

3. 东周四期　蔡侯申墓出土

4. 东周五期　曾侯乙墓出土（附禁）

图一六　方壶

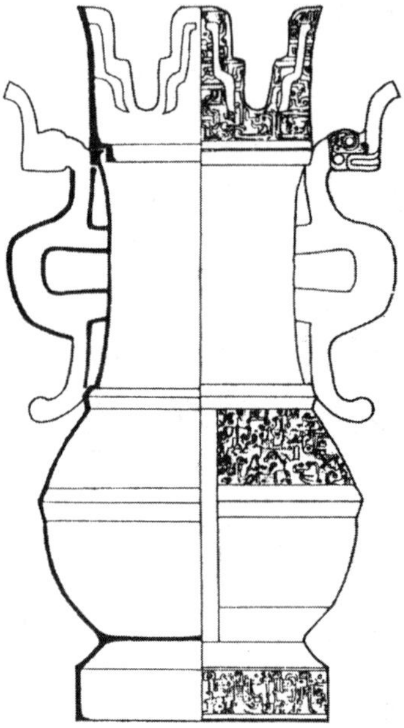

5. 东周六期　擂鼓墩 M_2 出土

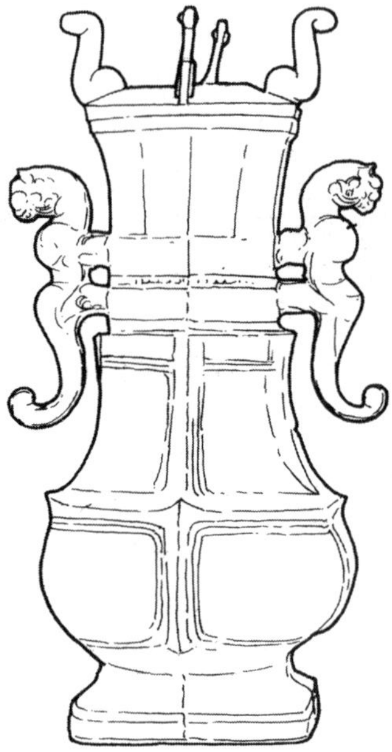

6. 东周六期　曾姬无卹壶

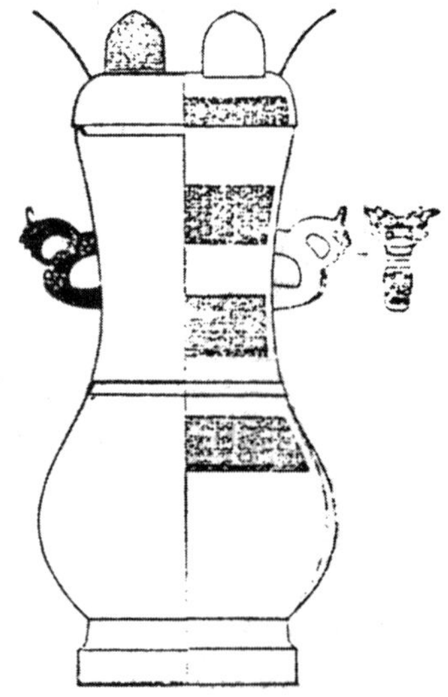

7. 春秋中晚期　山西长治 M_{269} 出土

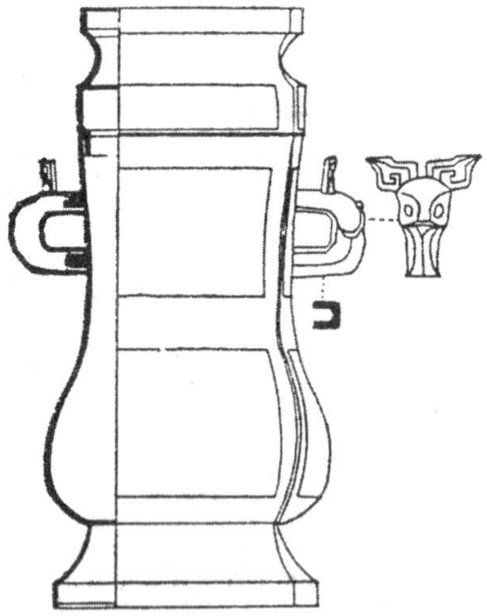

8. 春秋中晚期　陕西宝鸡秦家沟 M_1 出土

图一六　方壶

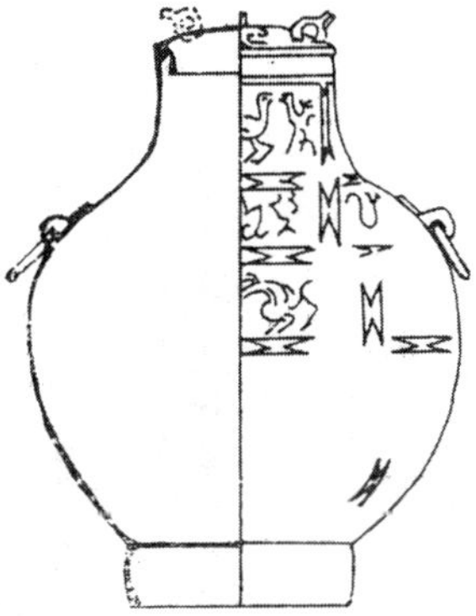

1. 东周五期　襄阳蔡坡 M_4 出土

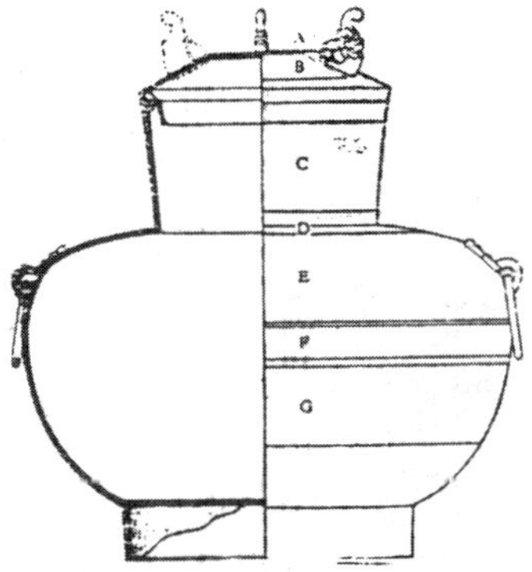

2. 东周六期　荆门包山 M_2 出土

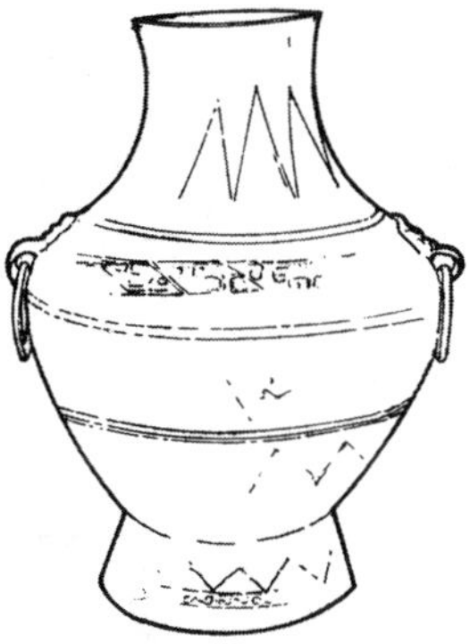

3. 东周七期　楚幽王墓出土

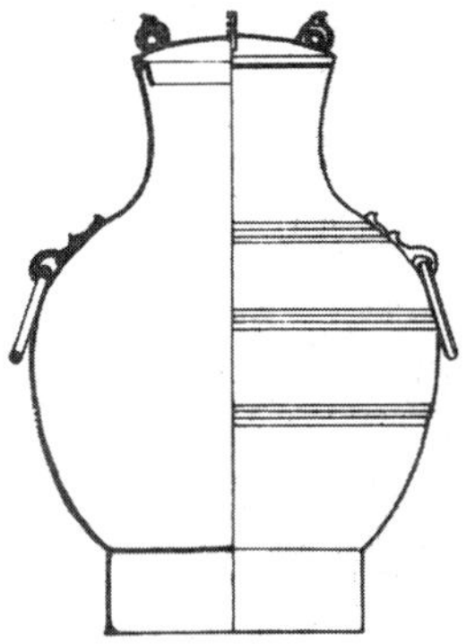

4. 东周六期　随州擂鼓墩 M_2 出土

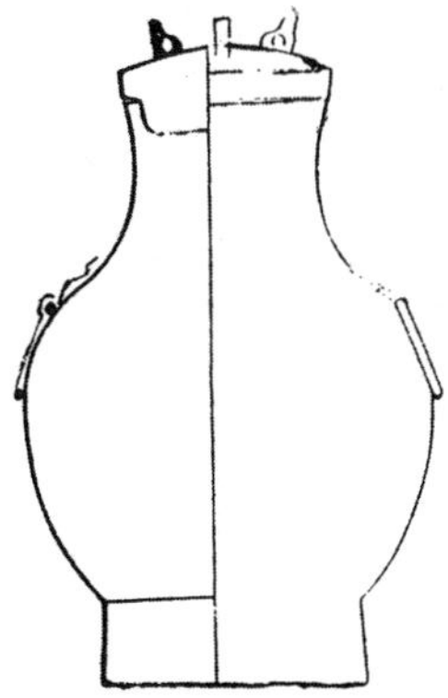

5. 东周六期　江陵望山 M_2 出土

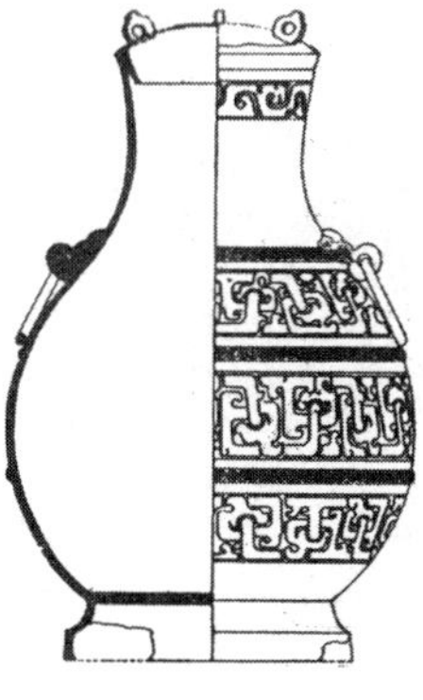

6. 战国中期　山西长治 M_{25} 出土

图一七　铺首壶

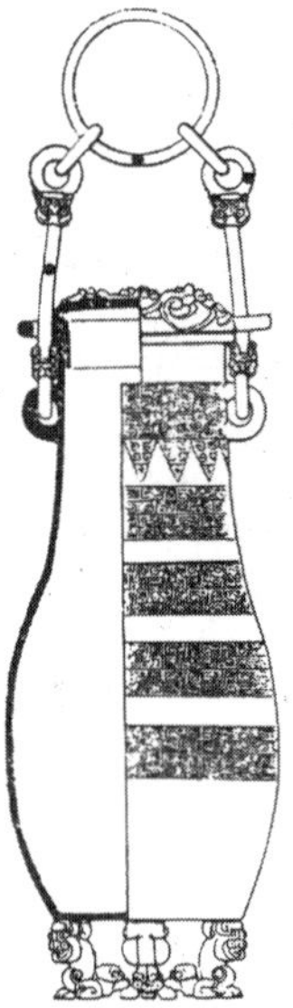

1. 东周三期　淅川下寺 M_3 出土

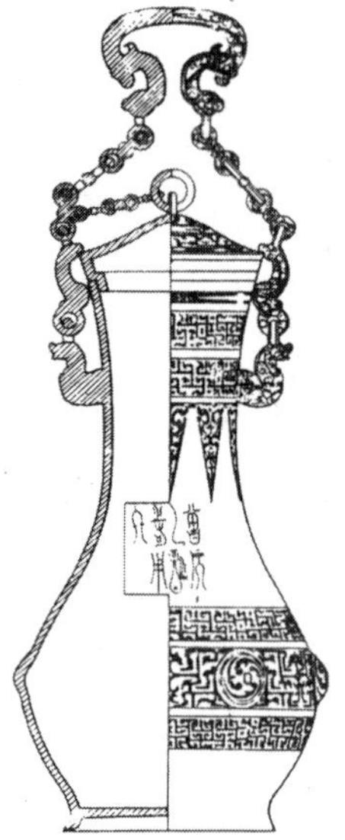

2. 东周五期　曾侯乙墓出土

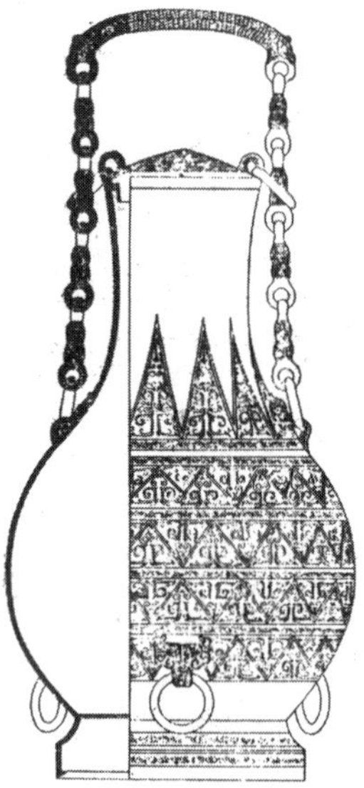

3. 东周六期　江陵雨台山 M_{480} 出土

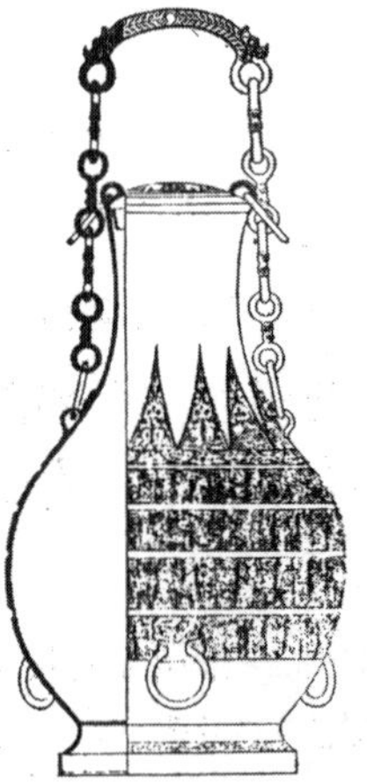

4. 东周六期　江陵马山 M_1 出土

5. 东周六期　湖南长沙烈士公园 M_3 出土

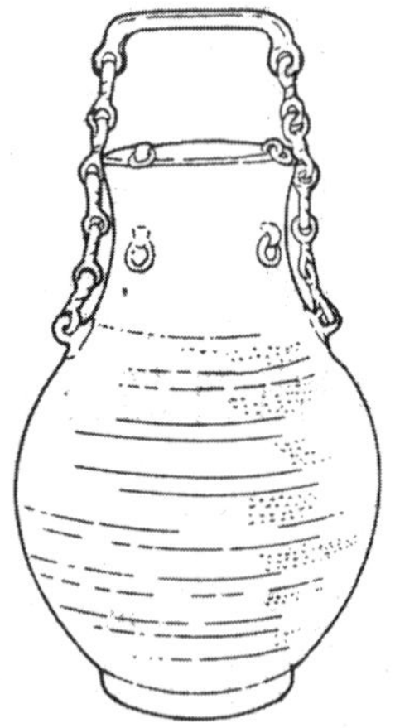

6. 战国中期　河南汲县山彪镇 M_1 出土

图一八　提链壶

二、尊缶类

这是楚系酒器中较有特色的一类。《说文》："缶……盛酒浆。"器名前加一"尊"字，此器有酒器名、尊贵状等几种含义，此器名中之尊字当另有含义。《说文通训定声》尊与峻同部。峻，高也，此乃形容缶之高者。酒器类的缶确比水器类的缶高。连称为尊缶，则出自楚器铭文。①楚人之所以连称为尊缶，也许是为了区别于水器缶的缘故吧！

尊缶分为圆尊缶与方尊缶两类，腹部都有对称的四个环钮（或四个分散对称，或两个并拢，与另两个对称），这是它与壶类器显著不同的标志之一。

现知最早的圆尊缶出于第三期下寺 M_1、M_2、M_3 内，各 2 件，共 6 件，铭文表明都是郑子倗之器，自名障（尊）缶。②形态上的共同点是：腹部都有对称的两副链环耳（每副连于腹部 2 个并列的环钮上，这样，腹部为 4 个环钮），每个链环的两根链杆顶端各有一兽首（龙首）衔一小环；一端套连于腹部的两个环钮内，另一端套连于一个较大的环形握手之中（图一九，1、2）。这种提链在结构上颇具匠心，也反映出楚人青铜器制作上的高超技艺。下寺 M_2 的 2 件比下寺 M_1 和 M_3 的高大；盖周边并增饰三个环钮，盖沿有三个兽面衔卡，起密合器身口沿的作用，而下寺 M_1、M_3 的盖周边既无三环钮，也无三衔卡。它们的纹饰也有差别，M_2 的器身，通体满花，从颈部以下共有 8 道（以弦纹界格）蟠虺纹，颈腹间、下腹与圈足间并有垂叶形蟠虺纹（图一九，1）。下寺 M_3 的尊缶也是通体满花，但无垂叶纹而有镶嵌红铜云纹。下寺 M_1 的仅腹中部有一周双钩龙纹（图一九，2）。显然，这三个墓的尊缶虽为一人之器，但并不铸于同一时间。下寺 M_2 墓主为郑子倗，M_1、M_3 为其妻妾之

① 铭文称尊缶，见于下寺楚墓和蔡昭侯墓，战国时期楚墓遣策则称之为迅缶，详见第六章。

② 河南省文物研究所，河南丹江库区考古发掘队，淅川县博物馆．淅川下寺春秋楚墓［M］．北京：文物出版社，1991．

墓，M_2 所出尊缶最大且精，为他本人享用之器，正与其身份相同。其他二墓的尊缶应是郑子倗铸作供其妻妾使用，比他自用之器略为逊色，这也是情理中事。

晚至第四期的下寺 M_{10}、M_{11} 和蔡昭侯墓出土的尊缶，器形有所变化，器颈部稍微内束，颈腹间界线分明，还有一个显著的差别是腹部并列的两对环钮变为对称的四个环钮（图一九，3、4）。这显然是由下寺 M_1—M_3，那种由两环钮组成的两个链环耳演变而来，即每个链环耳的两个环钮间距拉开，就可变成对称的四环，并取消了铜链环。这种形态从此期起一直延续到战国时期，成为普遍流行的定式，如第六期江陵望山 M_2、第七期幽王墓的尊缶均如此（图一九，6、8）。当然，也有个别的变异式，如第六期擂鼓墩 M_2 的两件（图一九，7），其器身作瘦长形，尤以颈部显得修长，但腹部四环钮则表明仍属尊缶类。至于第五期的曾侯乙墓大尊缶，器身颈腹界线不分明，颇与下寺 M_1—M_3 的相似，有论者将其与下寺 M_1—M_3 的尊缶归为一个型式①，但其腹部为四环钮，而非链环耳，故仍应属于第四期以后的流行型式。

曾侯乙墓的两件大尊缶还有必要再着重介绍一下。这两件尊缶特别高大，两件高度相近，通高 1.25 米和 1.26 米（图一九，5）。重量稍有差别，一件重 327.5 千克，另一件重 292 千克，这是我国先秦酒器中最大、最重的两件，可谓“酒器之王”。它出土于该墓的北室，此室为兵器库，出土时即有人风趣地说，这大概是曾国国君为鼓励将士出征或犒劳胜利归来的将士而设置的大容量酒器，其所盛的酒量当可足够慰劳他的一支大军。至于它通体的花纹及铸造技巧，报告已有详述，就不再复述了。

楚系尊缶使用规格较高，目前只出土于大夫以上等级的贵族墓内，大夫以下的墓内则往往有仿铜的陶尊缶，等级界线相当分明。

---

① 高崇文．两周时期铜壶的形态学研究［M］// 考古类型学的理论与实践．北京：文物出版社，1989.

自名“尊缶”者目前只见于楚系铜器，其器形在楚系墓葬内出土最多，应为典型楚器。中原地区及其他文化区也有与楚类似的尊缶，但多少有些变异。传世的䜌书缶①，器形与楚系第四期以后的尊缶几乎如出一范，并且有美观的错金铭文（图一九，9）。关于䜌书缶的器主与年代过去几乎一致认为乃指晋栾书，年代不晚于公元前573年，相当于春秋中期。《文物》1990年12期刊发有关此缶的两篇论文②，详细论证其年代应晚于春秋中期，与笔者的想法不谋而合。这两篇论文的看法并不完全相同，第一篇论文定其年代不应早到春秋中期，可信。但说此器是晋栾书的后人在楚地制造的楚国器，恐难使人信服。第二篇论文定为晋器，推测乃晋栾盈之器，年代为公元前551—前550年，则可商；此一年代与下寺 M_1—M_3 的年代近同，而下寺 M_1—M_3 的器形与此器不类。此尊缶从形制上看，显然应晚于下寺 M_1—M_3 的尊缶的年代，应定为春秋晚期或战国早期为宜。从形态学特征看，应属于楚系尊缶范畴，对此，前举两文已作了论证，请读者参阅。（又可参阅刘彬徽《论东周青铜缶》，载《考古》1994年第10期）

尊缶可以单独使用，也可以与鉴一起组成一套酒器，下详。方尊缶就已见材料，似主要与方鉴组成一套器物，仅随州擂鼓墩 M_2 的为单独出土，比较简朴，也许原来也是与鉴配套使用的。

楚式尊缶在秦始皇陵出土过1件，上有记量铭文，可知为秦器③，是现知最晚的1件，大概此后便绝迹了。

① 容庚．殷周青铜器通论［M］．北京：文物出版社，1984：95．此书所释“栾”字，其铭文原篆作“䜌”，据新出土文献，已有学者认为，此器铭文中的“䜌书”与史籍中的晋人“栾书”无涉。引自《古文字研究》第30辑第379页，中华书局2014年版。此器铭文考释及年代请参阅《楚系金文汇编》（2023年版）。

② 瓯燕．栾书缶质疑［J］．文物，1990（12）．王冠英．栾书缶应称名为栾盈缶［J］．文物，1990（12）．

③ 称丽山园缶，见《中国美术全集·工艺美术编·青铜器》，此缶或为秦仿造，或为秦在楚尊缶上加刻铭文。

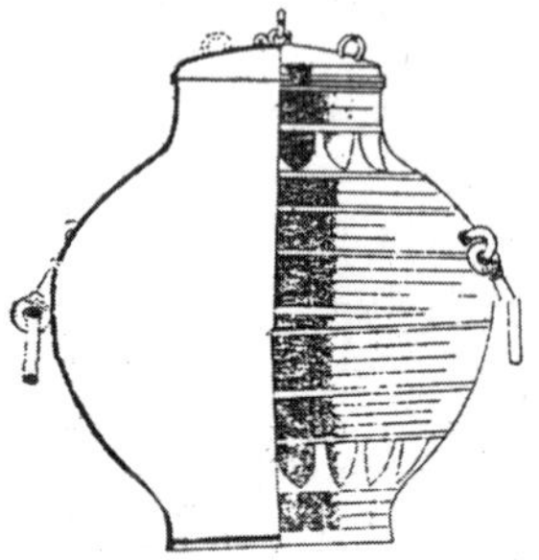

1. 东周三期 淅川下寺 M_2 出土

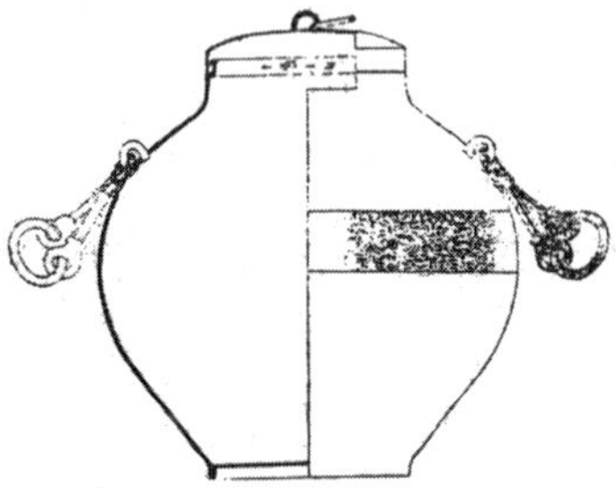

2. 东周三期 淅川下寺 M_1 出土

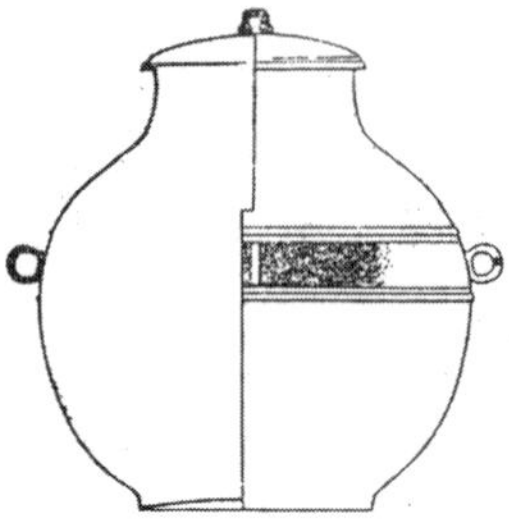

3. 东周四期 淅川下寺 M_{10} 出土

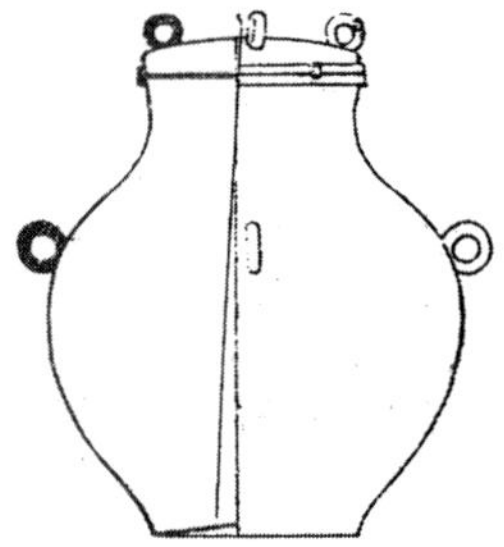

4. 东周四期 淅川下寺 M_{11} 出土

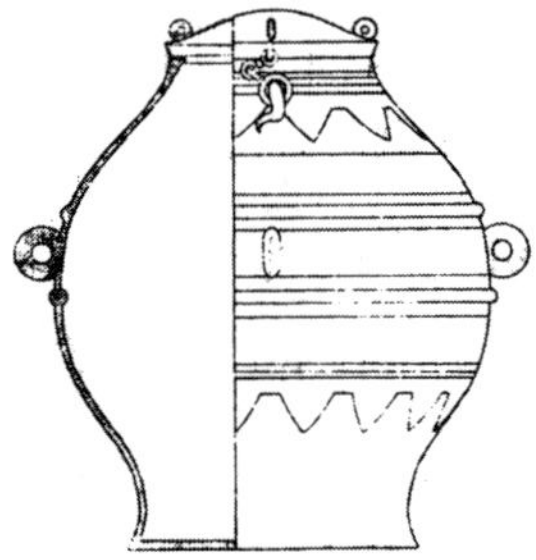

5. 东周五期 曾侯乙墓出土

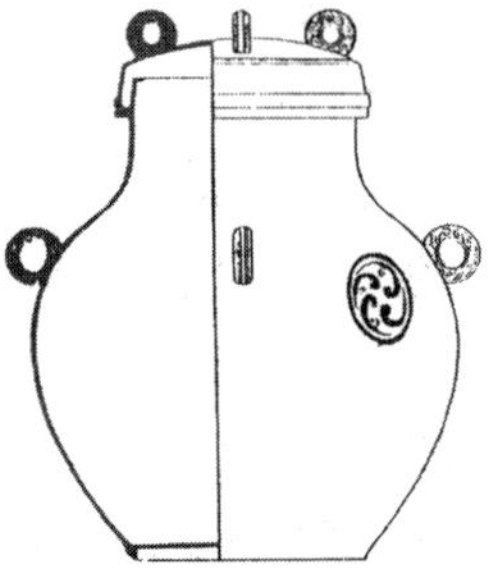

6. 东周六期 江陵望山 M_2 出土

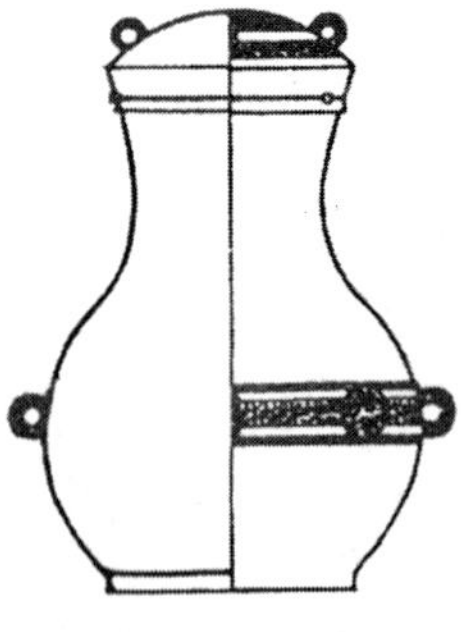

7. 东周六期 随州擂鼓墩 M_2 出土

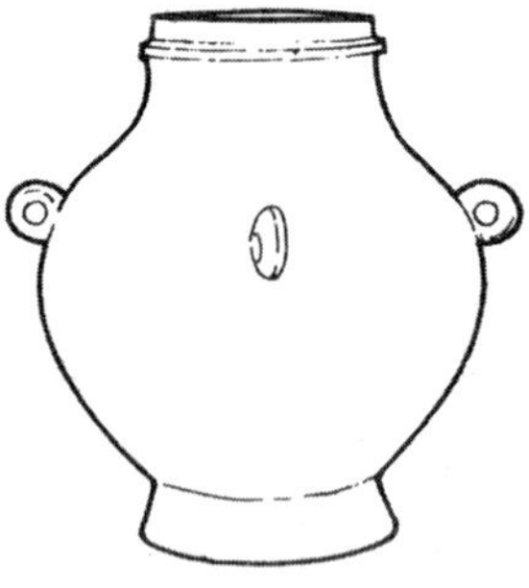

8. 东周七期 楚幽王墓出土

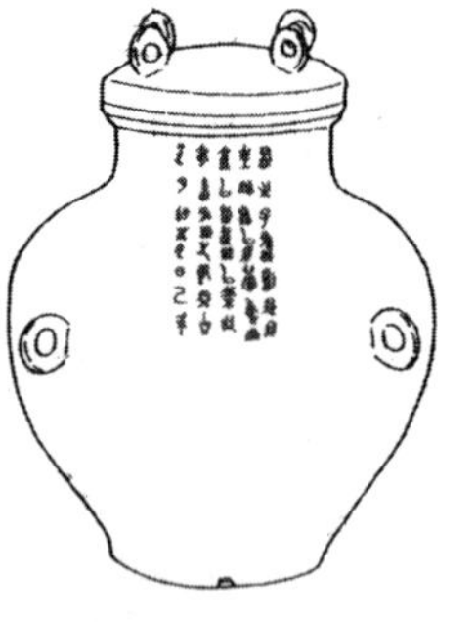

9. 春秋晚期 传世器

图一九 尊缶

三、鉴缶

这类器由盛酒器尊缶与鉴组成，也分圆、方两种，在楚系器中，现只发现于蔡侯申墓和曾侯乙墓内，并且首先由于在曾侯乙墓内出土了这套保存原貌的方鉴缶，才得以推断蔡侯申墓内也有此类器。按年代早晚，先从蔡侯申墓所出述说。

蔡侯申墓内出土圆、方尊缶各两件，圆、方鉴也是各两件，报道时分开置于酒器类与水器类。①

圆鉴缶，由圆尊缶与圆鉴组成。其实，圆尊缶出土时就置于圆鉴中，由于当时不知道有这种套合的鉴缶，于是出土后变成了不相干的两类器物了。鉴腹壁内有四环钮，正好可用物与圆尊缶上四环套连，以使尊缶固定于圆鉴内。尊缶铭文为“蔡侯申之隮缶”。鉴铭文字数较多，乃吴王光嫁女于蔡的媵器。

蔡侯申方鉴缶，由方尊缶与方鉴组成。出土时方尊缶放在方鉴内，腹内壁亦有四环钮可与方尊缶腹的四环相连。方尊缶与方鉴均为蔡侯申作器，唯方鉴器名最后一字笔画不清，似可隶定作“䀇”②。此方鉴嵌错红铜龙纹，颇为美观（图二〇 A）。圆、方尊缶也有错红铜花纹，而吴王光圆鉴则为铸制的变形蟠螭纹。

曾侯乙墓无圆鉴缶，有两件大而精的方鉴缶（图二〇 B）。出土时异常完整地保存着。方尊缶置于方鉴正中，方鉴有镂孔花纹的盖，盖中间的方口正好套住方尊缶的颈部，鉴口每边正中和器角有曲尺形和方形附饰，鉴身的四面和四角，共有 8 个拱曲攀伏的龙形耳，龙耳尾部又有小龙缠绕，并有两朵五瓣小花立于尾上，鉴底有 4 只龙首兽身的足顶托，鉴身上满饰尖浮龙纹，由这些龙纹布满着器壁，多龙护托器身，成了一件有艺术风味的器物。至于方尊缶与方鉴的结合，其技巧更令观

① 安徽省文物管理委员会，安徽省博物馆．寿县蔡侯墓出土遗物［M］．北京：科学出版社，1956．又见《蔡铜研》一文。

② 新出金文分域简目［M］．北京：中华书局，1983：169．方鉴为何名“䀇”，待考。

者为之惊讶。我们先看鉴底部的结构，它有内外两层，外层呈圆饼形下凹，中有十字形凸梗，用以增加底托力量，内层为圆盘，恰好嵌入外层的下凹部位，这圆盘周边又有由鉴内壁底部伸出的三个小凸榫卡住并加焊固定。圆盘上有呈品字形分布的三个弯钩，正好可勾住方尊缶的圈足（圈足有三孔以纳弯钩），其中一个弯钩带有可以活动的倒钩，当弯钩套入方圈足钩孔后，倒钩即倒下扣紧圈足。这样，方尊缶便牢牢地固着在方鉴内了（图二〇 B，2、4）。可见这套鉴缶，设计奇巧，铸造精工，比之蔡侯申鉴缶又略胜一筹。

鉴缶中的尊缶，无疑是盛酒器。它们置于鉴内，鉴与尊缶间有较大的空隙，应为夏天盛放冰块，或冬天盛放热水之用。这样，在炎热的夏天可以喝到冰凉的美酒，而冬天又可喝到温热的甘醇。古代楚国的贵族们，在炎热的夏天，“挫糟冻饮，酎清凉些”（《楚辞·招魂》），享受着醇酒的清香美味，应就是用这种盛冰的鉴缶使之变得“清凉些”。此物出土时就被称为“冰鉴”[①]，并被誉之为我国古代的“冰箱”[②]。

战国中期以后，还不能确认有楚系铜鉴缶。在信阳楚墓内有陶方壶、陶方鉴，又有陶圆壶、陶圆鉴，也是分开报道。从其大小相宜看，原来也应是一套方鉴缶和一套圆鉴缶，为仿铜鉴缶的明器。

在中原地区也有鉴缶这类器物，如河南三门峡市区出土过方鉴与方罍，报道时分为二器。[③] 从二器的形制、纹饰看，应如楚鉴缶那样，配为一套。由此可见，鉴缶这类器当时已流行于楚与中原地区，只是发现得少或出土时被人为地分为二器罢了。但具体形态两个地区有异，风格不类，精美者以曾侯乙鉴缶为最。

---

① 古代专有凌人之职，负责在冬天储冰，到夏天使用。“祭祀共冰鉴”（《周礼·凌人》），夏天祭祀亦用此物。

② 刘彬徽．冰鉴——中国古代的“冰箱”［J］．镜报，1985（2）．

③ 中国古青铜器选［M］．北京：文物出版社，1976．

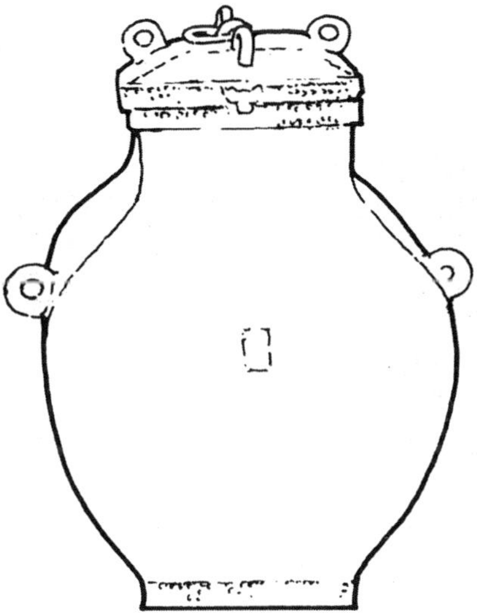

1. 方尊缶

2. 方鉴

图二〇 A　鉴缶

蔡侯申墓出土

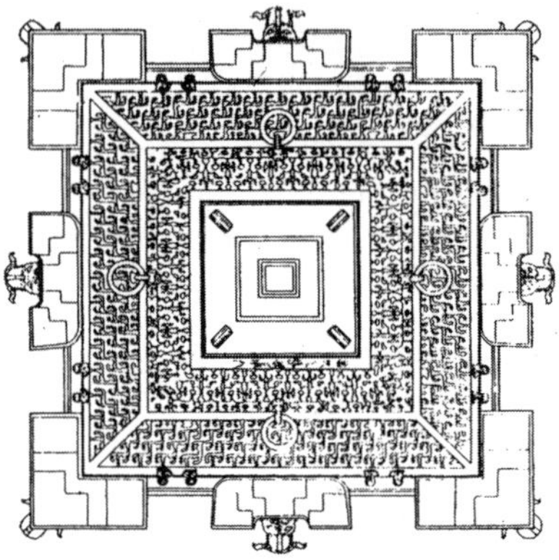

1. 鉴缶俯视

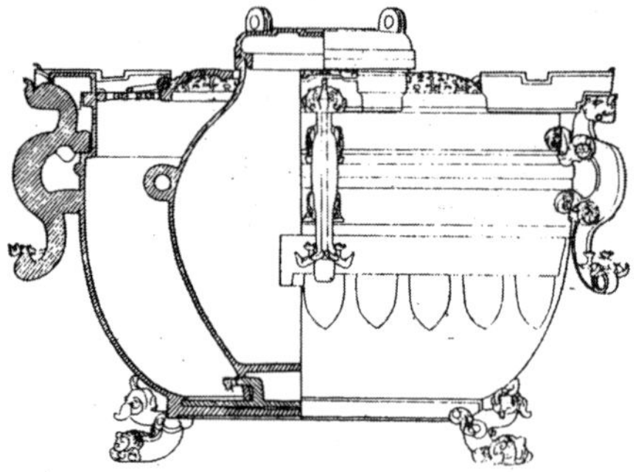

2. 鉴缶剖视

3. 鉴缶正视

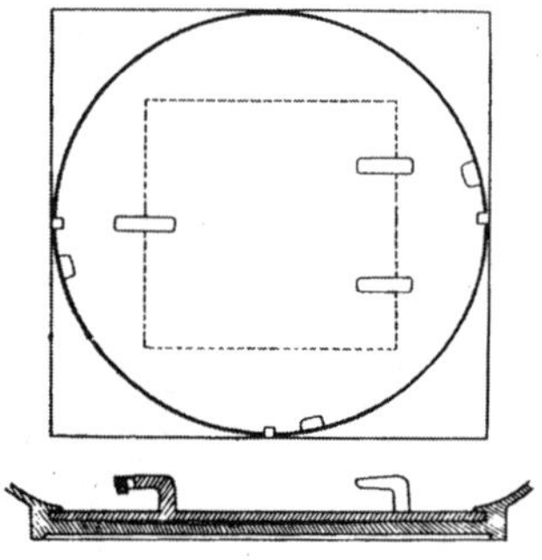

4. 方鉴底部结构

图二〇B　鉴缶
曾侯乙墓出土

四、盘尊

这类器如同鉴缶一样，也由两件器物组成，即盛酒尊和承尊的盘，可称盘尊[①]，曾侯乙墓尊盘出土时保持了尊置于盘中的原貌，使我们第一次见到这一新的器类。但它不像鉴缶那样有连接件将两件器物紧密套合，此尊底无任何部件与盘连接，如果出土时部位已乱，更容易被误之为二器。正因为有曾侯乙盘尊的出土，可推知蔡侯申墓内原来也是有盘尊的，并且不止一套。现仍按时代早晚，先谈蔡侯申墓的盘尊。

蔡侯申盘尊，共有三具：

第一具较大而精，盘和尊各有相同的铭文 92 字（仅器名一字不同，尊的字形也不清晰），此系墓主蔡昭侯元年（前 518）为大孟姬嫁于吴王而制（图二一 A，1、2）。

第二具较前器简朴，尊铭为大孟姬作隮□（器的自名），盘已残，未发现有铭。与第一具不是同时制作的。

第三具尊盘均比前二具小，有嵌红铜花纹，尊无铭而盘铭为“蔡侯申之隮盥”。“盥”字，李学勤先生已作了分析，论证即文献记载的舟[②]，并指出这类器为祭器，就是祼器。观其器形，尊形与流行于西周的有异，为扁腹尊，盘作为水器，春秋晚期已演变为下有三足或圜底近平，而这三具的盘则为圈足，与此期作为水器的盘型不同，确应为承尊的盘。如文献所云：“舟，尊下台，若今时承槃。”[③]若据文献之名，这类器应称“舟尊”，但我们还是取其通俗之意，仍称盘尊或尊盘为宜。文献又有“冰盘”之称[④]，也许在祭祀或宴享时，又可在盘内置冰，用

① 此类器为酒器，以盛酒的尊为主，故应称盘尊。但出土时已定名为尊盘，《曾侯乙墓》一书（发掘报告）仍沿用尊盘之称，特此说明。

② 李学勤．论擂鼓墩尊盘的性质［J］．江汉考古，1989（4）．该文已指出蔡侯申墓的盘尊分为三组。

③ 《周礼 · 司尊彝》引郑司农注。

④ 《周礼 · 凌人》：“大丧共夷槃冰。”《仪礼 · 士丧礼》：“士有冰用夷槃可也。”《礼记 · 丧大记》：“大夫设夷盘，造冰焉。”都记载了用盘盛冰，尊置于冰盘中，自可起冰酒之作用。

以凉酒，与鉴缶的作用相同。

曾侯乙墓出土的这具盘尊，是异常精美的宝物，被誉为我国先秦青铜器精品中的精品，“达到了这一类器物的极诣……叹为观止”[①]。它的尊体、盘体与蔡侯申墓的近似。它之所以引起人们惊叹，在于尊体、盘体上附加的构件、装饰，其繁缛精巧程度无与伦比，“独占鳌头”。因此，有必要稍微详加说明（图二一 B；图二一 C，1、2）。

先说尊，从上至下，尊口为繁复的多层结构。尊体口、颈之间的器壁有内外两层，内层为有规则的镂空网状结构，外层为一些分布不规则的铜梗相互勾连，与口沿上的繁缛花纹相连接。口沿上的繁缛花纹系由高低两层透空附饰组成，内外两圈，错落相间。每圈有 16 个花纹单元，每个单元由形态不一的四对变形虺组成。虺均各自独立，互不依附，每条虺的下端由弯曲不规则的小铜梗支撑。这些小铜梗立于口外层器壁之上。这样整个口沿和唇面形成了既极为复杂又错落有致，既玲珑剔透又脉络分明的立体花环艺术形象。

尊颈部较长，除器体上饰浅浮雕的变形蟠螭纹、蕉叶纹外，引人注目的是附装的四条立体圆雕的龙形耳饰，龙首向上反顾，口吐长舌，身躯中空，由镂空的变形虺纹、涡纹组成。龙足伏于颈壁之上，其尾部则与腹部装饰的龙首相连。腹部也是附装四条双身蟠龙，从正面看，龙首与双身似是连在一起，而实际上如上所说，其龙首与颈部龙耳上的龙尾相连，而与双身并不相连。圈足上除本体有蟠螭纹外，同样有四条曲张多姿的双身龙作装饰，龙首昂起，口吐长舌，双身的左右各蟠附两条蜷曲的小龙。细加统计，整个尊体上装饰有 28 条蟠龙和 32 条蟠螭。盘上的装饰风格和结构也同尊的一样，不再详述[②]，盘上的龙有 56 条，蟠螭 48 条，蟠龙蟠螭，都是龙。上述统计数字还不包括盘与尊口沿上那些细小的虺龙，如果把这些细小的虺龙也算在一起，其总数恐怕不下千条，这仅指立体或镂雕的龙，还不包括尊、盘体上平雕或浅浮雕的

① 李学勤. 东周与秦代文明［M］. 北京：文物出版社，1984.

② 可参看《曾侯乙墓》一书。

蟠螭纹，那已无法统计。这真正是龙的世界，龙的天下，在一具器物上有如此多的群龙簇拥，恐怕再难以找到第二件了。这种精巧的设计，奇巧的装饰，富丽的花纹，经专家鉴定为失蜡法铸造，叹为先秦失蜡法铸造最成功、最繁复的一件，技艺已达炉火纯青的程度，以致至今可以复制出与古音相同的编钟，而想要复制这具器物，却无人敢于承担。

自然，任何事物都有一个发展过程，这一器具能达到如此水平，也是先前青铜工艺长期发展的产物。这尊盘上的龙形装饰，在更早的楚器上也已有类似的造型，如前述的第二期王子午鼾上龙形附饰等。失蜡法铸成的精美器物也已发现比它更早的，如下寺的铜禁（后详）。像曾侯乙盘尊这样的精品，当时也肯定不会独此一件，这有待于今后的考古新发现了。

以上从青铜工艺的造型、铸造技术上说明曾侯乙盘尊水平之高超，是反映楚系青铜工艺水平的杰出代表作。其所反映的楚文化特征还可再作些说明，我们知道，尊这种重要礼器，盛行于西周（图二一C，3），在中原地区，到春秋战国时代已基本绝迹，但在南方楚、吴、越地区都仍在使用，不过其器物的造型到纹饰已不是西周中原地区那种式样，而有较大的变异，上述蔡、曾的尊，其腹部较扁，有学者称之为扁腹尊，这在西周时期是没有的，扁腹尊常见于东周的楚、徐、越、吴地区。蔡侯申墓的尊型与吴越地区的相似，尊体长筒型，扁腹居中，但纹饰不类，未见吴越地区的棘刺状纹饰。曾侯乙墓的尊，尊体上下外弧，扁腹靠下，形状若忽略圈足，与楚陶器中的长颈壶相似，而与蔡及吴越地区之尊（图二一C，4、5）差异较大，可见曾侯乙墓之尊乃楚产，为楚文化尊之典型器。其纹饰亦与蔡、吴越地区有异，更具楚风。同样是尊，各文化区的特征不同，可谓鲜明之极。对这一点，过去似对比研究不够，故特多花点笔墨道出。

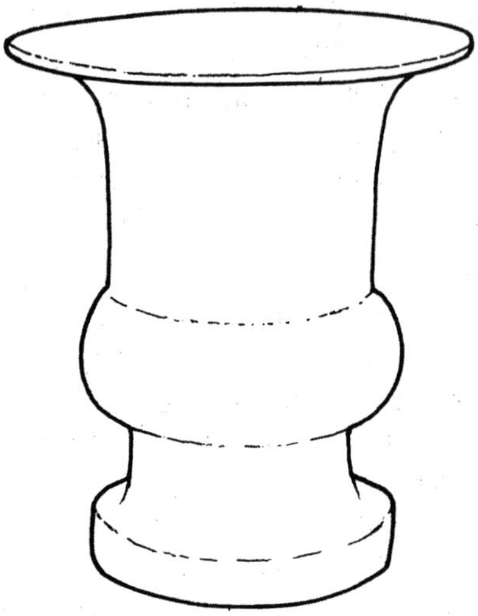

1. 尊

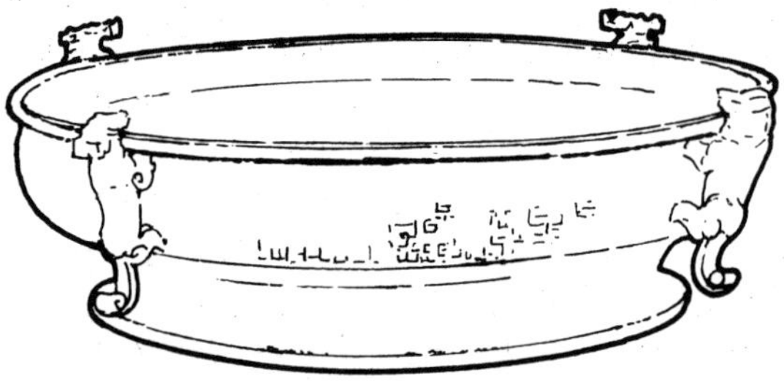

2. 盘

图二一 A 盘尊

蔡侯申墓出土

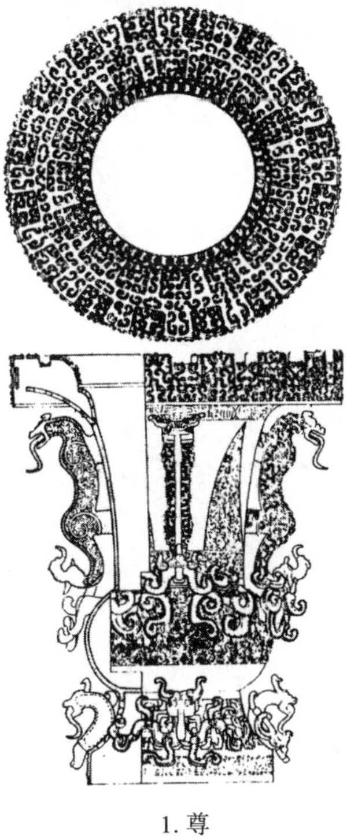

1. 尊

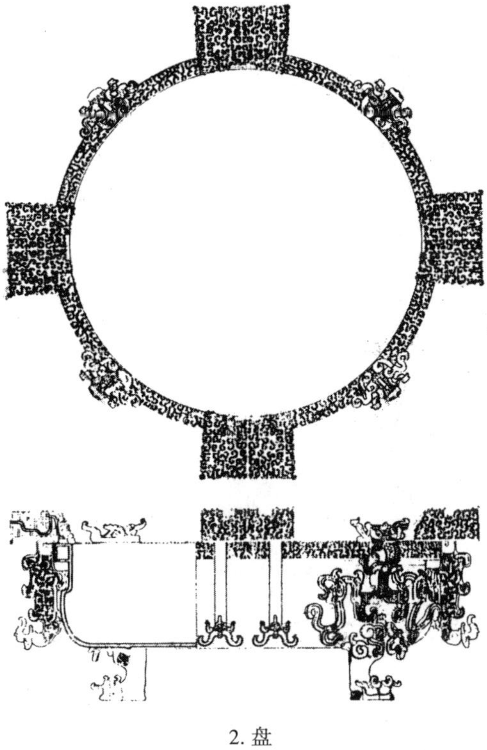

2. 盘

图二一B 盘尊

曾侯乙墓出土

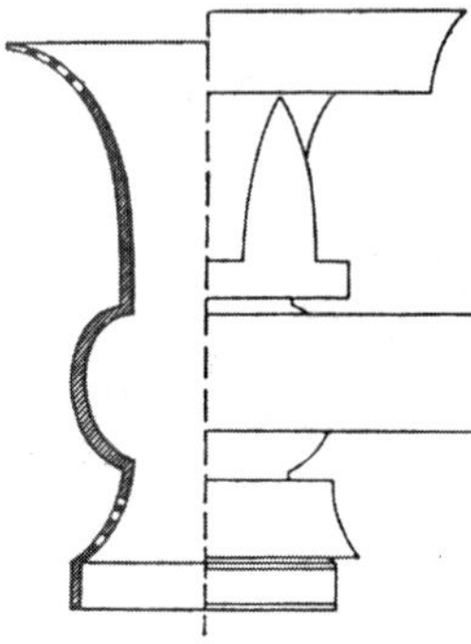

1. 曾侯乙尊结构图

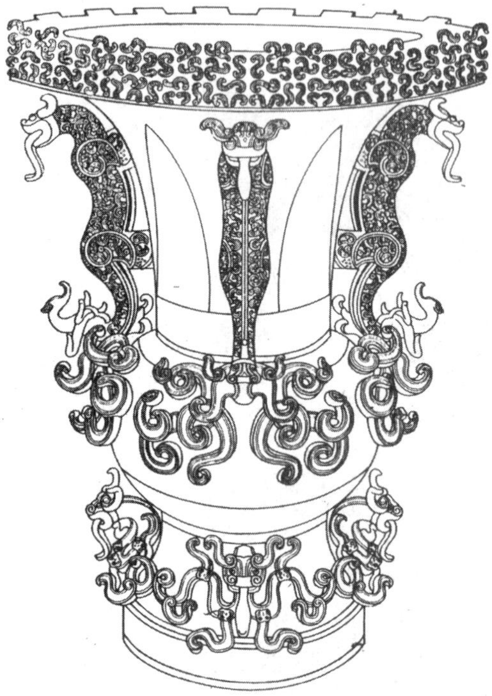

2. 曾侯乙尊正视图

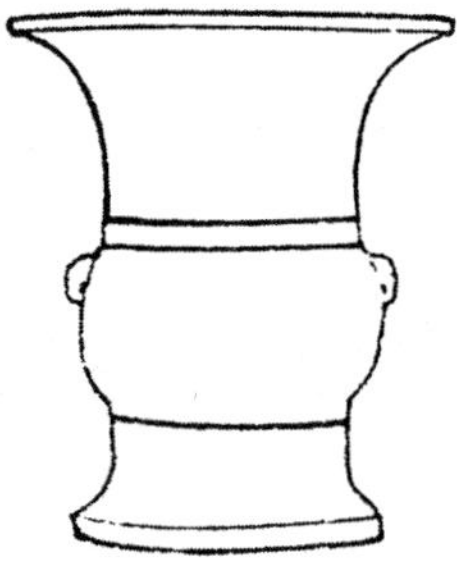

3 . 中原地区西周的尊

4. 东南地区（皖）出土的尊

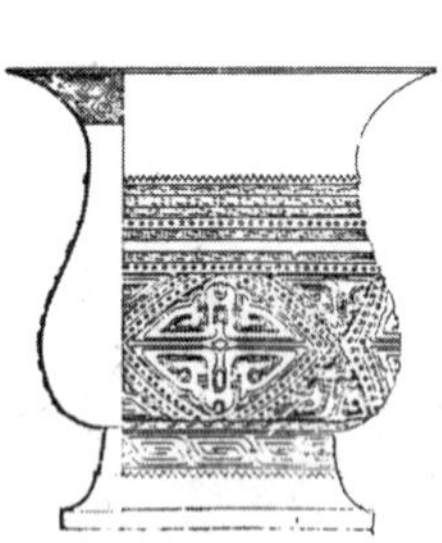

5. 南方地区（桂）出土的尊

图二一 C　盘尊对比图

五、盉

楚系铜盉出土数量在15件以上[①]，主要出于较大的贵族墓，仅一件为方形盉，其他为圆腹盉。

楚盉的形态演化可分早、中、晚三期，现知最早的楚盉出土于时代属第二期末的下寺 M_8 内，盖平，盖沿下垂，罩住口沿，圆鼓腹，前有弯管状流，后有龙首形鋬，底有三蹄足。盖上有四个矩形钮，上腹部有四环形钮。盖上饰有重环纹，蟠螭纹、绹索纹，腹部素面（图二二，1）。这是楚盉的早期形式，仅此一见。

第三期至第五期为楚盉的中期繁复型，楚盉形态为之一变，主要是增加了便于提携的提梁，纹样装饰也趋繁复、美观。例如下寺 M_1 和 M_3 的盉，器腹较下寺 M_8 的稍扁，器盖上无四钮而中心缀一环钮，有链与提梁相连，腹部由四环钮减为1或2个，而最引人注目的是提梁两端、流口部、鋬部、蹄足膝部均增饰有卷云纹的龙首和兽首，腹部也有细密蟠虺纹（图二二，2），既实用又美观。在第四期楚系墓葬内更出土了自名为盉的楚贵族之盉[②]，这也是楚系盉的典型形态（图二二，3）。这种形态一直延续到战国早期（有的有小的变异，如图二二，4）。

战国中、晚期进入楚盉的晚期型式。楚盉的繁复装饰退化了，变得较为简朴，如信阳楚墓、望山楚墓、包山楚墓所出，腹部无花纹，无龙形鋬，提梁也无龙纹饰，仅流口部仍作龙首，但也已简化，显得相当素朴（图二二，5）。虽然其体形仍与早中期相同，而风格有异。至幽王墓的盉，足为铁足，提梁上仍有龙纹，盖上也有提链与提梁相接，腹部有细密的变形蟠螭纹，可见仍有中期盉型纹饰的遗风，为晚期简朴型中之上乘作品（图二二，7）。其差异或如郭沫若说的是堕落式与精进式的分

① 据表2-2，其他可列入楚系盉范畴的还有一些，未统计在内。

② 即楚叔之孙途为盉，铭文参见第六章，由于年代晚于下寺 M_1，器形有小的变化，如提梁非两龙首形而为一端龙首，一端龙尾，增饰鳞片纹，更具形象性。

野吧。①

这种有提梁的盉，在中原地区也有出土，与楚盉型有一定的区别，如与第三期下寺 M_1、M_3 相当而稍晚的长治分水岭 M_{269} 的一件②，提梁为龙形、前首后尾，身饰鳞纹，远不如下寺 M_1、M_3 的纹饰繁美，器腹后侧部无龙型鋬，显得前重后轻，无对称美感。又如山西长子 M_7 所出亦与分水岭这件相似，比较简朴（图二二，6），其与楚盉精粗之分，相当明显③。

楚盉在南方广为流传，在苏、浙、两广均有楚式盉出土，如浙江绍兴 M_{306} 的盉，盖上有立体圆雕龙、虎、牛等动物多达 19 个，实为最佳之作④，其他如江西还有仿铜的陶盉，也颇雅致⑤。

关于盉的用途，有酒器、水器或兼用等多种说法，已有学者作了辨析。⑥盉早在商代即已出现，以迄东周，有鬶形盉，鬲形盉、壶形盉、罐形盉等多种形态，各型所具功能要具体分析，东周以来楚系盉的功能主要是作为酒器用的，正如郭宝钧先生所云："是古时和酒温酒的器，有腹用盛，有口用受，有喙用注，有鋬用执，有足用立，且备受火，其形合其用。""盉虽是一种不重要的礼器，数量不多……它自商周到战国末，未曾中绝，使用得长久，堪和鼎鬲比寿。即今天的茶壶，仍是古盉的苗裔。"⑦

---

① 见《两周金文辞大系图录考释》图说。

② 山西省文物工作委员会晋东南工作组，山西省长治市博物馆．长治分水岭 269、270 号东周墓［J］．考古学报，1974（2）．

③ 长治分水岭 M_{270} 的一件与 M_{269} 的稍异，龙首作前伸状，足立于盉背上，同样无鋬，风格与 M_{269} 同，而与楚盉异，晚到河北中山王墓之盉，也与幽王墓之盉大相径庭。

④ 浙江省文物管理委员会，浙江省文物考古所，绍兴地区文化局等．绍兴 306 号战国墓发掘简报［J］．文物，1984（1）．

⑤ 关于楚盉与南方盉的关系，请参阅第七章。

⑥ 张亚初．对商周青铜盉的综合研究［M］．中国考古学研究：二．北京：科学出版社，1986．

⑦ 郭宝钧．商周铜器群综合研究［M］．北京：文物出版社，1981．今天的茶壶，已无酒器的用途，与古盉异。

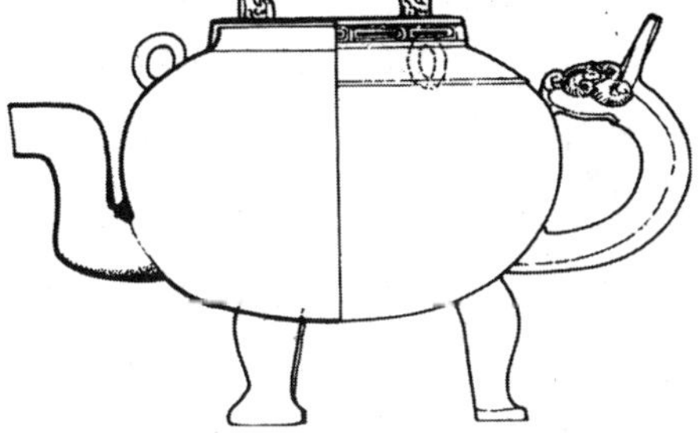

1. 东周二期　淅川下寺 M_8 出土

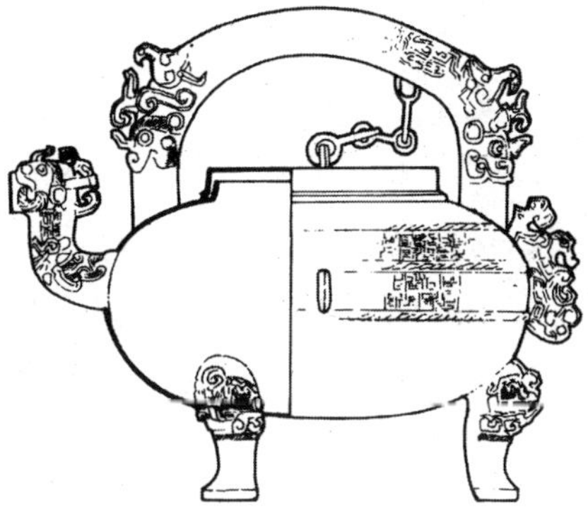

2. 东周三期　淅川下寺 M_1 出土

3. 东周三期　楚叔之孙途为盉

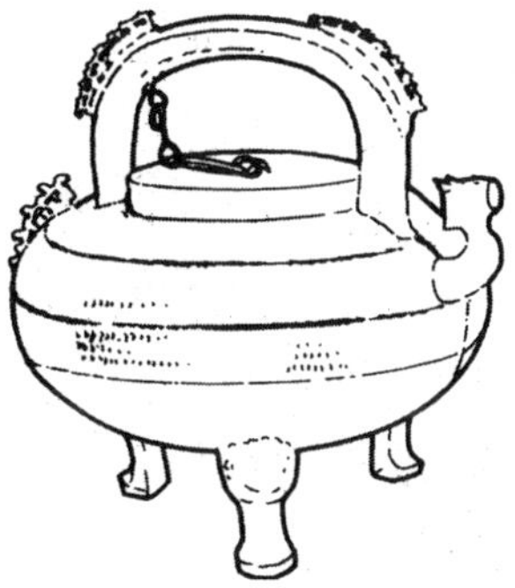

4. 东周五期　固始侯古堆 M_1 出土

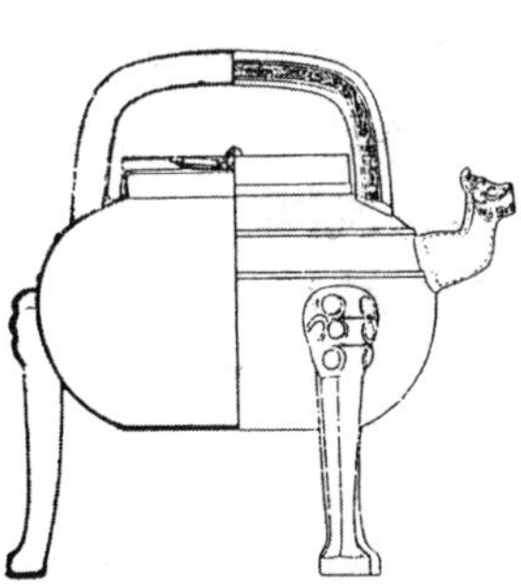

5. 东周六期　荆门包山 M_2 出土

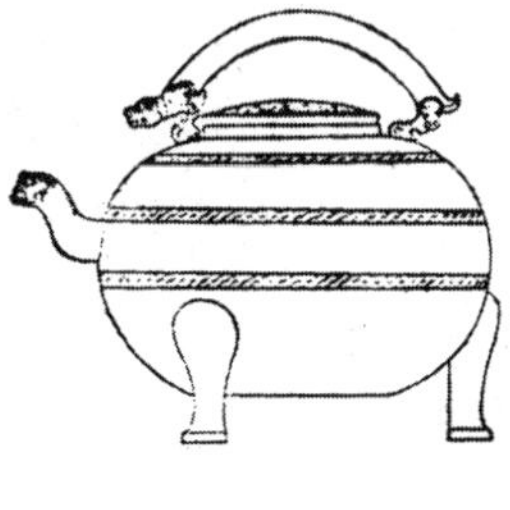

6. 春秋中晚期　山西长子 M_7 出土

7. 东周七期　楚幽王墓出土

图二二　盉

六、禁

楚系铜禁已发现两件，淅川下寺 M_2 和曾侯乙墓各出一件，下寺 M_2 有残存的方壶壶冠，可知原应随葬有方壶，这禁可能为承方壶之座，曾侯乙墓的也是承仿方壶的一对大圆壶。在望山 M_1 内出有木质的禁，墓内有一对陶方壶，也许亦是承陶方壶的座。由此看来，楚系的禁应是承方壶类的器座，这与文献记载基本相符而有小异。①

两件禁都甚精美，而以下寺 M_1 的尤精。禁体呈长方形，四周有 12 个立雕龙伏于器壁，龙头有角，张口伸舌，凹腰，尾上卷，前爪攀附禁沿，后爪紧抓禁外壁。体下有 10 个立雕龙支撑禁体，虎首高冠，昂首吐舌，挺胸，凹腰、扬尾，前爪前伸，后足为管状足，用以支撑器身。这些龙形体对称整齐，龙虎生动有力。禁长 131 厘米、宽 67.6 厘米、高 28.8 厘米，重 94.2 千克。（图二三）。

禁体周壁作镂空云纹状，结构复杂，由三层不同粗细的曲状铜梗组成，内层的粗而直，起主干作用，中层铜梗稍细，由下而上向两侧伸出后上弯；外层铜梗最细，呈相互独立的卷草状。内、中、外三层铜梗相互套结，形成网络状结构，远看犹如锦缎铺地般，十分繁复、华丽，整个禁形庄重而瑰丽，这是用失蜡法铸成的，为目前所知中国最早的失蜡法铸件。与禁同出的王子午鼾上的龙形附饰和盏上盖钮、盏耳的透空附饰也都是用失蜡法铸成的。② 与此同属一个时期（第三期）的湖南岳阳筻口出土的盏盖与耳、足的透空钮饰也是用失蜡法铸成的③，可见在东周第三期这一年代范围内，失蜡法的应用已较流行，所以，可以认为失蜡法首先为楚人所发明与推广。晚于此期一百多年的曾侯乙盘尊上出现

---

① 《仪礼·士冠礼》："两庑有禁"，郑玄注："禁，承尊之器也"，《仪礼·乡射礼》："两壶斯禁"，郑玄注："斯禁，禁切地无足者。"一曰，承尊之禁，一曰壶禁，尊系泛指酒器，则与壶禁一致，为承酒壶的禁，郑注曰无足，与楚实物不符。

② 汤文兴. 淅川下寺一号墓青铜器的铸造技术［J］. 考古，1981（2）.

③ 岳阳筻口出土的这件盏的圈顶、耳、足，经上海博物馆研究员谭德睿先生（上海铸造学会理事长）鉴定为失蜡法铸造。

十分成熟的失蜡法铸件，就绝不是偶然的事了。

曾侯乙墓的铜禁出土时其上放置一对与方壶器型相似的大圆壶。禁面为长方形，上有两个并列而凹下的圆圈，用以支承壶体。禁的两长边有对称的四兽为足，兽的口部和前肢衔托禁板，后足蹬地；禁面和侧面饰有尖浮龙纹、蟠绕龙纹。禁长 117.5 厘米、宽 53.4 厘米、高 13.2 厘米，重 35.2 千克。

此禁比淅川下寺的禁较为逊色，其纹饰不是失蜡法铸成，不及下寺之玲珑剔透，也没有下寺的高大，然亦不失为我国禁之精品。传世有 3 件禁，均为西周器，东周时代尚只发现此 2 件，至目前为止，在东周时代“唯楚有禁”。

图二三　铜禁

淅川下寺 M_1 出土

七、其他酒器

其他酒器器形各具特点，有的有自名，有的难以定名，每种数量极少（勺除外），往往只出土于一两个墓内，因此较少见，不再分类论述，在此一并略说。

曾侯乙墓内的酒器还有罐与过滤器，罐为平盖，小口，平肩，宽筒形腹，平底。① 盖中缀一衔环钮，腹肩相接处有四个衔环钮。盖饰涡云纹、重环纹、粗绳纹。肩腹间与腹中下部饰三道二方连续的蟠螭纹。全器完好，高 25.4 厘米（图二四，1）。出土时置于酒具箱内，箱内还有挹取罐内之酒的勺。这种酒具形状尚仅此一见。

过滤器两件，分出于曾侯乙墓和擂鼓墩 M_2。以曾侯乙墓的为精，器体作三角锥体形漏斗状，斗口为等边三角形，其中一角与立于器座的长杆相接，另两个角伸出一环钮。尖底，有呈圆形排列的 12 个镂孔。器座为一蜷曲卧状的怪兽躯体，颈部呈一长杆形，口衔住漏斗的一角，用以支托漏斗，高 88.5 厘米（图二四，4）。这亦为形制特殊之器，仅此二见。出土于酒器鉴缶一侧，我们推测其功能为滤酒 ②。

在战国中期的信阳长台关 M_1 内出有 1 件提梁壶，叶县旧县 M_1 出土的筒形器，可能属酒器类。

寿县楚幽王墓内出土 1 件三足壶形器 ③，在楚墓内仅此一见，类似器形在河南郑韩故城及个别墓内有陶质的出土，看来此非楚器。

在春秋时期一至四期楚墓内往往出有铜鈉 ④，这种铜鈉常见于中原地区东周墓，并成为其器类组合的基本器种之一，看来，这种鈉非楚产，而是楚人从中原输入或仿制之器，其中以下寺 M_2 所出最精美（图二四，2）。

---

① 不少考古简报、报告都把罐作为水器的名称。此器功用为盛酒器，与盛酒的壶功用相同，或可据其形状称之为桶形壶。此据《曾侯乙墓》一书定名为罐。

② 也有人推测可能为滤煎熬中药之药水用具，姑录以备考。

③ 或名之曰卣，见镇江市博物馆《江苏武进孟河战国墓》之图录（《考古》，1984 年第 2 期），或曰镳尊，见《安徽铜器》。

④ 有的有自名，如哀成叔鈉、蔡太史鈉，因其形椭，《中国青铜器》一书称椭杯，但该书把椭杯置于杯类，又另立鈉类，不妥，椭杯与鈉应为一个器类。鈉，曾名舟，新释为卮。

楚墓内还出一种单耳圆腹形器[①]，也只少量的几件，不是主要的器类，其功用也可能是饮酒器（图二四，3）。

战国时期的楚墓中出土了大量漆耳杯，为饮酒器，同时也有少量的铜耳杯，如江陵马山 M_1 出土 2 件，一为方形耳，一为新月形耳，均素面。寿县楚幽王墓也有出土（图二四，5）。有的学者称这种耳杯为羽觞[②]，《楚辞・招魂》："瑶浆蜜勺，实羽觞些"，也许正是指这种耳杯。这种浅腹耳杯可能是由春秋时期的椭杯（鉚）演变而来。

勺是酒器类中经常使用的器具，它的功用是将盛酒器内的酒挹取注入饮酒器内。经籍记载，勺又称斗或枓。勺、斗是否一类？有的从形体上区分，有的认为二者作用相似"为取酒浆之器"[③]，有的则误勺为斗[④]；《通论》一书将勺作为挹酒之器，斗为斢水之器[⑤]；此说可从。

楚系铜勺最早出于第二期末之下寺 M_7 内，此后各期都有出土，形制大同小异，如曾侯乙墓的勺有两种形状，一种勺身匜形，勺柄为长圆杆，柄前端呈龙首形，接于勺身腰际；柄尾端为兽首形环钮，钮上衔接并列的两圆环，勺身与柄上皆饰蟠螭纹，为勺类中较精致的一件（图二四，7），下寺楚墓所出也为此种形状的勺。曾侯乙墓另一种勺，勺身圆瓢形，柄细圆而长。柄由薄铜片卷成圆杆，系捶打成形。一端插入身上装柄的管孔内，另一端扦入柄端之蛇首形管孔内，柄端蛇形口衔一环，环内又置一圆环，通体素面无纹（图二四，6）。此种勺又见于荆门包山 M_2，江陵望山 M_2 等墓，而以曾侯乙墓的最精。前一种勺流行于春秋时期，后一种勺流行于战国时期。

---

① 发掘报告见荆州地区博物馆．江陵马山一号楚墓［M］．北京：文物出版社，1985．称之为舟，不妥。暂定此名。

② 指耳杯为羽觞，最早见于商承祚《长沙古物闻见记》（前南京金陵大学 1939 年出版）。早些年有人反对这一说法，见《云梦大坟头一号汉墓》，《文物资料丛刊》1986 年第 6 期。笔者已著文辨析，请参阅拙作《楚辞与楚文物》，《屈原研究论集》，长江文艺出版社，1984 年。

③ 马承源．中国青铜器［M］．上海：上海古籍出版社，1988：262．

④ 陈梦家．寿县蔡侯墓铜器［J］．考古学报，1956（2）．

⑤《殷周青铜器通论》这种说法可取，但从此书图版看，却把器形弄错了，如图 243、244、245、247 的几件均应为斗，280 的斗则应为勺，281 称为斗的应为匕，这种形状的匕，在一些考古简报、报告里往往误定为勺，实应定名为匕。这是要请读者予以注意的。

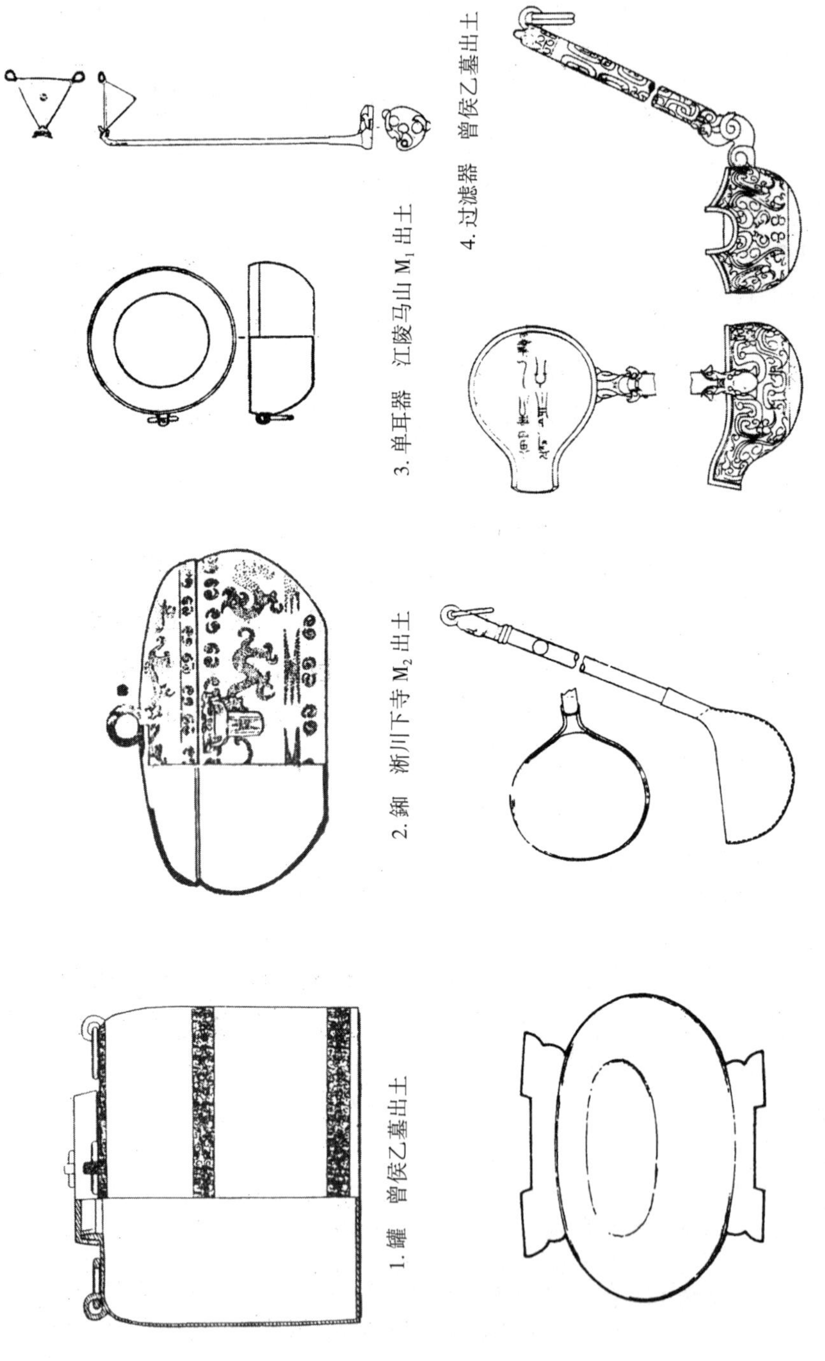

1. 罐　曾侯乙墓出土
2. 鉌　淅川下寺 M_2 出土
3. 单耳器　江陵马山 M_1 出土
4. 过滤器　曾侯乙墓出土
5. 耳杯　楚幽王墓出土
6. 勺　曾侯乙墓出土
7. 勺　曾侯乙墓出土

图二四　其他酒器

第三节　水器及其他容器

在先秦青铜礼器中，水器与食器、酒器一样，都是祭祀与宴享等礼仪活动中必备的器类，楚系青铜水器的种类与形态，也如同食器、酒器一样，与中原地区的有同有异。器类主要有小口浴鼎、浴缶、鉴、盘、匜、斗等。其中以浴缶、盘、匜数量最多，特色较突出，且不乏精美者。小口鼎的功用有两种，作食器名之为“汤鼎”，作水器名之为“浴鼎”。壶类除主要作酒器外，其中也有为汲水用的水器。这两类器在前面食器、酒器两节内已有论述，不再重复。

以下按器类依次论述。

一、浴缶

浴缶为楚系铜礼器组合基本器种之一①，从东周二期到七期每期都有，总数在 59 件以上②，有独特的形态与序列，值得重视（为行文方便，有时简称为缶）。

1. 形态特征及其演变

浴缶与作为酒器的尊缶形态有异，尊缶器形高，颈较长，深鼓腹，而浴缶则器形矮胖，小口，颈极短。缶盖罩住器口与颈部，盖沿接于缶肩部，圆鼓腹，有双耳。由于年代不同，其盖、腹、耳各部分有一些变化。

第二期的下寺 M_8、M_7 内都出土有浴缶，但 M_8 因被盗扰，仅存缶盖，M_7 的两件完整，盖似圈足盘倒扣于缶上，环形双耳，平底；盖、腹有蟠虺纹、三角纹，为楚浴缶初创型（图二五，1）。本期还有谷城新店出土的 2 件，环耳有三个，纹亦稍异。第三期前段下寺 M_{36} 的缶，较之下寺 M_7 的缶，盖顶圈形捉手上添了四小方孔，双耳由素朴环形变为龙形环耳，纹饰也更为纤细、繁复。

---

① 在东周二至四期为乙类组合必备器种，甲类组合则一直贯穿于始终，请参阅第三章。有的论著指出缶有酒器、水器、乐器、汲器等不同用途，本节仅论作为水器的浴缶。

② 据表 2-2 楚系铜器群统计表，不包括传世的及各地零散出土的。

第三期后段（六组）的下寺 M_1—M_4，所出土的浴缶较之下寺 M_{36} 又有新的变化，主要是盖与腹部增加了凸起于器表的圆饼形饰，少则4个，多达10个（图二五，7）。圆饼形饰上均饰涡纹和细蟠虺纹，盖、腹纹饰虽仍然以细蟠虺纹为主，也有较粗的蟠螭纹。其中又以下寺 M_2 的郑子倗浴缶最大最精，盖与腹部均铸镶红铜龙纹。盖上四龙，腹部分两组，共有18条龙，整器相当精美、华丽（图二五，2）。器高49厘米，比蔡侯墓、曾侯乙墓、幽王墓的都高大，可谓楚系铜浴缶之王。

从第四期以后，基本上沿袭第三期的器型，仅有一些不影响基本模式的变异。第四至五期楚浴缶普遍流行，较大的贵族墓内都出土二至四个浴缶。一些出陶礼器的中型墓内也常出陶浴缶。蔡侯申墓出土的有蔡侯名的浴缶（自名盥缶），也是镶嵌红铜龙纹，当是仿郑子倗浴缶而制（图二五，3）。其衔链环耳的形式也应是仿郑子倗浴缶的耳型。曾侯乙墓的浴缶铸镶的红铜龙纹又有新的风韵，亦为楚系浴缶精品之一（图二五，4）。战国中期（第六期），包山 M_2 的浴缶盖、腹部仍有凸圆饼形饰（图二五，5）①。但同期有退化的形式，如江陵天星观 M_1 和望山 M_1 的浴缶已没有了圆饼饰，天星观的有纹饰，而望山 M_1 的为全素面。到战国晚期的幽王墓所出浴缶仍是这种退化形式，且腹部最大径上移至肩部（图二五，6）。

综上所述，楚系浴缶的演变可分四个大的阶段，第二期为初创阶段，第三期为定型阶段，第四期至第五期为盛行阶段，第六、七期为延续与退化阶段，楚亡以后，这种浴缶也就为别的器形代替了。

2. 文化特征

浴缶这种器形的文化特征及其名称的确定，是楚文化考古的一大收获。在蔡侯申墓内此类器自名为“盥缶”，20世纪70年代淅川下寺楚墓所出自名为“浴缶”，也有单称为缶的②。在战国时期几座楚墓的竹简遣策中称之为“让缶”。③ 为便于与尊缶区别，以年代最早的楚器自名的

---

① 包山 M_2 另有2件罍形浴缶，比较特殊，似亦可归入浴缶类。

② 如下寺 M_1，M_3 之缶，山湾 M_6 之缶，蔡侯朱之缶均只称缶。

③ 见信阳、江陵望山，荆门包山楚简遣策。改释“让”，读为“沐”，引自《古文字研究》第28辑第505页，中华书局2010年版。

“浴缶”一名作为此类器的名称较为适宜。[①]

在 1955 年寿县蔡侯申墓出土此类自名器以前，相当长时间内，对这类器或名为“罍”[②]，或名之为“瓿”[③]，一直到七八十年代仍有沿袭此名者[④]，足见其影响之久。其中也有认识上的原因，其器体矮胖状与商代被称为瓿的器形确有近似之处。中原地区有自名的罍[⑤]，与浴缶也较为形似。这种罍应非酒器，而为水器[⑥]。两者功用相同，但只要仔细比较，瓿、罍与楚浴缶在形态上的区别还是比较清楚的，这里着重比较一下罍与浴缶的区别（图二五，9），罍的颈比浴缶长，罍的盖沿与器口沿相合，而浴缶的盖口沿大于器口沿，罩住了器口沿，落于肩上。器形上的差别而导致定名上的不同，不仅仅是名称的异同问题，还反映着深层的文化特征上的差别，颇值得注意。中原地区的罍除有自名的邳伯罍外，在洛阳中州路 M_{2729}（图二五，9）和山西太原金胜村大墓所出，都与邳伯罍基本相同，而与楚浴缶差别较大。山西出土的 1 件（图二五，10），与楚浴缶差别更大，相反，楚文化区大墓出浴缶，而罕见罍。新的材料进一步证实了笔者提出过的一种看法：罍是属于中原文化系统的器类，浴缶是南方楚文化系统的器类[⑦]。这是楚文化区别于中原地区文化在铜器上的一个显著标志之一。

浴缶作为反映楚文化特征的器种之一，不可避免地会向其他地区流传并被仿造，对这一点，我们在第七章还会讨论。

---

① 《寿县蔡侯墓铜器》一文指出缶具有酒器、水器、乐器、汲器等多种功能是对的，但未从形态上区别酒器之缶与水器之缶。浴缶作为水器的专称，有它特有的形态。

② 新郑彝器［M］// 河南通志文物志．1937：86．

③ 《通考》图 905。1984 年再版的《通论》一书仍没有在水器类列出浴缶类。

④ 称罍者见《江陵岳山大队出土一批春秋青铜器》（文物 1982 年 10 期），称瓿者见《文物》1977 年第 2 期。

⑤ 王献唐．邳伯罍考［J］．考古学报，1963（2）．

⑥ 《仪礼・少年馈食礼》：“司宫设罍水于洗东”，可证罍可作水器用。

⑦ 刘彬徽．罍、缶辨正［J］．江汉考古，1982（2）．又见《楚铜研》一文。

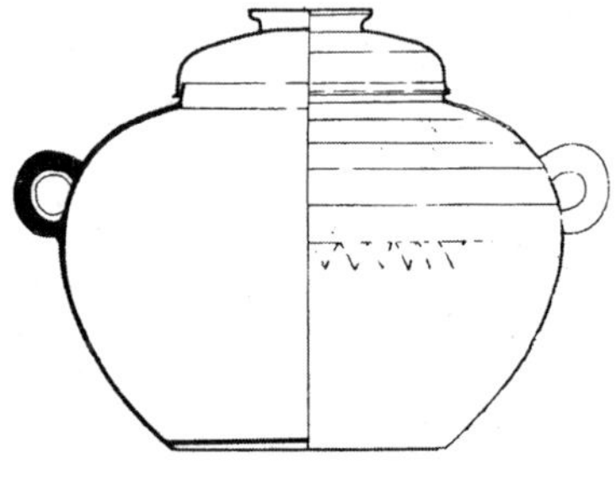

1. 东周二期　淅川下寺 M_7 出土

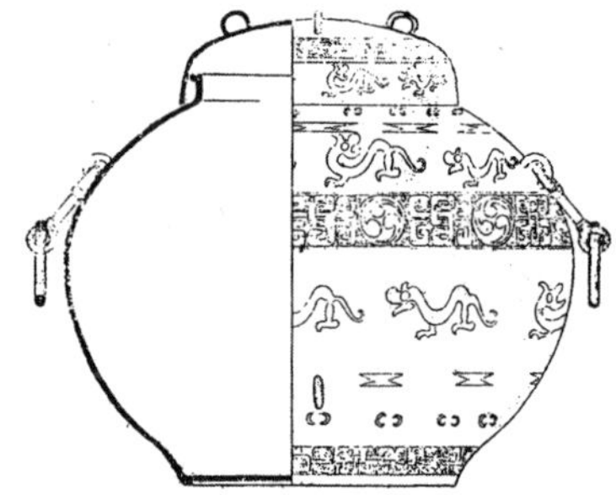

2. 东周三期　淅川下寺 M_2 出土

3. 东周四期　蔡侯申墓出土

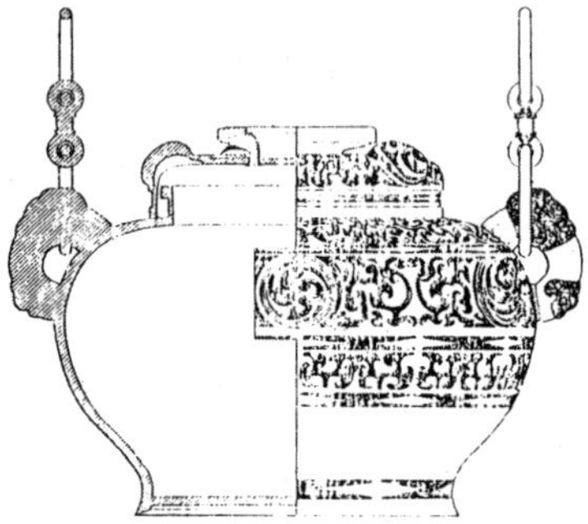

4. 东周五期　曾侯乙墓出土

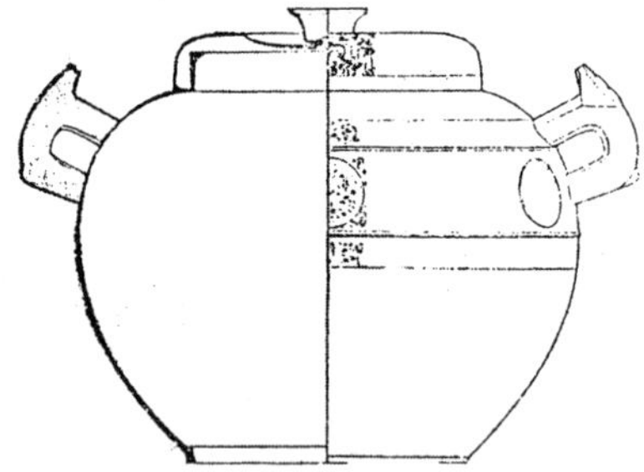

5. 东周六期　荆门包山 M_2 出土

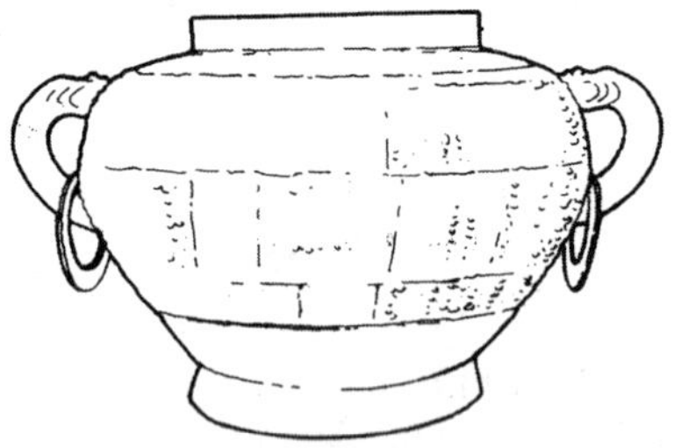

6. 东周七期　楚幽王墓出土

图二五　浴缶

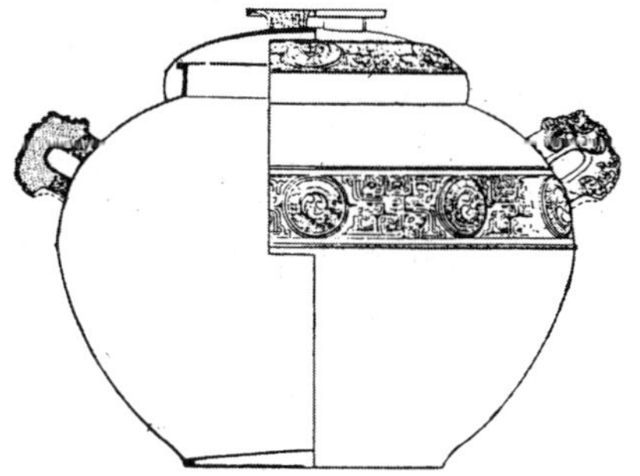

7. 东周三期　淅川下寺 M_3 出土

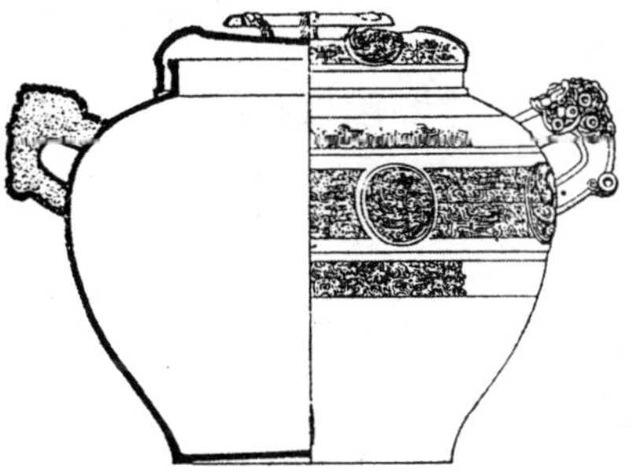

8. 东周四期　淅川下寺 M_{11} 出土

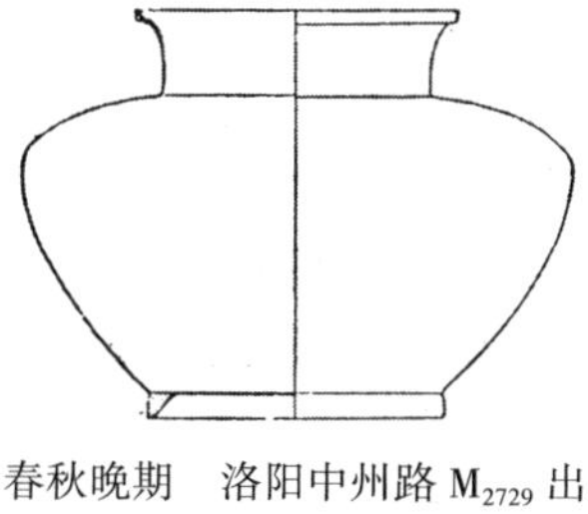

9. 春秋晚期　洛阳中州路 M_{2729} 出土

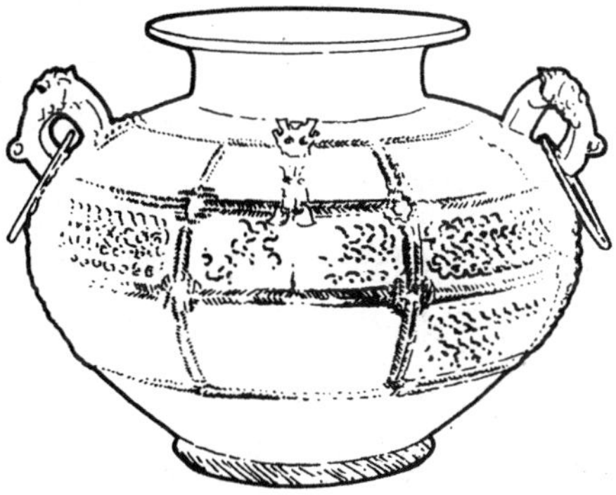

10. 战国早期　山西长治出土

图二五　浴缶

二、鉴

鉴主要为盛水之器。《说文》："鉴，大盆也。"功用有四：①照容。在铜镜未盛行时，古人常以鉴一类的盛水器照容，甲骨文鉴字为象形字，像人俯首于鉴上以照看面容之形；后来镜字或作鉴，即此之故。②盛水器。③盛冰器。就是前节酒器类所述与尊缶组装的鉴缶，尊缶与鉴之间的空隙即用以盛冰。④浴器。[①] 其中以盛水为主要功用。

鉴作为盛冰器、盛水器，在楚系墓葬内，只在少数几个大贵族墓内有出土。出土总数尚未超过 10 件。现知最早的鉴出于下寺 M_2 和 M_3，形制相同，大小不同（M_2 的鉴大于 M_3 的鉴）；腹部除双龙形耳外，两耳间还有对称的小环钮 2 个，平底，矮圈足，腹饰蟠虺纹（图二六，1）。

蔡侯申、曾侯乙墓内除冰酒用的鉴缶外，还有作水器用的鉴，蔡侯申墓已报道的有 1 件残圆鉴；曾侯乙墓有 2 件形制大小相同的圆鉴，有盖，盖顶一衔环钮，周边 4 环钮，盖沿有兽面形衔卡 4 个。器身圆腹、圈足，通体铸镶以云纹为主的纹饰，颈部有对称的两对精巧的龙形耳，龙身有双翼，伸颈昂首前视，龙腹缀一环钮，套接提链，提链由三节双连环和提手套接，提手两端作螭首形（图二六，2）。这种龙形耳，龙形提链在此墓同出的小口提链鼎上也有[②]（图五，4）。下寺与蔡墓虽也有提链器，但提链简朴，耳不作龙形。曾侯乙墓的鉴、小口鼎上提链耳的复杂和精美程度远胜于下寺与蔡墓，是在其基础上的创新与发展，增加了实用器上的工艺美术审美效应。

第六期仅包山 M_2 出有 2 件形制大小相同的鉴，无盖，腹有双兽（龙）首耳[③]，双耳间也有 2 小环钮，底有圈足（图二六，3）。此墓竹简遣策记为"二鉴"[④]，与出土实物相符。

---

① 《庄子·则阳》："灵公有妻三人，同鉴（滥）而浴"，知特大的鉴可作浴器。

② 小口鼎上的龙耳作盘曲状，衔提链的环不在龙耳腹部而在龙首顶部，各有姿态，足见此墓铜礼器制造者的别具匠心。

③ 《类说》谓"战国以来的圆鉴，往往无兽首耳"，不确。

④ 信阳楚墓、望山楚墓山土陶鉴，遣策也写作"监"，�陵君鉴，字亦作"监"。《青铜器》云："鉴、监为古今字"，实际上战国时已有监字，不能看作古今字。

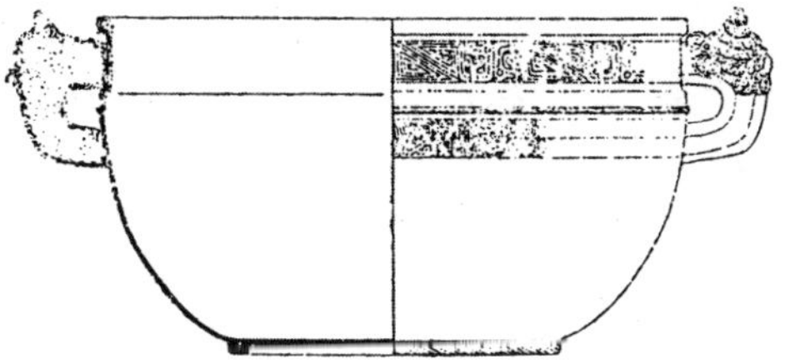

1. 东周三期　淅川下寺 M_2 出土

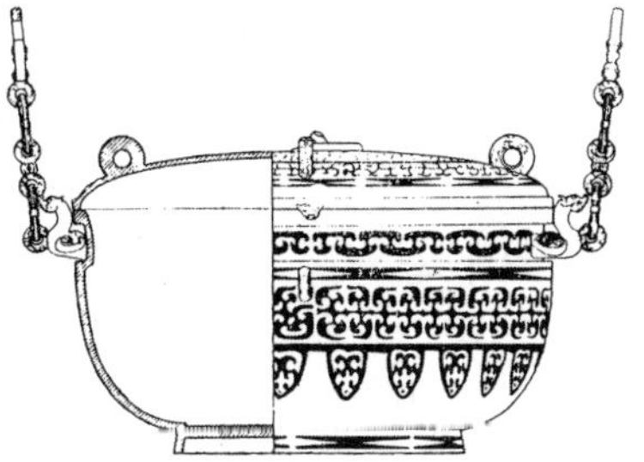

2. 东周五期　曾侯乙墓出土

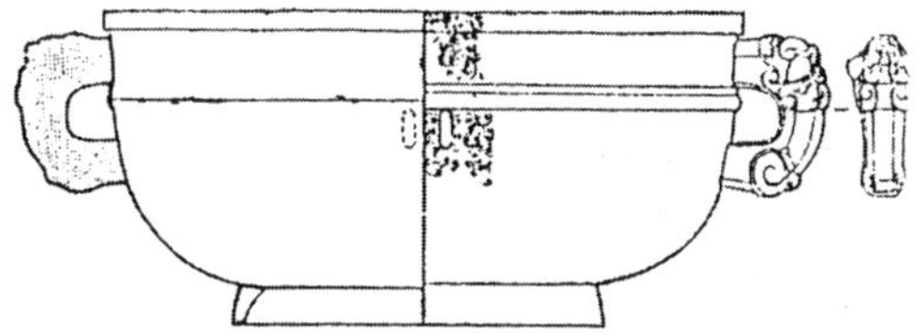

3. 东周六期　荆门包山 M_2 出土

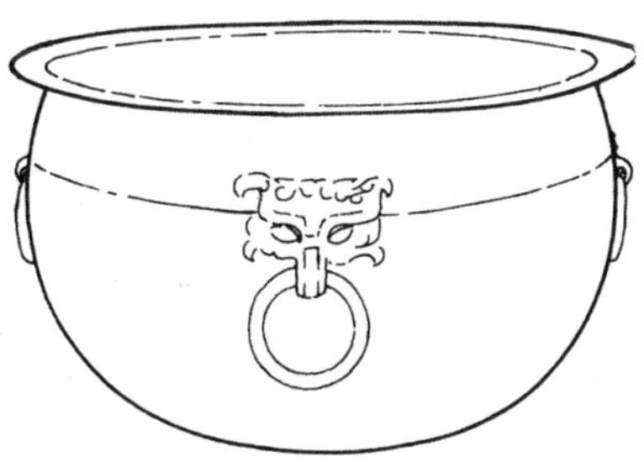

4. 东周七期　楚幽王墓出土

图二六　鉴

第七期幽王墓内出土圆鉴 3 件，形制相同，大小相近，其中 1 件有铭文 3 字，形制与此前的楚鉴有别，口沿较宽，无颈，圜底近平，腹有 4 个铺首衔环耳，高 45 厘米、口径 77 厘米，重 69.4 千克（图二六，4），这是已知的我国最大最重的鉴，可谓鉴器之王了。

在这一期，也有器形较小的鉴，如郏陵君王子申攸鉴，器形与幽王墓的鉴相近，但既小又简素，高仅 25 厘米、口径 54 厘米。与此器形相同的还有更小的 1 件，口径仅 20 厘米，报道称之为洗 ①；但洗为汉代名称，或可称之为小鉴。

楚鉴器形演变特点为：由有颈有肩到无颈无肩，由兽（龙）首耳到器铺首耳到无耳，由平底、圈足到圜底近平。这种演变情况，中原地区

① 郏陵君鉴、小鉴见《文物》1980 年第 8 期。

也大体如此。中原地区战国时期的鉴虽形体不大，但有几件镶嵌红铜的人像活动图案，有重要的历史、美学价值，在楚鉴上尚未发现。当时礼器多以钟、鼎、壶、鉴并重。从王子申攸鉴的铭文[①]来看，从幽王墓特大的鉴来看，都反映了楚人对鉴的重视。

三、盘

盘为盛水器。[②]楚系铜盘出土数量多，为礼器组合中的必备器种。楚盘形态及其演变与中原地区的大同小异，据耳、足的变化，可分为三类型，代表了三个发展阶段。

1. 圈足型

年代最早的盘为两周之际至第一期，如楚季苟盘、楚嬴盘。楚季苟盘过去只有铭文传世[③]，器形未见著录，原物现存吉林大学考古系文物室[④]。器形为附耳，圈足下有三小足，腹饰窃曲纹，足饰垂鳞纹，口径35.5厘米、高11.5厘米。其形与传世的楚嬴盘（图二七，1）完全相同，与枝江百里洲铜盘也相同[⑤]。东周二期早段的圈足盘，圈足下无三小足，如信阳平桥 M_2 的盘，这种圈足盘和圈足下有三小足盘均为西周晚期以来的传统器形（纹饰则有新的变化）。第三期早段也仍然见圈足下无三小足的盘，如江陵岳山楚墓的盘，但已不是附耳，变为双环耳式。这种型式的盘在中原地区春秋中晚期之际的器群里也有发现。[⑥]可见圈足盘的变异形式遗留的时间也较长。

2. 三足盘型

其特点是盘底无圈足，而代之以三蹄形足或三环钮龙形足。已知最

① 请参阅第六章关于王子申攸铭文的考释。

② 前节已述及酒器盘尊，则酒器亦有盘。盘单独使用均只作水器用。

③ 铭文见第六章。

④ 承吴振武同志告知器形与尺寸，并承王丹同志惠赐照片，谨此致谢（铭文与图像见第六章）。

⑤ 楚嬴盘尺寸未详，枝江百里洲盘尺寸几乎与季苟盘同，推想楚嬴盘大小亦应相同。

⑥ 如河南辉县甲乙墓内有，见《铜综研》，山西侯马也有出土，见《考古》1963年5期，传世的齐侯四器，其盘也是此型。

早的为第二期末的下寺 M_7 出土的1件，耳为长方形附耳，与第一型的耳相同，大概这是三足盘的最早型式（图二七，2）。稍晚在第三期前段出土的盘，已不见长方形附耳，而改为环钮了。

这种三足盘在第三、第四期较为流行，下寺 M_2 的盘形与纹饰均精（图二七，3）。战国早期的大墓内仍有出土，如曾侯乙墓的1件，为此型中最精者（图二七，5）。其三足作螭体卷曲形，螭首的口向上衔住盘腹底部，两足着地，其顶托之状，在同墓鉴缶和禁的足上也如此，然龙兽形态各异，在各具雄姿的静态中有栩栩如生的动态感，亦为精美的上乘之作。中原地区同期的盘，大多素朴无纹，足为蹄形足，罕见作龙兽形足者，如山西长治分水岭 M_{270} 的和汲县山彪镇 M_1 均为大贵族墓，所出土的盘和齐国国君的盘（图二七，8），远不如同期楚盘华美，精粗优劣之分立见。[①]

3. 无足盘型

盘底呈圜底内收或平底，早在第四期蔡侯墓内就已出现，战国早期以后至楚亡为止广为流行，成为战国时期盘型的主要型式[②]，如第五期的蔡坡 M_4、第六期楚贵族墓的铜盘均为此型，较大者腹有四环耳（图二七，6），简陋者无耳，殆至战国末年的幽王墓内这两种铜盘共存，此型除个别较精者，大多简素，乃楚盘的退化型式。但幽王墓的盘体很大，口径79厘米，其大可谓盘中之王（图二七，7）。

从以上三型可看出楚盘的工艺水平主要体现在第二型，第三型已退化，反映了由盛而衰的演变。

四、匜

匜和盘同为沃盥之礼的必备器具。楚系铜匜和铜盘一样，形态及其变化也经历了三个阶段，据器底部和鋬的变化也可分为三型：

---

① 故宫藏一龟鱼方盘，为晋文化区产品，有繁复纹样，装饰为中原盘类器之珍品，风格与楚盘异趣。

② 也有个别作成圈足者，与西周及春秋初的圈足盘的圈足不同，圈足极浅，骤看似为平底式，例如随州擂鼓墩二号墓的即为浅圈足盘。

1. 东周一期　楚嬴盘

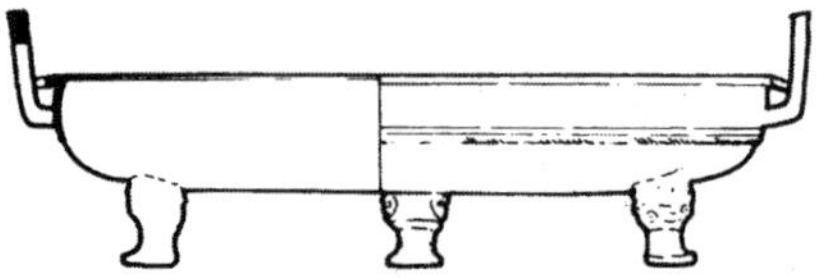

2. 东周二期　淅川下寺 M_7 出土

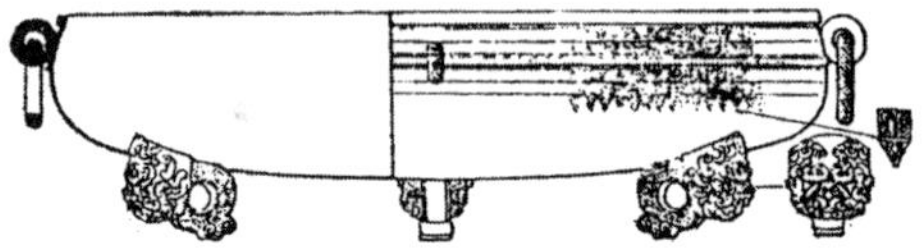

3. 东周三期　淅川下寺 M_2 出土

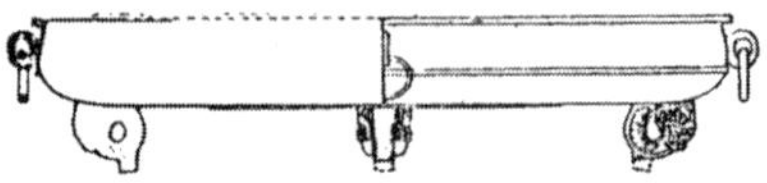

4. 东周四期　淅川下寺 M_{10} 出土

5. 东周五期　曾侯乙墓出土

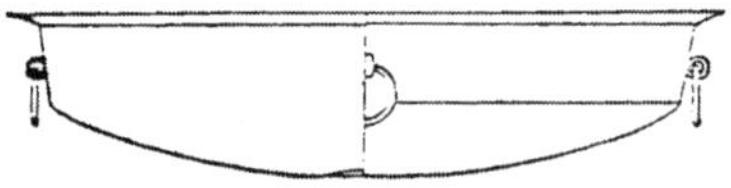

6. 东周六期　天星观 M_1 出土

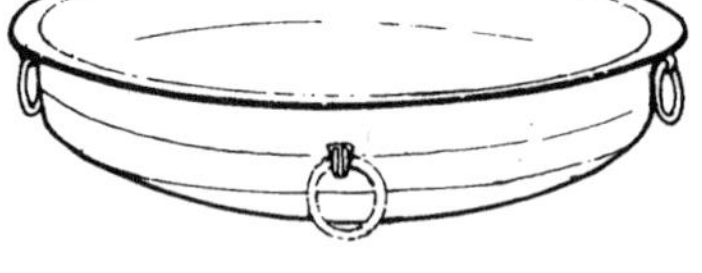

7. 东周七期　楚幽王墓出土

8. 春秋晚期　齐侯盘

图二七　盘

1. 四足（或三足）型

和盘的圈足型一样，为西周晚期以来的传统器形，年代最早者为楚嬴匜，有四足（图二八，1）。稍晚有东周一期末的枝江百里洲匜，东周二期前段平桥 M_1 的匜等，形制和楚嬴匜同，仅纹饰有变化。这种型式的匜一般下限止于东周一、二期之际，第二期以后基本上消失了，仅有个别的例外，如第三期前段的江陵岳山楚墓内就仍保留此型匜，也许是前一期匜的遗留。①

在第二期后段的楚墓内出现了三足匜。下寺 M_7 所出是现知三足匜最早的一件（图二八，2）。这种三足匜在楚系青铜器中较少见，第三期在下寺 M_{36} 出土 1 件，第四期尚未发现，延续的时间较长，晚至第五期曾侯乙墓内仍有出土，然其花纹已大变，有与墓内其他器类同样的纹饰。足证这是仿古型式。大约在此期以后即消失了。

2. 龙形鋬平底型

制作精巧，纹饰华美，是楚系铜匜自身特色的主要类型。它的初创型式为第二期末下寺 M_8 的匜，其流为敞口式，犹保西周以来敞口流为主的传统，其环形龙状鋬颇使人怀疑其为晚出型式，实则为初创时之不定型式。从第三期后段至第五期均流行已定型化的式样，其流上多为龙形盖，腹部花纹较为繁缛，多为纤细的蟠虺纹，如下寺 M_2、下寺 M_1。曾侯乙墓均有此式（图二八，3—5）。曾侯乙墓既有平底匜又同出三足匜。出土时平底匜置于盘内，表明这是当时通行的一套盘匜。曾侯乙平底匜的平底近似假圈足。流盖上前部作兽面状，后部为两条鸟首龙纹。鋬上铸出龙首、龙尾状，颈腹部饰龙凤勾连云纹，纹饰均系镶嵌而成，原均镶有晶莹的绿松石②，色泽斑斓，造型、纹饰都富装饰美。

---

① 匜腹纹饰与枝江百里洲匜相似，也与传世的楚子暖匜纹饰同，而与同墓其他器纹饰有异，可推测为前一期遗物。

② 见《曾侯乙墓》一书附录的鉴定材料。

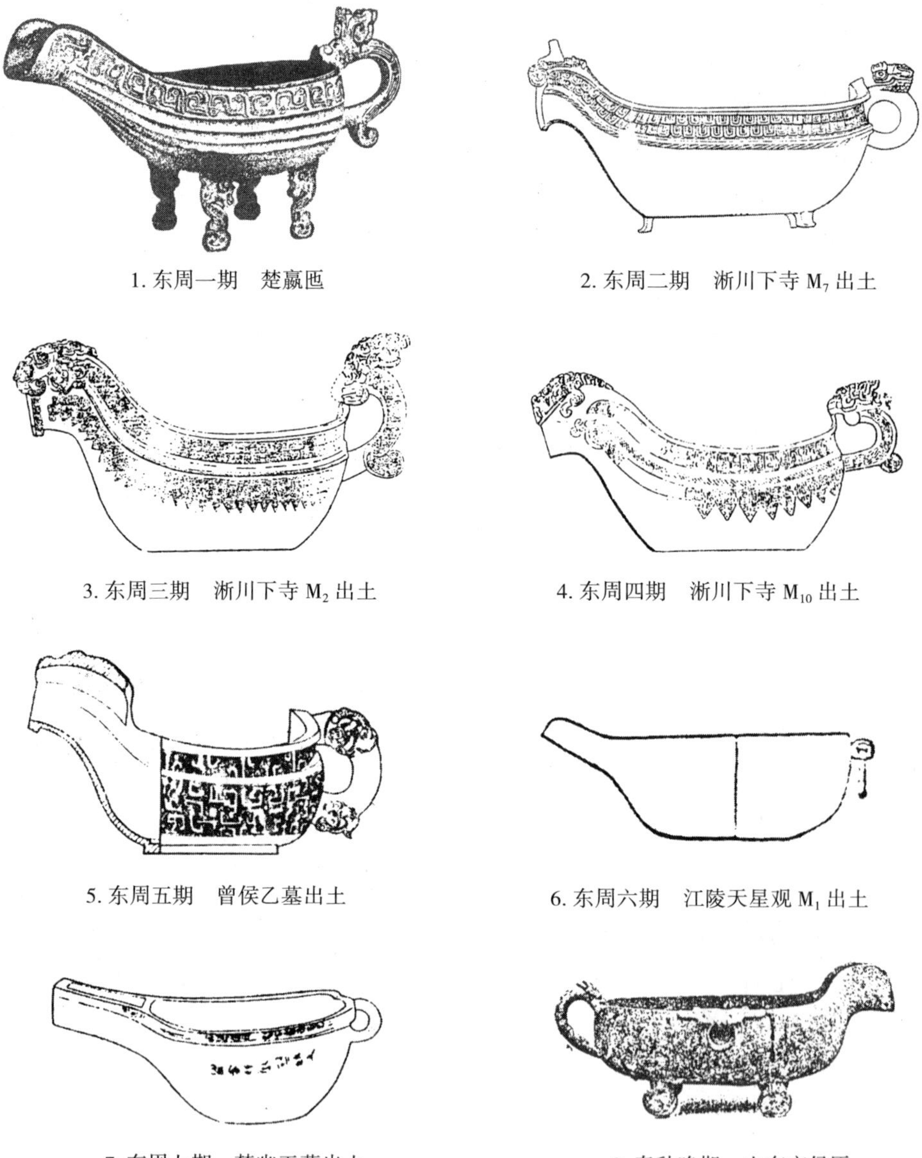

1. 东周一期　楚嬴匜

2. 东周二期　淅川下寺 M_7 出土

3. 东周三期　淅川下寺 M_2 出土

4. 东周四期　淅川下寺 M_{10} 出土

5. 东周五期　曾侯乙墓出土

6. 东周六期　江陵天星观 M_1 出土

7. 东周七期　楚幽王墓出土

8. 春秋晚期　山东齐侯匜

图二八　匜

3. 环钮鋬平底式

和楚系铜盘有衰退型式一样，这是匜的衰退型式，大约在第四期就已出现，初见于第四期后段山湾 M_{23} 出土的匜。其流又退化为敞口式，鋬变龙形为环钮，全身素面。从此以后直至战国晚期都为此型。如江陵楚墓、信阳楚墓所出均如出一范（图二八，6），幽王墓所出稍异，腹较深，流又封口，环形鋬上没有衔环（图二八，7）。总的来说，虽局部稍有变化，但比之龙耳鋬平底匜，其素朴退化的风格则是一致的。

中原地区的匜的型式变化与楚匜大体一致。但第二型为楚精美型的匜，中原少见，如汲县山彪镇 M_1 为一大墓，与曾侯乙墓时代相当，其所出之匜似明器，无纹饰，其粗陋状无法与同期的曾侯乙匜相比，真有天壤之别。也许今后中原地区有如楚匜之精美者，然就目前材料所见，只能作如此观（例如齐国国君的匜也同样显得素朴，见图二八，8）。

五、斗

20 世纪 70 年代以来在淅川下寺楚墓、曾侯乙墓内都出土有这种器物（图二九，1—3），湖北襄阳山湾楚墓内也有出土。我们称之为斗。其形为圆口、深腹、圜底，有长圆杆形直柄。如曾侯乙墓的斗，柄与斗身相接部位为蟠螭形，螭首又伸出一小螭衔斗之口沿，螭尾与足则和斗身的腹部相连。柄尾有一环钮，内套双环。斗身与柄镶嵌有龙凤勾连云纹，相当精美，柄长达 85 厘米（图二九，3）。为斗类器中之最大者。

斗（又作枓），这种器类是不是水器，长久以来有争论，至今仍各持一说，有的认为直柄者“当是勺”，为挹酒器 ①，有通俗地称之为瓢的 ②，有称为斗的 ③，孰是孰非？应从出土实物资料进行分析。

① 马承源. 中国青铜器［M］. 上海：上海古籍出版社，1988：262. 所举器物例证为商代西周的，无东周的。

② 见《江汉考古》1983 年第 2 期报道襄阳山湾楚墓的简报。

③ 容庚，张维持. 殷周青铜器通论［M］. 北京：文物出版社，1984：71.

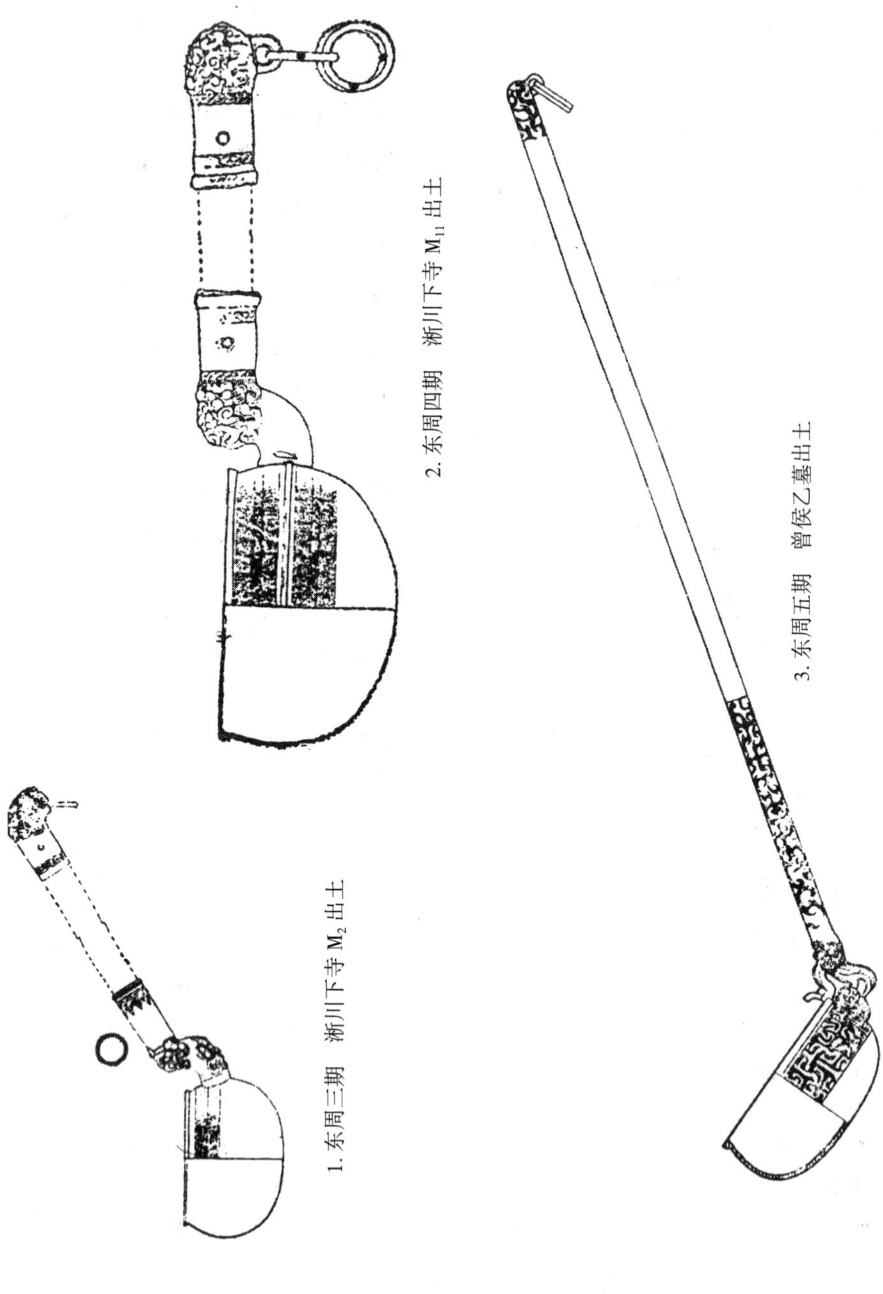

1. 东周三期　淅川下寺 M_2 出土
2. 东周四期　淅川下寺 M_{11} 出土
3. 东周五期　曾侯乙墓出土

图二九　斗

曾侯乙墓此器出土时置于盥缶之上，明白地告诉我们，它是与水器配套使用的。正如此墓的匕附于鼎内，勺附于鉴缶之上、置于酒具箱内一样，都是判明其用途的最好实物证据。由此，我们应肯定这种器物为水器。《仪礼·少牢馈食礼》："司宫设罍水于洗东，有枓。"注："枓，𣂔水器也。凡设水用罍，沃盥用枓。"《礼记·丧大记》："浴水用盆，沃水用枓。"《诗经·行苇》："酌以大斗"，释文："字又作枓"。以上所引，证之实物，器之名斗或枓，为水器，应无疑问了。

战国中期以后的楚墓内未再发现如此精美的斗，像包山 M_2 这样的高级贵族墓内也是有勺、匕而无斗，楚幽王墓内也当如此。[①]

六、其他容器

除以上食器、酒器、水器三大类外，还有一些容器也是当时的重要器类，但种类、数量很少，不再单列一类，附于水器内论述。

（一）取暖用具

这是隆冬季节时礼仪活动和贵族日常生活中少不了的器物。[②]一般由熔炭火的炉、加炭的漏铲和铲炭灰的箕等三器组成，有的单出。曾侯乙墓出土的一套三件均放置一起（箕、铲置于炉内），这是表明三者同为一套取暖用具的最好实例。在信阳长台关 M_1 内出土的炉内存有木炭，竹简遣策记为"荅炭（炭）盘（炉？）"，指明为燃炭之器。这也是表明炉为取暖器的物证。

1. 炉

方炉　有王子婴次炉和寿县幽王墓出土的 2 件。对王子婴次[③]炉的用途，有饭器、暖器、炊器几种说法，应以暖器说较为可信。此器为楚

---

① 幽王墓铜器从已发表资料看，只有勺与匕；《通论》称为斗，是不对的。该书 71 页（四二）斗类之（2）应为勺，之（3）应为匕（同见该书图版 145、147）。

② 《左传·定公三年》："邾子……废（堕）于炉炭，烂，遂卒。"邾国之君被炉内之炭烧伤感染而死，证上层贵族中炭炉之盛行。

③ 对器主婴次为何人，有不同看法，考见第六章。

令尹子重的用具，年代为公元前597—前570年间，属第三期前段。器似长方形盘，而圆其四角，平底下有23个残柱足痕；腹间有四环，两侧的二环各套有提链，腹部饰细线方格细乳丁纹[①]。口纵长45厘米（图见第六章）。

寿县楚幽王墓内出土了长方形似盘的炉，也同样有提链，饰几何变形纹，口纵长96厘米（图三〇，3）。

圆炉　出土较多，有的陶铜礼器并出的墓，同出仿铜的陶炉，炉体浅如盘形，底下均有三足，双耳多有提链。[②]曾侯乙炉的提链由四节双连环相互套接，接于环钮耳上。三足作兽形，兽首反顾向外，头部顶托腹底，身尾着地。腹部镶红铜勾连云纹，口径43.8厘米（图三〇，1）。这是圆炉中最精美者。

随县擂鼓墩M_2出土的炉，内置箕1件，形制与曾侯乙炉相同，稍大，口径51.5厘米。信阳长台关M_1（图三〇，11）和江陵望山M_1的炉形制均与曾侯乙炉同，比较简朴，也比较小。楚幽王墓所出圆炉形制亦同，而形体很大，口径达72.5厘米，是已知的最大的炉，为炉器之王。

2. 箕

有的与炉同出。曾侯乙墓的箕较为别致，器体、器表及曲栏模仿竹篾编织的形状（图三〇，4）。其他大都素朴无纹，如荆门包山M_2、江陵望山M_2和楚幽王墓的箕形相同，都为素面器（图三〇，5、6）。

3. 漏铲

仅在曾侯乙墓内一见，底有漏孔53个，铲身铸镶红铜蟠螭龙云纹，用于撮炭的实用器，也注重花纹装饰，可想见当时大贵族们的奢华（图三〇，2）。

这种取暖用具也见于中原地区，仅形制有些不同，如与曾侯乙墓年代相近的汲县山彪镇M_1所出的箕，全器素面，有柄。又如河北中山王

① 《鼎研》认为乃吴器，根据是这种细浅方格细乳丁纹不见于楚器，而吴器有之。其实楚器上也有，如《雨台山楚墓》一书中就有实例。此器铭文见第七章。

② 固始侯古堆M_1，报道者谓有炉（见《河南固始侯古堆一号墓发掘简报》，载《文物》1981年第1期），此器应为盘，不当为炉。

墓出土的一套，无箕，而有五齿铲形器。这种五齿形器在楚器里尚未见到。

（二）灯

这是照明用具，《楚辞·招魂》："兰膏明烛，华镫错些"，镫即灯。楚贵族"沉日夜些"的欢乐，是少不了灯的。东周第一至五期未发现，在第六期望山 M_2 和包山 M_2 内出有两种型式的灯。

1. 豆形灯

在灯盘的中心有尖针形凸起，为置灯芯处，若不看此灯芯尖，会误为一浅盘豆（图三〇，10）。

2. 铜人擎灯

灯体与前同，而灯座则花样翻新，有人骑骆驼形和铜人捧灯形两种。先说人骑驼形灯：铜人昂首直腰骑于骆驼上，头部比例较大，面向正前方，圆胖脸型，铸有向脑后梳的发纹。两手屈肘前伸托住灯座，双腿屈膝贴于驼身两侧。骆驼的颈和嘴前伸，弯背垂尾，四足站在长方形铜板上。骆驼身上饰斜线纹以表示体表的驼毛。观其人、驼，"惟妙惟肖，驼憨然而人怡然，造型浑朴，手法简洁，然而形象生动"①。乃灯类中的高水平工艺品，这种人骑驼灯已发现了 5 件②。

包山 M_2 的人持灯，为一着衣男俑双手捧一灯台，铜人姿态端庄，造型艺术有与前述人骑驼一样的风韵。在中原地区尚未发现类似的灯，河北中山王墓内的十五连枝灯，是 1 件相当精巧的工艺品，与楚灯相较，各有特色，南北辉映。

（三）熏香用具

到目前为止，这方面的器物只发现两种。

---

① 张正明．楚文化史［M］．上海：上海人民出版社，1987：156.

② 江陵望山 M_2 出土 1 件，荆门包山 M_2 出土 2 件，在荆门后港的楚墓内也出土 2 件，现陈列于荆州地区博物馆。

1. 镂孔筒形熏杯

已发现的均属战国时期。较早者有曾侯乙墓、固始白狮子地 M_1 各出 1 件。曾侯乙墓所出，筒杯的壁为镂空龙纹，有规则地分布着九龙，龙相互交缠蟠绕；每一条龙都张口咬住另一条龙的身躯。每龙两足，足上两爪；龙身伸出若干翼形铜梗。器口沿和唇面均镶嵌有绿松石，龙身铸有星点纹和涡云纹，相当精美。高 16.2 厘米（图三〇，9）。与此同形的器，在战国中期的楚墓内出土了多件，如信阳长台关 M_1 出土 2 件，为镂空的变形龙纹（纹线内饰小三角形与涡纹），也嵌绿松石，底有三小蹄足（图三〇，7）。包山 M_2 的一件与信阳这件基本相同。江陵望山 M_1 出土 1 件，壁有 8 条镂空龙纹，出土时被一件丝织香囊包裹着，器内尚存一些植物残片，虽因朽坏不能鉴定为何种植物，推测应为香料性植物。江陵雨台山 M_{264} 出土 1 件，60 条龙组成镂孔壁，龙长嘴，有耳，身饰鳞片纹。杯底和望山 M_1 的一样作十字形镂孔。

固始白狮子地 M_1 所出的 1 件与上述不同的是，它置于一个桶形器内（简报定名为熏炉）。桶形器有颈、直腹，平底下有三小蹄足，腹有 2 兽面衔环，口径 18.7 厘米。熏杯为绳索状镂空壁，固定于桶形器内底四钮座上。这种由内外两器组成的熏器大概是中原地区形制。楚熏则是如望山 M_1 的那样以丝织物香囊包裹熏杯的方式，故在楚中心地区发现的都只见铜熏杯，而未见固始白狮子地 M_1 那样结构的器。

2. 熏盘

此器由两个部分——上罩下盘合成。熏罩为长而细的圆管状，中空至顶，上细下粗，下部扩大，罩口套在盘的子口上，盘浅腹、平底，三小蹄足，罩与盘均各有相互对应的环钮一对，罩近盘处有一小圆管流，通高 42.8 厘米（图三〇，8）。出土时熏罩内壁有褐色灰层，厚达 0.2—0.3 厘米，圆盘内也有灰层，当是熏燃香料的遗迹。这种结构的熏器尚属仅见，虽素朴无纹，而结构奇特，亦一珍品。

熏香为我国传统习俗，有悠久历史，楚人尤其注重。在贵族们的生活中是必备之物，流风所及，在长沙马王堆汉墓里仍有熏炉、香囊出土。

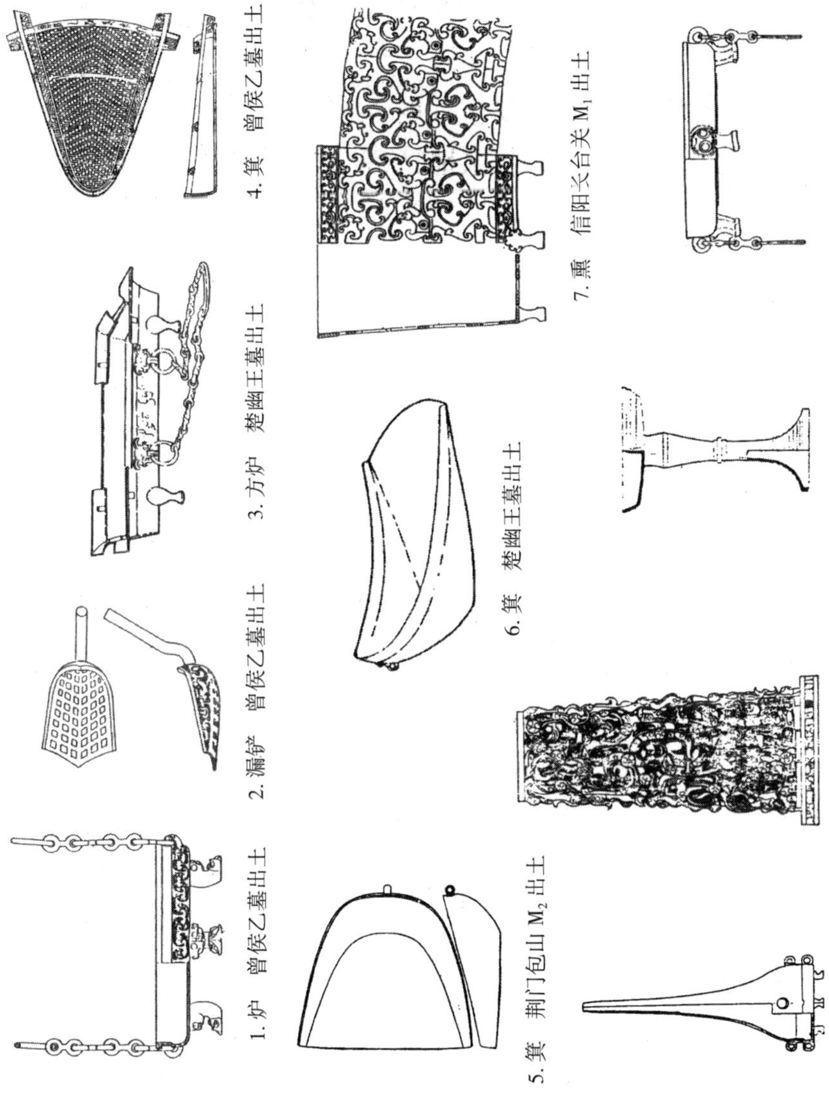

1.炉　曾侯乙墓出土
2.漏铲　曾侯乙墓出土
3.方炉　楚幽王墓出土
4.箕　曾侯乙墓出土
5.箕　荆门包山M_2出土
6.箕　楚幽王墓出土
7.熏　信阳长台关M_1出土
8.熏　曾侯乙墓出土
9.熏　曾侯乙墓出土
10.灯　江陵望山M_2出土
11.炉　信阳长台关M_1出土

图三〇　其他容器

第四节　乐器

楚系青铜彝器[①]，除前述大量精美的礼器（食器、酒器、水器）外，还有可与之媲美的大量青铜乐器，主要为数量众多的青铜编钟，其中有的亦为冠冕群伦的瑰宝。它不仅以美的外在物象可供我们观赏、研究、借鉴，而且大多可奏出古代的乐音，就如最古老型的录音机，将时隔两千余载的音响重放给今人聆听，有些保存极好的编钟以极大的保真度反映出我国先秦时期楚系音乐文化的高度水平，使我们大饱眼福、耳福。

一、楚系编钟

（一）概述

楚系编钟发现较多，传世的和零散的暂只限于有铭文的乐钟。楚系墓葬内出有保存较好的成组成套编钟，是我们进行研究的主要材料，为便于读者有一个总的轮廓，先编列统计表如下。

表 4–3　楚系编钟统计表

编号	时期		名称	数量				说明	著录
				甬钟	钮钟	镈钟	合计		
1	西周晚期		楚公冢钟	4			4	传世器　铭文与考证见第六章（下同）	见第六章
2	西周晚期		楚公逆钟	1			1	同上	同上
3	东周	期别（一）	江仲嬭南钟	1			1	同上	同上
4	东周	（二）	楚王领钟		1		1	同上	同上
5	东周	（三）	王子婴次钟	1			1	同上	同上
6	东周	（三）	王孙遗者钟	1			1	同上	同上

① 彝器指以钟鼎为代表的礼器，请参阅《通论》第一章。

续表

编号	时期		名称	数量				说明	著录
				甬钟	钮钟	镈钟	合计		
7	东周	（三）	王孙诰钟	26			26	钟架不存，有钟钩。	附录二〔5〕
8		（三）	敬事天王钟		9		9	铭文中名字被刮。	附录二〔5〕
9		（三）	黝钟		9	8	17	钟早于墓葬年代。	附录二〔5〕
10		（四）	蔡侯申钟		9	8	17	甬钟12件，为吴国的钟。	附录二〔17〕
11		（五）	番子成周钟		9	8	17	器主名“番子成周”后刻。	附录二〔22〕
12		（五）	曾侯乙钟	45	19	1	65	分三层悬挂在钟架上。	附录二〔23〕
13		（五）	楚王酓章钟		2	1	3	传世2钟可能为钮钟。	附录二〔23〕 并见第六章
14		（六）	天星观钟		4		4	被盗，原应有22件。	附录二〔28〕
15		（六）	王卑命钟	1			1	楚城遗址内出土。	见第六章
16		（六）	信阳 长台关钟		13		13	钟架尚好，最大1件有铭文，不同套。	附录二〔30〕
17		（六）	随州擂鼓墩 M_2钟	36			36	钟架已朽，有钟钩。	附录二〔31〕
18		（六）	叶县旧县钟		6		6	被盗，残存6件。	附录二〔45〕
		（七）	楚幽王墓钟				30余	原件已佚，钟型不明。	附录二〔54〕
			合计	116	81	25	252余		

新版补注：

① 新出土楚系编钟详见本书附录五、六和新版补记。

② 编号15、16之钟年代要提前。

以上所列，对传世的和出土的单件钟及其铭文考释将在第六章论述，对楚国贵族墓或楚系墓葬所出的一些乐钟存在不同的看法，有必要在简述其基本材料后加以讨论，以下对成套成组编钟按统计表顺序论列。

（二）分述

1. 王孙诰编钟

出土于下寺 M_2，为 26 件甬钟，其数量之多、钟体之大、音域之宽、铸造工艺之精、保存之好，在我国春秋时期编钟中首屈一指，也是春秋时期楚国编钟最完整、最好的一套。

这 26 件甬钟形制相同、大小相次。钟体合瓦形，甬作八棱体，上细下粗，有旋有斡，钟体正背两面共有枚 36 个。钟表面均铸有浮凸蟠螭纹、蟠龙纹，甬上蟠螭纹为蕉叶状，正鼓部由两条蟠龙左右对称组成。每件钟正背两面均铸有铭文，每篇铭文相同，大钟每钟各铸一篇，小钟则由 2—4 件的铭文合为一篇，共计 17 篇相同的铭文（释文、考释请参阅第六章，钟形见图三一，2）。

这套钟原应挂于钟架上，从出土迹象分析，钟架应分两层呈一字形排列，上层悬挂小钟 18 枚，下层悬挂大钟 8 枚，最大的 1 件通高 120.4 厘米，重 152.8 千克，这是我国春秋时期最大最重的单件钟，最小的一件钟通高 23.5 厘米，重 2.8 千克。钟架复原长约 5.8 米，高约 2.146 米。

这套钟虽然形制相同，但纹饰有异，形制上各部分的比例有的钟也有小的差异。大部分经过调音处理，也有少量未经调音。由此看来，这 26 件钟可能不是一次设计和铸造的。

这套甬钟经过测音和实际演奏证明，它的音域宽大，从最低音到最高音，跨越了将近五个八度音程，分上下两层悬挂于钟架上，下层为低音区，演奏时作和声之用；上层为中高音区，演奏时作旋律之用。上层七声俱全，而且多数有半声音阶，可以旋宫转调。[①] 曾侯乙编钟正是在早于它百多年的这套钟所体现的高水平基础上发展形成的，对这一点在述及曾侯乙编钟时还将再论。

钟的器主名王孙诰，为楚国王室贵族，对此无异议。关于其年代，

---

① 引自《淅川下寺春秋楚墓》第四章。王孙诰钟及下面论及的敬事天王钟，𪔉钟等基本材料均据该墓地发掘报告摘要概括而成。

在第二章讨论下寺 M_2 年代时，曾论及有几种不同的看法。笔者认为墓主为楚康王时令尹芳子冯。在铭文中自称楚叔之孙，王孙诰也许是其父，从钟的形制、纹饰时代特征考察，铸于此墓下葬年代（前 548）之前的二三十年内，较为可靠。

2. 敬事天王编钟

出土于下寺 M_1，为 9 件钮钟，保存较好，形制相同（图三一，6），大小相次，最大的 1 件通高 21.5 厘米、铣间 14.3 厘米，重 2.65 千克，最小的 1 件通高 11.75 厘米、铣间 7.65 厘米，重 0.78 千克。每钟有铭文。① 钟架已朽，从出土迹象看，原应为曲尺形结构。

这组钮钟完好，无锈蚀现象，色泽金黄光亮。经测音，每钟两音，音域跨两个八度音程以上，音阶为徵音为首的七声旧音阶，其音律与三分损益律接近，其调式相当于现代的 G 调，音质悦耳动听。

关于这组钮钟的器主与国别年代，因铭文中器主名字被铲掉，无从索考，铭文中有“以乐君子，江汉之阴阳”语，论者肯定“为楚钟无疑”②。也有主张不是楚钟的。孰是孰非？不妨做些分析。第一，此钟出于下寺 M_1，墓主为楚令尹芳子冯之夫人。作器者名被铲掉，证明非墓主之器，一般为抢掠之物，也有可能为他国之器。第二，铭文中有“敬事天王”语，证明其时尚尊崇周天子，也许为一姬姓小国之器。第三，其正鼓部纹饰为 4 组对称排列的蟠曲龙纹，每组 2 条，共 8 龙，这种纹样与许器子璋钟相同，也与徐器沇儿钟近同，而与王孙诰钟的龙纹不同，看来确非楚国之器。第四，其篆部为小三角蟠龙纹，与楚器相同，又有“江汉之阴阳”语，表明与楚文化有一定关系。第五，其音阶以徵音为首，属楚乐系统。③ 由上分析，笔者以为，此钟可能为汉淮间楚势

① 见《淅川下寺春秋楚墓》，又见赵世纲《曾侯乙钟与楚钟》一文。

② 赵世纲．曾侯乙钟与楚钟［M］// 曾侯乙编钟研究．武汉：湖北人民出版社，1992．

③ 赵世纲．曾侯乙钟与楚钟［M］// 曾侯乙编钟研究．武汉：湖北人民出版社，1992；张正明．楚文化史［M］．上海：上海人民出版社，1987：280．

力范围内某一尚存姬姓小国之器。所谓“汉阳诸姬，楚实尽之”①。此钟可能在某一次战事中为楚所得。由于仍属于楚势力范围又有楚文化因素，应可归属楚系编钟范围内。至于其年代，当与子璋钟、沇儿钟的年代相近。子璋钟、沇儿钟的年代多被定为春秋晚期器。② 然过去有学者指出：“庚儿鼎与沇儿钟、王孙遗者钟为同时之器，它们可能作于鲁襄公（前 572—前 542）时 ③。这个看法是可信的。这组钮钟的年代当与王孙诰钟的年代基本一致。

3. 黝钟

出土于下寺 M_{10}，有钮钟 9 件，镈钟 ④8 件。形制花纹基本相同（图三一，10），均大小相次。钮钟最大的通高 16.6 厘米，重 0.85 千克；最小的通高 9.6 厘米，重 0.24 千克。镈钟最大的通高 26.45 厘米，重 2.25 千克；最小的通高 17.95 厘米，重 1.23 千克。钮钟最大的 1 件小于镈钟最小的 1 件，当是配合为一套演奏的乐器。钮钟比敬事天王钟还稍小，更无法与宏大的王孙诰钟相比，这也反映了此钟所有者的身份地位不高。

钮钟、镈钟都有内容相同的铭文，但每钟字数行款、字体均有差异，个别的有缺字。⑤ 据出土迹象，这些钟原应置于墓内钟架上，较大的镈钟在下层，较小的钮钟在上层，呈一字形由北向南、由大及小挂列。

据测音，钮钟为高音区，音域跨两个八度半。镈钟为低音区，音域跨两个八度，音阶以宫音为首音的五声音阶。其音律接近于三分损益律。

此钟的国别与年代需要讨论，论者认为乃“吕国器”，“铸于楚穆王年间，或庄王初年，即公元前 626 年—前 595 年”。⑥ 我们认为：第一，

① 《左传・僖公二十八年》。

② 见《商周青铜器铭文选》《殷周金文集成》。

③ 张颔，张万钟. 庚儿鼎解［J］. 考古，1963（5）.

④ 镈，有不同的解释，《青铜器》据古籍认为镈为“大型单个打击乐器”，但过去据齐命镈其形为平口钟，自名为镈，多以平口钟称之为镈，本书沿用这一称谓。凡平口钟均称为镈钟（不单称镈），有长方孔钮的为钮钟，有甬者为甬钟。

⑤ 释文与考释见本书第六章。

⑥ 河南省文物研究所，河南丹江库区考古发掘队，淅川县博物馆. 淅川下寺春秋楚墓［M］. 北京：文物出版社，1991：435. 认为乃吕被楚灭之前的器。

铭文虽自称“吕王之孙，楚成王之盟仆”，但又有“余臣儿难得”，似乎可以认为，此人之祖为吕王时，大概是为了表示世代附庸于楚，曾与楚成王盟誓，成为楚的盟仆。在前625—前596年间仍被楚吞并，其王室贵族可能有入仕于楚者。黝为吕王之孙，大概就是这样的人。故铭文自称为楚王的“臣儿”。果如此，则此器也应为楚器，而非吕国器。第二，黝钟的纹饰与敬事天王钟基本相同，有汉淮间小国流行的花纹（正鼓部龙纹），也有楚地流行的纹饰（篆部小三角龙纹）；吕地（今南阳西）后成为楚的北部重镇。从钟的形态、所在地看，也可将钟归属楚文化系统，属楚系编钟。至于其年代，也当与敬事天王钟年代相近，其上限似不能早于公元前572年。此钟所在的下寺M_{10}年代为东周四期前段即春秋晚期偏早。此钟铸造年代显然早于墓葬年代，约当楚铜器第三期之末年。

4. 蔡侯申编钟

蔡侯申钟分甬钟、钮钟、镈钟三类。甬钟铭文表明为吴王光嫁女于蔡之媵器，非楚系编钟，在此从略。

钮钟9件，形制相同，大小相次，最大一件通高28厘米、铣间17厘米；最小1件通高16.5厘米、铣间10厘米。铭文表明为蔡侯申自作的“行钟”。（图三一，7）

镈钟8件，形制相同（图三一，11）。大小相次，最大的通高40.5厘米、铣间26厘米，最小的通高28.5厘米、铣间19厘米；为蔡侯申自作“謌（歌）钟”。

从形制看，钮钟与敬事天王钟、黝钮钟基本相同，镈钟与黝镈钟也基本相同。蔡镈钟之钮为4龙组，比黝镈钟之钮多2条龙。花纹为之一变，明显地看出是继承王孙诰钟纹饰而又有新的变化。浮雕状蟠龙纹变为涡云点纹式的蟠龙纹，正鼓部由王孙诰钟的2条增为左右各3条龙，这是楚系编钟发展到第四期的特征。

5. 番子成周钟

出土于固始侯古堆M_1。钮钟9件、镈钟8件。钮钟有一字形钟架，镈钟有曲尺形钟架，均有铭文，器主名被铲后刻上“番子成周”一名。

番乃楚地，此“番子成周”应为楚贵族，钟已易主为楚人。从钟的形制、纹饰、铭文考察，原器应属淮水中游一带楚、徐、宋交错地区的某一小国，因此也可归属于楚文化系统。①

6. 曾侯乙编钟

出土于墓主、年代、文化属性都很明确的曾侯乙墓。全套编钟包括铜木结构的钟架（古称簨簴，横梁曰簨，立柱曰簴）一副，钟 65 件，挂钟构件 65 副，以及木质演奏工具 8 件。

钟架，高大的钟架出土时仍完好地矗立于墓室，呈曲尺形，分上中下三层，总长 10.83 米、高 2.73 米（图三二，1）。由六个佩剑铜人和 6 根圆立柱承托。铜人身着衣裳，束腰宽带，神态肃穆，是青铜器人像中的佳物。钟架以铜人承托，为第一次发现。全套钟架由 24 个构件组成，可以拆卸，设计精巧。已发现的楚系钟架大多未能保存或保存不佳，唯独此墓所出既精又好，无与伦比。

钮钟共 19 件，悬于钟架上层，形制相同（图三一，8）。均无枚，通体光素，最大者通高 39.9 厘米、铣间 22.35 厘米，最小的通高 20.2 厘米、铣间 10.5 厘米，重 2.4 千克，这也是这套钟的最小者。

甬钟 45 件，分五组悬于中下层钟架上，形制基本相同，略有差异。据枚的有无与长短可分三型。第一型为长枚钟，22 件，下层大甬钟全属这一类（图三一，3）。第二型为短枚钟，11 件。第三型为无枚钟，12 件。纹饰除大甬钟有铸镶红铜龙纹外，大多为尖浮雕状蟠龙纹，触之有棘手之感，其繁复细密程度比之第四期的蔡侯申钟又大大发展了一步，正鼓部的龙形数量也大为增加，或 4、或 6、或 8、或 10 条，最多者达 15 条之多。

甬钟最大者通高 152.3 厘米、铣间 69 厘米，重 203.6 千克，这是此墓编钟中，也是我国已发现编钟中最重的 1 件；最小者高 37.2 厘米、铣间 14.4 厘米，重 8.3 千克。

① 因该墓及出土的钟材料只有很简略的简报，加之对钟的文化属性存在完全相反的看法，故仅提出本人初步看法，不再详论。此墓材料已发表，见“附录五”。

所有编钟总重量达 2 567 千克，连同钟架铜套等构件全套钟共重 4 421.5 千克。为我国历次出土编钟最重的一次。

所有钟上均有铭文，少者 3 字，多者 90 字，共计 2 828 字，加上钟架与挂钟构件上的文字达 3 755 字。主要是关于乐律方面的内容。[①]

全套钟音色优美，音域宽广、音列充实。由于钟上有标音铭文，经实际测音证明。钟的音律准确，每个钟都有双音，其基调属现代的 C 大调，总音域跨 5 个八度，只比钢琴的音域两端平均各少一个八度，其中心部位十二个半音齐备，全部音域的基本骨干则是五声、六声以至七声的音阶结构。在旋宫转调情况下，用这套编钟可以演奏古今中外多种乐曲，用来伴唱，效果亦佳，令人叫绝。[②]

曾侯乙墓属楚系墓葬，同样，曾侯乙编钟属楚系编钟。这从楚国的王孙诰钟和曾侯乙钟有前后一脉相承的关系可以得到更深刻的印象：①两者形制、纹饰的继承与演变十分明显。②编悬方式相同，上层挂中小钟为高、中音区；下层挂大钟，为低音区。③王孙诰钟与曾钟如分组比较，“音域宽度大体相同”，“从半音的完整程度看，其旋宫转调能力大致与曾侯乙钟相同”。④律名多沿袭楚国，曾钟记载了楚国的 11 个律名，十二律的六间律名全部用的楚国律名。楚国的十二律形成远早于曾侯乙钟，“至迟在王孙诰钟时，楚十二律已经形成了”[③]。从以上几点来看，规模宏大，音调优美的曾侯乙钟是对春秋时期楚钟的继承与发展，反映出楚系编钟音乐文化的高度水平与巨大成就。

7. 楚王酓章钟

共 3 件，传世两件仅存铭文。出土的 1 件，置于曾侯乙墓编钟的下层西架正中，为镈钟，其铭文和传世的两件铭文相同，乃楚惠王酓章五十六年为曾侯乙宗彝作器（铭文见第六章）。镈钟的钮由两对精雕而

① 在第六章对铭文考释时还要说明。

② 综合论述见邹衡、谭维四主编的《曾侯乙编钟》，西苑出版社 2015 年版。

③ 上两处引文同见赵世纲．曾侯乙钟与楚钟［M］// 曾侯乙编钟研究．武汉：湖北人民出版社，1992.

粗壮的蟠龙对峙构成。钲间两侧篆带各以五个凸起的圆泡形饰为枚，呈梅花状排列，正背两面共 4 组 20 枚，均缀于浅浮雕龙纹的衬地上。正鼓部为浮雕的 6 龙组成的图像，图像构成情况是：中部为上下相对的两个正面形龙首，左右两侧各有上下 2 龙，龙的躯体作侧视相互交缠状，轮廓分明。龙身上的细密填纹亦极清晰，铸造的精工程度尤胜于曾侯乙钟。① 全器通高 92.5 厘米，重 134.8 千克（图三一，12）。

关于传世的两件钟的形状及与镈钟的关系，论者据黝钟及番子成周钟均为钮钟与镈钟配套使用，认为传世的两件畬章钟与镈钟配套使用，认为传世的两件畬章钟“当为钮钟”②，可信。这两件钮钟和新出的这件镈钟只是全套钟中的 3 件，原来的件数当不会少于黝钟、番子成周钟的数量，这是可以肯定的。今后若能再如曾侯乙墓内出土的镈钟一样，再让其余的重见天日，那又将是大幸事，我们翘首以待。

8. 天星观钟

出土于江陵天星观 M_1。墓被盗，只保存了 4 件，出土时仍悬挂于木质钟架横梁上，从钟架上有挂钟的 22 个方孔来看，原来实有钟数应为 22 件。现存 4 件均为钮钟，形制相同，但纹饰有异（图三一，9）。其中 2 钟的钮上饰小三角纹、涡云纹，而另 2 件的钮上饰绹纹（2 件绹纹又有小异），正鼓部纹样虽都为蟠龙纹，而结构、形态小异。这表明钟非一次铸成，故有此小异。最大的 1 件通高 20.3 厘米、铣间 12 厘米，重 155 千克；最小的 1 件通高 9.3 厘米、铣间 4.8 厘米，重 222 克。木质钟架长 3.4 厘米、高 1 米。

钟的国别与年代应与该墓年代一致。其年代在公元前 361 年—前 356 年间 ③，属东周第六期楚墓。

9. 信阳长台关钟

出土于信阳长台关 M_1。共 13 件，出土时大部分仍悬挂在木质钟架

① 发掘报告对此镈钟正鼓部的龙未作数量统计，并认为“均作侧身状”，特为之略作补充。

② 赵世纲．曾侯乙钟与楚钟［M］// 曾侯乙编钟研究．武汉：湖北人民出版社，1992．

③ 刘彬徽．楚国纪年法简论［J］．江汉考古，1988（2）．

上，均为钮钟，形制基本相同，枚为圆乳丁状，于部弧度较大，通体饰浮雕状蟠螭纹。通过对形制、纹饰、测音的比较分析，最大的有铭文的1件与其他12件钟不属一套钟，它是勉强配套而外加的，“这一套编钟的原有件数应该是12件”①。有铭文的1件钟其铭文内容未完，应如同王孙诰钟中数件钟铭合为一篇铭文那样，余下的铭文应铸于另一件钟上。这样，有铭文的这套钟在墓中只是挂了1件，骤然看来，会使人误为13件一套，故必须予以说明。最大的有铭文钟通高30.2厘米、铣间17厘米，重4.36千克；最小的1件通高12.93厘米、铣间6.4厘米，重398克。

钟架为木质，一字形，长2.42米。

关于这13件钟的国别与年代，存在不同看法。先要说明的是，前面已提到13件分属两套，虽然形制、纹饰微有差异，但基本相同，这两套的国别、年代应一致。

对其国别、年代，郭沫若、顾铁符都认为不是楚国器，而是他国器，编钟的年代均定为春秋晚期②，后来又有主张此墓为蔡墓，定钟的年代为公元前491年③。

究竟是不是楚器？判定是否楚器，主要还是应从文化特征看，就算不是楚国器，而文化特征如可归属楚文化系统也仍应视为楚器。第一，过去疑莫难定的问题，往往要有赖于新的考古材料。20世纪70年代发现的江陵天星观的编钟，虽只剩下了4件，但从4件形制、纹饰看，信阳钟与天星观钟基本相同。第二，它们的于弧度大，有的同志认为钟的中长与铣长之比的大小对确定钟的年代有重要作用。④从这两点看，信阳钟的年代早不到春秋，应与天星观钟同属于战国中期。既然其形制尤

① 黄翔鹏．先秦编钟音阶结构的断代研究［J］．江汉考古，1982（2）．但该文把信阳钟年代置于曾侯乙钟之前，则可商，下详。

② 郭沫若．信阳墓的年代与国别［J］．文物参考资料，1958（1）；顾铁符．有关信阳楚墓铜器的几个问题［J］．文物参考资料，1958（1）．

③ 赵世纲．信阳长台关1号墓的年代与国别［J］．考古与文物，1983（4）．又：笔者曾定其年代为前490年，见《楚国有铭铜器编年概述》一文。

④ 冯光生．曾侯乙编钟若干问题浅论［M］// 曾侯乙编钟研究．武汉：湖北人民出版社，1992．

其是纹饰，与天星观编钟相似或相同，则文化特征也应一致。音乐学家从音理研究上也认为“显然是楚制”①。这样，必须实事求是地把信阳钟归属楚系编钟，钟的年代为战国中期而不是春秋晚期或末期。

10. 随州擂鼓墩 M_2 钟

出土于随州擂鼓墩 M_2。出土时散置于墓底，原应有钟架，据痕迹推测钟架为曲尺形。共 36 件，均为甬钟，可分大小二组，大型 8 件，小型 28 件。大型钟形制与曾侯乙下层大甬钟基本相同，纹饰稍异，多为变形浮雕状蟠螭纹（图三一，4）。其中 4 件的正鼓部花纹为浮雕一人双手操蛇的图像②。人昂首直腰，双目前视，鼻梁高耸，袒胸露臂，文身束腰，威武雄壮地跨坐在一条龙形动物之上。两手扬起，双手各握一蛇，双足也各踏一龙蛇状动物。图像雕铸生动、精细，富于立体感和动态感，具有独特的艺术魅力，钟的正鼓部这种纹饰在我国钟的装饰艺术中还是第一次发现，显示出楚系编钟特色。③

小型编钟的枚与大甬钟有异，为凸圆泡形状。其布局与数目均与酓章镈钟相同。这套钟最大者通高 98.0 厘米、铣间 37.8 厘米，重 79.5 千克；最小者通高 30.5 厘米、铣间 12 厘米，重 4.3 千克。

这套钟约有 22 件经过调音处理。经测音，其最高音比曾侯乙钟还高，最低音不及曾侯乙钟最低音。基本调式为浊文王之宫，而浊文王之商出现次数最多，证明主要为楚调式。④

这套钟的国别与墓的国别应一致，属已临近灭亡前夕的曾国，为末代君王（或君夫人）之器。其年代与墓葬年代一致，同为战国中期偏早，属东周楚系墓葬第六期。

这套钟的规模、气魄虽远不及曾侯乙钟，但其数量仅居其次，远多于其他楚系钟，是仅次于曾侯乙编钟的又一重要发现。

---

① 黄翔鹏．先秦编钟音阶结构的断代研究［J］．江汉考古，1982（2）．

② 随州市博物馆．随州擂鼓墩二号墓［M］．文物出版社，2008：74．

③ 刘彬徽．随州擂鼓墩二号墓青铜器初论［J］．文物，1985（1）．

④ 童忠良、百钟探寻——擂鼓墩一、二号墓出土编钟的比较［J］．黄钟（武汉音乐学院学报），1988（4）．

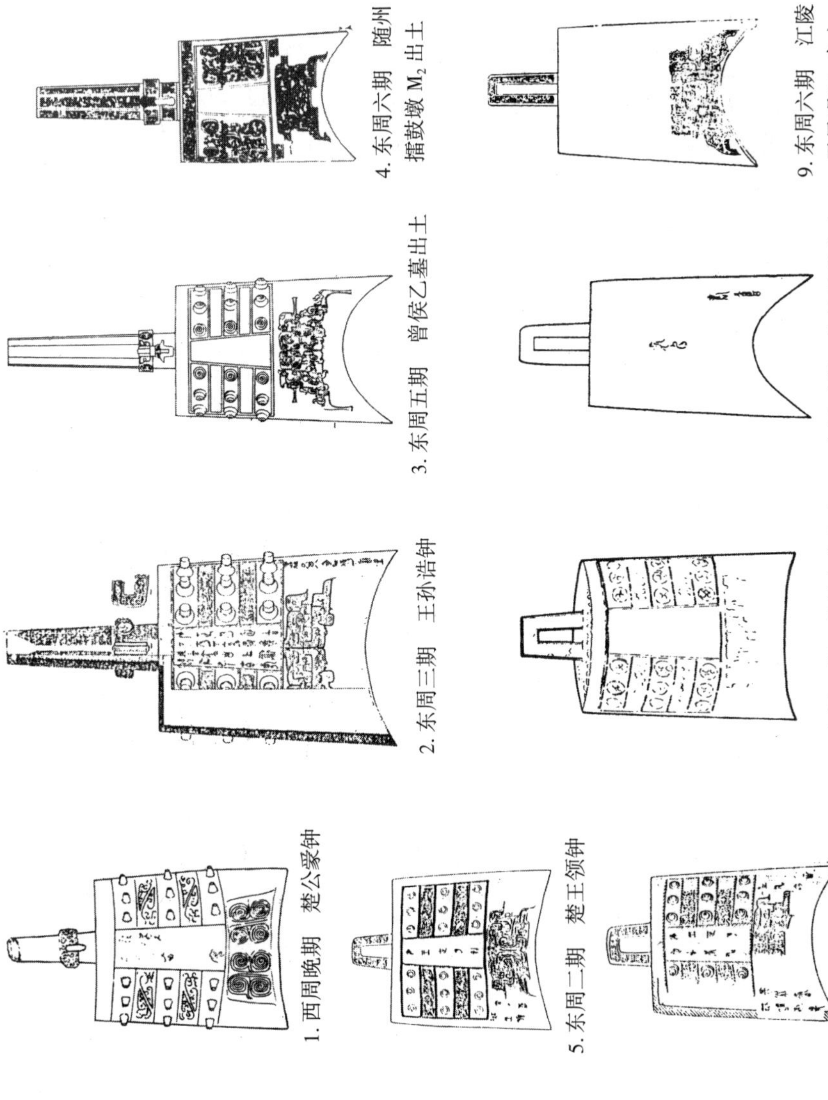

1. 西周晚期 楚公冢钟　2. 东周三期 王孙诰钟　3. 东周五期 曾侯乙墓出土　4. 东周六期 随州擂鼓墩 M_2 出土　5. 东周二期 楚王领钟　6. 东周三期 淅川下寺 M_1 出土　7. 东周四期 蔡侯申墓出土　8. 东周五期 曾侯乙墓出土　9. 东周六期 江陵天星观 M_1 出土

图三一 乐钟

10. 东周三期
甗镈钟

11. 东周四期
蔡侯申镈钟

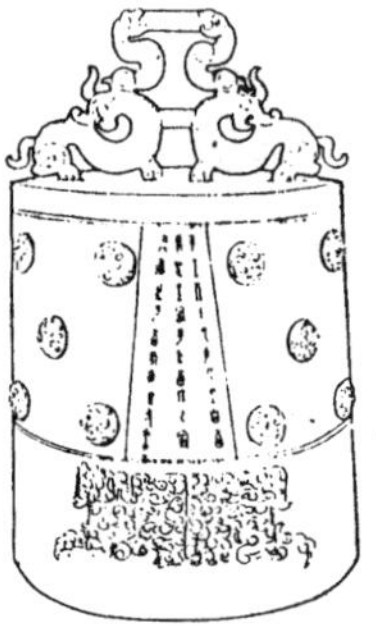

12. 东周五期　楚王
酓章镈钟

13. 战国早期　河南
汲县山 M_1 镈钟

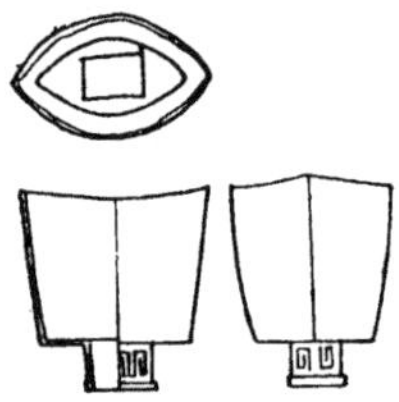

14. 宜城楚皇城楚墓出土

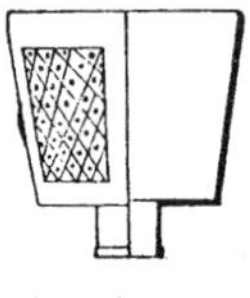

15. 江陵雨台山楚墓出土

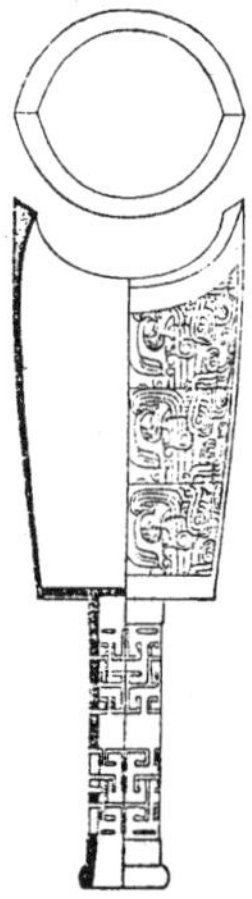

16. 荆门包山 M_2 出土

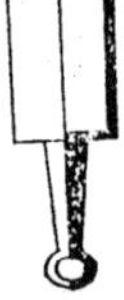

17. 江陵雨台山楚墓出土

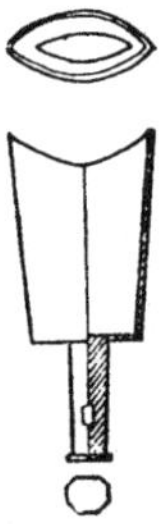

18. 宜城楚皇城楚墓出土

图三一　乐钟

11. 叶县旧县钟

出土于叶县旧县 M_1。墓被盗，仅存 6 件，其中 5 件出土于一处，据痕迹分析，当时应挂于一木质钟架上。另 1 件出土于盗洞处。均为钮钟，形制相同，大小相次，每件有枚 36 个，篆带、正鼓部纹饰虽亦为蟠螭纹，但结构、形态与前述楚钟均有差异，铭文被锉磨，仅能辨认几个字。最大的 1 件通高 23.9 厘米、铣间 13.85 厘米；最小的通高 13.7 厘米、铣间 7.75 厘米。

由于钟的资料不全（尤纹饰不清），对其国别、年代有待进一步研究。因出于楚墓，姑且置于楚系编钟范围内，以备考索。

12. 楚幽王墓钟

钟在此墓被盗掘后即散失，此仅据回忆资料云“有铜铎三十余个，每个重二三斤”①。郭德维认为这些所谓铜铎很可能是编钟②，可备一说，姑录以待考。

二、其他青铜乐器、构件

1. 青铜鼓座、青铜磬架

楚系青铜乐器除以编钟为大宗外，其他种类很少，然亦有洋洋大观者，首推曾侯乙墓出土的青铜鼓座和青铜磬架。青铜鼓座呈圆锥形，由圆形座底、承插空心圆柱和纠结穿绕的圆雕群龙构成。圆雕龙群由八对大龙及攀附其首、身、尾上的数十条小龙构成。大龙系圆雕，龙身曲旋蟠绕，沿背脊两边各镶嵌绿松石两道，并刻繁细的鳞斑纹；攀附其上的小龙以高浮雕与圆雕结合，小龙首伏于大龙身上，龙尾则移出龙身且曲翘蜿蜒；更小的龙则高、浅浮雕并用，躯体附于大龙体表。这些大大小小的龙均仰首摆尾，穿插纠结，以多变的形态和对称的布局构成了极其生动繁复的立体造型。鼓座通高 54 厘米、底径 80 厘米，重 192.1 千克

① 邓峙一．李品仙盗掘楚王墓亲历记［M］// 安徽文史资料选集：第一辑．

② 郭德维．关于寿县楚王墓椁室形制复原问题［J］．江汉考古，1982（1）．

（图三二，5）。

这是目前所见鼓座中绝无仅有的高超之作，它似乎不像1件实用的鼓座，如同青铜礼器中一些精品一样，已成为超出实用器范围的绝美的青铜工艺品了。

在擂鼓墩M_2内也出有一鼓座，虽不及曾侯乙墓出的鼓座，但它的纹饰仍有时代的标记，与同墓其他器物一样也有变形的浮雕状蟠螭纹。而且可辨认出10个单元，每个单元由6龙组成，共60条龙，也不失为粗拙中又见精细的1件，通高16.6厘米、底径37厘米（图三二，4）。

曾侯乙的磬架也令人惊叹。这一青铜磬架由一对鹤形动物及其头上插附的圆立柱和两根圆杆横梁结合而成呈单面双层结构。尤其值得注意的是，这对鹤形动物结集龙首、鹤颈、鸟身、鳖足统于一体。高高伸出头、颈，顶托磬架横梁，头上双角，双眼圆鼓，口吐长舌，呈长鸣状，身上两翼张开，作振翅欲飞状。有错金云纹，磬架通高1.09米、长2.15米（图三二，2）。

此外，曾侯乙墓内的1件鹿角立鹤，亦为稀世之珍品（图三二，3）。有学者认为亦为安装墓内圆鼓的一个悬鼓鼓架[①]，不无道理，录以待考。

2. 钲、铙

包山M_2出土的青铜乐器仅1件，简报称为勾鑃[②]，后据同出竹简遣策记载，称之为铙[③]。柄较长，以勾连纹为地纹上饰细密的几何纹饰，内外均有纹，也相当精致，通长27.5厘米（图三一，16）。此墓规模近同于信阳长台关和江陵天星观，墓主身份亦高，而不出编钟，仅出这么小的1件青铜乐器，颇令人费解。

---

① 方酉生．有关曾侯乙墓的几个问题［J］．武汉大学学报，1981（6）．

② 湖北省荆沙铁路考古队包山墓地整理小组．荆门市包山楚墓发掘简报［J］．文物，1988（5）．

③ 湖北省荆沙铁路考古队．包山楚墓［M］．北京：文物出版社，1991．

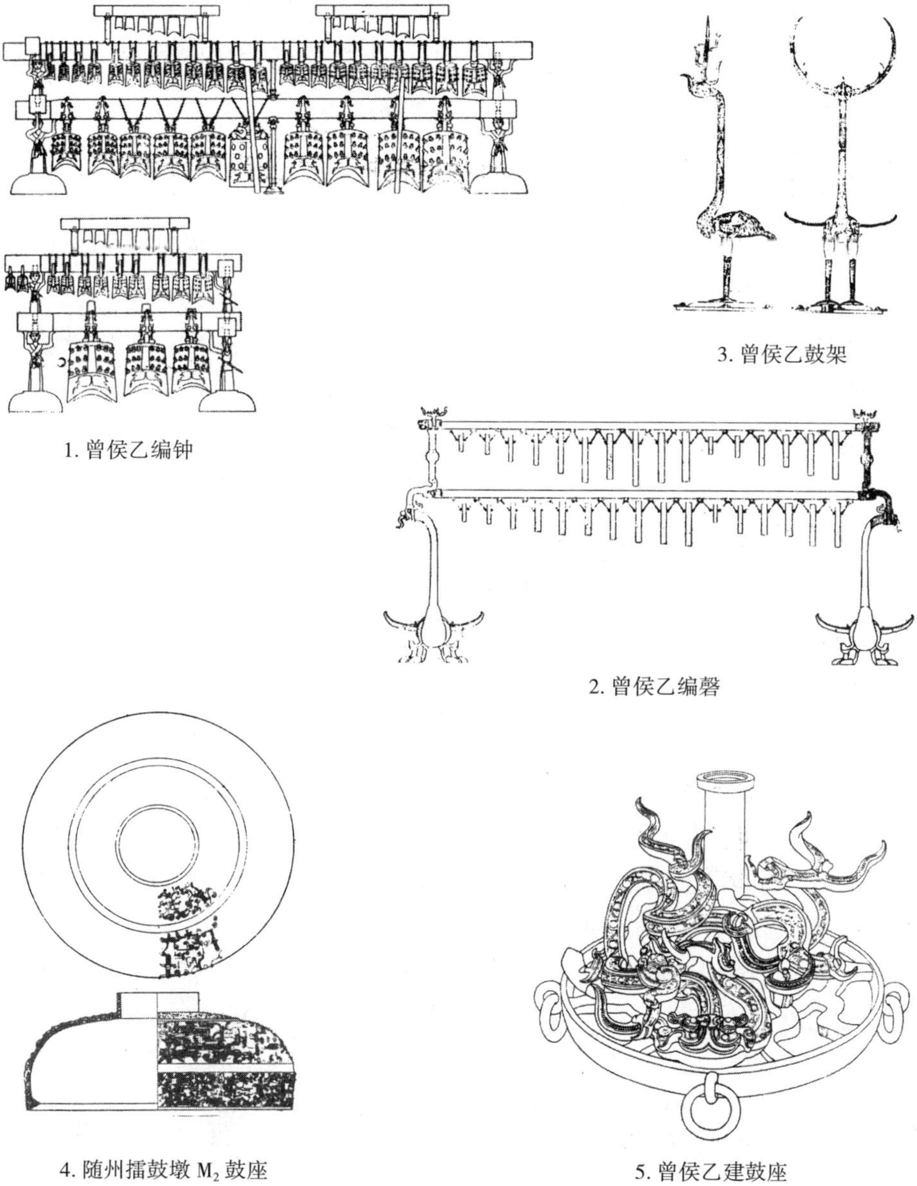

1. 曾侯乙编钟
2. 曾侯乙编磬
3. 曾侯乙鼓架
4. 随州擂鼓墩 M_2 鼓座
5. 曾侯乙建鼓座

图三二　编钟、磬架和鼓座、鼓架

在江陵雨台山和宜城楚皇城楚墓内各出土1件铙，各长27厘米和20厘米，比较素简（图三一，17、18）。在这两地楚墓还各出1件小钲（图三一，14、15）[①]。雨台山的1件有与王子婴次炉相同的斜方格细乳钉纹，这种纹饰虽少见，但也属楚系纹饰之一。

三、楚系编钟的特征分析

在此只简略论述编钟的演变、特征。楚系编钟的发展演变轨迹已较明确，试以甬钟、钮钟、镈钟三类分论之。

甬钟已知最早者为楚公冢钟，年代为西周晚期；东周七期中缺第一和第七期，有待今后填补这两期空白。从早到晚，钟形的演变主要表现在：第一，甬部由短到长；第二，钲部由长变短而鼓部则由短变长；第三，于部上弧程度由小变大，以最早的楚公冢钟与较晚的曾侯乙钟为例，前者甬长与身长之比约为1∶2，而曾侯乙钟几乎为1∶1，甬部犹如一根长杆。楚公冢钟钲部比鼓部长一倍有余，曾侯乙的两部分几乎相等；楚公冢钟的于部弧度甚微，而曾侯乙钟的弧度之大一望可知。如同形制随时代发展而演变一样，其纹饰也相应地发生变化。纹饰种类与形态的演变，在纹饰一章内将有总的考察。至于音律上的演变已有专家予以论述，足资参考。[②]

我们所关注的还是楚系青铜乐器形态上的文化特征问题，即从钟的形制、纹饰等方面如何辨认出它的楚文化特征。这是一个较为复杂的问题。以下试以同时代的中原编钟作些比较。

春秋时代的楚系编钟以王孙诰钟为代表，与王孙诰钟大体同一时期的有山西长治分水岭M_{269}、M_{270}[③]和新郑郑伯大墓所出甬钟，形制基本相

① 湖北省荆州地区博物馆．江陵雨台山楚墓［M］．北京：文物出版社，1984：86，图六七，3、4；楚皇城考古发掘队．湖北宜城楚皇城战国秦汉墓［J］．考古，1980（2）：118–119，图五，9、11.

② 请参阅《曾侯乙编钟研究》等书。

③ 山西省文物工作委员会晋东南工作组，山西省长治市博物馆．长治分水岭269、270号东周墓［J］．考古学报，1974（2）．

同，而大小、纹饰有别，它们中最大的甬钟高度与重量如下：

表 4–4　春秋时期楚系编钟与中原编钟甬钟对比表

名称	通高 / 厘米	重量 / 千克
王孙诰钟	120.4	152.8
分水岭 M_{269} 钟	约 44①	10.5
分水岭 M_{270} 钟	约 50	8.8
新郑大墓钟	约 32	9

从这种比较中可以看出，王孙诰钟的通高几乎比后三者大三四倍，重量要重十多倍。是不是与墓主身份有关呢？诚然，分水岭 M_{269}、M_{270} 墓主身份如简报所言，为大夫等级，但使用了高于大夫等级的金石之乐，与王孙诰的等级不会相差太大。新郑大墓为郑国某一国君之墓，虽然镈钟较大，而甬钟则太小，与其身份不相称。这足以说明楚人对编钟的重视与编钟铸造工艺之进步。

在纹饰方面虽都为蟠螭纹、蟠龙纹之类，但具体构形有异，并有精粗之分，一望而知。

战国时期的钟，中原地区的山彪镇 M_1 内出土镈钟两组（图三一，13），一组为 5 件，一组为 9 件②。山西太原金胜村大墓出土镈钟两组，一组 5 件，一组 14 件③。年代都为战国早期，与曾侯乙编钟和楚王酓章钟属一个时期，它们最大一件高度、重量与楚王酓章钟的也可作一比较：

楚王酓章镈钟　　通高 92.5 厘米　　重 134.8 千克

① 分水岭 M_{269}、M_{270} 的通高原无数据，按甬长与铣长相加而得，实际高度还要略小于此数，新郑大墓原尺寸为市尺——9 寸 8 分，换算而成，重量原计为 290 市两，亦换算成千克。新郑最大的镈钟，高约 80 厘米，与其墓主身份相符。

② 郭宝钧．山彪镇与琉璃阁［M］．北京：科学出版社，1959．

③ 山西省考古研究所，太原市文物管理委员会．太原金胜村 251 号春秋大墓及车马坑发掘简报［J］．文物，1989（9）．

山彪镇 M_1 镈钟　　通高 47.9 厘米 ①　　重 26.65 千克

太原金胜村镈钟　　通高 41.4 厘米　　重 18 千克

相差如此悬殊，是不是与器主身份有关？山彪镇 M_1 墓主可能为魏襄子，为晋卿之一，从墓葬规模看，也属诸侯级身份，太原金胜村墓主可能为晋国声威显赫的晋六卿之一赵氏，如为三家分晋以后的赵氏，则已具有诸侯身份。与楚王酓章钟不应相差如此悬殊。这种悬殊的差别，只能表明楚作为最大的诸侯国国君对镈钟特别重视，加上雄厚的经济实力，发达的编钟铸造工艺，才能有如此气魄雄伟的编钟。从它们纹饰上的差别也可看出楚与中原地区的差异（图三一，12、13）②。从音律看，楚与中原地区虽都已有十二律，但正如不少专家指出的，十二律中的周制与楚制是两个平行发展的系统。规模宏伟的曾侯乙钟的出土及楚王酓章钟的出土，显示了楚音乐文化水平及自身的特色 ③，相形之下，中原地区出土的编钟则大为逊色。我们吟诵伟大爱国诗人屈原的诗句“陈钟按鼓；造新歌些……宫庭震惊，发激楚些……铿钟摇簴”（《招魂》），目睹这些幸存的青铜乐器及其他乐器，对楚的音乐文化发展的高度水平与特色自会有更深切的感受。

以上为本章关于楚系铜礼、乐器的分类论述。各类楚礼器的发展序列，以乙类组合的礼器群为代表，作分期图于后（图三三），以便读者得到整体印象。关于楚器的发展水平、基本特征，在第九章总论中还将再稍作归纳与说明。

---

① 原只有钮高与铣长，按此相加而得，实际通高要略小。

② 以酓章镈钟与山彪镇 M_1 镈钟两者的正鼓部纹饰为例，前者为尖浮龙纹，后者为近似平雕的浅浮雕龙纹。布局上，后者为呆板的长方形，前者为有曲线美的近似长方形；两相对照，风格各异。参阅李纯一《中国上古出土乐器综论》，1996 年版。

③ 对楚音乐特点，音乐界的专家们多有论述，如以楚为代表的南系音乐旋律的婉约妩媚，中原地区及其偏北地区则高亢激越，并从调式、音阶、音律等方面作了探讨，限于篇幅，不再介绍（详《楚学文库》关于楚乐器、乐舞的专著）。

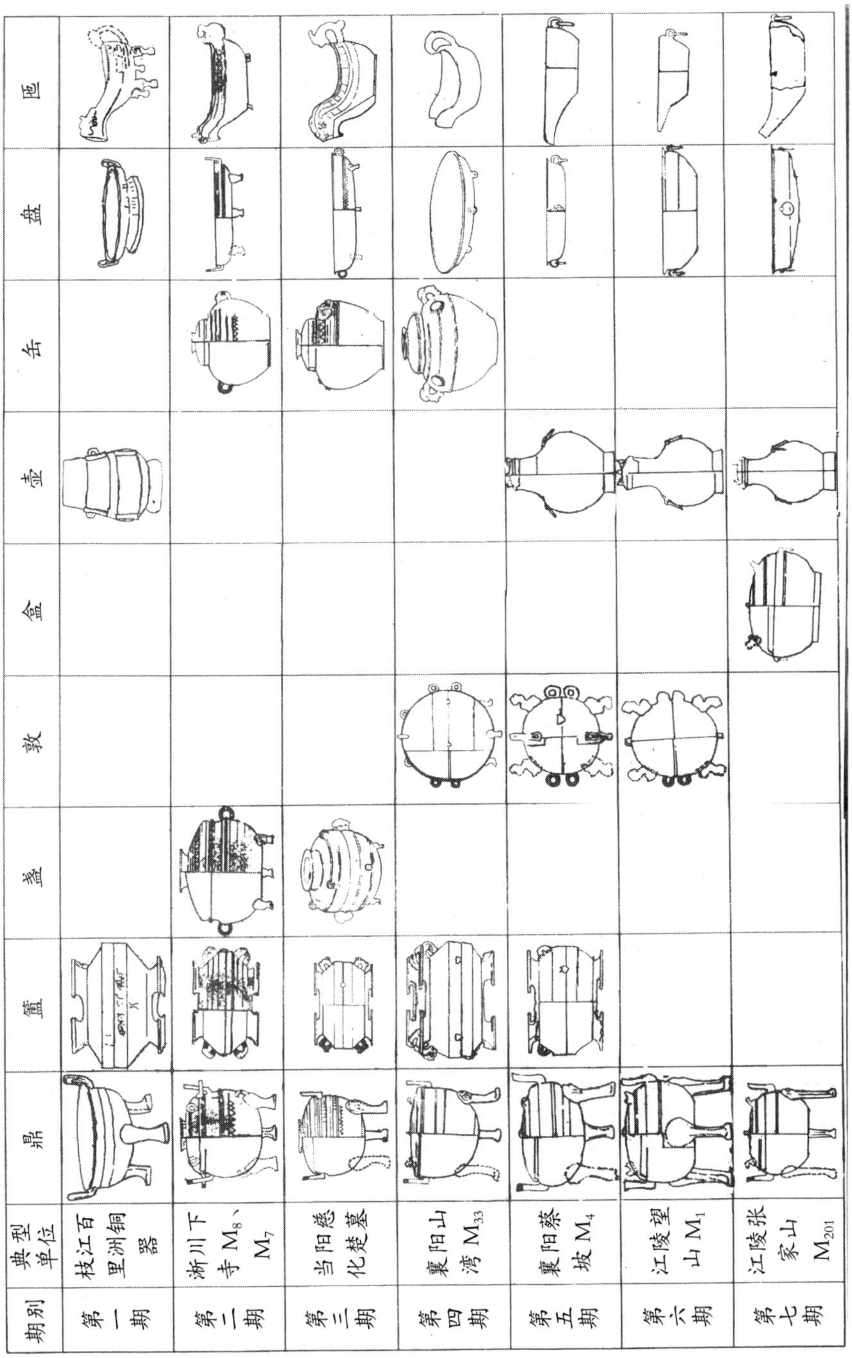

注：第三期的盏为襄阳山湾楚墓M_{15}出土

图三三　楚墓铜礼器群（乙类组合）分期图

第五章　楚系青铜器纹饰研究

纹饰是楚系铜器研究的又一项重要内容。应该说，楚系铜器纹饰的专题研究，至今仍是一个相当薄弱的环节。20 世纪 30 年代，已有学者对寿县楚幽王墓铜器纹饰进行过专门的研究①，但那时可资对比的材料实在太少，只能与中原地区的一些器物纹样作比较。现在，这方面材料已相当丰富了，就不能只停留于对某一处墓葬材料的研究，而必须将东周时代各个时期的所有楚铜器纹样进行总体考察，以探明其早晚演变轨迹，并推究出体现在纹饰方面的楚文化特征。从目前研究现状来说，虽然已有不少学者对各类楚器（包括铜器在内）的纹饰风格作过论述，但专门就楚铜器纹饰作综合研究，似尚无人问津。中原地区的东周青铜器纹饰，已有学者作了专题论述，初步建立了中原地区铜器纹饰的发展演变谱系。②现在，楚铜器纹饰的发展演变谱系，也已有条件进行研究，这是楚文化考古学研究进行到今天，必须予以解决的一项重要课题。当然，相对于形制的研究来说，可能困难要大些。有些发掘简报或报告，往往仅发器形照片或线图，而少发或未发纹饰拓片与线图；或者即使发了，也因缩印太小或者印刷不清，以致看不清纹饰结构，增加了研究的困难。这大概也是导致目前对器形研究多而对纹饰研究少的原因之一吧。稍可欣慰的是，笔者曾参加了几批重要铜器材料的整理，也有机会目验各地的一些铜器实物，掌握了比较丰富的纹饰资料。即使如此，正如前面提到的纹饰资料公布上存在的问题，在研究中仍深感材料的不足，难免影响论断的精确性。无论如何，这一课题必须提到研究日程上来，微

① 熊海平. 楚器纹绩的研究［J］. 民族学研究集刊，1936.

② 高明. 中原地区东周时代青铜礼器研究［J］. 考古与文物，1981（2-4）. 其中有专论纹饰一节。

观研究是宏观研究的基础，对楚铜器纹饰进行微观研究，不仅十分必要也具备了初步条件，理应努力阐明它在楚文化发展总体中的地位与作用。

东周时代青铜器纹饰的制造与形成方法，可分为模铸、镶嵌、铸镶等。模铸中的印纹法，在东周二期以后十分盛行，同一花纹单位成二方连续和四方连续结构饰于器体上，形成所谓网纹章法。镶嵌有金、银、玉、绿松石等材料，又有错漆鎏金等新工艺，给单一的青铜色地上增加了色彩斑斓的气氛，有强烈的艺术风韵。铸镶红铜花纹，是大约始自三期的新技法。① 这些技术上的演进大体与中原地区同步。

纹饰的表现形式有平雕、线刻、浮雕、镂孔、透空等，所谓透空是一些圆雕或半圆雕物象附饰于器体表面之上，形成高低错落、变化多端的装饰效果。

上述两方面在以下的两节中还将作必要的考察。

第一节　纹饰分类研究

楚系铜器纹饰的内容即它有哪些题材？每类题材在各个时期有些什么变化？我们将在这些具体的讨论中试图建立起楚铜器纹样的演变序列和发展谱系。只有解决了这一问题后才能进一步探讨楚铜器纹样的特征及相关问题。

楚铜器纹饰题材的分类及其定名，我们将参照已有的研究成果并适当作些更改。

东周时代楚铜器纹样与中原地区一样，主要为动物纹和几何形纹两大类，考虑到动物纹样中以龙凤纹为大宗，我们在本书拟分为两大项来论述，即龙凤纹类、几何纹和其他物象纹。

一、龙凤纹类

由于龙凤纹类数量最多，各个时期的变化也很明显，有必要作重点

① 参阅《曾侯乙墓》一书附录一二。

研究，龙凤纹特别是龙纹在东周时代的楚铜器纹饰中特别盛行，是与当时我国（包括楚国）社会习俗与意识形态分不开的，生活在春秋晚期的楚国贵族叶公子高特别喜欢龙纹装饰。刘向《新序》一书有如下记载：

叶公子高好龙，钩以写龙，凿以写龙，屋室雕文以写龙……

这就是至今广为流传的“叶公好龙”成语之所由来。经经学家的发挥，叶公变成了一个怕真龙的懦夫，其实，历史上的叶公倒是很有作为的人，他在统治阶层内部斗争造成的楚国混乱中，是一位力挽狂澜的人物，并且有自知之明，功成身退，让位于年轻的接班人，而自己则“老于叶”（《左传・哀公十六年》）。这样的历史人物，用历史唯物主义的眼光来看，是应该肯定的。并且，从这一记载中，我们还可看出，叶公还是一位酷爱美术的人物，否则他不会在自己的居室内到处装饰龙飞凤舞的图像，我们如抛弃“天龙闻而下之”的传说，当时人们的喜好龙纹装饰便活灵活现地表现出来了，而对出土文物中龙纹无所不见、无处不在的情况，就更容易理解与说明了。当然，对龙的崇拜与装饰，并不只存在于东周时代的楚国，在其他地区亦然，并贯穿于我国历史文明的各个时期中，它成了中华民族的象征。由于龙是一种传说中的神异动物，随着历史的发展，各个时期有不同的形态与结构。楚国地区的龙纹也有自身的表现方式，楚铜器上的龙纹也有它特定的表现方式，这便是我们要深入研究的课题。

对楚铜器上龙纹如何分类？如何定名？这一方面要参考我国青铜器论著中已约定俗成的类别与名称；另一方面要使这种分类与定名更有利于对楚系龙纹的研究。本书拟分为以下几个小类：窃曲纹、蟠曲龙纹、蟠绕龙纹、侧行龙纹、蟠虺纹、蟠蛇纹、尖浮龙纹、双钩龙纹、变形虺龙纹、云龙纹及透空、圆雕龙形装饰等；其蟠绕龙纹又可再细分小类，以下分类考察其在各个阶段的变化与特点。

1. 窃曲纹

窃曲纹是西周晚期流行的一种周式纹样，中有目形，两端弯曲，形如横S形。《通论》说此纹“多含有目形和兽角的形状，故知其从动物形象变化而来”。《铜纹饰》称兽目交连纹。从其纹样状如龙蛇形看，应为龙纹的一种变形式样。它在楚铜器中虽数量不多，但延续的时间较长，有一定的特点，可视为楚铜器纹样的一种。

在楚铜器第　期（春秋早期），窃曲纹式样与西周晚期周式相同，如传世的楚嬴盘腹部和枝江百里洲铜盘腹部及南阳西关申公彭宇墓铜壶颈部的窃曲纹均为此式（图三四，1）。而在以后各期则有变化，如：三期有下寺楚墓方壶颈部、四期有邵（昭）王之諻簋腹部（图三四，2），六期有曾姬无卹壶颈部；以上三器上的窃曲纹结构与前二器同，但有两个显著的差别：第一，在纹饰中的地位不同，前者作为器物的主体纹样，后者则为次要的陪纹，且纹样变得很小；第二，纹样的表现方式不同，前者为粗线体，后者为细线体，为两细阳线勾勒，前者古拙，后者有清秀之感，这与东周纹饰风格演变的趋势是相一致的。

这类窃曲纹在楚器中延续使用到了第六期即战国中期，而在中原地区据已有的发现，只延续到了春秋晚期（图三四，3），以后未再发现[①]，山西太原金胜村 M_{251} 的一件方壶[②]，形与下寺方壶、曾姬无卹方壶相近似，年代介于两者之间，在其纹样中见不到这种窃曲纹。看来，窃曲纹在中原地区比在楚地消失的时间要早得多。楚在长时间内保留了这种变化了的周式纹样，为耐人寻味的特征之一。

需要指出的是，在新郑郑伯墓出土方壶和寿县蔡侯方壶中也有与下寺楚墓方壶一样的楚式窃曲纹。对于这两件方壶的文化归属，在本书第四章已作论述，应归属楚系铜器。与楚墓出土方壶一样同饰楚式窃曲纹，亦为明证之一。

---

① 据《中原地区东周时代青铜礼器研究》纹饰图表（出处见书末书目）。

② 山西省考古研究所，太原市文物管理委员会. 太原金胜村 251 号春秋大墓及车马坑发掘简报［J］. 文物，1989（9）.

2. 蟠曲龙纹

这种纹样单元为一个单体龙纹或龙形，即使单元中有两个龙纹，也相互不交连或蟠绕，在编钟中，往往由两个单体龙纹组成鼓部纹饰，在礼器中，则往往由一个或两个蟠曲龙纹组成二方连续的花纹带，龙纹体躯弯曲的形状有多种式样，有如英文字母的L形、C形、S形，或作弓形和三角形。这类式样系由西周时期习称的夔龙纹衍变而来，从春秋时期一直延续到战国中期。例如下寺 M_2 楚器有此纹（图三五，1），在曾侯乙墓铜器中，C形龙纹，内曲成凹形，反首张口，尾亦上卷，头尾相接近，体躯内施阴线涡云纹和两条小星点纹，见于四件器物（图三五，3）。S形龙纹，由两个头部反向的S形龙尾部相近结成一花纹单位，体躯内填小三角纹、涡云纹或填四行小星点纹，见于三件器物（图三五，2）。这种C形和S形龙纹在曾侯乙墓多种纹饰式样中，数量已较少。在同时期的蔡坡四号墓器也有这种式样。在稍晚于曾侯乙墓的擂鼓墩 M_2 器物上也仍然有，但稍有变化，龙身乃成横弓形，有卷翅，饰密集星点纹。到战国中期后段，像荆门包山 M_2 这样的大墓内及中型墓如望山 M_1 内出土的铜礼器上已见不到这种式样，但在包山 M_2 和江陵望山 M_2 的日用器铜樽上有变异形式，变成了线条图案性龙纹（图三五，4）。战国晚期幽王墓内则完全为几何变形式（图三五，7）。

中原地区也有这类蟠曲龙纹，但纹内填纹稍异（图三五，5、6）。

3. 蟠绕龙纹

这类龙纹与上述蟠曲龙纹一样多作侧视蟠曲形，但其纹饰单元是由两条以上的龙相互缠绕，形成二方连续或四方连续的纹样。这是东周时代从春秋中期起广布南北各地的最常见、最主要的一类纹饰，一般称蟠螭纹，由于大多数的龙口中伸出长舌，有的学者名之为“吐舌蟠螭纹”①，但也有不吐舌的。螭是无角的龙，包括有角的龙，都可统称为龙。龙形又相互缠绕，故在此统称为蟠绕龙纹（包括习称的蟠螭纹在内）。

① 李学勤．光山黄国墓的几个问题［J］．考古与文物，1985（2）．

楚铜器上的这类蟠绕龙纹，有它本身的发展序列与特色，以下分期说明之。

楚铜器在春秋早期就已有此式龙纹，如枝江百里洲铜匜上的为二龙呈对转角式蟠绕状，体躯由二粗阳线构成（图三六，1）。在年代为东周二期前段的樊君夔匜上已出现三条的蟠绕龙纹。到春秋中期以后，多为三龙蟠绕状（图三六，2）。另有一种龙首稍变形了的蟠绕龙纹（图三六，7），多见于二至四期。

下寺 M_2 郑子倗器上的为二龙与一内卷的龙成对转角式缠绕，体躯粗大，由四粗阳线构成，呈现粗壮有力的风格（图三六，3），或可视为当时楚势力蓬勃发展、风威强劲的象征之一。

在战国早期曾侯乙墓内，此类纹样数量不多，体躯没有下寺所出那么粗，结构也稍有变化，有两种，一种为体躯中脊之直线较宽粗，两边则为细阳线，躯体除自身缠绕外还和三龙相纠绕（图三六，4）。另一种体躯较细，中间一细阳线两旁点缀星点纹（或称麻点纹），躯体外卷与两龙相绕（图三六，9）。这在晚于此的擂鼓墩 M_2 几件器上也仍然存在（图三六，10），以后未见。这种蟠绕龙纹早晚变化轨迹是清楚的，即由两条蟠绕变为三条以上的蟠绕，躯体内的填纹由两条粗阳线到三条、四条粗阳线构成，到战国早期则有另加小星点纹或三角云涡纹的填纹[①]，战国晚期幽王墓内的简化为变形蟠绕龙纹[②]（图三六，11）。

在这类龙纹中还有一种缠绕四条龙的，连同自身一条共有五条之多，可谓绕龙数量之冠。由于它蟠绕多，加上躯体纤细，也有经称为细密蟠螭纹的。它的躯体由三细阳线构成，所吐之舌呈粗钩形，在图案中两龙口之吐舌排列相近，十分醒目，如王孙霁匿腹和随州一盏上之纹样（图三六，8），此式纹样大概出现于春秋中晚期之际，现知最早的在下寺楚墓 M_3 内铜器上可以见到，最晚的在战国中期偏早的随县擂鼓墩 M_2 铜簠上还存在，以后未见。

① 战国中期擂鼓墩 M_2 的近似而稍异。

② 有称为变形蟠螭纹或几何勾连纹和连环形纹样的。

4. 蟠虺纹

这里所称的蟠虺纹是一约定俗成的老名称，但过去在使用这一名称时所指的纹饰范围广狭不一，本书所指限定于一种纹样形式，即在近似正方形细花纹单位内有二条小虺形龙的尾部钮结，其头部各置于两个对角处，另两个对角处则各分布一条小虺形龙，从现有楚器材料看，最早出现于第二期后段，如下寺 M_8 和 M_7 及谷城新店器群上都已有此蟠虺纹，分粗细两个式样（图三七，1）。粗的一种比较少见，以后各期未再发现。第三期的蟠虺纹（图三七，2）。与前期相较，虺纹更为方折，单元面积变小，虺目呈圆珠状，这种方形单位的蟠虺纹广施于楚鼎、盏和盥缶、盘、匜等器，是这一时期盛行的一种纹样，在第四期仍较为流行，但相对来说不如第三期流行之广。第四期还出现稍为变形的纹样，如图三七之 3。虺身线条更为方折，连虺目也变成长方形，一条对角线上的两个小虺甚至省去了目形。自此期以后就基本上绝迹了，如第五期曾侯乙墓内铜礼乐器上再见不到这种蟠虺纹了，仅在一件车軎上有此纹样的遗留。

由上所述，楚铜器蟠虺纹出现于第二期之末，流行于第三、第四期，并且每期又稍有变化，可作为断代上的标准纹样之一。

5. 侧行龙纹

形为侧视一足或二足形（实为二足或四足），仰首或后顾作奔腾状，富于动态感。有的身躯较粗，有尾，颇似兽形，故也有名之为兽形纹的。此种龙纹与其他龙纹显著不同处，在有侧视一足或二足，足爪似英文字母的“C”，巴纳曾称之为 C 形脚或半月形脚，认为是“由鸟爪演变而来”，但“似乎只与神怪动物有关系，与鸟类却绝不相干”，并认为“楚人是 C 形脚（或手）的始创者”。① 其形状早晚变化较大，现知最早的为淅川下寺 M_2 所出，躯体较粗，二足（实为四足），作侧视前进状（图三八，1）。第四期，湖北宜城出土的盏上的体卷如 ᴗ 形（图三八，2），侧视只一足，实为二足；从其体躯如卷龙形而又无四足来看，证明

① 巴纳：《楚艺术的起源与性质》（英文）。

这类纹样确为龙纹，而非兽形纹。同期还有襄阳、随州出土铜盏上的为平雕图像，有二足（实为四足），一件头向后仰，头上有一分叉形的角，颇像鹿的角（图三八，3）；另一件似兽形，但有长角，身躯前后同大，又似龙形（图三八，4）。这两种式样均饰于典型楚器铜盏上，应为典型楚纹样之一。

此式龙纹在第五期曾侯乙墓内铜器上，不仅数量多，且富于变化，其体躯蟠曲较长，与前期之兽形身躯迥然有别，身侧有的伸出翼形饰，更增添了动态感，有的作二龙戏珠状（图三八，5）；有的作鸟首龙纹状，鸟首高冠尖喙，如楚式鼾与盥缶上的龙纹（图三八，6、7），也有作张口或无喙者，有作二足（侧视一足）似变形凤纹者。以上这些均为红铜铸镶而成，见于数十件器，琳琅满目，多姿多态，为曾侯乙墓内龙纹最多最精之一类。此式龙纹在这一时期犹如异军突起，成为楚式龙纹最富特色的一种。事物的发展是物极必反，这种纹样在此以后就退化与变形了。在晚于此的擂鼓墩 M_2 内仅有 1 件器物上饰此式鸟首龙纹（图三八，8）。战国中晚期已不多见，即使有也已变成纯装饰性图案艺术了。

6. 蟠蛇纹

这也是过去早已出现的名称，其所指也多有不同。本书所指是楚铜器中一种如几条长蛇蜿蜒纽结状，其头部为俯视形，细看仍有角，口吐长舌，故这类纹样仍应为龙纹，也可称蛇形蟠绕龙纹。从现有楚铜器材料看，主要见于第四、第五期，数量不多，第四期如当阳杨家山 M_6 的鼎上、淅川下寺 M_{10} 和襄阳山湾 M_{33} 的两件敦上都有此种纹样，且形状结构完全一样，一特别长的身躯自身作 8 字形纽结，并与左右二蛇形龙作四股纽结，形成十分柔和、婉转、对称的网状图案（图三九，1）。

第五期仅见于曾侯乙墓大尊缶上（图三九，2），图像结构与前一期基本相同，也是一长蛇形龙自行纽结，又与另两条作四股纽结，只是纽结的部位微有不同；身躯均由三条阳线平行构成，不同的是，第四期的中间一条线较细而第五期则变为中间一条粗；龙口所吐之舌，前一期中有阴线断开，而后一期则无此阴线，以一条小粗线表示之。这种细微的差别，在纹饰断代上也是很有作用的。对器物乃至一个墓葬的断代，需要综合很多方面的因素，如果每种纹样的变化，都能找到时代特点，就是断代的一个标准因素，我们理应细微地加以分析出来。

有意思的是，这种蟠蛇纹在战国早期的徐器上已发现，反映了楚器纹样对徐器纹样的影响。①

7. 尖浮龙纹

这类纹饰为高、浅浮雕的蟠绕龙纹或单体龙纹，密布于器面上，构成斑点状，有不少尖刺形凸起，故表面凹凸不平，触之有棘手之感。其实这仍然是蟠绕龙纹，但表现方式不同，平面与立体交错为纹，观之达到了眼花缭乱的地步。这类纹饰有的称之为羽翅纹。② 在楚铜器上从第三期到最后一期均有，为楚铜器中主要的纹饰之一。现知最早的在下寺 M_2 的王孙诰钟上有此纹饰。在甬、午、篆部的龙纹身上凸起密集的小圆点，鼓部则为浅浮雕的蟠曲龙纹。第五期曾侯乙墓的甬钟和一些礼器上相当多见（图四〇，1）。较下寺王孙诰钟更为密集，且凸点多为尖状凸起较高。如鉴缶的腹部，细视为许多高低相间的龙蟠伏于器表，龙首呈俯视形，显出双眼，有的并显双身、长躯，身躯上密布凸起于器表的浪花式的尖形涡云纹（有的在体躯间还点缀圆涡纹），给人以蛟龙戏水、波浪起伏的动态美感。由于这类纹饰凸起尖点，不能拓片，绘图也难以准确，请读者参阅（图四〇，1、2）。

战国中期和晚期仍继续流行这种纹饰。在随州擂鼓墩 M_2 的一些铜礼器上仍与曾侯乙墓的一样，尖状凸起，相当繁密。稍晚的荆门包山 M_2 的较为疏朗，浮雕状龙纹躯体较清晰，在鼾和鉴、盥缶等器上都基本上是满花状。晚至战国末年的幽王墓内既有如包山 M_2 式样的遗留（如一件盉上），也有相当简化的形式，即没有了龙躯，仅是龙纹上凸点纹的遗留，即一般称之为粟纹或谷纹的，状如标点符号“，”的式样（图四〇，2）。这是尖浮龙纹的几何变形式。

① 详见本书第八章第三节。

② 例如《青铜器纹饰》一书及有关论文。

8. 双钩龙纹

这种龙纹指整个龙纹形态系由两条细阳线或细阴线勾勒而成，体躯内大都无填纹，其纹样风格明显地有别于其他纹样。龙纹身躯有作单体的或缠绕的，也有作分体的，即首、身分离，有的身躯也分成几节。这类龙纹最早见于下寺 M_2 的升鼎与 M_1 尊缶，升鼎上的为分体式。下寺 M_1 尊缶和方壶的分体、连体都有（图四〇，3）。前述此壶上的窃曲纹也采取了这种双钩细线体，而与更早的窃曲纹相区别。

在春秋晚期的蔡昭侯墓方壶上，战国早期曾侯乙大尊缶上，战国中期的曾姬无卹方壶上均有这种阳线双钩龙纹。曾侯乙墓大尊缶上的为分体式，龙首作吐舌状，由于器形大，由双阳线构成的身躯也显得粗肥，并在体躯中间有节线纹一条（图四〇，4）。在晚于曾姬无卹壶年代的铜器中，未再发现这种纹样，也许此后即消失了。

细阴线的双钩龙纹目前仅一见，在曾侯乙墓出土铜斗的柄上，器表均作此纹，由两条阴线刻纹组成双钩龙纹，体躯成弓状弯曲，身很长，龙首作俯视状，攀伏于另一龙身上，龙身与另一龙未作缠绕状而作叠伏状。体躯内外在弯曲处有阴线云钩纹（图四〇，5）。从整体看与阳线双钩龙纹一样，已成为一种图案线条艺术纹样了。

9. 变形虺龙纹

这种花纹用来特指楚器上的绝佳产品——用失蜡法铸造出来的异常繁缛富丽的虺形龙纹附饰，这就是：

第三期下寺 M_1、M_2 出土铜鼾上攀龙上的附饰、铜盏上圈顶耳的附饰、铜禁四周器面与攀龙附饰。特别是铜禁禁体四周器壁上的网状虺形龙纹，为春秋时期铜器中绝佳之作。

第五期曾侯乙墓出土的盘尊，盘口沿与尊口沿上的透空附饰，远看如游龙云集，比上述铜禁的结构更为复杂，其细密如丝瓜瓤，富丽如绣球花，乃技术与艺术完美结合的神品。这种复杂的虺龙纹结构是尊口沿上的繁缛花纹由高低两层、内外两圈错落有致地构成的，每圈有十六个花纹单位，每个花纹单位由形态不一的四对变形虺组成，虺均各自独立，互不依附，每条虺的下端由弯曲不规则的小铜梗支撑，这些小铜梗立于器壁外层的铜梗之上。整个口沿和唇面就形成了既极为复杂又有条不紊，既玲珑剔透又节奏分明的立体花环艺术形象。盘口沿上的装饰也和尊口沿上一样，有着和谐统一的风格，这些锦上添花的附饰大大增添了尊、盘的艺术魅力（图二一 B、C1—2、图四一，1、2）。

尊盘上的虺龙纹与下寺铜禁上的形态相同，艺术风格一致，不难判明它是下寺此类纹饰的继承与发展，是楚国失蜡法铸造技术进一步发展而产生的又一杰作，这在中原地区及其他地区尚未见到，是仅见于楚地的一类独特纹饰。

10. 变形云龙纹

这类几何形化的龙纹又可分为两小类：

第一小类，即在双平行线（包括多线的）构成的龙躯内填以圆涡云纹、三角云纹或星点纹，呈方形转折的龙身而不辨或难辨首尾，较早的如年代为春秋晚期后段的昭王之諻簋腹上就有此类纹样（图四一，3）。被称作“轻云卷舒”① 状纹饰或“兽体变形”② 纹饰，其图案虽然复杂，然细辨之仍有龙躯可见，故应称为变形云龙纹为宜。在战国早期曾侯乙墓铜鉴缶、匜鼎上、战国中期的擂鼓墩 M_2 铜鼎上，有如昭王之諻簋相近的云龙纹饰，擂鼓墩 M_2 的此种纹样还依稀可辨认出为两条龙纹缠绕成一个花纹单位，足证这种花纹系由蟠绕龙纹演化而来。在包山 M_2 的簠上也有这种纹样，此后似消失。

第二小类，躯干由一条粗或细线构成，有的有较多的几何形线条。曾侯乙墓内被名之为钩连纹的，因系镶嵌形成，有的云龙纹体较粗，但个别的此类纹样还保留有龙的目形（图四一，5）。因此，可视为云龙纹饰。更有一种被称为龙凤纹钩连纹者，身躯成方折弯转，已更为几何形化（图四一，4），也应视作此类纹饰。

战国中期如荆门包山 M_2 一件铜壶上的图案更已极度几何形纹化，

① 容庚．商周彝器通考［M］．大通书局，1941：153．

② 上海博物馆青铜器研究组．商周青铜器文饰［M］．北京：文物出版社，1984：279．

由于也是保留有目形，仍可视为几何变形的云龙纹（图四一，6）。战国晚期楚幽王墓内的被称为蟠云纹[①]的，已不见目形，应是如包山 M_2 纹样的更进一步几何形化了（图四一，7）。

11. 圆雕龙形装饰

楚铜器表面的纹样已如上述，这里还须论述一下附着于器体上的立体圆雕龙形装饰，既有作为器体组成部分的构件如器耳、器钮、器足等，又有附加的装饰，如鼎腹上攀伏的龙。这类装饰在楚器上特别多见，且富于独特风格，它的特点有三：

第一，龙形多样化，有的全形似龙，如下寺方壶的龙耳、曾侯乙墓的楚王镈钟的龙钮和鉴缶、方壶的龙耳等（图四二，1、3），有的为鸟头龙身，如曾侯乙簋耳（图四二，2），有的体似兽形如曾侯乙鼎腹的攀龙（图四二，6）。有的体表为镂空形如曾侯乙盘尊上的攀龙（图二一 B）。

第二，龙上又附着小龙，有的一条上多达 8 条或更多，如下寺铜鼎上的六个龙形附饰，每个附饰的龙首上附着四小龙，身尾上又附着四小龙，共八条小龙，为春秋时龙身上攀附小龙数量之冠。战国早期的曾侯乙盘尊上的龙形附饰上亦复如此，尊体下方之两身龙形饰上，各附四条虺形龙，也是八条（图四二，4），盘体上四个双身龙附饰上，各附三条小龙，共六条（图四二，5），这些众多的龙集于一身，各有不同的姿态，其立体感、动态感均很强烈，亦是锦上添花之作。

第三，立雕或镶雕的龙相互穿插、纠结，如曾侯乙墓乐器中的建鼓铜座，在插鼓的圆柱周围均为圆雕龙群，由八对粗壮大龙躯干及攀附其身、首、尾的数十条小龙组成。这些大大小小的龙均仰首摆尾，穿插纠结，以多变的形态和对称的布局构成了极其繁复的主体造型，十分罕见（图三二，5）。

此墓日用器中的镇与筒形熏杯也是这种龙纹饰，镇面上有规则地雕铸八条互相纠缠的龙，有的高出于盖面呈镂空圆雕状，有的贴于盖面呈

① 刘节．楚器图释［M］．1935．

浮雕状，形为游动的龙（图四二，7）。筒形杯上为镂空龙纹，由九条交缠蟠绕（图三〇，9）。这种蟠绕龙纹熏杯到战国中期的信阳长台关楚墓和望山 M_1 内，已成为变形龙纹了（关于变形龙纹后详）。

1. 东周一期　南阳西关出土

2. 东周四期　昭王之諻簋腹部

3. 春秋晚期　河南辉县出土（琉璃阁 M_{80} 铜鼎）

图三四　窃曲纹

1. 东周三期　淅川下寺 M_2 出土

2. 东周五期　曾侯乙墓出土

3. 东周五期　曾侯乙墓出土

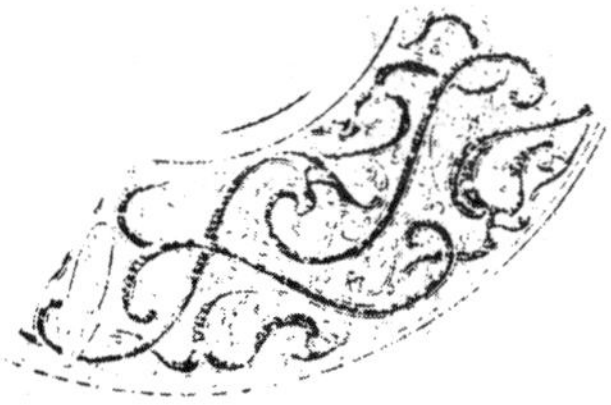

4. 东周六期　江陵望山 M_2 出土

5. 春秋晚期　河南辉县出土

6. 春秋晚期　山西太原出土

7. 东周七期　楚幽王墓出土

图三五　蟠曲龙纹

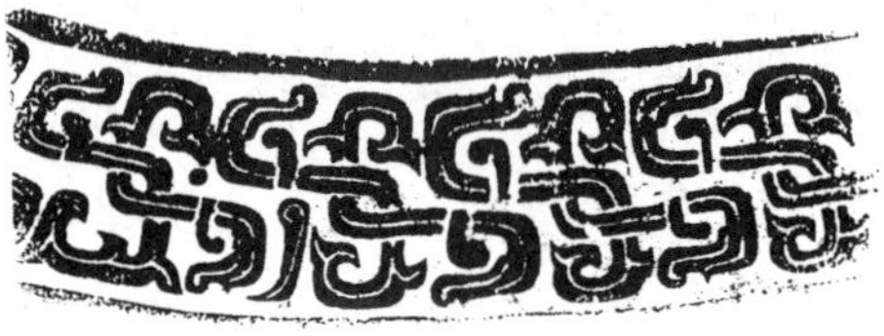

1. 东周一期　枝江百里洲

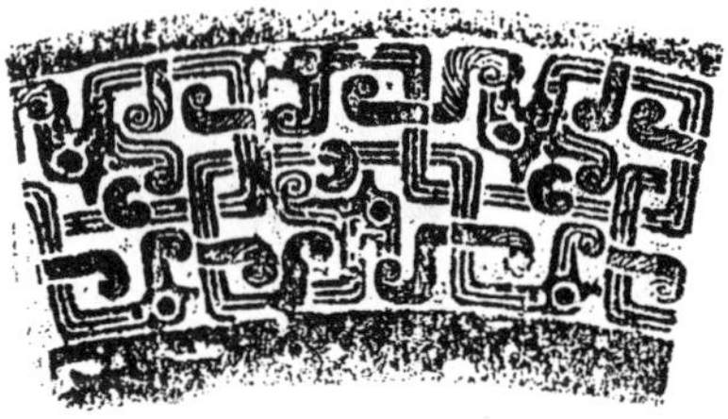

2. 东周二期　淅川下寺 M_2

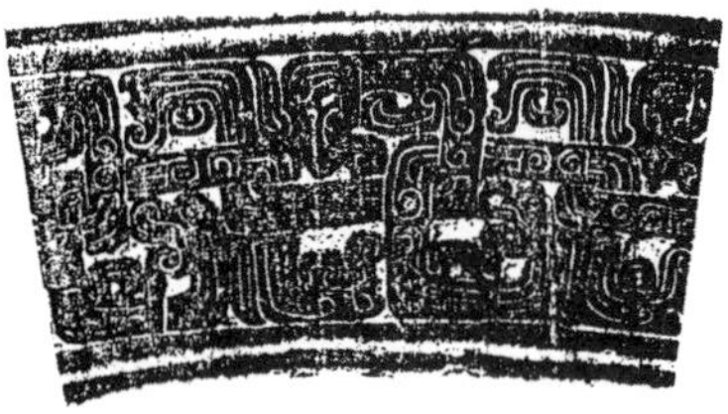

3. 东周三期　淅川下寺 M_2

4. 东周五期　曾侯乙墓

5. 春秋晚期　河南辉县（M_{59} 鼎）

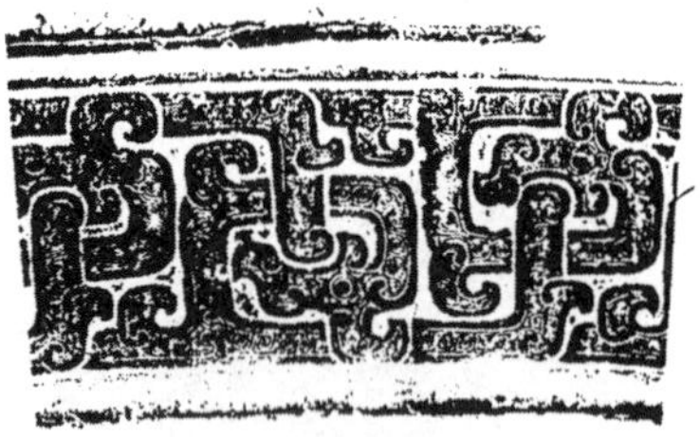

6. 春秋晚期　河南辉县（M_{60} 鼎）

图三六　蟠绕龙纹

7. 东周三期　楚屈子簠

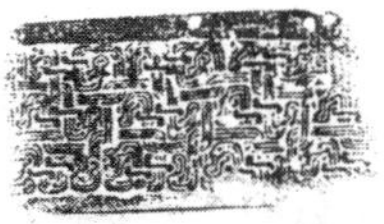

8. 东周四期　賓于敓盏

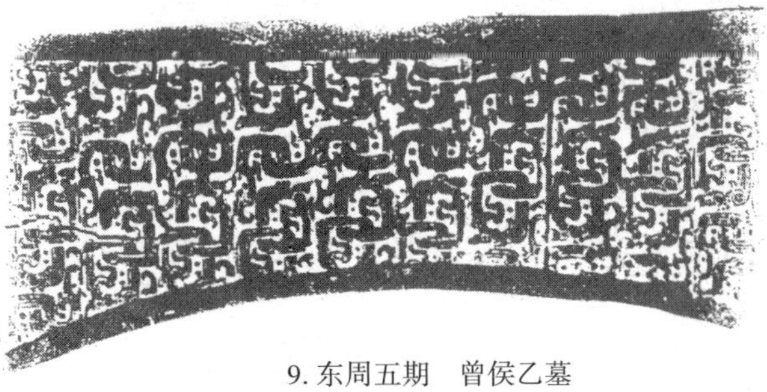

9. 东周五期　曾侯乙墓

10. 东周六期　随州擂鼓墩 M_2

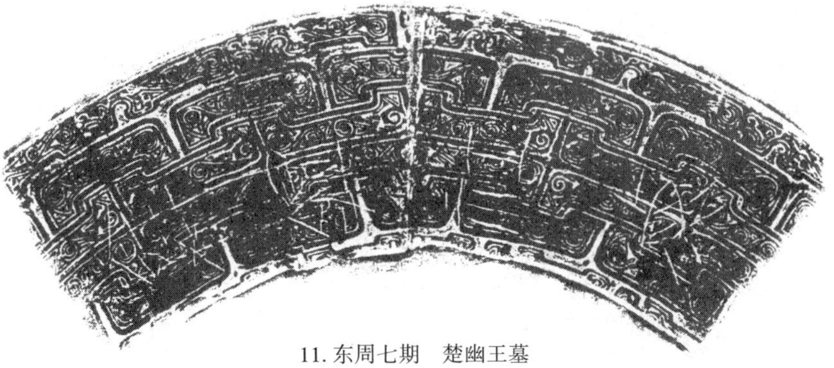

11. 东周七期　楚幽王墓

图三六　蟠绕龙纹

1. 东周二期　淅川下寺 M_7

2. 东周三期　襄阳山湾 M_6

3. 东周四期　襄阳山湾 M_{33}

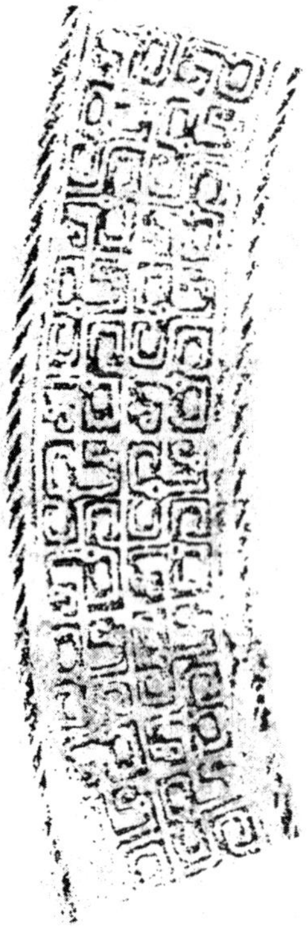

4. 春秋晚期　河南辉县（M_{121} 罍）

图三七　蟠虺纹

1. 东周三期　淅川下寺 M_2 浴缶

2. 东周四期　宜城骆家山 M_1 盏

3. 东周四期　敓盏

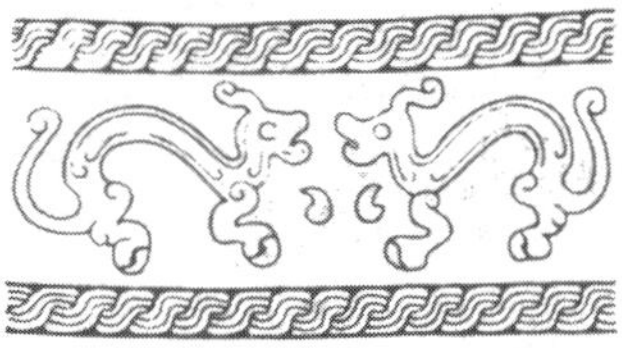

4. 东周四期　襄阳山湾出土敦

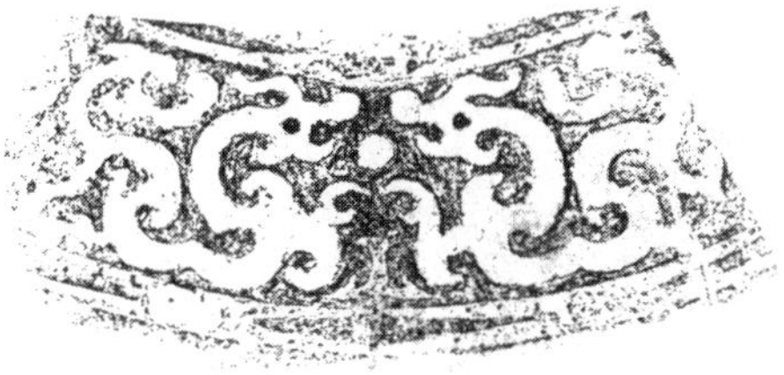

5. 东周五期　曾侯乙墓鼎

6. 东周五期　曾侯乙墓大鼎

7. 东周五期　曾侯乙墓浴缶

8. 东周六期　随州擂鼓墩 M_2 尊缶

9. 战国早期　河南辉县出土壶

图三八　侧行龙纹

1. 东周四期　襄阳楚墓镦

2. 东周五期　曾侯乙墓大尊缶

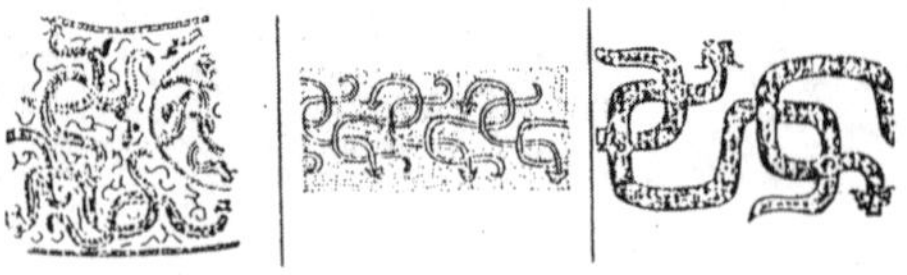

3. 春秋晚期　河南、山西出土礼器

图三九　蟠蛇纹

1. 尖浮龙纹　曾侯乙墓铜尊

2. 尖浮龙纹（变形）　楚幽王墓

3. 双钩龙纹　淅川下寺 M_1 尊缶

5. 双钩龙纹　曾侯乙墓大匕

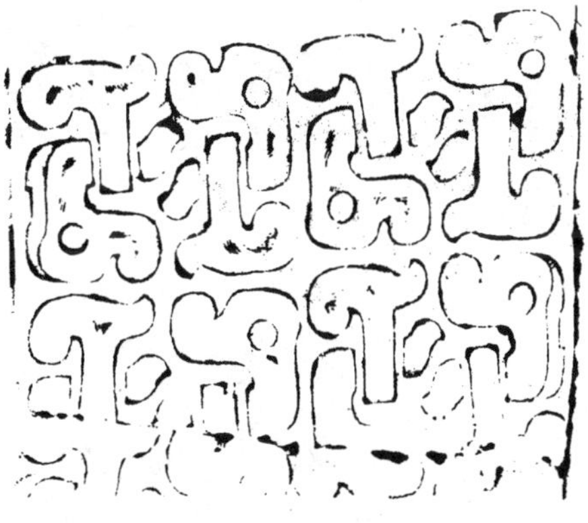

4. 双钩龙纹　曾侯乙墓大尊缶

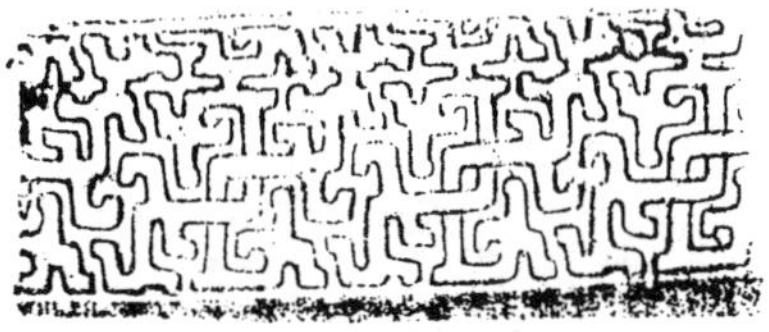

6. 春秋晚期　河南辉县出土（M_{40} 鉴）

图四〇　尖浮、双钩龙纹

1. 变形虺龙纹　曾侯乙墓盘尊

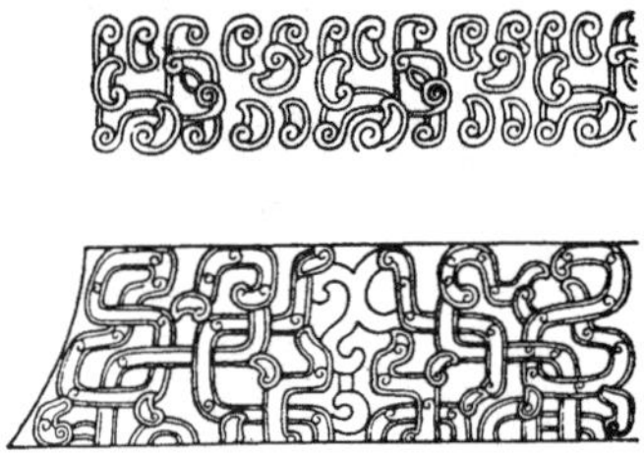

2. 变形虺龙纹　曾侯乙墓盘尊

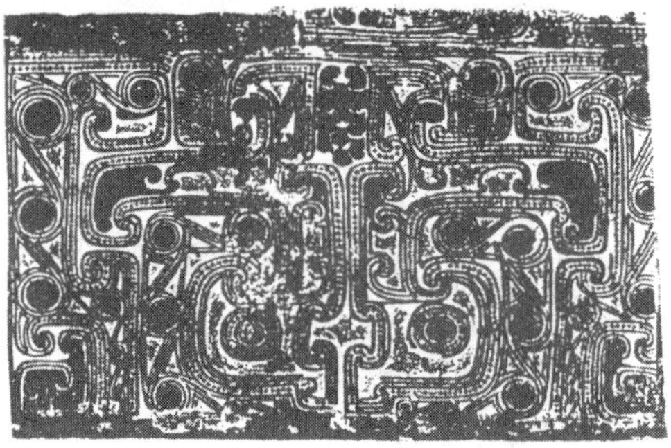

3. 变形云龙纹　东周四期　昭王之諻簋

4. 变形云龙纹　曾侯乙墓铜簠

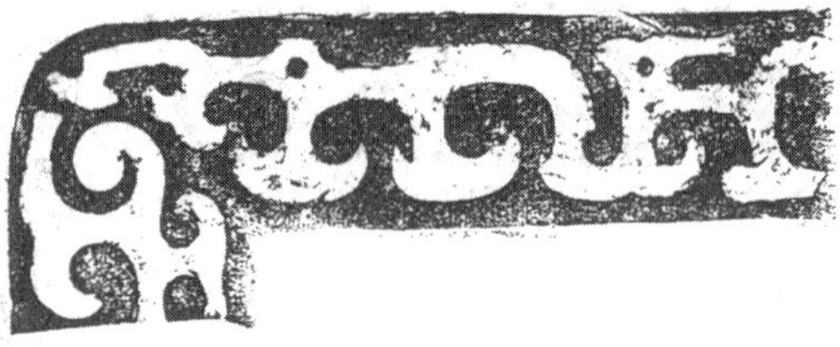

5. 变形云龙纹　东周五期　曾侯乙墓大鼎

6. 变形云龙纹　东周六期　荆门包山 M_2 壶

7. 变形云龙纹　东周七期　楚幽王墓

图四一　变形虺龙、云龙纹

1. 楚王酓章镈钟龙钮

2. 曾侯乙墓簋龙形耳

3. 曾侯乙墓鉴缶龙形附耳

4. 曾侯乙墓盘尊龙形装饰

6. 曾侯乙墓鼾上伏龙

7. 曾侯乙墓铜镇

5. 曾侯乙墓盘尊龙形装饰

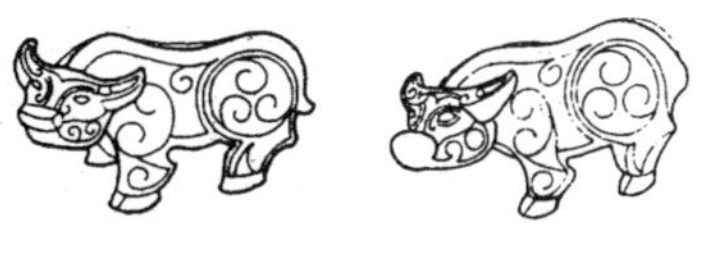
8. 曾侯乙墓鼎盖上牛形钮

图四二　圆雕龙与牛

1. 东周五期　曾侯乙墓铜豆

2. 东周六期　荆门包山 M_2 樽

3. 东周七期　楚幽王墓畲前簠

图四三　凤纹

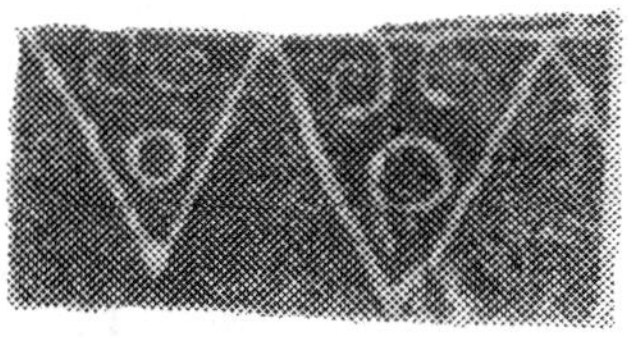

1. 东周三期　谷城新店簠

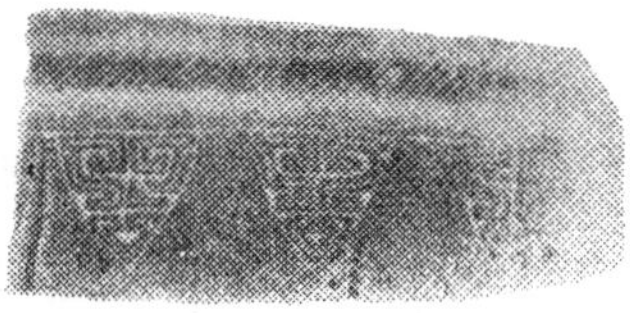

2. 东周三期　襄阳山湾盏

3. 东周四期　襄阳山湾浴缶

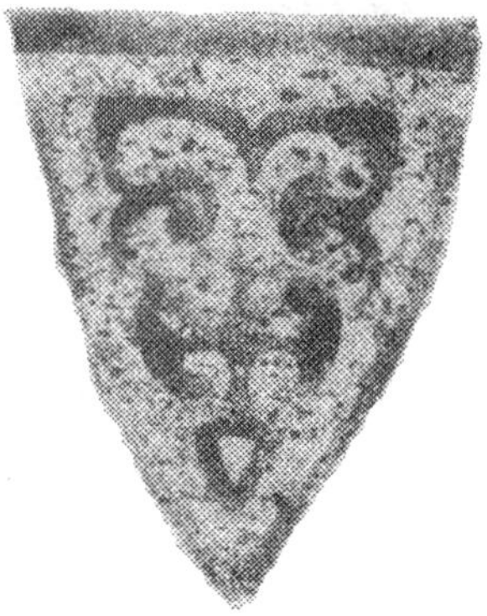

4. 东周五期　曾侯乙墓鼎

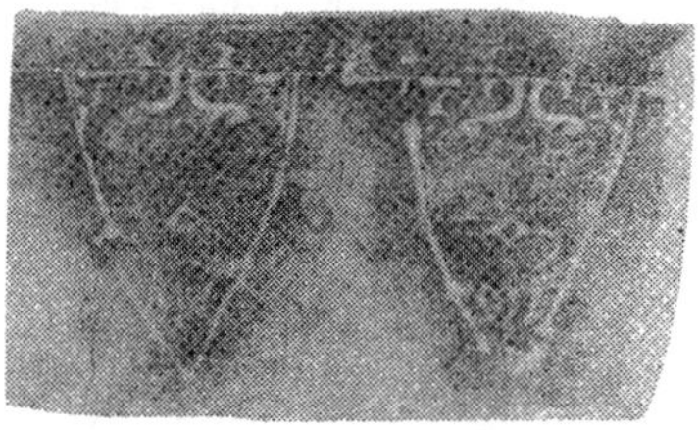

5. 东周六期　随州擂鼓墩 M_3 甗

6. 东周七期　楚幽王墓铜壶

7. 东周五期　曾侯乙墓鉴缶

图四四　三角形纹与勾连雷纹

12. 凤纹

楚铜器上的凤纹十分少见，春秋时期似尚未发现，战国时期也不多，如战国早期的曾侯乙墓内有变形的连凤纹（图四三，1）。在襄阳蔡坡 M_4 的一件铜壶上有镶嵌的鸟纹，无长冠，很难说是凤纹。战国中期的包山 M_2 出土铜樽、铜镜上有凤纹（图四三，2），望山 M_2 铜樽上有稍变形的凤纹，数量则多达 24 只[①]，这是迄今所见在楚铜器上凤纹数量最多的。龙游凤翔，图案亦极优美。战国末年的幽王墓内也仍然有稍变形的凤纹（图四三，3），在楚铜器上凤纹少见，而在其他质地的楚器上则凤纹多见。例如，江陵马山 M_1 出土大量丝织品上的凤纹数量多，且居于图案主要地位。可能是因为在铜器上饰凤纹不如在其他质地物件上所饰更能表现凤的姿态与神韵，这或许就是楚铜器上凤纹少见的原因吧！

二、几何纹和其他物象纹

这些纹饰由于数量不如龙纹多，且往往不是器物的主体纹样，只作简略考察。

1. 几何形纹

商周传统的几何纹如云纹、雷纹等都继续使用，东周流行三角叶形纹、绹纹（即绳索纹）、梭形纹等。以三角叶形纹为例，各期稍有变化。二期的在三角形内填涡纹、圈纹（图四四，1），三期的与二期相近，有的内填蟠虺纹（图四四，2），第四期有的三角形云纹较粗（图四四，3）。第五期曾侯乙墓内三角形有的修长，有的长边外弧，呈叶形，所镶之云纹更粗（图四四，4）。第六期多在一些粗龙纹躯体内填小三角纹或云纹（图四四，5），战国末年的幽王墓内的整体作风与以前时期仍相似，但其线条更加活泼流转，或名之为卷云纹（图四四，6）。

东周时代雷纹少见，而钩连雷纹则常有发现，曾侯乙墓内的一种方

① 刘彬徽．江陵楚墓出土龙凤纹铜尊［J］．江汉论坛，1980（6）；本文统计龙 60 条，凤 24 只，对此器的评说参见徐蓝清、中国古铜樽——楚文化断想［N］光明日报，1991-5-18（3）．

折较甚的钩连雷纹（图四四，7）犹有商周雷纹遗风，在其他楚器上尚未见到，为一特例。但其山字形钩连状，与楚铜镜上的山字纹有相似之处，颇耐人寻味。由此可以认为楚镜流行的山字纹，仍是商周传统纹饰雷纹演变而来。

2. 其他物象纹

楚器上的其他动物纹以及植物纹少见。商周时期盛行的饕餮纹或兽面纹在东周虽仍存在，但已变形，且已退居器物次要部位如耳纽、足膝部。写实性动物造型最引人注目的是小立牛或卧牛型钮，为圆雕状，雕铸逼真（图四二，8）。这种牛形钮在战国时期楚铜鼎盖上较为多见。植物纹作平雕状的未见。在曾侯乙鉴缶龙形耳的尾部有立雕的花叶形装饰。战国时期盛行的蕉叶纹、垂叶纹，如不计其填纹，也可视为植物叶形之轮廓。

人物活动与叙事画的图案纹样迄今未见，而在吴文化区和中原地区则已数见，线刻纹图像罕见，在长沙出土一件匜上有针刻纹，论者认为应属吴文化系统①。从线刻人物衣着冠饰看，似有一定道理。

三、关于各类龙纹的演变研究

以上对于纹饰的概述，主要是以龙纹为重点来讨论的。将龙纹作前述分类研究，在楚铜器纹饰研究中尚无前例。中原地区已有学者对纹饰作了专题研究②，其中龙纹分为窃曲纹、夔纹、蟠螭纹、蟠蛇纹、蟠虺纹等类，分别作了考察，但对每一类纹样的序列及在不同时期的特点未予以足够的说明，这是美中不足的。

台湾学者谭旦冏有两篇专门讨论龙纹的论文，即《春秋铜器的新编年与龙纹的演变》与《战国铜器的新编年与龙纹的续变》③，将春秋与战国分为六个阶段（每阶段又分前后半期）来叙述龙纹的演变，是迄

① 刘建国．春秋刻纹铜器初论［J］．东南文化，1988（5）．

② 高明．中原地区东周时代青铜礼器研究［J］．考古与文物，1981（2-4）．

③ 谭旦冏．铜器概述［M］．台湾故宫丛刊，1981．

今所见较为详尽的关于龙纹演变的论著，在龙纹研究上有一定成绩。但可惜也有美中不足，而且是相当严重的不足：第一，一些本来年代较为明确的铜器与铜器群的年代被弄错了，如应属战国早期的汲县山彪镇一号墓和洛阳中州路 M_{2717} 都被提早为春秋晚期；年代应属战国中期的陈侯午簋、敦等传世器被提早为战国早期，年代上的错误就导致了龙纹演变研究上的失误。第二，对龙纹本身的研究，仅排比了前后变化的对比材料，而对龙纹本身没有作分类分型的序列研究（个别的期段曾试加分类，也并不完全准确），虽然文中对不同的龙纹也作过区分，如蛇状龙、鸟状龙、吐舌龙、S 状龙等多种称呼，如果能将所称的这些不同的龙的早晚演变关系分别排出年代序列，岂不更便于龙纹的断代研究，作者所欲达到的铜器新编年也就会成效更大。

著名学者刘节先生曾在研究寿县楚幽王墓铜器形制与纹样演变时，苦于材料的欠缺，只能与中原地区如浑源、洛阳、新郑等几批铜器比较。[①] 自那以后，特别是中华人民共和国成立 40 年来的发现，已基本上填补了楚铜器纹饰演变的空白，可以将东周各个不同时期的纹样排出其前后演变的序列。前面我们已对各种龙纹为主的纹样分类演变作了分析，现在可以综合起来考察，各种纹样在每个时期的组合及其变化。

第一期，和器形一样，本期纹饰基本上继续西周晚期以来的传统风格，以窃曲纹、鳞纹、重环纹为主，但已有新的种类产生，如吐舌蟠绕龙纹为两龙蟠绕状，龙身由两粗平行线构成，有的龙首饰凸乳丁纹。（如南阳申公彭宇簠纹）

第二期，特别是第三期，为三条吐舌蟠绕龙纹和方形单元蟠虺纹盛行的时期，第三期开始流行镶嵌红铜的侧行龙纹，新产生尖浮龙纹。第二、第三期中还常见变形的蟠绕龙纹。

第四期除继续沿用三期盛行的三条吐舌蟠绕龙纹、蟠虺纹、侧行龙纹、尖浮龙纹外，更增加由五条吐 S 形舌的细密蟠绕龙纹，使纤细繁缛

① 刘节．寿县所出楚器考释［M］// 古史考存．北京：人民出版社，1958．

的蟠绕龙纹发展到无以复加的地步。

总之，春秋时期从春秋中期偏早以后，楚铜器纹样是蟠曲龙纹、蟠绕龙纹、蟠虺纹、侧行龙纹的盛行时代，是一片龙的世界。只是每个时期龙的具体形态有所变异而已。

战国早期是春秋时期向战国中晚期新风格转变时期，这一期仍是龙的世界，但蟠虺纹已基本消失，多条蟠绕龙纹的平雕形式退居次要地位，而立体圆雕的蟠绕龙形装饰跃居于显要地位，侧行龙纹仍盛行，平雕的蟠曲龙纹也已减少，而镶嵌与铸镶的侧行龙纹则以更为婉转优美的姿态而盛行于世，尖浮龙纹亦更向精细的方向演变。在曾侯乙墓内各类铜器上的纹饰乃春秋中期以来纹饰发展的集大成者，几乎每一件铜器都有纹饰，真是多姿多态，令人赏心悦目。这些纹饰有两个最显著的特征：

第一，铸镶和镶嵌的龙纹等纹饰特别多，在礼器中有65件，占此墓青铜礼器总数的55.6%，在乐器类编钟上也有铸镶的红铜龙纹，就其数量之多而言，恐怕是东周所发现铜器群中之首位。镶嵌和铸镶纹饰也是以龙纹为主，龙纹内镶以绿松石，使各种龙纹鲜艳夺目。

第二，铸造的龙纹及其装饰发展到了顶峰，其突出代表是钟鼓与盘尊等。这里再谈谈盘尊的纹饰，全为龙纹及龙形装饰，使用了平雕、浅刻、浮雕、高浮雕、圆雕等各种技法，使用范铸法、失蜡法、焊接术等各种成型手段。纹样有虺龙纹、尖浮龙纹和镂空龙纹，整个尊体上的龙纹和龙形装饰的数量，加上那些无法精确统计的细小虺形龙纹，总数可达数百条之多。在盘上可以数出的龙纹与龙形装饰的数量，也有数百条之多，这样多的虺龙与龙形装饰于一件器物之上，且结构和谐繁丽，那口沿上如锦缎般的云状虺龙纹及周身高低错落、如祥云缭绕的群龙装饰，在所有传世与出土商周青铜器中可谓冠冕群伦的极诣之作，可视为尊类与盘类器中的工艺之王，更不必说把尊与盘有机地合为一件器物，珠联璧合，成为商周青铜园林中的最美花朵之一。

历史的车轮转到战国中期，随着铁器的广泛应用与社会的变化，楚铜器纹饰与战国青铜器纹饰变化走着同样的步伐，春秋中期以来以龙纹为主的繁缛富丽风格开始转变，一方面是素面无纹之器大量盛行，一方面是纹样省简和几何形化，春秋以来平雕的蟠绕龙纹，单体龙纹都向几何形图案方向演变，双钩龙纹、变形云龙纹等代之而起，流行于战国中晚期；尖浮龙纹虽一直延续到战国末年，但大多也已省简，有的变成不见身躯的谷粒纹、粟纹。

以上我们对各类龙纹及在东周各期总的状况作了论述，如果撇开各类龙纹在每一期的具体变化，只看各自的出现和消失年代，可简要地以下列指示线予以图示：

表 5-1　东周楚铜器龙纹演变图表

纹饰分类名称	一期	二期	三期	四期	五期	六期	七期
窃曲纹	—	—	—	—			
蟠曲龙纹	—	—	—	—	—	—	—
蟠绕龙纹	—	—	—	—	—	—	—
蟠虺纹		—	—	—			
侧行龙纹			—	—	—	—	
蟠蛇纹			—	—	—		
尖浮龙纹			—	—	—	—	
双钩龙纹			—	—	—	—	
变形虺龙纹			—	—	—		
变形云龙纹			—	—	—	—	—
圆雕龙形饰			—	—	—	—	—

第二节　纹饰特征研究

前一节考察了各类楚纹饰及其变化，使我们对楚铜器纹饰的丰富内容与所展现的艺术水平有所了解与把握，有了这个基础，就可进一步探明其所体现的一些文化特征了。这种特征只有与中原等地区铜器纹饰作细致的比较才能看得较为清楚。如同器类组合与器物形制一样，楚铜器纹饰与中原地区的也是有同有异，先看相同的方面：

第一，纹饰的种类基本相同，即均有龙凤纹、几何纹和其他动植物纹，同样是以各种龙纹为主要纹样。

第二，纹饰组成与结构基本相同。一件纹饰往往由几种不同的纹样分作主纹与陪纹构成，或者主要由一种或两种纹样形成二方连续的或网状结构的纹样。

第三，纹饰的演变趋势基本相同，如同商和西周时代的纹饰经历了简朴—繁复—简化一样，从春秋早期到战国晚期，也都经历了简化—再度繁复—再简化的阶段，当然这种简—繁—简的变化，与商和西周的纹饰在内容与形式上并不等同。东周时之重新崇尚繁缛华丽，和商末周初的神秘诡异不同，而带有清新秀逸之气，前述曾侯乙盘尊的纹饰即为突出代表。

第四，纹饰的成形与表现手法基本相同，平雕、浮雕、镂雕、圆雕等铸造方法，嵌错金银、绿松石及鎏金错漆、涂锡等工艺交替使用。无论南北，青铜器纹饰均以其与世界其他地区不同的独特风格与高超工艺，而彪炳于世界青铜器之林，成为世界青铜器文化史上无与伦比的光辉篇章。

楚铜器纹饰作为战国青铜器中的一个组成部分，作为楚文化物质文化的一个组成部分，同样有着不同于其他地区的文化特点。大致可从以下几个方面作些分析。

第一，从种类来看，就现有资料而言，有的楚器纹样尚未见于中原地区，似为楚独有之纹饰，例如早在西周晚期的楚公豪钟上，其右鼓饰一象形纹，而中原地区所见则为鸟纹。楚公豪戈之黑椭斑纹，也未见于中原铜器。前述之用失蜡法铸造的繁复如绣球般的变形虺龙纹也尚未见于中原地区。晚至幽王墓的编织纹，当与楚文化受南方印纹陶纹饰影响有关，也未见于中原地区。

相反，战国早中期，中原地区已发现多件图像纹，如水陆攻战、宴乐射猎等叙事画纹样，乃青铜器礼器意义衰退、实用功能突出的表现，而在楚铜器上至今未见，以铜器纹饰工艺所达到的水平，应是完全可以制出此类纹饰的，为什么会没有呢？以楚人的漆画（如包山 M_2 的车马人物出行图）与帛画（如人物御龙帛画与龙凤人物帛画）的屡有发现看，也许楚人已不注重在铜器上施以这类人物活动图像，而转移到更便于发挥楚人绘画艺术才能的漆器、帛画上去了。再如刻纹图像，论者认为乃吴文化的创造与爱好。长沙所出一件，看来也不好断为楚之针刻图像，从其人物衣冠看，也许断为吴文化的图像较为合理。为什么楚铜器上无针刻图像呢？笔者想上面提到的解释也适宜于对此问题的讨论。

第二，纹饰结构上的差异。纹饰结构上的差异指同样一种纹样题材，在楚文化铜器上和其他文化铜器上的表现方式与形态略有差异，这种差异因不太明显，往往被研究者疏忽，例如研究淅川下寺铜器纹饰，一看到纹饰种类相同，便断言“与中原地区青铜器的纹饰也没有什么两样”[①]。因此，有必要作些细致的比较。比较时我们将选取年代相同的纹样，这样就可以看出并不是由于年代不同产生的变异，而确是文化上的或地区上的差异。这里仍然以龙纹为对比材料。

前举楚铜器上各种龙纹在中原地区铜器上大都可以见到，现主要以晋文化区出土铜器上的龙纹予以对比。

窃曲纹　两地均延至春秋战国之际，但具体形态两地不同，如辉县琉璃阁 M_{60}、M_{80} 所出即其例（图三四，3）。蟠曲龙纹、蟠绕龙纹主要表现在龙纹躯体的填纹不同，如与下寺第三组墓年代相当（或稍晚）的辉县琉璃阁 60 号墓，两地的蟠绕龙纹形态有异，最明显的是体躯内普遍施以雷纹（图三六，5），这在下寺第三组墓内是没有的。与曾侯乙墓同属战国早期的辉县琉璃阁 59 号墓铜鼎上的蟠曲龙纹，与曾侯乙墓内的不仅龙纹形态稍异，体躯内也同样填以雷纹，而且口吐长舌，粗看为舌，细看却为另一龙纹的躯体（图三六，6）。而曾侯乙墓的龙纹不仅已不见长舌，填纹也不是雷纹，而是星点纹。可见两地龙纹风格大不

① 张剑．从河南淅川春秋楚墓的发掘谈对楚文化的认识［J］．文物，1980（10）．

相同。山西晋地的蟠曲龙纹（图三五，6）与同时期楚蟠曲龙纹也不相同。

侧行龙纹　在辉县甲乙墓内一件扁壶上较多，形为反首长尾（图三八，9）。此器的年代有春秋晚期和战国早期二说，与春秋晚期到战国早期的楚铜器此类纹样也略有不同。大多楚铜器龙纹作昂首前进状，尾高翘，虎虎有生气；而辉县的则似受惊而后顾，垂尾，不及楚器之生龙活虎状。

蟠虺纹　辉县铜器龙纹有的与楚器近同，有的则在楚器上不见，如作两龙相绕状或两条自绕组成一长方形单元（图三七，4），为两条蟠绕龙纹的微型化，楚器则是作了创新之后再微型化。

蟠蛇纹　两地铜器龙纹相较也大相径庭，辉县的较粗朗，填纹也不同（图三九，3），不及楚器的繁复和有蜿蜒游动感。

双钩龙纹　楚铜器龙纹主要见于方壶上，而中原方壶上则罕见，如山西太原金胜村 M_{251} 的方壶为蟠绕龙纹，侯马 M_{13} 方壶的位于颈部，纹样单位较大，无目，而腹部无，与楚方壶所饰部位不同。辉县的作勾连状，不显目形（图四〇，6）。楚器则目形凸显，多作分体式，同样各有千秋。

从这些形态结构上的区别可以看出，楚器纹样较重视形象化，有清新活泼之感。辉县的填纹中为周式传统的云雷纹，纹饰风格似较守旧与古拙。

尖浮龙纹　与晋地的浮雕蟠螭纹相似而有差异，与吴越文化铜器上的棘刺纹也不同。晋地这种纹饰，龙躯作平雕式浮起。而楚铜器这种纹饰在龙身上有凸起的圆点或尖点，晋地少见。吴越青铜器上有尖状凸起的棘刺纹，“可称之为方格几何棘刺纹。在小方格内，有横直线条为地纹，而每一方格内为一枚有一定长度的青铜刺，方格排列非常密集，而青铜刺就成为丛生的棘刺了”[①]。吴越的棘刺纹虽然是尖状凸起，但无

① 马承源．长江下游土墩墓出土青铜器的研究［M］// 上海博物馆集刊：第 4 辑．上海：上海古籍出版社，1987：207.

龙纹形态，而为几何线条，与楚铜器在龙纹身上的尖状凸起，迥然有别。这样对比，更显示出这一类纹样的确表现了楚的独特风格，是楚铜器中特征较为突出的一种纹饰。

兽面纹 在楚铜器上已退居次要地位，而在中原晋地，还出现在作为主纹的蟠螭纹（蟠绕龙纹）中，如山西太原金胜村 M_{251} 编钟的鼓部和晋智君子鉴腹龙纹中都有，侯马陶范中也有。证明晋区兽面纹盛行不衰，亦为楚与晋纹样的又一不同处。

第三，同类纹饰出现的时间有早晚之分。例如，楚尖浮龙纹和晋浮雕状龙纹，均为浮雕的蟠绕龙纹。晋文化区铜器上出现此类纹样的年代，有的学者认为“兴起于公元前 500 年左右，并盛行于战国前期”①。在楚文化区，现知以下寺 M_2 出土的王孙诰钟上的为最早。其浮雕状尖浮龙纹已相当精湛，下寺 M_2 的年代为公元前 548 年，王孙诰钟的铸造年代应早于这个年代。这样，楚地这种纹饰的出现年代早于晋地浮雕状龙纹约半个世纪。又如，正方形单元的蟠虺纹，楚地在春秋中期偏早就出现了，而中原地区到春秋中期偏晚才出现。再如，侧行龙纹的龙足多呈 C 形，也见于中原地区铜器，澳大利亚学者巴纳认为楚人是 C 形脚龙纹的始创者，是以蔡昭侯墓青铜器上有 C 形脚纹样为依据立论的，现在又有了比蔡昭侯墓铜器更早的下寺楚墓铜器，也有 C 形脚纹样，这就更进一步证明楚人确是 C 形脚龙纹的创造者。

第四，楚铜器纹饰的风格，对此，前面的论述其实都已不同程度地谈到了楚铜器纹饰的风格。总的说来，楚铜器纹饰的风格主要体现在“龙的世界”的龙纹风格，其中又以透空龙纹附饰、镂空龙纹、圆雕龙形装饰和尖浮龙纹最富代表性，并且往往集中在一些典型器物上，例如下寺楚墓的王子午升鼎和铜禁、铜盏等，下延至曾侯乙墓的编钟、盘尊、鉴缶等，它们均为一脉相承的风格——“花样翻新”“玲珑剔透”。无论是铸造工艺水平之高与风格的独特奇妙，夸其为“举世无匹”“无

① 李学勤．东周与秦代文明［M］．北京：文物出版社，1984：39.

以复加”，当不为过誉之辞。

楚铜器纹饰风格与其他质地器物上花纹的风格以及器形的风格，都是“独创一格”的楚文化总体风格的组成部分，这种风格在第九章总论中还将提到，在迄今的楚文化研究中，也已不乏这方面的高论[①]，读者均可以从中得到美的享受，这里就恕不赘论了。

① 可参阅《楚文化史》《楚文化志》和《楚艺术研究》等书。

第六章　楚系青铜器铭文编年考述

楚系青铜器铭文（金文）是楚系青铜器研究的一个重要方面，也是我国（主要指东周时期）青铜器铭文研究的重要组成部分。正如郭沫若所言："此等于年有征之器物余以为其图像与铭文当专辑为一书，以为考定古器之标准"①，对楚金文也应有专题论述。但对其作全面、系统研究远不是一个章节的篇幅所能容纳得了的，本章主要以楚系金文的断代研究为主，兼及文字特点等其他方面；以楚国金文为主，也包括若干非楚国而有楚系特点的金文，主要是指：第一，在政治上已附庸于楚，在铜器形态上已具楚器特征，可归属于楚文化系统的蔡、曾等小国的铜器铭文。第二，铜器形态虽非楚式，但其上的文字为楚国或楚系文字，如某些巴蜀兵器上的楚文字刻文即是。

第一节　楚系金文编年

楚系金文和楚系青铜器的年代序列是相一致的，我们在第二章的研究，将楚系铜器墓、铜器群分为西周晚期、东周一至七期。金文编年亦按此分期法编述，其中可确定王世或绝对纪年者和只能判明相对年代者不再分为两个部分②而合并为一编。这样会更便于对楚系金文的研究。为方便读者检索与之相应的器物图、文字拓片等，先编出楚金文编年一览表（附本章末尾）。按此表的编年顺序逐一分述。

考虑到过去的著录，对于每器的形制、纹饰、大小尺寸往往著录不

① 郭沫若. 殷周青铜器铭文研究［M］. 石印手稿本. 上海：大东书局，1931：2.

② 《概述》和《汇释》的体例都是将有王世与绝对年代可考者及只有相对年代者分为两个部分，《考述》则是两个部分合并编述的先例。

全，详略不一，对其时代特征、文化特点的说明往往或缺或略，为使学术界和读者获得较为完整的资料，依次简述器之形制，纹饰、铭文[①]，重点讨论其年代与相关问题。

一、西周晚期金文

（一）楚公冢钟与戈

1. 楚公冢钟

传世器，共四件。其中三件乃清末山东陈介祺（1813—1884）旧藏“十钟”中物，阮元《积古》一书最先著录此器。陈氏十钟后为日本住友氏所得，日人滨田耕作所编《陈氏旧藏十钟》一书内收录此器，现藏日本泉屋博物馆。除此三件外，《攈古》又著录一器，现下落不明。

四钟形制相同，均为甬钟，有斡有旋有长枚。铭文与纹饰稍异，分述于下：

其一，3 件。篆间饰云纹，正鼓部饰雷纹，鼓右饰一鸾鸟。最大的一件通高 52 厘米。铭文 2 行 16 字（含重文二）：

> 楚公冢自作宝大髜（林）钟，孙=（孙孙）子=（子子）其永宝。[②]

其二，1 件。篆间饰斜角龙纹，正鼓部饰雷纹（与前器云雷纹结构稍异）。鼓右饰一象，通高 44.8 厘米。铭文 2 行 14 字：

> 楚公冢自铸鍚钟，孙孙子子其永宝。

① 有些出土的铭文铜器，在第四、第五章内已说明其形制、纹饰者，在本章不再复述，传世器则大多在此章叙述（限于本章篇幅，器形、纹饰的概述多较简略）。

② 重文（包括合文）计入总字数，以下直接写出重文字，不再用括号注出。3 件中有 1 件无重文，这 1 件字数应为 14 字。有些常用字直接写出释文，如乍释作，下同。

四件器之器主均自名楚公冡，此“冡”字有多种释读法。郭沫若读“为”，认为：“冡盖为之异，古文为作冡，形甚相近。公冡当即熊鄂之子熊仪，仪为古同歌部。”①

中山大学古文字研究室的研究人员认为此楚公之名“从爪从家”，当读为“家”，其人为谁，待考。②

朱德熙、裘锡圭和李家浩认为，冡字“当分析为‘爪’，从‘宀’从‘豕’声或‘至’声（冡或写作𡩋）。……《史记·楚世家》：‘熊渠卒，子熊挚红立，挚红卒，其弟弑而代立，曰熊延。’挚红即熊挚，据《史记》曾为楚君。‘挚’与‘至’古音极近，……疑楚公挚即熊挚。熊挚当周厉王时，与楚公冡钟形制及字体所反映的时代正合”③。

张亚初认为：“楚公冡（家）就是文献上的楚公熊渠。根据有下面两点：1. 家、渠声韻相同或相近。家是鱼部见纽字，渠是鱼部群纽字。从韵讲它们是同部字。纽则都属牙音舌根音，故可相通转。……2. 从形制、纹饰和铭文字体讲，楚公冡钟没有西周晚期的痕迹，相反，它具有很多明显的西周中期的特征……熊渠在位相当于周夷王到厉王时期。楚公冡钟从形制、纹饰、辞例和字体几方面分析，定为西周中期之末，即周夷王时期，或厉王早期，是比较合适的。”④

以上看法当以后两说较为准确，主熊渠说者似更为恰当。《史记·楚世家》：“熊渠甚得江汉间民和，乃兴兵伐庸、杨粤，至于鄂。熊渠曰：‘我蛮夷也，不与中国之号谥。’乃立其长子康为句亶王，中子红为鄂王，少子执疵为越章王，皆在江上楚蛮之地”；可见熊渠为西周时期很有作为的一代楚君。他自铸成套编钟，正与他的身份及当时国

① 《大系》考释 164 页。

② 中山大学古文字研究室．战国楚简研究［M］．

③ 朱德熙，裘锡圭，李家浩．江陵望山一、二号墓竹简释文与考释［M］// 江陵望山与沙塚楚墓发掘报告．北京：文物出版社，1996．

④ 张亚初．论楚公冡钟和楚公逆镈的年代［J］．江汉考古，1984（4）．

势相符。由于西周中晚期之分界尚有异议①，定此钟的相对年代为西周中晚期之际较为适宜。

钟铭林钟，是据原篆释读的。《广雅·释诂》："林，众也。"林钟意指编钟数量较多，"编悬之似林聚植，故称大林钟或称林钟"②。楚公豪钟的数量在四枚以上，可知传世之四件应为编钟中的四件。

鐊钟，于省吾先生指出"鐊系锡的繁体字"，"锡系良铜，以良铜铸钟，故称之为锡钟"。③又《广雅·释器》："赤铜谓之锡"，锡也可能是指赤铜。

以上铭文稍异的两种楚公豪钟，日本学者早年所作测音结果也表明它们并非同套。王世民认为："从四件钟的右鼓都有标记看来，很可能两套仍各为八件。"④

2. 楚公豪戈

此戈由湖南省博物馆于1959年在长沙市拣选而得。⑤戈形类似四川出土的蜀式戈。三角形援，二穿无胡，援末有一圆孔，内上有一梭形穿，援面上有椭圆形银斑（已变黑色）。长内上铸铭五字，绕穿呈L形排列，铭文5字：

楚公豪秉戈。

此戈铭之楚公豪与楚公豪钟之楚公豪同是一人。发现之后，对此戈之真伪曾有争论。有的认为器、铭皆伪⑥，有的认为戈系真品而铭文为

① 主要有两种意见，即西周中晚期的分界为孝王、夷王之间和夷王、厉王之间。前者如李学勤《西周中期青铜器的重要标尺》，《中国历史博物馆馆刊》1979年第1期。后者如《中国青铜器》一书434页。

② 马承源．商周青铜双音钟［J］．考古学报，1981（1）．

③ 于省吾．读金文札记五则［J］．考古，1966（2）．

④ 王世民．西周暨春秋战国时代编钟铭文的排列形式［M］//中国考古学研究：二．北京：科学出版社，1986．

⑤ 高至喜．"楚公豪"戈［J］．文物，1959（12）．

⑥ 于省吾，姚孝遂．"楚公豪戈"辨伪［J］．文物，1960（3）．

后世伪刻①，有的认为戈、铭均同时模铸而成②，有的认为戈铸在前、铭刻在后，加刻时间在西周末叶③。近年在湖北枣阳发现了曾侯戈，铭文为：曾侯𧰼伯秉戈。④李学勤据此戈铭文认为，楚公冡戈“文例与曾侯戈一致。曾侯戈的‘秉戈’二字，结体也和楚公戈相近，只是后者这两字是反书的……‘秉’字‘禾’的上端都较弯，‘又’的垂笔都向上出头，是共同的特色”⑤。有此新发现加以佐证，楚公冡戈铭和戈形为同时之物，应是可信的。⑥

（二）楚公逆钟

此器是宋代发现的。宋徽宗政和三年（1113），出土于湖北嘉鱼县的太平湖，为邵泽民所得，后被秦桧索取，以后下落不明，亦无图形传世。

此器铭文著录首见于宋人王厚之《复斋钟鼎款识》（简称《复斋》），该书内有两件拓本，一是王厚之所获秦桧子秦熺“一德格天阁”旧本，是此铭善本。另一本是王氏续补入册的石公弼藏本。郭沫若《两周金文辞大系》图177，就是《复斋》的这两个拓本。二本互有得失。由于《复斋》原册已于1843年毁于大火，今本乃阮元翻刻，字形又更为失真，增添了考释其铭文的困难。20世纪30年代，郭沫若在清人孙诒让等学者研究的基础上对全铭作了考释⑦，此后，研究者仍不乏其人。80年代初，李零总结以往研究成果，提出了自己的见解，作了一次新的释

① 冯汉骥．关于“楚公冡”戈的真伪并略论四川“巴蜀”时期的兵器［J］．文物，1961（11）．

② 高至喜，蔡季襄．对“楚公冡戈辨伪”一文的商讨［J］．文物，1960（8-9）．

③ 商承祚．“楚公冡戈”真伪的我见［J］．文物，1962（6）．

④ 田海峰．湖北枣阳县又发现曾国铜器［J］．江汉考古，1983（3）．

⑤ 李学勤．曾侯戈小考［J］．江汉考古，1984（4）．

⑥ 此戈已收入《中国美术全集·工艺美术编·青铜器（上）》，编号为239号、文物出版社，1985年版。

⑦ 《大系》考释164页。新出楚公逆钟见本书“附录六”。

文与考释[①]，但仍有难以通读之处。1991年黄锡全“经过艰苦努力，终于有了新的认识和体会”[②]，对一些未定的字都作了考释，改释了一些字，使全铭都可通读，现将其释文与意译移录于下。

铭文四行，除第1行10字外，其他3行每行9字，共37字（不计“乇公”下可能有重文号）：

唯八月甲申，楚公逆自作大雷镈。氒（厥）格（名）曰“殷枷（和）”。㙯（鎗）音乇（纯）公（或释为良）。逆其万年又（有）寿。□（以）乐其身。孙子其永宝。

意译为：这是八月的甲申，楚公熊鄂自己铸作大声如雷鸣之镈钟。它的名称叫“殷和”。撞击之声纯正又谐和。熊鄂万年长寿，用它来享乐。子孙们要永远作为珍宝留传。

这一新的释文，将前人所释的“吴回”“夜雨雷”改释为“大雷”，释出“殷和”等等，值得重视。

楚公逆即楚国君熊鄂[③]，在位之世为公元前799—前791年，此钟之铸作当在这一时间范围内。

关于此镈钟的形制，《复斋》引录荣芑于宋绍熙四年（1193）题记：“钟高二尺有畸，纽上坐一髁鬼，盖雷神也。五色相宜，铭在钟里。”按宋一尺约合今31.2厘米计，则此器高约60—70厘米。所云“坐一髁鬼”，考古发现各地的此时期钟，未有此形，恐为误传。所云“铭在钟里”可能是指“铭在钲间”。

关于此器是否为镈，高至喜认为“尚属可疑”，从目前所见所有西

① 李零．楚公逆镈［J］．江汉考古，1983（2）．（该文在刊发时，将插图的图一与图二互倒，图注亦误），又见他所撰《楚国铜器铭文编年汇释》一文。

② 黄锡全．楚公逆镈铭文新释［J］．武汉大学学报，1991（4）．

③ 铭文中“屰”与“咢”通，咢即鄂，系孙诒让首先认出，王国维《观堂集林》卷十八有文考证，拙作《楚国有铭铜器编年概述》有评介。

周铜镈，钲间尚未形成，“因此，我认为所谓楚公逆镈的铭文原来应是从一件西周晚期的楚国的甬钟上摹拓下来的……楚公逆镈的铭文应是从类似楚公冢钟的器物上摹拓下来的，故应正名为楚公逆钟……由此器可知，也有钟自名为镈的”。[①]

此钟原器已佚，图像无传，却有伪器伪铭者。容庚《通考》一书已辨其伪：“楚公钟为吴中苏某仿宋伪刻，罗振玉先生得之，且以‘楚雨’名其楼矣。”[②]

此镈钟器形不明，殊为可惜，幸喜铭文得以传留，但已翻刻失真，尚需学者们继续研究，以期获得公允的结论。此件由于字数多，内容较之楚公冢钟丰富，诚为目前所知西周晚期楚金文中最重要的资料，弥足珍贵。

二、东周一期金文

（三）楚季苟盘

传世器。铭文 3 行 18 字，以李家浩所释较为准确[③]。移录于下：

> 楚季苟作嬶（芈）障（尊）賸（媵）盥（沫）般（盘），其子子孙孙永宝用享。

铭文表明，这是楚季苟[④]为楚女芈尊所作媵器即陪嫁之器，此女或为季苟之女，也可能为其亲属中之某女。沬盘即洗脸用的盛水器。

此器器形，《汇释》云已佚，不确。原器现藏吉林大学考古系文物

---

① 高至喜．论商周铜镈［M］// 湖南考古辑刊：第 3 集．长沙：岳麓书社，1986：214.

② 容庚．商周彝器通考［M］．大通书局，1941：216.

③ 李家浩．信阳楚简“浍”字及从“关”之字［J］．中国语言学报，1982（1）.

④ 据《元和姓纂》：“楚若敖生楚季，因氏焉”，则楚季为氏称，苟为其名。

室[①]，从未见器形著录，已在本书第四章水器一节论述盘形时加以介绍，并从器形对比定其年代为两周之际至春秋早期前段。从文字形体看，楚字中足旁上部仍在林字二木之间，犹有西周时期楚字遗风，这也是年代偏早的特征之一。

（四）楚嬴盘与匜

传世器。盘与匜是同时出土的一组铜器中的两件，早已流出海外，现藏于英国。

盘铭 22 字，分为四行：

惟王正月初吉庚午，楚嬴铸其宝盘，其万年子孙永用享。

匜铭 21 字，内容与上同，仅器名不同，并少一宝字。

惟王正月初吉庚午，楚嬴铸其盥（匜），其万年子孙永用享。

铭文中的楚嬴，为楚国所娶嬴姓女子，以夫之国为称，《左传》载楚共王、平王曾娶秦国女子为夫人。此器年代为春秋早期[②]，铭文中的嬴姓女子不大可能是秦国人，可能是汉淮间某一嬴姓小国之女。

（五）樊君鬲

传世器，有图有拓，大小未详。最早为《梦郼》著录。铭文在鬲口沿上作一圈排列，共 10 字：

樊君作叔嬴、嬭（芈）媵器宝鬻。

---

① 承蒙吴振武和王丹同志提供资料与器形照片，谨此致谢。

② 详见第四章第三节。

从图形看，器形、纹饰（重环纹）均为两周之际至春秋早期前段流行的时代风格，与京山曾侯墓内的黄国鬲同型，其年代一致，可定为东周一期前段。

樊国之姓，过去有嬴姓、姬姓、芈姓三说，前二说于豪亮有文详考[①]。后一说见陈槃《春秋大事表列国爵姓及存灭表撰异》，在论述此樊君鬲铭时说："……是樊女字叔能而姓则𡢁也。𡢁，读为芈，楚之同姓国也。是又有芈姓之樊也。"[②] 陈氏读叔能𡢁，其中能字有误。应从李学勤之说改释为叔嬴𡢁。李氏据新发现的信阳平桥墓材料，认为此樊国非嬴姓，而为芈姓，此鬲铭的叔嬴𡢁为两个人，"一个是叔嬴，一个是𡢁，后者即芈，只是没有记出她的字罢了。樊君作叔嬴、芈媵器，和曾侯簠'曾侯作叔姬、邛芈媵器'文例一致，都是兼媵两女。曾侯姬姓，其女叔姬是嫡，樊君芈姓，其女芈是媵，故在器铭中前后不同（或说'叔嬴芈'为'叔嬴、叔芈'省文，也是可能的）"[③]。

有人不同意此说。郭若愚据上海博物馆的 1 件樊季氏鼎铭文：惟正月初吉乙亥，樊季氏孙仲𡢁择其吉金，自作硕沱。认为"𡢁非 姓"[④]，并引张日昇在《金文诂林》一书之说"姓嬴名𡢁"。

我们认为，李学勤据信阳平桥樊君夫妇墓材料，指出樊非嬴姓，据樊君鬲铭文，定其为芈姓，可信，故可归入楚系铜器。春秋早期楚系铜器尚未显示自身特色，不能据樊君鬲的形态而否定其为楚系铜器。

（六）中子化盘

仅有铭文拓本传世，最早见于清代人的著录。

铭文 19 字，分为 4 行：

---

① 于豪亮．论息国和樊国的铜器［J］．江汉考古，1980（2）．

② 陈槃．春秋大事表列国爵姓及存灭表撰异［M］．1988：274．

③ 李学勤．光山黄国墓的几个问题［J］．考古与文物，1985（2）．

④ 郭若愚．郭沫若佚文《樊季氏鼎跋》小记［M］// 上海博物馆集刊：第五期．上海：上海古籍出版社，1990：103．

中子化用保楚王，用正（征）梠，用择其吉金，自作盤（盗）盘。

文意为中子化用保卫楚王去征伐梠国，用好铜铸作了这件盥盘。

中子化用之中，有可能是一臣服于楚的小国名称①，也可能是以地名为氏名，则中为氏称，了化用即其名字。梠，郭沫若释为山东境内的莒国，并把铭文年代订为战国楚简王时。②李零已辨其非，认为“征梠”，“可能是指的征吕，楚灭吕，与灭申时间相近，可能是在楚文王时，最迟不超过楚成王时”。③灭吕的时间，据何浩考证，已晚至楚庄王前期。④此器只言“征梠”，并未言灭，可能是指楚、吕之间的某一次战争，而且其时吕势较强。从铭文字体看有春秋早期特征，故将此铭文编入楚系东周一期。

盤盘之盤，“读为‘浣’。‘浣’‘盥’声近义通”⑤。盤盘即盥洗用的盘。

（七）申公彭宇簠

1975年出土于南阳西关，所出铜器仅此件有铭文，共32字（重文二），分为5行：

惟正十又一月辛子，申公彭宇自作𥫗簠，宇其眉寿万年无疆，子子孙孙永宝用之。

---

① 西周时“中”为汉阳诸姬国之一，说详张亚初．论鲁台山西周墓的年代和族属［J］．江汉考古，1984（2）．“化用”，可能为一名一字。

② 《大系》释文167页。

③ 李零．楚国铜器铭文编年汇释［M］// 古文字研究：第13辑，北京：中华书局，1986：373–374.

④ 何浩．楚灭国研究［M］．武汉：武汉出版社，1989：235.

⑤ 李家浩．信阳楚简“浍”字及从“关”之字［J］．中国语言学报，1982（1）.

器主彭宇系楚灭申以后的县公，年代为东周一期末年。[1] ，在楚金文中多见，所释意见不一，或释为淄，借为䉯，读若 载[2]，或释为胥[3]，或释为漄，意为列[4]，究释何字为好，有待进一步研究。

此申公簠出土地南阳又出土了西周晚期的南申伯太宰之簋。[5] 这样，申国所在地被灭以前之器和被楚灭亡后所封申县县公之器都已有实物和当时文字为证，无疑有着重要的历史价值。

春秋时期，楚灭国甚多，凡所灭之国多改设为县，往往以所灭之国名为县名，县尹多称公，《左传》记载的楚国县公如申公、息公、蔡公、陈公，都是以国名为县名之例证。出土铜器铭文中如这件申公簠及下述的上都公簠、邓公鼎等，也是实例。不明乎此，很可能仍认为乃原国之器，这是我们在研究中应值得特别注意的一点。

（八）㾓父簠与匜

1969 年出土于湖北枝江，簠 2 件，同形同铭，匜 1 件。

簠的盖内、器腹内底有相同的铭文五行 30 字：

惟正月初吉丁亥，考叔㾓父自作䵼簠，其眉寿万年无疆，子子孙孙永宝用之。

匜的内底有铭文五行 29 字：

惟正月初吉庚午，寊（塞）公孙㾓父自作盥盘（匜），其眉寿无

① 见本书第二章二节。

② 张亚初．古文字分类考释论稿［M］// 古文字研究：第 17 辑．北京：中华书局，1989.

③ 赵世纲，刘笑春．王子午鼎铭文试释［J］．文物，1980（10）.

④ 吴振武．释䰞［M］// 文物研究：第 6 辑．合肥：黄山书社，1990.

⑤ 崔庆明．南阳市北郊出土一批申国青铜器［J］．中原文物，1984（4）.

疆，子子孙孙永宝用之。

这三件铜器为同一个人之器，𠩺父其名，考叔其字，封于塞地，以此封邑名为氏称，匜铭又称公孙，则应为楚公族成员封于塞地者。或认为塞指一个塞国，或认为乃指息国，均不确。[①]

簠、匜与共出铜器的年代为东周一期末年，其中匜的铸作年代相对地稍晚于簠。

三、东周第二期金文

（九）楚王媵邛仲嬭南钟

仅有铭文传世，共3行29字：

惟正月初吉丁亥，楚王媵邛（江）仲嬭南龢钟，其眉寿无疆，子子孙孙永保用之。

这是楚王为邛仲嬭所作媵器，嬭即芈，楚王族之姓，古以伯仲叔季作为行辈称谓，此为楚王第二个女儿。邛为此女夫国之名，邛即江，江国于公元前623年灭于楚。此钟自当作于灭江以前。或定为春秋晚期[②]，显然欠妥。

此铭之楚王，究为何人？薛尚功云："盖楚文王送女也。"[③]郭沫若认为"成王熊恽之妹有江芈者，或即此邛仲嬭……楚王殆即成王或其父文王"[④]。如邛仲嬭即江芈，据《史记·楚世家》的记载，可进一步推定。楚成王晚年欲绌太子商臣而立其弟子职，商臣用计从楚成王的妹

① 第三章已论，请参阅。

② 商周青铜器铭文选［M］. 北京：文物出版社，1987：417.

③ 《历代钟鼎彝器款识法帖》卷六。

④ 《大系》考释165页。

妹江芈中证实其父确有此意，乃弑父而立，是为穆王。成王在位长达46年，到成王晚年江芈还能回国省亲，可知其时江芈年纪不会太大，这样，江芈出嫁江国之时不会早至文王世，而只能在成王时。因此，此钟当为楚成王为其妹作器。铸器年代即楚成王在位年代（前671—前626）。这是假定此邛仲嬭即《史记》所载的江芈，但楚女嫁于江国者也可能不止一人，故仅为一推测。当然，从文字风格看，有春秋中期偏早的特点，对这一推测还是可以相信的。

（十）樊君夔盆与匜

1. 盆

1978年出于信阳平桥 M_1，该墓年代为东周二期偏早[①]。铭文共3行11字：

樊君夔用其吉金自作宝盆。

此盆纹饰为吐舌蟠绕龙纹，器的年代与墓的年代一致。它晚于前述樊君作叔嬴鬲鬲，后者已论其为芈姓樊国之器；此器较晚，也当为芈姓樊国之器，故应归入楚系器。[②]

2. 匜

中华人民共和国成立前出土于长沙，现藏于湖南省博物馆[③]。原器残碎，经修复后大体可复原。有盖，前有封口流，后有龙形鋬，四蹄足，盖中心一立鸟，盖面满布蟠绕龙纹，通高15.4厘米、长25厘米。

盖内、器内底有相同的铭文，4行18字（重文二）：

① 年代考定请参阅第二章。

② 笔者过去把平桥 M_1、M_2 作为已降服于楚的樊国君墓（楚国春秋早期铜礼器简论［M］// 楚文化觅踪．郑州：中州古籍出版社，1986.），未涉及樊国的姓氏，现应改订为楚的同宗小国，说详樊君鬲条。

③ 湖南省博物馆．介绍几件馆藏周代铜器［J］．考古，1963（12）．文内说此匜“是解放前在长沙市郊杨家山‘长沙王后’冢出土”的。器形图像见本书附录六。

樊君夒用□自作□匜，子子孙孙其永宝用享。

铭文“用”字后面的字，盖上不显笔迹，器内似为“吉”字，按盆的文例应缺一金字，可能铸范时即漏掉此字。“作”后一字也磨损不清。

此匜从形制、纹饰看，比平桥 M_1、M_2 出土的匜精美得多；作为楚的同姓国，其青铜工艺水平也是相当高的。

除以上盆、匜外，在平桥 M_1 内还出有樊君夒夫人龙嬴的器，有鬲、壶、盘、匜等，也应属楚系有铭铜器，樊夫人从母国之姓为嬴，按古代同姓不婚的原则，樊必非嬴姓，这是对主张樊为嬴姓说者的有力反证。

（十一）曾孟嬭谏盆

传世器。清末出土于湖北襄阳宋家闸，1971 年，襄阳地区一退休教师刘叔远先生将这件珍藏了多年的文物捐献给国家，现收藏于襄阳市文管处[①]。

此器与樊君夒盆形近，但腹较扁，底近平，盖与器腹饰多体蟠绕龙纹，纹间以小凸圆乳丁点缀。年代与樊君夒盆年代相当。器通高 12.5 厘米、口径 18.6 厘米。盖内、器内有相同的铭文，一周 12 字：

曾孟嬭谏作𩰫（饔）盆，其眉寿用之。

曾国姬姓，此铭之孟嬭为楚人，姓嬭名谏，或为楚王的大女儿，为出嫁到曾国（或为国君夫人）后自作之器。由此器证明曾楚互通婚姻，关系密切。春秋中期以后，曾国铜器与楚铜器风格相近，宜归入楚系。

（十二）子諆盂

1975 年出土于河南潢川磨盘山一墓内。[②] 盖内与器内有相同的铭文

① 此据襄樊市（今襄阳市）文管处资料，据说原有两件。图像与铭文曾先发表于曾昭岷，李瑾. 曾国和曾国铜器综考［J］. 江汉考古，1980（1）.

② 信阳地区文管会，潢川县文化馆. 河南潢川县发现黄国和蔡国铜器［J］. 文物，1980（1）.

4行13字。

惟子諆铸其行盂，子孙永寿用之。

铭文中的盂字与一般的盂字形体有异，原简报释为宁，改释为盂是正确的。①

此器器主子諆为何人？同墓出有黄国伯亚臣鐳，那么子諆是否也为黄国人？这就要看器的年代了。此器盖上有三个小卧牛盖钮，这比樊君夔盆的盖上圈钮为晚起的变化。其蟠绕龙纹间无小凸乳丁，龙纹线条由粗变细，这同样显示出时代偏晚的特点。很明显，此盆的铸作年代晚于平桥 M_1 的樊君夔盆。而伯亚臣鐳及同出的无铭盉等均为春秋早期形态。有的学者推断此墓为楚灭黄以后的楚墓，“子諆很可能是楚国人，伯亚臣鐳是他的虏获品”②。这推断基本可信。有的学者也持此看法，但认为此人即历史记载的楚司马子期③。然司马子期活动年代较晚（？—前529），而此盆的年代似乎不会这么晚。看来这个名叫子諆的楚人一时还难以与历史记载的楚人名对号，只能说大体是东周二期中晚段的楚人之器。

（十三）鄎子行盆

1975年出土于湖北随州市西南涢水岸边的鲢鱼嘴，同出有曾子原彝簠和楚屈子簠等。④盖内和器内均有相同的铭文，但器盖上少一用字。器内铭文2行11字：

① 张光裕. 从[illegible]字的释读谈到盨、盆、盂诸器的定名问题［J］. 考古与文物，1982（3）；孙稚雏. 金文释读中一些问题的探讨（续）［M］// 古文字研究：第9辑，北京：中华书局，1984：407–411. 该文亦释此字为盂；释文中难字的改释亦采自该文。

② 李学勤. 论汉淮间的春秋青铜器［J］. 文物，1980（1）.

③ 孙稚雏. 金文释读中一些问题的探讨（续）［M］// 古文字研究：第9辑. 北京：中华书局，1984：410–411.

④ 程欣人. 随县涢阳出土楚、曾、息青铜器［J］. 江汉考古，1980（1）.

鄎（息）子行自作饮盆，永宝用之。

鄎（息），国名，公元前680年灭于楚。这个息子行盆是否息国之器？过去都定为息国之器。但此器通体素面，与春秋早期至春秋中期的盆都不同，如新野的盆[①]、樊君夔盆、黄太子白克盆[②]等都有较繁的纹饰，假若此息子行盆为息国器，年代必在公元前680年灭国以前，与樊君夔等器的年代相近，而一为素面，一为繁缛纹饰，似相差不应如此悬殊。无独有偶，在河北唐县发现的鲁归父盆（简报称敦）[③]，也是通体素面，器形也与息子行盆同。归父盆，铭文中的归父据李家浩考释，即《左传·宣公十年》记载的鲁公孙归父，器应作于其父卒年（前601）以前不久[④]。息子行盆既与归父盆形态一致，年代也应相近，也应作于前601年前不久。约当楚铜器东周二期之晚段，此时息国早已灭亡，成为楚之县邑。这样看来，此息子行当为楚息县的人，即使此人为息国宗族后裔，也已成为楚民。因此，这不是息国器，而是楚国器。

（十四）楚子暖簠

传世器，实物有盖一、器身二，分为三处，已流出国外。[⑤]有图形传世。铭文3行19字。

---

① 河南省博物馆新野县文化馆．河南新野古墓葬清理简报［J］．文物资料丛刊，1980（2）．此墓所出盆可早到春秋早期偏早，颈腹有蟠夔纹。又郑杰祥．河南新野发现的曾国青铜器［J］．文物，1973（5）．此墓所出盆有与樊君夔盆相似的吐舌龙纹，年代也相近。

② 山东省文物考古研究所，沂水县文物管理站．山东沂水刘家店子春秋墓发掘简报［J］．文物，1984（9）．

③ 王敏之．河北唐县出土西周归父敦［J］．文物，1985（6）．有论者改定此器年代为春秋早期，也不对。器名之敦乃齐地对盆的称谓，不应定名为敦，说详本书第四章关于敦的论述。

④ 李家浩．鲁归父敦小考［M］// 文史：第26期．北京：中华书局，1986．

⑤ 李零．楚国铜器铭文编年汇释［M］// 古文字研究：第13辑．北京：中华书局，1986：359–360．

惟八月初吉庚申，楚子暖铸其飤簠，子孙永保之。

暖字，旧释从贝从爰，此从黄锡全释[①]。

此楚子暖为何人？郭沫若认为指考烈王熊元。陈梦家断为春秋晚期。[②]李零据器形与铭文考察，改定为楚令尹子元（？—前664）[③]。从此器的形态、纹饰时代特征看，确有楚铜器东周一、二期之际的特征，将其断为楚令尹子元之器，有一定依据，然也无直接证据，姑存以待考。

（十五）上鄀公簠

1978年出土于河南淅川下寺M_8内[④]，此墓年代为东周二期末年。铭文5行36字（重文二）：

隹（惟）正月初吉丁亥，上鄀公择其吉金铸叔嬭番妃媵簠，其眉寿万年无期，子子孙孙永宝用之。

这是上鄀公为叔嬭、番妃作的媵器，史载鄀国之姓为允姓[⑤]。由此铭证明上鄀为嬭（芈）姓，与楚同姓。鄀有上、下二鄀国，有传世及新发现铜器为证，如按文献记载，鄀国为允姓，而上鄀公簠表明为芈姓，如何理解？可能的解释是，其时上鄀已被楚灭，楚封其同姓贵族为县

① 黄锡全．楚器铭文中“楚子某”之称谓问题辨证［J］．江汉考古，1986（4）．

② 见《美集录》A257说明。

③ 李零．楚国铜器铭文编年汇释［M］//古文字研究：第13辑．北京：中华书局，1986：359–360．

④ 河南省文物研究所，河南丹江库区考古发掘队，淅川县博物馆．淅川下寺春秋楚墓［M］．北京：文物出版社，1991．

⑤《路史》引《世本》。

公。[1]上鄀之灭据笔者所考，为公元前622—前613年间。[2]上鄀公簠的形制、纹饰为东周二期特点，其铸作年代当在灭鄀后不久，下限不超过第二期的下限年代，即不晚于前600年。

（十六）楚王领钟

传世器。原器下落不明，有全形拓本留传。铭文分布在钲间和左右鼓，5列19字。释文：

惟王正月初吉丁亥，楚王领自作铃钟，其聿其言。

铭文文意似未完，余字可能铸在另一钟上。

关于此楚王领为何王？过去有楚成王、悼王、郏敖、共王数说[3]，过去笔者与李零均同意共王说[4]。李学勤据国外的一件传世品——楚王酓审盏，证楚王领非楚共王，可信[5]。这样一来，楚王领究系何王？仍是个谜。为此，笔者反复对比研究了此钟纹饰的时代特征。此钟正鼓部为相背的双龙纹，《汇释》说是双菱纹，认为与敬事天王钟“几乎全同”，与徐器沇儿钟也“酷为相似”。仔细对比，不难发现并非如此。敬事天王钟与沇儿钟的正鼓部纹样均为对称的四龙组成，龙纹数量、结构均与楚王领钟差异较大，不能说是“全同”或“酷似”。楚王领钟的相背双龙纹倒是和春秋早期的秦武公（前697—前678）钟的同一部位纹样较为接近，但楚王领钟的龙躯内已有涡云形填纹，不见于秦武公钟。这种涡云形填纹为时代偏晚的特征。同时篆间的小三角螭纹也不见于秦武

① 黄盛璋认为文献记鄀国之姓为误载，本应为芈姓，可备一说。(《鄀国铜器》，文博，1986年第2期)

② 刘彬徽．上鄀府簠及楚灭鄀问题简论［J］．中原文物，1988（3）．

③ 罗振玉主成王说，郭沫若主悼王说，日本学者白川静主郏敖说，陈梦家、香港周法高主共王说，说详《概述》《汇释》。

④ 见《概述》《汇释》。

⑤ 李学勤．楚王酓审盏及有关问题［N］．中国文物报，1990-5-31．

公钟等春秋早期铜器。因此，笔者推定此钟的年代范围在公元前678—前600年，曾考虑可能是楚王堵敖即熊囏（艱）（前676—前672）之钟。现在看来，年代似定得稍早，也可能还要晚一点。[①]在公元前678—前600年这一年代范围内，除堵敖外，先后为楚王的有成王、穆王、庄王。楚王领与成王、庄王名均不合，唯有穆王商臣即位后所改称之名未见于史书记载，领是否为史书缺载的穆王名字呢？这并不是不可能的。我们认为可能为楚穆王（前625—前614）之钟，特提出这一新的看法，以待今后的新发现予以检验。

（十七）鄴伯受簠

1970年出土于江陵岳山楚墓。[②]盖内、器内有相同的铭文4行26字（重文二）：

> 鄴（养）伯受用其吉金作其元妹叔嬴为心媵餴簠，子子孙孙其永用之。

这是鄴伯受为他的大妹叔嬴为心作的媵器。这个鄴伯受的鄴是国名还是氏名？若是国名，是灭鄴以前之器还是灭鄴以后之器？对此，笔者已在本书第三章作了讨论，结论为这是早已入仕为楚的异姓贵族养氏之器，应为楚器。

（十八）樊季氏仲孄鼎

传世器，上海博物馆收藏。[③]盖与器腹内有相同的铭文。腹内铭文4行21字：

① 刘彬徽．楚国、楚系有铭铜器编年补论［M］// 文物研究：第七集．合肥：黄山书社，1991．校补：此文改定为东周一期。

② 荆州地区博物馆．江陵岳山大队出土一批春秋青铜器［J］．文物，1982（10）．

③ 最早报道为《文参》1951年7期，见《分域简目》一书，郭若愚《郭沫若佚文〈樊季氏鼎跋〉小记》一文发表图像、文字拓片与释文。

隹（惟）正月初吉乙亥，樊季氏孙中（仲）𪓊择其吉金自作翯（硕）沱（瓶）。

这是樊国公族季氏的子孙所作器，据前述樊君鬲条，樊为楚的同姓宗族国。有学者云："证以樊季氏鼎铭，𪓊非姓，乃樊季氏孙之名，樊季氏孙姓中，当为仲，为仲山甫之后也。"[①]此说欠妥，仲山甫为周宣王卿士，为姬姓，仲山甫即仲山父。西周以来男性贵族之字一般由三个字组成：第一字表行第，如伯、仲、叔、季之称；第二字表命名之义，第三字为父字以表性别。因此，这个仲山甫（父）正是其人之字，而不是姓仲名山甫，不能套用现在的称谓加到古人的名字上去。𪓊，仍应读芈（见樊君鬲条）。

关于此器的年代，郭沫若定为战国时期[②]，《商周青铜器铭文选》定为战国早期，均失之过晚。从器形看，这种腹特深，足短的鼎在春秋中期偏早的新野墓内出土过1件[③]，而在楚器中还未见有如此之深腹鼎。鼎盖作平盖三钮与下寺 M_7 的鼎相似，但 M_7 的鼎腹不及此鼎腹深，也许 M_7 的鼎与此鼎有承袭关系，即 M_7 的鼎腹由此鼎的深腹演变而来。从纹饰看，此鼎腹的吐舌蟠绕龙纹，流行于东周二期至四期的楚器，但早晚细部特征仍有差别，此鼎腹的龙纹结构与形态和春秋早中期之际的黄君孟夫妇墓内的同类纹饰较为接近[④]，比下寺第三组墓的同类纹饰早。综合以上形制与纹饰时代特征看，樊季氏仲𪓊鼎的年代当介于东周二期前段的平桥 M_1、M_2 立耳鼎和东周二期晚段的下寺 M_7 的平盖鼎之间，相当于春秋中期偏早阶段，而不会晚到春秋中期偏晚以后，更不能晚至战国时期。

①② 郭若愚．郭沫若佚文《樊季氏鼎跋》小记［M］// 上海博物馆集刊：第五期．上海：上海古籍出版社，1990．

③ 郑杰祥．河南新野发现的曾国铜器［J］．文物，1973（5）．

④ 河南信阳地区文管会，光山县文管会．春秋早期黄君孟夫妇墓发掘报告［J］．考古，1984（4）．

（十九）以邓鼎、匜与戟

1. 楚叔之孙以邓繁鼎

出于下寺 M_8[1]，盖内、器内有相同铭文 4 行 25 字：

> 隹（惟）正月初吉丁亥，楚叔之孙以邓，择其吉金，铸其緐（繁）鼎，永宝用之。

这是楚叔之孙以邓自作之鼎。此人为楚王室贵族，以邓之名未见于史籍记载，不可考。关于此器的年代，应与此墓墓葬年代一致，即为东周二期之末年，下限为公元前 600 年。[2] 此鼎的腹部有填云纹的三角形纹、方块形蟠虺纹；细部特征与第三期同类纹饰有异，可以证明此鼎的年代确与墓葬年代一致。

2. 以邓匜

1 件，与以邓鼎同出，匜内底有铭文 4 行 29 字：

> 惟正月初吉丁亥，楚叔之孙以邓择其吉金铸其會（浍）鼻[3]，子子孙孙永宝用之。

3. 以邓戟

与以邓鼎同出，2 件，形制相同，援中线有凸起之脊棱，内部周边有阴刻的凹线纹。铭在胡部，一件通长 31.5 厘米，铭文 4 字：以邓之戟；一件通长 30.3 厘米，铭文 5 字：

> 以邓之用戟。

---

① 河南省文物研究所，河南丹江库区考古发掘队，淅川县博物馆．淅川下寺春秋楚墓［M］．北京：文物出版社，1991.

② 参阅本书第二章。

③ 会（浍）读为“沫”，鼻，读为耋，耋，瓢也。见李家浩．信阳楚简“浍”及从“关”之字［J］．中国语言学报，1982（1）.

四、东周第三期金文

（二十）王子昃鼎

传世器。最早著录于宋代吕大临《考古图》一书，铭文6行31字（重文二）：

> 隹（惟）正月初吉丁亥，王子昃择其吉金自作饫鼾，其眉寿无期，子子孙孙永保用之。

这是楚之王子昃自作的于鼎，王子昃其人可考。昃是昃字的或体，张政烺先生认为王子昃就是楚公子侧（司马子反），“昃，侧音义俱同，故余断为楚司马子反之器”[①]。

公子侧最早记载于《左传·宣公十二年》，即楚庄王十七年（前597）。楚晋邲之战时“子反将右”（指挥右军）。此役楚军大胜，子反为有功之臣，胜而铸器是可能的。之后，公元前575年时，楚晋鄢陵之战，子反将中军（中军主将），他在临战之时，嗜酒而醉，获罪致死。由此可定此器的年代范围当介于这两次战役之间，即公元前597—前575年。从《考古图》所载图形的形体与纹样看，与下寺M_{36}的于鼎相似，二者时代应相同，都为楚铜器分期第三期早段，与上面从史事推定王子昃作器的年代，正好可相互印证，足证张政烺先生之说慧眼先具。

（二十一）王子婴次炉与钟

1. 王子婴次炉

1923年出土于河南新郑李家楼的郑伯大墓内[②]，现陈列于中国历史博物馆。铭文1行7字。

① 张政烺．邵王之諻鼎及簋铭考证［M］// 历史语言研究所集刊第八本第三分册，商务印书馆，1939.

② 孙海波．新郑彝器［M］．影印本．河南通志馆，1936.

王子晏（婴）次之庾（炒）炉。

这是楚王子婴次自作之器。婴次读为婴齐。楚有令尹子重名婴齐，王国维主张即指此人①。郑国有公子婴齐，郭沫若认为乃指此人②。要判断此器究为楚器抑或郑器，形态上的特点不可忽视。

此器长方形，腹部有4个衔环耳，两侧的环耳上套一副提链。腹部有细线方格细乳丁纹，与此墓内其他器物的风格大相径庭。这种细线方格纹“具南方铜器特征，铭文字体亦为楚风”③。从器物形态特征证明王国维的说法是对的，此为楚王子婴齐即令尹子重之器。

王子婴齐最早记载于《左传·宣公十二年》（前597）。楚晋泌之战时，“子重将左”（左军主将），与子反（公子侧）一样是有功之臣，楚共王元年为令尹、楚晋鄢陵之役时（前575）“令尹将左”；卒于楚共王二十一年（前570）。由此可定此器的年代范围为公元前597—前570年之间。

关于此器用途，有饭器、炊器、暖器三种说法。④郭沫若认为庾炉之庾“读为燎，知此为燎炭之炉，今言火盆”⑤，郭说可信。此器腹底下有23个残柱痕，从江西靖安出土的炉盘看⑥，知此炉下面也有如靖安炉盘的列柱状圈足，用途应相同，战国时期楚墓内多出圆形炭炉，寿县楚幽王墓内出有方炉，底下改为四短足，但两侧有提链仍相同。这是现知最早的楚国方炉。

① 王国维．观堂集林［M］：卷十八，北京：中华书局，1959：899.

② 见《大系》目录及考释，其时郑未称王，从这一点看，郭说也欠妥。

③ 俞伟超，高明．周代用鼎制度研究［J］．北京大学学报，1978（1–2）．1979（1）.

④ 王国维释盧引《说文》：“饭器也”（《观堂集林》卷十八）。《通论》一书也归入食器类。陈梦家认为乃炊器，见《蔡侯墓铜器》一文。

⑤ 见《大系》考释第182页。

⑥ 江西省历史博物馆，靖安县文化馆．江西靖安出土春秋徐国铜器［J］．文物，1980（8）.

2. 王子婴次钟

现藏故宫博物院，为甬钟，铭文保存不全。可释的字如下：

……八（？）初吉日乙（？）□，王子婴次自作□钟，永用匽喜。①

（二十二）楚屈叔沱戈

共2件，1件最早见于罗振玉所撰《贞松堂集古遗文》卷十一内（1930年石印本）。其出土地或云出自寿县。②铭文字数较多，有22字：

楚屈叔沱屈□之孙（在胡部）□□士□□□□（内部）楚王之元右，王钟（内部背面）。

胡部一字不清，内部的5个字只能看出部分笔画，无法释文。按已释字文意，此屈叔沱为屈□之孙，充任楚王战车元右之职。元右即戎右，"戎右者，与君同车，在车之右，执戈、盾、备制非常"③。

第2件为湖南收集④，胡部有7字铭文：

楚屈叔沱之元用。

这两件戈铭表明器主即屈叔沱，乃楚王族成员。这个屈叔沱能否在史籍中找到？据何浩考证，此人就是楚晋泌之战（前597）中为楚庄王"戎右"的屈荡，叔沱为其字，荡为其名，沱、荡音近义通。并认为第

① 此钟照片承故宫博物院杜廼松先生提供。释文录自《汇释》。

② 徐乃昌：《安徽通志金石古物存稿》注："戈出寿县。"

③ 《周礼》卷三十二贾公彦疏。

④ 周世荣. 湖南楚墓出土古文字丛考［M］// 湖南考古辑刊：第1辑. 长沙：岳麓书社，1982.

6字为“完”，表明他是屈完之孙。[①]如此说可信，此戈的年代应为公元前597年前后。这是以史事为据，那么器物形制上有没有明显的时代特征呢？何浩援引王光镐意见，从形制特征定为春秋中期是对的。[②]现还可补充淅川下寺的材料，从此戈拓本并对照实物看，它与下寺M_8的以邓戈最为接近。这个墓的年代我们断为东周二期末年，也与据史事推断此戈的年代接近。有了这一新材料的验证，说屈叔沱即楚庄王时的屈荡，基本可信。

《汇释》把此戈定为战国中期，显然定得晚了。稳妥地说，此戈的相对年代定为春秋中期是没有问题的。

（二十三）王子申盏

传世器，出土时、地不明。最初由阮元《积古》著录，现下落不明。仅有器盖图像传世，原图像倒置，有人把它当成了盘，而不知为器之盖。铭文3行17字：

王子申作嘉嬭（芈）盏盂，其眉寿无期，永保用之。

王子申其人，《左传》记载有两个王子申，一为楚共王时人，一为楚昭王时人。从此器的盖纽形制与填云纹的三角形纹来看，与下寺M_7的盏相近，应定为共王时的王子申。此人于公元前571年被杀，因之，这件器的年代上限约为共王即位之年（前590），下限为其死年，即介于公元前590—前571年。

器名盏盂，盂字，《大系》隶定为盂，未释。张政烺释为盂[③]，至确。盏盂一名又见于慍儿盏，单称为盏最早见于䏌于敓盏，又可单称为

---

① 何浩．楚屈叔沱戈考［J］．安徽史学，1985（1）．

② 何浩文中提到此戈与随州出土的周王孙戈、季怡戈（《文物》1980年第1期）相仿，则欠妥，随州二戈为春秋中期偏早之戈（其中1件保留了两周之际的三角援特点），比此戈的年代早。

③ 张政烺．邵王之諻鼎及簋铭考证［M］// 历史语言研究所集刊第八本第三分册，商务印书馆，1939．

盂。[1]都是指的盏一类器。笔者早在1981年就主张此类楚器应定名为盏，应单独作一个器类，由于它“具有楚文化特征，是很重要的一类楚器，这在楚铜器研究乃至我国青铜器研究中都有着较重要的意义”[2]。

王子申之器还有一件簠，为罗振玉收藏，并收录入《三代》，其实这是伪器，《大系》早已指出：“为伪无疑。”

（二十四）楚王酓审盏

此器现存美国，但过去从未见著录。1991年李学勤首先在国内报道并论述。[3]此器铭文2行6字：

楚王酓审之盂。

酓审为楚共王之名，器当作于楚共王世。由于此器形体、花纹均有晚于王子申盏等早期盏的特征，李学勤已指出此器应作于共王晚年，共王于公元前590—前560年在位30年，作器的年代范围为约公元前575—公元前560年。

这件器如无自名，按已发现的楚器分类定名，应称为盏。而此器自名为盂，表明这类器也可名盂，乃“同物异名”，由于青铜器中的盂包括了几种形制和用途不同的器类，对于这一类器应以称盏为宜。[4]

（二十五）楚屈子赤角簠

1975年于湖北随州鲢鱼嘴出土，同出有鼎2件，曾子原彝簠、息子

---

① 慍儿盏、䣄于漨盏、楚王酓审盂（盏）均见本章各有关条目。

② 刘彬徽．楚国有铭铜器编年概述［M］// 古文字研究：第9辑．北京：中华书局，1986．这是参加1981年中国古文字研究会第四次年会的论文，其后在《楚铜研》和《古盏小议》（此文与程欣人合写，器名考释由本人执笔）等文中反复申论，在本书第四章论盂、盏、敦时亦再讨论，并认为从形态特征可称盆体敦。

③ 李学勤．楚王酓审盏及有关问题［N］．中国文物报，1990-5-31．

④ 参阅前述王子申盏条和本书第四章。

行盆、曾仲之孙戈各 1 件。[①] 此簠仅存器盖，盖内铭文 6 行 31 字（重文二）

惟正月初吉丁亥，楚屈子赤角媵仲嬭璜飤簠，其眉寿无疆，子子孙孙永保用之。

这是屈子赤角为他的次女嬭（芈）璜作的媵器。此器年代从形态考察，明显地比下寺 M_7、M_8 的簠和鄬伯受簠都晚，盖口沿长边各有 2 衔卡，腹部饰蟠绕龙纹，与下寺 M_{36} 的簠相同，年代应相近，约为东周三期的前段。

屈子赤角，有人考证为《左传·文公九年》记载的楚公子朱，赤角是名，子朱是字。[②] 若此，则此人即前述屈荡之父。此铭中的嬭璜为屈荡之妹，嬭璜出嫁时很可能屈荡已为楚王之戎右，以此推论，此器之作和屈叔沱戈一样也当在公元前 597 年左右，为楚铜器第三期之初年。[③] 这与我们对形态考察所得到的看法大体一致。看来，赤角是子朱（又称息公子朱）之名，似乎问题不大。

（二十六）王子午鼎与戈

1978 年出于下寺 M_2，计鼎 7 件、戟 2 件。

1. 鼎铭与盖铭

鼎腹内壁铭文 14 行共 84 字，（内重文 5 字）：

惟正月初吉丁亥，王子午择其吉金，自作鬻彝鐈鼎，用享以孝，于我皇祖文考，用祈眉寿。𥁰（温）恭㝬屖，畏期（忌）趩趩，敬其盟祀，永受其福。余不畏不差，惠于政德，淑于威仪，闌闌獸

① 程欣人．随县涢阳出土楚、曾、息青铜器［J］．江汉考古，1980（1）．

② 赵逵夫．楚屈子赤角考［J］．江汉考古，1982（1）．“角”字改释为“目”字。

③ 若此论不误，作器年代当早于前述之王子申盏和酓审盏。

> 獸（肃肃）。令尹子庚，殹民之所亟，万年无期，子孙是制。

盖上有铭4字：

> 倗之𪊨（繇）鼎。

由盖铭表明王子午鼎后为倗所有。

据鼎腹铭文，器主为王子午，即令尹子庚，《左传·襄公十二年》杜预注："子庚，庄王子，午也。"襄公十五年："公子午为令尹"，襄公二十一年："夏，楚子庚卒"，器作于此数年内（前558—前552）。关于他的事迹，在该书中有7处记载[①]，是文献材料与考古资料相互印证的极好实物例证；铭文内容也很丰富、重要，若干文句简释于下：

"盄恭㝬屖"，恭敬娴雅之意。盄恭，即经典之严恭，《尚书·无逸》："严恭寅畏。"严恭义为恭敬。㝬屖读为舒迟。《礼记·玉藻》："君子之容舒迟"，舒迟意即娴雅。

"畏忌趩趩"，即小心翼翼之意。

"不畏不差"，即不畏惧，也不软弱之意。

"惠于政德，淑于威仪"，即正德仁惠，威仪美善之意。

"闌闌獸獸"读为简简肃肃。《诗·商颂》："奏鼓简简"，言乐声之和。《诗·烝民》："肃肃王命"，笺："敬也"。此句意即和融恭谨，临事不苟之意。

"殹民之所亟（极）"，殹，通作繄，语首助词，与惟同义。亟，孳乳为极，表率之意，《诗·大雅·江汉》："王国来极"，朱熹《集传》："极，中之表也，居中而为四方所取正。"此句意为，令尹子庚是楚国民众之表率。

"子孙是制"的"制"，即规则、制令，《礼记·曲礼》"士死制"。

---

① 赵世纲，刘笑春．王子午鼎铭文试释[J]．文物，1980(10)．该文在考释中详列了《左传》这七条材料请参阅。

郑玄注："制，谓君教令所使为之。"此句是子庚勉励子孙后代，永远以铭文告诫的话，作为后代行动的准则。①

全篇文意为王子午铸造这件鼎，祭祀先祖，保佑长寿，永远享受福泽；表明自己的功德，乃万民的表率，无愧于先祖，造福于后代。是一篇政教之辞，多句押韵，读来顺口。剔去其迷信色彩，自有其精华所在，在今天仍寓有教育之义，颇值得重视。由此铭文也使我们看到，楚国春秋时期的文化和我国殷商、西周的传统文化一脉相承，同样有着高度的发展水平。

2. 戟

2件大小相近，通长为26.9厘米和27.4厘米，胡部各有铭文2行6字：

王子午之行戟。

此墓的墓主乃王子午为令尹以后的第二任令尹薳子冯。② 墓内有王子午之7件鼾与2件戟。王子午之器为何会葬入薳子冯之墓内？王子午与薳子冯究竟是什么关系？有多种解释与推测，均不能令人满意，仍值得深入研究。

（二十七）王孙诰钟与戟

1. 王孙诰钟

出于下寺M_2，在甬钟钲部、鼓部有铭文15行共113字（其中重文5字）：

惟正月初吉丁亥，王孙诰择其吉金自作龢钟，中翰且扬，元

① 王子午鼎及下述的王孙诰钟铭文释文与考释，除参考前引赵世纲文外，还参考或引述伍士谦：《王子午鼎、王孙诰钟铭文考释》一文、(《古文字研究》第9辑）和《商周青铜器铭文选》一书。

② 说详第二章。

鸣孔諻，有严穆穆，敬事楚王。余不（以上右鼓）畏不差，惠于政德，淑于威仪，函恭䵻屖，畏忌趩趩，肃哲臧武，闻于四国，恭厥盟祀，永受其福，武于戎功，诲猷（以上钲部）不饮，阑阑龢钟，用匽以喜，以乐楚王、诸侯、嘉宾及我父兄、诸士。趪趪趄趄，万年无期，永保鼓之。

据铭文，器主为王孙诰，此人于史书无考，或推测其为王子午之子，据形制、纹饰判断，其相对年代为第三期晚段。铭文文句简释于下："中翰且扬"，中读为终，此句意为钟声高亢远扬。"元鸣孔諻"，与上句意义连贯，亦状钟声之宏大。

"有严穆穆"，《诗·六月》："有严有翼"，《论语》："天子穆穆"。此句意为庄严而恭敬。

"不畏不差"以下等几句，与王子午鼎铭文同。

"肃哲臧武"，王孙遗者钟作"肃哲圣武"，曾伯霥簠铭作"悊圣元武"，均为肃敬、贤智、圣明、勇健之意。

"武于戎功，诲猷不饮"，前句与《诗·江汉》"肇敏戎公"意义相同，后句读"谋猷丕饬"，两句意为敏于兵戎之事，谋划极为稳当，算无遗策也。

趪趪趄趄，王孙遗者钟作"䠷䠷趣趣"，文意相同，钟乐之形音词。

此王孙诰钟铭文和下面叙述的王孙遗者钟铭文，文句与文意仿自王子午鼎铭文，均为歌功颂德之辞。在祭祀和宴享等礼仪场合使用，铸出这些铭辞，为当时高级贵族的风尚，楚国自不例外。

2. 王孙诰戟

与编钟同出于下寺 M_2，共 2 件，形制大小相同，通长 27.4 厘米。胡部有错金铭文 2 行 6 字：

王孙诰之行戟。

（二十八）王孙遗者钟

传世品，传出宜都山中[①]。铭文 19 行 117 字（重文 4 字）：

> 惟正月初吉丁亥，王孙遗者择其吉金，自作龢钟，中（终）翰且扬，元鸣孔皇。用享以孝，于我皇祖文考，用祈眉寿。余囹恭𤎩犀，畏忌（畏忌）趩趩。肃哲圣武，惠于政德，淑于威义，诲猷不（丕）饥（饬）。阑阑龢钟，用匽以喜，用乐嘉宾父兄，及我朋友。余恁㠯心，祉（诞）永余德，龢涉民人，余敷旬于国。皝皝趣趣，万年无期，枼万孙子，永保鼓之。

此钟在《大系》一书中定为徐器。1978 年在淅川下寺楚墓出土了楚王孙诰钟，两相对比，铭文辞句、格式、书体与王孙诰钟基本相同。笔者于 1981 年即已著文，将其与王孙诰钟比较，说明不应为徐器，应为楚器，年代也与王孙诰钟相近。[②]之后，刘翔、孙启康二人亦著文申论此说，并认为遗者与追舒音近可通，王孙遗者即楚公子追舒。[③]但是，王孙遗者为王孙，公子追舒为王子，称谓不同，很难说是同一个人。显然，单凭音韵相通而与历史记载中的某人对号，很容易误断。郭沫若断此器为徐器，也是以音通为由，认为遗者与徐人容居二字音通，似乎很有道理，故而徐器说盛行颇久。这样看来，此王孙遗者尚难以与历史记载的人物对号。由于与王孙诰钟的年代相近，有论断王孙遗者为“王孙诰兄弟辈”的[④]，亦可备一说。

---

① 据《湖北通志·金石志》记载：“此钟于光绪甲申年（即 1884 年——引者注）出宜都城西二十余里山中。”

② 刘彬徽．楚国有铭铜器编年概述［M］// 古文字研究：第 9 辑，北京：中华书局，1984．（此文在 1981 年楚文化研究会成立大会上即已打印散发）。

③ 刘翔．王孙遗者钟新释［J］．江汉论坛，1983（8）；孙启康．楚器《王孙遗者钟》考辨［J］．江汉考古，1983（4）．以上两文都主张王孙遗者为公子追舒。

④ 前引伍士谦文。

（二十九）倗之诸器

出于下寺 M_{1-3}，而以下寺 M_2 出土最多，发掘报告已指出“M_2 为主墓，是郑子倗的墓”。[①] 在鼎、簋、簠、尊缶、浴缶、盘、匜、戟上都有倗之铭文，字数多寡不一。倗之名或全称或简称，分器类介绍如下：

1. 鼎

又分几个亚类：

（1）䵼鼎。下寺 M_1 出土 2 件，铭文 2 行 8 字：

楚叔之孙倗之飤䵼。

下寺 M_2 出土 4 件，铭文 1 行 4 字：

倗之飤䵼。

（2）鬻鼎。下寺 M_2 出 2 件，铭文 1 行 4 字：

倗之飤鬻。

在下寺 M_3 出土 1 件，形制与下寺 M_2 的鬻鼎同一亚类，即都是箍口鼎，但器名不作鬻，也是 4 字。

倗之飤鼎。

（3）𩞁鼎与浴𦥑。下寺 M_2 和 M_3 各出 1 件有铭小口鼎，下寺 M_2 的为 8 字：

① 河南省文物研究所，河南丹江库区考古发掘队，淅川县博物馆．淅川下寺春秋楚墓［M］．北京：文物出版社，1991：372．

楚叔之孙倗之溓鼎。

下寺 M_3 的字数较多，共 3 行 21 字：

楚叔之孙倗择其吉金，自作浴鬻，眉寿无期，永保用之。

2. 簋

2 件。[①] 下寺 M_2 的簋有铭文 3 行 9 字，但第 3、6、9 字残缺，第 3、6 字可据其他铭文补上。最后 1 字为器名，器形虽为簋，但铭文是否就是簋字还很难说，因器名有异体字或借用字的情况，姑暂补一簋字。铭文在盖内：

楚叔[之]孙郱[子]倗之[簋]。

3. 簠

2 件。下寺 M_1 的 2 件有铭文 3 字：

倗之匿（簠）。

4. 尊缶

2 件。下寺 M_1 的 2 件各有铭文 4 字：

倗之障（尊）缶。

下寺 M_2 的 2 件各有 6 字：

① 报告云 1 件，但提到另有簋耳 1 个，则应有 2 件。因被盗扰，另 1 件只存耳部了。

郲子倗之尊缶。

5. 浴缶

2件。下寺 M_2 的浴缶有铭文10字：

楚叔之孙郲子倗之浴缶。

下寺 M_1 的浴缶有倗缶和孟滕姬缶各1件，都介绍如下：

倗之缶。

惟正月初吉丁亥，孟滕姬择其吉金，自作浴缶，永保用之。

下寺 M_3 的浴缶也只3字：

倗之缶。

6. 盘

下寺 M_2 的盘有铭文4字：

倗之盥盘。

7. 匜

下寺 M_2 的匜有铭文4字：

倗之盥盘（匜）。

此器为匜，而铸器名为盘，不知是误字还是有以盘称匜之习俗。

8. 倗矛

下寺 M_2 的矛上铭文 4 字：

倗之用矛。

9. 戈

1 件。在胡部正面和内部正背两面共有铭文 24 字，有的字因锈蚀难以辨明：

新（亲）命楚王韽，雁（应）受天（以上胡部）命，倗用燮（燮）不廷，阳利（以上内部正面）□□㪚□唯□□□（以上内部背面）。

以上铭文，均较简单，无特别重要之处，仅戈铭文字数较多，惜缺字较多。上述铭文中的倗或郑子倗，即文献记载中的薳子冯，此人卒于公元前 548 年，为这批铜器年代下限。① 由于这么多器有同一个人的铭文，在铜器断代上意义重大，这是春秋时期楚铜器群中十分重要的一批标准器。②

（三十）敬事天王钟

出于下寺 M_1，钮钟 9 件，各钟铭文部位分布不同，现以标本 $M_{1:20}$ 的释文为例，共 6 行 24 字：

惟王正月初吉庚申（以上钲部）□□自作永命，其眉寿无疆，敬事天王，至于父兄，以乐君子，江汉之阴阳，百岁之外以之大行。

① 详见第二章之论述。

② 对这批铜器的研究，详见本书第二章、第四章有关部分。

铭文中“自作永命”，按一般铭文通例，“自作”下面应该是器名。张亚初认为：“命令古字通。永命即永令，应读为‘诔（咏）铃’”；“敬事天王钟都是钟形，为什么自名为铃呢？原来，钟，特别是钮钟，是直接从铃演变而来的”。[①] 并指出，在传世的青铜钟中，自名为铃的有3例，即许子钟、郳君求钟和楚王领钟。

“敬事天王”，天王专指周天子。顾炎武《日知录》四：“《尚书》之文，但称王，《春秋》则曰天王，以当时楚、吴、徐、越僭称王，故加天以别之也。”有论者谓此为楚人称周天子为天王，为楚器。对此，笔者在本书第四章论乐器一节中已指出应为江汉地区楚势力范围内某一尚存的姬姓国之钟，由于有楚文化因素，仍可归属楚系乐钟范围内。

（三十一）黝钟

出于下寺 M_{10}，钮钟、镈钟各9件，有相同的铭文，钟字数、行款不一；以 $M_{10:74}$ 为例，共78字：

黝择吉金，铸其諔（反）（正面钲部上沿）钟，〔其〕音赢少戠汤，龢（和）（背面钲部上沿）于均煌，霝印若华，比（背面左栾）诸礘（嚣）磹（声），至诸长籥，（正面右栾）会平仓仓，歌（正面右鼓）乐以喜，凡及君子父（正面钲部）兄，永保鼓（正面左鼓）之，眉寿无疆。余吕王（正面左栾）之孙，楚成王之盟仆，（背面右栾）男子之蓺，（背面右鼓）余不忒在天之下，余（背面钲部）臣儿难得。（背面左鼓）

铭文自称吕王之孙，有论者断为吕国之钟，笔者以为乃吕国被楚灭后，吕宗族后人入仕于楚而作此钟，作钟年代为第三期晚段，说详本书

① 张亚初．淅川下寺二号墓的墓主、年代与一号墓编钟的名称问题［J］．文物，1985（4）．

第四章。[①]

（三十二）上鄀府簠

1972 年出土于湖北襄阳山湾楚墓墓地。[②] 器内铭文 7 行 32 字：

惟正六月初吉丁亥，上鄀府择其吉金，铸其𠦪簠，其眉寿无期，子子孙孙永宝用之。

报道者将此簠定为鄀国铜器，是否为鄀国器还需先论其年代。此簠的形制、纹饰显示出稍晚于上鄀公簠的时代特点，如簠口部直壁变长、两长边沿各有 2 衔卡，而上鄀公簠口部直壁较短，两长边各只有 1 个衔卡；纹饰比上鄀公簠的更为细密。它的年代应稍晚于上鄀公簠。前已论上鄀公簠为芈姓贵族之器，为楚器，则此簠更应为楚器。至于府字，有人解为府库之府。从铭文格式、内容看，此字也可能是人名。

（三十三）楚子弃疾簠

1978 年在河南南阳市征集。[③] 铭文 2 行 12 字：

楚子弃疾择其吉金，自作饫簠。

这个楚子弃疾，论者认为即指楚平王。楚平王登上王位之前名弃疾，之后改名熊居，此簠应铸于平王“称王之前”。[④] 按楚人名弃疾者有 3 人，除楚平王即位前名弃疾外，还有楚令尹子文的玄孙宫厩尹弃疾

① 铭文文字的考释请参阅淅川下寺楚墓发掘报告一书所附赵世纲之考释文章。年代考察详见第四章第四节乐器部分。

② 杨权喜．襄阳山湾出土的鄀国和邓国铜器［J］．江汉考古，1983（1）．

③ 徐俊英．南阳征集——“楚子弃疾”铜簠［N］．中国文物报，1989-5-26．

④ 裴明相．“弃疾簠”与“析鼎”释略［J］．中原文物，1989（4）．

（见《左传·昭公六年》）；令尹子南之子亦名弃疾（见《左传·襄公二十四年》）。铭文中的楚子弃疾究指哪一个弃疾？单凭此铭难以断定。[①]这三个人的活动时间前后相距仅30年左右[②]，从形态上也难以判定为哪一个弃疾，只能存疑。此器相对年代为楚铜器第三期后段。

（三十四）楚子迠鼎

1974年出土于湖北当阳慈化楚墓[③]，出土铜器中1件鼎的鼎腹内壁有2行6字铭文：

楚子迠之飤⿰每鬲。

迠字，有释为超，读为招，认为是楚康王之器[④]，已有文予以辨析，认为应释为迠[⑤]。

⿰每鬲，或作䋣、⿱䋣鼎[⑥]，今作繁，指楚鼎类中的箍口鼎[⑦]。有论文统计目前鼎以繁名者共10器，属楚、曾、徐、蔡的9件，另1件是苏器，“食繁基本可以说是江淮一带南方诸国族通用的一种器名。中原的苏国鼎之

① 或认为凡“楚子某”称谓应指楚“王子、王孙的后裔”（文见《江汉考古》1986年4期）。若按此说，此器不当为楚平王即位前之器，但这种限定恐不尽然。例如曾子斿又称曾侯斿，曾子斿又称曾侯仲子斿父。曾子某之称当在其为国君之前的称呼。楚曾关系密切，楚应同例。若此，则楚子某之称也应包括王子，并非指“王子、王孙的后裔”。又前述楚子暖簠可能为楚文王弟王子元之器，也属此例。

② 楚平王即位年代为公元前528年，如为他之器，年代要早于此一年。宫厩尹弃疾在楚吴交战中于公元前536年被吴人俘获，若为他之器，年代应早于公元前336年。子南之子弃疾于公元前551年自杀，若为他之器，则在公元前551年之前，但不早于公元前560年。不论何人作器，器之年代范围当介于公元前560—前529年，前后相距约30年。

③ 余秀翠．当阳发现一组春秋铜器［J］．江汉考古，1983（1）．

④ 夏渌，高应勤．楚子超鼎浅释［J］．江汉考古，1983（1）．

⑤ 黄锡全．楚器铭文中“楚子某”之称谓问题辨证［J］．江汉考古，1986（4）．

⑥ 䋣字见于下寺 M_8 之鼎，⿱䋣鼎见于下寺 M_2 之鼎。

⑦ 详本书第四章鼎条。

称食繁，可能是受楚文化的影响所致”[①]。楚系鼎称食繁，主要流行于第三期，以后转称为食鐈或鐈鼎。[②]

这件鼎据自身的形制、纹饰和墓内同出铜器的组合、形态看，属楚系铜器第三期第六组。

（三十五）王孙霥簠

1975年当阳曹家岗5号墓出土[③]，此墓铜器中仅簠有铭文，2行8字：

王孙霥作蔡姬食簠。

这是楚贵族王孙霥为其妻蔡姬作器。此器从形制看，晚于第二期的上鄀公簠，从纹饰看，其细密蟠绕龙纹初见于下寺M_3，流行于第四期，从纹饰的特点可知器之年代当介于第三、四期之间，暂定第三期末年。而该墓的时代已入第四期第七组，此器的铸造年代应稍早于墓葬年代。

霥，或释为雹。[④]有联系史实进而认为即楚史上的著名人物申包胥。[⑤]是否如此，尚待进一步证明。

（三十六）王子启强鼎

器形已佚，仅存铭文，2行8字：

王子启强自作食繁。

① 张亚初．殷周青铜鼎器名、用途综合研究［M］// 古文字研究：第18辑．北京：中华书局，1992.

② 参阅本书第四章鼎一节。

③⑤ 湖北宜昌地区博物馆．当阳曹家岗5号楚墓［J］．考古学报，1988（4）.

④ 高应勤，夏渌．王孙雹簠及其铭文［J］．文物，1986（4）.

楚有太宰薳启强，（见《左传·昭公元年》）与此铭的启强同名，但一为王子，一为薳氏，氏称不同，不会是一个人，乃同名异人。据《周存》题记："陈昔凡藏品，与楚子远佗鼎合癸丑（1913）获见。"[①]所云楚子远佗鼎未见他书记载。此鼎既与楚子远佗鼎同出，估计也是楚器，乃楚某一王子名启强之器。从铭文字体及鼎名食緐看，器之年代应为第三期后段。

（三十七）㥶儿盏

1987年出土于湖南岳阳筻口凤形嘴M_1[②]，盏有铭文2行8字：

㥶儿自作铸其盏盂。

㥶，字上部形体与王子午鼎王孙遗者钟的圅字相同，《铭文选》释圅[③]，可从。字下部似为"心"字，故隶定为㥶，"㥶儿"为楚人名。盏盂二字，其字形、笔画与王子申"盏盂"二字相同，从铭文字形也可证与王子申盏盂同为楚器。从器形、纹饰看，与下寺M_1的最相似，耳上、足上的立雕龙纹虽不如M_1的繁复，但经专家认定，同样为失蜡法铸成[④]。它的年代当与下寺M_1的盏同时或略晚。这是迄今在湖南省境内发现的春秋楚器中最精美、历史价值很高的1件珍品。

这类器自名盏或盏盂者已三见，即传世的王子申盏、䀹于敓盏和这件盏，有助于对楚铜器定名的研究。

（三十八）邓公乘鼎

1974年出土于襄阳山湾楚国墓地[⑤]，盖、器同铭，各4行16字：

① 转引自《汇释》一文。

② 岳阳市文物工作队．湖南省岳阳县凤形嘴山一号墓发掘简报［J］．文物，1993（1）．

③ 马承源．商周青铜器铭文选：四［M］．北京：文物出版社，1990：423、428．此字改释为"惂"。

④ 此据上海博物馆研究员谭德睿（上海铸造学会副理事长）对实物考察所得结论。

⑤ 杨权喜．襄阳山湾出土的鄀国和邓国铜器［J］．江汉考古，1983（1）．

邓公乘自作飤鬻，其眉寿无期，永保用之。

这是邓公乘自作之鼎。报道者认为是邓国之器，即邓国名乘的国君之器。传世和出土的西周邓国国君之器均自名邓公，故一般都以为此器为邓国器[①]。但是，邓国早在春秋早期即公元前678年（《左传·庄公六年》），就被楚国灭掉了，而从此器的形制、纹饰看，无论如何早不到这个时候。此器器形与下寺 M_1、M_2 的𨚕子倗繁鼎相似，腹部更深一些，足部也更长且弯撇较甚。从形态学观点看较之倗鼎的年代还要稍晚。再看其纹饰，其蟠绕龙纹形态、结构与春秋晚期的襄阳山湾 M_{23} 浴缶上的同类纹样最相似。这样看来，此器的上限年代恐怕不能早于𨚕子倗鼎。𨚕子倗即楚令尹薳子冯，卒于公元前548年。邓公乘鼎的年代大概很难早于这个年代。它上距邓国灭年已晚了100年有余。因此，它绝不是邓国之器，而是楚灭邓国以后所封的邓县县公之器。例如前已述及的申公彭宇簠，是楚灭申国以后的申县县公之器。两器均称公，此邓公乘非邓县县公莫属。

（三十九）邓𡚤鼎

湖北京山出土，现藏荆州博物馆。[②]器铭1行5字：

邓𡚤之飤鼎。

此鼎器形和邓公乘鼎相同而纹样略异，年代应相近，亦为楚灭邓改为县邑以后邓氏之器。

---

① 如《商周青铜器铭文选》归入邓国器内。

② 刘彬徽．湖北出土两周金文国别年代考述［M］// 古文字研究：第13辑，北京：中华书局，1986：257.

（四十）蒍儿缶

1977年谷城出土[①]，铭文1圈28字（存23字）：

惟正月初冬吉，蒍儿择〔其〕吉〔金自作宝〕罍（？），眉寿无期，子子孙孙永保用之。

这是蒍儿自作之器。蒍儿之蒍，论者谓指下鄀之鄀。[②]此说可商。蒍儿应为人名，蒍非国名，类似辞例在其他铜器铭文中也是作为人名出现的，如庚儿鼎，铭曰："徐王之子庚儿。"庚儿为人名，器为徐国器。又如儠儿钟，铭文自称为徐王义楚之良臣。凡此均证明，儿字前一字并非国名，而是人名。因此，蒍儿应是人名，非下鄀国名。从器物形制、纹饰看，与下寺M_1—M_4的浴缶最为接近，年代亦应相近，同为楚铜器第三期。

铭文中的器名似是罍字，而形为浴缶，在楚系浴缶上出现罍名，也许是受了中原器名的影响所致。

（四十一）许公买簠

武汉市文物商店收集。[③]铭文8行35字：

惟王正月初吉丁亥，许公买择其吉金自作飤簠，以祈眉寿，永命无疆，子子孙孙永宝用之。

许公买有年代可考。《春秋·昭公十九年》（前523）："夏，五月戊辰，许世子止弑其君买。"同年《左传》："夏，许悼公虐。五月戊

①② 陈千万．蒍儿罍及鄀国地望问题［J］．考古与文物，1988（3）．

③ 武汉市文物商店．武汉市收集的几件重要的东周青铜器［J］．江汉考古，1983（2）．

辰，饮大子止之药卒。”许公买就是许悼公买[①]，即位于鲁襄公二十七年（前546），这样，这件许公买簠的作器年代应是他在位期间，即公元前546—前523年间，属楚铜器第三期末年（下限年已入第四期初年）。是一件有确切年代的标准器。

这件器虽为许国器，但其时许国已成为楚之附庸国，早在公元前576年“许灵公畏逼于郑，请迁于楚。辛丑，楚公子申迁许于叶”（《左传·成公十五年》），此后，许又五迁其国，都是寄篱于楚境之中[②]。处于此种境况的许国，其文化也已入于楚文化氛围之中。观此器形、纹饰与同期楚簠毫无二致，即是明证。因此，此器之归入楚系铜器范畴，当无疑义。

五、东周第四期金文

（四十二）楚子夜鄴敦

1973年出土于襄阳山湾M_{33}内，腹内壁有铭文2行7字：

楚子夜鄴之飤□。

最后一个字应为器名，笔画已残，上半似从“子”，下部残；字不识。楚国敦器上铸有此名者仅此1件[③]，字形不明，殊为可惜。

楚子夜鄴[④]，楚王室某一贵族名字，这是他自作之器。

此器的年代与墓葬年代一致，为春秋晚期，相当楚铜器分期的第四期。

① 浩文．关于许公买瑚的一点意见［J］．江汉考古，1984（1）．

② 何浩．楚灭国研究［M］．武汉：武汉出版社，1989：280．

③ 楚幽王墓出土敦有铭文者为大府盏，系刻款。此敦名显非盏字，为楚敦异名。

④ 夜，报道者未释。黄锡全．楚器铭文中“楚子某”之称谓问题辨证［J］．江汉考古，1986（4）．

（四十三）子季嬴青簠

出土时、地与上件同。盖、器同铭，4行24字：

子季嬴青择其吉金，自作飤簠，眉寿无期，子子孙孙永保用之。

这是子季嬴青自作之器，年代为春秋晚期。子季，氏称。《世本》曰："楚公族子季氏。"知铭文中的子季应是楚王族的一支，嬴青为子季之名。或曰："'楚子夜鄭'与'子季嬴青'应是同一个人，嬴青是名，夜鄭是字。"[①]恐不尽然，如前述楚子弃疾簠铭中的楚子弃疾，与此敦铭中的楚子夜鄭为同一辞语格式，弃疾是名（见前述），则夜鄭也当是名。至于是否为同一个人，不能以两器同出一墓为由，铭文中没有内证，难以判断。

（四十四）楚叔之孙途为盉

1980年出于江苏吴县何山楚系墓葬内。盉肩部有铭文1行8字：

楚叔之孙途为之鎐

这是楚叔之孙名叫途为的人自作之器，年代与墓葬年代基本一致，为春秋晚期。

鎐即盉，这种铜盉有自名者仅此一器，弥足珍贵。过去由于没有自名，有称镳壶、镳或镳盉者，现均应予以正名。[②]

① 黄锡全．楚器铭文中"楚子某"之称谓问题辨证［J］．江汉考古，1986（4）．

② 张亚初认为："为区别于其他形态的盉，我们称之为镳盉"（《对商周青铜盉的综合研究》，出处见第四章引），对东周楚系盉来说，径称为盉即可。

（四十五）中子鬓浴缶

1983年出于湖北谷城一楚墓内。① 通高31.5厘米，口径22.7厘米。肩上有铭文2行6字：

> 㐺（中）子鬓之赴缶。

中，氏称，子鬓②，人名。赴，原篆隶定为䞶，或读为“福”，或解为“行”意，“行缶”，表明器之用途③，后说可从。器形为楚之浴缶，在此单称缶。

关于器之年代。此器腹部的蟠绕龙纹与襄阳山湾春秋晚期的M_{23}所出浴缶上的同类纹样相同，凸圆饼饰上为绹索纹，中心无纹，如报道者所云，远看恰似玉璧贴在腹上。在楚浴缶圆饼饰中心部位无纹者少见，也许这是“中”地的地方特点吧。与此缶同出的鼎有外撇的长足，为春秋晚期楚鼎的型式；同出的尊缶与淅川下寺春秋晚期的M_{10}尊缶相同。此器铭文字体较长，接近春秋晚期字体风格。因此，无论从器形本身还是共存器来看，其年代为春秋晚期是可以肯定的，相当于楚铜器第四期第七组。

此中子缶与前述中子化盘及盅子鼎盖（下详），器主均为“中”氏，为同一族氏，均为楚器。随州出土过盜叔鼎、壶、戈，此盜也即“中”氏。④

---

① 陈千万.《中子宾缶》初探［J］. 江汉考古，1985（3）. 新释读为“沐”。

② 鬓、陈千万释为宾，其后施谢捷释为鬓，见施谢捷. 楚器“㐺子鬓缶”跋［J］. 江汉考古，1989（4）.

③ 陈千万.《中子宾缶》初探［J］. 江汉考古，1985（3）.

④ 刘彬徽. 湖北出土两周金文国别年代考述［M］// 古文字研究：第13辑. 北京：中华书局，1986；刘彬徽. 湖北出土的两周金文之国别与年代补记［M］// 古文字研究：第19辑. 北京：中华书局，1992；张亚初. 论鲁台山西周墓的年代和族属［J］. 江汉考古，1984（2）.

（四十六）邓尹疾鼎

襄阳山湾楚墓墓地出土，现藏襄樊市博物馆。① 通高 23 厘米，口径 20 厘米。盖、器同铭，器名写法有异，均 2 行 6 字，盖铭：

邓尹疾之沰盜。

器铭：

邓尹疾之硕颂。

沰与硕，盜与颂为同义异体字，为楚系铜鼎的异称。

此鼎形制与邓公乘鼎、邓鰲鼎比较，盖上增加三环钮。三足外撇程度较甚，已接近春秋晚期蔡昭侯墓之鼎型，其年代明显地稍晚于邓公乘鼎，为春秋晚期器，同样为楚国邓氏之鼎。

（四十七）邓子午鼎

1971 年由武汉市文物商店收集。② 器腹内壁铭文 1 行 6 字：

邓子午之飤鐈（鐈）。

此鼎形制与邓尹疾鼎同，其蟠绕龙纹也是春秋晚期的形式，同为春秋晚期楚地邓氏之器。

附：盅子蠶鼎盖

与邓子午鼎同为收集而来，收藏时两者合为一器。由铭文知非为一人之器。此盖上有铭一周 7 字：

① 王少泉．襄樊市博物馆收藏的襄阳山湾铜器［J］．江汉考古，1988（3）．

② 武汉市文物商店．武汉市收集的几件重要的东周青铜器［J］．江汉考古，1983（2）．

盅子𤔲自作飤鐈。

盖上有三小环钮，钮形与春秋晚期楚式鼎的钮相同，年代与邓子午鼎一样为春秋晚期。

盅，氏称，子𤔲，为其名，盅可能与“中”字相同，本为国名，后为地名，以地名为氏称，乃楚地盅氏用器。

邓子午鼎和此盖的器名均称“鐈”，《说文》：“鐈，似鼎而长足。”即高足鼎，这是楚鼎特征之一。此前仅在战国晚期的寿县楚幽王墓鼎上有此器名，由这一器名证早在春秋晚期的楚鼎上就已有这种鼎名称谓了。

（四十八）蔡侯朱之缶

1958 年出土于湖北宜城。[①] 高 40 厘米，铭文在器表肩部，1 行 5 字：

蔡侯朱之缶。

蔡侯朱，《春秋》《史记》均有记载。《春秋·昭公二十一年》（前 521）：“冬，蔡侯朱出奔楚。”此器器形虽较大而通体素面，可能是奔楚前后铸制之器。器腹部无凸圆饼饰，与郑子倗浴缶中的 1 种相同；器名单称缶也见于郑子倗浴缶。由此不难看出此缶仿自楚器。器主虽为蔡公族，从形态而论，应归属楚系铜器范围。

（四十九）㸚之鼎、盞

1976 年出土于随州市郊义地岗。[②] 鼎、盞各 1 件。

鼎，高 16 厘米、口径 13.7 厘米。盖、器同铭，1 行 4 字：

㸚之行鼎。

① 仲卿．襄阳专区发现两件铜器［J］．文物，1962（11）．

② 程欣人，刘彬徽．古盞小议［J］．江汉考古，1983（1）．

盏，高 11.5 厘米、口径 13.2 厘米。盖、器各有同铭，2 行 6 字：

貯于𡉚之行盏。

由铭文知此二器均为一个名𡉚的人所铸，“貯于”当为此人的氏称。

这两件器物有共同的时代风格。鼎的二足较长而外撇，是春秋晚期特点。盏与第三期楚盏不同，盖中已无圈形提手，盖周有 4 个对称的环钮，与腹部 4 个环钮上下对应；三小足也如同鼎足一样稍作外弯撇状。腹部的细密蟠绕龙纹与山湾 M_{33} 的簠纹相同，凡此都表明二器的年代为春秋晚期。

器出随州，应出自当时曾国领域，似属曾国器；但此二器形态与同时期楚器相同，具有楚文化特征，可归属楚系铜器范畴。

1988 年在随州安居一曾墓中出土铜礼器鼎 1、簠 2[①]，鼎形与𡉚鼎相似，都有长而稍外弯撇之足，为楚式鼎；簠铭为“曾都尹法之行簠”。由铭文知为曾国器，但从鼎、簠形态特征看，无疑也应归属楚系铜器。

（五十）永陈尊缶

1987 年出土于湖北枝江关庙山一楚墓中。[②] 仅存尊缶之盖，盖径 16.7 厘米。上有铭文 1 行 5 字：

永陈之尊缶。

永陈，人名，陈字为楚系文字字体，出于楚墓[③]，应为楚器。盖中

① 随州市博物馆．湖北随州市安居镇发现春秋曾国墓［J］．江汉考古，1990（1）．

② 枝江县博物馆．湖北枝江关庙山一号春秋墓［J］．江汉考古，1990（1）．

③ 从墓葬形制及残留铜器看，应为楚墓。简报认为铭文中的陈字写法为“齐陈专用写法”，未肯定为楚器、楚墓。

有环钮，与下寺 M_{10} 的尊缶盖同形；数排 S 形纹，也是春秋晚期流行的纹饰。此器盖的年代应为楚铜器第四期第七组。

（五十一）蔡侯申有铭铜器

蔡侯申墓出土的铜器中有𪔂、𪕥、鼎、簋、簠、方壶、方鉴、尊、缶、盥缶、盘等类，各有 6 字铭文：“蔡侯申之□□”（后 2 字为各类器名）；一具盘尊各有铭文 92 字；镈钟、钮钟各有铭文 82 字，有重要研究价值。对于此墓铜器群，我们已在第二章论蔡墓年代时讨论了其文化属性，认为应归属楚文化系统。当然，并不是所有铜器都有楚文化特征[①]，但主要器类都属楚系铜器。我们在此还可从铭文角度补充说明。如蔡侯申之飤𪔂的𪔂字是从第三期下寺楚墓的盂字承袭而来。蔡侯申之[illegible]𪕥之𪕥字更是楚鼎特有名称，𪕥前一字也常见于楚器。又如簠、尊缶的器名字体与楚同类器全同。浴缶，蔡墓称盥缶，都用缶为器名，与中原地区称罍不类。凡此均表明蔡器确只能归属楚系，不能归属中原系与吴越系。对蔡器的铭文研究者至夥，许多看法已趋一致，对器铭的考释也已有丰硕成果，不再胪列。[②]

（五十二）昭王之諻鼎、簋

传世器，鼎已佚，无图像。簋现存上海博物馆。各有铭文 2 行 7 字。

鼎铭：

卲（昭）王之諻之馈鼎。

簋铭：

① 墓内还有吴王光嫁女于蔡之媵器，如有铭文的甬钟、圆鉴，为吴国器；有蔡侯申铭之鉴，也非楚器。

② 参阅《楚文化考古大事记》第 144—145 页所列参考文献。

邵（昭）王之諻之廬（荐）簋。

邵王即楚昭王（前515—前489）。諻读为媓，《方言》："南楚瀑、洭之间母谓之媓。"张政烺先生指出："'諻'皆当与'媓'同义而训为母"，"'邵王之諻'盖即楚昭王之母也"。① 这是为楚昭王之母作器。器铭称昭王，器应作于昭王死后接位的惠王时期（前488—前432）②。惠王在位长达56年，此器的年代范围能否再缩小一点呢？需要考察一下器之形态。器腹两耳间有二扉棱装饰，犹有春秋中期楚簋装饰扉棱的风尚（如下寺 M_1、M_2 的簋均有扉棱）。腹部的变形涡云龙纹"其状若轻云卷舒"③，开战国时此类纹饰的新风。但同时又有两周之际盛行的窃曲纹的遗留型式，从新旧两种纹饰相结合的特征来看，其相对年代应为春秋战国之际，年代范围可定在公元前488—前450年左右（楚惠王前期），属楚铜器第四期后段（第七组）。

（五十三）褱鼎

传世品④，现存上海博物馆。高31.3厘米。盖、器同铭，3行15字：

褱自作飤硼鉈，其眉寿无期，永保用之。

褱，作器者之名。硼鉈，又作沰盜或隶定为硕沱⑤，"是楚国一带

① 张政烺．邵王之諻鼎及簋铭考证［M］// 历史语言研究所集刊第八本第三分册，商务印书馆，1939．

② 笔者在《概述》一文中径定为昭王死年（文中说："作器之时应在昭王死后，楚昭王卒于公元前489年七月，器或作于此年下半年，或在此年后若干年内。"）定得太绝对化了一点，也容易引起误会，在此特作说明。《铭文选》定名为卲王簋，也不妥，应全称为邵王之諻簋。

③ 容庚．商周彝器通考［M］．大通书局．1941：153．

④ 出土地不详，旧为吴县潘氏《攀古楼》藏。

⑤ 张亚初．殷周青铜鼎器名、用途综合研究［M］// 古文字研究：第18辑．北京：中华书局，1992．文中说它和盂形鼎一类，实应和楚之箍口鼎为一类。

对鼎的一种地方性称呼”[1]。对此器年代,《通论》定“春秋时器”。观此鼎的外撇长足及蟠绕龙纹饰,为春秋晚期特点,器之年代应定为春秋晚期,属楚铜器第四期。

六、东周第五期金文

(五十四)楚王酓章作曾侯乙钟、镈和剑、戈

1. 酓章钟、镈

宋代出土了两件钟,但只有铭文传世(1件只存铭文的后半)。可喜的是1978年在曾侯乙墓内出土了铭文相同的1件镈钟。[2] 钟高92.5厘米,重134.8千克。钲部铭文3行31字:

> 惟王五十又六祀,返自西阳,楚王酓章作曾侯乙宗彝,寞之于西阳,其永持用享。

宋代的两件,还有标音铭文,1件有3字:穆、商、商,意即“楚国‘穆钟’律的商调之商”音[3]。

另1件有5字,为两个标音:少羿反、宫反,是钟上两个部位的(正鼓部、右鼓部)小三度音程。

酓章,《史记》等史籍写作熊章,酓、熊音同,史书用通假字,“酓”才是楚王族氏名之本字。酓章就是楚惠王,他在位57年(前488—前432),这是他死前一年(惠王五十六年)从曾国都城西阳返回楚都后铸造的钟,送给曾侯乙宗庙使用。“返”字,宋人错摹成“迲”,

---

① 张亚初. 殷周青铜鼎器名、用途综合研究[M]// 古文字研究:第18辑. 北京:中华书局,1992. 文中说它和盂形鼎一类,实应和楚之箍口鼎为一类。

② 镈钟鼓部龙纹,《曾侯乙墓》未统计龙纹数量,经细致辨认,应为6条龙纹。而曾侯乙钟,据该书统计同样部位龙纹有4—15条不等,龙纹形态也稍有差异。

③ 黄翔鹏. 释“楚商”——从曾侯钟的调式研究管窥楚文化问题[J]. 文艺研究,1979(2).

被释为“徙”，进而论说楚惠王一度迁都于西阳。[①] 曾侯乙墓此镈钟出土，真相大白，惠王徙都西阳之说，不攻自破。此镈钟原物完整，弥补了宋代钟出而复失的遗憾。有说宋代的钟与这件镈钟“当是出自一套”。[②] 然宋代的为于部上弧的甬钟或钮钟（因只存下半部，无从判断何者为是），而新出的乃于部平齐的镈钟。两者显非同套。我们看下寺 M_{10} 和蔡侯申墓等出土的有钮钟、镈钟各一套，推想当时楚惠王可能也是各制作了一套甬钟（或钮钟）和镈钟，宋代所出为一套钟中的两件，曾侯乙墓所出为一套镈钟中的 1 件。其他的钟、镈也许还深藏在“地下博物馆”内，今后很可能有朝一日又会像这件镈钟一样重见天日的。

在楚王自作之器上有如此明确的纪年，迄今仍只有这唯一的 1 件，为最重要的断代标准器。况制作精美，与曾侯乙编钟一样，反映了那个时期楚系铜器工艺的高度水平。

2. 酓章剑

出于安徽寿县。[③] 通长 50 厘米。铭文在剑身，2 行约 14 字，有的字已不可辨识：

楚〔王〕酓章为赵（从）□士铸钊，□□用征。

这是楚惠王为他人作剑，或曰：“由赵士二字文义推之，此殆酓章为卫士所铸剑也。”[④] 恐不尽然，作为楚国最高统治者的楚王，大概不会为一名卫兵作剑。究竟为谁铸剑？由于铭文中不少字漫漶不清，不便妄论，阙疑可也。

此剑茎无凸箍，比有箍剑似略早，铸剑年代也许为楚惠王在位的前半世，即公元前 450 年左右。

① 童书业．中国古代地理考证论文集［C］．北京：中华书局，1962.
② 李零．宋代出土的楚王酓章钟［J］．江汉考古，1984（1）.
③ 或云出自楚幽王墓。
④ 商承祚．十二家吉金图录［M］.

3. 酓璋戈

有图像和铭文著录[①]，铭文为鸟书，援部两行，每行七字，胡部两行，每行两字，共18字，字皆错金：

楚王酓璋严龏寅作𨌲戈，以昭杨文（以上援部）武之戉（茂）用（胡部）

这是常见的释读法，李家浩将释读顺序改为援部左右行文字分别与胡部左右行文字连读，若干字也改释，引录其释文如下：

楚王酓璋严犹南（援部左行）弋（越），用（胡部左行）作𨌲戈，以昭扬文（援部右行）武之（胡部左行）

酓璋，李释酓商，即楚威王熊商。[②]认为铭文记述了威王灭越之事，戈的年代可定“在公元前333年前后”[③]。是否如此，还可进一步研究。

（五十五）曾侯乙铜器铭文

1978年发掘的曾侯乙墓，享誉国内外。墓内所有文字总数达12 696字，其中铜器铭文有4 947字，而以编钟铭文字数最多。礼器上的铭文多为7字：“曾侯乙作持用终。”一个墓内出土如此多的铭文资料，实属先秦墓葬出土铭文数量之冠，内容亦极丰富，非简短的叙述所能概括得了，在此不再复述，请读者参阅此墓的专题发掘报告《曾侯乙墓》一书，并有关曾侯乙墓铭文、文字研究的论文（《曾侯乙墓》书内附有目

① 于省吾. 双剑誃吉金图录［M］. 1934; 容庚，张维持. 殷周青铜器通论［M］. 北京：文物出版社，1984：100，插图二七.

②③ 李家浩. 楚王酓璋戈与楚灭越的年代［M］// 文史：第24辑. 释文见此文。

录索引）。这里只再说明一点，曾侯乙墓所反映的文化特点，可归属楚文化系统，表现在铭文字体、内容上的楚文化因素也很明显。在字体上，例如“坪”“新”等字体与楚国特有的字形完全相同。[①] 在铭文内容上。如曾侯乙编钟乐律铭文中的乐律名称，“曾国浊律名称（十二律中的六个——引者注）几乎全是借用楚国的，而浊割肄（姑洗）的命名法也是仿自楚国”，“楚国拥有十二律的时间当比曾国为早”。[②] 可见从乐律名称上明显反映出曾侯乙墓的文化面貌确应归属楚文化系统。当然，这并不否认它有自身传统和中原文化的因素。

（五十六）坪夜君成鼎

传世品，器形已佚，仅有铭文著录。1 行 7 字。

坪夜君成之载鼎。

坪夜君，楚封君，“成”为其名。坪夜，裘锡圭读为平舆，地点在今河南平舆县北。[③] 坪夜君之名在曾侯乙墓竹简和包山楚简上都有记载。此铭字体为春秋晚期到战国早期风格，可定其年代为战国早期。

（五十七）番子成周钟

出于河南固始侯古堆 M_1，原钟铭被铲掉，再刻上“番子成周”4 字。

番即潘，原为小国名，后被楚灭。此为楚人之在番邑者，或许即番邑之主管官吏。番子成周占有的这套钟也可归属楚系编钟。[④]

①③ 裘锡圭．谈谈随县曾侯乙墓的文字资料［J］．文物，1979（7）．

② 李纯一．曾侯乙编钟铭文考索［J］．音乐研究，1981（1）．

④ 见本书第四章第四节乐器部分对此钟的论述。

（五十八）盛君縈簠

1981 年出于随州擂鼓墩 M_2。[①] 器高 36.5 厘米、口纵长 30.5 厘米，横宽 22.4 厘米。盖、器同铭，2 行 6 字：

盛君縈之御簠。

盛君，楚封君，縈为其名。盛与成古通用，乃楚成邑的封君。此以封地名为氏称。楚成氏为楚王室贵族的一支，如成得臣（即子玉），楚成王时官至令尹。成邑地望或在今钟祥境内。[②] 器出擂鼓墩 M_2 曾墓内，表明曾楚关系密切。[③]

器上纹饰为细密蟠绕龙纹，流行于春秋晚期至战国早期，迄今所见材料尚未见有晚至战国中期的，看来此簠铸造年代要略早于所在墓葬的年代，定为战国早期为宜。

（五十九）郳之宝戈

1975 年出土于江陵雨台山 M_{133} 内。[④] 戈援至胡部有铭文 1 行 4 字：

郳之宝戈。

戈铭之郳，解说为郳氏之器。[⑤] 从铭文体例看，也可以解释为人名。此字有邑旁，人名中也有从邑旁的字，如楚子夜鄭敦的铭文中人名鄭字亦有邑旁，不能因为有邑旁而否定为人名。此戈所在的墓葬年代为

① 此墓的年代为战国中期（东周六期）偏早，此簠的年代早于此墓。

②③ 何浩，宾晖．盛君縈及擂鼓墩二号墓墓主的国别［C］// 楚文化研究论集：第 1 集．武汉：荆楚书社，1987 年．

④ 湖北省荆州地区博物馆．江陵雨台山楚墓［M］．北京：文物出版社，1984：80．

⑤ 滕壬生．郳氏考［C］// 楚史研究专辑．湖北省楚史研究会编印．

战国早期①，戈形亦为此时期型式，年代一致。

（六十）王孙鱼戟

1958 年出土于湖北江陵长湖南岸一楚墓内。② 这是 1 件双戈戟的两个戈头；1 件有内，通长 23.7 厘米，已报道。1 件无内，尚未报道，现藏湖北省博物馆。两件同铭、错金鸟书体，1 行 6 字：

楚王孙𩁹（渔）之用。

王孙渔，有认为就是《左传》所记的司马子鱼③，即公子鲂（《左传·昭公十七年》杜注）。公子鲂即王子鲂，而此戈为王孙鱼，一为王子，一为王孙，辈分不同。再者，一名鱼，一名鲂，名亦不同。如此看来，说王孙鱼即司马子鱼，不可信。从戈的形制看，与曾侯乙戟相似，年代也应相同，定为战国早期。此戈有错金鸟书文字，内部还有错金的龙纹，为戟类武器之精品。

（六十一）番仲戈

1978 年出土于湖北当阳金家山 M_{45}④，通长 21 厘米。援部、胡部有错金鸟篆铭文 2 行 8 字：

番中（仲）作（援部左行）白（伯）皇（胡部）之俈（造）戈（援部右行）

---

① 湖北省荆州地区博物馆．江陵雨台山楚墓［M］．北京：文物出版社，1984：150.

② 陈上岷．江陵发现战国木椁墓［J］．文物参考资料，1959（2）．铭文摹本见石志廉．“楚王孙𩁹（鱼）”铜戈［J］．文物，1963（3）.

③ 石志廉．“楚王孙𩁹（鱼）”铜戈［J］．文物，1963（3）．在湖北省博物馆的 1 件也有同样的铭文，一有内，一无内，知应合一件戟，应改称为王孙鱼戟。

④ 卢德佩．湖北省当阳县出土春秋战国之际的铭文铜戈［J］．文物，1980（1）.

番仲和伯皇均为人名；番即潘，以地名（原为国名）为氏称，仲表行辈，省去了名和字。伯皇或可能为番仲之兄弟辈。或以为这是春秋战国之交的潘国兵器。① 从此戈形制并所在墓的年代看，应定为战国早期。其时潘国早已被楚灭，此番仲或为楚人之在番邑者，或为原番国公族，国亡后入仕于楚者。总之，非番国器，而为楚器。

（六十二）析君戟

1978 年曾侯乙墓内出土。无内，为双戈无刺戟的第二个戟头。通长 18.6 厘米，铭在援、胡部、1 行 7 字：

>（析）君墨䏿之郜（造）鉘（戟）。

析君，楚封君，其名为墨䏿。析君封邑在今河南西峡县南。② 楚惠王时，楚公孙宁曾为析君（《左传·哀公十八年》，即前 479 年）。封君可世袭，此戟之析君墨䏿，也许是公孙宁的儿孙辈。

（六十三）𨛭君戟

出于曾侯乙墓，为一双戈无刺戟头的第一个戈头，通长 26.3 厘米；铭在援部一侧，1 行 4 字：

𨛭君作之。

𨛭字，不识，为楚封君之邑名，地望不明。此戟形制与曾侯乙戟同，年代均为战国早期。

---

① 黄盛璋．当阳两戈铭文考［J］．江汉考古，1982（1）．

② 何浩．战国时期楚封君初探［J］．历史研究，1984（5）．

（六十四）周阳戈

1975 年江陵雨台山楚墓（M_{100}）出土。铭在援部，1 行 4 字：

周鴋（阳）之戈。

周阳，楚人名，无考。出土此戈的墓的年代为战国早期。此戈从形制看，年代与墓的年代一致，约略晚于郏戈，同为战国早期。

（六十五）许之戈

1978 年当阳金家山 43 号楚墓出土。通长 19.7 厘米。内部有鸟纹图案，援、胡部有错金铭文 1 行 4 字：

鄦（许）之敨（造）戈。

此戈形制与番仲戈相似，年代同为战国早期，或认为春秋晚期许国之戈。[①] 然此戈之援部比番仲戈上扬更甚，不大可能早于战国早期。

许，究竟是国名，氏名，还是人名？许国之灭，据考证，要晚至公元前 373—前 371 年间[②]，说其为国名，在时代上无矛盾。但从铭文格式看，也可解释为某一氏名，或许是以许地为名的氏名，即许氏之戈。

（六十六）昭之鼎、方豆

1. 昭方豆

两件，1975 年出土于随州均川刘家崖[③]，仅存器盖，两件大小相同，盖径 13.5 厘米，盖内铭文 2 行 4 字：

① 黄盛璋．当阳两戈铭文考［J］．江汉考古，1982（1）．

② 何浩．楚灭国研究［M］．武汉：武汉出版社，1989：283．

③ 随州市博物馆．随州均川出土铭文青铜器［J］．江汉考古．1986（2）．

卲（昭）之御盌。

卲（昭）乃作器者之名，如前述𣄰之鼎、盏一样，鼎仅书其名，盏则加署氏称，由彼及此，昭为氏名或人名。盌[①]，器名。此类方豆，河南固始侯古堆 M_1 铭文称“盇”，盌可能为本地异名。

从器形、纹饰看，年代约为春秋晚期至战国早期。（报道者定为春秋中晚期，似过于偏早）

2. 昭之食鼎

出土于四川新都蜀墓。[②]鼎盖内有铭文 2 行 4 字：

卲（昭）之飤鼎。

此铭之昭字，有两种看法。一种看法是，乃楚国王族三大姓之一的昭氏，“昭氏支裔，到了蜀地，或为驻守，或为监管”[③]。这铭文格式与前述卲之御盌相同，也有可能为人名。昭方豆出自随州境内，其时为曾国领域，看来，昭之食鼎之器主也可能是曾国人，当然也不排斥为楚人的可能性。以上两器都具楚器特征，应归属楚系铜器。

七、东周第六期金文

（六十七）王卑命钟

1973 年出土于湖北当阳季家湖楚城地 1 号台基内[④]，通高 38 厘米，钲部和左鼓部有铭文 12 字。

① 李家浩释为盌。

② 四川省博物馆，新都县文物管理所．四川新都战国木椁墓［J］．文物，1981（6）．

③ 徐中舒，唐嘉弘．古代楚蜀的关系［J］．文物，1981（6）．

④ 荆州地区博物馆．湖北枝江出土一件铜钟［J］．文物，1974（6）．

秦王卑命競（竟）坪（平）王之定救秦戎。

由铭文看，文意不完整，应如同下寺 M_1、M_2 的编钟一样由两件或3件钟的铭文合为一篇铭文，此钟仅是一套钟中的1件。从此钟文意看，既云“王之定，救秦戎”，这个王显然不是秦王，我们认为应指楚王。这样，铭文开头的“秦”“王”二字就不能连读。“秦”字应与另一件钟的铭文连读。“王”字与后面的王字应指同一个王，应为楚王，钟铭的文意就是楚王“卑（俾）命”竟平（人名）[①]，并亲自到达“定”这个地方去救秦戎。（董珊的论文有新释，见本书“附录六”）

此钟的年代，有定为春秋晚期者[②]，也有定为战国早中期的，其年代似晚于战国早期的曾侯乙钟。（原版编于此，暂不更改）

（六十八）荆历钟

1957年信阳长台关 M_1 出土。共13件钮钟，但只有最大的1件有铭文，其钟形与其他12件相同而纹饰稍异，不属一套编钟。此钟通高30.2厘米，左右鼓的正反两面共有铭文12字：

惟荆历屈柰，晋人救戎于楚境。

“荆历屈柰”，朱德熙释读为楚历的某年二月。[③]“晋人救戎于楚境”，事不可考。过去，或指其为晋灭陆浑戎而楚救援之事，定钟年代为公元前525年[④]，或指楚灭戎蛮子赤一事，定钟年代为公元前491

① 《汇释》谓“競坪，可能是地名”，据《路史》，楚有竟氏，故考虑竟平可能是人名。黄锡全连读“平”“王”二字为平王，指楚平王，见《江汉考古》1992年第1期。

② 《集成》卷一，并定名为秦王钟。

③ 朱德熙．朁篙屈柰解［J］．方言，1979（4）．

④ 郭沫若．信阳墓的年代与国别［J］．文物参考资料，1958（1）．

年[①]。但在研究此钟形制时代特点时，感到过去所定年代过于偏早。[②]这样，此钟所记救戎于楚境一事，还未找到文献记载的依据，只能将其相对年代定为战国中期，而不能判定其绝对年代。

（六十九）曾姬无邮壶

寿县出土。[③]共两件，现存台北。两件同形同铭，通高 78.7 厘米。铭在壶内壁，5 行 40 字（合文 1）：

> 惟王廿：（二十）又六年，聖（声）趄之夫人曾姬无邮虗宑兹漾陵蒿閒之无匹，用作宗彝尊壶，后嗣用之，职在王室。

聖桓夫人，刘节考释为楚声王夫人。声、圣互用，不仅有古文献例证，出土楚文字材料也已得到证明，如江陵望山 M_1 竹简中的楚声王就写作“圣趄王”[④]，刘节之说至确。曾姬无邮，是曾国姬姓女子（也可能是曾国国君之女）嫁于楚声王为夫人者。

“虗”字过去多从郭沫若、陈梦家之说释为“望”，应改从唐兰释为“虗”[⑤]。虗字开始的一句话，以往的解释有多种说法，现改从李家浩之释读。李家浩认为，“虗字似应当从‘壬’声”。宑，“疑‘虗宑’应当读为‘镇抚’”。[⑥]漾陵，地名，荆门包山楚简有封君名“漾陵君”。又有羕陵公戈，知漾陵又可为县名。其地可能在河南沈丘县东境。[⑦]“蒿

① 顾铁符．信阳一号楚墓的地望与文物［J］．故宫博物院院刊，1979（2）．

② 请参见第四章乐器一节。其年代有早、晚两说，新的研究认为可早至春秋晚期。

③ 刘节．寿县所出楚器考释［M］// 古史考存．北京：人民出版社，1958：105-140．

④ 朱德熙，裘锡圭，李家浩．江陵望山一、二号墓竹简考释［M］// 江陵望山与沙冢楚墓发掘报告．北京：文物出版社．

⑤ 唐兰．寿县所出铜器考略［J］．国学季刊 1934，（4）：1．

⑥ 李家浩．从曾姬无邮壶铭文谈楚灭曾的年代［M］// 文史：第 33 辑．下引李家浩之说均出自此文。有新释见《楚系金文汇编》新版补述（收入《荆楚文库》）。

⑦ 何浩，刘彬徽．包山楚简“封君”释地［M］// 包山楚墓．北京：文物出版社，1991．黄盛璋认为：“漾当即《水经注》汝水支流之养水，漾陵当在养水之上。”其文载于《江汉考古》1988 年第 1 期。

閈”，过去有认为是地名的。李家浩认为：“壶铭‘蒿閈’可以读为‘郊閈’，‘郊閈’即‘郊里’的意思。”“无匹”，郭沫若云：“言鳏寡孤独而无告者。”[①]对“虘宑兹漾陵蒿閈之无匹”全句，李家浩读为：“镇抚兹漾陵郊閈之无匹。”古文献中也常见镇抚百姓之类的话，如《左传·昭公二十五年》：“国君是以镇抚其民。”这样释读，文通字顺。

此器的年代，可据铭文的纪年推定，器主既为声王夫人，作于楚王二十六年，查声王及接连继位的悼王、肃王、宣王诸王世，只有宣王在位二十六年以上。过去刘节考定为宣王二十六年，完全正确。假定曾姬无卹在声王即位之年（前 407）前后嫁于声王，至宣王二十六即公元前 344 年，其年龄至少已有 70 岁或更大。作为宣王祖母，即楚王太后，她作器安抚曾国遗民[②]，昭示后嗣忠于楚王，用意良有以也。

从壶的形制、纹饰看，与春秋至战国早期的楚式方壶有明显不同的时代特点。如壶盖上为 4 个 S 形长钮，为以前的方壶所无。这是迄今所知楚式方壶年代最晚的两件。过去，《大系》定为惠王时器，《通论》定为顷襄王时器，均失之过早或过晚，应予以改正。

（七十）鄂君启节

1957 年和 1960 年分两次出于安徽寿县城东丘家花园。[③]共 5 枚，剖竹形式。分为舟节、车节两种；舟节两枚，各长 31 厘米，车节 3 枚，各长 29.6 厘米。节面各有错金文字 9 行。舟节每节 164 字；车节每节 147 字，共 769 字，乃我国符节中发现字数最多的一次。

---

① 《大系》考释 166 页。

② 李家浩认为，楚宣王时灭曾后，大概碍着祖母曾姬无卹的面子，把曾人由原都西阳迁到漾陵，仍保留其宗庙，不绝其祭祀。由铭文知，宣王并请这位曾人老太太出面镇抚，要曾国子孙永远忠于楚王朝。

③ 殷涤非，罗长铭．寿县出土的“鄂君启金节”［J］．文物参考资料，1958（4）．1960 年又发现的一枚，见《安徽日报》1961 年 2 月 23 日。

1. 舟节释文

大司马卲剔（昭阳）败晋师于襄陵之岁，夏层之月，乙亥之日，王尻（处）于莪郢之游宫，大攻（工）尹脽以王命命集尹悳（悼）𥡴、裁（织）尹逆、裁（织）令阢为酆（鄂）君启之府賡（商）铸金节。屯（皆）三舟为一舿，五十舿，岁翼（代）返。自鄂市，逾沽（湖），

让（上）汉，帝（读为適，即适，以下均直接写为适）䣜（郧），适邡阳，逾汉，适䣊，逾夏，内（入）邔（涢）。

逾江，适

彭弦（射），适松阳，内（入）澮（泸）江，适爰陵。

让（上）江，内（入）湘，适𨜵，适

邶阳，内（入）灩（耒），适鄗（郴）；内（入）澬（资）、沅、澧，澭（油）。让（上）江，适木闗（关），适郢。见其金节则毋政（征），毋舍槫（传）飤（食）。不见其金节则征。

如载马牛羊以出内（入）关，则征于大质（府），毋征于关。

2. 车节释文

大司马昭阳败晋师于襄陵之岁，夏层之月，乙亥之日，王居于莪郢之游宫，大工尹脽以王命命集尹悼𥡴、织尹逆、织令阢为鄂君启之府賡（商）铸金节。车五十乘，岁代返。毋载金革黽箭，如马、如牛、如德（特），皆十以堂（当）一车；

如檐（担）徒，皆二十担以当一车，以毁于五十乘之中。自鄂市，适阳丘，适邡（方）城，适兔（菟）禾（和），适栖（柳）焚（棼），

适鲧（繁）阳，适高丘，适下蔡，适居鄛（巢），适郢。见其金节则毋征，毋舍传食；不见其金节则征。

上述铭文表明，这是楚王室特制的为鄂君启经商发放的免征关税的通行证，指明了商品种类的限制，规定了车和船的数量、通行路线等，是研究当时楚国疆域、交通、商业、关税制度等经济、政治状况的珍贵资料。自发现以来，先后有殷涤非、郭沫若、商承祚、于省吾、谭其骧、黄盛璋、朱德熙、李家浩等诸多学者释文与研究[①]，但迄今对一些铭文字体的隶定、考释和内容等方面仍存在许多不同的看法。这里的释文系根据诸家所释予以取舍，并吸收了若干最新研究成果，有的予以注明，有的恕不一一注明，请读者参阅书后的引用资料、论著目录。其中若干字的考释与若干内容研究有必要在此稍加论列。

（1）关于金节的年代，节铭已有记录，即“大司马昭阳败晋师于襄陵之岁”，这是以事纪年，其事可考。《史记·楚世家》楚怀王六年：“楚使柱国昭阳将兵而攻魏，破之于襄陵，得八邑。”节铭所记与《史记》所记史实相合。据历史年表，怀王六年即公元前 323 年，似乎已成定论。但我们据 1987 年出土的荆门包山楚简研究，楚国历法用建丑为正的“殷历”，并据纪年法的研究推定金节年代要比前 323 年晚一年，即应为公元前 322 年。[②]

（2）关于菽郢所指何地？意见纷纭。菽，有释读为茂郢、纪郢（江陵之郢）、哉郢（初郢，亦指江陵）、蒧郢（郊郢）、菽郢、湫郢等多种说法。[③] 节文中的郢又有专指一地（江陵之郢）和分指二地（寿春亦称郢）的不同看法。我们认为郢应为一地，即江陵之郢。菽郢在何处？由于说法各有所据，只能期待新资料来验证。据包山楚简，当时除楚王室中央机构所在的郢都外，还有好几个陪都性质的郢，除菽郢外，又新发

① 诸家论文见《楚文化考古大事记》鄂君启节一条。对其疑难字的新释较多。

② 刘彬徽．从包山楚简纪时材料论及楚国纪年与楚历［M］// 包山楚墓．北京：文物出版社，1991．

③ 诸多说法及其分析，可参阅何琳仪．长沙铜量铭文补释［J］．江汉考古，1988（4）．并有关论文。

现了蓝郢、郙郢、蔑郢三个郢名，对其地望，我们也做了研究。[①]从金节节文与新资料看，蔑郢与郢应分指二地。这个蔑郢地望，今后总会获得正确答案的。

（3）关于鄂的地望，有东鄂、西鄂二说，东鄂即指今湖北的鄂城，西鄂指今河南南阳市北。[②]我们认为，节铭之鄂应指东鄂。理由是：第一，舟节明言，“逾湖、上汉，”从今鄂城出发，越过鄂城和长江间的湖泊，沿汉水而上，文通意顺。第二，此地有战国古城鄂王城遗址，周围楚墓亦多，证明这里确曾为楚国重要城邑。这里临近长江，水路交通极为方便。而西鄂虽有水道，均为小河，难以作为水路交通基地。

（4）关于交通路线，诸说不一。舟节有 3 条或 4 条交通路线之说。应以 3 条为宜，即西北线、东线、西南线，其范围大体包括今湖北全境，西北达湖北西北境与河南西南境；东到今安徽、江西的长江两岸地带；西南到今湖南省境，最南达今之郴州。车节有 1 条与 3 条线路的说法，当以 1 条线路为宜，都在今长江中游以北，汉水以北的江汉、江淮间，西至河南西南境与舟节线路连接；东至今安徽巢县地带，与东线舟节水路相接。如刘和惠所说，舟节、车节虽分域明显，但存在水、陆联营情况，并且都以郢都为贸易基点。[③]鄂君启的商队有如此庞大的货物运输能力与商业贸易网络，难怪楚王室要如此郑重其事，颁铸这样庄严、高雅的金节——通行凭证了。

（5）关于文字，经诸家研究，集思广益，铭文中的未释字越来越少，可以说只剩下若干地名字一时还难以释出与考定地望。在考释文字中，朱德熙、裘锡圭、李家浩等新见尤多。如裘锡圭改释“自鄂往”为

① 刘彬徽，何浩．论包山楚简中几处楚郢地名［M］// 包山楚墓．北京：文物出版社，1991．

② 主西鄂说者，参阅陈伟．《鄂君启节》之“鄂”地探讨［J］．江汉考古，1986（2）．主东鄂说者较多，代表性论文为谭其骧．鄂君启节铭文释地［M］// 中华文史论丛：第 2 辑．北京：中华书局，1962．

③ 刘和惠．楚鄂君启节研究［J］．考古与文物，1982（5）．

“自鄂市”。[1] 朱德熙、李家浩在《鄂君启节考释（八篇）》[2]（简称《节研》）一文中，有以下新释：“岁翼返”，读翼为代，代，易也。释芸为邔；释彭砓（射），读为彭泽；释鄗为郴；释灊为油水之油；释槫，读为传；凡此均已录入本释文中。其中还有以下二字似尚可讨论。

，《节研》释为“賫”，为“商”之本字，读为商贾之“商”，在铭文里属上读，指“鄂君府中主市买职守的人”。（此字释为“赋”）

，与字右边偏旁相同，《节研》释为“帝”，读为“適”（简体为适），并引《方言》：“適，往也”。（此字释为“就”）

对以上二字的释读，于字形、文意都有一定依据，可备一说。并已录入本释文中。

为引起讨论，现提出一点不成熟的看法。

先谈“”字。《节研》引用了以下两条简文：

> 义怿□长剌为郘阳君番乘员，从七月以至来岁之七月，集岁尚自利训（顺）。（江陵天星观 M_1 竹简）
>
> □〔为〕悼固贞，出内（入）寺（侍）王，自刑〔尸〕以（適）集岁之刑〔尸〕。（江陵望山 M_1 竹简）

文中指出：“可见‘’与‘至’同义”，“鄂君启节的也应该是‘至’的意思”。这一看法又有包山楚简的材料为证。

苛嘉以长则为左尹尨贞，出入侍王，自夏尿之月以集岁之夏尿之月……（包山 M_2 竹简）[3]

由这三处同样文例的简文，可以看出“適”“至”“”三字意义完全相同，可以互代互用。

---

① 裘锡圭．战国文字中的“市”［J］．考古学报，1980（3）．

② 朱德熙，李家浩．鄂君启节考释（八篇）［C］// 纪念陈寅恪先生诞辰百年学术论文集．北京：北京大学出版社，1989．新的研究，翼改为龍，读“一”。

③ 湖北省荆沙铁路考古队．包山楚墓［M］．北京：文物出版社，1991．

以此推论，帝与至不只是“同义”，也可能同音。按《节研》从字形分析上把此字“释作‘帝’读为‘適’”。“適”与“至”古音也相近，適，锡部照系三等字，至，质部照系三等字，声钮相近，锡、质韵可通转。又有以上三处竹简简文的辞例为证，在肯定帝“与至同义”“有至的意思”的同时，不妨就以“至”字作为此字的同音字，也读为至音。至，到也，適，往也。意思均同，在铭文中也是文从意顺。

再来谈“(贝帝)”字。此字右边偏旁即上述单体的帝字。此字应从帝得声。与单体的“帝”字同音，既然同音，也可以考虑同样读为“至”。“(贝帝)铸”一词似应与寿县楚幽王墓铜鼎铭文中的“窒铸”同义。“窒”字亦从至声，似可读为实字①，至，实古音相通，如《礼记·杂记上》：“使其实。”郑注：“实当为至，此读周秦人声之误也。”既然幽王墓铜器铭文之窒铸可读为实铸，与之同例，鄂君启节中的“(贝帝)铸”也似可读为“实铸”。这样，仍可将此字按以往的读法读，同样文从意顺，亦可备一说。特写出以待朱、李二位先生和方家指正。

（七十一）正阳鼎

1958年湖南常德德山M_{26}出土。②同出铜器有鼎、盒（简报称盆）、剑、戈（巴蜀戈），陶器有鼎、敦、壶等。简报定此墓为战国前期，应改定为战国中期，器之年代也一致。此腹外壁铭文二字：

正昜（阳）。

正阳，地名。荆门包山楚简中有此地名，在长沙也出土过有“正阳”铭文的铜鼎③。关于正阳的位置，《汇释》云在今安徽寿县西南正阳关。但正阳不等于正阳关。这种一般的鼎不会来自较远的安徽，应在墓葬所在不远的地点，具体位置待考。

① 何琳仪. 战国文字通论［M］. 北京：中华书局，1989：137.
② 湖南省博物馆. 湖南常德德山楚墓发掘报告［J］. 考古，1963（9）.
③ 商承祚. 长沙古物闻见记［M］. 金陵大学中国文化研究所，1939：21.

（七十二）燕客铜量

1984 年在长沙收集。[1] 通高 13 厘米、口径 15 厘米。外壁一处方框内有铭文 6 行，59 字（合文 3）：

> 郾（燕）客臧（臧）嘉舝（问）王于莪郢之岁，亯（享）月己酉之日，郿（罗）莫嚣（敖）臧无，连敖屈让，以命攻（工）尹穆丙，工差（佐）兢（竞）之。集（集）尹陈夏，少集尹龚赐，少工佐孝癸，铸廿（二十）金削（篙），以賹（益）杏爵。

郾，报道者释为邦（？），李零释为燕[2]。铜量铭文首记年月日，按楚以大事纪年法纪年，但其事于史书失载，故难定其绝对年代，只能据形制、铭文字体时代特征，大体推断其相对年代为战国中期。享月之享，原报道未释，据包山楚简可知为享月，即楚历六月。

郿，何琳仪释为罗[3]。罗国于春秋初曾被迫迁于湖南平江一带，在湘阴的河市乡有古罗城遗址。[4] 罗于战国时已成为楚地。若此字确定为罗，当为楚之县邑。据包山楚简，楚的县级政权的官职大多仿中央机构官职。此铜量也可为之添一证据。从铭文得知，由罗县的莫敖、连敖两官命令铸造，由工尹、攻佐、少工佐、集尹、少集尹等 5 个正副职的工官负责制造出 20 个铜量，可见当时对这一铜量制造工作的重视。楚县级官吏之多，与战国中期以后楚政治日坏不无关系。

如按“名从主人”原则，负责铸造官吏中以工尹穆丙为首，似也可称此铜量为穆丙铜量。考虑到邦客或燕客铜量已见称于世，故此处仍沿用其名，不再改称。（校补：铭文末尾二字按笔者论文改释）

---

① 周世荣. 楚邦客铜量铭文试释［J］. 江汉考古，1987（2）.

② 李零. 楚燕客铜量铭文补正［J］. 江汉考古，1988（4）.

③ 何琳仪. 长沙铜量铭文补释［J］. 江汉考古，1988（4）.

④ 湖南省文物管理委员会. 湖南湘阴古罗城的调查及试掘［J］. 考古通讯，1958（2）.

（七十三）繁阳之金剑

1974 年出于河南洛阳一战国墓中。[1] 长 45 厘米，剑身错红铜蚊脚书文字 4 个：

䋣（繁）𣹳（阳）之金。

战国时期繁阳为楚地，字体亦具楚风。剑虽出于洛阳，剑的原主当为繁阳之地的楚人，其后由于战争等因而辗转流入洛阳。

此剑年代当为战国中期偏晚。

（七十四）陈往戈（附陈往之岁戟）

此戈出土于湖北鄂王城遗址。[2] 援部上扬，内部较长，上刻铭文 2 字：陈往[3]。

陈往之名，又见于传世的 1 件楚戟、铭文 1 行 8 字：陈旺之岁，告（造）府之戟[4]。旺即往字，陈旺即陈往。“陈往之岁”，系楚之大事纪年，据包山楚简纪年材料，此为省略式，全称体例为：“陈往……之岁”，是以陈往进行过的某项重要活动这一大事来纪年的。这表明陈往非一般的楚人，应该是楚的一个贵族。此人之戈出于鄂王城内，也许他就是鄂王城内的一个贵族或官吏。从戈形与文字形体看，年代为战国中期。

（七十五）䕯君戈

1971 年出土于江陵拍马山 M_{10}[5]；同出有陶鬲、铜剑钩、镈、镞及

① 洛阳博物馆．河南洛阳出土“繁阳之金”剑［J］．考古，1980（6）．

② 大冶博物馆．鄂王城遗址调查简报［J］．江汉考古，1983（3）．

③ 简报未释，此据滕黄．鄂王城戈铭文应为陈往［J］．江汉考古，1986（1）．

④ 于省吾．商周金文录遗［M］．

⑤ 湖北省博物馆，荆州地区博物馆，江陵县文物工作组．湖北江陵拍马山楚墓发掘简报［J］．考古，1973（3）．

漆耳杯等。援长 14.5 厘米，援、胡部有铭文 1 行 5 字（合文 2）：

蓺君凬𩕭（宝有）。

第一字和第三字为鸟篆体，第二、四字为带有虫书体形式的篆书体。报道时释为“鄀君用宝”，黄盛璋释为“邛（郢）君作𡨧（造）”；李零释为“𦻀君𥧥𥨎（宝有）”；何琳仪释为“䖋（艾）君凤𩕭（宝有）”①。

第一字，何琳仪分析为艸、先、土、丮、邑等 5 个偏旁，应隶定为“䖋”，地名，省邑作蓺；并引楚官玺中有“埶关”之印，证埶确为楚国地名；这是埶地的封君②，“凤”为封君之名，后一字为“宝有”二字合文。

此戈的年代，应与墓葬年代一致。简报定为春秋晚期，然此墓之陶鬲裆平，足短，与春秋晚期的时代特征不符。据纪南城遗址材料，此种鬲的使用下限已到战国中期。故此墓年代和此戈年代也可断为战国中期。

（七十六）陇公戈

1975 年出于江陵雨台山 M_{169} 内。③ 长 16.8 厘米，内部后端刻铭文 3 字：

陇公戈。

陇公应为楚陇县县公，其地无考。戈型具春秋战国之际特点，但文

① 黄盛璋．江陵拍马山鸟篆戈铭新释［M］// 楚文化新探．武汉：湖北人民出版社，1980；李零．楚国铜器铭文编年汇释［M］// 古文字研究：第 13 辑．北京：中华书局，1986；何琳仪．战国兵器铭文选释［C］．中国古文字研究会第七次年会论文。

② 何琳仪文中进而认为埶应该读为艾，楚有艾县，在今江西修水县境，可备一说，但此证据似不足。

③ 湖北省荆州地区博物馆．江陵雨台山楚墓［M］．北京：文物出版社，1984：80.

字风格偏晚，可能是战国中期的刻款。

（七十七）新弨戟

1955 年出土于湖北襄阳地区。[①] 此戈无内，据曾侯乙墓戟的形制，这是 1 件戟的第二个戈头。援长 16.8 厘米，援胡部铭文 1 行 6 字：

新弨自命弗（锑）戟。

这是一个名新弨的人自用之戟。字为鸟篆体，“新”字为楚特有的字体，此戟应属楚系。器名原释为戈，字形与曾侯乙墓之戟字相同，应为戟字。据文字与形体时代风格，戟的年代约为战国中期。

（七十八）郪之戈

共两件。传世的一件，器形已佚，铭文著于《录遗》566，铭文在戈的内部，2 行 4 字：

郪之新郜（造）。

另 1 件长沙近郊出土[②]，铭文字体及所在部位，与传世之戈完全一致，可证为同时同地之器。

郪，地名，包山楚简中有楚县郪阳，此戈之郪也可能为楚县，其地当与郪阳相距不远。新造，又见于包山楚简，为官名，此戈铭的“新造”，也应是楚官名，即郪县之新造官。此为郪县新造官府所铸。

据文字风格与戈的形制，年代约为战国中期。

① 仲卿．襄阳专区发现的两件铜器［J］．文物，1962（11）；商承祚．《新弨戈》释文［J］．文物，1962（11）．

② 周世荣．湖南楚墓出土古文字丛考［M］// 湖南考古辑刊：第 1 辑．长沙：岳麓书社，1982．此文释以上四字为“邦之新都”。

（七十九）王命节

共 4 件，传世 3 件，情况见《汇释》。出土的 1 件，称为龙节，中华人民共和国成立后由湖南省博物馆征集。① 据报道者云，系 1946 年出土于长沙市东郊黄泥坑一小墓中。

铭文 1 行 9 字（重文 1）：

王命命遡（传），凭（任）一桧（擔，简体为担），饮（食）之。

此节字体、文辞与鄂君启节相似，应为楚器，年代也应与鄂君启节相同。传世此节，过去因无对比材料，曾有以为汉器者②。有了鄂君启节等楚器文字作对比，又有出土于长沙原楚地的铜龙节为证，为楚器无疑。

传，即驿传，或驿站，赁，假为任，即任使之意。檐，张振林释为擔③，可信。节铭文意为：楚王命令驿站，凡持节者有一担的物资经过驿站，应该由驿站供给饭食。④ 可见此节的作用与鄂君启节同，都是楚王对持节者的优惠照顾。此节的所有者身份也当如鄂君启相近，为楚王亲近的贵族，非一般楚人所能有也。

八、东周第七期金文

（八十）中阳鼎

1985 年出土于湖南桃源三元村 M_1。⑤ 在 2 号鼎子口外侧横刻 1 行铭

① 流火．铜龙节［J］．文物，1960（8–9）．

② 如阮元、方濬益均认作汉代器。

③ 张振林“槍徒”与“一槍饮之”新诠［J］．文物，1963（3）．

④ 何琳仪所撰《南越王墓虎节跋》一文，对此节铭文释读稍异：“王命命遡赁（任），一担饮之”，意谓“王命专门负责使命者，所到之处供给一担食馔”。在此文中介绍南越王墓内出土的虎节铭文：“王命，命车驻（牡）”，认为亦为楚器，特附志于此。

⑤ 常德地区文物工作队．桃源三元村一号楚墓［M］// 湖南考古辑刊：第 4 辑．长沙：岳麓书社，1987.

文，共12字，分为两段，字的读向相反，释文[①]：

> 审（中）昜（阳），王贞（鼎），容廿（二十）五□
> 午之十七。

中阳，地名。在包山楚简中也有此地名，而且是一个楚县名，字的形体与此完全相同。“王鼎”意为楚王御用之鼎。也许这是中阳县地为楚王室铸造的鼎之一。“容二十五”之后一字不识，正如李学勤所云，应是“升”或与升相近的量制单位。“午之十七”，为器物编号。战国秦汉器物中常见这种编号[②]，在寿县楚幽王墓的铜器中也有类似编号。

此鼎属于楚式子口高足鼎，同出器物也有楚风，该墓应为楚墓（墓内除主要为楚器外，还出有巴蜀式戈、越式剑各1件）。墓的年代，简报定为战国中期偏晚，也许还要稍晚，例如鼎、壶的形态，尤其是壶的形制、纹饰与楚幽王墓的壶相似。看来，定其年代为战国晚期偏早可能更恰当些，大约为公元前278年秦国攻占郢都前不久所铸。

（八十一）寿春府鼎

天津市收集。[③]高23.4厘米、口径20.2厘米。盖顶为衔环钮，周有三伏兽钮，扁圆腹，高足。盖边沿刻字两行，分列左右，一边3字，一边4字：

> 寿春质（府）鼎。
> 䀠笏厠。

① 李学勤．释桃源三元村鼎铭［J］．江汉考古，1988（2）．释文系录自此文。
② 李学勤．汉代青铜器的几个问题［J］．文物研究，1986（2）．
③ 天津市文化局文物组．天津市新收集的商周青铜器［J］．文物，1964（9）．

前4字，陈邦怀释为“寿春仓苋”[①]；《汇释》改释第三字为府（府），至确。第4字与包山楚简上的鼎字形近，此字也当是鼎字。

后3字，一、二字不识，第三字也见于东陵鼎（下详），各家隶定和考释不一，似以释“肴”为宜[②]，意为寿春府内制作菜肴的处所。

楚迁都寿春后改名曰郢。而此鼎铭称寿春府，表明为迁都前之器，但器之形制有战国晚期特征。因之，作器年代大约在公元前241年迁郢丁寿春之前不久。

（八十二）造府之右冶鼎

传世器，现存台北。在腹壁外侧有铭文1行8字：

□造府（府）之右冶□盛。

造府，为楚主管制造的机构，“右冶”为冶铸机构，□盛为冶匠名。“造府下有冶铸机构，而且至少有两个，既有右冶，当有左冶。由此可知造府下面设有左右冶，负责铸造之事。”[③]

此鼎失盖，为子口扁盒形高足鼎，年代为战国晚期。

（八十三）螣鼎

传世器，口沿刻铭文7字：

螣所告（造）馈鼎。中腏。

螣，人名。馈字，从《汇释》释[④]。腏字，后详。

① 天津市文化局文物组．天津市新收集的商周青铜器［J］．文物，1964（9）．

② 《汇释》释为“肴”，可从。但云此字与铸客大鼎类似之字同字，则不妥。

③ 郝本性．试论楚国器铭中所见的府和铸造组织［M］//楚文化研究论集：第1集．武汉：荆楚书社，1987．

④ 《汇释》云此字“可能是贵，即馈字的省体”。

此器失盖，器形与寿春鼎相似，为战国晚期楚鼎。

（八十四）石圣刃鼎

20世纪50年代长沙市出土。[①] 有盖、扁腹、高足，盖上有昂首伸颈之兽形钮，足为铁质。通高28.6厘米。铭文刻在盖缘、盖内、腹壁三处，笔画刚劲有力，同为3字：

石圣刃。

从鼎的形制、文字特点看，年代为战国晚期，即楚系铜器东周七期。

（八十五）东陵鼎

1952年浙江省文管会征集。[②] 为1鼎盖，盖径20.3厘米。盖缘两侧各有铭文3字：

大右秦。
东陵肴（肴）。

大右秦，或认为地名，或认为人名。东陵，地名，在包山楚简里有“东陵连敖”之称，可知东陵应为县名。东陵肴，即东陵县主管制作祭祀用菜肴的机构。大右秦，也许就是此机构之主管官名。

此鼎盖形与石圣刃鼎、寿春鼎盖相似，年代为战国晚期。

---

① 楚文物展览图录［M］. 北京：北京历史博物馆，1954；周世荣. 湖南战国以前青铜器铭文考［M］// 古文字研究：第10辑. 北京：中华书局，1983.

② 曹锦炎. 东陲鼎盖考释——兼释肴字［M］// 古文字研究：第14辑. 北京：中华书局，1986.（东陵不应释为东陲）

（八十六）巨萓鼎

1955 年安徽蚌埠市八里桥出土。[①] 同出有盒、壶。从器类组合和形制看，应为战国晚期楚墓。

所出 3 件鼎有铭文，共 18 字，分刻于鼎的两耳上。其中两件的刻文为 7 字：

巨萓，王、（一耳）巨萓，十二（另一耳）。

另 1 件 4 字：

巨萓，十二。

铭文有王字，表明这些鼎为巨萓地方所造，以作王室之用，应为公元前 241 年楚迁郢于寿春以后的楚器。铸造年代略早于寿县楚幽王时的铜器。

（八十七）酓前鼎、簠、盘

从这一编号至（九十一）共五项均为寿县李三孤堆楚幽王墓所出。按“名从主人”的原则，据器主不同而分项，按年代先后为序，分别编号叙述。

1. 酓前鼎

（1）酓前乔（鐈）鼎，1 件，此器现存故宫博物院。无盖，高 59.3 厘米。[②] 盖缘铭文 1 行 12 字：

楚王酓前复（作）铸匋（鐈）鼎，以共（供）岁棠（尝）。

① 孙百朋．介绍蚌埠市出土的几件有文字铜器［J］．文物参考资料，1957（7）．又见《安徽青铜器》九五号鼎。

② 王海文．故宫博物院所藏楚器［J］．江汉考古，1986（4）．该文所云此鼎之盖应非同套，后详。

楚王酓前是哪一个楚王的名字？这是首先要解决的问题。自此器出土和著录以来，对前字之释，各说不一，先后提出约 8 种说法：①释为赀，指楚文王；②释胐，指楚王负刍；③释肯，指考烈王熊元；④释肯，定为哀王犹；⑤释嵛，指楚王负刍；⑥释肓；⑦释前[①]；⑧释胄[②]。在以上诸说中，①说与时代不合，应否定，其余数说皆以楚徙都寿春后的楚王为说，各有所据。其中释前一说，从字形演变，古音通转方面作了论证，较为可靠，故采此说。前可读元，即考烈王熊元。从当时历史背景与器形特点看，也应以考烈王（前 262—前 238）为是。

以供岁尝，尝为秋祭之名[③]，或通指岁祭，铭文意为楚考烈王作了高足的鼎，作岁祭之用。

（2）酓前匜鼎 1 件，大扁腹，有流，高足，素面，高 38.5 厘米。鼎口沿有铭文 1 行 12 字：

> 楚（楚）王酓前作铸鉇（匜）鼎，以供岁尝。（口沿）

楚字上半从木不从林，与下述楚王酓前盘同。此鼎有流，似匜之口，故称匜鼎。

2. 簠

现存 4 件。形制、大小相同，饰蟠凤纹、勾连云纹，通高 11.7 厘米。每件铭文相同，有 12 字。（另有编号字）：

> 楚王酓前作铸金簠，以供岁尝。（口沿）

---

① 李裕民．古字新考［M］// 古文字研究：第 10 辑．北京：中华书局，1983；何琳仪．战国文字通论［M］．北京：中华书局，1989：137.

② 以上①—⑦说见《汇释》的综述。释为“前”，除《汇释》外，还有陈秉新《寿县楚器铭文考释拾零》，载《楚文化研究论集：第 1 集》。

③ 《尔雅・释天》：“秋祭曰尝。”

其中三件的编号字有：戊寅、已、辛、由已见编号推算，甲至辛共8号，实应为4件簠。[①]

3. 盘

1件，圜底，素面。高7.9厘米。铭在口沿，1行12字：

> 楚（楚）王酓前作为铸盘，以供岁尝。

（八十八）太子鼎、镐

1. 鼎

2件，1件铭文刻于两耳上，5字：一耳为“太子鼎”，一耳为“集脰”，另1件，有盖，扁腹高足，通高13.2寸。铭文在盖缘，1行5字：“集脰”“太子鼎”。集脰与太子鼎二者中间稍稍分开，应分读。

2. 镐

1件，通高22厘米。口沿有6字铭文：

> 太子之镐。集脰。

关于太子其人，《汇释》谓考烈王、幽王两属皆有可能。铭文有“集脰”2字，未见于酓前器，而见于幽王世器物，此太子应指楚幽王为太子之时[②]，即尚未为王之时，其年代仍属考烈王世，应为考烈王晚年时之铸器。

集脰，李学勤认为是管理王室饮食的职官名，“集”字的意义可能

① 据《器群》文，有编号字的为半器，若按一器有两个半器编号，则只能算成4件。簠4件，系据《器研》一文。

② 曹淑琴，殷玮璋．寿县朱家集铜器群研究［C］// 考古学文化论集．北京：文物出版社，1987．该文也认为“太子组铜器应是酓忎为太子时所作的器”。

同于“司”字[①]。脰，《广释·释言》：“脰，馔也。”朱德熙、裘锡圭读为厨即厨。[②]集厨当为楚王室总馔之官即总管膳羞的机构。

（八十九）楚王酓忎鼎、盘等器

1. 鼎

2件，均为折沿鼎，有盖，高足，饰菱形状变形龙纹。通高55.6厘米和51.8厘米。

（1）盖、器共有铭文64字，其中盖33字（盖边1行22字，盖内2行11字），器31字（器口1行20字，腹内9字，腹底2字）：

> 楚王酓忎戰（战）隻（获）兵铜，正月吉日，窒铸鐈鼎之盍（盖），以供岁尝。（盖边）
>
> 冶币（师）専（傅）秦、差（佐）苛膡为之、（盖内）
>
> 集脰（盖内）

器身口沿的铭文同盖边铭文，仅少“之盖”2字。

> 冶师盤（般）埜（野）、佐秦忑为之（器腹部）
>
> 三楚（腹底）

（2）铭文的正文与上鼎相同，不同之处在于冶师之名不同[③]，且缺“集脰”“三楚”4字。

冶师铭文：

① 李学勤. 战国题铭概述：下［J］. 文物，1959（9）.

② 朱德熙，裘锡圭. 战国文字研究（六种）［J］. 考古学报，1972（1）.

③ 冶师，何琳仪释为“尸（肆）师”，可备一说，（见《楚官肆师》一文，刊《江汉考古》1991年第1期。）但肆师地位相当高，而从寿县楚器铭文看，其地位并不高，且冶师之名已见三个之多，如为肆师，不会有如此多之名，故仍从释“冶师”说。

冶师絮（绍）圣、佐陈共为之。

2. 盘

1 件，大口，素面，通高 2.7 寸。铭文分两处，共 29 字：

楚王酓忎战获兵铜，正月吉日，窒铸少（小）盘，以供岁尝。（口沿）

冶师绍圣、佐陈共为之。

以上鼎、盘共 3 器，都有楚王酓忎之名，忎即悍，学术界已公认为楚幽王之名。“战获兵铜”，郭沫若称指幽王三年秦楚之战，楚可能取胜。① 铭曰“正月吉日”，即铸器于正月，战事应发生在正月以前的上年，故此器之作应在幽王四年（前 234）。

窒，或读为室，或读为“实”。② 窒铸应与酓前鼎之“作铸”意义相似。

盖与器身署有冶师之名两个，冶师之佐（副职）的名字两个。“三楚”二字间有较大间隔，非古书所说西、南、东的三楚，“三”可能是编号，“楚”表国名。

3. 冶师勺、匕

（1）冶师専秦所为之勺、匕，有勺 3、匕 2，每件上有铭文 1 行 7 字：

冶専（傅）秦、苛膡为之。

（2）冶师盘野作匕，2 件，每件上有铭文 1 行 7 字：

① 《大系》考释 169 页。

② 何琳仪. 战国文字通论［M］. 北京：中华书局，1989：137.

冶盘野、秦忑为之。

（3）冶绍圣作匕，共 3 件，每件有铭文 1 行 7 字：

冶绍圣、陈共为之。

以上之勺、匕上所刻的冶师、冶佐之名，均见于前述酓忎鼎、盘，其匕应即与鼎配套使用，系同时同人所为之器，故虽无酓忎之名，仍可判定为酓忎器。

（九十）大府簠、敦、镐

1. 大府簠

1 件，未见图像。据拓片，纹饰为方勾变形龙纹。器内底铭文 4 字：大质（府）之簠。“大府”为楚王室掌管收藏货物、宝器的机构①，有“大府”玺印为证。此器即为该府使用之簠。

2. 大府敦

只存半器。半球体，下有三小足，素面，现存故宫博物院，高 14.4 厘米。② 口沿有铭文 1 行 5 字：

大质（府）之馈盏。

此器为半个敦的形态，而铭文自名为盏，敦、盏为同器异名（本书第四章有专论），按约定俗成的称谓，仍以称敦为宜。

---

① 《周礼·天官冢宰》：大府“掌九贡、九赋、九功之贰，以受其货贿之入，颁其货于受藏之府，颁其贿于受用之府”，郑注：“大府为王治藏之长。”

② 王海文．故宫博物院所藏楚器［J］．江汉考古，1986（4）．

3. 镐

1件，深腹，平底，四钮衔环，素面，高25.3厘米，口径54.2厘米。[①] 口部外壁横刻铭文1行17字：

秦客王子齐之岁，大府为王□飤𬭌镐　集脰。

第一句为楚大事纪年之年名，第12字原似应有字，第14字，或释为晋，但楚文字中的晋字与此形体不同，暂缺释。

“秦客王子齐”，论者解释为“考烈王为质于秦，镐铭‘秦客’是客于秦”，“很可能即是顷襄二十七年（前271）”。[②] 这种解释不妥。根据我们对荆门包山楚简中纪年材料的研究[③]，“秦客”非“客于秦”之意，而是指秦国的使者，铭文首句：“秦客王子齐之岁”，应该解释为：秦国的使者王子齐出使到楚国来的这一年。此事在当时的楚国应是一件大事，故以此大事来纪年。但此事于史书无载，难以考定绝对年代。其相对年代则可能与前述大府簠、盏（敦）的年代相近。大府簠的纹饰与酓前簠的差别较大，而与酓忎簠的差别较小，并与铸客作器中的御室匜花纹相同。御室匜为幽王酓忎时物。这样，大府簠也应是酓忎时之器。同为大府之器的大府盏（敦）、大府镐的年代也就很可能是幽王酓忎在位之世（前237—前228）。

（九十一）幽王世铸客作器

1. 太后脰官鼎

1件，通高33厘米，铭文在口沿，1行9字：

铸客为大（太）句（后）脰（厨）官为之。

①② 殷涤非．寿县楚器中的“大府镐”［J］．文物，1980（8）．

③ 刘彬徽．从包山楚简纪时材料论楚国纪年与楚历［M］// 包山楚墓．北京：文物出版社，1991．

太后，应为幽王之母，考烈王后，这是幽王在位时为太后的厨官所铸之鼎。

2. 王后少府鼾、鼎

鼾2件，通高49厘米和48厘米。鼎1件，有相同的铭文，1行9字：

铸客为王句（后）小（少）府为之。

3. 王后六室器

有簠4、豆4、尊缶2、镐2，都有相同的9字铭文：

铸客为王后六室为之。

以上王后诸器的年代约可推定。簠的纹饰和酓忑鼎纹饰一致，应为同时铸造之物；鼾上的勾点纹也是同期纹饰。无纹者以王后铭串联之，由此断定都是幽王时期器物，王后应为幽王之妻。

4. 集脰大鼎

为幽王墓内最大的鼎，高112厘米，口径87厘米，重400千克，也是东周时期我国最大最重的鼎。[1]口沿有铭文12字：

铸客为集𦉜（脮）、俈（造？）𦉜（脮）、睘（腰）夌（腋？）脮为之。

第5、7、10字释为脮。[2]对此字过去有膴、膀、剞、腡等多种释读

① 吴兴汉，王传厚. 楚大鼎及其出土后的经历［J］. 文物天地，1981（2）. 又见《安徽青铜器》一书。

② 刘钊. “金文编”附录存疑字考释［C］. 中国古文字研究会第八次年会论文，1990；黄锡全. 腡、𦛨考辨［C］. 江汉考古，1991（1）. 腰、腋从黄释。

意见[1]，比较起来，以释腏较为可信。腏与餟同。《汉书·郊祀志上》："其下四方地，为腏，食群神从者及北斗云。"颜师古注："腏字与餟同，谓联续而祭也。"又《说文》："餟，祭酹也。"集腏，当为主管腏祭的机构，按颜师古注，为连续祭群神之用器。

此大鼎饰菱形S纹，与酓忎鼎同，为同时之物，可断其年代为幽王世。

另有一小鼎，铭文为集腏二字，其腹部"太子"二字伪刻[2]，这也是集腏之用鼎。

5. 集脰之器

计有鼎、镐、方炉等，其中鼎4件，3件铭文为1行7字：

铸客为集脰为之。

另1件分书二处，一处"铸客为集脰"5字，另一处"集脰"2字。

镐和方炉各1件，铭在口沿，1行7字：

铸客为集脰为之。

6. 集糈之器

有鼎1、甗1。鼎铭1行7字：

铸客为集糈为之。

甗铭1行8字：

铸冶客为集糈〔少〕〔府〕〔为？〕〔之？〕，

① 各家之说详见《汇释》。

② 李国梁．"太子鼎"辨伪［C］// 楚文化研究论集．武汉：荆楚书社，1987．

其中“小（少）府”二字不显，但可辨认；“为之”二字据鼎铭格式推测，原字已不显。

集糌，亦为主管膳食的机构。信阳长台关楚简记有：“集糌之器”、天星观楚简记有“集糌尹”。糌、疑读为糈。[①]《楚辞·离骚》：“怀椒糈而要之”，王逸注：“精米，所以享神也”。此集糌尹即集糌之主管官史，为掌稻粱等主食之官。

7. 集醻之器

计有鼎 1、盉 1、炉 1、鐎 1，都有相同的铭文 1 行 7 字：

铸客为集醻（醻）为之。

第 5 字，旧释为醻；陈秉新云，“醻当读为酉”，“集醻（酉）是楚王室总管酿酒的机构[②]。

以上诸器中，盉、炉有纹饰，盉为稍变形的细密蟠绕龙纹，炉为米字状分布的勾点纹，勾点纹为幽王酓忎器的纹饰，故这些集醻器应断为幽王世之物。

8. 集既之器

计有甗、方炉各 1 件，口沿有铭 1 行 8 字：

铸客为集既铸为之。

第 6 字在二器上笔画略异，或释为“铸”。[③]既，郝本性读为饩，饩

① 此据《器群》所释。或认为糌为煮字古文变体，集糌即楚王室总管烹煮的机构。见陈秉新、寿县楚器铭文考释拾零［C］// 楚文化研究论集：第 1 集．武汉：荆楚书社，1987.

② 陈秉新．寿县楚器铭文考释拾零［C］// 楚文化研究论集：第 1 集．武汉：荆楚书社，1987.

③ 郝本性．寿县楚器集脰诸铭考释［M］// 古文字研究．第 10 辑．北京：中华书局 1983：205.

的古字作槩[①]，甚是。《礼记·王制》："皆有常饩"，郑注："饩，廪也"。集既为楚王室总管饩廪的机构。[②]

9. 御室匜

1件，铭文1行7字：

铸客为御铚（室）为之。

此匜纹饰与大府簠同，为同一铸客所铸，年代应相近，可能作于幽王世初年。

（九十二）幽王墓其他铜器铭文

幽王墓内有铭铜器，除以上可判定为考烈王或幽王世之器外，还有几件，合并于此介绍。

1. 慜字大鼎

此鼎已残，从未见著录，首由《器群》揭出，谓仅存口沿、三足。为此，笔者曾去信安徽省博物馆吴兴汉先生询问，承他来信告知："我到本馆青铜器库房进行了实地观察，此鼎十分残破，仅存口沿、两耳、三足及底部残片，口沿上确有一字铭文。从残存的造型和纹饰看，与楚大鼎基本相似。从其形体大小比较，此残鼎的口径71厘米，而楚大鼎的口径为87厘米，仅次于楚大鼎。"[③]铭文一字：㝵，释为慜[④]此大鼎的纹饰，《器群》云与楚王酓前簠的云纹相近，（仅有Ⅰ、Ⅱ式之分）。器之年代可能与下述客礼慜鼎相同。

---

① 郝本性．寿县楚器集脰诸铭考释［M］// 古文字研究．第10辑．北京：中华书局1983：205．

② 陈秉新．寿县楚器铭文考释拾零［C］// 楚文化研究论集：第1集．武汉：荆楚书社，1987．

③ 吴兴汉先生1989年7月23日给笔者的来信。

④ 李零．释"利津𨸏"和战国人名中的㝵与㝵字［M］// 出土文献研究续集．北京：文物出版社，1989．林澐释为"淛"字。

2. 客豊愆鼎

共 4 件，器形比上述大鼎小，高仅 33 厘米，口沿铭文 3 字：客豊愆[①]。客，可能为铸客之省，豊即礼，为氏称，愆为名。前述大鼎仅一愆字，由此三字鼎铭看，显为同一个人所铸，只是大鼎仅书其名而未书“客豊”二字而已。

关于愆鼎之年代，有两点值得注意，第一，铸客的称谓与前述幽王世铸客器群不同，显非同一铸客同一时间所铸。第二，从形制、纹饰看，客豊愆鼎盖为三环钮与铸客鼎三伏兽钮不同，环钮鼎多见于战国中期楚鼎、如包山 M_2、望山 M_2 都有这种环钮盖鼎。愆大鼎的云纹与酓前簠纹相似。由此考虑，这几件愆鼎的年代也许略早于铸客作器年代，可能为幽王初年所铸之器。

3. 集脰鼎盖

1 件，盖上铭文分为二处，在盖顶部纹饰空间处有 4 字：集脰衽鼎。盖沿上有 2 字：集脰。

此盖原置于酓前鐈鼎上[②]，后相沿未改。但是，唐兰早在 20 世纪 30 年代就已认为：“殆别一鼎之盖，误与此相配。”熊海平也在 30 年代赞同唐兰之说，认为：“今更以纹绩印证，其说极是。”[③] 此鼎盖花纹为方勾变形龙纹，与前述大府簠、御铚匜纹饰相同，后者年代定为幽王世，由纹饰推断其年代，似不当为考烈王世之器，可能为幽王世之器。

4. 大右人鉴

1 件，口沿有铭 3 字：大右人。可能与东陵鼎盖铭例同，大右是职官名，“人”是名。

此鉴年代无从判断是幽王世抑或考烈王世，也可能为幽王世。

以上从（八）到（十三）六个编号的铜器都出于楚幽王墓，依次

---

① 李零．释“利津□”和战国人名中的□与□字［M］// 出土文献研究续集．北京：文物出版社，1989.

② 《三代》《大系》及《汇释》等均沿用之。

③ 熊海平．楚器纹绩的研究［J］．民族学研究集刊，1936（1）．唐兰之说转引于此文。

将其年代重新考订。在此以前的《器群》和《器研》两文，对此墓铜器群都作了系统的整理研究。笔者也反复作了参考，有的已录入本文之中。对有铭铜器群的分组，《器群》分为十一组，但对各组铜器的年代有的未予确断。例如对铸客器组，认为“有可能是分属于考烈王和幽王两王，其中多数是幽王时候的器物”。对太子鼎，认为：“太子估计是幽王太子，也可能是考烈王太子，年代两属皆有可能。”笔者则作了较为肯定的判断。《器研》一文分此墓铜器为七组，对年代的判断较为笼统，如说这七组铜器“铸造的时间当相距不远，应属同一时期（战国晚期）的器物”。将大府组器的年代定为考烈王时的铜器，也显然不妥。至于《器研》云“是两个楚王陵的出土物”，我们在第二章已有论说，这里就不重复了。

自 20 世纪 30 年代以来，由于众多学者的研究，对楚幽王墓铜器铭文的研究，无疑已取得了很大的成就，即使仍存在若干铭文研究上的疑难问题，随着楚文字资料的增加与研究工作的继续开展，可望不断地获得解决。

（九十三）君夫人鼎

器藏上海博物馆。有铭文 1 行 5 字：

君夫人之鼎。

从器型字体特征看，为楚系战国晚期风格，可能为某个楚王或封君夫人之器。

（九十四）楚高缶

1953 年出土于山东泰安。[①] 共出土 6 件，有铭文的 2 件，高 35.6 厘

① 杨子范．山东泰安发现的战国铜器［J］．文物参考资料，1956（6）．

米和37.3厘米。每件的铭文分为两处，一处为“楚高”二字，一处为“右冶肙（尹）”3字。“楚高”二字为楚系文字风格，“右冶肙”为燕系文字风格。器之国属，有楚器、燕器二说。①

器的形制、纹饰有战国中晚期特点，不会晚至战国晚期后段。其形制有楚系浴缶特征，应为楚器；其后可能由于某种原因落入燕人之手，刻上了燕国文字。

（九十五）羕陵公戈

武汉市文物商店收集。② 援、胡部残缺，残长13.5厘米。内部有铭文2行14字：

虘（摣）鼎之岁，羕（养）陵公伺罴。所郜（造）。冶己女。

羕（养）陵公，楚养陵县邑的县公，其地在今河南沈丘乐镜。③ 虘鼎之岁，以事纪年，或释为献鼎之岁，为岁星纪年。④ 似应为以事纪年，但所纪之事不可考。

此戈之援、内部均上扬较甚，内三面刃，为战国晚期特点，其年代应定为战国晚期。

（九十六）左徒戈

1983年出土于山东莒南县小窑乡。⑤ 稍残，援长13.2厘米。胡部有阴刻铭文3字：左徒戈。

---

① 楚器说见上注。燕器说见李学勤，郑绍宗．论河北近年出土的战国有铭青铜器［M］// 古文字研究：第7辑．北京：中华书局，1982：129.

② 武汉市文物商店：武汉市收集的几件重要的东周青铜器［J］．江汉考古，1983（2）.

③ 何浩，刘彬徽．包山楚简“封君”释地［M］// 包山楚墓．北京：文物出版社，1991.

④《汇释》云“是岁名”。

⑤ 蕴章，瑞吉．山东莒南小窑发现“左徒”戈［J］．文物，1985（10）.

楚有“左徒”之官，爱国诗人屈原就曾任过左徒之职。此为楚某一左徒之戈。年代约为战国晚期。

（九十七）长郵戈

两件，收集一件，另一件 1974 年出土于长沙识字岭 M_1[①]。铭在胡上，原释“长邦”，李学勤改释为：长郵（邮）[②]。

郵即邮驿，《孟子·公孙丑上》：“速于置郵而传命。”文献与此戈证明，战国时已有邮的名称和制度，长邮，“可能是长沙之郵的简称”[③]。从戈形与字体看，为战国晚期楚戈。

（九十八）敓作戈

1978 年出于湖南益阳赫山庙 M_4。[④]1 件，援长 19 厘米、内长 10 厘米。援部铭文 1 行 5 字：

敓作郲王戟。

第三字，报道时释为“楚”字，笔画与楚字不类。或释为“郲”[⑤]“郝”[⑥]。

字体为楚系文字中特有的艺术化了的“蚊脚书”，应为战国晚期楚戈。

① 周世荣．湖南楚墓出土古文字丛考［M］// 湖南考古辑刊：第 1 辑．长沙：岳麓书社，1982.

② 李学勤．湖南战国兵器铭文选释［M］// 古文字研究：第 12 辑．北京：中华书局，1985.

③ 李学勤．湖南战国兵器铭文选释［M］// 古文字研究：第 12 辑．北京：中华书局，1985．包山楚简中已有地名长沙，证此地名由来已久。此戈应改释为“长沙戈”。

④ 湖南省博物馆，益阳县文化馆．湖南益阳战国两汉墓［J］．考古学报，1981（4）.

⑤ 刘雨．益阳出土的敓戟铭商榷［J］．考古，1982（2）.

⑥ 张亚初先生与笔者交谈时认为应释为“郝”。

（九十九）洀并戈

上海博物馆收藏。[①] 戈内部有巴蜀图形文字和巴式虎纹，显为巴蜀式戈；但援部的铭文却是楚文字风格。1 行 6 字：

洀竝果之哉（造）戈。

孙稚雏认为，洀，邑名，可能即湖南资水流域的地名，以地名为氏称；竝果为人名。此人可能是“身居楚地的巴人贵族”[②]。或许为已降服于楚或入仕于楚的巴人贵族。撇开戈形不论，戈上之文字当归属楚系。年代为战国晚期。

（一〇〇）王孙袖戈

湖南收集。[③] 戈形制、纹饰均为巴蜀式，有巴式虎纹符号，长 25.2 厘米。但铭文为楚系文字。援上 1 行 11 字：

傴（偲）命曰：献与楚君监王孙袖。

偲命其人，“显然是巴人的一个首领，是他将此戈赠给楚国派到巴地进行监管的楚人王孙袖”[④]。这个王孙袖应为楚国的王族，戈上的文字有战国晚期楚系风格，故可归属楚系金文。其年代为战国晚期。

（一〇一）王作□君剑

1963 年出土于湖南湘潭易俗河。[⑤] 剑首和锋刃略有残损，茎上有两凸箍，长 45.2 厘米。剑身近格处有鸟篆铭文 2 行 4 字：

---

① 沈之瑜．緦竝果戈跋［J］．文物，1963（9）．

② 孙稚雏．洀竝果戈铭释［M］// 古文字研究：第 7 辑．北京：中华书局，1982．

③④ 高至喜，熊传新．楚人在湖南的活动遗迹概述［J］．文物，1980（10）．

⑤ 古湘．湘潭县出土战国鸟篆铭文铜剑［M］// 湖南考古辑刊：第 4 辑．长沙：岳麓书社，1987．

王作□君

铭文中的王应指楚王，意为王为某君而作。年代约为战国晚期。

（一〇二）楚尚车軎

长沙出土。[①] 状如大口小底杯，素面，口部外侧刻有 2 字：

楚尚。

（一〇三）大府铜牛

1956 年出土于安徽寿县丘家花园附近，后为安徽省博物馆征集。[②] 为一错金银花纹的卧牛，上有 4 字铭文：

大脴（府）之器。

大府，为楚王室府库之一。此大府铜牛的年代，报道者认为是楚怀王时物，《汇释》认为战国晚期物。器出寿县，应为考烈王迁都寿春以后所铸，如同前述大府几种礼器的年代一样，此器也可能铸于幽王时。

（一〇四）大府铜量

安徽凤台出土，1976 年收集。[③] 铭文分为 2 处，共 7 字。

郢大脴（府）之〔为？〕笰（筲）。（器腹外壁）笰。（器底）

① 周世荣．湖南楚墓出土古文字丛考［M］// 湖南考古辑刊：第 1 辑．长沙：岳麓书社，1982.

② 殷涤非．安徽寿县新发现的铜牛［J］．文物，1959（4）.

③ 安徽阜阳地区展览馆文博组．安徽凤台发现楚国“郢大脴”铜量［J］．文物，1978（5）．裘锡圭释铭文最后一字为筲，见《文物》1978 年第 12 期。

郢，指楚东迁后的国都寿春。笶，为此铜器的器名，读为筲，此字见于《方言》五："箸筩，陈、楚、宋、魏之间谓之筲，或谓之籯，自关而西谓之桶檧。"可知筲是箸筩的方言异名。量为圆筒形，应当是仿圆筒形竹器"箸筩"而作。此铜量高 11.6 厘米，实测容积为 1 110 毫升。类似的铜量在楚幽王墓内出土两件，大者与此件相近。另外在淮南收集到 1 件，有两处文字，一处有一"王"字，系后人伪刻。[①] 另一处的文字，纹道细浅且有锈，难以辨认。楚铜量已发现多件，而至今仍以前述的长沙铜量最为珍贵。

（一〇五）钧益环权

1945 年长沙近郊出土。[②] 共 10 个，其中第 9 个有 2 字铭文：

钧（均）益（镒）。

"益"是重量单位，文献写作镒。一益重约 251.2 克。楚国金币重量单位过去有爰、寽制和斤、两制两种说法。笔者据新发现的材料研究，应为益、两制。[③] 有人认为钧益砝码不是战国的衡器，而是秦统一以后之物[④]，而高至喜断定出此砝码及其他砝码的墓都是楚墓，应为楚物[⑤]。使用年代当在战国中晚期。

（一〇六）贤子之官环权

寿县幽王墓出土。[⑥] 铭文 5 字（合文 2）：

① 胡悦谦．试谈安徽出土的楚国铜量［C］// 中国考古学会第二次年会论文集．北京：文物出版社，1982．

②⑤ 高至喜．湖南楚墓中出土的天平与砝码［J］．考古，1972（4）．

③ 刘彬徽．楚金币小议［M］// 钱币研究文选．北京：中国财政经济出版社，1989．

④ 朱活．楚金杂谭［J］．江汉考古，1983（3）．

⑥ 商承祚：《长沙古物闻见记》上，七；又见《度量衡》160。

掔（贤子）之倌镮（环）。

掔，为贤子二字合文，人名。倌，贤子的家臣。环，即环权，器名，即天平的砝码（砝码则为现今称呼）。

（一〇七）工字衡杆

传安徽寿县出土[①]，两件，1件在背面钮下有一“王”字，器身还有刻画文字，不清。另一件在背面钮下也有一“王”字，在背面左端有6字：

王□相子口戚（？）。

“相子”为合文，有的字不清，不识，未能通读。[②]衡上之“王”字，应指楚王，可能是战国晚期楚王室使用的衡器。

（一〇八）郪陵君王子申攸鉴、豆

1973年出土于江苏无锡前洲乡[③]；有铭铜器为1件鉴、两件豆。

1. 鉴

高25厘米、口径54厘米。铭文有2处，一在颈部外壁，1行30字：

郪夌（陵）君王子申攸，𢆶（兹）㪧（造）金监（鉴）。攸立（莅）岁尝，以祀皇祖，以会父兄。羕（永）用之官（馆），攸无疆。

①② 刘东瑞．谈战国时期的不等臂称“王”铜衡［J］．文物，1979（4）．

③ 李零，刘雨．楚郪陵君三器［J］．文物，1980（8）．

另一处在口部折沿的背面，乃后来上交南京博物馆保存时发现的，1行5字：

王郢姬之溢（鉴）。[①]

上述第1处的30字铭文，李家浩作了进一步的考释，将原定名的王子申改定为王子申攸。"'申攸'应当是一字一名"，铭文大意是：郷陵君王子申攸铸造铜鉴；王子申攸在莅临岁尝之礼的时候，用它来祭祀皇祖，馈食父兄。王子申攸无止境地永远在馆里使用它。[②]

2. 豆

2件。

（1）豆之一，通高29.1厘米、口径18.2厘米，铭文分刻两处，一处在盘口外壁，1行30字，铭文仅器名2字"铁盍（盒）"与鉴异，余全同鉴铭。另一处在盘的外底，两行22字，可辨识19字，释文：

郢姬府所造，冢（重）十冐四冐圣朱。
□襄冢（重）三朱二圣朱四戚。

铭文表明，鉴和这件豆均为郢姬府所有。重量单位从大至小依次为：冐、朱、圣朱、戚。其中只有圣朱见于楚"蚁鼻"钱面文，其他为第一次见到，这对研究楚国的衡制很有意义。

（2）豆之二，通高29.4厘米、口径19厘米。铭文内容全同豆之一的30字，但位置不同，刻在盘的外底，作螺旋状排列，自外向内盘绕两周半。文字结构松散，与鉴及豆之一铭文风格差异较大，个别字异构，也无豆之一的重量铭文，当不是一次所刻。

① 周晓陆．"郷陵君鉴"补［J］．江汉考古，1987（1）．

② 李家浩．关于郷陵君铜器铭文的几点意见［J］．江汉考古，1986（4）．释文中若干字如铁盍（盒）、冢、冐、戚等均从李文所释。

以上三器的形制与铭文均为战国晚期特征。铜鉴器形与汉代的铜和鉴相似，不同处在于此鉴为圜底。圜底的陶鉴在战国中期楚墓内出土过，这种圜底鉴当为向汉代同类器演变的过渡形态。铭文字体风格与幽王墓铜器铭文相似，三器年代上限不会早于幽王世。

关于此王子申攸其人，有几种看法：（1）可能是幽王之子，也可能是其弟[①]；（2）即春申君，郪陵为初封地[②]；（3）可能是负刍[③]。主第三说者已对一、二两说作了辨析，指出不会是幽王之子，也不可能是春申君。但断为负刍，与申攸名字不合，恐亦不大可能，当另作解释。笔者认为可能指其同母弟犹，其理由有二：第一，此王子申攸，申为字，攸为名，幽王被杀后继位的哀王名犹，攸、犹为双声叠韵，完全同音。从这一点看，王子申攸很可能就是哀王犹，大概他在继位为王以前已被封为郪陵君。第二，这时的王子申攸，从史书记载看，还是幼年。楚之王子幼年即获得封号占有封邑，就现有资料而言，尚未见记载。但没有记载，不等于那时未有此例。如此素朴的鉴、豆，还要郢姬府做好给他。郢姬府也有可能为其母后之府，因其年幼，还须得到在王宫中的母后的扶持，为他制器。由此推测，王子申攸即以后继位为哀王的楚王子犹，是十分可能的事。其封为郪陵君的时间当在幽王元年至十年被杀这段时间内，即公元前 238 年至前 227 年，这也就是鉴、豆三器的年代范围。

第二节　楚系金文特征

如同楚系铜器形态有浓厚的地域特点与独特风格一样，楚系铜器铭文也同样如此。在前述铭文编年研究的基础上，需对楚系文字的特征作一概括性说明。

---

① 李学勤．从新出青铜器看长江下游文化的发展［J］．文物，1980（8）．

② 何琳仪．楚郪陵君三器考辨［J］．江汉考古，1984（1）．

③ 何浩．郪陵君与春申君［J］．江汉考古，1985（2）．

楚系文字的特点，大致表现在如下几个方面：

第一，楚铜器铭文风格与他系文字有别。在这方面，前辈学者早已多有论说。如郭沫若云：以楚、徐为中心的“南文尚华藻，字多秀丽；北文重事实，字多浑厚”（《大系》考释序文）。胡小石先生进而论说：“齐、楚为河东两大国，邻近诸邦，皆为所化。北方诸国，如邾、如曾、如铸、如纪，以至晋、燕，皆属齐派。鲁初同于周，后亦近齐。南方诸国，如鄦、如郐（鄦即许，郐即徐——引者注）、如鄀、如黄、如宋、如吴，皆属楚派。至齐、楚之分，齐书整齐，而楚书流丽。整齐者流为精严，而流丽者则至于奇诡不可复识。”①

楚书流丽与中原北方整齐之分，只要稍举几个字例就可一目了然。字例选自同属春秋中期偏晚的楚王子午鼎与齐叔夷镈②上之字。

表 6–1

楷书	楚系	齐系中原系
隹		
用		
其		
之		

第二，就字体结构而言，有些字的形状为楚所独有，而不见于中原北方地区，这样的字例甚多，下举数例：

① 胡小石．胡小石论文集［C］．上海：上海古籍出版社，1982：171．

② 齐叔夷镈的年代为齐灵公时，约当公元前 566 年（见《大系》考释 203 页），与王子午鼎年代相差 10 年左右。

表 6–2

楷书	楚系	中原系
岁	（鄂君启节）	（陈猷釜）
陵	（鄂君启节）	（陈猷釜）
平	（坪夜君鼎）	（平安君鼎）
关	（鄂君启节）	（子禾子釜）

此外，还有些用作偏旁的字如金、竹等，楚系的也很特殊。同时，楚境内各个地区也存在着文字异形的情况，其异形程度也许比中原地区有过之无不及。

第三，盛行鸟虫书美术字体，分称则为鸟书或虫书。鸟书，是在篆书基础上，仿照鸟的形状施以笔画而写成的美术化字体。虫书，笔道屈曲回绕，状如虫形的变体篆书。这种鸟虫书在楚铜器第三期末已出现，盛行于第四至第六期。

第四，有独特的名词。如鼾即楚系束腰平底鼎，不见于他系文字。又如緐（繁），或作鬋、鬻，主见于楚系，专指春秋时期的口沿下有凸棱的箍口鼎。又如，石沱，或作礌鮀，专指楚式鼎。鐈鼎即高足鼎，其名也只见于楚式鼎上，而不见于中原北方系鼎名。又如浴缶也只见于楚系器名。

第五，特殊用语、词语。例如以事纪年，楚齐均有，但齐的为极简单的记事，迄今所见多为“某某立事岁”的格式，如“国差（佐）立事岁”（国差罎），“公孙窹（灶）立事岁”（公孙窹壶）等，而楚则以某个重要的事件纪年为多，尤多用某客聘楚之事和某次战事，如“大司马昭阳败晋师于襄陵之岁”，“秦客公孙鞅问王于戚郢之岁”等。

第六，用韵亦有特征。“楚不特书体有别，其用韵亦异，齐人好用阳唐韵……楚人好用之韵。”① 当然，这是相对而言，指好用而言，并不是楚人只用之韵。

以上只是大略而言。② 还要注意到，如同铜器形态的演变一样，楚金文也是不断演变的。

大体说来，楚文字形体、结构的变化，经历了早中晚三大阶段。早期相当于西周晚期至东周一、二期，其风格系继承西周铜器铭文的传统，自身特征不明显。东周二、三期之际以后至五期为中期，逐渐形成自身的特色，字体趋向修长，仰首伸脚，笔画富于变化，多波折弯曲，富有美术字体风味，以后更以鸟虫书见长，所云“字多秀丽”正是指这一时期。延至晚期即战国中期以后，犹如铜器形态有精进式与堕落式之分一样，文字秀丽者少见，字体由修长变为结体平扁欹斜，甚至有的靡弱粗率，并已有向隶书转变趋势。

楚文字虽有以上特征，但它的演变与特征仅是共性中的个性。东周时期列国间文字的共性是主要的，都属于我国先秦古文字系统，楚文字是其间一个重要的组成部分。随着楚国境内各地区之间及与中原地区之间经济、文化的交流、融合，文字的交流、融合也在加速。后来秦朝统一天下，废除了大量区域性的异体字（包括楚地异体字），使已有统一倾向的战国文字进一步规范化了。

本章重点对楚系金文按楚系铜器分期依次进行了编年概述，使之成为比较系统和较准确的编年资料。

在这 108 件器物中，就有铭铜器的种类而言，多达 31 个器类，有鼎、甗、簋、簠、豆、盏、敦、盂、盆、镐、炉、壶、尊缶、盉、鉴、浴缶、盘、匜、勺、匕、钟、戈、戟、矛、剑、量、軎、环权、衡杆、铜牛等；就文字数量而言，一器最少者一二字，最多者如鄂君启舟节铭

① 胡小石. 胡小石论文集［C］. 上海：上海古籍出版社，1982：171.

② 讨论楚文字特征的论著可参阅：张正明《楚文化史》第三章第五节和第四章第八节，《楚文化志》第十二章（笔者撰稿）；何琳仪. 战国文字通论［M］. 北京：中华书局，1989：135-154；黄锡全. 楚系文字略论［J］. 华夏考古，1990（2）.

文 1 件就有 164 字。[①] 字数较多而研究价值也高的还有：王子午䵼、王孙诰钟、王孙遗者钟、黝钟、曾姬无卹壶、罗地铜量、楚王酓前、酓忎诸器、郪陵君王子申攸鉴和豆等，铭文内容均较丰富，提供了研究楚政治、经济、文化各个方面的珍贵资料。其内容可补史书记载之缺，也可证史书记载之误，不啻为一部宝贵的实物文献。

楚系金文以及所有楚系文字资料的整理研究工作，由于已发现的资料非常丰富，已成为我国古文字资料宝库中的重要部分。在今天分国分域研究的热潮中，这种看似简单，实为繁杂，貌似浅显，实为深邃的区域文化金文资料纂辑工作，必须花大气力进行细致的反复对比、删选、归纳，深入研究，方能峻事。以上所论列的楚系金文是否已包罗无遗？年代定得是否准确？是否误收了非楚系文字？这都很难说全无差错，有待读者指正，并在今后的研究中进一步补充、订正。

表 6–3　楚系金文一览表

编号[②]	器名	铜器数量	铭文字数	期别（王世或纪年）	著录		备注
					器形	铭文	
1	楚公冢钟	4	16	西周中晚期之际	大系 2.17—2.19	同左 三代 1、5、2 1、6、1—2 1.7、1 集成 42—45	1 件为 14 字
	楚公冢戈	1	5	同上	文物 1959 年第 12 期	同左 集成 11 064	
2	楚公逆钟	1	37	西周晚期熊鄂（公元前 799—前 791）	佚	大系录 177 集成 106	无图形
3	楚季苟盘	1	18	东周一期	《楚文化研究论集》第 3 集	三代 17、10、3 集成 10 125	

① 一器铭文只一字者未收录，如王字刀、君字軎等。铜质玺印文字未收录。曾侯乙墓的铜器铭文多达 4 947 字，蔡侯申墓金文字数亦多，均基本未收录。

② 所附铭文拓片（或摹本）和图形的编号均与此同，见附录四末附图、拓者在备注栏说明。表中铭文字数指每一件的字数。

续表

编号	器名	铜器数量	铭文字数	期别（王世或纪年）	著录		备注
					器形	铭文	
4	楚嬴盘	1	22	同上	通考下册 842	汇释下（1） 集成 10 148	图形见第四章图二七，1. 以下凡注图号者均为第四章之图
	楚嬴匜	1	21	同上	通考下册 856	三代 17、37、1 集成 10 273	图二八，1
5	樊君鬲	1	10	同上	通考下 164	三代 5、26、1 集成 626	
6	中子化盘	1	19	同上	佚	缀遗 7、10 集成 10 137	无图形
7	申公彭宇簠	2	32	同上	中原 1982 年第 1 期	同左集成 4 610 集成 4 611	
8	考叔𢡺父簠 公孙𢡺父匜	2 1	30 29	同上	文物 1972 年第 3 期	同左 集成 10 276	图形见第四章图三三
9	邛仲嬭南钟	1	29	东周二期	佚	大系录 179 集成 072	无图形
10	樊君夔盆	1	11	同上	文物 1981 年第 1 期	同前 集成 10 329	图形见第四章图一一，1
	樊君夔匜	1	18	同上	考古 1963 年第 12 期	同前 集成 10 256	未附图
11	曾孟嬭谏盆	1	12	同上	江考 1980 年第 1 期	同前 集成 10 332	
12	子諆盂	1	13	同上	文物 1980 年第 1 期	同前 集成 16 335	图形见第四章图一一，2
13	鄎子行盆	1	11	同上	江考 1980 年第 1 期	同前 集成 10 330	
14	楚子暖簠	2	19	同上	大系图 138	三代 10、15、2—4 集成 4 575—4 577	

续表

编号	器名	铜器数量	铭文字数	期别（王世或纪年）	著录		备注
					器形	铭文	
15	上鄀公簠	1	36	同上	〔5〕	同前	
16	楚王领钟	1	19	同上 前625—前614	大系	大系录182 集成053	
17	鄬伯受簠	1	26	东周二期	〔7〕	同前 集成4 599	
18	仲⿱⺈鼎鼎	1	21	同上	上博第6期	同前 集成2 624	
19	以邓鼎、匜	1	25	同上	〔5〕	同前	鼎图见第四章图二，1
		1	29				
	以邓戟	2	5	同上	同上	同上，未著录	
20	王子昊鼎	1	31	东周三期（前597—前574年）	考古图1、19	同前 集成2 717	
21	王子婴次炉	1	7	东周三期	郑彝129页	同前 集成10 386	
	王子婴次钟	1	18	同上	集成	集成052	
22	楚屈叔沱戈	2	①22 ②7	同上	全形拓本见右	①三代19、55、1−2 集成11 198 ②湖南刊1辑 集成11 393	
23	王子申盏	1	17	同上，？—前571	大系图159	三代18、12、5 集成4 643	
24	楚王酓审盏	1	6	同上，前590—前561	中国文物报 1991年5月31日	同左	
25	楚屈子赤角簠	1	31	东周三期	江考 1980年第1期	同左 集成4 612	
26	王子午鼎	7	84	前558—前552	〔5〕	同左 集成2 811	后配的盖上另有4字
	王子午戟	2	6	同上	同上	同左	

续表

编号	器名	铜器数量	铭文字数	期别（王世或纪年）	著录		备注
					器形	铭文	
27	王孙诰钟	26	113	东周三期	同上	同左	
	王孙诰戟	2	6	同上	同上	同上，集成未著录	
28	王孙遗者钟	1	117	同上	大系图 231	大系录 167 集成 261 三代 1、63	
29	楚叔之孙倗鼾	2 4	8 4	同上 ？—前 548	〔5〕	〔5〕2 357	第四章图一，3
	倗緐鼎	2	4	同上	同上	同上，集成未著录	第四章图二，2
	倗澧鼎	1	8	同上	同上	同上	第四章图五，1
	倗浴爨	1	21	同上	同上	同上	第四章图五，2
	郧子倗簠	2	9	东周三期	〔5〕		第四章图八，4
	倗之簠	2	3	同上	同上	同上	第四章图九，2
	倗尊缶	2 2	4 6	同上	同上 M_1 M_2	同左	第四章图九，2
	郧子倗之浴缶	2	10	同上	同上 M_2	同左	第四章图二五，2
	倗之缶	3	3	同上	同上 M_1、M_3	同上	另有孟滕姬浴缶 1 件 22 字
	倗之盘	1	4	同上	〔5〕	〔5〕同上	第四章图二七，3
	倗之匜	1	4	同上	〔5〕	〔5〕同上	第四章图二八，3
	倗之矛	1	4	同上	〔5〕	〔5〕同上	
	倗之戈	1	24	同上	〔5〕	〔5〕同上	

续表

编号	器名	铜器数量	铭文字数	期别（王世或纪年）	著录		备注
					器形	铭文	
30	敔事天王钟	9	24	东周三期	〔5〕	同左 集成 073-081	12—24 字不等 第四章图三一，6
31	黝钟	18	78	东周三期	〔5〕下寺 M_{10}	同左	
32	上鄀府簠	1	32	同上	江考 1983 年第 1 期	同左 集成 4 613	
33	弃疾簠	1	12	同上	文物报 1989 年 5 月 26 日	同左	未附图
34	楚子适鼎	1	6	同上	江考 1983 年第 1 期	同左 集成 4 613	
35	王孙霖簠	1	8	同上	考学 1988 年第 4 期	同左 集成 4 501	
36	王子启强鼎	1	8	同上	佚	三代 11、28、4—5	无器形图
37	愿儿盏	2	8	同上	文物 1993 年第 1 期	同左	
38	邓公乘鼎	1	16	同上	江考 1983 年第 1 期	同左 集成 2 573	
39	邓衾鼎	1	5	同上	考述	同左	
40	蔡儿缶	1	28	同上	考文 1988 年第 3 期	同左	存 23 字 未附图
41	许公买簠	1	35	同上，前 546—前 523	江考 1983 年第 2 期	同左 集成 4 617	
42	楚子夜鄭敦	1	7	东周四期	江考 1983 年第 2 期	同左 集成 4 637	
43	楚子季嬴青簠	1	24	同上	同上	同左 集成 4 594	器形图见第四章图三三
44	楚叔之孙途为盉	1	8	同上	文物 1984 年第 5 期	同左 集成 9 426	器形图见第四章图二二，3

续表

编号	器名	铜器数量	铭文字数	期别（王世或纪年）	著录		备注
					器形	铭文	
45	中子奰浴缶	1	6	同上	江考 1983 年第 3 期	同左 集成 9 995	
46	邓尹疾鼎	1	6	同上	江考 1988 年第 3 期	同左 集成 2 234	
47	邓子午鼎	1	6	同上	江考 1983 年第 2 期	同左 集成 2 235	附盅子鼎盖铭 7 字
48	蔡侯朱之缶	1	5	同上	文物 1962 年第 11 期	同左 集成 9 991	
49	敓之鼎	1	4	同上	江考 1983 年第 1 期	同左 集成 1 990	
	敓之盏	1	6	同上	同上	同左 集成 4 634	
50	永陈尊缶盖	1	5	同上	江考 1990 年第 1 期	同左，集成无	
51	蔡侯申䣄等器	7	6	同上 前 518—前 491	蔡侯申墓	同左 集成 2 215	此为该墓楚式器之一，附钟铭的摹本
52	昭王之諻鼎	1	7	东周四期惠王世前段	佚	三代 3、11、3 集成 2 288	无图
	昭王之諻簋	1	7	同上	《中国铜器》 145 页	三代 7、17、4 集成 3 634	
53	褱鼎	1	15	东周四期	《上博藏青铜器》	三代 3、33、1 集成 2 551	
54	楚王作曾侯乙钟	2	34 21	东周五期楚惠王五十六年	佚	薛氏卷六 集成 083—084	传世器 无图
	楚王作曾侯乙镈	1	31	同上	曾侯乙墓	同左 集成 085	器形图见四章图三一，12
	楚王酓章剑	1	14	东周五期楚惠王世	楚释	三代 20、45、4 集成 11 659	
	楚王酓璋戈	1	18	同上	剑古上，45	通论 100 页 集成 11 381	

续表

编号	器名	铜器数量	铭文字数	期别（王世或纪年）	著录		备注
					器形	铭文	
55	曾侯乙鼾等器	9	7	东周五期	曾侯乙墓	同左 集成 2 291	此为该墓楚式器之一，器形图见四章图四，3，并附编钟铭文摹本一例
56	坪夜君鼎	1	7	同上	佚	三代 3、11、4 集成 2 305	无器形图
57	番子成周钟	9	4	同上	文物 1981 年第 1 期	同左	铭文拓片未发表，无图与拓片
58	盛君縈簠	1	6	同上	文物 1985 年第 1 期	同左 集成 4 494	
59	郳之戈	1	4	同上	雨台山	同左 集成 11 027	
60	王孙鱼戟	2	6	同上	文物 1963 年第 3 期	同左 集成 11 152—11 153	另 1 件拓片未发表
61	番仲作伯皇戈	1	8	同上	文物 1980 年第 1 期	同左 集成 11 261	
62	析君戟	1	7	同上	曾侯乙墓	同左 集成 11 214	
63	郙君戟	1	4	东周五期	曾侯乙墓	同左 集成 11 048	
64	周阳戈	1	4	同上	雨台山墓	同左 集成 11 043	
65	许之戈	1	4	同上	文物 1980 年第 1 期	同左 集成 11 045	
66	昭方豆	1	4	同上	江考 1986 年第 2 期	同左 集成 10 291	未附图
	卲之食鼎	1	4	同上	文物 1981 年第 6 期	同左 集成	

续表

编号	器名	铜器数量	铭文字数	期别（王世或纪年）	著录		备注
					器形	铭文	
67	王卑命钟	1	12	同上	文物 1974 年第 6 期	同左 集成 037	
68	荆历钟	1	12	东周六期	信阳楚墓	同左 集成 038	未附图
69	曾姬无卹壶	2	40	东周六期 前 344 年	通论图版 211	三代 12、25、1 集成 9 710 9 711	
70	鄂君启舟节	3	164	前 322 年	文参 1958 年第 4 期	同左 集成 12 113	为每 1 件的字数，共五件
	鄂君启车节	2	147	同上	同上	同左 集成 12 110 12 111	舟节、车节共 795 字
71	正阳鼎	1	2	东周六期	考古 1963 年第 9 期	同左 集成	
72	燕客铜量	1	56	同上	江考 1987 年第 2 期	同左 集成 10 373	
73	繁阳之金剑	1	4	同上	考古 1980 年	同左 集成 11 582	
74	陈往戈	2	8 2	同上	江考 1983 年第 3 期	同左 集成 11 251	附录陈往戟铭文
75	蔷君戈	1	5	同上	考古 1973 年第 3 期	同左 集成 11 026	校补：年代应提前
76	陇公戈	1		东周六期	雨台山墓	同左 集成 10 977	
77	新弨戟	1	6	同上	文物 1962 年第 11 期	同左 集成 11 161	
78	郗之戈	2	4	同上	湖南刊第 1 辑	同左	
79	王命龙节	4	9	同上	文物 1960 年第 8—9 期	同左 积古 10.5—6 集成 12 097—12 102	传世三件
80	中阳鼎	1	12	东周七期	湖南刊 4	同左	

续表

编号	器名	铜器数量	铭文字数	期别（王世或纪年）	著录		备注
					器形	铭文	
81	寿春鼎	1	7	同上	文物 1964年第9期	同左 集成 2 397	
82	造府之右鼎	1	8	同上	通考下 102	三代 3、21、1 集成 2 309	
83	膙鼎	1	7	同上	通考下 101	三代 3、12、5 集成 2 302	
84	石圣刃鼎	1	3	同上	楚展 68	同左 集成 1 801	
85	东陵鼎	1	6	同上	古研 14	同左 集成 2 241	
86	巨荳鼎	3	18	同上	文参 1957年第11期	同左 集成 2 301	
87	酓前镐鼎 酓前匜鼎	1 1	12 12	楚考烈王世	楚释	三代 3、44、1 集成 2 794 三代 3、25、1—2 集成 2 479	见第四章图五，8
	酓前簠	4	13	同上	楚释	三代 10、8、3—5 集成 4 549—51	见第四章图九，6
	酓前盘	1	12	同上	十二家	三代 17、5、2 集成 10 100	
88	太子鼎	2	5	同上	安博图 7	三代 2、55、13 集成 2 095	
	太子镐	1	6	同上	无	三代 18、26、1 集成 10 291	
89	酓忎鼎	2	64	楚幽王世	楚展 1—2	同左 集成 2 794 2 795	见第四章图二，6
	酓忎盘	1	29	同上	楚释	同左 集成 10 158	
	冶师勺	3	7	同上	楚释	同左，三代 18、27，5-6 集成	
	冶师匕	6	7	同上	楚展 10	三代 18、28、1—3	

续表

编号	器名	铜器数量	铭文字数	期别（王世或纪年）	著录		备注
					器形	铭文	
90	大府簠	1	4	同上	无	三代 10、1、2 集成 4 476	
	大府盏（敦）	1	5	同上	江考 1986 年第 4 期	小校 2、38、2 集成 4 634	
	大府镐	1	16	同上	文物 1980 年第 8 期	同左，集成	
91	太后脰官鼎	1	9	同上	无	三代 3、19、5 集成 2 395	
	王后少府鼾	2	9	同上	无	三代 3、19、6 集成 2 393 2 394	见第四章图四，6
	王后六室簠、豆	各 4	9	同上	楚展 35	三代 10、3—4，10、47 集成簠 4 506—4 513 豆 4 675—4 680	
	王后六室尊缶、镐	各 2	9	同上	楚展 6、图释	三代 11、43、18、25 集成 10 002	见第四章图一九，8
	集脰大鼎	1	12	同上	文物天地 1981 年第 2 期	同左三代 3、26、1—3 集成 2 480	见第四章图一，7
	集脰鼎	4	7	同上	安博图 6	三代 2、54、3、13 集成	
	集脰镐、方炉	各 1	7	楚幽王世	安博图 26	三代 18、25、3 集成 2 297	镐铭未著录
	集緒鼎、甗	各 1	鼎 7 甗 8	同上	无	三代 3、12、6 集成 2 299	甗铭未著录
	集醻鼎、盉、炉、镟	各 1	7	同上	无	三代 3、12、7 集成 2 300 17、3、5 集成 9 420 小校 2、47 集成 10 388	

续表

编号	器名	铜器数量	铭文字数	期别（王世或纪年）	著录		备注
					器形	铭文	
91	集既甗、方炉	各 1	8	同上	安博图 13	集成炉 10 389	
	御室匜	1	7	同上	楚展 4	三代 17、26、2 集成 10 199	见第四章图二八，7
92	愆字大鼎	1	1	同上	无	未著录	
	客豊愆鼎	4	3	同上	安博图 8	三代 2、35—36 集成 1 803—06	
	大右人鉴	1	3	同上	安博图 27	三代 8、25、1 集成 10 287	
	集脰鼎盖	1	6	同上	上博刊	三代 3、43、1	原置酓前鼎上
93	君夫人鼎	1	5	东周七期	山东文物	集成 2 016	
94	楚高缶	2	5	同上	山东文物 114、115	同左 集成 9 984 9 996	有 3 字为燕系文字
95	羕陵公戈	1	15	同上	江考 1983 年第 2 期	同左 集成 11 358	未附图
96	左徒戈	1	3	同上	文物 1985 年第 10 期	同左 集成 10 971	
97	长郵戈	1	2	同上	湖南刊 1	同左 集成 10 914 10 915	
98	敓作戈	1	5	同上	考学 1981 年第 4 期	同左 集成 11 092	
99	郕并戈	1	6	东周七期	文物 1963 年第 9 期	同左	
100	王孙袖戈	1	11	同上	湖南刊 1	文物 1980 年 10 期 58 页	
101	王作剑	1	4	同上	湖南刊 4	同左	无图、拓

续表

编号	器名	铜器数量	铭文字数	期别（王世或纪年）	著录		备注
					器形	铭文	
102	楚尚车軎	1	2	同上	湖南刊 1	同左 集成 12 022	无图、拓
103	大府铜牛	1	4	同上	文物 1959 年第 4 期	同左 集成 10 438	
104	大府铜量	1	7	同上	文物 1978 年第 5 期	同左 集成 10 370	
105	钧益环权	10	2	同上	考古 1972 年第 4 期	集成 10 378	
106	贤子之官环权	1	5	同上	度量衡 160	同左 集成 10 379	
107	王字衡杆	2	7	同上	文物 1979 年第 4 期	同左 集成 10 375—10 376	
108	郡陵君王子申攸鉴	1	35	同上	文物 1980 年第 8 期	同左 集成 10 297	
	郡陵君王子申攸豆	2	52	同上	同上	同左 集成 94 694—96 695	另 1 件只有 30 字。器形图见第四章图一〇，5

第七章　楚系青铜器与楚礼制关系的研究

在本书序言中已说明本书研究的主要对象是楚系青铜器中的重要与主要部分——礼乐器，在分别论述了礼乐器的年代序列、组合、形制、纹饰、铭文的发展变化及其特征之后，还有必要就其反映的礼乐制度的变化与特点进行探讨。鉴于这方面已有一些研究成果，为避免"炒现饭"式的人云亦云，在此着重研究楚系青铜器与礼制关系中的两个问题。将在充分利用已有成果的基础上提出若干新的看法，以便于学术界进一步展开讨论。

第一节　楚系铜礼器群的组合与楚礼制

在第三章，对楚墓出土铜礼器群的组合归纳为甲、乙、丙三个大的类别。这三类的明显差别说明什么问题？让我们先分别考察各类礼器群及所反映的器主、墓主的身份与社会地位。

一、从三类器群的差异看社会等级

先看甲类器群组合。甲类为复合组合形式，主要的铜礼器一应俱全，从第三章所列的 8 个典型器群看，除天星观 M_1 被盗不计外，每个器群中鼎的总数在 13—39 件之间，其中铜鬲在器群中最少有 2 件，最多的有 9 件，除包山 M_2 外，都有簋，少则 2 件（下寺 M_1 出 1 件，但此墓被盗，应不止此数），多则 8 件，九鼎八簋四簠的周制，见于 1 座楚王墓和三座附庸国君墓；属战国时期的铜器群有 1 或 2 个大镬鼎，其他盛食器、酒器、水器、乐器大都不止一种一件。从纹饰看，几乎都有花纹，不少有附加装饰；从铭文看，除战国中期的包山 M_2 外，有铭文的礼器都在 4 种以上，有的几乎每种都有铭文，最少的下寺 M_1 器群中的铭文也有 17 件之多。礼乐器铭文表明其功用主要为祭祀与宴享礼仪活动。这些礼乐器的器主从所在墓葬的墓主身份看，最高的为楚王，最低的为令尹之佐的左尹。因此，这些甲类器群无疑属于楚的上层贵族，表明楚系的上层贵族自始至终仍在恪守周礼。从墓主身份与出土铜礼乐器状况看，又可分为三个层次，即：第一个层次为楚王，第二个层次为蔡侯、曾侯，第三个层次为令尹、令尹妻室、左尹。这三个层次在礼器的数量上也可以反映出来。楚王墓的礼器，据已存数量统计至少有 130 多件，若加上散失在内，恐怕要大大多于此数，还要注意到，这是已临近灭国之际的楚王墓，竟还有如此气魄用这么多礼器，可以想象强盛时期的楚王墓出土礼乐器的数量可能会是令人惊讶的数字。第二层次的蔡侯墓礼器 91 件，曾侯礼器 117 件，数量也相当可观，尤以曾侯乙墓的既多且精，还不计那早已享誉中外、举世无双的编钟！第三个层次的令尹墓礼器 52 件，其妻室的 36 件，包山 M_2 的比令尹墓还多，为 59 件，然其乐器仅 1 件，比之令尹墓的 26 件编钟则又逊色得多。这种不同，大概与时代的变化与墓主身份、爱好有关，这个左尹是主管司法的，对金石之乐也许并不特别注重吧。

上层贵族中一、二、三个层次之分，在器物种类、大小、纹饰、铭文等方面还有不少区别，这里就不细述了。

上层贵族三个层次之分，如果套用周礼规定，则一、二层次为诸侯之礼。从楚国情况出发，楚王与其附属国君当然应有所区分，分为两个层次是必要的；事实上，在礼器的数量、品种、大小等方面确是有区别的。第三个层次相当于周制的卿礼。周制的卿有上中下之分，令尹墓的铜礼器应为上卿之制，左尹墓铜礼器似相当于下卿之制，有论文说此墓左尹的身份为大夫，显然不妥，这点在第二章已论述，不再重复。

再看乙类铜器群的组合。与甲类比较，为非复合组合形式，但组合形式是完整的，即至少有鼎，盛食器一种，酒器或水器一种，每种数量也多不限于1件。这一类组合并有一个与甲类组合明显的区别，即没有大镬鼎和铜鬲，顶多有仿铜鬲、铜镬的明器——陶鬲和陶镬鼎，这种界限泾渭分明，表明两类组合所反映的社会等级有着较严格的区别。

乙类组合的器群据第二章所附典型器群统计表，共有54座。在这么多的器群中，从器主、墓主身份、器物种类、数量等方面分析，也可以分为三个等列。以墓主身份最明确的江陵望山M_1、M_2为例，墓主的身份定为大夫级，考古研究者的意见基本一致。望山M_1的铜礼器总数有25件，其中铜鼎9件，为乙类器群中鼎数最多的。但器体不大，最大者高32厘米，而时代相近的包山M_2（甲类铜器）的鼎最大的高75厘米。可见即使鼎数较多也少于甲类且器体亦小于甲类。况望山M_1和M_2都用陶鬲，而甲类包山M_2却是铜鬲。这些正是下卿与大夫等级差别的反映。

信阳长台关M_1器群，其所示等级值得讨论，有论者将此墓归属于大墓类，若按墓室与椁室，自应归入大墓类。但从铜器群考察，却是乙类组合，铜鼎仅5件，且无铜鬲，礼器总数也不过和望山M_1相近（28件，多3件，但多的3件为器盖）。因此，它只能与望山M_1的等级相当。至于其墓室、棺椁规模远远大于望山M_1，可作两种解释，一是墓主使用棺椁为僭礼，例如望山M_2墓主身份为大夫，却使用了三棺。另一种解释是使用铜礼器的隆杀程度不同，不是礼加一等而是礼降一等，或者以“乱礼”作解释；然而这种理由不如前一种充分。所以笔者一直主张信阳楚墓墓主的身份相当于大夫一级。① 当然，如果考虑到墓葬规模这一实际情况，在大夫这一级内，它的地位也许略高于望山M_1的墓主身份（如望山M_1虽为王族成员，但还未有爵位，且死时尚较年轻等）。

还有，河南固始侯古堆M_1，从墓葬规模之大和有殉葬人、编钟等看，也应为大型墓。我们已指出它的礼器有楚风，应属楚系墓葬，但礼

① 在《楚国铜礼器初步研究》一文内即已作此主张。

器中无铜鼾；9件鼎为三种型式杂配而成；器类组合也不是复合形式。若从铜器群情况看，不应属于甲类组合。是大墓但又不是甲类组合，这种矛盾现象如何看待？如果肯定此墓为楚墓无疑的话，也好解释。该墓墓主可能系楚贵族番子成周的妻室①，其丈夫番子成周可能为驻守番（潘）地的大臣，以他独霸一方的地位与权势，是有财力、物力、人力营建如此巨大的墓坑与棺椁，并令人从死殉葬，犹如旧社会割据一方的官僚豪绅大地主一样。番子成周或为将领或为县尹，他的身份也只能相当于大夫级。如墓主为其夫人，按“夫妻同制”原则，也只能相当于大夫级的身份，正与其礼器属乙类组合相符。而其庞大的墓坑、棺椁与殉葬人，则可视为“僭礼”。

还有，长沙浏城桥 M_1，也是较特殊的一例。按它的墓葬形制与随葬陶礼器及其他器类看，无疑也是相当大夫一级的身份，但铜礼器仅鼎4件，不属有完整形式的乙类组合。这恐怕只能作为一种“乱礼”看待。春秋战国尤其是战国时期，“礼崩乐坏”，旧的礼乐制度江河日下，处于风雨飘摇之中，“僭礼”“乱礼”，广及于社会各个领域，葬制上的混乱现象正是社会制度变化的反映。不过，维护旧制度的旧礼制并不是会轻易退出历史舞台的，我们下面还会分析，楚国继承周制而形成的楚礼制，一直到楚国灭亡之时还有它强大的作用。并且，我们还可注意到一个现象，像上面列举的固始侯古堆 M_1 和长沙浏城桥 M_1，两个墓的器群，都不是楚国的腹心地区，而是边陲之地。由此不难发现，楚的礼制在边陲地区的作用不及腹心地区的牢固有力。统治中心区与外围地区的区别，古今中外，概莫能外。在楚国边远地区的乱礼现象是不足为奇的。在这种研究中既要不为纷繁的材料所迷惑，力求抽绎出规律性的认识，同时也不要忽略个别不符规律性的现象，并做出合理的解释。

以上是乙类组合等差较高的一类，而低于上述望山 M_1、M_2 者也较多；与之比较，这些等差较低的乙类组合墓，铜鼎数少于周礼所说的五

① 或据铜簠铭文和人骨鉴定为女性，定为勾吴夫人墓，据一件铭文定墓主，不足信，主要应以墓葬的风格特点而定。

鼎之数，战国时期的出仿铜陶礼器少，且无陶鬲。这一等次的铜器群在乙类组合中占一半左右，是不可忽视的器群。在这些铜器群中，有的据出土铜器的铭文与器种，其所表示的等级地位是清楚的，例如东周一期的南阳西关和枝江百里洲器群，一为申公彭宇之器，乃楚县公，楚县公又称县大夫，县公应相当于周制大夫等级。一为塞公孙䢼父之器，在第三章已指出为楚之公族封于塞地者，也应相当于大夫等级。而且据礼书记载，用两簠者也是大夫礼。这两个器群的鼎都是3件，按周礼只相当于士礼，非大夫礼，而用了大夫级才能用的簠，看来楚礼制对簠在等级中的作用比鼎大。这两器群各为3鼎，为礼降一等，这大概就是楚大夫礼制中自许的新制吧。对此，还可以东周二期的樊君夔墓铜器为证，此樊君为芈姓国君，或谓楚封君，身份绝不会低于大夫，也是二鼎二簠，比前述申公墓的鼎还少1件。东周三期如当阳慈化楚墓，出土两件鼎，1件铭文有“楚子适”之名，为楚王室贵族成员，其身份大概也不会低于大夫，同出簠仅1件，也许意味着比县公的地位稍低。第四期如襄阳山湾M_{33}的铜器，簠和敦铭文有“子季嬴青”“楚子夜鄴”之名，也都是楚王室贵族成员，身份当与“楚子适”一样，同样只有2鼎1簠。直到第六期如江陵藤店M_1，按其墓葬形制，棺椁制度、陶礼器情况，应为大夫这一等级。但铜鼎仍只有两件，且无簠。战国时期，簠被敦、盒代替，而此墓则以方豆代簠，为一例外。第七期如江陵张家山M_{201}，也同藤店M_1一样，应相当大夫级，仍只有铜鼎两件，这从早到晚的例证，都表明有一部分楚墓墓主的等级虽相当于周制大夫级，但不按周制大夫级的鼎制用鼎，应是按楚制用鼎（下节详论），并且都备有食器、酒器、水器这样完整的组合，这种共同特点正是楚制异于周礼制之处。

以上是乙类组合中次等的情况，还有再次一等的情况。乙类组合到战国时期有些铜器群只有鼎、敦、壶三者齐备的组合，鼎、敦、壶往往各只1件，多也不过两件。这是乙类组合中的简略式（无盘匜和其他礼器），所在的墓葬一般为一棺一椁，其身份低于大夫，也有可能是大夫用士礼的反映。

以上就是乙类组合中三个略有等差的情况，下面再简要说明丙类组合的情况：

丙类组合可分两种情况，一种是有鼎和另一种礼器，春秋时期加簠或盏或敦，战国时期加敦或盒或壶。如东周一期至三期，在当阳赵家湖楚墓的丙类组合都是鼎、簠或鼎、盏有的并有陶礼器与日用陶器。战国时期最明显的例子是被誉为“丝绸宝库”的江陵马山 M_1 铜器，礼器为鼎 2、壶 1，壶相当精美。从铜礼器组合来看，都属于丙类组合。马山 M_1 的发掘报告编写者认为此墓墓主的身份相当于士这一等级，而墓内出土了驰誉中外的丝绸宝物，也许会使人怀疑其身份不应如此低下。然从墓坑大小，棺椁与铜器等情况看，从考古研究角度看，还得同意编写者的看法。自然可以再作些推测：这是某贵妇人不遵循周礼与楚礼，而用自己的“礼”，即以如此多而精的衣物表示其身份的高贵；或者是，此墓主本来身份确低，但由于某种原因享有如此珍贵的丝绸衣物，而在葬礼上却不敢越雷池一步，不敢僭越周礼与楚礼。这两种可能性，究竟何者为是？也许后一种解释较为合理。

丙类组合中第二种情况是仅有鼎一种器类，有的则辅以陶礼器，仍应属于“士”这一等级。过去有一种说法，谓士无祭器，不得随葬铜礼器。已有研究者指出：有田禄的士可以自备祭器，礼器。这种士是上士，而非下士、中士。[①] 这是对的。丙类组合的两种情况，应都指士中的上士。当然，在礼崩乐坏的战国时期，“礼不下庶人”的时代已结束了，一部分中士、下士，甚至庶人使用丙类组合、乙类组合的铜器，也是可能的。不过，看来僭用铜礼器的情况并不多见，而僭用陶礼器的情况，则如江河溃堤，已泛滥无方，以至我们在研究中必须仔细予以鉴别，方能对礼制有符合当时实际的认识。

综上分析，从楚系铜礼器群的组合、数量等方面看，存在至少 8 个由高到低的层次，即甲类组合三个层次，乙类组合三个层次，丙类组合

---

① 郭德维. 楚国的“士”墓辨析［C］// 楚文化研究论集：第 1 集. 武汉：荆楚书社，1987.

两个层次。这 8 个层次显然反映了当时社会的等级状况，体现了楚贵族阶层的等级阶梯。这对研究当时的阶级结构、等级差别提供了为文献缺载的资料。当然，判定铜器群所在墓主的身份，不能单凭铜礼器群的等差来判断，还必须结合墓葬形制，其他铜器和陶礼器等多项因素，这方面已有专文探讨。① 由于在这种探讨中，对铜礼器群本身的等差情况细致分析不够，影响到论断的精确性，有必要作这种补充研究。应该说这种研究也只能说是初步的，主要在于受到材料的限制，这种材料的限制表现在文献与实物两个方面。就文献而言，我们只知道楚国的等级制与周制、秦制均有不同之处。这种等级制主要以爵制的区别表现出来。周制的官阶为卿、大夫、士和公、侯、伯、子、男等爵位。楚虽沿用周之卿、大夫、士等名称，而爵制不同，最高为执圭，次有通侯之类，执圭以下的爵制名称，文献已失载，但楚人是很重视爵制的。如江陵望山 M_1，在卜筮祭祷记录中就对“未有爵位”予以筮占，祈望早日获得爵位。在包山 M_2 竹简的卜筮祭祷记录中就记录了墓主昭腙死前二年已“喜爵位”，作为一件大事特别隆重地记录下来。然而遗憾的是并未记录爵位的名称。因此，由于文献失载，考古材料也尚未发现，至今对楚国的爵制仍是一团迷雾，不知真相。正是由于这种状况，又鉴于楚礼制是在周礼制基础上的沿袭与变革，过去多以周礼为依据来研究。在文献不足征，考古材料不足用的情况下也是可以的，有的认识也可以说大体可靠。但确也存在着生硬地套合或随意地说合的情况。例如在鼎制的研究中就出现过这种主观套合的情况。② 当然，随着新资料的增加，研究的深入，原有的认识也会相应得到纠正与获得新的认识，这也符合认识的辩证发展过程。谁也不能保证自己的认识就是终极真理，在考古研究中尤其如此，往往新的材料出现后，就补充、修正甚至完全更改原有的认识。我们的责任无非是随着时代发展的步伐不断研究，不断获得新的认识。

---

① 郭德维．楚墓分类问题探讨［J］．考古，1983（3）．

② 刘彬徽．论东周时期用鼎制度中楚制与周制的关系［J］．中原文物，1991（2）．

上段所说，也许稍偏离本题，但对我们的进一步研究也许有所帮助。

二、楚铜器群与楚礼制特点

如上所说，我们目前尚只能根据周礼来讨论楚礼制特点，比较其异同之点，可以看出楚既有继承周礼的一面，又有自立新制的一面。其继承的一面，笔者曾指出楚系三类铜器组合所反映的等级界限严格性不亚于周礼，其上层贵族保守周礼的程度也不亚于其他地区[①]，例如在铜礼器的使用制度上，甲类组合属上层贵族使用的礼器，其铜礼器的鼎、簋相配礼制的等级界限，楚与周礼一致，一直到战国末年楚幽王墓仍恪守周礼的九鼎八簋之制。楚在春秋早期就敢于藐视周天子，自尊为王，与周王平起平坐，到楚庄王时问鼎中原，竟至有取代周天子地位的意图。然而从幽王墓的铜礼器看，却仍然未敢逾越诸侯国的九鼎八簋之制，这是一个很有趣的现象。这应如何解释？唯有以楚礼保守周礼的观点才能说明。当然，由于春秋中晚期至战国早中期的楚王墓和周王墓一个也没有发现，在这段时间，即楚特别强盛的时期，会不会有逾越或与周王之制相等的情况，无从推测。有学者认为周天子之礼为鼎十二配簋十，目前尚未发掘周王墓，不能证实，无从判断。假定周天子确有此制，那更说明战国末年楚犹固守诸侯国君之礼。并不因早已称王而用周天子的铜礼器鼎簋相配之制。

楚保守周制，不仅表现在数量相配制度上，就连器形也是固守的。例如方座簋，楚国的附属国君蔡侯、曾侯墓用西周以来的方座簋形态，这两个小国为周之同姓，用周式簋并不奇怪，但楚王室也用。从昭王之諻方座簋到战国末年幽王墓的方座簋，同样为周式簋。而在中原地区上层贵族墓内却反而罕见，如与昭王之諻簋、曾侯乙墓年代相近的山西太原金胜村大墓内就没有这种周式方座簋，研究者认为该墓主为晋国之卿

① 刘彬徽．楚国青铜礼器初步研究［C］// 中国考古学会第四次年会论文集．北京：文物出版社，1985．

（三家分晋后之国君），也是上层贵族。又如河北平山中山王墓内出土铜九鼎，却无铜八簋，更无方座簋。同样是王墓，中山国王不用八个方座簋，即不遵周礼，而楚则墨守周制成规！

从楚贵族内部等级看，甲类组合中的三个层次也是界限严格的，例如铜鼾的使用，丝毫不能僭用与乱用，战国中期的左尹墓，地位比令尹低，就只使用两件铜鼾，比左尹地位低的中等贵族，则不能用铜鼾，顶多只能用陶鬲，乙类组合中的二等贵族，甚至连陶鼾都不能用。而地位更低的只能使用丙类组合，哪怕是富有者如江陵马山 M_1 墓主，他可以在其他方面（陶礼器、丝绸等）僭礼，而在铜礼器使用上则不敢越雷池一步。所以，不论是最高级贵族楚王，还是中下等贵族，单从铜礼器的使用制度上，其严格性与保守性，正是楚礼制与周礼相同并保守周礼的体现，构成了落后、保守的一面，它所表现出来的保守性比中原地区尤甚，到战国中晚期都是如此，这与楚国晚期保守势力较强，导致不断衰亡的历史事实正相符合。

上面所说是楚礼制与周礼相同及保守周礼的情况，这是楚礼比中原地区某些方面更为保守的方面。然而这只是一个方面，前面已提到，它还有自立新制的一个方面，而这正是楚礼之所以成为楚礼而不是周礼的方面，不了解这一方面，等于不了解楚礼制。

首先，还是从鼎、簋相配制度谈起，它虽然遵循周礼的鼎、簋相配制度，但是，第一，看来这只限于楚王和附属于楚的小国之君如蔡侯、曾侯，对其他贵族似无约束力。如甲类组合第三层次的下寺 M_1、M_2，墓主为令尹及其妻室，地位仅次于楚王，虽按周制用了合乎周礼的七鼎，却并未按周制相配用六簋，只有一两件簋。M_2 虽被盗扰，而 M_1 只出两件，推想最多也不会多至 6 件。再如包山 M_2，墓主身份仅次于令尹，竟连一件簋也不用，或谓战国时以敦代簋，此墓也不过两件敦，何况在楚国并非以敦代簋，如寿县楚幽王墓既有八簋又有多件铜敦，可知并非两者为互代之物。因此，从鼎、簋相配制度看，楚王以下的大小贵族并不遵从这一周礼；而在山西晋地，则仍有中等贵族用方座簋之事例，这是楚礼与周礼不同点之一。

其次，楚王按周制使用九鼎八簋，簋为传统周式（也有小的变异），而鼎为束腰平底升鼎，却是楚创新的鼎型，从器形显示出楚制的标新立异。中原地区按周制盛行大小相次的圜底列鼎，而楚为平底升鼎，大小差异不大，不像周式列鼎的差异悬殊，且构成情况有异（下详），这是楚礼与周礼不同点之二。

在用鼎制度上，楚的上层贵族除用平底升鼎表示其身份外，还同时使用偶数列鼎表示其等级地位（下详），这是楚礼异于周礼之三。

再次，从用簠制度看，我们在第三章已指出，簠为甲类组合的必备器种，又为东周一至五期的乙类组合器群的必备器种，可见楚人对簠的重视。关于用簠制度，文献记载，诸侯用 4 簠，证之曾侯乙墓、蔡侯申墓，可信。但楚幽王墓却用了两套 4 簠外加 1 簠（也可能有散佚）。看来，楚制的用簠，楚王可用 8 簠以上，而高级贵族则可用 4 簠即可用诸侯之礼，如下寺 M_8，其身份为楚王室贵族，但不会比令尹的地位高，却用了 4 簠，下寺 M_3 也用了 4 簠，下寺 M_2 经盗扰，仅存 1 件，原数当不会比 M_3 的簠少。这样看来，楚制用簠数比周制高出一倍，若以僭礼视之，则正好与楚僭号称王相称。按周制大夫多不用簠，而楚制大夫多用簠，事例至多，不再赘述。这是楚礼异于周礼之四。

以上就铜器群的器类组合看楚礼与周礼的同异，可以看出两者的关系是一种继承、保守与变异、创新的关系。

第二节　用鼎制度中楚制与周制的关系

在上一节讨论楚铜器群组合中反映的楚礼制特点时，只涉及在组合中鼎、簋相配使用时提到了楚的用鼎问题。这里之所以专辟一节来讨论楚鼎制，一是由于无论周礼制抑或楚礼制，都是以鼎为中心，鼎是国家与各级贵族政治地位、等级高低最重要的标志物，在所有礼器中处于核心地位，抓住了它，便可以抓住礼制的根本。二是由于迄今为止，在这个问题上认识很不一致，我们有责任把研究推进一步。

一、楚系正鼎鼎列构成的特点

周代各级贵族的用鼎，按其使用目的不同，分为镬鼎、正鼎、陪鼎（又叫羞鼎）三大类，有一套使用制度。① 在这几类中，又以正鼎（或叫升鼎、列鼎、牢鼎）为中心。在研究中，有的称正鼎为列鼎②，即大小依次递减，相次陈列于祭仪与宴饮场合之中，但有的认为不都是大小相次的列鼎，不能称为列鼎，应叫升鼎③。有的认为只能按鼎实的不同，方能确定。④ 对于楚的正鼎，存不存在大小相次的列鼎？鼎列是怎么构成的？如何计算？这都是必须研究的问题。由于正鼎情况与墓主身份关系最密切，我们就抓住正鼎这一重点进行研究，首先必须弄清楚正鼎鼎列的构成情况，并与中原地区比较研究。

从楚的正鼎形态看，明显地可以分为两类，一类为继承西周传统鼎型的圆腹圜底鼎，另一类为楚独创的束腰平底鼎，自名为𩰫。前一类简称甲类，后一类简称乙类。以下分别考察甲乙两类正鼎鼎列的构成状况，通过实例的分析，引出相应的结论。

（一）甲类（楚系圆腹圜底正鼎）鼎列构成状况的分析

这是楚国用以表示身份、地位的一类正鼎。中原地区用以表示墓主身份的都是这类圜底正鼎。

这一类楚鼎的组成状况，考古研究者早已注意到了存在两两成对的特点。⑤ 问题在于如何认识，如何解释。⑥ 由于认识不一致，各有各的

①③ 俞伟超，高明．周代用鼎制度研究［C］// 先秦两汉考古学论集．北京：文物出版社，1985.

② 郭宝钧．山彪镇与琉璃阁［M］．北京：科学出版社，1959：11.

④ 李零．楚国铜器类说［J］．江汉考古，1987（4）.

⑤ 张剑．从河南淅川春秋楚墓的发掘谈对楚文化的认识［J］．文物，1980（10）.

⑥ 《新中国的考古发现与研究》第 309 页：“两两成对能否看作楚墓的一个特点，这样两套又是什么含义，值得分析研究。”

解释，成为令人关注而又令人困惑的问题之一，成为一个值得探索的奥秘之一。为此，必须从了解与分析已有材料出发，以便从中引出相应的新的认识。以下选取有两对“对鼎”（“对鼎”为专称，指两件成对，大小相同或相似）以上的实例进行分析。

1. 楚王墓和附庸于楚的蔡、曾国君墓出土对鼎情况

楚幽王墓的圜底鼎数量，由于未全部公布数据，主要依据有关论文和安徽省楚器图录①作大致的统计。墓中出土有铭文的对鼎为集脰鼎两对、客豊愆鼎两对、太子鼎1对，共5对②，没有铭文的约有5对③，总共10对。楚王酓忎鼎2件，高度分别为55.6厘米和51.8厘米，相差3.8厘米。若考虑其形制，纹饰、铭文均相同，也可视为大小基本相等的对鼎，还要估计可能失散的对鼎。这样，作为最高等级的楚王墓随葬对鼎大概至少在11对以上。

其次看蔡、曾两国君级的对鼎。蔡侯申墓同形制的9件圜底鼎，报告只说有6件成对，另3件不成对，未报道6件对鼎的具体尺寸。即使如此，可知至少有3对对鼎。曾侯乙墓的这类鼎，食具箱中的两件可以说是对鼎，Ⅰ式盖鼎5件，Ⅱ、Ⅲ式各1件，很难说是对鼎。不过，仔细检索5件Ⅰ式鼎的尺寸，也可以认为是由两对对鼎加1件单鼎组成5鼎；当然，它们大小差异是甚微的。这样看来，曾侯乙墓的对鼎最多为3对。随州擂鼓墩M_2为曾国末代国君或君夫人墓，对鼎也只有3对。蔡、曾两国君的对鼎与楚王墓的对鼎相差如此悬殊，如何解释？恐怕很难用等级差别来解释。可能的解释是，它们毕竟不是楚墓。虽然可归属楚文化系统，而中原因素仍多。在使用楚特有的束腰平底升鼎以表示身份的同时，又保留中原不用或少用对鼎的传统。

---

① 《安徽省博物馆楚器藏品专题目录》（内部交流资料）。李零．论东周时期的楚国典型铜器群［M］．古文字研究：第19辑．北京：中华书局，1992；曹叔琴，殷伟璋．寿县朱家集铜器群研究［C］// 考古学文化论集：一．北京：文物出版社，1987.

② 铭文情况见第六章。

③ 见第二章。

2. 令尹和左尹墓的铜对鼎状况

下寺 M_2 为令尹薳子冯（铭文作迈子倗）之墓，除 7 件束腰平底鼾和 1 件小食鼎，1 件灩鼎外，还有 10 件对鼎，即 5 对对鼎[①]。其中有的破碎未复原，有的高度不明，但口径和器之盖径尺寸是全的，如下所列：

表 7–1　下寺 M_2 对鼎尺寸表

对鼎序号	器物号	口径 /cm	盖径 /cm	高度 /cm	备注
1	42	52.5		50	铭文：倗之飤鼾
	48	53.0		50	同上
2	44		46	不明	同上
	46		46.5	不明	同上
3	45		48.5	不明	无铭文
	233		48.0	不明	无铭文
4	27	45		51	铭文：倗之食䵼
	231	约 48		不明	同上
5	47	约 37.5		不明	无铭文
	43	37.5		不明	无铭文

从上表之数据可以看出，这 5 对对鼎，从口径或盖径看，有的尺寸完全相同，有的相差甚微；因而可以认为，每一对鼎大小相同，每对对鼎之间大小有差异。从数据所示，也可以认为，对鼎的序列也是大小相次。它的特点是不像周制那样，一件一件大小相次，而是以两件为一对，成对地大小相次。

再看左尹昭㢆墓[②]的对鼎情况，此墓共 19 件鼎，除去镬鼎两件、鼾两件、单鼎各一件，其余 12 件对鼎、尺寸如下表：

① 有的论文将其按中原列鼎制分为 5 件列鼎两套，见《文物》1980 年 10 期。

② 即包山 M_2，见湖北省荆沙铁路考古队．包山楚墓［M］．北京：文物出版社，1991．

表 7–2　左尹墓对鼎尺寸表

对鼎顺序号	器物号	通高 /cm	口径 /cm	备注
1	72	48.8	41.5	报告称方耳卧牛纽鼎
	105	47.2	40.9	
2	83	46.0	40.0	报告称螭纽鼎
	109	46.0	40.0	
3	127	28.6	24	报告称方耳卧牛纽鼎
	139	28.3	24	
4	80	27.4	20.8	报告称环耳卧牛纽鼎
	140	26.6	20.8	
5	150	21.6	16.2	报告称铁足环纽鼎
	152	22.1	15	
6	130	15.1	11	报告称环耳环纽鼎
	173	15.1	11	

从上列数据看，每一对鼎尺寸相等或相差甚微，都可认为每对对鼎大小相同；而对与对之间则大小不相同，也是大小相次；不过有的对鼎之间大小尺寸相差较大，有的则相差较小。但从大到小的这种序列是客观事实。

令尹相当于上卿，左尹相当于下卿，同属高级贵族卿这一等级。使用对鼎的数目，左尹为 6 对、令尹为 5 对，令尹的地位略高，反而少了一对。左尹的墓坑和棺椁规模也比令尹大得多，也许在对鼎数量与墓葬规模上是僭礼了，但令尹的铜鼎既大且精，又为左尹所不及，这既与令尹地位有关，也与楚青铜器发展阶段的特点有关。

还补充说明一点，这里只单纯讨论对鼎状况，其他略而未论。例如，曾侯乙墓食具箱内的对鼎，包山 M_2 左尹墓内最小的一对鼎，有论者认为不属正鼎之列，应予排除，不计，可备一说[①]，但并不影响我们

① 胡雅丽，王建苏．包山 2 号楚墓用鼎制度的推定［C］// 楚文化研究论集：第 2 集．武汉：湖北人民出版社，1991．

对对鼎鼎列的大小相次这一总的认识。

3. 与令尹、左尹地位相近或略低的贵族墓内对鼎状况

例 1，下寺 M_1，墓主当为令尹薳子冯之妻，铜鼎共 13 件。除两件鼾，单鼎 3 件外，其余 8 件为对鼎，包括于鼎两对（1 对有倗的铭文），繁鼎两对。这 8 件构成 4 对，每对大小也基本相同，对与对之间也是大小相次（对与对之间差距也不平衡）。从对鼎数量看，比其丈夫郑子倗墓的少了 1 对。按周制，“妇人从其夫之爵位”（《礼记·杂记》），在葬礼上、用鼎制度上应相当，而从下寺 M_1、M_2 这一夫妻墓的用鼎制度看，鼾，一为 7 鼎，一为 2 鼎；对鼎，一为 5 对，一为 4 对，都不相同，也许楚制夫妇不同制，但仅凭此一例，恐不能遽然下此结论。

例 2，下寺 M_3，对鼎两对，其中繁鼎 1 对，口径均为 34.3 厘米，高 41 厘米（完整的只 1 件，据口径相同，高度也应相同），于鼎 1 对，高 46 厘米。两对的高度不同，也是按对鼎的大小相异。

例 3，下寺 M_{10}①，有对鼎两对，尺寸如下：

表 7–3　下寺 M_{10} 对鼎尺寸表

对鼎序号	器号	通高 /cm	口径 /cm	足高 /cm	备注
1	49	43.2	35	22.5	为复原后尺寸
	50	42.5	34.5	22.5	
2	51	38	32	19.3	一为复原后尺寸
	48	37	33	20.4	

这两对对鼎都是箍口鼎（繁鼎）。第一对的高度相差 0.7 厘米，足高完全相等，大小应相同。第二对高度相差 1 厘米，考虑到 1 件为修补复原后的尺寸，也许原来就完全一样。两对鼎之高度相差约 5—6 厘米。两对鼎间的关系也可视为大小相次。

① 河南省文物研究所，河南丹江库区考古发掘队，淅川县博物馆. 淅川下寺春秋楚墓［M］. 北京：文物出版社，1991.

例 4，信阳楚墓[①]，铜鼎 5 件，形制相同，其尺寸为：

表 7–4　信阳楚墓对鼎尺寸表

器号	通高 /cm	口径 /cm	足高 /cm
1—1	39.3	32	25.2
1—2	33	25.8	19.8
1—3	33	25.8	19.8
1—4	24.2	17	15.9
1—5	24.6	17	15.9

以上数据，1 件单鼎最大，其余 4 件为两对。每一对的尺寸完全一样，两对之间高度相差 8 厘米有余，这显然仍是按对鼎大小相次。

例 5，江陵望山 M_1[②]，铜鼎正鼎 8 件，形制基本相同，尺寸如下：

7–5　江陵望山 M_1 对鼎尺寸表

器号	通高 /cm	口径 /cm	备注
35	32	24.5	2 件大小相同，盖纽尖环状
37	24.6	19.8	4 件大小相同，盖纽鸟形
36	22.2	16.2	2 件大小相同，盖纽伏兽形

此例对鼎状况与前述稍异，有两对大小全同，故 8 件分成三个阶梯，且三对间差距也不平衡，盖纽也异。但大小相次，仍为共同的特点。

例 6，江陵望山 M_2[③]。铜鼎完整者 3 件，据残件看至少应有 5 件，据竹简遣策记载有“金器六鼎”，知原葬有 6 件。完整的 3 件中有两件能成对，大小相同，高 32.5 厘米；另一件为铁足鼎，高 25.1 厘米，与上对鼎差 7.4 厘米。其余未复原者，据鼎足看，似也是两两成对，也是

① 河南省文物研究所．信阳楚墓［M］．北京：文物出版社，1986.

②③ 湖北省文物考古研究所．江陵望山沙冢楚墓［M］．北京：文物出版社，1996.

按对鼎大小相次。

例 4 至例 6，同出有陶鼎。信阳楚墓，据发掘报告，此类陶正鼎为 8 件，但没有尺寸报道，是否两两成对和大小相次？也许有可能，但不便臆断。望山 M_1 的陶正鼎也是 8 件，分为 4 对，每对大小相同，未报道尺寸，报告只云大小有异，据笔者印象，应为大小相次。望山 M_2 的陶正鼎至少 6 件，形制基本相同。据大小尺寸，分为 3 对。较大的两对尺寸如下：

表 7–6　江陵望山 M_2 对鼎尺寸表

器号	通高 /cm	口径 /cm	备注
173	40	33	另一件相同
107	36	26	另一件相同

第三对因未复原，无法量得准确尺寸，但相对来说比第二对小。这样的 3 对刚好也是每对相等，对与对间大小相次。

陶正鼎成对数量较多的还有沙冢 M_2，出土 8 件[①]，也是分为 4 对。已测数据，1 对高为 34 厘米，另一对高为 30.1 厘米；对与对之间也当是大小相次。

其他还有出土此类铜正鼎 4 件（两对）、或陶正鼎 4 件（两对）及更多的只有 1 对对鼎的事例，不再列举。凡两对以上者，其共同点都是对与对之间大小有异。

上举 6 例，墓主的身份都相当于大夫级，每墓都有 2 对、3 对、4 对不等的对鼎，对鼎与对鼎之间大小有异，都应视为大小相次。综合前述楚幽王墓以下的大中等贵族墓出土对鼎大小相次的实例，可以归纳为两点：第一，楚墓使用这类正鼎系按对鼎大小相次的序列，从存在有大小相次序列而言，可以把这类鼎称为列鼎，但其对鼎的组成状况却与中原鼎制有异。第二，楚对鼎鼎列的多少标志了墓主身份的高低（此点下

① 湖北省文物考古研究所．江陵望山沙冢楚墓［M］．北京：文物出版社，1996.

详），当然，墓主身份高低不完全取决于这类鼎的状况，但也是重要标志之一。

（二）乙类正鼎（铜鬴）的鼎列构成状况的分析

楚系墓葬中出土铜鬴有两件、7件、9件三种情况。对于其构成状况过去由于多未公布具体尺寸，有“大小相次”“大小相等”“大小略有差异”等几种较为含糊不清的说法。现在已有条件分析其构成状况，从而得到较为准确的认识。

例1，下寺 M_2 的7件铜鬴。高度尺寸为：34号高68厘米，38号高67.4厘米，36号高62.5厘米，30号高62.5厘米，40号高62.3厘米，32号高61.3厘米，28号高61.3厘米。其中30号和36号，高度相等，为一对鼎；28号和32号的高度也相等，亦为对鼎；34号和38号高度相差0.6厘米，相差甚微，可视为基本相等，亦可视为一对鼎。如此看来，这7件鼎由3对同样大小的对鼎和1件单鼎组成，若云大小相次，应按对鼎大小相次，而不是如周制那样单件递减。

例2，曾侯乙墓的9件铜鬴。其高度情况如下：90号36厘米，93号35.7厘米，95号35.6厘米，87和92号同为35.5厘米，94和88号同为35.3厘米，89号35.2厘米，91号35厘米。从所引数据看，有两对的尺寸完全相同，另外两对只相差0.1和0.2厘米，可予忽略，也可作为两对鼎看待。这样，由4对对鼎加1件单鼎组成大小相次的鼎列，与下寺 M_2 的列鼎组成状况相同。由于9件大小相差仅1厘米，过去多认为大小略有差异或大小相同，只有仔细比较其数据，才能看出这种仍属成对组成的情况。

例3，寿县楚幽王墓的9件铜鬴。高度尺寸分别为：699号51厘米，696、697号同为50厘米，598、698号同为49厘米，695、702号同为48厘米，700、701号同为47.5厘米。除1件外，其余4对高度尺寸完全相同，其9件的组成状况和上述两例一样，都是按同样大小的对鼎作大小相次构成鼎列。①

此外，寿县蔡侯申墓的7件鼎只公布了最大和最小的尺寸（高52厘米和42厘米），其他未公布。随州擂鼓墩 M_2 的9件，只报道了1件单鼎和2件尺寸相同的鼎的数据（高26厘米和29厘米），其余6件只公布1件的尺寸（高27厘米），也许这6件仍可分为3对，则亦为4对对鼎加1件单鼎组成鼎列。另外，下寺 M_1 的2件高度，尺寸为63厘米和58厘米，大小略有差别。包山 M_2 的2件高度尺寸为38.8厘米和39厘米，大小几乎相同。

只要仔细对比研究上述材料，就可以从中引出以下应有的认识：第一，楚系平底束腰铜鼾鼎列的构成与周制相同的是大小相次，不同的是大小相次的方式不同，和甲类鼎一样，按大小相等的对鼎依次递减。第二，列鼎间大小相次的差距不大，且时代早的大于时代晚的。例如下寺 M_2，铜鼾最高为68厘米，最低的为61.3厘米，大小相差6.7厘米；蔡侯申墓的最大与最小的高度相差10厘米，曾侯乙墓的最高1件为36厘米，最低1件为35厘米，只相差1厘米；幽王墓的最高1件为51厘米，最低1件为47.5厘米，相差3.5厘米。总的趋势是春秋时期的差距要大于战国时期的。共同点是早晚差距都不大（未超过10厘米的高差），有的甚至可认为基本上为大小相同。而中原地区的正鼎大小差距较大，例如山西太原金胜村出土的7件正鼎最高的45厘米，最低的26.5厘米，相差18.5厘米。这也应视为楚式鼾使用制度与中原有异的特点之一。

人们的认识往往有一个过程。对楚鼎制的认识也与中原地区对鼎制的认识一样，经历了一个逐步加深的过程。在此不妨回过头来看看中原地区对列鼎认识的历史。列鼎之称，首先是郭宝钧先生提出来的。他在《山彪镇与琉璃阁》一书中说："列鼎的制度在山彪镇发掘以前，我们是不晓得的。山彪镇五鼎出土后，在整理过程中，感觉到这一组铜鼎的形状、花纹相似，只是尺寸大小，依次递减，恐怕就是古人所谓'列鼎而

① 幽王墓9件鼾中，两件有铭文，两件有盖，也是对鼎。

食’的列鼎吧。”[①] 又说：“根据已出土十几组列鼎（出土）的实例，我们清楚地了解：周自厉宣以降，统治阶级中的一些阔绰者，都爱用三、五、七、九组成的大小相次的列鼎随葬。”他的这一研究，正如有的学者指出的：“这是第一次接触到贵族墓葬的用鼎制度问题，在考古学上开始了这个问题的研究，无疑是有贡献的。”[②] 但在研究中，有的学者认为计算正鼎的数目，不一定全是形制相若，大小相次的，认为还存在“杂取各鼎，相配成套”和“形制相若而并非逐件大小相次”[③] 的情况，并举蔡侯申墓的 9 件圜底鼎有 6 件成对的情况为例予以证明。那时由于对楚鼎制的对鼎鼎列这一特点未认识，以致引起对列鼎存在的怀疑。对此，首先应该承认，郭宝钧先生所说的中原地区逐件大小相次的列鼎制，确是相当普遍的现象。在 20 世纪 50 年代，他举出了十几组实例作证明，自那以后，新发现的实例也仍然可以证明，兹举数例：

例 1，1964 年发表的山西长治分水岭 M_{25} 和 M_{26} 的正鼎资料[④]，均为大小相次的列鼎，具体数据为：

M_{25} 的 5 鼎高度分别为：42.5、38.5、37.5、34.5、32.5 厘米，尺寸均逐件递减，是为大小相次。

M_{26} 的 5 鼎高度分别为：38、34、33、31、27 厘米，也是同样逐件递减，大小相次。

此两墓年代为战国中期，与楚墓中包山 M_2 年代大致相当，而用鼎情况，一为对鼎鼎列，一为单鼎鼎列。

例 2，1987 年发掘的山西太原金胜村大墓（M_{251}）。[⑤] 公布了 4 套列鼎的数据，这是近些年来在中原晋地公布用鼎情况及数据最详的材料，最能说明问题，有必要将每套鼎的高度详加引录：

---

① 郭宝钧．山彪镇与琉璃阁［M］．北京：科学出版社，1959：11.

②③ 俞伟超，高明．周代用鼎制度研究［C］// 先秦两汉考古学论集．北京：文物出版社，1985.

④ 见《考古》1964 年 3 期。

⑤ 山西省考古研究所，太原市文物管理委员会．太原金胜村 251 号春秋大墓及车马坑发掘简报［J］．文物，1989（9）.

Ⅱ式鼎 4 件，高度尺寸：55、54、53、52 厘米。

Ⅲ式鼎 7 件，高度尺寸：45、40.5、37、35、31、28、26.5 厘米。

Ⅳ式鼎 5 件，高度尺寸：30、28、26、24、22 厘米。

Ⅴ式鼎 6 件，高度尺寸：30、28、26、25、24、22 厘米。

此墓年代为战国早期，墓主为晋卿赵氏。[①] 且不论其如何计算鼎列，列鼎都是单件依次递减，每种毫无例外，一目了然，与楚之用对鼎状况，也是泾渭分明，可谓鲜明之极。

这样的实例，随着今后考古新发现及已有材料的详细公布，定会更多。由此不难看出，在中原地区，从西周晚期已降，至战国时期，中原地区确实盛行大小逐件相次的列鼎制，并不如有的论者说的是“局部现象”！

以上不厌其烦地列举楚墓对鼎的实例和中原地区单件列鼎的实例，并不是在有意作材料堆砌的文字游戏，而是力图在鼎制研究的诸多说法中消除疑惑，获得新的认识。从以上对楚和中原地区鼎列构成的诸多实例的分析，所归纳出来的认识就在于：

第一，中原地区使用大小相次的列鼎是不容怀疑的事实。

第二，楚国使用大小相次的对鼎鼎列，同样也是事实。楚国鼎列的构成虽与中原地区有异，却是大同小异，都是一种大小相次的列鼎制度。

这种相同相异的情况，可以简要地以两句话表示：

中原地区的周制列鼎序列的大小按依单件依次递减；

楚国地区的楚制列鼎序列的大小按双件（对鼎）递减。

这就是我们从楚系鼎列和中原地区鼎列的具体构成状况中总结出来的带有规律性的认识，特别是对楚的鼎列的认识，由从对楚墓成对地出现铜、陶鼎的表象认识，升华为按对鼎大小相次的规律性认识。这就是蕴蓄于楚鼎制中的奥秘之一。

---

① 侯毅．试论太原金胜村 251 号墓墓主身份［J］．文物，1989（9）．

二、楚系对鼎鼎列与礼制的关系

这一问题是前一问题研究的继续。楚系对鼎鼎列都出自有一定身份、地位的楚贵族墓葬中。前已指出鼎列数目的多少与墓主身份密切相关；墓主身份高的，对鼎鼎列就多；反之身份低的就少。按周礼，诸侯用大牢九鼎，卿或上大夫用大牢七鼎，下大夫用少牢五鼎，士用牲三鼎或特一鼎。中原地区用单件大小相次的列鼎，从出土实际材料看，有的与墓主身份相符，有的或高、或低于墓主身份，通常用“僭礼”、隆杀程度不同等来解释。楚系存在着的是对鼎鼎列，如何计算鼎列以说明其墓主身份？过去存在的一种方法是生硬地套用周制，把本来成对的鼎予以拆散，分开计算。例如：对望山 M_1 的铜、陶鼎，前已列出具体数据，确知铜、陶鼎为对鼎 4 对，论者则分开计算为：铜鼎“圜盖少牢五鼎一套和牲三鼎一套，二件最大，四件稍小，又二件更小”。陶鼎“圜盖少牢五鼎一套，二件稍大，三件较小；圜盖牲三鼎一套”[①]。又如对信阳楚墓有陶圜底鼎 8 件，论者也是与周制相套，认为“圜盖升鼎八，……疑为大牢九鼎一套”[②]。

再例如，包山 M_2 的鼎列，前亦已列出数据，大都是成对（每对大小相同）。论者按周制分为“七件一套、五件一套”，“正鼎为大牢七鼎一套，少牢五鼎一套”，“每套鼎均为奇数”。[③]

上举几例，都把本来是对鼎的鼎列均按周制奇数列鼎计算，这样计算对不对？如果不这样计算，又该如何说明墓主的身份？这里存在的问题，是对楚礼制与周礼制相同的和相异的两个方面认识不够，影响了对楚礼制的本来面目的认识。在资料不足，认识未深入的情况下，用周礼的奇数列鼎来解释，说明墓主身份，在以前也并不是不可行的方法与途径。“彼一时也，此一时也”，在现在看来，就不能停留在过去的认识

①② 俞伟超，高明．周代用鼎制度研究［C］// 先秦两汉考古学论集．北京：文物出版社，1985：101-103．

③ 见《包山楚墓》书末附录十五的文章。

上，必须重新予以探讨。

对于楚鼎鼎列如何计算的问题，我们首先应以楚人自己的记录为依据进行分析。楚简记录随葬铜礼器较完整的首推包山 M_2 的遣策，其中 265 简、266 简的简文如下：

大兆之金器：一牛鑐、一豕鑐、二喬（鐈）鼎、二□鹰鼎、二贵（馈）鼎、二登（升）鼎、二鉴、二卵缶、二迅缶、一汤鼎、一聕耳鼎、二缾铜、二盒簠、一薰□鼎、二小匕、二椹（盛）盏（敦）、一盘、一鉇（匜）、一铅甗……

大兆，可释为大祭，这支简记录了用于祭奠用的铜礼器，其中所记的鼎有大镬鼎两件，圜底正鼎 6 件，登鼎两件（即束腰平底鼾），另有两件单鼎，1 汤鼎，共 13 件；墓内实出 19 件，另外 6 件为 3 对对鼎（见第 1 小节中所列数据）。

从这支简的记录看，当时楚人就是把同样大小的两件鼎按两件为一对来记录的，而且每对对鼎都有专用名称，并不是按周制的奇数列鼎一件一件地分开记录的。

关于包山 M_2 的用鼎制度，如果正鼎数与其身份相合，那可以作几种理解：

第一种，以竹简记载的 6 件对鼎和两件登鼎（即甲乙两类正鼎）表示其身份地位。

第二种，以 6 件对鼎、两件登鼎和简文中两件单鼎（另一件小口鼎不计入正鼎内）表示身份。

第三种，以 6 件对鼎、两件登鼎、两件单鼎和不见于这支简文记录的另 6 件（3 对）鼎来表示身份。将对鼎合并计算，为 6 对对鼎，一对登鼎和两件单鼎。按这种理解，即是说主要以 6 对对鼎鼎列和一对登鼎这样两类正鼎来表示墓主左尹的身份、地位。另外 2 件单鼎可能为陪鼎，不属正鼎之列。

这三种解释均以出土实物与竹简记载为实际出发点，它不存在人为的分割与组合。第三种解释以所有对鼎的数量来表示墓主身份，可能更切合实际，此点下面还要谈到。

第四种，就是前面提到的看法，是在此墓所出6对对鼎中除去1对最小的，还有5对，以其中的3对配上简文中1件单鼎，组成7鼎，以剩下的两对配上简文中另一单鼎，组成5鼎。这样就成为7鼎一套、5鼎一套。这是按周制奇数的列鼎概念来计算的。但这样人为配套计算，并不只有这一种计算方法，还可以设想其他计算方法，人们可以提问，为什么在所出6对对鼎中非要去掉一对最小的才来计算？如果人为的去掉一对小的，为什么不可以还去掉一两对鼎再计算呢？显然，这种人为的计算法，不能不带有个人主观的因素。再者，如以上述竹简文字记载的鼎来说，也可以有多种计算法。例如：将其中一对鼎（二鐈鼎）与1件单鼎相配为3鼎，将另两对鼎（二鹰鼎、二馈鼎）与另一件单鼎相配为5鼎，这就变成3鼎一套，5鼎一套。或者是：将简文中3对对鼎与1鼎相配为7鼎，将两件登鼎与另一件单鼎配为3鼎，变成7鼎一套、3鼎一套。可见，若按“杂取各鼎，相配成套”的观点配套，可以出现多种计算鼎列的方法。我们究应选取哪一种计算方式呢？恐怕很难。实际可行的办法是按楚鼎客观存在着的对鼎鼎列的情况去予以认识。

再看第二个实例——江陵望山M_2的鼎，在竹简遣策上的记载中，46号简的简文：“金器六贜（馈鼎），有盖，四盌，有盖，二卵缶，有盖……”

51号简：“二豕盎。二鼎□”。52号简：“□鼎。二鼎”。53号简：“□，二鼾，二监（鉴）……”

以上所记，金器指铜器6件鼎，出土实物完整者3件。因被盗，据残件看至少应有5件，而据竹简记载，原来应有6件。

51至53号简均记陶礼器，52号简第二字鼎的右边不清，为鼎的一种专名，根据出土陶圜底鼎3对的情况看，51号简有1对鼎，52号简也记有1对鼎，这就可推测52号简第一字可能为“二”字。这样加起来正好三对鼎。鼎数都是以两件为一对，共计铜鼎 3 对、陶鼎 3 对和陶鼾 1 对。出土的 3 对陶鼎也都是形制微异而大小有别的对鼎鼎列，与简文所记相符。

从望山 M_2 和包山 M_2 的竹简记载，可知楚人当时都是按两件为 1 对的对鼎来记录的，这是楚鼎的本来面目；而且，望山 M_2 的铜鼎和陶鼎都是成对的，没有单鼎。如果说有多种计算鼎列的方法，则望山 M_2 不存在与 1 件单鼎（没有单鼎）相配组成奇数鼎列的计算方法。这足以表明，楚人本来就是按偶数鼎列来计算的。包山 M_2 的两件单鼎也可能确是陪鼎或羞鼎，不应与正鼎相配、合并计算。

是不是只有望山 M_2、包山 M_2 两例呢？那么，还可再举一例。

江陵望山 M_1，出土铜正鼎 4 对（另有 1 件小鼎），陶正鼎也是 4 对，陶鼾 3 件（另有陶镬鼎、单鼎、小口鼎各一件），此墓无遣策，没有留下当时楚人用鼎的记录，但既然与望山 M_2 一样有这么多对鼎，如果楚人当时要写遣策，也会和望山 M_2、包山 M_2 的遣策记录一样，也会以成双成对来记述的。同样，值得注意的是，铜正鼎全部为对鼎，无 1 件单鼎，把它分开计算为“五鼎一套、三鼎一套”，是把其中的一对对鼎人为地拆散为两个单件。为了附会周制的奇数列鼎，而予以拆开，未免有点主观随意性，应实事求是地看成一对对的鼎。所以，只能如实地认定，4 对铜鼎和 4 对陶鼎的鼎列，正是楚人用以标示该墓墓主的社会地位与身份的鼎制。此墓主为尚未获得爵位的王室贵族，说他的身份相当于周制的下大夫，一般无异议。因此，这 4 对铜、陶鼎就是楚贵族下大夫这一等级的标志；和包山 M_2、望山 M_2 一样，都是用对鼎鼎列的多少表示他的身份，而不是用周制的单件大小相次的列鼎表示身份。

现综合本节在讨论楚鼎鼎列构成时所举实例的研究，可以将楚贵族使用对鼎鼎列的制度归纳如下：

楚高级贵族（包括左尹以上至楚王，相当于周制的诸侯和卿）使用甲类正鼎鼎列为对鼎 5 对以上，楚王墓可多达 10 对以上。同时使用乙类正鼎为铜鼾两件、7 件、9 件不等。

楚中等贵族（相当于大夫级）用对鼎两对至 4 对。

楚下等贵族（相当于士）用一铜鼎、一对铜鼎或陶鼎。

中下等贵族墓使用甲乙两类陶质正鼎的对鼎的数量则往往多于铜对鼎的数量。

用以上所归纳的三个等级的对鼎情况，联系前举实例是可以相互印证的，如楚幽王墓的对鼎 10 对以上，为最高等级的对鼎鼎数。下寺 M_2 为令尹墓，墓主身份相当于上卿，用 5 对对鼎，包山 M_2 为左尹墓，身份相当于下卿，用 6 对对鼎，比令尹的还多 1 对。① 在前面已指出，战国时期多已僭礼，故多 1 对并不奇怪。但铜鬲鼎并未僭礼，可知楚对用铜鬲的等级界限控制最严。

中等贵族使用对鼎两对的有：下寺 M_3、M_{10} 各用铜对鼎两对，当阳曹家岗 M_5 用铜对鼎两对，信阳长台关 M_1 的铜对鼎两对，陶对鼎可能为 4 对。藤店 M_1 用陶对鼎两对、铜正鼎 1 对。还有长沙浏城桥 M_1 为铜对鼎两对、陶对鼎两对。用对鼎 3 对的有江陵望山 M_2 用铜、陶鼎各 3 对。用 4 对鼎的有下寺 M_1 的铜鼎 4 对，江陵望山 M_1 的铜对鼎和陶对鼎各 4 对。以上这些出 2—4 对对鼎的墓，其墓主身份相当于大夫级也是没有疑问的。

至于相当于士的下级贵族墓使用铜鼎 1 件或 1 对的情况，同样可以表示墓主身份，这里就不多述了。

对楚用对鼎表示等级的鼎制，可与中原地区的鼎制做些对比。例如，下寺 M_2 为令尹墓相当于上卿，比它年代相近而偏晚的山西太原 M_{251} 为晋卿墓，也应为上卿，它们用以表示身份的鼎制情况是：

楚令尹墓：平底升鼎 7 件，对鼎 5 对，为七、五之制。

晋卿墓：列鼎 7 件，列鼎 5 件，为七、五之制。

两墓相同的七、五二套，都用此表示身份，即卿为大牢七鼎，与周礼相合。不同之处也很清楚，楚的 7 件列鼎为不同于中原器形的束腰平底

① 或按前举第四种计算方法，除掉一对最小的鼎，则与下寺 M_2 的对鼎数相同，如果按竹简记载，只有 3 对甲类正鼎，则对鼎数少于下寺 M_2。

升鼎，且也是由两两成对组成的，与中原的单件大小相次也不同。其五鼎，楚为对鼎5列，而中原则为单鼎5件，即一为按双件成列，一为按单件成列，构成方式不同，以件数论，楚多了一倍。当然，金胜村M_{251}同出还有4鼎、6鼎各1列，这可能是因为其年代晚于下寺M_2，只能表明其僭礼、乱礼的程度加大了，可视为僭制。还应注意到，下寺M_2被盗扰，也许原来的鼎不止这么多，即楚人同样会僭礼。

又如：包山M_2与山西长治分水岭M_{14}[①]，两墓年代相近，都为战国中期偏晚，墓主身份也相当。包山M_2出大镬鼎2、对鼎6对。而分水岭M_{14}，也是大镬鼎两件。但列鼎只有一列7件，报告未报道尺寸，郭宝钧记为列鼎7件，当亦为大小相次的列鼎。一为对鼎鼎列6对，共12件；一为列鼎7件，其区别亦相当明显。

这种对比，更增加了我们总结出来的新认识的可靠性。我们必须按对鼎鼎列来认识楚鼎制，而不能拆散楚的对鼎鼎列去生硬地套合中原地区的奇数列鼎制。这就是我们获得的新认识、新结论。

末了还要说明的是：第一，这是从对现有资料研究、归纳出来的对楚用鼎制度的新认识，而且只着重讨论了两类正鼎的用鼎制度。关于镬鼎、陪鼎的问题没有讨论，但并不是说这两类鼎不需研究，但是为了重点突破，其他只好从略了。

第二，周代的用鼎制度，研究者认为经历了三次大的破坏[②]，以致“僭礼”“乱礼”现象相当严重，这是当时社会新旧交替变革时期的必然反映，楚的两类正鼎用鼎制度从早到晚同样存在这种情况。因此，要论定墓主的身份，要从多方面考虑，从铜器群考察，既要研究其器类组合，又要研究两类正鼎鼎列的情况和其他铜鼎的情况，还要综合墓葬规模、其他随葬品情况。如果有当时的文字记录，更是可靠的依据。这样的墓葬、这样的铜器群，就是我们进行研究的典型单位和标准器群。前面所举实例如

① 山西省文物管理委员会．山西长治市分水岭古墓的清理[J]．考古学报，1957(1)．

② 俞伟超，高明．周代用鼎制度研究[C]//先秦两汉考古学论集．北京：文物出版社，1985．

下寺 M_2、包山 M_2、望山 M_1 和 M_2、楚幽王墓等墓主是楚王和楚王室贵族，是典型的楚贵族墓。由于有的本身有文字记录（铭文和竹简文），它们的身份最清楚，用标示他们身份的用鼎情况来说明楚鼎制，最为可靠。由此及彼，结合其他器群的用鼎情况，仔细地予以对比研究，就可以获得新的认识。我们正是这样，才得以将蕴蓄于楚鼎制中的奥秘予以揭示出来。

将本章所论，简要地概括如下：

一、楚系铜器群的组合形式分为甲乙丙三大类，与楚贵族中的三大社会等级状况基本符合。甲类组合所反映的为楚王、楚的附庸国君和相当于卿的高级贵族（令尹、左尹、封君等）；乙类组合所表示的主要为相当于大夫的中等贵族（包括士和庶民僭用大夫礼），丙类组合所表示的主要指士这些下等贵族（也包括大夫用士礼和庶人用士礼）楚贵族使用铜器组合的界限比较严格，保守性也较突出，尤以楚王等最高级贵族为甚。

二、楚的用鼎制度，是在周礼的基础上的变革、创新。其相同的方面，都以鼎列的多少表示墓主的身份。不同的是：

第一，中原地区的鼎列只有一个类型，即圜底鼎，而楚系除圜底鼎一个类型外，还有第二个类型，即束腰平底鼎型。故楚系有甲、乙两个类型，比中原地区的多了一个类型。

第二，中原地区鼎列的构成为一件一件地大小依次相列，即单件鼎列；而楚甲类鼎列的构成用两件为一对，成对地大小相次，即为对鼎鼎列，按对鼎鼎列的多少以表示墓主的身份等级。周制的单件列鼎多为一、三、五、七、九的奇数，而楚甲类鼎则按对鼎的数量计，既有奇数，也有偶数对鼎，不能拆开为单件计算，去套用周制的奇数列鼎。

第三，楚独有的乙类正鼎，在楚高级贵族墓内使用九、七一类奇数列鼎，但它的构成方式仍有楚风，即仍由成对大小相次组成（3 对或 4 对加 1 件）。而在高级贵族中地位偏下者（如相当于下卿的左尹）却保守楚风，只用一对乙类铜鼾。在中等贵族墓内则只使用陶鼾，并有奇数（3 件）、偶数（两件）之分。用奇数为受周制影响，用偶数为楚的传统。

楚鼎制与周制不同的这些特点，特别是引人注目的两两成对的对鼎鼎列情况，自有它形成的原因与渊源，可能与楚的历史传统与楚人的风俗信仰有关。正如有的学者已提出的，早在殷商时期，如妇好墓内就已出现两两成对的用鼎情况。[①] 郭沫若早年就已指出，楚继承商文化在南方发展。[②] 楚文化中确有商文化因素，这种看法颇具卓识。

《楚辞·九歌》中的湘水女神湘君、湘夫人，为对偶神；司命、大司命也是成对的神。由此推论；楚人的两两成对的鼎制，或许与楚俗有一定的关系。

---

① 中国社会科学院考古研究所. 新中国的考古发现与研究. 文物出版社，1984：309、310.

② 郭沫若在《两周金文辞大系图录考释》序言中说："楚实商文化之嫡系，南北二流实商周之派演。"

第八章　楚系青铜器与他系青铜器的关系

东周时期楚系青铜器和其他文化系统的青铜器有着很密切的关系，是一种相互交流、影响、促进的关系，是反映各地区、各诸侯国之间政治、经济、文化交流与融合的重要方面之一。这种交流与融合是双向的，一方面，一些特色鲜明而工艺高超的楚铜器向周围其他地区流传，或是直接传去，或是由当地仿造。另一方面，楚铜器也接受了别的文化系统铜器的影响，有他系文化因素，甚至也有楚人使用由外地传入的其他文化系统的铜器。我们以下分别予以考察。

第一节　楚铜器与中原地区铜器的关系

楚铜器和中原地区铜器的关系，是一个既老又新的问题。春秋中期以前的楚铜器和中原地区铜器同属于周文化系统，这是大家所公认的，无需多说。春秋中期以后楚铜器风格形成之后，它反过来对中原地区铜器有没有影响？如果有，具体表现在哪些方面？在这个问题上认识并不一致，为免于空泛的议论，试以一两个典型墓葬的铜器以及若干器类进行一些具体而微的分析。

一、新郑李家楼墓葬铜器群的楚文化因素

此墓国别与墓主一般已认定为春秋时期郑国某一国君（郑伯）之墓，但在年代早晚上有不同看法。笔者反复对比了一些材料，可以肯定地认为它的年代绝不会早于下寺 M_1 和 M_2 的年代，应介于下寺 M_3 与下

寺 M_{10} 两个墓葬年代之间，而与下寺 M_3 较为接近，相当于楚系铜器墓分期的第三期之末年，而与第四期开始的年代相接近。

对于此一大墓（以下简称郑伯墓），学者们过去主要注意到其铜器有新旧两种作风。[①] 到了 20 世纪 80 年代，开始有学者注意到不仅有新旧作风，而且还有不同文化系统的影响，“有楚系统的影响在其中”[②]。但是，在淅川下寺楚墓铜器发现以来，对于下寺楚器与郑伯墓铜器的关系，不少论者仍坚持以郑伯墓铜器为代表的中原系铜器影响了下寺楚器的看法。为便于说明问题，不妨先引述一下持这种观点的看法：

“青铜器的器形有不少是由中原地区传来，而且一些典型楚器也在不同程度上带有中原地区青铜器的特征。食器如深腹短腿的带盖圆鼎(即箍口鼎——引者注)。双耳圈座簋、鬲、簠、方壶、舟、浴缶，乐器中的石磬、编钟，兵器等，与中原地区同类器物，均没有多大差别……1 号墓出土的带盖圆座簋、方壶和带盖圆鼎更接近新郑春秋墓中出土的铜器。淅川楚墓所出的带有楚文化特征的器物，有的是模仿中原地区同类型器物制作，有的则是中原同类器物的变态……球形的铜敦，与山西万荣春秋墓出土的三足铜簋就很相仿，有可能楚国的铜敦就是北方的三足铜簋发展而来……”[③]

又如：当时楚国的“文化不如北方的郑国先进……从许多方面可以看到楚文化在形成和发展过程中受到郑国文化影响的踪迹”[④]。

以上所引，都认为时至春秋中期的郑伯墓时代，楚文化仍落后于郑国，是中原地区铜器影响了楚铜器，而不是相反，并具体地指出，淅川

---

① 陈梦家《寿县蔡侯墓铜器》(《考古学报》1956 年第 2 期）一文把新郑铜器分为早、中、晚三期，把晚期定“在春秋之末”。《中原地区东周时代青铜礼器研究》一文(《考古与文物》1982 年 2–4 期）也认为“有新旧两种类型”。

② 高崇文. 东周楚式鼎形态分析［J］. 江汉考古，1983（1）. 该文指出，有楚器特征的折沿束颈鼎，箍口鼎、盏等三种器物，显然受楚影响；墓内出有铭文的铜炉，为楚令尹子重之器，当系某种原因传入郑国而葬入此郑伯墓内。

③ 张剑. 从河南淅川春秋楚墓的发掘谈对楚文化的认识［J］. 文物，1980（10）.

④ 马世之. 试论郑与楚文化的关系［J］. 中原文物，1983 年特刊.

下寺楚墓铜器中由中原地区“传来”“模仿”“接近”“新郑春秋墓中出土的铜器”，有以下器类：带盖圆鼎、双耳圆座簋、鬲、簠、方壶、舟、浴缶以及楚器中的敦等。以下就按这些器类进行具体分析，以得出符合客观历史的认识。在进行分析之前，有必要明确以下的原则：

第一，渊源与创新的关系。楚铜器与中原地区铜器有共同的渊源，即都是在商、西周青铜文化的基础上发展而来，都同属我国特有的礼乐制度的产物。正是这样，彼此才可能进行比较。但是，历史的车轮转动到春秋时期，无论是中原地区还是楚文化地区，原有的一些器类虽仍在延续使用，都已起了变化，这种变化如仅以“模仿”的“变态”来说明，至少是不确切的，应该看到器物形态上已予创新的那些变化，这些变化导致有着不同于先前器类的特征，有的器类变化更大，可以另立一个新的器类。应该说，前面引述的看法，显然至少是没有注意到楚铜器在继承基础上创新的一个方面，仅一味强调“模仿”“变态”，是说明不了问题的。

第二，传入与模仿的区别，一般来说，两地的器物应完全一样，才可以看作是传入，而如果只基本相同，形态、纹饰有差异，只能解释为影响或模仿。

第三，谈到谁影响谁，谁模仿谁，有个前提，即是被影响、被模仿的这种器型应出现得最早，一般来说，使用得最广泛，而在制作上、外观上又显得特别的精巧、美观。显然，模仿之器往往很难像被模仿者那样出神入化；模仿的器物数量往往不如被模仿者的那样多、那样大、那样精。当然，如果是单个墓葬的铜器对比，则要看墓葬的规模与墓主的身份，不能一概而论。

第四，还要从历史背景上进行分析，此点在分析具体事例时再谈。

鼎　前面的引述只提到带盖圆鼎，实际上那种折沿束颈鼎，下寺与郑墓也相似。这种折沿鼎都来源于两周之际到春秋早期如虢国墓地出土的那种周式鼎，颈部不内束。最早的束颈鼎出于楚铜器第二期之末（见第四章），并一直延续到战国楚亡为止。而中原地区最早的束颈鼎出土于郑伯墓和山西侯马上马村 M_{13}[①]，从年代早晚看，楚早于中原地区。现以年代相近的下寺楚墓铜鼎与郑伯墓的鼎进行比较。折沿束颈鼎在下寺 M_2 出土 6 件，分为 3 对，成对相次。郑伯墓出土的 6 件[②]，大小相次，表明鼎列组成有差异。从器形看，郑伯墓的形体比下寺的大，这可能与墓主身份有关。形状、花纹基本相同，细部有异，从形体看，下寺的有盖，耳直；新郑无盖，而耳稍弯，腹有鼻钮（图四五，1）。这应是文化、地区差异所致。这种差异是很难以“传入”来解释的。鉴于这种鼎在楚地出现最早、流行时间长、流行范围广，如果要说影响，只能是年代稍晚的郑伯器受年代稍早的下寺楚器影响，而不可能相反。

有盖圆鼎即箍口鼎，在鼎口沿设置一道凸棱型的箍，用以承盖，这是楚人的创造。早在楚铜器第二期就出现了（见第四章），中原地区最早者仍以郑伯墓的最早，出现年代晚于楚。同样，要谈影响，也只能是后者受前者影响，而不是相反。下寺 M_2 出土 4 件（两件自名䵼鼎；共两对）；郑伯墓的一云 5 件，一云 7 件[③]，形制上不属一套，其中 3 件形状、大小一致；另两件较小，大小也有差别，小的 1 件，盖上除圈形提手外还有 4 环钮，器形、花纹与下寺 M_2 的有差异（图四五，2）。仔细考察，郑伯墓的这几件箍口鼎与折沿束颈鼎应在郑地制造；而下寺的有两件铭文为倗之器，自应在楚地制造。如此看来，下寺与郑伯墓的箍口鼎的大同小异，只能以文化上的相互交流、影响论之，而不能以“传入”来解释，至于谁影响谁，仍应如前述折沿束颈鼎一样，以楚式鼎影响郑鼎为宜。

下寺 M_2 内的典型楚器——鼾和汤鼎，未见于郑伯大墓，正好表明这两墓分属两个系统（楚系和中原系），楚人创新的这种铜鼾在郑伯墓内未发现，表明还未影响到中原地区。待到晚此一期的原属姬周文化系统的蔡侯申墓内出土铜鼾，方看出这种楚式鼎向北影响的轨迹。

双耳圈座簋　下寺 M_2 和郑伯大墓所出，均为双耳圈足下有三小支

① 上马村 M_{13} 出土 3 件，1 件较大，2 件较小，有铭文，为徐王之子庚儿鼎。

② 《新郑彝器》记载为 6 件，《周代用鼎制度研究》统计为 8 件，并认为原可能为 9 件。

③ 《新郑彝器》记载为 5 件，《郑冢古器图考》记为 7 件。

足的簋，这是被用来作为与中原地区铜器“没有多大差别”而“传入”楚地的一个例证。但是，只要稍加对比，就会知道两者大相径庭。下寺 M_2 的簋形虽然保留了西周晚期的传统型式（圈足下有三小足），但又有不同于传统簋型的崭新面貌，表现在：全器有精细的蟠螭纹以及瓦纹、重环纹、乳丁纹，并且在盖上、腹部各装饰四个龙形扉棱；双耳亦为龙形，三支足上部为浮雕兽面形，兽面高鼻、圆眼、两角外撇，口唇卷起，“整个铜簋造型别致，花纹精美，别具风格”①。这种创新了的精美铜簋，在东周时期的铜簋中，除了下寺 M_1、M_2 有这几件外，还没发现过第二例。②楚人在传统的西周簋型上创新的器型，是楚人继承传统而又不囿于传统的表现。而郑伯大墓的簋，完全是两周之际的传统簋型，毫无新意，正是死守传统不放的表现（图四五，3）。这样两相对照，两者的区别，泾渭分明。说两者“没有差别”，不符合客观事实。我们所能看到的是，一方面是创造，一方面是守旧，根本不可能存在对楚铜器的影响，更谈不上“传入”的问题。

鬲　下寺 M_1 的 1 件仿日用陶器的楚鬲，为新郑所无，下寺 M_2 的两件礼器鬲，铭文中器主名被铲去，难以断定是否楚人之鬲，但从其附加的四龙形扉棱看，与墓内其他楚器风格相类；因此，即使不是楚人之器，也是属于楚文化系统之器。新郑大墓有 9 件鬲，腹部上有扉棱，但扉棱及其纹饰均与下寺 M_2 的迥异，一看便是两个系统不同风格的器类（图四五，4）。这种情况与上述簋一样，一种为楚人创新的器型，一为郑人守旧的器型。③就是说，春秋中期以后，西周以来的传统器型，在

① 见此墓发掘报告第 124 页。

② 在楚墓内未再发现这种新型簋，可能的解释是，在此以后为方座簋取代。当然也许今后在楚王室贵族墓内仍有出土，这有待新的考古发现来验证。在中原地区看来不会有这种新型簋出土的可能性。

③ 郑墓这种鬲，有春秋早期遗留下来和春秋中期沿袭春秋早期器型制造的两种看法，前说见陈梦家《寿县蔡侯墓铜器》一文，观此鬲花纹确有春秋早期特征，但扉棱与春秋早期的不同，故笔者认为这是春秋中期郑人仍在沿袭春秋早期的作风而稍有改进，但与楚鬲的创新，完全是两种风格。郑鬲创新的程度远不如楚鬲，也不如楚鬲美观，这种情况也适用于对簋的看法。

楚和在郑分化为两个不同的类型，这正是同源异流，特征殊异，同样谈不上这种新型楚鬲反而会受郑伯墓铜簋的影响。

簠 这种器型同样是西周中晚期以来的传统器型，春秋早期已成为楚礼器组合中的基本器种，显示出楚在传统的鼎簋组合形式上标新立异的特点。① 在下寺 M_2 和郑伯墓内出土的簠，从器型上来说，确实是相同的，楚簠没有什么显示文化特征的特异之处，这能不能作为同时期中原地区的簠传入楚地的证据呢？单看这一点，似乎可以这样说。但值得注意的是两地纹饰上共有的一种蟠绕龙纹。② 郑伯墓的簠上纹饰为五条龙相互蟠绕的蟠绕龙纹；这种蟠绕龙纹在楚器上最早是在下寺 M_3 的 1 件簠形器上出现的。中原地区辉县琉璃阁 M_{80}、M_{60} 的簠没有这种纹饰，而在琉璃阁 M_{55} 的簠上已出现。③ 究其原因，只能从年代早晚关系来说明，即是说，下寺 M_3、郑伯墓、琉璃阁 M_{55} 的年代一致，而稍晚于下寺 M_2、琉璃阁 M_{80}、M_{60}。④ 这种纹饰是两个地区同时出现的，还是一个早一个晚？即存在不存在影响关系？目前限于资料不足，还不能确证。但有一点值得注意，在下寺 M_2 的鼎上已出现这种结构的蟠绕龙纹，但比较粗疏，不及下寺 M_3 与郑伯墓的细密。从花纹演变规律看，应是由下寺 M_2 那种粗疏的蟠绕龙纹演变而来的，这样，可以认为楚人率先演变出这种蟠绕龙纹，然后影响、传播到中原地区，故在郑伯墓、琉璃阁 M_{55} 的簠上也有了这种花纹。如果此说经得起以后新资料的检验，则所得结论就不都是中原地区影响楚器，而是楚器的一些因素也影响了中原地区（包括郑地）的同类器。

盏 这是前述引文中提到的“球形的铜敦”的前身，即由盏演变为

① 详见第三章。

② 这种蟠绕龙纹特别细密，龙首吐长舌，相邻两龙首的舌呈不平齐的双钩形“s^s”，请参阅第五章纹饰中的蟠绕龙纹类。

③ 郭宝钧．山彪镇与琉璃阁［M］．北京：科学出版社，1959：图版 59、66、82.

④ 琉璃阁 M_{80}、M_{60} 是夫妇墓，这与下寺 M_2 与 M_3 是夫妇（妾）墓相似，其年代早晚关系也应相似，即下寺 M_3 略晚于下寺 M_2，琉璃阁 M_{60} 略晚于 M_{80}。

球形的铜敦。[①] 郑伯墓内出土盏 2 件，《新郑彝器》称之为蟠螭纹簋，过去一些学者也都沿用此器名，也有称之为敦的。这种盏广泛流行于楚中心地区，而其他地区少见，为典型楚器，是楚人创造的一个新的器类。其中以下寺 M_7 出土的盏年代最早（东周二期后段），以郑伯墓的盏与之比较，从两墓的年代看，郑伯墓年代晚于下寺 M_7；从器物形态看，郑伯墓的盏盖上已出现四环钮，腹部增加二耳（图四五，5），与下寺 M_2 的盏相同。由此可见，从形态上考察，郑伯墓的盏也要比下寺 M_7 的晚，只能是较晚出型式由较早出型式发展演变而来，而不是相反。显然，郑伯墓的盏由于比下寺 M_7 的为晚出型式，故只能表明郑伯墓的盏系受楚盏影响。这种有楚文化独具特征的器类，在前述引文中被认为是“模仿中原地区”的铜器，在上面的论述中足证其说之非是。

方壶 郑伯墓出土了两种类型的方壶，一种的盖壁为镂空龙形（图四五，7），与下寺 M_1 所出相似，另一种盖上有立鹤与莲瓣，两者显著有别。过去对这不同的两个类型很难从文化归属上进行认识。自从下寺 M_1 出土了方壶以后，这方面的认识便深化了。高崇文《两周时期铜壶的形态学研究》一文，对郑伯墓这两个类型的方壶作了文化因素的分析，其与下寺 M_1 相同的归入“楚式器的系统”，另一型归入中原周式器系统，这是很恰当的。但是，正如前面提到的，在楚器影响郑器，还是中原地区郑器影响楚器的问题上存有争议，故还需要再作点分析。

郑伯墓的两件楚式方壶，壶体与下寺 M_1 的相同，而龙耳与龙足还有一些差异，如下寺的龙耳部位较高，龙首与口部齐，郑墓的龙首低于口部。其龙首冠形饰也不同，下寺 M_1 足部的龙首有高冠而郑伯墓无[②]，下寺的龙首昂起承托壶体，而郑伯墓的龙首微下垂不承壶体。从外观上看，下寺 M_1 方壶耳上的龙有一种向上腾空的气势，郑伯墓的则有一种

① 在本书第四章有论证。

② 下寺 M_1 方壶龙形足，或被称为虎，见《淅川下寺春秋楚墓》，以称龙为宜，郑墓的龙形足，《新郑彝器》称虺螭形，归属龙类，它无高冠而有虎耳，反倒似虎。我们仍归属龙类。

向下滑落的态势。下寺 M_1 方壶足部的龙作昂首前进状，郑墓的则作垂直踞伏作承荷重物艰难前进状。这一比较，看出下寺 M_1 方壶有一种奋发有力的动态感，而郑伯墓则具呆滞的静态感，如果二者存在影响、模仿的关系，究竟谁影响谁，便不难做出判断。从年代上看，前已指出郑伯大墓年代与下寺 M_3 相同而略晚于下寺 M_2 的年代，年代晚的应模仿年代早的，也应认为郑伯墓方壶仿自楚方壶。① 郑墓铜器也有自身的创造，但不体现在这种楚式方壶上，而体现在周式立鹤方壶上，郭沫若曾评论此方壶上的立鹤“乃时代精神之一象征也”②。郑墓铜器群既有保守的和受楚影响的方面，又有自身崭新的创造，这才是对此墓铜器群实事求是的评价。

浴缶　郑墓铜器有浴缶和罍③，从器形上看，浴缶与下寺楚墓的相同，其腹部有 10 个凸圆饼饰，与下寺 M_3 自名为“倗之缶”的浴缶上的圆饼饰数量相同（图四五，6），比下寺 M_2 自名“郏子倗”浴缶上的少 2 个。圆饼饰上的花纹不同，楚浴缶的中心为三分式涡纹，周围还有精细的蟠虺纹（图四五，10），而郑伯墓的浴缶上圆饼饰内的纹样较为简单，中心一个圆圈纹，周围仅五个涡纹线条（图四五，9）。精粗之分，形成强烈的对比。楚浴缶是在西周罍的基础上在春秋中期偏早（第二期）就已作为一种创新的器类出现，郑伯墓的浴缶只能是仿自楚系浴缶，而且模仿得相当简朴。可见郑伯墓对模仿楚器而制造的器物仅求形似而不求精细逼真，而对于自身传统器形则比较讲究，如罍不仅通体有刚劲繁缛的龙纹类纹饰，且在肩部有四个高高的龙形装饰，每个龙形装饰由圆雕的二龙相绕构成，并衔圆环为耳（图四五，8）。正如《新郑彝器》的说明所云：“花纹伟丽可憙。”这种情况与上述两种方壶一样，郑人的创造性表现于自身固有的传统器物，而对于楚器主要是模仿，谈不上什么

---

① 郑墓立鹤方壶也有二龙足，也应仿自楚方壶，但和镂空盖方壶一样，龙形足上的龙首龙耳也为虎耳，可见并不全仿楚的龙形足，两种壶表面有一些小圆管状凸起的圈点纹也与楚方壶不同，应是郑墓自身文化因素的表现。

② 郭沫若．殷周青铜器铭文研究［M］．北京：人民出版社，1954．

③ 浴缶《新郑彝器》称为虺螭纹罍。罍称为虺龙纹罍。

创造性。

舟 这是按前述引文来称呼的，实际上这种器形应定名为鉶[①]，它在春秋时期是中原地区青铜礼器组合中的基本器种[②]，毫无疑问应属中原文化系统的基本器类之一。在郑伯墓和下寺楚墓内都出有这种器物。下寺的显然由中原传入或仿自中原，器形与郑伯墓的“素舟”相似。

郑伯墓的素面无纹，而下寺 M_2 出土的 1 件通体错镶红铜龙纹和半环形纹、梭形纹，显得十分精美。可见即使楚人模仿中原地区之器，已达到“青出于蓝而胜于蓝”之境地，这与郑伯墓模仿楚器的情况刚好相反，楚人的创造性既表现在创新传统器，也创新移植、模仿中原地区的器型。楚文化的特征正是博采众长而独创一格的，显示其兼容并蓄，化为博大精深之风采。

编钟 郑墓内出镈钟，甬钟各一套，镈钟大者高 2 尺 4 寸 6 分[③]，比下寺 M_1 的镈钟大得多，这与此墓为国君有关。但甬钟大者高仅 9 寸 7 分，则比下寺 M_2 的王孙诰钟小得多，与郑伯身份不相称。从纹饰看，较为古朴，铸造年代应早于墓葬年代，纹饰的风格也与王孙诰钟不类，谈不上影响与被影响的关系，只能说是各自继承西周中晚期以来的甬钟风格。从纹饰看，王孙诰钟是大大创新了，形成了自身的风格，既与郑伯墓的有异，也与时代相近的山西长治 M_{269}、M_{270} 的甬钟有别，这里不再详论。

以上我们从器类方面将郑伯墓铜器几个主要器类与同时期的下寺楚墓铜器一一作了对比，指出墓中有不少属于楚文化系统的器类，并且可以明显地得到这样的印象，从郑伯墓铜器所表现出来的工艺水平，并不比楚先进，春秋中期以后，楚铜器后来居上，反过来又影响中原地区的郑国。郑国属中原的腹心地区，为什么会有这么多楚系铜器和楚系铜器因素？应从当时的历史背景作些分析。

---

① 有自名为鉶之器，详第四章。

② 高明．中原地区东周时代青铜礼器研究［J］．考古与文物，1982（2-4）．

③ 引自《新郑彝器》，下引甬钟的高度亦同此。

郑伯墓的年代正值春秋中期偏晚，在这年代前后，郑国处于晋、楚两大国争霸的中间地带，你争我夺，郑国只能屈服于势力较大的一方，而以附楚的时间最长。请看以下记载：

《左传・僖公十八年》（前642）：“郑伯始朝于楚。楚子赐之金，既而悔之，与之盟曰：‘无以铸兵！’故以铸三钟。”金即铜，楚地盛产铜，故赐铜，令其铸造乐器的钟。郑伯为何要朝见楚王，服属于楚？杜注：“中国无霸故。”其时齐桓公已死，霸业衰落，故杜注言中原地区已无霸主。之后，郑、楚通婚[①]，两国关系便日趋密切起来。

接着有宋襄公不自量力，妄想争霸的插曲。《春秋・僖公二十一年》（前639）：“秋、宋公、楚子、陈侯、蔡侯、郑伯、许男、曹伯会于盂，执宋公以伐宋……冬，公伐邾。楚人使宜申来献捷。”楚执宋公及下一年败宋于泓之战，楚人打破了宋襄公争霸的美梦，此后楚势力咄咄逼人，中原小国望风披靡，于是郑伯乃于僖公二十二年（前638）第二次朝见楚王[②]。表明早在春秋中期的前段（比郑伯墓早半个多世纪），郑已附庸于楚。

此后，楚庄王称霸中原，郑更是俯首听命。楚庄王以后，晋楚一度势均力敌。虽然郑也曾一度屈服于晋的压力，但一直到郑伯墓年代期间，仍受制于楚。例如，《春秋・襄公十一年》（前562）：“楚子、郑伯伐宋。”《左传・昭公三年》（前539）：“十月，郑伯如楚。”此时上距郑伯第一次朝见楚王刚好一百年，在这长达百年之久的密切关系（包括婚姻关系）中，随着郑国政治上的依附于楚，文化上的交流以及楚文化对郑的影响是必不可免的，在郑伯墓内的铜器上出现楚文化因素和传入楚铜器就不难理解了。在楚北进中原过程中，当然也要接受中原文化的影响，鉴于以往过多强调楚受中原地区文化的影响，忽略了楚对郑国这样的中原地区文化的影响，简略揭示一下郑受制于楚的历史事实，定会有助于对后来居上的楚文化与中原文化的关系获得较为客观的认识。

① 据《左传・僖公二十二年》：“郑文夫人芈氏、姜氏劳楚子于柯泽。”知楚已嫁女于郑文公。

② 《左传・僖公二十二年》：“三月，郑伯如楚。”

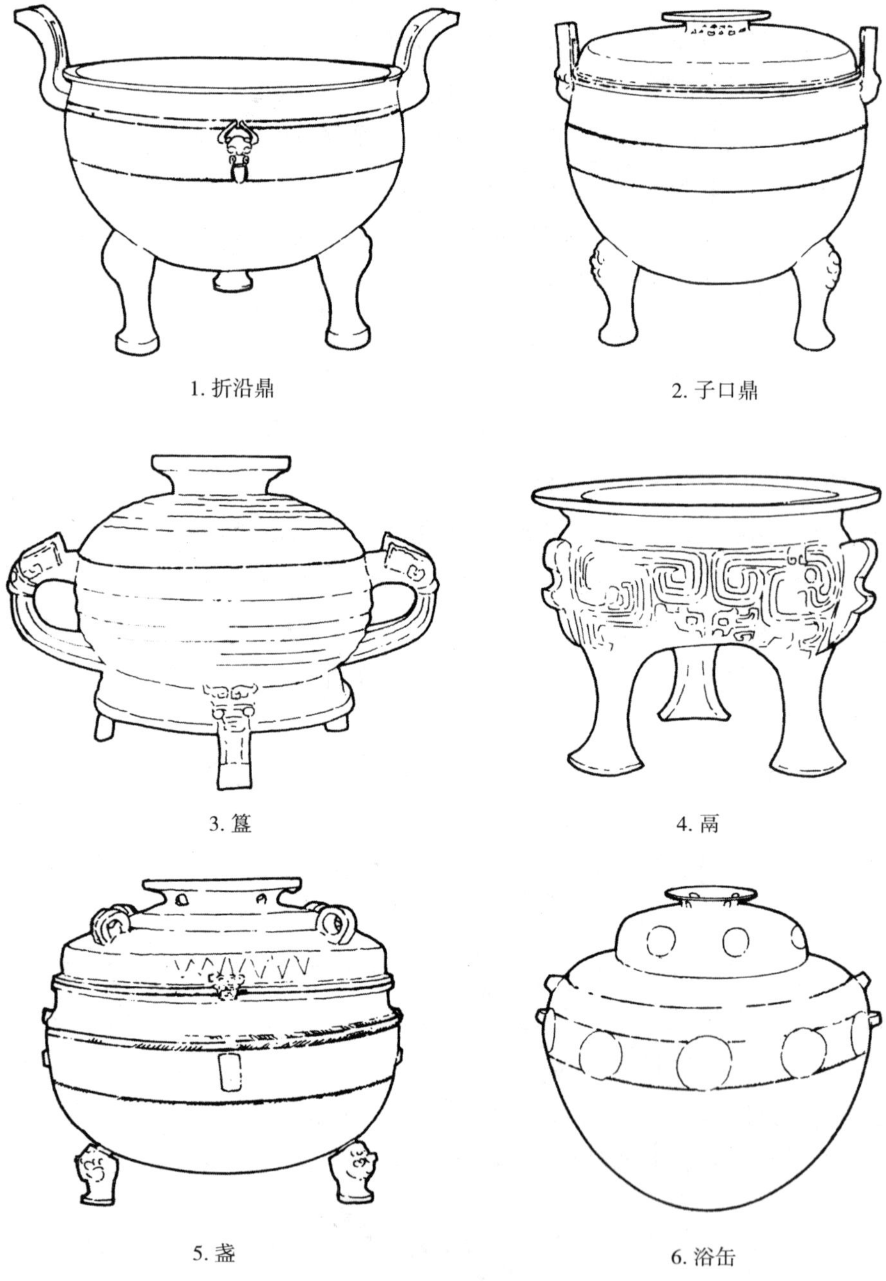

1. 折沿鼎　2. 子口鼎　3. 簠　4. 鬲　5. 盏　6. 浴缶

图四五　郑伯墓主要铜礼器图

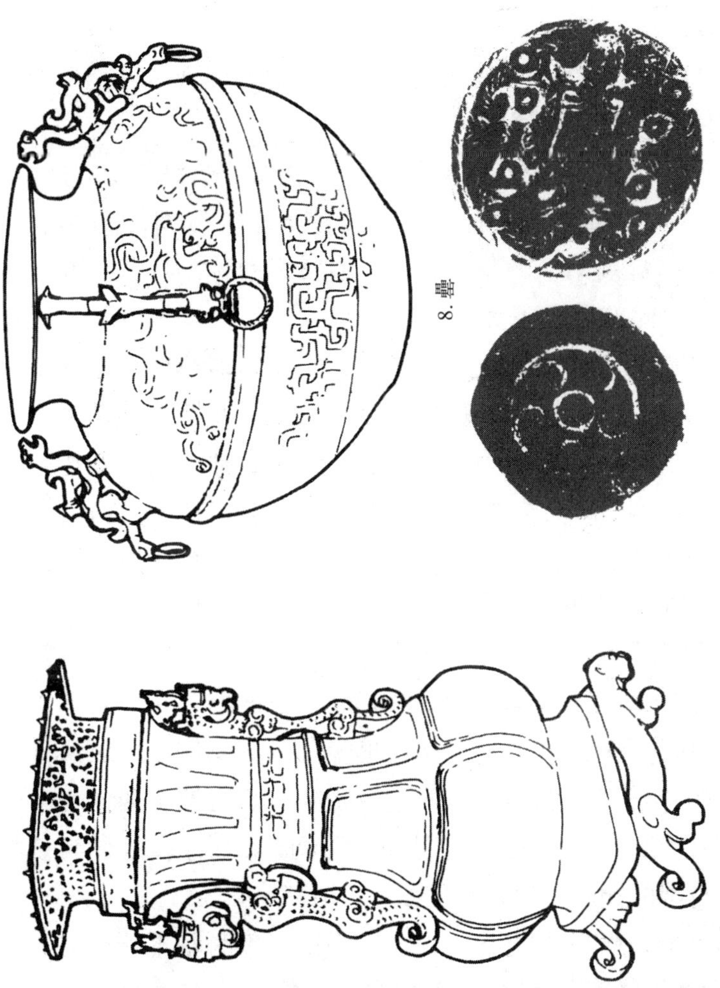

7. 方壶　8. 罍　9. 浴缶上的圆饼饰　10. 襄阳楚墓浴缶上的圆饼饰

图四五　郑伯墓主要铜礼器图

二、中原其他地区出土铜器的楚文化因素

中原地区的东周铜器，除上述郑伯大墓内有楚因素和楚式铜器外，其他地点的楚式或楚因素铜器也有一些发现，这里主要以敦与浴缶为例作些说明。

敦，我们在第四章中对楚式铜敦已作了研究，现再着重补充分析一下中原地区铜敦的楚文化因素。

宋右师延敦。此器现存河南南阳，从铭文得知为宋国右师皇媛之器（图四六，1）。[①] 通体素面，与楚系铜敦的甲型圆体敦基本相同，但与典型楚敦有差异。第一，楚敦盖沿下有 2 个对称的环钮，并与器身之 2 环钮对应，而此敦盖沿下无环钮（盖顶上三钮已缺）。第二，楚敦盖、器相合处为平口沿，并常在盖上设衔卡，以便与器身密合，而此敦为子母口，盖无衔卡。此器制作年代，据铭文考证，乃器主皇媛为宋国右师期间——公元前 478 年至前 469 年（此年仍为右师）所作。按一般的历史分期法，正值春秋末年与春秋战国之际，此时的楚敦已流行盖、器相同的新型乙型圆体敦，由这种年代上的比较可以推想楚甲型圆体敦传入宋国之后，宋国右师进而仿铸，并且有些变异（如出现子母口等）。与宋右师敦相同之器在山西晋地也有发现，前述引文云："有可能楚国的铜敦就是由北方的三足铜簋（即宋右师敦一类的器——引者注）发展而来。"这显然是完全把这类器的年代早晚关系弄颠倒了，对这件宋右师敦铭文考定的年代，比楚国最早的铜敦晚了一个时期，因此对上述引文的话应颠倒过来，即"北方的三足铜簋"（指宋右师敦这种与簋不同的器）应由"楚国的铜敦""发展而来"。

中原地区的青铜礼器组合，在战国中期以敦为基本器类之一，论者指出："此种器物在南方地区出现较早……但是，在中原地区似乎要晚一个阶段。"[②] 中原地区的敦有几个不同的型式，有的与楚敦不类[③]；

① 徐俊英．南阳博物馆藏一件春秋铜敦［J］．文物，1991（5）．

② 高明．中原地区东周时代青铜器研究［J］．考古与文物，1981（2）．

③ 在本书第四章论楚敦时已指出过。

有的与楚敦相同，仅有不易被人注意的小异，如山西长治的1件敦（图四六，2），盖器对称，与楚敦无别，但却是子母口。[①]这也如宋右师敦一样，应为仿楚敦制作，故有本地的因素（子母口）。

河北赤城和滦平、唐山贾各庄燕地各出土1件敦[②]（图四六，3），盖与器体相同，但盖沿无2环钮，后者为子母口，器形、纹饰与楚敦不类，也应是仿楚敦制作，加进了本地的因素（盖沿上无2环钮），赤城的敦上有铭文3字：右冶肴（尹），为燕国文字，知属燕器。此3字还见于山东泰安出土的6件铜浴缶[③]，从浴缶形状看完全与楚浴缶相同，仅纹饰有异（图四六，4），应属楚系铜器范畴。然对于其国别，有楚器与燕器两种看法[④]，由于铭文既有“右冶尹”三字，又有“楚高”二字，各有所据，还很难说谁是谁非。从其形制特征与楚浴缶相同这一点来看，既然有浓厚的楚文化因素，即算是燕器，如同右冶尹敦一样，乃仿楚式浴缶而作，应是没有多大问题的。从已发表的图像和铭文拓片看，其中两件较清楚的，器形与楚地浴缶完全一样，铭文“楚高”二字有楚特点，而“右冶尹”三字为刻文，可能系后刻，也许这2件为真正的楚国器，为燕人所得，故刻上了燕之职官名。其他4件可能为燕仿楚器，也应视为楚式器。[⑤]因此，笔者觉得楚器的说法有一定的根据，值得重视。

燕仿楚式铜器并不限于敦、浴缶两类。如小口鼎主要流行于以楚

① 山西省文物管理委员会. 山西长治市分水岭古墓的清理［J］. 考古学报，1957（1）.

② 河北省博物馆，文物管理处. 河北省出土文物选集［M］. 北京：文物出版社，1980；河北省文物研究所，承德地区文化局，滦平县文物管理所. 滦平县虎什哈炮台山山戎墓地的发现［M］// 文物资料丛刊：7. 北京：文物出版社，1983.

③ 袁明. 山东泰安发现古代铜器［J］. 文物参考资料，1954（7）；山东省文物管理处，山东省博物馆. 山东文物选集［M］. 北京：文物出版社，1959.

④ 主楚器说者，简报引王献唐先生有此看法，笔者在《楚国青铜礼器初步研究》一文中也有此看法。主燕器说者，见李学勤，郑绍宗. 论河北近年出土的战国有铭青铜器［M］// 古文字研究：第7辑. 北京：中华书局，1982.

⑤ 泰安这6件浴缶，形制、纹饰都有差异；《山东文物选集》上的2件，其中图114的年代似较早，图115的器盖与器身的纹饰不同，不是一件之物，其他4件，有的笔者曾目验过实物，有的年代似可晚到战国晚期。说燕仿铸或使用楚式浴缶，并不是不可能的。

为中心的南方地区，中原及其以北地区仅在昔日燕地发现1件[①]，形态与楚系小口鼎有明显的差异（图四六，5）。燕下都大墓出土的1件陶方壶，其长颈、腹特别外鼓而有十字形凸带，也颇类楚方壶[②]，河北怀来北辛堡出土的刻纹铜缶（图四六，6）[③]，与楚尊缶形体相近，但腹部四环钮有衔环，纹饰也不见于楚尊缶，似应为北方系统的尊缶，但有楚尊缶的影响。河北唐县钓鱼台出土的1件浴缶，腹部有4个凸圆饼饰，与楚器同，但腹部从上到下有4道宽线弦纹，又与楚浴缶不类。以上这些器物从外观上看有与楚同类器相似即有楚文化因素的一面，又有本地因素的一面，与完全是本地区风格的器物颇不一致。不仅礼器如此，在日用器的铜镜上也有反映，如河北易县出土了四山镜范，虽未见出土镜，既有镜范，此地必生产这种镜。而山字纹（包括四山）镜正好是楚式镜重要的一种，研究者比较了易县镜范的图案与湖南同类楚镜的图案，认为两地的四山镜均各自铸造[④]。既然两地都有这种四山镜，有没有相互影响的关系呢？联系到前述小口鼎、方壶、尊缶、浴缶等类器多有与楚相似的因素，也有自身特征，与两地山字镜的情况一样，存在两种可能：一种是楚文化影响了燕地的文化（从年代比较，上述器类最早者都出于楚），一种是各自独立创造，属于“趋同”现象，而非“类同”现象[⑤]。在这两种不同的可能中，前一种可能性似应大于后一种可能性。东周尤其是战国时期，我国南北地区的文化交流是频繁的、广泛的，南方的楚、徐、吴之器传入北方地区，如楚王子婴次卢之传入郑国；徐庚儿鼎、吴王光剑传入晋国[⑥]。这都是有器物铭文为证的。楚器流入中原及北方地区，今后定还会有发现。楚器传入中原及燕地区后，当地对这

① 张先得．北京丰台区出土战国铜器［J］．文物，1978（3）．

② 河北省博物馆，文物管理处．河北省文物选集［M］．北京：文物出版社，1980．

③ 河北省文化局文物工作队．河北怀来北辛堡战国墓［J］．考古，1966（5）．

④ 孔祥星，刘一曼．中国古代铜镜［M］．北京：文物出版社，1984：33、34．

⑤ 陈淳．谈谈考古研究中的“类同”和“趋同”［N］．中国文物报，1990-2-22．对“类同”和“趋同”两种情况，如何区别应据具体材料分析。

⑥ 河北省博物馆，文物管理处．河北省出土文物选集［M］．北京：文物出版社，1980．

些外来品产生爱好，予以重视，加以模仿，辅以本身传统因素，铸造出体现楚文化因素新型式铜器——子母口敦型和四山纹镜[①]，这大概是比较合理的解释。自然，由于楚、燕南北相距遥远，关于楚、燕的相互交流、影响，在历史上也没有什么记载可言，也许会有人对这一解释，表示怀疑，但考古发现的实物材料却是不容怀疑的。就以敦而言，这种楚式敦源自楚地，并向其他地区流传，应是没有什么疑问的。因此，至少在目前据已有考古材料而做出的上述解释，是可以成立的。

三、楚铜器的中原因素

楚器的中原文化因素，有目共睹，无须多论。正如在前面已提到的，在这个问题上的看法，存在程度不同的异议，主要指春秋中期以降“楚文化特色异于中原而水平高于中原”[②]以后，不能只看到楚铜器有中原文化因素，在它全面创新传统器形后，要看到它的鲜明特色及反过来对中原地区的影响，我们并不否认从春秋到战国时期楚铜器中仍有不少中原文化因素。例如前面提到的下寺楚墓出土的鉚（原称舟），就是由中原传入楚地进而仿铸，较多地出现在一些楚铜器墓内。战国时期的楚鼎已形成了高足的特点，但战国中期的包山 M_2 内的 1 件镬鼎的足却和中原地区的矮足鼎一样，足部也很短，包山 M_2 的罍形壶，就有中原西周以来罍的遗风，战国晚期的楚幽王墓内的浴缶，其腹不像楚浴缶那样矮胖，而肩部特宽，下腹直收，也有些近似于中原传统罍形，似乎有回光返照的感觉。可见楚人并不数典忘祖，幽王墓内还有源于中原流行于中原的扁壶和三足壶形器，足见楚文化并不是排他性的，而是兼收并蓄，因为楚文化的本质是开放性的，不是封闭式的[③]。唯其如此，才显示出楚铜器的多姿多态，异彩纷呈。

---

① 高至喜．论楚镜［J］．文物，1991（5）．该文认为在朝鲜与苏联阿尔泰山西麓等地发现的楚镜、四山纹镜，有“楚镜风格”。

② 张正明．楚文化志［M］．武汉：湖北人民出版社 1988：43.

③ 张正明．楚墓与楚文化［J］．中原文物，1989（2）．

1. 宋右师延敦

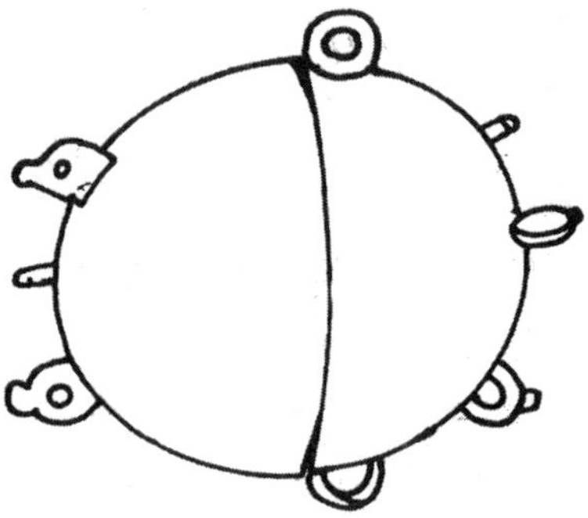

2. 山西长治出土的敦

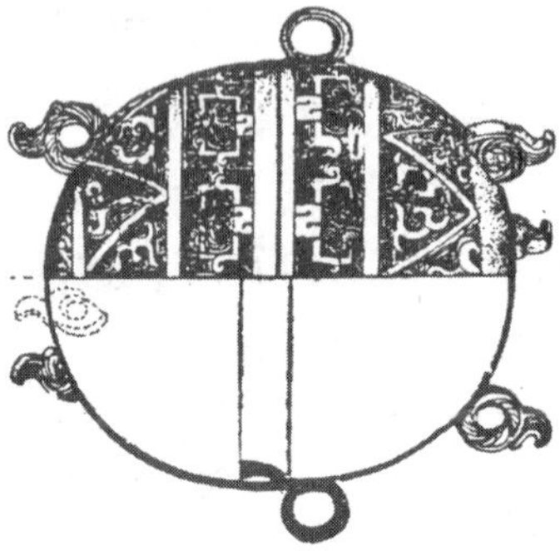

3. 河北赤城出土的敦

4. 山东泰安出土的浴缶

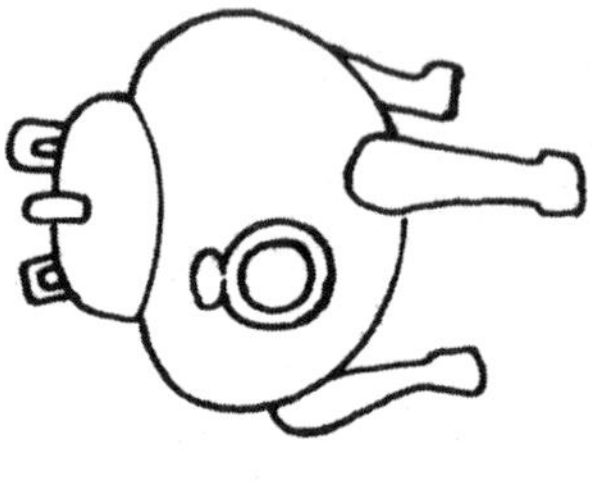

5. 北京丰台出土的小口鼎

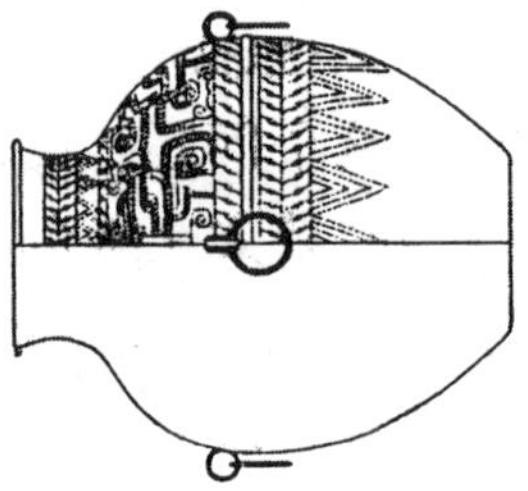

6. 河北怀来出土的尊缶

图四六　中原地区出土的铜器

第二节　楚铜器与百越地区铜器的关系

随着楚国政治势力和文化的南渐①，楚系铜器在南方百越地区广为流传与渗透。本节主要以湖南和两广的一些铜器进行分析。这些铜器“无论从形制、纹饰和冶铸等方面，除了具有本民族的鲜明特征外，明显地包含中原和楚文化的因素”②，在此只考察这些铜器中的楚文化因素。铜器中的楚文化因素主要表现在两个方面：第一，造型、纹饰和楚系铜器相同或基本相同；第二，造型、纹饰基本上为越式铜器，但吸收了楚铜器的某些局部特征。以下按器类考察。

1. 鼎

一类为楚式鼎，在湖南越墓内没有典型楚式鼎③。两广出土的鼎，据《论两广出土的先秦青铜器》（简称《两广铜器》）一文统计有26件，认为恭城秧家、罗定南门垌的2件为楚式鼎。④经仔细对比，恭城秧家的鼎（图四七，1）从造型到纹饰与东周第三期楚鼎，如湖北当阳金家山M_9、襄阳山湾M_6的风格相同，应输自楚地，假如是仿自楚鼎，那也是惟妙惟肖的楚式鼎，而非如有的论文视为“越式青铜器”。至于罗定南门垌的1件，出此鼎的墓年代被定为春秋晚期至战国早期。⑤此鼎为矮足，与同时期楚鼎为高足不类，而与同期中原地区矮足鼎同，带衔环钮的盖也与中原地区鼎相似，从形制看为中原式，而非楚式。然其纹饰既不见于中原式也不见于楚式鼎，其菱形云纹带和足膝部的蟠蛇纹，与江苏六合程桥M_2出土Ⅰ式鼎的花纹相同，可能为受吴器影响所致。显

① 楚文化（包括铜器）和南方地区文化的关系，请参阅高至喜著《楚文化的南渐》。

② 熊传新，吴铭生．湖南古越族青铜器概论［C］// 中国考古学会第四次年会论文集．北京：文物出版社，1985．

③ 楚式鼎都出于楚墓，如岳阳筻口、益阳、湘乡何家湾M_1等，何家湾M_1，原简报定为越墓，已有学者论其为楚墓，见高至喜．论湖南春秋楚墓［C］// 楚文化研究论集：第3集．武汉：湖北人民出版社，1994．

④ 黄展岳．论两广出土的先秦青铜器［J］．考古学报，1986（4）．

⑤ 广东省博物馆．广东罗定出土一批战国青铜器［J］．考古，1983（1）．

然，这件鼎不应断为楚式鼎。[①]

另外，《广西出土的楚文物及相关问题》（简称《广西文物》）提到梧州市塘源出土1件鼎，据文字描述，也似为楚式鼎。[②]在长沙市郊出土的2件鼎[③]，腹特深，足较短，其年代有定为春秋早期的[④]，然此鼎口沿下有凸棱，为箍口鼎，这种箍口鼎上限为春秋中期，故以定为春秋中期为宜，这是有点走了样的楚式鼎。

另一类为越式鼎上有楚铜器的局部因素。如湖南资兴战国墓出土的Ⅰ、Ⅱ、Ⅲ式鼎[⑤]，附耳口沿下都有一道凸箍，用以承盖（图四七，2），这显然是受楚式箍口鼎的影响，在越式鼎上出现的楚式鼎因素，从而与其他越式鼎有明显的区别。在两广的广宁铜鼓岗、肇庆松山、平乐银山岭、四会鸟旦山等地也出有这种越式鼎，《两广铜器》已指出其时代都很晚，"鼎耳的这种做法，应是受楚式鼎影响"[⑥]，而不是如有的论文说的和楚铜鼎"完全一样"[⑦]。

在湖南长沙、湖北江陵等地的楚墓中也有这种越式鼎。江陵雨台山楚墓群中就出土了8件，有的论文将这种鼎定为东周楚式鼎的F型[⑧]。这种鼎的整体风格仍属于越式鼎系统，在资兴旧市墓地出土的这种鼎，研究者论其墓主族属仍属土著越族[⑨]，可见这种鼎应是越人吸收了楚式

① 刘彬徽．两广先秦青铜容器研究［J］．东南文化，1991（1）．

② 蒋廷瑜，蓝日勇．广西出土的楚文物及相关问题［J］．江汉考古，1986（4）．

③ 宋少华．长沙出土商、春秋青铜器［C］// 湖南博物馆文集．长沙：岳麓书社，1991.

④ 何介钧，何纪生．古代越族的青铜文化［M］// 湖南考古集刊：第3集．长沙：岳麓书社，1986.

⑤ 湖南省博物馆．湖南资兴旧市战国墓［J］．考古学报，1983（1）．

⑥ 该文指出其鼎耳由立耳改为附耳，乃受楚式鼎影响，如果从鼎耳改变看，可以说是受中原与楚的双重影响。再指出口沿下有凸棱，则为受楚影响添一力证。

⑦ 徐恒彬．广东出土青铜器特征探讨［M］// 南方民族考古：第2辑．成都：四川科技出版社，1989.

⑧ 高崇文．东周楚式鼎形态分析［J］．江汉考古，1983（1）．

⑨ 裴安平，吴铭生．湖南资兴旧市战国墓的再研究［M］// 湖南考古辑刊：第4集．长沙：岳麓书社，1987．该文指出：以铜鼎、陶罐为主的"Ⅰ类组合应以本地土著因素为主，与春秋时期的土著墓葬有直接的亲缘关系"。

鼎因素而产生的一种新型越式鼎，似不宜归属楚式鼎系统。战国中晚期楚墓内较多地出现这种越式鼎，这反映楚文化的开放性，也反映了越、楚文化的相互影响。

至于楚式鼎多为高足，论者谓可能是受了越式鼎的影响，但年代较早的越式鼎也并不是高足。可能的解释是，这与楚地原有的传统有关，例如早在属于商代的沙市周梁玉桥遗址里就出土了高足鼎。高足鼎就是楚人摆脱周式鼎传统而发展自身传统的一种表现。

2. 缶

楚缶有属于酒器的尊缶与属于水器的浴缶。越地铜器中，尊缶罕见，仅广东罗定南门垌出土 1 件[①]，形体与楚尊缶相同，但素面无纹，可能为当地仿铸。

浴缶在湖南与两广越墓内已有数见。湘乡新塘冲 M_2 为越墓，出 1 件[②]，湘乡大茅坪 M_1 为越墓，出 1 件（图四七，3）[③]，广东清远 M_2 出 1 件（图四七，7）[④]。这 3 件形态相同，纹饰也同，腹有凸圆饼饰与蟠虺纹、三角蟠虺纹，与湖北山湾 M_{15} 等第三期楚墓浴缶相同。应为南传的楚器或仿铸品。

广东清远 M_1、恭城秧家、肇庆北岭松山等三墓各出土 1 件罍（图四七，4—6）[⑤]，论者定为缶的 A、B、C 三个型[⑥]。我们认为都不能定名为缶，也不是楚式浴缶，逐件分析如下。

清远 M_1 的罍，颈部比较长，腹最大径在肩腹间，有 2 衔环钮，腹

① 广东省博物馆．广东罗定出土一批战国青铜器［J］．考古，1983（1）．

② 高至喜．试论湖南楚墓的分期与年代［C］// 中国考古学会第一次年会论文集．北京：文物出版社，1980．

③ 湖南省博物馆．湖南韶山灌区湘乡东周墓清理简报［J］．文物，1977（3）．

④ 广东省文物管理委员会．广东清远的东周墓葬［J］．考古，1964（3）．有的称此器为罍，是不对的。

⑤ 广东省文物管理委员会．广东清远的东周墓葬［J］．考古，1964（3）；广东省博物馆等：广东肇庆北岭松山古墓发掘简报［J］．文物，1974（11）．

⑥ 何纪生，何介钧．古代越族的青铜文化［M］// 湖南考古集刊：第 3 集．长沙：岳麓书社，1986．

部饰“十”字形方格络绳纹，内填浮凸而纤细的变形蟠螭纹（图四七，4），造型、纹饰都与楚浴缶不类，在楚铜器中无此器型、纹饰，类似的罍在中原地区则已发现了几件，如：河南辉县甲乙墓1件罍（原称瓿）、山西长治M_{270}的1件罍、河北唐县北城子出土1件罍，形制、纹饰均与这件罍相同。[①]由此不难推断，这种罍乃中原式器物的南传或仿铸，而不能说“来自楚国”[②]。恭城秧家的罍富有特色（图四七，5），有中原与楚两地文化因素。盖口与器口叠合，盖沿并有三衔卡扣住器口，使之密合，这与楚缶不同（楚缶的盖沿罩住器口，接于肩上），罍颈较直而长，肩部二立兽耳与山西长治M_{270}的罍耳基本相同（微异），下腹部的蟠联纹间以圆管状乳丁，与河南辉县出土的大鉴下腹纹饰相似（外观相似，辉县的为蟠龙纹、鸟纹间乳丁纹），这些应是中原文化的因素。罍盖为圆捉手，周围四环钮，饰蟠虺纹、三角纹，上腹部饰细密蟠虺纹，缀4个凸圆饼饰，这与东周第三期的楚式盏盖有4环钮、浴缶盖上有凸圆饼饰的情况相似，其凸圆饼饰内的填纹与襄阳山湾M_6浴缶上的相似。由此看来，此罍系受中原文化和楚文化双重影响。它分别吸收了春秋中原地区铜罍和同期楚铜浴缶的部分形制，加以糅合，铸成为一件有自身特征又含有中原文化、楚文化因素的一种新型式的罍，它与中原地区的罍形有一定的差异，也可叫罍形器。它与楚浴缶也有差异，不宜称为缶或浴缶。说它“与楚器相同”“完全是楚器作风”[③]，更是欠妥的。

肇庆松山的罍（被称为C型缶），有错银填漆花纹，相当精美（图四七，6）。其颈部也较长，盖沿与器口重合，这与前述恭城罍同，而与楚缶之盖沿接于肩部不同，故亦不宜称为缶或浴缶。它的外形与战国中期（第六期）的荆门包山M_2出土1件直颈平肩壶相似，仅口沿有直口

---

① 《铜综研》图版75；山西省文物工作委员会晋东南工作组，山西省长治市博物馆. 长治分水岭269、270号东周墓［J］. 考古学报，1974（2）；河北省博物馆，文物管理处. 河北省出土文物选集［M］. 北京：文物出版社，1980：图165.

② 黄展岳. 论两广出土的先秦青铜器［J］. 考古学报，1986（4）.

③ 蒋廷瑜. 楚国的南界和楚文化对岭南的影响［C］// 中国考古学会第二次年会论文集. 北京：文物出版社，1982.

与外侈之别，纹饰与这平肩壶不同，而与江陵望山 M_2 的 1 件直腹三足器纹相似。考虑到此墓年代较晚（《两广铜器》一文认为可能晚到西汉南越王墓的年代），此罍应是在楚铜器影响下的当地产品，说它“是楚国富有代表性的作品”①，显然是不适宜的。

3. 鉴

有完整器形的 5 件，出土于罗定和湘乡。② 从器形纹饰看，此类器形源自楚与中原地区，但已地方化了，应为百越文化区自铸之器。器型特点表现在，楚系铜鉴一般有双耳，底为圈足或平底，而百越文化区的鉴或无耳（如罗定南门垌的 1 件），或底下有三小足（如罗定南门垌、背夫山的 3 件、湘乡 1 件）。有的器型既有双耳又为平底，但纹样为越式，应为越地仿铸器。罗定背夫山的 1 件较大的鉴，有双兽首耳，腹间又有二圆环，颈腹纹样为春秋中晚期流行于中原与楚地的常见的蟠螭纹，可以看出仿铸得相当逼真（图四七，8），如无底部的三小足，完全可视为由楚或中原地区传入之器。

关于这几件鉴的定名问题，因它们与江西靖安出土的徐王义楚盥盘的器形相似，有学者认为应改称盥盘为宜③。若从形体大小考虑，其形体可分大中小三等，对中等者可称为盥盘（图四，10）；其大者如罗定背夫山出土的大鉴，器型、纹饰与中原地区所出的鉴相似，应称为鉴，其小者为小鉴，《说文》：“鉴，大盆也。”盆即小鉴，罗定南门垌 2 件鉴中之小者（图四七，9），敛口、平底，与江淮地区出土的有自名的盆相似，大小相近，故小鉴以称盆为宜。

4. 盉

两广出土了 2 件东周盉，四会、罗定各 1 件。④ 年代为春秋晚期或战国早期，器型为楚式，纹饰也基本具楚风，也杂有一点越风，如罗定

①④ 黄展岳. 论两广出土的先秦青铜器［J］. 考古学报，1986（4）.

② 广东省博物馆. 广东罗定出土一批战国青铜器［J］. 考古，1983（1）；广东省博物馆. 广东罗定背夫山战国墓［J］. 考古，1986（3）. 湘乡的 1 件，见中国美术全集·工艺美术编·青铜器下［M］. 北京：文物出版社，1986：图 43.

③ 彭适凡. 谈江西靖安徐器的名称问题［J］. 文物，1983（6）.

南门垌的盉鋬，系由4条透雕的蛇蟠绕而成（图四七，11），在越器上常见，未见于楚器，应为越人仿照楚式盉形而铸，非楚地传入，更不是从中原传入的。

还有若干器类也有楚铜器影响的痕迹，如肇庆松山墓的提梁壶、盘及各地的钟等。此外，中原地区商周以来的传统器类如尊等，以楚为中介，传入越地，加以变异，成为越式铜器一部分。对这些以中原文化影响为主的器类，不再讨论。

以上就湖南、两广地区越墓出土的楚式器和有楚文化因素的越式器作了一些对比与分析，不难看出楚系铜器对这些地区影响的轨迹与程度。它的途径当经由湖南而及于两广，正如有的学者所说："令人明显感觉到并留下深刻印象的是：广东青铜器之源来自北方，无论形制和花纹都带有明显的商周和楚越青铜器的风貌。"① 笔者在论两广青铜器的一文中并认为，两广青铜文化存在着两个方面的交汇影响，第一，中原和楚两个先进地区铜器对两广铜器的影响，第二，百越文化先进地区对两广的影响②，越文化先进地区有两个，一指江、浙的吴国、越国地区，一指湖南即昔日的扬越地区，以青铜乐器钟、铙为例，两广的青铜甬钟、铙应径由这两先进地区传入。南方的铙以湖南湘水流域及附近为其原产地。③ 从近年江西新干大墓出土了商代青铜铙、镈的工艺水平看，确实高于同时期中原地区的水平。不妨作如下认识：商和西周，中原地区的礼器工艺水平高于楚与百越地区，而百越先进地区的青铜乐器水平则高于同期中原地区。楚正是继承与融合了中原与百越先进地区的礼乐器而创造出有高度水平的楚系铜器。关于我国南方乐钟及与中原乐钟的关系问题，学者们多有专论④，此不再详论。

---

① 徐恒彬．广东出土青铜器特征探讨［M］// 南方民族考古．成都：四川科技出版社，1989.

② 刘彬徽．两广先秦青铜容器研究［J］．东南文化，1991（1）.

③ 高至喜．中国南方出土商周铜铙概论［M］// 湖南考古辑刊：第2集．长沙：岳麓书社，1986；黄展岳．论两广出土的先秦青铜器［J］．考古学报，1986（4）.

④ 除前引高至喜文之外，又见：高至喜．甬钟探源［N］．中国文物报，1991-3-24；曹淑琴，殷玮璋．早期甬钟的区、系、型的研究［C］// 考古学文化论集：2．北京：文物出版社，1989：231-254；蒋廷瑜．略论岭南青铜甬钟［J］．江西文物，1989（1）.

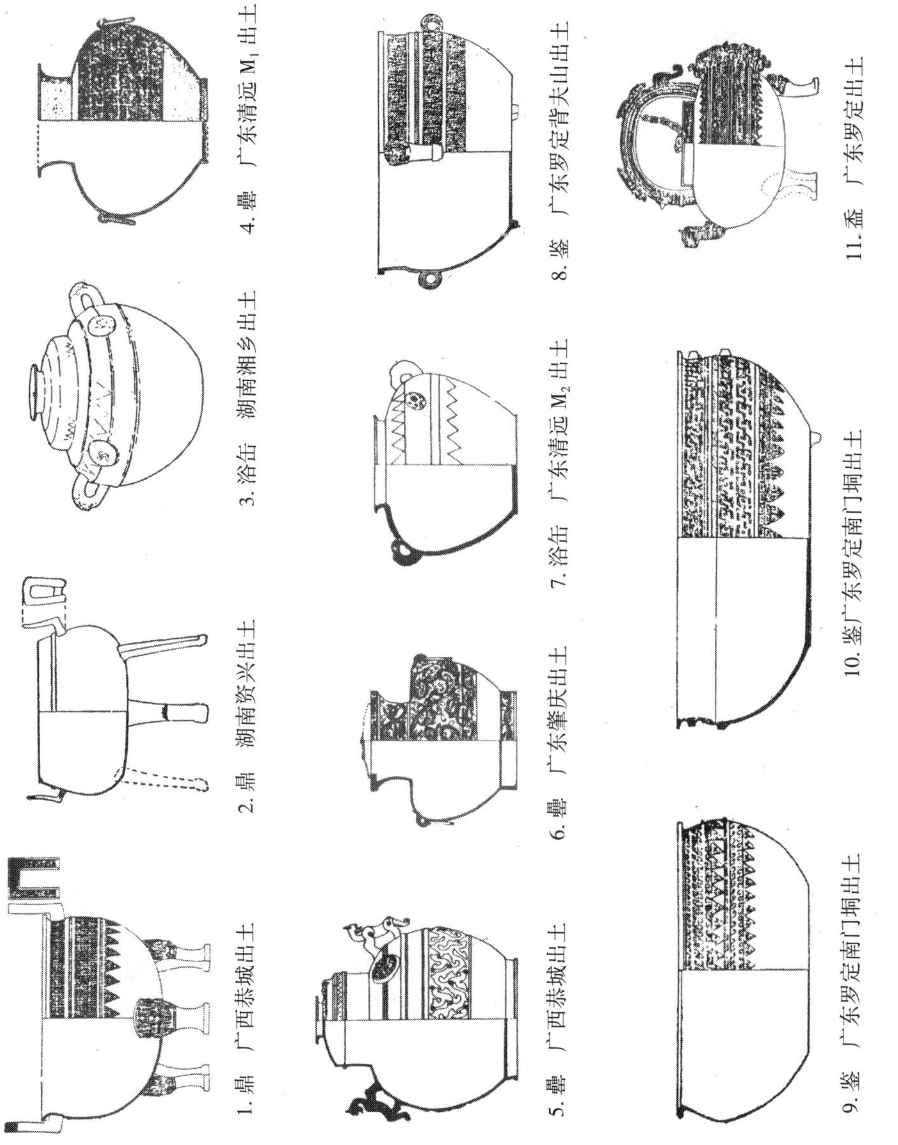

1. 鼎　广西恭城出土
2. 鼎　湖南资兴出土
3. 浴缶　湖南湘乡出土
4. 罍　广东清远 M_1 出土
5. 罍　广西恭城出土
6. 罍　广东肇庆出土
7. 浴缶　广东清远 M_2 出土
8. 鉴　广东罗定背夫山出土
9. 鉴　广东罗定南门垌出土
10. 鉴广东罗定南门垌出土
11. 盉　广东罗定出土

图四七　湘粤桂地区出土的铜器

前面对容器的论述，并不是贬低百越地区特别是两广地区先民们的创造，如前所述，不论是仿铸的楚式器也好，越式器中有楚文化因素也好，都不是生搬硬套，并不是一模一样，无论是形制或纹饰（纹饰更明显些）都反映了本地土著越人先民们的固有的历史文化传统及其创新精神，正是这样，才显示出我国统一的青铜文化多样性的风貌。

第三节　楚铜器与吴越地区铜器的关系

长江下游的皖、苏、浙、赣地区为春秋战国时期的吴国、越国中心地区和“吴头楚尾”的徐舒地区，由于青铜器出土数量越来越多，已形成了研究热潮。对这一地区青铜器总的看法大体一致，即存在着三种类型的铜器——中原型（包括楚器在内）、仿中原型的当地铸品、土著铜器。但是，对于一些具体器物的类型划分及铸作年代等问题，则仁者见仁，智者见智，看法颇不一致。考虑到本节只限于讨论东周楚系铜器对这一地区的影响及其相互关系，关于西周以来中原铜器与本地铜器的关系及这一地区土著铜器的特征问题，可略而不论。①

楚系铜器与这一地区铜器的关系，也如同前节论及与湘、粤、桂地区铜器的关系一样，存在两种情况，一是器物形态和楚器基本相同，二是地方型铜器吸收楚铜器某些局部的形制和纹饰。这两种情况的铜器，主要出土于以下一些墓葬（或地点）②：

1. 镇江丹徒谏壁粮山墓

出土楚式箍口鼎 1 件，同出越式鼎 2 件，礼器还有甗、罍各 1

① 关于这方面的研究，可参看邹厚本. 宁镇区出土周代青铜容器的初步认识［C］// 中国考古学会第四次年会论文集. 北京：文物出版社，1985.（分为甲、乙、丙三类）马承源. 长江下游土墩墓出土青铜器的研究［M］// 上海博物馆集刊：第 4 期. 上海：上海古籍出版社，1987.（分 A、B、C 三类，B 类又分 B_1、B_2 类），其他学者的论文不再列举。

② 由于楚政治、文化势力的东渐，吴越地区有楚系墓葬，如江苏吴县何山楚墓，武进淹城楚墓，均出土了楚铜器，不在此列。

件[①]，仅鼎1件为楚式，其他非楚式。

2. 苏州虎丘墓

出土楚式鼎2件，同出有豆、尊缶、盉、盘、匜[②]，尊缶和盉与楚器相似（下详），但组合与楚墓的组合稍异，且豆型为中原式，不应视为楚系墓葬。

3. 丹徒北山顶墓葬（简称北山顶墓）

出土有铭文器物多件，对墓的国别有吴、徐、舒几种说法。报告所称的夔纹鼎1件（图四八，1），盖周三环钮，口沿下一道凸棱以承盖，与楚式箍口鼎相同，应为楚式。另有两件云纹鼎和甚六鼎；云纹鼎的盖钮形式与中原地区同期鼎同，为中原式（图四八，2）。甚六鼎为楚式子母口鼎（图四八，3）。器主甚六的国别有徐、舒两种看法。同出还有甚六编钟、楚式尊缶两件（有铭文的1件，盖为后配）。[③]这是近年来江苏东周墓葬中最大的一座，又有重要的铭文资料，已受到学术界的广泛重视与研究。

4. 绍兴坡塘306号墓

这是浙江20世纪末发现的东周墓中最大最重要的一座，出土有铭文的徐器汤鼎（图四八，5）、小炉各1件，楚式箍口鼎（图四八，4）2件，同出还有甗、罍、甗盉、盉、尊等礼器及铜质房屋模型、插座等，其中甗、盉与同类楚器相似。墓主的国别有徐、越二说，年代为战国早期。[④]

5. 六合程桥一、二、三号墓

1988年在江苏六合程桥M_3出土的铜礼器有楚式箍口鼎2件，甗1件，曾子义行簠1件，工虞太叔盘1件，罗儿匜1件、鉶1件[⑤]，墓的

① 镇江市博物馆．江苏丹徒出土东周铜器［J］．考古，1981（5）．

② 苏州博物馆考古组．苏州虎丘东周墓［J］．文物，1981（11）．

③ 江苏省丹徒考古队．江苏丹徒北山顶春秋墓发掘报告［J］．东南文北，1988（3–4）．铭文考释参考同期的论文及《文物》1989年4期、12期的论文。

④ 浙江省文物管理委员会，浙江省文物考古所，绍兴地区文化局．绍兴306号战国墓发掘简报［J］．文物，1984（1）．

⑤ 南京市博物馆．江苏六合程桥东周三号墓［J］．东南文化，1991（1）．

年代为春秋晚期；其中的曾子簠、匜也应属楚系铜器范畴。程桥 M_1 和 M_2 与此 M_3 当为年代相同的吴墓[①]，程桥 M_2 的 1 件子母口鼎，形制与楚系子母口鼎相似，而纹饰为本地风格，与楚异趣。程桥 M_1 的尊缶也有楚文化因素，后详。

6. 凤翔高王寺窖藏铜器

在陕西凤翔高王寺的一处窖藏内出土的铜器主要为楚器和吴器，其中的鼎有铭文：吴王孙无土之脰鼎，知为吴国王族的鼎，当为吴灭之后流传于此。鼎盖中一衔环钮，器身与楚式簏口鼎同，纹饰亦具楚风（图四八，6）。

由吴王孙鼎这一楚式鼎的出土，结合前述吴越墓内都出有楚式鼎的状况，有力地表明，大约至迟从春秋晚期起，吴国青铜鼎，除继续流行有自身传统的鼎型外，楚式鼎也已成为吴越文化区一个常见的器型。楚式鼎的出现年代是在春秋中期前段（东周楚铜器第三期），比吴越区的楚式鼎早得多，因此，有理由认为这是吴越文化区接受了楚文化的影响，方有楚式鼎的广为流行，连吴国王室贵族的鼎也喜爱这种鼎，仿而铸之。正如有的学者认为："长江下游的青铜器在商代受到中原文化的很大影响，西周以后逐渐创造出自己独特的传统，并与长江中游渐行接近。到春秋末年，比较统一的南方系青铜器型式，可以说已经形成了。"[②] 上述楚式鼎在吴越文化区出土较多的事实，就是长江下游与长江中游青铜器"渐行接近"的一个显著例证。

除鼎类以外，还可对其他容器类作些分析。

上述墓葬出土的容器除鼎类以外，还有甗、簠、豆、尊、尊缶、甗盉、盉、罍、盘、匜、编钟、编镈、錞于等。各墓所出器类多寡不一，组合无规律，与中原地区、楚文化区的器类组合均不相同。从单个器类看，豆属中原式；尊虽源自中原，但已地方化，有独特风格；丹徒粮山

① 江苏省文物管理委员会，南京博物院．江苏六合程桥东周墓［J］．考古，1965（3）；南京博物院．江苏六合程桥二号东周墓［J］．考古，1974（2）．

② 李学勤．从新出青铜器看长江下游文化的发展［J］．文物，1980（8）．

的甗为上甑下釜相连，不见于楚地；甗盉独具特色，为南方地区流行较广的土著器类。簠、盘、匜则与楚系同类器同型。乐器中錞于非中原与楚系器类，编钟与中原、楚同型，从吴臧孙钟的纹饰看，与楚系敬事天王钟、徐沇儿钟等相似，而与中原系编钟不类，看来也应归为南方系青铜器范畴内。分析至此，容器类中还剩下尊缶、盉、罍三类未作分析。对这三类器有必要进一步作重点分析。

尊缶　北山顶墓出土2件，器身形态相同（仅环钮的断面一为方形、一为圆形），1件的盖上有铭文，从铭文知为徐器。①此盖的内径大于缶口外径，显然非原配而为后配，原不属1件。尊缶的腹部环钮上下各有一道凸绹索纹，中饰蟠螭纹，这与下寺M_{10}出土的尊缶同；盖上有环钮，盖沿下有衔卡以密合器口，则与下寺M_{11}的相同；稍不同的是，盖上一为三钮，一为四钮（图四八，7）。显然，这两件尊缶应归属楚式尊缶范畴。北山顶墓的年代，发掘报告作者肯定出土的青铜器“属于春秋晚期”。在土墩墓的分期研究中，有的学者也把此墓的年代定为春秋晚期。②下寺M_{10}、M_{11}的年代也属春秋晚期，下寺M_{10}年代为春秋晚期偏早。北山顶墓这2件尊缶当与楚系尊缶的影响有关。考虑到此墓出有徐（或舒）之铭文铜器，1件尊缶的盖铭表明也是徐器，这2件尊缶也许就是徐器，这时的徐器无疑应受楚器影响。

六合程桥M_1的尊缶别具风格（图四八、8）。尊缶形制与楚尊缶相同，腹部四环钮上有高浮雕的龙形装饰。这种龙饰钮和湖南益阳出土的1件楚式尊缶相同。四环钮间缀以四个圆饼形饰，这与楚浴缶上圆饼饰相同。看来这是把楚浴缶上的装饰加到了尊缶身上了。尊缶腹部从上到下有五组浅浮雕蟠螭纹。这种纹样及构成方式和洛阳中州路M_{2717}出土的一件战国早期铜壶相似，表明此壶有中原文化因素；并由此又可看出两壶的年代也应相近，即为战国早期，因之，它要略晚于北山顶墓春秋晚

① 曹锦炎．北山铜器新考［J］．东南文化，1988（6）；商志譚．次口缶铭文考释及相关问题［J］．文物，1989（12）．

② 刘建国．论土墩墓分期［J］．东南文化，1989（4、5）．

期尊缶的年代。这件尊缶有楚系尊缶、浴缶的因素，又有中原因素，是中原文化特别是楚文化影响吴器的实物例证之一。

盉 这个地区的盉相当精美。苏州虎丘墓、镇江王家山墓[①]各出土1件，形制、纹饰几乎相同，从形制看，仅盖钮有异，王家山的有鸟形钮，形体稍大，所饰纹饰如S形纹、蟠蛇状的鋬和提梁上的扉棱，均完全相同，无疑应为同时同地的铸品（图四八，9）。其年代要晚于在吴县何山出土的楚叔之孙途为盉。[②]提梁上的龙首、龙尾状和楚叔之孙途为盉相同，而纹饰大异，当为承袭途为盉的形态和本地纹饰结合的创新型式。

绍兴M_{306}出土的盉，风格独特（图四八，10）。[③]腹部纹样较简朴，为菱形纹或三角纹内填云雷纹；最为奇特的是那些圆雕的小型动物，在盉盖上堆塑虎、鹿等兽，全盉铸塑立兽19个，各种蟠螭多达56条，如此极尽装饰之能事，仅此一见，乃盉类器中最佳之作。比它早一二百年的楚系下寺之盉，装饰虽亦属上乘，然风格异趣。盉形与楚盉有承袭关系，但可说是“青出于蓝而胜于蓝”。至于此器为浙江越人的产品还是徐人南下携带而来？由于对此墓的国别、族属存在争议，对盉的国别、族属亦有不同看法。它的纹饰与上述虎丘、王家山盉不同，非吴地产品，这是可以肯定的。由于浙江境内尚无盉的对比材料，是否越器不便判断。从它的鋬作几何镂空状，纹饰为三角形填纹看，与安徽境内舒、徐器和楚器关系密切。春秋中期以后徐文化已受楚影响，以此观之，视其为楚盉影响下的徐器，也似乎无可非议。

在淮北的江苏淮阴高庄战国墓内出土了两件盉[④]，腹饰S纹，与虎丘盉同，而器体变得扁圆，其他纹饰有异，这大概为时代较晚的变异，

① 苏州博物馆考古组. 苏州虎丘东周墓［J］. 文物，1981（11）；镇江博物馆. 江苏镇江谏壁王家山东周墓［J］. 文物，1987（12）.

② 吴县文物管理委员会. 江苏吴县何山东周墓［J］. 文物，1984（5）.

③ 浙江省文物管理委员会，浙江省文物考古所，绍兴地区文化局. 绍兴306号战国墓发掘简报［J］. 文物，1984（1）.

④ 淮阴市博物馆. 淮阴高庄战国墓［J］. 考古学报，1988（2）. 此墓的越式鼎，口沿下有凸箍，为楚铜鼎因素，所出的甗，下为高足鬲，与镇江粮山甗下为釜不同，应为楚铜甗因素，可见此墓虽不属楚系墓葬，但确有楚文化因素。

当为楚盉间接影响下的本地产品。

罍　丹徒谏壁粮山出土1件，绍兴M_{306}出土1件，器形相同而纹饰异（图四八，11）。有将绍兴M_{306}的罍和下寺楚墓的浴缶同归为浴缶一类[①]，似可商。

先看粮山的罍，它的双龙形耳和腹部的方格络绳纹内饰细密蟠螭纹，与山西长治M_{270}的罍相同，但口沿下无颈，与长治的罍有颈不类；底下有三小足更为中原地区与楚区浴缶所无，而为越式特点（越式鉴底下也有三小足）。因此，它应是受中原式罍影响下的地方产品。绍兴M_{306}的罍已无粮山罍的络绳纹，简报说有繁复的蟠螭纹，因图像不清，不便对比，但明显地看出它与粮山罍一样，与楚浴缶差别较大，看不出楚浴缶的因素，谈不上楚铜器的影响，故不宜归入浴缶类，按简报称罍亦可，或为了突出南方系铜器的特点，称三足罍形器也未尝不可。

关于绍兴M_{306}的铜器，如上所述，文化因素较为复杂。以致如前面提到的引起关于此墓的国别存在徐、越二说的争议。因此，再在此讨论一下此墓铜器的总体情况，也许能有助于这一问题的解决。

此墓的汤鼎因有铭文可确认为徐器。从形态看，汤鼎、箍口圜底的鼎均为楚式鼎类型，从纹饰看，汤鼎盖和甗盉盖的蟠蛇纹结构、形态竟与相距遥远的楚器上的蟠蛇纹几乎完全相同，与春秋中晚期之际的下寺楚墓M_{10}的敦和襄阳春秋晚期的敦上的蟠蛇纹如出一模。而后者的年代早于M_{306}出土的这2件器的年代，由此不难做出如下判断：第一，M_{306}的汤鼎、箍口鼎、甗盉都应为同一国属即徐的铜器，第二，它们的部分纹饰如蟠蛇纹和楚铜器纹饰相同，证明楚铜器对其产生过强烈影响。此墓的甗下部为高足鬲，也与楚甗相近。插座上的龙纹与梭形纹也见于楚器。前面已提到此墓的盉也间接受到楚盉的影响。尊和牺首鼎也见于安徽徐舒地区。从铜器的总体风格看，它都可归属于徐舒铜器的范畴，说此墓是南下浙江的徐人墓，不无道理。[②]

---

① 马承源．中国青铜器［M］．上海：上海古籍出版社，1988：279.

② 曹锦炎．绍兴坡塘出土徐器铭文及其相关问题［J］．文物，1984（1）.

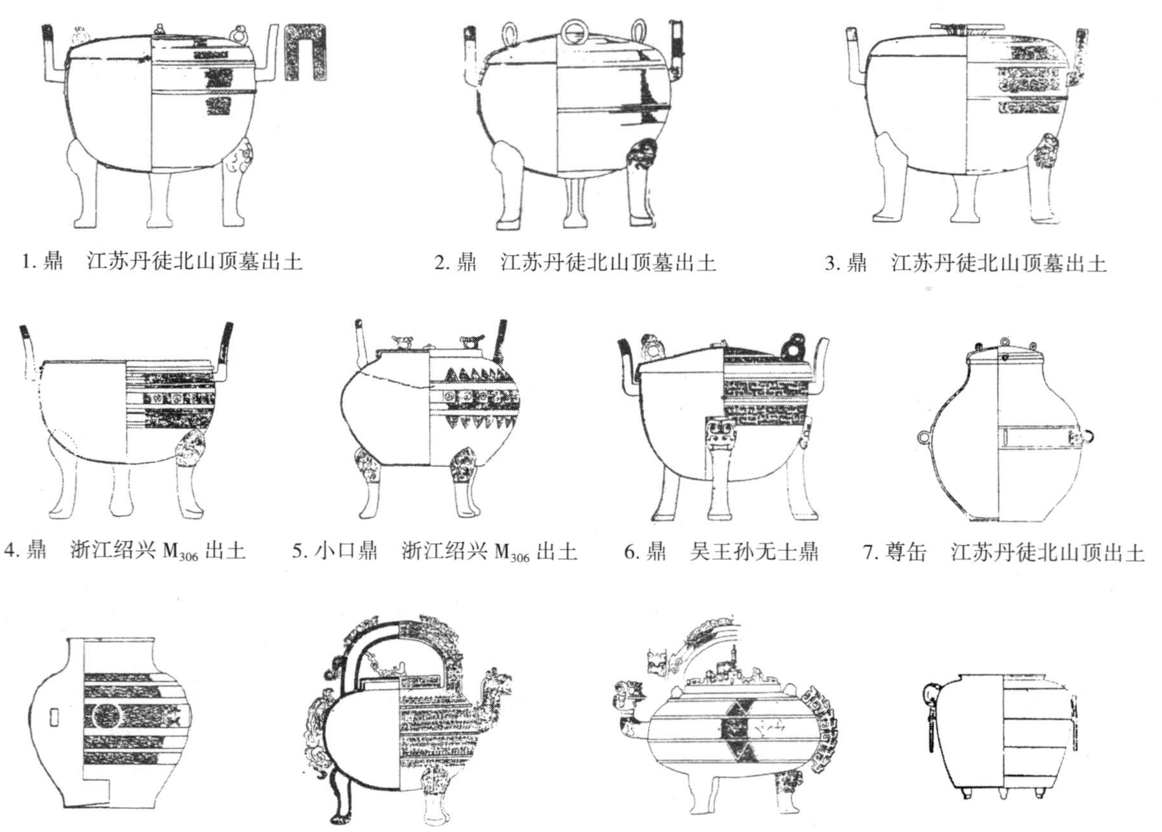

1. 鼎　江苏丹徒北山顶墓出土　2. 鼎　江苏丹徒北山顶墓出土　3. 鼎　江苏丹徒北山顶墓出土　4. 鼎　浙江绍兴 M_{306} 出土　5. 小口鼎　浙江绍兴 M_{306} 出土　6. 鼎　吴王孙无土鼎　7. 尊缶　江苏丹徒北山顶出土　8. 尊缶　程桥 M_1 出土　9. 盉　江苏丹徒谏壁出土　10. 盉　浙江绍兴 M_{306} 出土　11. 罍　浙江绍兴 M_{306} 出土

图四八　吴越地区铜器

春秋中期以后的安徽徐舒地区已属于楚的势力范围，在这一地区存在着楚铜器的影响也不奇怪。为此，不妨引证一下历史记载：《左传·僖公三年》（前657）："徐人取舒"，此后徐曾短时间称雄安徽群舒地区。但好景不长，适值楚势力东进的发展时期。《左传·僖公十五年》（前645）："楚人伐徐"，"败徐于娄林"。此后群舒逐渐附庸于楚，并逐次被楚吞并。[①] 吴国强大起来后，徐、舒地区成为楚、吴两大强国拉锯战的中间地带，徐已沦为楚、吴交替控制的附庸小国。在公元前六世纪的早中段，楚势力继续东进。公元前574年灭舒庸，公元前548年灭舒鸠，公元前538年，楚王大会诸侯于申之后，亲率楚、蔡、陈、许、顿、胡、沈、淮夷等"八国联军"伐吴，进围朱方，朱方即今江苏镇江丹徒一带[②]，此为楚东进势力最盛之时。徐舒地区完全被楚占领或控制。到公元前六世纪末，吴国势力大发展，向西不断夺取昔日楚控制之徐舒地区，终至于在公元前512年，吴灭徐，徐王章羽逃亡楚国，结束了徐国的历史。

以上简短的历史回顾，表明春秋中期特别是相当于楚铜器第三期（前600—前530）这一段时期内，楚、徐关系最为密切，并且是在政治上受楚控制，楚文化影响徐文化的时期。对此，不少学者也作过论述，例如，李学勤云徐国的"青铜器铸造精良，铭文字体秀丽，纹饰细致优美，与楚国的风格接近。从铭文中的官制看，也受到楚国的很大影响"，"徐人的制度受到楚国的很大影响"。[③] 通过前述铜器的分析，同样表明，徐铜器受到楚铜器的很大影响，进一步证明春秋中晚期楚文化对徐文化产生过较大影响，与历史记载相合。

上面着重分析了绍兴 M_{306} 的铜器，实际上，对徐、楚铜器相互关

① 《左传·文公十二年》（前615）楚"子孔执舒子平及宗子，遂围巢"。宣公八年（前601）："伐舒蓼，灭之，楚子疆之（即划定楚的疆界）"，"盟吴、越而还"。

② 参见《左传》成公十七年、襄公二十五年、昭公四年，朱方位置据昭公四年杨伯峻注。

③ 李学勤．从新出青铜器看长江下游文化的发展［J］．文物，1980（8）；李学勤．东周与秦代文明［M］．北京：文物出版社，1984：151．

系的分析也适用于吴器、越器，它们都是属于南方系统，而与北方系统相区别，共同点较多。当然，南方系铜器又因地域而异。从地域区别来看，徐、舒、吴、越铜器都各有自身特点的铜器，只能说徐、舒、吴、越铜器中有楚式铜器或楚式铜器的因素。既不能把楚系铜器的范围与影响过分地夸大，也不能否定楚影响的存在。这才是实事求是的认识。

另一方面，楚系铜器在它的独特风格形成过程中，在接受了北方中原文化影响的同时，也受到过东方徐舒地区铜器的影响，如小口鼎（即汤鼎）和盉，现在发现的以徐舒地区最早，在楚向东扩展势力过程中，应受到这类器物的影响，但从典型楚式小口鼎与盉来看，它们与徐舒地区早期的此类器差别很大，可见楚人在接受影响后进行了改进与创新，形成了有自身特色的工艺精湛的楚式汤鼎与盉，由于它们的造型更加美观，装饰更加华丽，反过来又影响徐舒地区的此类器，以致徐舒地区晚期的大不同于早期的小口鼎、盉。我们在楚、徐铜器关系上看到的正是这种相互影响，有如水往低处流的往返流转（由东向西流，再由西向东流）状态。这就是我们在考察徐、舒、吴、越铜器后所得到的深刻印象。

第四节　楚铜器在巴蜀地区的流传与影响

关于巴蜀文化区中的楚式铜器和有楚铜器因素的铜器，已有几批相当重要的材料可供研究。

1. 成都百花潭中学 10 号墓（简称百花潭 M_{10}）[①]

出土铜礼器有楚式箍口鼎 1 件、匕 4 件；同出有中原式铜壶 1 件、巴蜀式鍪、甗等。此墓年代为战国早期偏晚。[②]

① 四川省博物馆．成都百花潭中学十号墓发掘记［J］．文物，1976（3）．

② 主战国早期说者见宋治民．略论四川战国秦墓葬的分期［C］// 巴蜀考古论文集．北京：文物出版社，1987．又：郭德维认为“百花潭墓应为战国中期早段可能更适宜”，见其论文：《蜀楚关系新探——从考古发现看楚文化与巴蜀文化》（简称《蜀楚新探》刊于《考古与文物》1991 年第 1 期），从鼎、壶的时代特征看，与中原、楚的战国早期器相似，定战国早期偏晚为宜。

2. 新都马家大墓（简称新都墓）[①]

出土的楚式铜礼器或楚因素的铜礼器有：鼎、甗、敦、壶、尊缶、鉴、浴缶、盘、匜、匕等；同出有中原式罍、豆等；地方型鍪、釜等。对此墓的年代与墓主，发掘简报定为战国早期的蜀王墓，其年代以改定战国中期为宜。[②]由于此墓有较多的楚式器物，有的学者认为是一座"比较典型的楚文化墓葬"[③]，把一枚巴蜀图语印章上的图像——罍，也作为楚文化影响的证据，此说不确。这种罍应为中原式器物，非楚式。墓内有中原式、秦式、楚式等多种因素的铜器，说它是"比较典型的楚文化墓葬"，显然有些过分夸大了楚文化的影响。[④]

3. 绵竹县船棺墓（简称绵竹 M_1）

出土楚式或楚国青铜容器也较多，如鼎、敦、壶、尊缶、匕等，同出中原式与地方型铜器亦多。发掘简报定其年代为战国中期偏晚。[⑤]

4. 成都羊子山 172 号墓（简称羊子山 M_{172}）

出土楚式、楚因素铜容器有：鼎、浴缶、炉、甗、盉、盘等，同出鍪、钫等容器多件。发掘报告定其年代为战国时期。[⑥]有学者认为应改订为秦代墓葬[⑦]，可信。

5. 涪陵小田溪的三座墓（简称小田溪 M_1、M_2、M_3）

出土楚式、楚因素铜容器有：尊缶、壶、盒等，还有地方型、中原

① 四川省博物馆，新都县文物管理所．四川新都战国木椁墓［J］．文物，1981（6）．

② 李学勤．论新都出土的蜀国青铜器［J］．文物，1982（1）．文中认为新都墓年代介于曾侯乙墓和江陵望山 M_1 之间，"新都大墓青铜器的年代为公元前400年左右"。（又见他所著《东周与秦代文明》一书）

③ 沈仲常．新都战国木椁墓与楚文化［J］．文物，1981（6）．

④ 刘彬徽．楚国青铜礼器初步研究［C］// 中国考古学会第四次年会论文集．北京：文物出版社，1985：117–118．

⑤ 王有鹏．四川绵竹县船棺墓［J］．文物，1987（10）．

⑥ 四川省文物管理委员会．成都羊子山 172 号墓发掘报告［J］．考古学报，1956（4）．

⑦ 宋治民．略论四川战国秦墓葬的分期［C］// 中国考古学会第一次年会论文集．北京：文物出版社，1980：272，268–269．

式铜器若干。发掘简报定其年代为战国时期[①]，也应改定为秦代墓葬[②]。

此外，还有其他墓葬出土及零散搜集的楚器，不再罗列。

对巴蜀文化区的铜器，有的学者仅区分为中原式铜器和独具特色的巴蜀铜器两大部分，把楚铜器都概括在中原式铜器内。[③]诚然，楚铜器相对于巴蜀、百越、滇式铜器来说，可以包括在中原式铜器的大范围内，但在这大系统内又有中原式、秦式、楚式的区别，为了研究文化的交流与影响，对其中的楚式铜器有必要作深入的分析。为此，就以下器类进行分析。

1. 鼎

巴蜀地区出现楚式鼎比百越、吴越地区为晚，已知最早的为战国早期的百花潭 M_{10} 出土 1 件。论者以此件与年代相近的洛阳中州路出土的鼎比较[④]，实际上它与洛阳中州路的差异大，而与楚地的差异小。此鼎口沿下有凸棱，与楚式箍口鼎相同，足稍外撇，与春秋晚期的楚式鼎同，这都与洛阳中州路的鼎不同。然其三足较楚式鼎短，则与中原地区矮足鼎相近。可知此鼎有中原和楚的影响，而以楚的影响为主，可归入楚式鼎范畴。

新都墓共有 5 件鼎（图四九，1、2），1 件有铭文："卲（昭）之饮鼎"。发掘简报和有的论文[⑤]认为此鼎之"昭"即楚王族三大姓之一的昭氏之器，此说可商。鼎铭之"卲"字即昭字，但不等于说就是楚之昭氏。据金文的姓氏名字称谓惯例，此卲非氏名而是人名，例如下寺楚墓

① 四川省博物馆，重庆市博物馆，涪陵县文化馆．四川涪陵地区小田溪战国土坑墓清理简报［J］．文物，1974（5）．

② 叶小燕．试论巴蜀文化的铜器——兼论巴蜀与中原文化的关系［M］// 中国考古学研究：二．北京：科学出版社，1986．

③ 宋治民．略论四川战国秦墓葬的分期［C］// 巴蜀考古论文集．北京：文物出版社，1987．

④ 宋治民．略论四川战国秦墓葬的分期［C］// 中国考古学会第一次年会论文集．北京：文物出版社，1980：272，268-269．

⑤ 徐中舒，唐嘉弘．古代楚蜀的关系［J］．文物，1981（6）．

郑子倗之器，铭文均作“倗之某器”，并不作“郑之某器”。如此看来，此鼎只能看作是楚地某一名昭的人所作之鼎。鼎上的凤鸟纹饰与曾侯乙墓的近似，足膝部有异。[①] 其他 4 件诚如简报所说，系仿昭鼎铸制。但纹饰与昭鼎不同，为蟠螭纹与曾侯乙墓大龙耳壶及擂鼓墩 M_2 Ⅲ式鼎的同类纹饰相似，由此知其为仿制。或可推测类似曾、擂二墓的器物已流传到了蜀地，也可能是铸造此类器的工匠到了蜀地。昭之鼎和 4 件仿制鼎是表明楚文化影响的有力证据之一。

绵竹 M_1 的 4 件鼎均残，形制大小不相同，其中稍完整的 1 件，其纹饰和新都墓的仿制鼎完全一样，但足部较长，铸作年代也许稍晚于新都墓的鼎。残鼎中有 1 件鼎足截面为方形，不见于楚鼎，应系地方特征。

羊子山 M_{172} 出有 3 件鼎，其中 2 件小鼎为秦式鼎，有的学者断为秦墓是对的。另 1 件大鼎（图四九，4）年代早，发掘报告说此鼎为实用器，三足用坏了之后经补铸，有 1 足换成了铁足，鼎身上也有用坏后修补的疤痕数处，可知使用的时间相当长。它的形体完全与楚式于鼎相同，纹饰也是战国早中期流行的形式，蟠螭内填纹与擂鼓墩 M_2 的Ⅱ式鼎最为接近。填纹中的三角纹也见于荆门包山 M_2 鼎上。从形体、纹饰可以证明这是楚器，乃由于某种原因传入蜀地，一直使用到秦代埋入此墓为止。

综上所述，从战国早期起就已有楚鼎传入巴蜀文化区并被广为仿制。相反，有本地特色的鼎却十分罕见，中原地区的鼎也罕见，这是表明楚文化强烈影响的重要器类之一。

2. 甗

仅在新都墓内出土 2 件（图四九，3），上甑下鬲，鬲为高足，1 件立耳，1 件附耳，均应为楚式甗。发掘简报认为立耳甗比附耳甗的年代早。仅凭这一点并不能证明年代早晚，如荆门包山 M_2 就出土了立耳甗，年代比战国早期曾侯乙墓的附耳甗晚了一个时段。实际上，立耳甗下体

① 从图像看，与楚中心地区的楚鼎仍有小异，也可推测此鼎为楚人在蜀地制造。

的鬲为平裆，而附耳甗则为弧裆，若从这一点看，似乎立耳甗年代反而比附耳甗为晚。

羊子山 M_{172} 出土的甗已非楚式。巴蜀区的甗数量少，表明楚式甗的影响力远不如鼎大。

3. 敦

典型楚式圆体敦，在成都地区出土的数量，据王有鹏先生统计已有 10 余件之多。[①] 在苏浙吴越文化区、两广百越文化区至今无一见。如此鲜明的对比，又可证楚式铜器在巴蜀文化区特别是蜀文化中心区影响之大而深。绵竹 M_1 的敦（图四九，5），形体与楚地之敦几乎如出一模（纹饰与楚地的微有差异）。它既可能自楚地传入，也可能是在蜀地依样画葫芦的仿铸品。新都墓的敦形体与楚敦相同，但钮、足不如绵竹敦那样与楚敦毕肖，显得较为粗放，应为仿制品。不能说新都的敦就是楚器[②]，只能说是仿楚器。

盛食器除敦外，楚与中原地区共有的簋、簠两类器，在巴蜀文化区概无发现。这与巴蜀没有中原和楚的一套礼器制度有关。盛食器中的豆在新都墓、绵竹墓均有出土（图四九，6），前者素面、后者有龙形纹、梭形纹等精致花纹，为楚地、中原地区常见。豆本是中原地区礼器组合中的基本器种，在楚文化区虽不是基本器种，也常有出土，如曾侯乙墓内所出的就相当精美。绵竹、新都豆的盖与器腹部合之似扁圆球状，并有与腹部对应的双环钮，或许是受了楚敦的影响而在本地仿铸时创新器形的一种表现吧。任何民族在接受外来文化影响时总会有改进、有创新的，体现了本地民族的开放、创造精神，巴蜀先民自不例外。

4. 壶

楚式方壶在巴蜀文化区未见。铺首耳圆壶和提链形圆壶则有少量

① 王有鹏．成都地区楚式敦的出土及开明氏蜀族源试探［C］．中国考古学会第七次年会论文．

② 叶小燕．试论巴蜀文化的铜器——兼论巴蜀与中原文化的关系［M］// 中国考古学研究：二．北京：文物出版社，1986．

发现，均与中原和楚的基本相同。新都墓出 5 件铺首耳圆壶，有 3 件保存了棕绳的提梁，在四川为第一次见到，在楚地却未发现。涪陵小田溪 M_3 和广元各出 1 件错银铺首耳圆壶，盖上、腹部饰涡云纹、变形云龙纹（图四九，7）。纹样形态与楚系纹饰十分相像，尤与江陵望山、荆门包山的三足直腹器上的纹饰最为接近，应是在楚式圆壶影响下的当地制品。

提链壶在绵竹 M_1 出土 3 件，羊子山出土 1 件。绵竹 3 件中有 1 件的形体与曾侯乙墓的提链壶酷肖（图四九，8），均为长颈，圆鼓腹，不同的是曾侯乙壶颈部为龙耳钮，绵竹的为环钮，曾侯乙壶腹部有 6 个凸圆泡饰而绵竹无；纹样亦相似，都分为数组，并都有下垂的蕉叶形纹；纹样结构与曾侯乙龙耳大壶的蟠螭纹相同。显然，这是仿曾侯乙墓的提链壶形与龙耳壶的纹样而为当地的产品。羊子山的提链壶，与楚地战国中晚期的楚式提链壶相同。这种仿楚制品，从年代上考察，绵竹 M_1 年代为战国中期，比曾侯乙墓晚一个阶段；羊子山 M_{172} 年代为秦代，也比同样的楚壶晚一两个阶段。应该说，这是仿制品的规律性现象，楚式铜器从传入到当地仿制需要一个过程，这些仿制品晚于原产品一个阶段，是毫不奇怪的；注意到这一点，对当地器物与遗存的年代学研究有重要意义。

从以上分析，巴蜀地区的铺首耳圆壶、提链圆壶主要是楚式圆壶影响的结果。正如对两周铜壶进行了研究的高崇文所说："真正具有独特风格的、自成体系的铜圆壶，那时在巴蜀地域没有形成。"①

5. 尊缶

巴蜀地区已发现的楚式尊缶有 6 件，成都西郊 1 件（图四九，10），可能为传入的楚器。② 其他均为本地仿制品，新都的 1 件，在腹部的 4 环钮上有一条状凸起，不见于楚器。绵竹 1 件（图四九，9）、峨嵋符

① 高崇文．两周时期铜壶的形态学研究［M］// 考古类型学的理论与实践．北京：文物出版社，1989：207．

② 四川省博物馆．成都西郊战国墓［J］．考古，1983（7）．

溪1件[①]、涪陵小田溪M_1的2件，这4件的盖上、颈部、腹部圆饼饰内均有纹样[②]，都仿自早一个时段的楚式纹饰，如绵竹尊缶上纹样与早于它的曾侯乙器上的勾连云纹、蟠龙纹、鸟首龙纹相似；小田溪M_1的与早于它的战国中期流行于楚地的菱形式几何云纹相似，其对兽（龙）纹与江陵天星观M_1浴缶上的颇相似。腹部4环钮间缀以4个圆饼饰，也是如同吴越地区程桥M_1所出尊缶一样（两地圆饼饰内填纹不同），都是将楚式浴缶上的圆饼饰嫁接到了楚式尊缶上，从而形成了不完全是楚式尊缶的风格。这也许是出于对楚式尊缶器形和楚式浴缶圆饼形装饰的爱好，而将两者融汇一身，再加上对楚系纹样的爱好，装饰到它的盖、颈部（与楚式尊缶的装饰部位、布局稍异），从而形成不同于典型楚尊缶的新型尊缶。

6. 浴缶

新都墓出2件，羊子山M_{172}出1件（图四九，11）。从形体看，可以说与楚式浴缶毫无区别。除纹饰与楚浴缶稍异外，在新都缶的肩部有巴蜀特有的图形符号，这是仿制品的确证[③]。羊子山墓的年代已是秦代，但浴缶的形制、纹饰却是战国中晚期楚式浴缶的典型风格。在楚地的秦代墓葬中尚未发现过浴缶，这大概是目前在秦代墓葬中已发现的唯一1件楚式浴缶[④]。

此外，如新都墓的鉴（图四九，12）、盘、匜、匕，绵竹M_1的匕、羊子山M_{172}的盉、炉、盘、匜等均可归入楚式器系统。当然，也参有本地因素，并杂有中原因素，这里不作详论。

---

① 刘瑛. 巴蜀铜器纹饰图录［M］// 文物资料丛刊：第7辑. 北京：文物出版社，1983.

② 在《巴蜀铜器纹饰图录》一文里，绵竹的称为鹿纹罍、峨嵋、涪陵的称为虎纹罍。盖上的龙头部的角分叉，被称为鹿纹，其实仍应称龙纹为宜，同样，虎纹也即是龙纹，这种纹样见于中原与楚。那时的龙有虎的成分，故称虎纹者也可找到一定的依据。

③ 有的论文认为："当是楚器而输入巴蜀地的。"（见《试论巴蜀文化的铜器——兼论巴蜀与中原文化的关系》一文第124页），显然是没有注意到此浴缶上的图形符号，且纹饰也有仿制的成分。

④ 宋治民在《略论四川战国秦墓葬的分期》一文里，定此墓年代为秦统一以后的秦代墓葬，并认为其年代下限可到西汉初。

总之，巴蜀文化区的楚式器，从种类、数量、相似程度等方面，可以看出其所受楚文化影响的程度远甚于两广百越地区与苏浙吴越文化区。从巴蜀文化区内部看，蜀地所受影响又大于紧邻楚的巴地，尤其是在战国早期与中期前段更甚于巴地。为什么会如此？有的学者认为这是春秋中期以后成为蜀王的开明氏族本身就是楚王族的一支。① 也有的学者认为这样解释还不够，而要联系当时的历史背景来看，当秦强大起来威胁到蜀时，蜀能找到依靠对付强秦的只有楚。当秦楚矛盾日益尖锐的时候，秦能争取到对付楚的很自然地就是处于楚近邻的巴。在这种情况下，蜀楚为了自身的利益，共同对付强秦，自然更要加强蜀楚联盟，故蜀与楚的关系也就更加密切。② 这后一种看法对于说明蜀地的楚式器多于巴地，提供了较为合理的解释，是值得注意的论点。

巴蜀以南，即今云南滇池地区，出土了大量有特色的战国至西汉时期的滇文物。在这些出土文物中有没有楚文化的影响？有没有楚铜器的因素？要像在巴蜀文化区那样找到与楚器相同、相近的器物、确实很难。然相似之物也不是一点影子都没有，且不说其他③，看看容器中有没有这样的例子？有！ 20 世纪 70 年代在云南滇池附近的呈贡天子庙发掘的两座大型奴隶主墓葬④，其中 41 号墓出土 1 件鼎，它的器体部分就很像楚式升鼎（图五〇，2），它的三足下端为铜鼓形，足面铸有头戴羽冠、身着铠甲、一手持法具、一手持兵器的当地巫师形象，不见于楚升鼎，人的装束也非楚服，但也似亦反映了楚地巫风的影响。此墓出土陶器中的 1 件陶鼎（图五〇，3），形体也与楚式鼾相似。另一座墓（33

① 王有鹏. 成都地区楚式敦的出土及开明氏蜀族源试探［C］. 中国考古学会第七次年会论文.

② 郭德维. 蜀楚关系新探——从考古发现看楚文化与巴蜀文化［J］. 考古与文物，1981（1）.

③ 其他方面已有学者论及，例如童恩正. 从出土文物看楚文化与南方诸民族的关系［M］// 湖南考古辑刊：第 3 集. 长沙：岳麓书社，1986. 论述滇文化中有楚器和楚文化影响。（虽然有的并非楚器）。该文还论到楚文化对中南半岛与亚洲太平洋区域的影响，值得一读。

④ 昆明市文物管理委员会. 呈贡天子庙滇墓［J］. 考古学报，1985（4）.

号）也出土了1件鼎，形体与楚式鼾更相似（图五〇，1）。此外，两墓的陶器如罐、壶、葬具为木椁等显然也是受中原和楚影响的产物。这或许能提供一点真正的实物信息，证明《史记》所载楚庄蹻率部入滇的记载是可靠的。而且由于庄蹻入滇后“变服从其俗”[①]，出土文物正是以地方风俗的器物为主，楚因素在它们中间可谓凤毛麟角，这也正好与史载相互印证。

以上我们就楚铜器与其他地区铜器的关系作了论述。它们相互影响、互相渗透的关系，在时序上显出很大的不平衡性：楚铜器在前期是以接受中原地区和其他地区的影响为主，在后期即当它的发展已达到高度水平、形成独特风格以后，又反过来以对外影响为主。我们所看到的就是这样一种往返流动式的图景。这正好可以看出楚铜器在我国青铜器发展中的地位与作用，也从一个方面反映了楚文化在我国先秦古文化发展中的地位与作用。

① 《史记·西南夷列传》：“始楚威王时，使将军庄蹻将兵循江上，略巴、黔中以西。庄蹻者，故楚庄王苗裔也。蹻至滇池，方三百里，旁平地，肥饶数千里，以兵威定属楚。欲归报，会秦击夺楚巴、黔中郡，道塞不通，因还，以其众王滇，变服，从其俗，以长之。”我们认为太史公的记载应为信史。

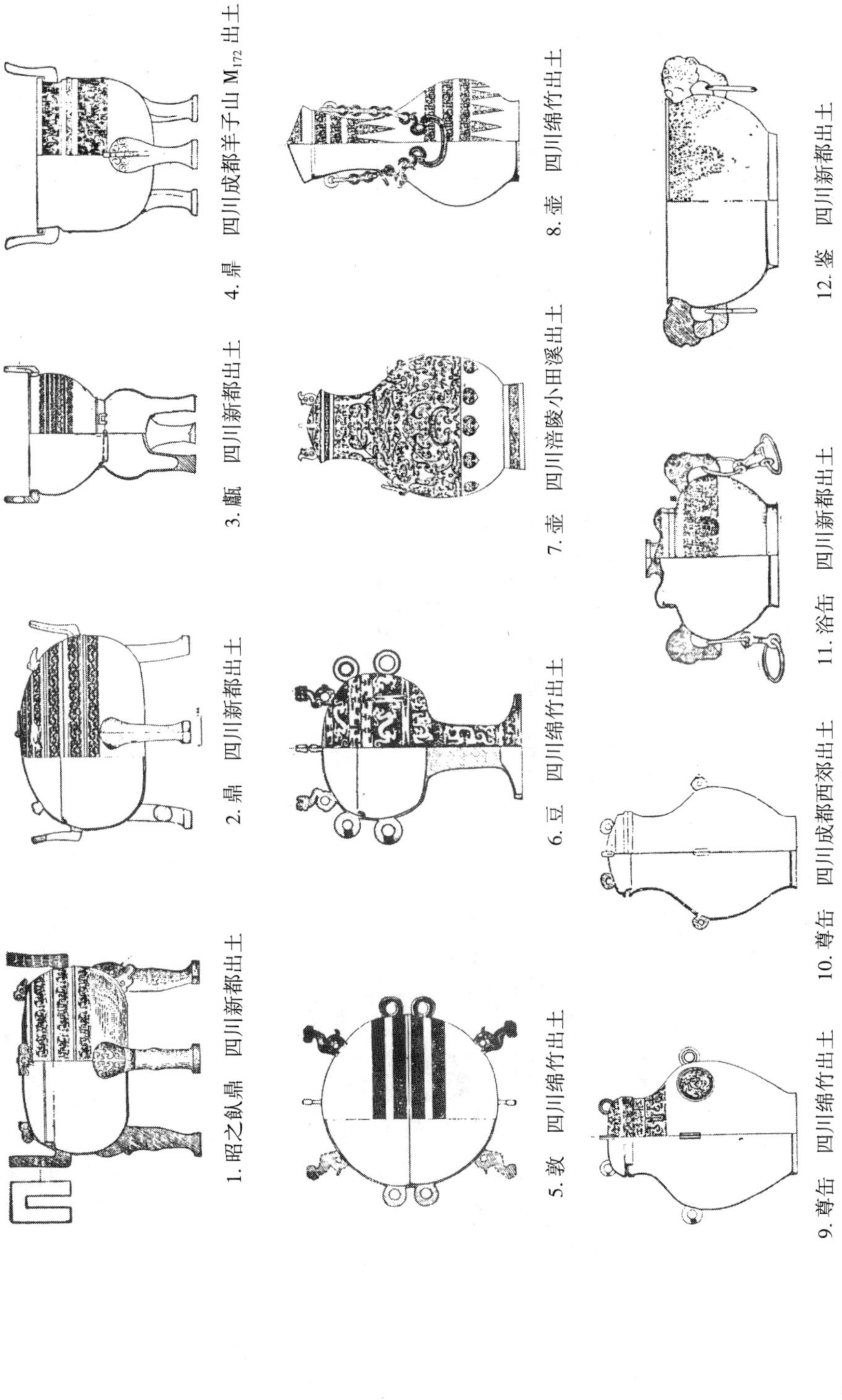

图四九 巴蜀地区出土铜器

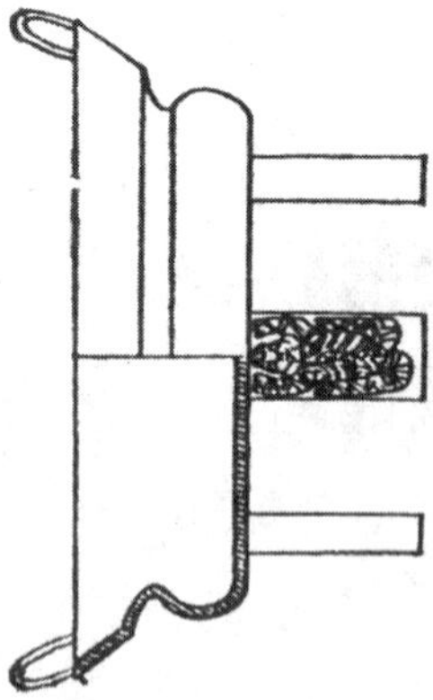

1. 铜鼎　云南呈贡天子庙 M_{33} 出土

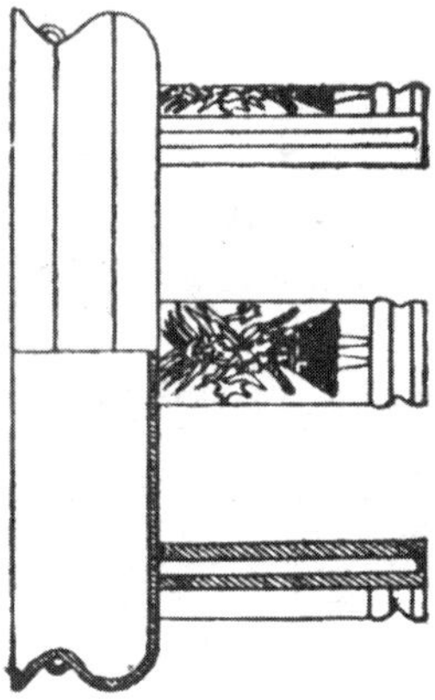

2. 铜鼎　云南呈贡天子庙 M_{41} 出土

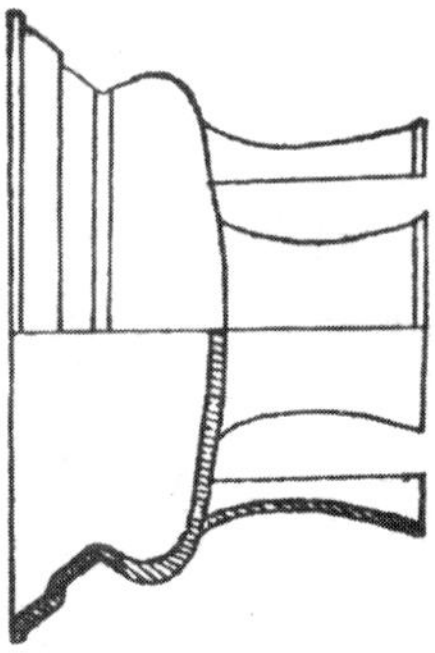

3. 陶鼎　云南呈贡天子庙 M_{41} 出土

图五〇　云南出土的鼎

第九章　总论

以上八章就楚系青铜器研究的一些基本方面作了专题论述。没有分析就没有综合，有了前面的专题分析，恰如水到渠成，已有条件也有必要来进行一次总体性的综合论述。

这里着重讨论的问题为：楚系青铜器发展阶段的划分问题，楚国早期铜器的问题；楚系青铜器总体特征问题，楚系青铜器的历史命运问题。以下分别予以论述。

第一节　楚系青铜器的发展阶段

在第二章论东周时代楚系青铜器年代与分期时，我们把楚系青铜器分为前后相连续的七期。在第六章论楚系金文编年，加上西周晚期，是为八期。现对这一分期系列再作综论。

从楚铜器发展的总体特征考察，可将这八期归纳为几个大的发展阶段。西周晚期至东周时期的楚铜器大体可归纳为四个发展阶段，并贯以一个特征性名称：

表 9–1

第一阶段	延续阶段	西周晚期到东周一期
第二阶段	创新阶段	东周二期、三期
第三阶段	繁荣阶段	东周四期、五期
第四阶段	衰落阶段	东周六期、七期

这几个阶段的内涵与特征，读者在参阅了前面章节之后，自可得其

梗概，在此只需稍加补充说明即可。

延续阶段，顾名思义，乃楚铜器继续沿用西周中原文化系统的传统器类与器形，器形即使有些变化，出现某些显示楚特色的因素，但不占重要与主要地位。此阶段后段，在器类组合上则已有楚制代替周制之趋势（即以鼎、簠、壶组合与周的鼎、簋、壶组合相区别）。但总的来说，此一阶段，尚未脱离周式铜器的传统模式。

创新阶段，为楚铜器独特风格形成期。在组合上以鼎、簠、缶、盘、匜这一标新立异的组合方式而与同时期中原地区“鼎、簋、舟（鉶）”（或加盘匜）的组合相区别。器类上的楚式盏与浴缶，在此阶段的前段（东周二期），尚属初创，还未定型，到第三期就完全定型化并艺术化。鼎类中形成一个新的型式——束腰平底升鼎。[1]装饰富丽的簋、方壶、铜禁，都大异于周式同类器型。铜器群中以属于第三期的淅川下寺第二、三组墓器群为代表，标志着楚铜器在组合、形制、纹饰、文字上的创新已经完成，楚铜器特有的风格与高超技艺在此一阶段终于由草创到正式形成而日臻成熟。从此，摆脱了传统的周式青铜器的束缚与影响，并开始以自己独特的风格转而影响其他文化区的铜器。

繁荣阶段，这是楚系铜器在创新期基础上的进一步发展，达到鼎盛局面。这个阶段以湖北当阳、襄阳和河南淅川下寺第四、五组墓等楚贵族墓铜器群和寿县楚系蔡侯申墓铜器群、随州楚系曾侯乙墓铜器群等为典型代表。本阶段在器类上增加了敦、鉴缶、盘尊等新品种，其中尤以盘尊的透空附饰和各种龙纹装饰无与伦比，标志着楚铜器发展水平达到了登峰造极的地步，成为我国青铜器发展到第二个高峰时代的突出代表。

衰落阶段，从楚铜器第六期开始到第七期，铜器的发展由顶峰上跌落下来，开始走下坡路。这固然与楚国的历史发展由盛而衰有关，也与我国青铜时代向铁器时代转变的历史过程有关。从战国中期起，我国青

① 在第二期末已发现初创型的鬴（克黄之鬴），资料已发表。

铜器特别是礼乐器开始走向衰落。当然，衰落阶段并不是毫无发展，正如郭沫若所云，有堕落式，也有精进式，于楚亦然。精进式已不表现在礼器上，而表现在日用器具上，如荆门包山 M_2、望山 M_2 的镶嵌精细龙凤纹的铜樽以及不少楚墓出土的镂空筒形熏杯和类型复杂、美观的楚镜等。从整体看，素面器增加，即使大型铜器群如随州擂鼓墩 M_2 的铜器已远不如曾侯乙墓器群，荆门包山 M_2 铜器虽多，已有祛华返璞之象。例如此墓与创新阶段的下寺 M_1 同样出两件鬲，精粗优劣之分显见；战国末年的幽王墓器群数量虽多，也多属粗疏草率而成之器，与繁荣期之景象不可同日而语。创新阶段至繁荣阶段的失蜡法铸件，在战国中晚期衰落阶段内至今未见 1 件，这表明铸造技艺的停滞甚至倒退。

以上四个发展阶段的划分与年代分期的关系，简而言之，楚铜器的年代分期，是依据考古学研究手段划分为七期和八期，这有利于对楚铜器的断代研究和类型学研究，而将楚铜器划分为延续、创新、繁荣、衰落四个大的发展阶段，则着眼于楚铜器发展历史的宏观研究。楚铜器四个发展阶段的划分，也有助于认识我国东周时期青铜器的发展过程；或许可以说，是对我国东周时代青铜器发展阶段的新的划分与概括。

谈到这一点，不妨介绍一下已有的划分阶段或时期的方法，例如郭沫若在《大系》《青铜器时代》二书中，郭宝钧在《商周铜器群综合研究》一书以及马承源《中国青铜器》一书对我国东周时代青铜器发展阶段（或时期）的划分，一般采取两分法或三分法。与我们对楚铜器阶段的划分少一二个阶段。比较起来，东周楚铜器发展的四阶段划分法似乎更能反映楚铜器历史发展的客观过程及我国东周时代铜器发展的历程。为便于比较，也便于读者进一步研究，将楚铜器的阶段划分和诸家划分阶段的异同列出下表显示，以作为本节的小结。

表 9–2　楚铜器发展阶段对照表

<table>
<tr><th rowspan="2">历史时期</th><th rowspan="2">《青铜时代》①</th><th colspan="2">《铜综研》②</th><th colspan="2">《中国青铜器》</th><th colspan="2">本书</th></tr>
<tr><th>分期</th><th>阶段</th><th>分期</th><th>大期</th><th>分期</th><th>阶段</th></tr>
<tr><td>西周中晚期至春秋早期</td><td rowspan="2">颓败期</td><td>四期</td><td>组合阶段</td><td>西周中晚期至春秋早期</td><td>转变期</td><td>西周晚期东周一期</td><td>延续阶段</td></tr>
<tr><td>春秋中期</td><td rowspan="3">五期</td><td rowspan="3">分铸阶段</td><td>春秋中期</td><td rowspan="6">更新期</td><td>东周二期</td><td rowspan="2">创新阶段</td></tr>
<tr><td>春秋晚期</td><td rowspan="4">中兴期</td><td>春秋晚期</td><td>东周三期</td></tr>
<tr><td rowspan="2">战国早期</td><td>战国早期</td><td>东周四期</td><td rowspan="2">繁荣阶段</td></tr>
<tr><td rowspan="3">六期</td><td rowspan="3">专精阶段</td><td rowspan="3">战国中晚期</td><td>东周五期</td></tr>
<tr><td>战国中期</td><td>东周六期</td><td rowspan="2">衰落阶段</td></tr>
<tr><td>战国晚期</td><td rowspan="2">衰落期</td><td>东周七期</td></tr>
<tr><td>秦汉</td><td colspan="2"></td><td>两汉</td><td>衰退期</td><td colspan="2"></td></tr>
</table>

注：

①《大系》一书这几期的名称为开放期、新式期，见该书《彝器形象学试探》一文，此文写于 1934 年，过了 11 年，即 1945 年，在其所撰《青铜时代》一书的论文中改用本表之名，而年代上的划分不变，笔者认为此定名反映了郭老研究的进展，故用此名称。

②《铜综研》即《商周铜器群综合研究》，表中未列之一、二、三期为商至两周前期；分段指铸造技术发展阶段。

第二节　关于楚国早期青铜器的探索

上节论述楚青铜器的发展阶段，上限为西周晚期。楚立国于周初，楚族的出现更早于周初。那么，在楚国早期有没有铜器？铜器状况如何？对此，否定者有之，肯定者也有之。

已知楚国最早的铜器为西周中晚期之际的楚公冡钟与戈。比这更早的楚国铜器则还是一个未知数，不可妄言。但是，可以有根据地作些推测与探讨。至少有以下两点，应该是可以得到肯定的。

第一，在作为楚国腹地的荆楚地区，至迟从商代中晚期以来，已发展起了本地的青铜铸造业。这已由湖北、湖南考古发现的铸造遗迹和具有本地特色的青铜器得到证明。

在商代即已兴起的楚族，西周初受封为楚国，它不可能不接受中原周系青铜器的影响，在本地土著青铜冶铸业的基础上，发展起自身的青铜铸造业。

第二，就已知的最早的楚铜器——楚公冡钟与戈看，楚公冡钟传世有4件，研究者认为应是分属两套编钟。[①]从它们的形制、纹饰、铭文、铸造等方面看，反映出来的水平绝不亚于同期中原地区编钟所达到的水平。并且从钟与戈的形态有自身一定的特色看，应是楚人在楚境本土铸造的，而非在中原地区铸造的。这就是说，出土的楚铜器也已证明，在西周中晚期之际，楚国的青铜器和青铜铸造业的发达程度已与同期中原地区大体不相上下。有如此发达程度的楚国青铜器，绝不是无源之水，无本之木，而必然有它的前身，有它的起源阶段。由此推测，楚国在西周早中期，肯定有自身的青铜冶铸业，肯定铸造了大批青铜礼乐器、兵器等铜器。这种说法决非妄论。

既然有根据地推测楚国在西周早中期应有自铸的铜器，为什么至今没有看到呢？在昔日荆楚地区，在盘龙城发现了商代中期的商式青铜

① 见第四章乐器部分的论述。西周早中期铜器见新版补记。

器；在黄陂鲁台山、江陵万城已发现了西周早中期的周式青铜器；在湖北特别是湖南出土了许多造型奇特、体大雄伟的商代晚期珍品和重器，如猪尊、大铙等。为什么时至今日，西周早中期的楚国铜器一件也没有发现呢？由此很容易被认为：大概西周早中期确实没有楚国的铜器。但假如真作此断言，则似为时过早。笔者仍然坚信上面提到的由两个依据做出的应有西周早中期楚国铜器的推测，之所以时至今日尚未发现或确认有西周早中期的楚国铜器，笔者认为不外乎以下两个原因：

第一，从楚铜器的发现历史看，它的被发现有一个历史过程，第一章已谈到，楚铜器的发展顺序与被发现顺序适成反比，即发展是从早到晚的顺向，而发现是从晚到早的逆向，成批的铜器群的发现，是从最晚期开始而往前追寻的。如 20 世纪 30 年代发现的为战国末年的楚幽王墓铜器群，到五六十年代发现了早于幽王墓器群的战国中期几批铜器群，到 70 年代才发现早于战国时期的春秋时期的大型铜器群。从这种发现的历程看，不妨大胆推测，下一步就会有早于春秋时期的西周楚铜器群被发现出来，会发现西周晚期以至西周早中期的重要的铜器群。

不仅楚铜器的发现过程如此，中原地区何尝不是如此。殷墟青铜器早就发现了，一直到中华人民共和国成立以后才大批发现早于殷墟的二里岗期青铜器，又再过一段时间，早于二里岗期的二里头青铜器也被发现出来了。周人的青铜器发现历史也如此，先是西周时期的，以后才是先周时期的周人青铜器的发现与认识。

因此，从铜器的发现历史来看，可以给我们一个信息与信心，即楚国早期的青铜器迟早总有一天要被发现的。

第二，从认识发展过程看。对楚铜器的认识如同对任何事物的认识一样，有一个从未知到已知，从少到多、由浅入深的过程。也许现在荆楚地区出土的铜器中已有属于西周早中期的楚国铜器，而我们一时还未能认识出来，还未能判断它就是楚国早期的铜器，这并不是不可能的事。这种一度未被认识的事物，在考古史上不乏其例，例如新石器时代早于仰韶文化的裴李岗文化的遗物，在 20 世纪五六十年代就已有出土，但那时未认识到它们就是裴李岗文化的东西，直到70年代才被认识出来，并命名为一个新的文化即裴李岗文化。像这样的事例，对我们推想今后能认识西周早中期楚铜器，是不是可以增加一点信心呢？

困难是存在的。因为在春秋中期以前以及上溯至西周时期的楚铜器形态，肯定与中原地区没有多大差别，同属于周文化系统。要在形态上去辨认楚铜器，确实是困难的。例如上海博物馆藏的一件三鸠鬲[①]，据云是从湖北的废铜中拣选到的。从形态上看，非中原地区铜器，可能为南方有地方特点的铜器，俞伟超先生认为，可能是西周时期的楚铜器，可备一说。但若下此结论，恐怕还需要有佐证才行。仍以已知最早的楚铜器——楚公冢钟与戈而论，虽然钟与戈都已有一定的自身特征，但假若没有铸上楚公冢这几个字，恐怕谁也证明不了它就是楚国的铜器，因钟形与中原地区钟相似，会被归入周王朝铜器系统；而戈形与巴蜀戈相似，会被划入巴蜀兵器范围。由此可见，如果没有铭文的标示，要辨认与判定为楚国的铜器会是何等的困难！

如此看来，今后对西周楚铜器的认识，恐怕仍要从楚铭文铜器的发现入手，即先发现一大批西周时期的楚国有铭铜器，据铜器铭文就可直接判断为楚铜器，而且最好是有铭的楚铜器与无铭的楚铜器共存于一个墓葬中，证明这些有铭的、无铭的铜器都系墓主或某一楚贵族在楚地所铸。由那些有铭的铜器形态以串联那些无铭的铜器形态，借以探明西周时期的楚铜器有没有自身特征？如果有，具体表现如何？这样，到那个时候，才可以说，已真正认识了西周时期尤其是西周早中期的楚铜器。

在楚文化研究中，一种意见认为楚在西周时期还处于原始社会阶段，还没有进入国家文明阶段。若依此说，西周时期不会有楚铜器。但是正如前面已提到的，由楚公冢钟、戈证明楚国铜器在西周晚期就已有与中原地区大体一致的发展水平，不可能设想西周早中期会没有自身的铜器。正因为如此，我们对楚国西周早中期铜器的发现与认识，就是抱

① 马承源．中国青铜器［M］．上海：上海古籍出版社，1988：199–120.

着如上所述的并非虚无主义的、悲观主义的而是乐观主义的态度。

如此说来，在楚铜器的发展阶段中，还应存在一个早期阶段。这一阶段或可名之为传承阶段，即继承、传续商、西周青铜器的阶段，其历史时期相当于西周早中期（其渊源当可上溯到商代），下接西周晚期至东周一期的延续阶段。

战国末年楚灭亡以后，楚铜器的衰落阶段终结了，但也并不是没有楚铜器及其因素的遗留。例如大量楚式镜在秦汉的流行，又如在第四章所提到的秦骊山陵园出土了秦国的楚式尊缶，亦为一例。我们强调的只是从整体而言，作为一个体系的楚系铜器已经消失了。

第三节　楚系青铜器的基本特征

以上章节就楚铜器内涵的几个基本方面所作的论述，实际上已是对它们所体现的楚铜器特征所作的说明。这里仅对楚铜器的基本特征再稍作概括与必要的讨论。

1. 关于楚铜器器类组合方面的基本特征问题

在第三章已对楚铜礼器甲、乙、丙三类组合形式及其演变作了分析与归纳，并与中原地区的组合形式进行了对比，从而看到了楚铜器在组合上与中原地区相同相异的特征。对此，能否进一步提出问题予以讨论？能不能揭示更深层的特征性问题？不妨再稍加探析。

先从楚铜器第二、三期（创新阶段）的基本组合谈起。这一阶段的基本组合为鼎、簠、缶[①]、盘、匜。缶、盘、匜为水器，鉶为酒器。在同样是五个器类的组合中，水器在楚铜器组合中有3个器类，占多数，而在中原地区只有两个，占少数，表明水器类在楚铜器组合中的地位高于中原地区。至战国时期，乙类组合已由鼎、簠、缶、盘、匜演变为鼎、敦（晚期为盒）、壶、盘、匜。在基本组合中不再有缶，是不是表

① 本节所论的缶均指水器的浴缶。

明到战国时期，楚已不重视水器了呢？其重视程度也许不如春秋时期，但比之中原地区还是重视些。战国时期，缶在乙类组合中虽已不是基本器种，但仍然存在。在出乙类组合的墓中有的仍有铜缶，而较多地出仿铜的陶缶。在甲类组合中，则自始至终有缶，且数量多。如战国早期的曾侯乙墓、战国中期的包山 M_2、战国晚期的楚幽王墓内都出土了 4 件缶，与高级贵族用 4 件簠的数量是相同的。看来，楚对缶的重视并不亚于对簠的重视，其他水器如鉴、罐等的使用，楚亦盛于中原地区。

由上所述，我们认为楚铜器组合表现了对水器的重视，是一种重水器的组合，以春秋时期尤甚。这能说明什么问题？为此，不妨先介绍一下学者们在对我国铜礼器组合历史演变研究中提出的看法。

郭宝钧在研究商周铜器群的总结中认为："殷代器群的组合，是'重酒的组合'"；"西周中叶以后的器类，应名之为'重食的组合'"；"春秋时……以'钟鸣鼎食的组合'为突出的特点"。[①] 邹衡在郭氏的基础上进一步认为："早商铜礼器已经是'重酒的组合'，而轻炊食器的组合，与西周早期以来'重食的组合'有所不同。这也许能从一个侧面反映了'商礼'与'周礼'的不同。"[②] 把这一研究提高到了礼制研究的高度。正如他所说，郭氏的这一研究（还有其他方面）"对于克服以往考古研究中存在过的'见物不见人'等客观主义的错误倾向；应该是有一定的积极意义的"[③]。

因此，对于楚铜礼器中重视水器的情况，即"重水的组合"[④]，也应进一步认识，也可以认为，从一个侧面反映了"楚礼"与"商礼""周礼"的不同。这就是在此提出来的新认识，是否如此，希望引

---

① 郭宝钧. 商周铜器群综合研究［M］. 北京：文物出版社，1981：123-124.

② 邹衡，徐自强. 商周铜器群综合研究·整理后记［M］. 北京：文物出版社，1981：205.

③ 邹衡，徐自强. 商周铜器群综合研究·整理后记［M］. 北京：文物出版社，1981：204.

④ 当然，如郭宝钧所言，春秋时楚国也还存在"钟鸣鼎食"的组合，这主要指甲类组合，而重水的组合，可以指整个楚器类的组合。

起讨论，获得共识。

至于楚人为何重视水器？也不妨稍作推论，这可能与楚的地理环境与社会习俗有关。楚地处南方长江流域，为水乡泽国之地，水对于楚的经济和社会发展，自然显得特别重要，由此引发人们心理上、习俗上对水的特别重视，以及对水神的特别敬畏、崇拜。这或许不失为探究其中奥秘的途径吧。

2. 楚铜器器物形态方面的基本特征问题

楚铜器形态上的特色，如同其他楚文物一样，近年常被人们津津乐道。因为从这些具体实物形态中，使人们看到了绚丽多彩而富有特异魅力的楚文化特征。我们在本书第四章已对各类楚器形态演变与特征作了分析，在这里同样只需稍加概括与讨论。

楚铜器形态的基础是商周以来的传统器形，这毋庸置疑。但如果只有继承、模仿而没有创造，就不会有楚文化特征的产生。人们目睹多种多样的楚铜器形态，发现没有 1 件是与商周特别是西周以来器形雷同的，也与同时期中原地区器形有异，有的甚至泾渭分明，一看就知道是楚器风格。这种楚器风格因器而异，变化程度也不一致。从与其他文化系统器类的关系来说，楚铜器形态可划分为四个有差异的类型。

第一类，中原传统型。基本上继承西周以来的周式器形，与同时期中原地区同类器形也没有太大的差异，例如鼎类器中的折沿鼎、子口鼎，周式鬲、甗、簠、簋、豆、壶、盘、匜等，有些器型即使有楚文化因素，但不占主要地位。

第二类，周楚结合型。器类是周式的，但对形态作了革新，有楚独特风格。如束腰平底鼾、箍口鼎、楚式鬲，装饰华丽的禁、盘尊、浴缶等。

第三类，楚地独创型。即在周式器类中未见，为楚地独创的新器类，如敦的第一个类型——盏，正如有的学者所称，是铜器中的“四不像”[①]。敦的第二个形态即典型的敦（楚人仍称盏），是楚人创造的一个

① 张正明．楚文化史［M］．上海：上海人民出版社，1987：87．

新器类，以后影响、流传至中原地区与周围受楚文化影响的地区。

第四类，为楚人接受中原地区以外的其他文化铜器影响的器型，或可称之为夷、越式铜器。例如小口鼎，现以徐舒淮夷地区的为最早，楚小口鼎也许受其影响。又如越式鼎，楚受其影响并加进楚因素，成为楚化了的越式鼎。

以上几种类型的楚器，反映了楚文化“博采众长”而独创一格的兼收并蓄的品格。在它的形态与纹饰上所体现出来的总的特点与风格是：追美求奇、花样翻新。它这种新、奇、美风格并不是漫无边际，而受制于三个方面的要素：一曰礼仪，二曰实用，三曰审美。

关于礼仪要素，楚铜礼器作为商周礼乐器总体中的一个部分，无疑首先要服从于礼仪活动如祭祀、宴享等的需要，这就决定了它们为什么会与商、西周传统礼器和同时期中原地区实行周礼的礼器的器类基本上相同，这就叫“万变不离其宗”。因之，它的追美求奇、花样翻新，只能在礼仪这一共性功能的基础上去式样翻新。而不可能毫无规范地乱变乱新。[①]

关于实用要素，例如鼎上加盖，乃实用需要。楚人创造了箍口鼎，即在口沿下外侧加一道凸箍（或曰凸棱），用以承盖。目前所见最早出现在楚铜鼎上，可以认为这是楚人的创造。另一种承盖方式为子口内折，用以承盖，亦颇合实用要求，现知最早出现在徐舒地区，大概楚和中原地区均采取“拿来主义”，以便于实用，但这种子口鼎，楚人仍有创新，约从春秋晚期以后，变为扁盒式高足鼎。箍口鼎、折沿鼎都是高足鼎，这与中原地区器体浑圆的矮足鼎显著不同。这种高足特点，显然是楚人继承了江汉地区早期高足陶鬲、陶鼎的传统，是源自楚俗传统的实用需求而形成的风格。又如水器浴缶为大腹矮胖形，容水量大，这也是实用需要。水器盘由圈足、三足变为平底，也切合实用，而并非礼仪需要（用缶、盘、匜是礼仪需要，形体变异则受制于实用需要）。

---

① 当然，不属于礼仪需要的日用器或其他用途的器物，不在此列。

关于审美要素。东周时代的楚铜礼器在礼仪、实用、审美三要素中，特别看重审美要素。这一方面与楚民族、楚地居民的传统审美心理有关，另一方面又与东周时代社会制度变化、礼乐制度衰落而楚国国势强盛的时代特点有关。楚铜器之追美求奇、花样翻新的原因正在于此。例如鼎是礼器之首，乃王权的象征，贵族等级、地位的标志，故商周传统鼎型显得端庄、凝重，而楚则打破这一传统，创新出了束腰平底的鼎。笔者曾指出这使人联想到楚灵王好细腰的故事。并不是楚灵王灵机一动好细腰，而是有此楚俗，楚灵王不过是特别看重而已。这种鼎就是楚俗审美观念在礼器上的体现。也许在保守周礼的中原地区，此被视为不伦不类，故至今在中原地区的铜器中毫无踪影。

又如青铜敦，器体圆如球体。这种别出心裁的佳构把楚人的想象力、审美感发挥得淋漓尽致，这也是楚人的美学观念在器物上的形象体现。诸如此类，器物既是实用器，又是令人赏心悦目的艺术品。正是在这类铜器上，楚文化的风格与特征得到了充分的体现。有的则主要体现在纹饰与装饰方面，这就是下面还要提到的。

3. 楚铜器纹饰方面的基本特征问题

大体有以下几点。

第一，楚铜器特别盛行纹饰，尤以创新、繁荣阶段为甚，无论大小贵族墓出土的铜礼器几乎件件有纹饰，素面无纹者罕见；而中原地区即使较大的贵族墓如山西长治分水岭 M_{269}、M_{270} 的铜礼器，多素面器，其中 5 件鼎、4 件鬲、2 件簠都是素面，又如以时代相同、墓主身份相近的楚系曾侯乙墓与晋系山彪镇 M_1 的铜礼器比较，主要礼器中的鬲、甗、簋、簠等类，山彪镇 M_1 的全为素面，而曾侯乙的却全都有精美纹饰，两相对照，大相径庭。

第二，纹饰种类中，楚的龙纹饰最多见，且龙纹表现方式多种多样，远甚于中原地区。例如曾侯乙墓的 22 件铜鼎件件有龙纹，而山彪镇 M_I 的 18 件铜鼎，从公布的资料看至少有 5 件没有龙纹，仅有简单几何形带纹。曾侯乙墓的纹饰以龙纹为大宗，龙纹中又以镶嵌绿松石的凤首龙纹为多，在 117 件铜礼器中有 38 件，占 1/3。这在山彪镇 M_1 及其他中原地区大贵族墓内都无此比例。

这反映了楚人对龙的特别重视与爱好，我们在第五章论纹饰时已提到楚叶公好龙的故事：“钩以写龙，凿以写龙，屋室雕文以写龙。”不仅屋室雕文写龙，大量楚文物表明，器物上也无不“写龙”。反映在文学作品里也何尝不如此，《诗经》关于龙的诗句仅八句①，而在屈原作品里，据张正明先生统计，龙出现 23 次②，一多一少，正与铜礼器上龙纹饰楚甚于中原地区相互印证。

第三，楚器纹饰包括龙纹又特别着力于“繁饰”，即不仅器类和器表上纹饰分布广，器上尤多附加的繁复装饰。仍以那百看不厌、百谈不烦的楚系曾侯乙墓盘尊为例，在此器表面的龙纹和装饰的龙形总数不下千条，为中原地区和吴越地区的尊上纹饰所望尘莫及。“佩缤纷其繁饰兮，芳菲菲兮其弥章”（《楚辞·离骚》）；在楚器上同样是有着无以复加的“繁饰”，才使楚铜器在我国青铜器百花园中更加“弥章”，独放异彩。

屈原作品“惊采绝艳”与楚铜器“繁饰”“华采”交相辉映，异曲同工，同具楚风。其震撼心灵的艺术魅力，在两千余年以来直至今天的文化艺术中仍放射着光芒。

4. 楚铜器铭文方面的基本特征问题

关于楚铜器的铭文，在第六章已按有铭铜器的年代序列作了铭文的编年概述与特征论述，这里只稍作说明。楚铜器铭文以其数量之多与内容之丰富，文字形态之多变而成为中国古文字学研究中一个重要的部分，受到特别的关注。③

楚文字的风格，20 世纪 30 年代郭沫若即已指出：南文尚华藻，字

① 陈宏天，吕岚．诗经索引［M］．北京：书目文献出版社，1984：121．

② 张正明．屈原赋的民族学考察［J］．民族研究，1986（2）．关于龙多凤少的分析，请参阅此文。

③ 中国古文字研究会第九次年会将以楚文字（包括楚简、帛书等）为重点进行研究。

多秀丽；北文重事实，字多浑厚。① 楚文字为南方文字之代表。楚铭文字体之秀丽，主要表现在两个方面，一为美术字体，一为艺术化的鸟虫书体。美术字体出现早，如王子午鼎铭文笔画富于变化，多波折弯曲，给人以美的享受；同墓出的王孙诰钟铭文字体较为方整、简朴，确证当时确已有专攻书法艺术的专门家了；否则，同一时代的字体不会有如此明显的差别。

美术字体的进一步发展就是鸟虫书体了。早在王子午鼎上已见端倪，如"用"字下面就有鸟形饰笔。20 世纪 60 年代和 80 年代初论鸟虫书者，还不能肯定鸟虫书最先为何国所创造。② 现在有了王子午鼎的发现，有王孙鱼戟铭文等鸟虫书的发现，加上传世的楚惠王酓章戈等，可以认为"鸟书创于楚国的可能性，实在比创于越国的可能性大得多"③。就目前材料看，肯定楚国就是鸟虫书的首创者，不为妄断。

5. 楚铜器铸造工艺方面的基本特征问题

它的特征一言以蔽之，工艺先进，水平高超。其标志为，先进的熔模铸造法（失蜡法），传统的组合范模铸造技艺发展到了顶峰。鉴于另有专著，不再详论。

以上是关于楚铜器基本特征的剪影式的概说。正如前言中提到的，本书的主要内容是楚铜礼乐器的研究（仅在铭文一章不限于礼器），因此，我们所谈的楚铜器基本内涵也好，基本特征也好，均主要限于楚礼乐器。虽然这只是楚铜器中的一个部分，但却是一个可窥全豹的主要部分，从中完全可以反映楚铜器的丰富内涵与特征。

楚铜器层出不穷的新发现及对它的研究，显示出它丰富的内涵与鲜明的特征，确是我国青铜器研究与楚文化研究的一件幸事。试看在东周时期我国区域青铜器中，恐怕以楚青铜礼乐器群的年代序列最完整（无

---

① 《大系》考释序文。

② 容庚．鸟书考［J］．中山大学学报，1964（1）；马国权．鸟虫书论稿［M］// 古文字研究：第 10 辑．北京：中华书局，1983.

③ 张正明．楚文化史［M］．上海：上海人民出版社，1987：104.

缺环）[1]，在铜器的数量与质量上也是居于各区域青铜器之冠，说楚铜器已成为我国东周时期青铜器总体中一个极为重要的部分，当不至于言过其实。若研究我国东周时期青铜器，如果不着重研究楚青铜器，难免出现残缺的或片面的认识。其次，在楚文化的实物研究中，恐怕也是以楚铜器为最重要部分之一，它比其他楚文化实物资料，更有其优点与长处，这就是：在各类楚器物中，唯有楚铜器的年代可据铭文考知其绝对纪年，对判断楚墓、楚文物年代的精确程度极为有利。现在，它已初步形成科学的实物编年资料（包括其铭文的编年）；铭文编年资料已成为一份较完整的实物文献史料。由此可见，楚铜器在楚文化研究资料中有着重要的地位与作用。

微观研究是宏观研究的基础，资料研究是历史研究的基础。对楚铜器这一重要实物资料门类，笔者虽在微观方面、在资料整理研究方面尽量想多做些工作，但是否已达到目的？基本内涵与基本特征的说明与概括，是否已比较清楚？这都非笔者主观良好的愿望所能及，无非尽力而为罢了。唯有公诸同好，权作进一步研究的铺路石，如此而已，岂求他哉。

第四节　楚系青铜器的历史命运

楚铜器，作为楚文化遗存中的重要部分，既是珍贵的实物史料（其中的铭文可视为实物文献史料），又是楚文化发展高度水平与独特风格的实物见证。人们正是借助于楚铜器及其他楚文物的新发现，才得以“重新发现”和“重新认识”这辉煌灿烂的楚文化。因此，楚铜器在当代交上了好运，但在两千余年的历史长河中命运不佳，令人惋惜、嗟叹，这就是下面想要说的。

---

① 中原地区晋、齐文化区的铜器发现多，已可建立起年代序列，但似乎至今尚无专题论著。对秦铜器的年代分期，已有专论，但年代序列中缺环较多，不及楚铜器有完整的年代序列。有的区域文化铜器亦需专题论述。

两千余年前盛极一时的楚铜器工艺，随着铜器时代的结束，随着楚国的衰落、灭亡，那些无法数计的，尤其是那些价值连城的楚铜器珍宝被各级大小贵族出于“事死如事生”的礼制观念，深藏于地穴，“葬身黄泉”之后，楚铜器的光辉在中国大地上消失了。当然，不独楚铜器如此，我国先秦青铜器及所有各类珍贵品实物均在中国大地上销声匿迹了。似乎楚铜器也和其他地区各类珍贵品一样，都有着同样的历史命运。但是，请注意，楚铜器的历史命运，如同整个楚文化的历史命运一样，比之中原地区铜器及文化的历史命运来说，不可等量齐观，它的遭遇更严酷、命运更悲惨。这在今天似乎已不是什么危言耸听之辞。然而，楚铜器的历史遭遇，其具体细节，或者被忽视，或者如雾中之花，尚在朦胧之中。看来稍加缕述，不无必要。请看以下事例。

例 1，鼎为商周礼器之首，在后代的记述中，鼎形为圆腹三足或方腹四足，视为定论，而从未见有楚束腰平底鼾之传闻。楚这一特有的鼎大概自楚亡以后即已失传，而独传商周之正统鼎形。鼎形如此，鼎名亦复如此，也独传商周传统鼎名。《诗经·周颂·丝衣》有“鼐鼎其鼒”诗句，《说文》收鼎类字也只有鼐、鼎、鼒这几个字。《墨子·耕柱篇》有“鼎成，四足而方”句。这都是对商周传统鼎名的记载，而楚鼎名中许多自创的异名，如鼾、鼾、硕颀等，均一概不见于古籍的记载，只是有赖于从地下出土之后，在楚器铭文（楚简中也有）中才得以为人所知。由此可知，《诗经》《说文》等这些古文献典籍中所流传的鼎形与鼎名都是商周传统的鼎形、鼎名[①]，而对异于中原商周传统的楚鼎型（如束腰鼎）、鼎名（如鼾）则均未载，以致失传两千年之久。这是楚铜器及其器名在典籍中的命运之一例。

例 2，关于敦形与敦名，敦为礼器中的一个类别，是近代才得以明确的。并且，现已确知，以楚式敦出现年代最早，最精美者也是楚

① 《说文》有鐈字，谓“似鼎而长足”，鐈见于楚鼎铭文，但《说文》只云“似鼎”，不像对其他鼎名之字云“鼎也”，可知《说文》也已不明其形，故只云“似鼎”。《说文》已不明为楚鐈鼎之名。

敦。[①]但是，值得注意的是，敦并不是楚敦的自名，而是中原系统青铜器中齐地的自名，如齐侯敦、陈侯午敦、陈侯因资敦，其铭文中自名为敦（字体作辜、錞，即敦字）。齐侯敦的器形与楚系自名为盆、盂之器形相似，均为平底无足，《仪礼》郑玄注："无足曰废敦"，即此之谓。郑玄是东汉时山东高密人，大概郑玄注《仪礼》时，还知道在他的家乡流传的这种器形、器名，故注曰"废敦"，而不知道在楚地有盆、盂之称。对盆体敦，似尚未见于注疏中。对于圆体敦，即典型的敦，《仪礼》疏引《孝经纬钩命诀》："敦规首、上下圆相连"，即指陈侯午敦、陈侯因资敦之器形，此书当系汉代儒生所作，书的作者当也尚知中原齐地此敦形、敦名，乃有此说。而在当时，楚的圆体敦并不叫敦，而叫盏，故《孝经纬》之说并不是据楚敦立说的。由此表明，汉代经学大师和以纬书解经的儒生们所传、所记，全为中原系统齐地之敦形、敦名。对于楚系统的敦形、敦名则不予传载。楚地的敦名在铭文中自名为盏[②]，在楚简里名为盏或盌[③]。这两个字虽见于典籍，但已不是指的楚敦。盏字，不见于《说文》。《方言》卷五："盏、桮也。自关而东，赵魏之间曰槭，或曰盏。"郭璞注："盏，最小桮也"，《广雅·释器》，"盏，杯也"，"醆，爵也"，王念孙疏证："杯谓之盏。"均视盏的器形如杯形。《方言》云赵魏之间称杯为盏，而不知先秦的楚地却是称敦为盏的，像王念孙这样清代的著名学者也只是重复《方言》《广雅》二书称杯为盏。清代阮元据传世的楚王子申盏盂，认为即《广雅》所云与敦同类的盌盘。这比王念孙之说为强[④]，但也还不知道楚的典型敦自名为盏。自汉至清代，人们已弄不清盏的来历了，已不知道先秦楚地称敦为盏的情况，即

① 请参阅拙作《东周时期青铜敦研究》一文及本书第四章。

② 见楚幽王墓所出大府盏，即敦，在湖北襄阳山湾 M_{33} 之楚敦铭文中也有自名，惜笔画已残，不明字形，但绝不是中原齐地之敦字。

③ 见于湖北望山 M_2、荆门包山 M_2 竹简，均详见第四章。

④ 笔者在本书第四章论盂、盏、敦关系时，曾证敦、盏、盂为异名同实。王念孙注疏此句引《方言》："河济之间谓之盌盘"，知王念孙确不明楚地有名盏之称，同样证明楚地称盏已不见于文献记载。

是说，楚敦之自名“盏”，在楚亡以后便失传、失载了。从汉代起，就以齐地敦的自名变成了敦这一类器的通名、共名。楚敦之自名盏，从此被湮没两千年之久，直到20世纪才在重见天日的楚敦上显露其自名这一“庐山真面目”。但并不是所有的人都知道此情况，在现在的字书里仍存在视而不见的情况。[①]这是需要正本清源的。

例3，关于缶。《左传·襄公九年》：“具绠缶，备水器”，中原地区宋人称水器缶为绠缶，这是中原地区之器名。楚之水器缶的器名为“浴缶”“盥缶”“缶”，而在《左传》里却没有记载。到了汉代，《说文》云：“缶，所以盛酒浆，秦人鼓之以节谔（歌）。”单名的缶，有栾书缶，为酒器，《说文》解释为盛酒浆是对的，但单名的缶，楚地却为水器（倗浴缶、楚系蔡侯朱缶等），如作酒器都加一“尊”字。因此，楚地水器单称为缶这一情况，在《说文》里已不传、不载了。而只传载秦地为乐器的用途。可见楚文化区的水器及其名称——浴缶、缶等也已失传、失载两千年。

这类事例尚多，不再列举。

楚铜器的器形、器名失传、失载的情况，远远甚于中原地区。[②]这种独传中原器、不传楚器的情况，说明了什么问题呢？能不能仅仅归结于楚的灭亡而失传、失载了呢？齐和三晋不也是被灭亡了的吗！但在汉代的经学、小学大师们的著作与疏证里却仍有保留，如上举齐地敦形、敦名，秦地用为乐器的缶名等。因此，这不是真正的原因。真正的原因恐怕是与我国自汉代以来以中原地区文化为正统、为中心的观念有关。

① 例如1988年出版的《汉语大字典》“盏”字条，引用的两个盏字原篆，一为楚王子申盏盂，一为楚大府盏（该书误写为大府鼎），这都是楚铜器盏、敦的器名，而编撰者在注释此字时却说：“浅而小的杯子，多指酒杯”“玉质酒器”“杯状器皿”，明明是食器却说成酒器，明明是敦（大府盏就是敦），而说成杯子，这是不重视考古新材料造成的失误。

② 之所以说“甚于”，是比较而言。在封建社会、史籍、古籍多偏重于政事、思想方面的记载，而对于经济、器物制作方面则往往被忽视。从这点看，楚与中原地区命运相同。

也许，楚地铜器的形与名如同齐、晋等地一样，在汉代仍有流传，而在汉代经学、小学家们的眼里却视而不见，或不视不见。在他们眼里，以中原地区文化为正统为中心，把南方楚文化区视为非正统的蛮夷文化而不予理睬、不予整理、不予收录、不予研究，导致楚铜器的器形、名称比中原地区铜器的命运更惨。为了有助于对楚铜器、楚文化历史命运的反思，让我们再举若干其他事例：

例1，乐律名称中的十二律，赖曾侯乙编钟的出土，得以知道，除古籍记载的周制十二律名外，还有楚的十二律名，与周律的名称不同。可知楚的十二律名也已失传、失载了两千多年。

例2，楚国的历法与周历不同，其十二个月名，仅七至十月的序数月名与周历同，其他几个月名为楚独有的名称，也是赖秦简、楚简的出土才得以知道这些特有的月名，而这也是失传、失载了两千余年。

例3，文献典籍的例子。楚国的典籍如三坟、五典、八索、九丘等早已失传，仅剩下了这么几个书名。长沙马王堆汉墓帛书中的《老子》与今本《老子》有同有异，为《老子》的一种传本，已失传两千年。长沙马王堆帛书中的《易经》，研究者认为："非必为《周易》，抑或是与《连山易》《归藏易》《乾坤易》《元包易》并列的另一种'易'，我们也可以将其定名为《楚易》。"[①] 这就是说，《易经》中的楚本《易经》(《楚易》) 也已失传两千年之久！

诸如此类的事例，不胜枚举。由这些事例不难看出存在于我国学术文化史上的一个问题，即是前面所提到的中原文化正统论、中心论。正如已有论著指出："囿于历代政治中心大都在黄河流域，中国文化研究的中心论，如同世界文化研究中的欧洲中心论一样，几乎到了约定俗成的地步。于是，楚亡以后，特别是六朝以后，以楚为重要源头和代表的南方文化渐渐被众多古今学者忽视和冷落。直到20世纪30年代之后，楚文化考古中一系列重大发现，才使楚文化在中国文化史上应该享有的

---

① 邓球柏. 帛书周易校释 [M]. 长沙：湖南出版社，1987：1.

地位开始被确认。”[1] 对于这一看法，在我们回顾了楚铜器及其他楚珍贵品的历史遭遇之后，自应为题中应有之义。“否定之否定”，这就是楚铜器的辩证历史命运，从中不难获得有益的启示。

盛极一时的楚铜器经过了漫漫长夜，终于在“重新发现”之后，显露它奇光异彩的本来面貌，获得了它在历史上应有的地位。我们对它的“重新认识”，如同对整个楚文化的“重新认识”一样，是否已可以满足了呢？否！楚铜器的新发现还会层出不穷，我们对它的认识远未结束。“路曼曼其修远兮，吾将上下而求索”（《楚辞·离骚》），还需一如既往继续不断地发掘、整理、探索。唯其如此，才能使楚铜器及其蕴蓄着的传统文化精髓，成为构筑“楚学”文化大厦的顶梁柱，汇入到熔铸当代社会新文化的系统工程中去，这无疑是楚铜器今后与往古迥异的美好命运、灿烂前景。

① 《楚艺术研究》一书前言（其中“特别是六朝以后”一句，似应指为秦汉以后为宜），湖北美术出版社 1991 年版。

附　　录

附录一　插图资料来源表

图号	分号	来源	页码
一	1	《文物》1972 年第 3 期 67 页图 3	116
	2	《江考》1983 年第 1 期 3 页图 1—4	116
	3	《下寺楚墓》55 页图 44	116
	4	《蔡侯墓》图版 3	116
	5	《曾侯乙墓》192 页图 93	116
	6	《包山楚墓》99 页图 56，2	116
	7	《安徽铜器》图版 80	116
二	1	《下寺楚墓》7 页图 4	117
	2	《下寺楚墓》53 页图 43	117
	3	《下寺楚墓》250 页图 185	117
	4	《曾侯乙墓》200 页图 101	117
	5	《包山楚墓》99 页图 56，4	117
	6	《楚展》图 2	117
三	1	《下寺楚墓》37 页图 30	118
	2	《文物》1982 年第 10 期图版 5，1	118
	3	《曾侯乙墓》202 页图 103	118
	4	《望山楚墓》图 89，1	118
	5	《安徽铜器》图版 82	118
	6	《考古》1964 年第 3 期图 11，3	118
四	1	《下寺楚墓》115 页图 93	119
	2	《蔡侯墓》图版 4	119

续表

图号	分号	来源	页码
四	3	《曾侯乙墓》194 页图 96	119
	4	《文物》1985 年第 1 期 21 页图 8，4	119
	5	《包山楚墓》100 页图 57，1	119
	6	《安博图》图 4	119
五	1	《下寺楚墓》111 页图 90	120
	2	《下寺楚墓》218 页图 161	120
	3	《蔡侯墓》图版 14，1	120
	4	《曾侯乙墓》237 页图 134	120
	5	《包山楚墓》99 页图 56，3	120
	6	《江考》1983 年第 1 期 6 页图 7，3	120
	7	《曾侯乙墓》238 页图 135	120
	8	《安博图》图 2	120
	9	《雨台山墓》73 页图 56，4	120
六	1	《下寺楚墓》64 页图 53	123
	2	《下寺楚墓》125 页图 102，1	123
	3	《曾侯乙墓》203 页图 104，1	123
	4	《考学》1984 年第 4 期图 3，5	123
七	1	《曾侯乙墓》205 页图 105	124
	2	《包山楚墓》103 页图 60	124
	3	《安博图》图 13	124
	4	《山彪镇》图版 10，1	124
八	1	《江考》1983 年第 1 期 26 页图 2	130
	2	《江考》1983 年第 1 期 26 页图 2	130
	3	《下寺楚墓》67 页图 56	130
	4	《下寺楚墓》129 页图 105	130
	5	《蔡侯墓》图版 5，2	130
	6	《中国青铜器》145 页图 63	130

续表

图号	分号	来源	页码
八	7	《曾侯乙墓》208 页图 107	130
	8	《中国青铜器》145 页图 65	130
	9	《铜综研》136 页图 23，13	130
九	1	《下寺楚墓》12 页图 8	131
	2	《下寺楚墓》65 页图 54	131
	3	《下寺楚墓》251 页图 186	131
	4	《曾侯乙墓》210 页图 109	131
	5	《包山楚墓》104 页图 61	131
	6	《安博图》图 16	131
一〇	1	《蔡侯墓》图版 6，4	132
	2	《曾侯乙墓》212 页图	132
	3	《文物》1973 年第 9 期图版 3，4	132
	4	《安博图》图 17	132
	5	《文物》1980 年第 8 期图版 2，2	132
	6	《考古》1964 年第 3 期 122 页图 11，5	132
一一	1	《文物》1981 年第 1 期 14 页图 18	144
	2	《文物》1980 年第 1 期 50 页图 11	144
	3	《中国青铜器》154 页图 1	144
	4	《文物》1985 年第 6 期	144
	5	《大系》（一）19 页图 163	144
一二	1	《下寺楚墓》37 页图 30	145
	2	《下寺楚墓》76 页图 65	145
	3	《江考》1983 年第 1 期 84 页图 2 上	145
	4	《江考》1983 年第 1 期 75 页图 3	145
	5	《中州路》图版 52，5	145
	6	《湖南博文》30 页图 3，1	145
一三	1	《下寺楚墓》256 页图 191	146

续表

图号	分号	来源	页码
一三	2	《安徽铜器》图版 72 说明附图	146
	3	《考古》1983 年第 8 期 704 页图 2，2	146
	4	《湖南刊》3 集 43 页图 8	146
	5	《江考》1990 年第 4 期	146
	6	《中国考古学会第四次年会论文集》110 页图一	146
	7	《考古》1964 年第 3 期 125 页图 13，1	146
	8	《江考》1984 年第 3 期 39 页图 4	146
	9	《安徽铜器》图版 90	146
	10	《通考》下 199 页图 375	146
一四	1	《曾侯乙墓》214 再图 113，2	147
	2	《包山楚墓》294 页图 189	147
	3	《安徽铜器》图版 96	147
	4	《信阳楚墓》图版 42，3	147
	5	《考古》1964 年第 3 期 120 页图 9，5	147
一五	1	《下寺楚墓》233 页图 173	150
	2	《江汉论坛》1980 年第 6 期封底	150
	3	《曾侯乙墓》206 页图 106	150
	4	《曾侯乙墓》214 页图 113	150
	5	《安博图》图 15	150
	6	《下寺楚墓》127 页图 103	150
	7	《包山楚墓》102 页图 59	150
	8	《曾侯乙墓》215 页图 114，3	150
一六	1	《考古》1980 年第 2 期图版 3，2	155
	2	《下寺楚墓》73 页图 63	155
	3	《蔡侯墓》图版 7	155
	4	《曾侯乙墓》220 页图 119	155
	5	《文物》1985 年第 1 期 31 页图 42，2	156

续表

图号	分号	来源	页码
一六	6	《通论》图版 109，211	156
	7	《考学》1974 年第 2 期 77 页图 14，8	156
	8	《考古》1965 年第 7 期 343 页图 6，1	156
一七	1	《江考》1990 年第 4 期 90 页图 4，1	157
	2	《包山楚墓》106 页图 65	157
	3	《安徽铜器》图版 86	157
	4	《文物》1985 年第 1 期 30 页图 40，1	157
	5	《望山楚墓》M_2	157
	6	《考古》1964 年第 3 期 122 页图 11，2	157
一八	1	《下寺楚墓》232 页图 172	158
	2	《曾侯乙墓》221 页图 120	158
	3	《雨台山楚墓》74 页图 57	158
	4	《马山 M_1》73 页图 62	158
	5	《湖南省博物馆》图版 59	158
	6	《山彪镇》图版 17，1	158
一九	1	《下寺楚墓》133 页图 109	162
	2	《下寺楚墓》70 页图 59	162
	3	《下寺楚墓》253 页图 188	162
	4	《下寺楚墓》301 页图 227	162
	5	《曾侯乙墓》218 页图 117	162
	6	《望山楚墓》M_2	162
	7	《文物》1985 年第 1 期 30 页图 41，1	162
	8	《楚释》附图	162
	9	《通论》图版 114，221	162
二〇 A	1	《蔡侯墓》图版 10，3	165
	2	《安徽铜器》图版 74	165
二〇 B	1	《曾侯乙墓》224 页图 122	166

续表

图号	分号	来源	页码
二〇B	2	《曾侯乙墓》224 页图 122	166
	3	《曾墓图案》57 页	166
	4	《曾侯乙墓》225 页 123	166
二一A	1	《蔡侯墓》图版 9，1	170
	2	《蔡侯墓》图版 13，2	170
二一B	1	《曾侯乙墓》228 页图 127	171
	2	《曾侯乙墓》230 页图 128	171
二一C	1	《曾墓图案》51 页	172
	2	《曾墓图案》50 页	172
	3	《中国铜器》197 页图 13	172
	4	《中国铜器》490 页图 5	172
	5	《考古》1973 年第 1 期 32 页图 5 下右	172
二二	1	《下寺楚墓》17 页图 12	175
	2	《下寺楚墓》77 页图 66	175
	3	《文物》1984 年第 5 期 20 页图 11	175
	4	《文物》1981 年第 1 期图版 2，3	175
	5	《包山楚墓》110 页图 68，1	175
	6	《考学》1984 年第 4 期 508 页图 3，2	175
	7	《江考》1986 年第 4 期图版 3，3	175
二三		《下寺楚墓》128 页图 104	177
二四	1	《曾侯乙墓》233 页图 130	180
	2	《下寺楚墓》138 页图 113	180
	3	《马山 M_1》72 页图 61，9	180
	4	《曾侯乙墓》34 页图 131	180
	5	《安博图》图 22	180
	6	《曾侯乙墓》236 页图 133，2	180
	7	《曾侯乙墓》236 页图 133，1	180

续表

图号	分号	来源	页码
二五	1	《下寺楚墓》34 页图 26	184
	2	《下寺楚墓》120 页图 106	184
	3	《安徽铜器》图版 68 说明附图	184
	4	《曾侯乙墓》239 页图 136	184
	5	《包山楚墓》107 页图 166，1	184
	6	《安博图》图 18	184
	7	《下寺楚墓》224 页图 166	185
	8	《下寺楚墓》300 页图 225	185
	9	《中州路》94 页图 62，3	185
	10	《河北文物》92 页图版 165	185
二六	1	《下寺楚墓》137 页图 114，3	187
	2	《曾侯乙墓》241 页图 138	187
	3	《包山楚墓》109 页图 67，1	187
	4	《安博图》图 27	187
二七	1	《通考》下 444 页图 842	190
	2	《下寺楚墓》35 页图 28	190
	3	《下寺楚墓》134 页图 111	190
	4	《下寺楚墓》255 页图 190，2	190
	5	《曾侯乙墓》242 页图 139，1	190
	6	《考学》1982 年第 1 期 83 页图 11，11	190
	7	《安博图》图 29	190
	8	《通论》图版 132，254	190
二八	1	《通考》下 451 页图 856	192
	2	《下寺楚墓》36 页图 29	192
	3	《下寺楚墓》135 页图 112	192
	4	《下寺楚墓》255 页图 190，1	192
	5	《曾侯乙墓》242 页图 139，3	192

续表

图号	分号	来源	页码
二八	6	《考学》1982 年第 1 期 83 页图 11，12	192
	7	《中国铜器》272 页匜 10	192
	8	《通论》图版 135，261	192
二九	1	《下寺楚墓》235 页图 175，1	194
	2	《下寺楚墓》301 页图 228，1	194
	3	《曾侯乙墓》244 页图 141，2	194
三〇	1	《曾侯乙墓》246 页图 143	199
	2	《曾侯乙墓》244 页图 141，1	199
	3	《安博图》图 25	199
	4	《曾侯乙墓》247 页图 144	199
	5	《包山楚墓》295 页图 190，3	199
	6	《安博图》图 30	199
	7	《信阳楚墓》51 页图 35，1	199
	8	《曾侯乙墓》248 页图 145，1	199
	9	《曾侯乙墓》248 页图 145，2	199
	10	《望山楚墓》	199
	11	《信阳楚墓》49 页图 33，2	199
三一	1	《古研》九辑 369 页图 2	211
	2	《下寺楚墓》141 页图 117	211
	3	《曾侯乙墓》93 页图 48，2	211
	4	《文物》1985 年第 1 期 29 页图 35	211
	5	《古研》九辑 370 页	211
	6	《下寺楚墓》83 页图 70	211
	7	《蔡侯墓》图版 21，2	211
	8	《曾侯乙墓》106 页图 56	211
	9	《考学》1982 年第 1 期 96 页图 19，1	211
	10	《下寺楚墓》294 页图 206	212

续表

图号	分号	来源	页码
三一	11	《蔡侯墓》图版 21，1	212
	12	《古研》九辑 372 页	212
	13	《山彪镇》6 页图 2	212
	14	《考古》1980 年第 2 期 118 页图 5，9	212
	15	《雨台山楚墓》86 页图 67，3	212
	16	《包山楚墓》112 页图 70	212
	17	《雨台山楚墓》86 页图 67，4	212
	18	《考古》1981 年第 2 期 118 页图 5，11	212
三二	1	《曾侯乙墓》76 页图 37	215
	2	《曾侯乙墓》134 页图 59	215
	3	《曾侯乙墓》251 页图 147	215
	4	《文物》1985 年第 1 期 29 页图 36	215
	5	《曾墓图案》71 页	215
三三		见〔2〕、〔5〕、〔8〕、〔12〕、〔25〕、〔32〕、〔48〕	219
三四	1	南阳博物馆王振行先生提供	232
	2	《铜纹饰》268 页图 762	232
	3	《山彪镇》图版 57，3	232
三五	1	《下寺楚墓》112 页图 91，1	233
	2	《曾侯乙墓》180 页图 83，3	233
	3	《曾侯乙墓》180 页图 83，1	233
	4	《望山楚墓》M_2	233
	5	《楚器纹绩研究》	233
	6	《文物季刊》1990 年第 1 期图 9，1	233
	7	《山彪镇》图版 92，4	233
三六	1	湖北省博物馆资料	234
	2	《下寺楚墓》113 页图 92，1	234
	3	《下寺楚墓》113 页图 92，2	234

续表

图号	分号	来源	页码
三六	4	《曾侯乙墓》180 页图 83，4	234
	5	《山彪镇》图版 77，2	234
	6	《山彪镇》图版 92，3	234
	7	湖北省博物馆资料	235
	8	《江考》1983 年第 1 期 75 页图 4	235
	9	《曾侯乙墓》181 页图 84，3	235
	10	《文物》1985 年第 1 期 32 页图 51	235
	11	故宫博物院王海文先生供给	235
三七	1	《江考》1986 年第 3 期 14 页图 2，下	236
	2	《江考》1983 年第 2 期 6 页图 10，3	236
	3	《江考》1983 年第 2 期 6 页图 10，6	236
	4	《山彪镇》图版 60，3	236
三八	1	《下寺楚墓》31 页图 107	237
	2	《江考》1983 年第 1 期 84 页	237
	3	《江考》1983 年第 1 期 75 页图 4	237
	4	湖北省博物馆资料	237
	5	《曾侯乙墓》188 页图 90，1	237
	6	《曾侯乙墓》182 页图 85，2	237
	7	《曾侯乙墓》183 页图 86，2	237
	8	《文物》1985 年第 1 期 24 页图 17	237
	9	《铜综研》100 页图 26，2	237
三九	1	湖北省博物馆资料	238
	2	《曾侯乙墓》182 页图 85，1	238
	3	《考文》1981 年第 4 期 83 页图 31	238
四〇	1	《曾侯乙墓》181 页图 84，2	239
	2	《安徽铜器》图版 91 说明附图	239
	3	《考古》1981 年第 2 期 122 页图 4，4	239

续表

图号	分号	来源	页码
四〇	4	《曾侯乙墓》图版 61	239
	5	《曾侯乙墓》181 页图 84，4	239
	6	《山彪镇》图版 87，1	239
四一	1	《曾墓图案》52 页	240
	2	《曾墓图案》5 页	240
	3	《铜纹饰》279 页 800 号	240
	4	《曾侯乙墓》185 页图 88，1	240
	5	湖北省博物馆资料	240
	6	《包山楚墓》106 页图 65 右	240
	7	《楚器纹绩研究》	240
四二	1	《楚墓图案》81 页	241
	2	《曾墓图案》47 页	241
	3	《曾墓图案》78 页	241
	4	《曾墓图案》77 页	241
	5	《曾墓图案》77 页	241
	6	《曾墓图案》78 页	241
	7	《曾墓图案》70 页	241
	8	《曾墓图案》80 页	241
四三	1	《曾侯乙墓》184 页图 87，2	242
	2	《包山楚墓》191 页图 120，1	242
	3	《楚器纹绩研究》	242
四四	1	《江考》1986 年第 3 期 14 页图 3	243
	2	湖北省博物馆资料	243
	3	《江考》1983 年第 2 期 6 页图 10，6	243
	4	《曾侯乙墓》182 页图 85，2	243
	5	《文物》1985 年第 1 期 23 页	243
	6	《安徽铜器》图版 86	243

续表

图号	分号	来源	页码
四四	7	湖北省博物馆资料	243
四五	1	《新郑彝器》39 页	404
	2	《新郑彝器》47 页	404
	3	《新郑彝器》69 页	404
	4	《新郑彝器》55 页	404
	5	《新郑彝器》79 页	404
	6	《新郑彝器》86 页	404
	7	《新郑彝器》99 页	405
	8	《新郑彝器》86 页	405
	9	《新郑彝器》86 页	405
	10	湖北省博物馆资料	405
四六	1	《文物》1991 年第 5 期 88 页图 1	410
	2	《河北文物》82 页图 149	410
	3	《文物丛刊》69 页图 4	410
	4	《山东文物》54 页图 114	410
	5	《文物》1978 年第 3 期 90 页图 6	410
	6	《考古》1966 年第 5 期 234 页图 5，1	410
四七	1	《考古》1973 年第 1 期 32 页图 5 下左	417
	2	《考学》1983 年第 1 期 105 页图 16 右上	417
	3	《文物》1977 年第 2 期图版 1，5	417
	4	《考古》1963 年第 2 期 59 页图 7	417
	5	《考古》1973 年第 1 期 33 页图 6	417
	6	《文物》1974 年第 11 期 71 页图 5	417
	7	《考古》1964 年第 3 期 139 页图 2，1	417
	8	《考古》1986 年第 3 期 213 页图 4 下	417
	9	《考古》1983 年第 1 期 44 页图 2，6	417
	10	《考古》1983 年第 1 期 44 页图 2，8	417

续表

图号	分号	来源	页码
四七	11	《考古》1983 年第 1 期 46 页图 4	417
四八	1	《东南文化》1988 年第 3—4 期 21 页图 9	424
	2	《东南文化》1988 年第 3—4 期 20 页图 8	424
	3	《东南文化》1988 年第 3—4 期 22 页图 10	424
	4	《文物》1984 年第 1 期 22 页图 24，1	424
	5	《文物》1984 年第 1 期 22 页图 24，2	424
	6	《文物》1981 年第 1 期 15 页图 1	424
	7	《东南文化》1988 年第 3—4 期 23 页图 11 左	424
	8	《考古》1965 年第 3 期 107 页图 5，1	424
	9	《文物》1987 年第 12 期 26 页图 3	424
	10	《文物》1984 年第 1 期 24 页图 35	424
	11	《文物》1984 年第 1 期 24 页图 36	424
四九	1	《文物》1981 年第 6 期 7 页图 14，1	435
	2	《文物》1981 年第 6 期 7 页图 13	435
	3	《文物》1981 年第 6 期 14 页图 32	435
	4	《考学》1956 年第 4 期 9 页图 10	435
	5	《文物》1987 年第 10 期 23 页图 2，2	435
	6	《文物》1987 年第 10 期 24 页图 3，1	435
	7	《文物》1974 年第 5 期 67 页图 6	435
	8	《文物》1987 年第 10 期 24 页图 3，2	435
	9	《文物》1987 年第 10 期 23 页图 2，12	435
	10	《考古》1983 年第 7 期 597 页图 2，4	435
	11	《文物》1981 年第 6 期 14 页图 35	435
	12	《文物》1981 年第 6 期 14 页图 31	435
五〇	1	《考学》1985 年第 4 期 534 页图 28，1	436
	2	《考学》1985 年第 4 期 527 页图 20，4	436
	3	《考学》1985 年第 4 期 522 页图 14，2	436

附录二　引用考古材料及其简称

〔1〕高仲达:《湖北当阳赵家塝楚墓发掘简报》(《赵家塝楚墓》),《江汉考古》1982 年第 1 期。同见《当阳赵家湖楚墓》,文物出版社 1992 年版。

〔2〕湖北省博物馆:《湖北枝江百里洲发现春秋铜器》(《百里洲铜器》),《文物》1972 年第 3 期。

〔3〕王儒林、崔庆明:《南阳市西关出土一批春秋青铜器》(《南阳西关铜器》),《中原文物》1982 年第 1 期。

〔4〕信阳地区文管会、信阳市文化局:《河南信阳市平桥春秋墓发掘简报》(《平桥 M_1、M_2》),《文物》1981 年第 1 期。

〔5〕河南省文物研究所、河南丹江库区考古发掘队、淅川县博物馆:《淅川下寺春秋楚墓》(《下寺楚墓》),文物出版社 1991 年版。

〔6〕陈千万:《谷城新店出土的春秋铜器》(《新店铜器》),《江汉考古》1986 年第 3 期。

〔7〕荆州地区博物馆:《江陵岳山大队出土一批春秋青铜器》(《岳山铜器》),《文物》1982 年第 10 期。

〔8〕湖北省博物馆:《襄阳山湾东周墓葬发掘报告》(《山湾楚墓》),《江汉考古》1983 年第 2 期。

〔9〕湖北省宜昌地区文物工作队:《当阳金家山九号春秋楚墓》(《金家山 M_9》),《文物》1982 年第 4 期。

〔10〕高应勤、王光镐:《当阳赵家湖楚墓分类和分期》(《赵家湖楚墓》),《中国考古学会第二次年会论文集》,文物出版社 1982 年版。

〔11〕湖北省宜昌地区博物馆:《当阳金家山春秋楚墓发掘简报》(《金家山楚墓》),《文物》1989 年第 11 期。

〔12〕余秀翠:《当阳发现一组春秋铜器》(《当阳慈化楚墓》),《江汉考古》1983 年第 1 期。

〔13〕南阳地区文物队、淅川县博物馆:《淅川县毛坪楚墓发掘简

报》(《毛坪楚墓》),《中原文物》1982 年第 1 期。

〔14〕岳阳市文物工作队:《岳阳县凤形嘴山一号墓发掘简报》,《文物》1993 年第 1 期。

〔15〕湖北宜昌地区博物馆:《当阳曹家岗 5 号楚墓》(《曹家岗 M5》),《考古学报》1988 年第 4 期。

〔16〕湖北宜昌地区博物馆:《湖北枝江姚家港高山庙两座春秋楚墓》(《姚家港楚墓》),《文物》1989 年第 3 期。

〔17〕安徽省文物管理委员会、安徽省博物馆:《寿县蔡侯墓出土遗物》(《蔡侯申墓》),科学出版社 1956 年版。

〔18〕湖北省博物馆、宜城县博物馆:《湖北宜城骆家山一号墓出土青铜器》(《骆家山 M_1》),《江汉考古》1983 年第 1 期。

〔19〕信阳地区文管会、潢川县文化馆:《河南潢川县发现黄国和蔡国铜器》(《潢川蔡器》),《文物》1980 年第 1 期。

〔20〕湘乡县博物馆:《湘乡县五里桥、何家湾古墓葬发掘简报》(《五里桥 M_1、河家湾 M_1》),《湖南考古辑刊》第 3 集,岳麓书社 1986 年版。

〔21〕吴县文物管理委员会:《江苏吴县何山东周墓》(《何山楚墓》),《文物》1984 年第 5 期。

〔22〕固始侯古堆一号墓发掘组:《河南固始侯古堆一号墓发掘简报》(《侯古堆 M_1》),《文物》1981 年第 1 期。

〔23〕湖北省博物馆:《曾侯乙墓》,文物出版社 1989 年版。

〔24〕湖南省博物馆:《长沙浏城桥 1 号墓》(《浏城桥 M_1》),《考古学报》1973 年第 1 期。

〔25〕湖北省博物馆:《襄阳蔡坡战国墓》(《蔡坡楚墓》),《江汉考古》1985 年第 1 期。

〔26〕安徽省文物工作队:《安徽舒城九里墩春秋墓》(《九里墩墓》),《考古学报》1982 年第 2 期。

〔27〕信阳地区文管会、固始县文化局:《固始白狮子地一号和二号

墓清理简报》(《白狮子地 M_1、M_2》),《中原文物》1981 年第 4 期。

〔28〕荆州地区博物馆:《江陵天星观 1 号楚墓》(《天星观 M_1》),《考古学报》1982 年第 1 期。

〔29〕荆州地区博物馆:《湖北江陵藤店一号墓发掘简报》(《藤店 M_1》),《文物》1973 年第 9 期。

〔30〕河南省文物研究所:《信阳楚墓》(《长台关 M_1、M_2》),文物出版社 1986 年版。

〔31〕湖北省博物馆、随州市博物馆:《湖北随州擂鼓墩二号墓发掘简报》(《擂鼓墩 M_2》),《文物》1985 年第 1 期。

〔32〕湖北省文物考古研究所:《江陵望山沙冢楚墓》(《望山楚墓 M_1、M_2》),文物出版社 1996 年版。

〔33〕湖北省荆沙铁路考古队:《包山楚墓》(《包山 M_2、M_4》),文物出版社 1991 年版。

〔34〕王世振:《随州擂鼓墩砖瓦厂 13 号墓发掘简报》(《擂鼓墩 M_{13}》),《江汉考古》1984 年第 3 期。

〔35〕湖北省博物馆 1962 年发掘资料。

〔36〕荆州地区博物馆:《江陵李家台楚墓清理简报》(《李家台 M_4》),《江汉考古》1985 年第 3 期。

〔37〕湖北省博物馆江陵工作站:《江陵马山十座楚墓》(《马联 M_2》),《江汉考古》1988 年第 3 期。

〔38〕鄂城县博物馆:《鄂城楚墓》,《考古学报》1983 年第 2 期。

〔39〕湖北省博物馆江陵工作站、麻城县博物馆:《麻城楚墓》,《江汉考古》1986 年第 2 期。

〔40〕湖南省博物馆、常德地区文物工作队:《临澧九里楚墓》,《湖南考古辑刊》第 3 集,岳麓书社 1986 年。

〔41〕长沙市文物工作队:《长沙市荷花池 1 号战国木椁墓发掘报告》(《荷花池 M_1》),《湖南考古辑刊》第五辑 1989 年。

〔42〕中国科学院考古研究所:《长沙发掘报告》,科学出版社 1957

年版。

〔43〕周世荣:《长沙烈士公园清理的战国墓》(《烈士公园 M_1、M_3》)《考古通讯》1958 年第 6 期。

〔44〕湖南省文管会文物工作组李正光:《湖南长沙砚瓦池发现战国木椁墓》(《砚瓦池楚墓》),《文物参考资料》1955 年第 9 期。

〔45〕河南省文物研究所、平顶山市文物管理委员会、叶县文化馆:《河南省叶县归县 1 号墓的清理》(《旧县 M_1》),《华夏考古》1988 年第 3 期。

〔46〕驻马店地区文化局李芳芝:《上蔡县发现一座楚墓》,《中原文物》1990 年第 2 期。

〔47〕荆州地区博物馆:《江陵马山一号楚墓》(《马山 M_1》),文物出版社 1985 年版。

〔48〕荆州地区博物馆:《江陵张家山 201 号楚墓清理简报》(《张家山 M_{201}》),《江汉考古》1984 年第 2 期。

〔49〕荆州地区博物馆:《江陵雨台山楚墓》(《雨台山墓》),文物出版社 1984 年版。

〔50〕单先进、熊传新:《长沙识字岭战国墓》,《考古》1977 年第 1 期。

〔51〕湖南省博物馆:《湖南常德德山楚墓发掘报告》(《德山楚墓》),《考古》1963 年第 9 期。

〔52〕丝茅冲工作小组:《长沙北郊丝茅冲工地第一工区的古代墓葬》,《文物参考资料》1955 年第 11 期。

〔53〕常德地区文物工作队,桃源县文化局:《桃源三元村一号楚墓》(《三元村 M_1》),《湖南考古辑刊》第 4 辑,岳麓书社 1987 年版。

〔54〕所依据的资料较多,主要有:李景聃:《寿县楚墓调查报告》《田野考古报告》第一册,1936 年。安徽省博物馆筹备处《安徽省博物馆筹备处所藏楚器图录(第一集)》(《安博图录》),1953 年。本表之器类与数字统计并参考以下两文:1. 李零:《论东周楚国典型铜器群》

(《器群》)，中国古文字研究会第六次年会论文。2. 曹淑琴、殷玮璋：《寿县朱家集铜器群研究》(《器研》)，《考古学文化论集》第 1 集，文物出版社 1987 年版。

〔55〕舒城县文物管理所：《舒城县秦家桥战国楚墓清理简报》，《文物研究》第六辑，黄山书社 1990 年版。

〔56〕镇江市博物馆：《江苏武进孟河战国墓》，《考古》1984 年第 2 期。

附常引论文简称（引用不多之论文简称已在正文中注明，此不再列）

《中原铜研》　高明：《中原地区东周时代青铜礼器研究》，《考古与文物》1981 年第 2—4 期。

《鼎析》　高崇文：《东周楚式鼎形态分析》，《江汉考古》1983 年第 1 期。

《楚铜研》　刘彬徽：《楚国青铜礼器初步研究》，《中国考古学会第四次年会论文集》，文物出版社 1985 年版。

《考述》　刘彬徽：《湖北出土两周金文的年代与国别考述》，《古文字研究》第 13 辑，中华书局 1986 年版。

《汇释》　李零：《楚国铜器铭文编年汇释》，《古文字研究》第 13 辑，中华书局 1986 年版。

附录三　引用书刊简称

考古图　考古图　续考古图　考古图释文　宋吕大临　赵九成　中华书局 1987 年重印

薛氏　历代钟鼎彝器款识法帖　20 卷　宋薛尚功　中华书局 1986 年重印

积古　积古斋钟鼎彝器款识　10 卷　清阮元　嘉庆九年（1804）

剑古　双剑诊吉金图录　于省吾　1934 年影印本
十二家　十二家吉金图录　商承祚　1935 年影印本
小校　小校经阁金文拓本　18 卷　刘体智　1935 年
缀遗　缀遗斋彝器款识考释　30 卷　清方濬益　1935 年涵芬楼石印本
大系　两周金文辞大系图录考释　8 册　郭沫若　1932 年影印本　科学出版社 1958 年重印
楚释　楚器图释　2 卷　刘节　1935 年
郑彝　新郑彝器　河南通志文物志 1937 年石印
三代　三代吉金文存（全三册）　罗振玉　1937 年　中华书局 1983 年重新影印
通考　商周彝器通考　2 册　容庚　哈佛燕京学社　1941 年
楚展　楚文物展览图录　北京历史博物馆　1954 年
安博图　安徽省博物馆筹备处所藏楚器图录　（第一集）　1 袋　1953 年
蔡侯墓　寿县蔡侯墓出土遗物　安徽省文物管理委员会、安徽省博物馆　科学出版社 1956 年
录遗　商周金文录遗　于省吾　1957 年
通论　殷周青铜器通论　容庚　张维持　文物出版社 1984 年重印本
美集录　美帝国主义劫掠的我国殷周青铜器集录　1 册　陈梦家　科学出版社 1963 年
中州路　洛阳中州路　中国科学院考古研究所　科学出版社 1959 年
简目　金文著录简目　孙稚雏　中华书局 1981 年
铜综研　商周铜器群综合研究　郭宝钧　文物出版社 1987 年
战国文字　战国文字通论　何琳仪　中华书局 1989 年
古研　古文字研究　中华书局出版　1981 年以来

铜纹饰　商周青铜器纹饰　上海博物馆青铜器研究组　文物出版社 1984 年
铭文选　商周青铜器铭文选　四册　上海博物馆商周青铜器铭文选编写组　文物出版社 1986—1990 年
青铜器　中国美术全集·工艺美术编·青铜器　上下册　中国美术全集编集委员会　文物出版社 1985—1986 年
集成　殷周金文集成　全册　中国社会科学院考古研究所　中华书局　1984—1992 年
安徽铜器　安徽省博物馆藏青铜器　上海人民美术出版社 1987 年
泉屋　泉屋清赏　4 册　〔日〕滨田耕作　1919 年
山彪镇　山彪镇与琉璃阁　郭宝钧　科学出版社 1959 年
中国铜器　中国青铜器　马承源主编　编撰者陈佩芬、吴镇烽、熊传新　上海古籍出版社 1988 年
湖南博文　湖南博物馆文集　湖南省博物馆编　岳麓书社 1991 年 1 月
河北文物　河北省出土文物选集　河北省博物馆、文物管理处　文物出版社 1980 年
曾墓图案　战国曾侯乙墓出土文物图案选　湖北省博物馆　北京工艺美术研究所　长江文艺出版社 1984 年
山东文物　山东文物选集　山东省文物管理处、山东省博物馆　文物出版社 1959 年
度量衡　中国古代度量衡图集　文物出版社 1981 年

附录四　楚系金文铭文拓片（摹本）

1. 楚公冡钟

1. 楚公豪钟

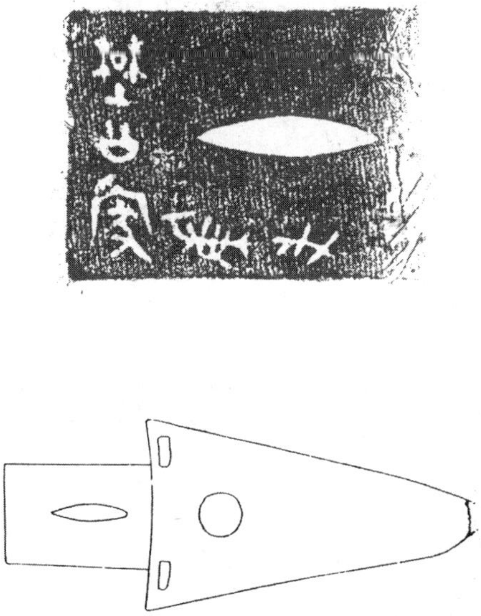

1. 楚公豕戈

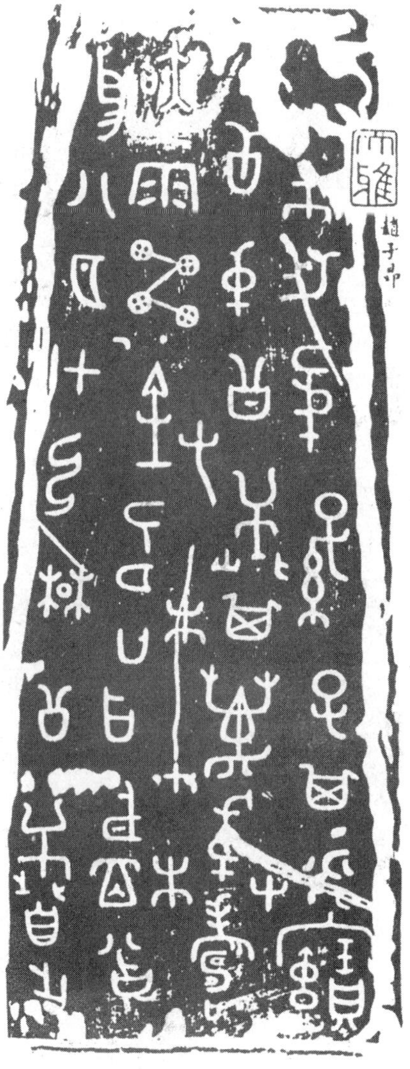

2. 楚公逆钟

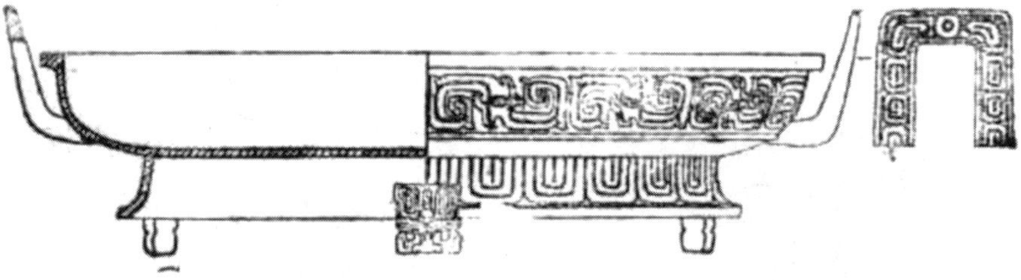

3. 楚季苟盘

4. 楚嬴盘与匜

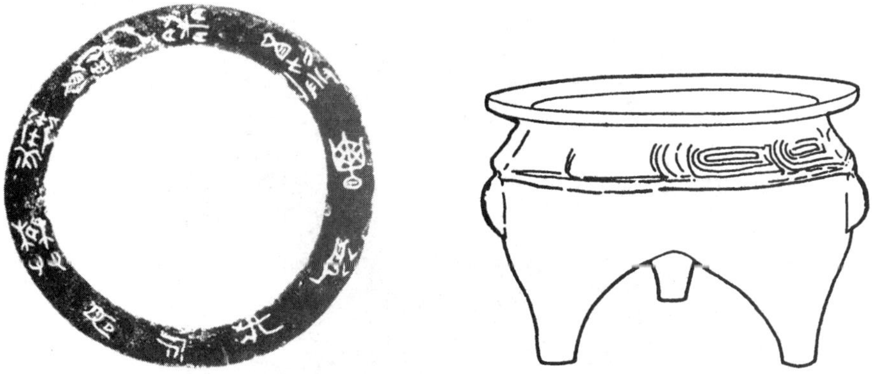

5. 樊君鬲

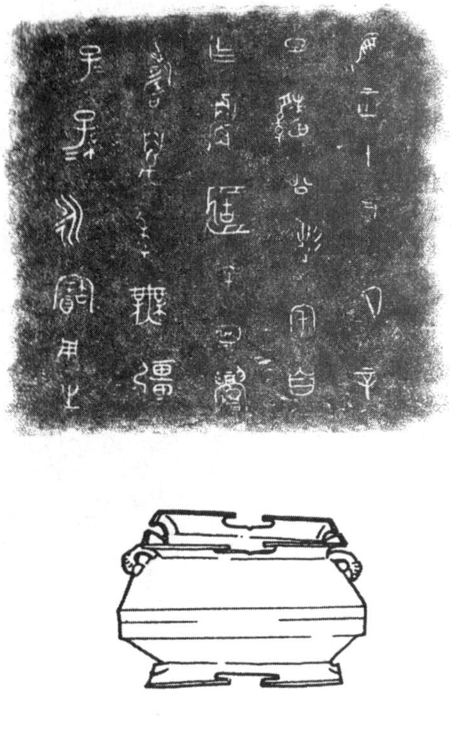

6. 中子化盘　　7. 申公彭宇簠

8. 痟父簠与匜

9. 邛仲孀南钟

樊君夔盆

樊君夔匜

10. 樊君夔盆、匜

11. 曾孟嬭谏盆

12. 子諆盆

盖

器

13. 鄎子行盆

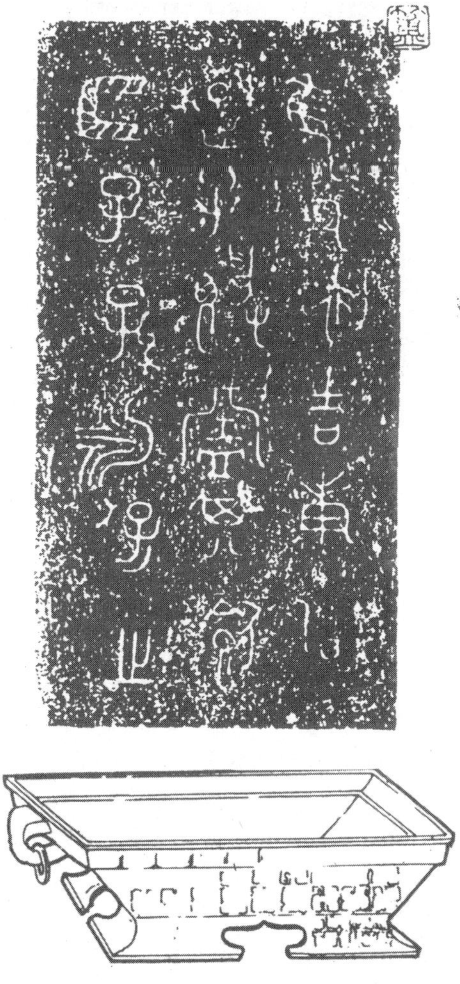

14. 楚子䞋簠

15. 上鄀公簠

16. 楚王领钟

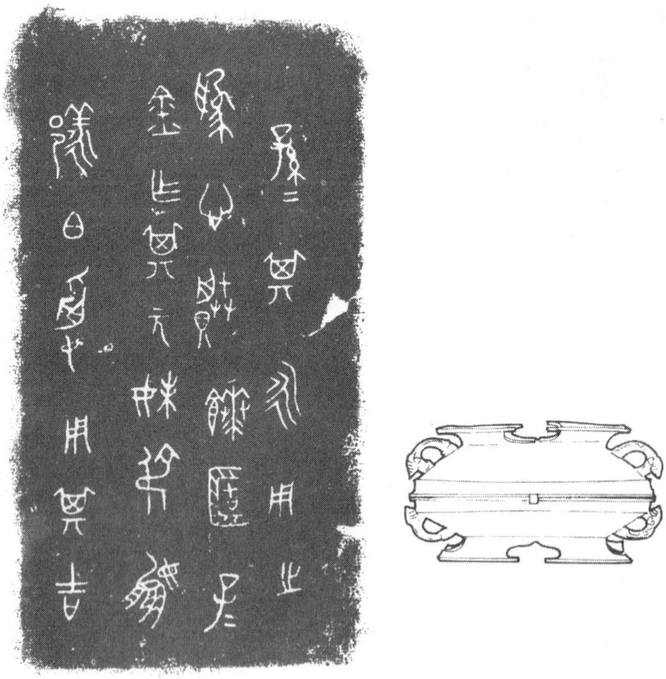

17. 鄬伯受簠

18. 仲嬭鼎

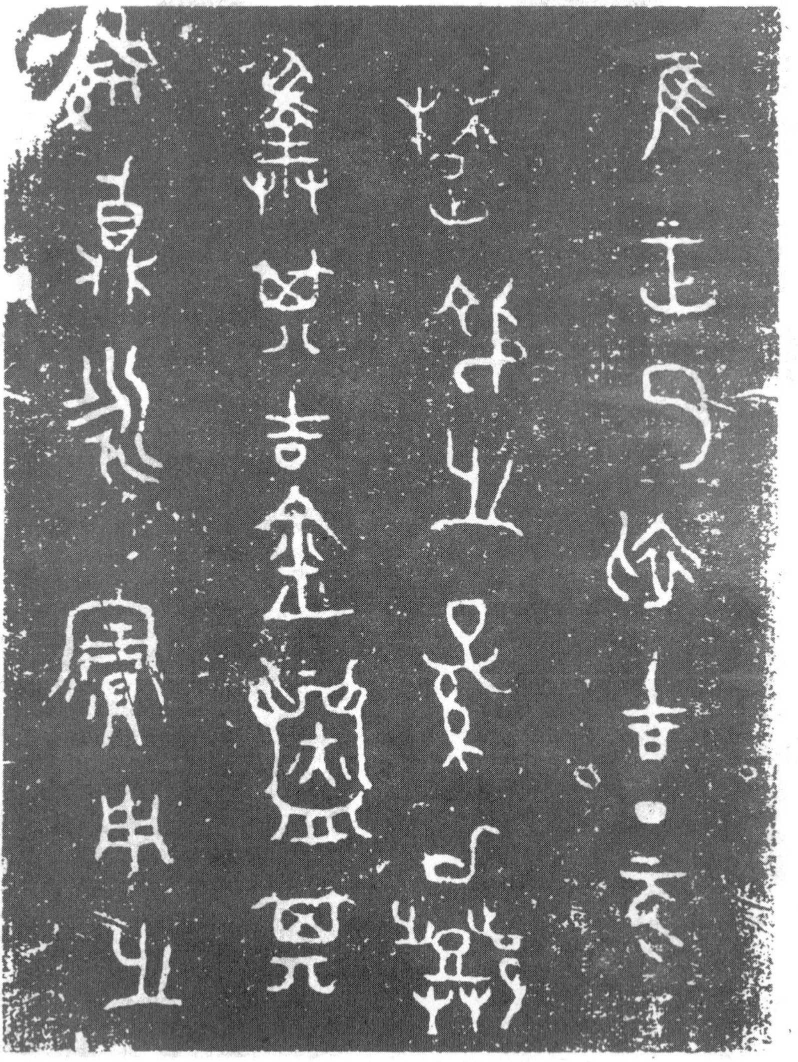

19. 以邓鼎

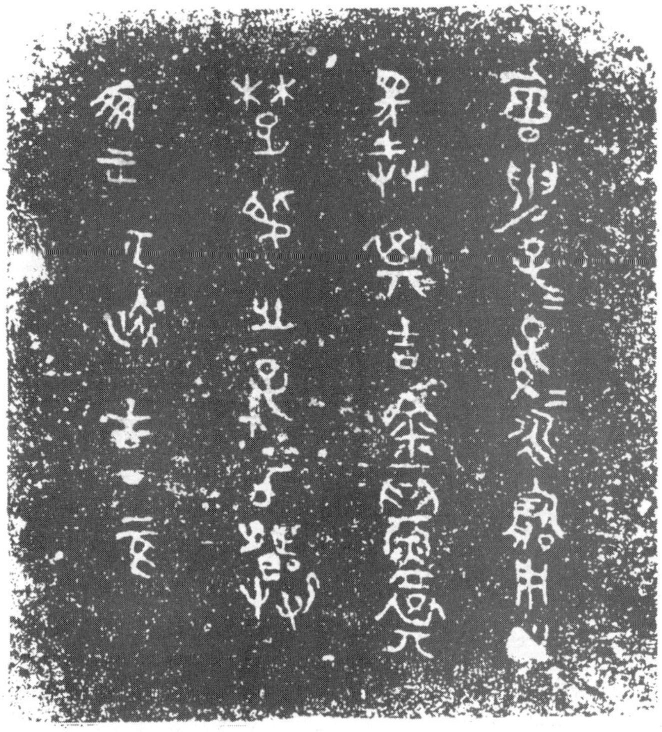

19. 以邓匜

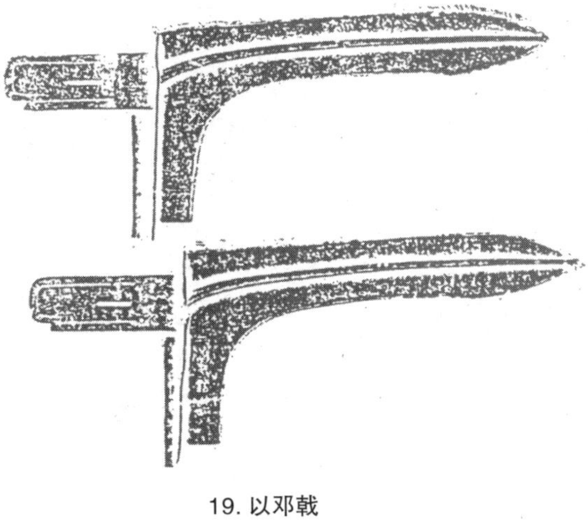

19. 以邓戟

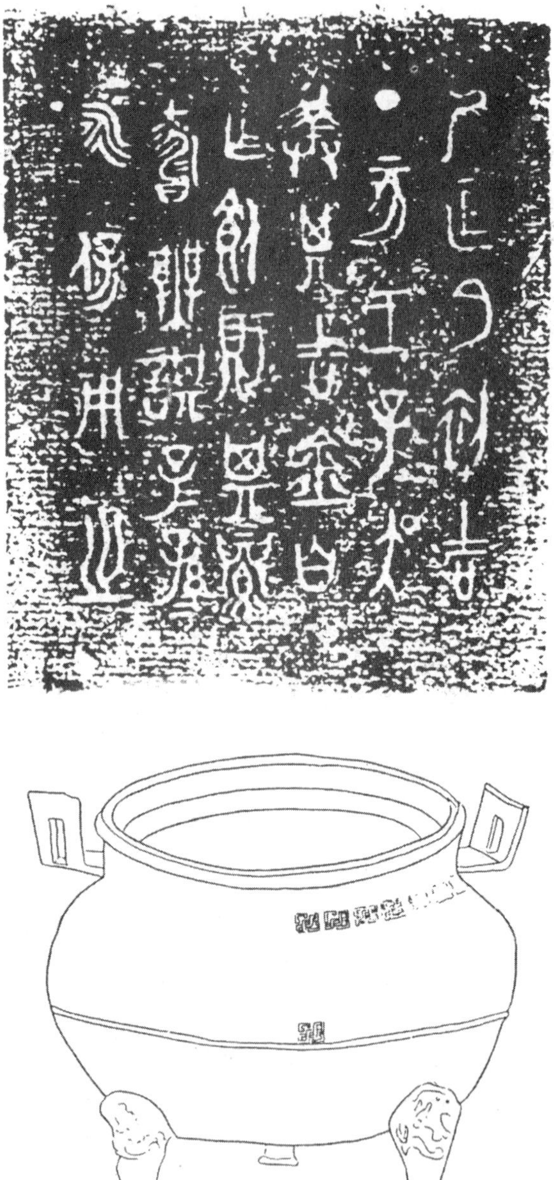

20. 王子吴鼎

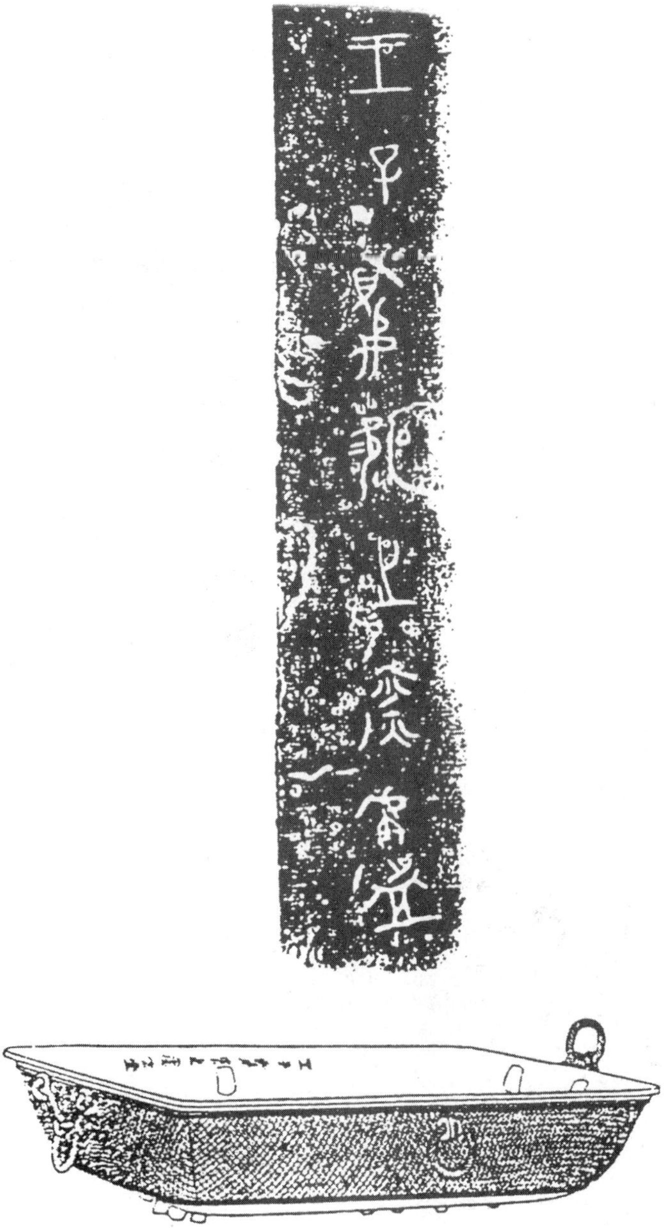

21. 王子婴次炉

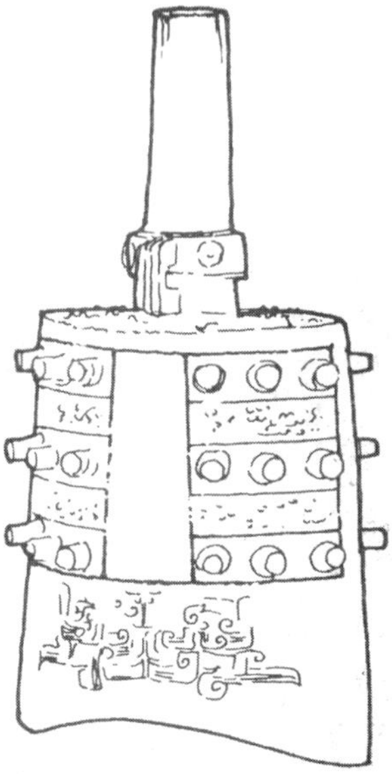

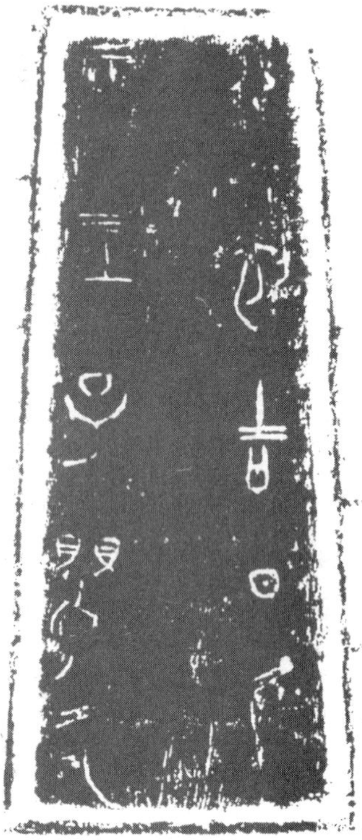

21. 王子婴次钟

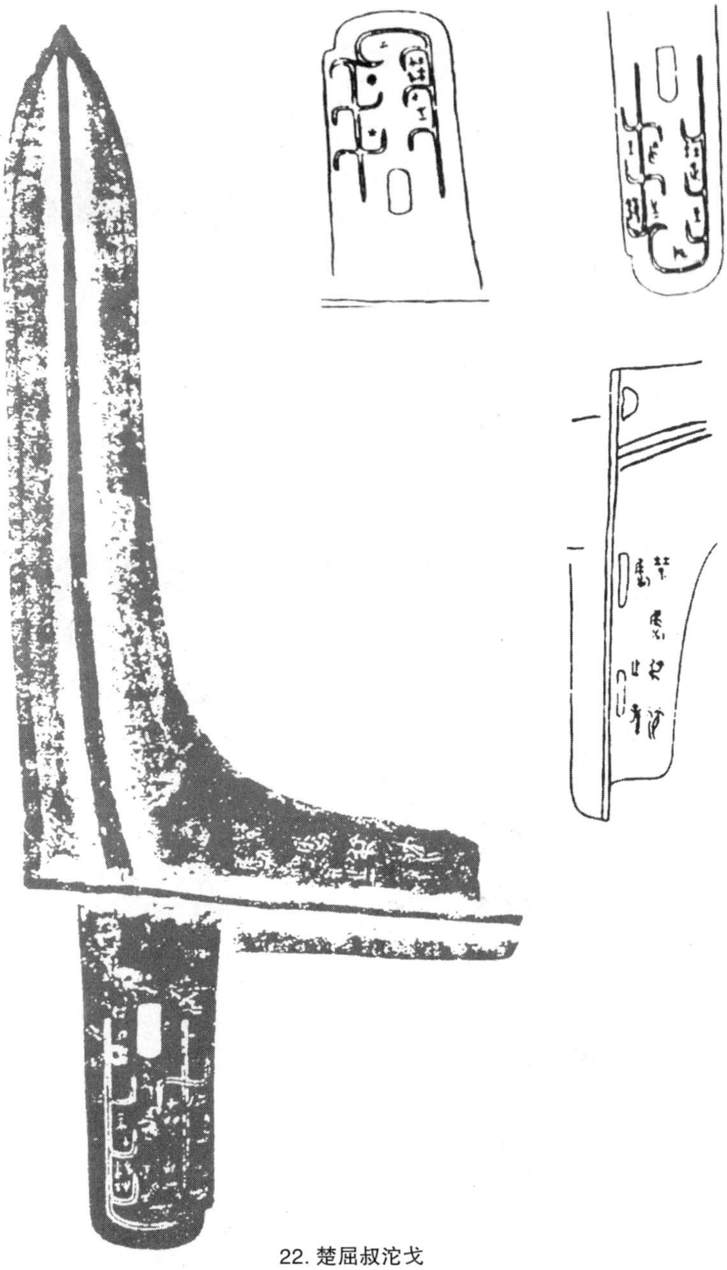

22. 楚屈叔沱戈

22. 楚屈叔沱戈

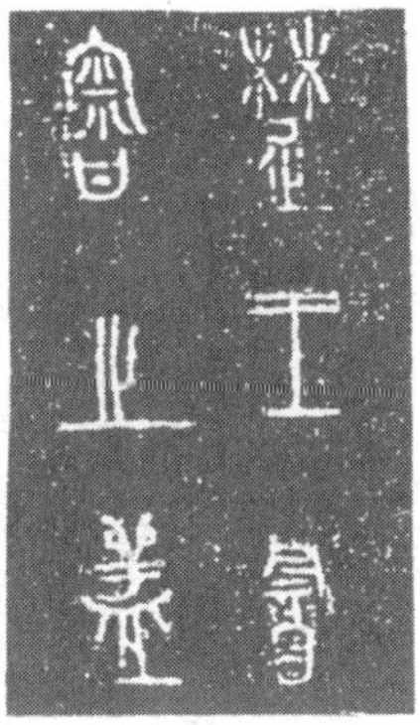

24. 楚王酓审盏

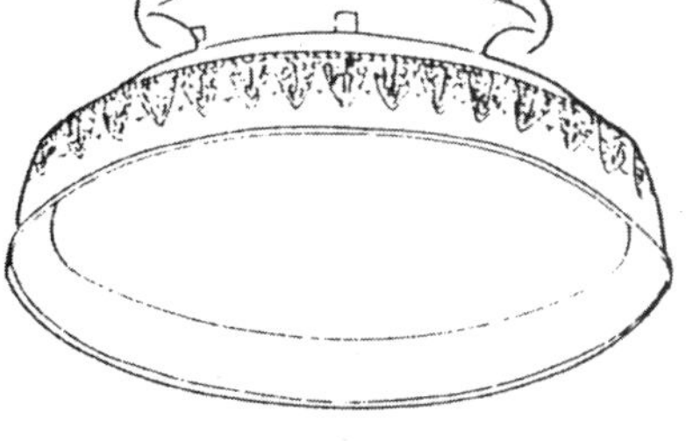

23. 王子申盏

25. 楚屈子赤角簠

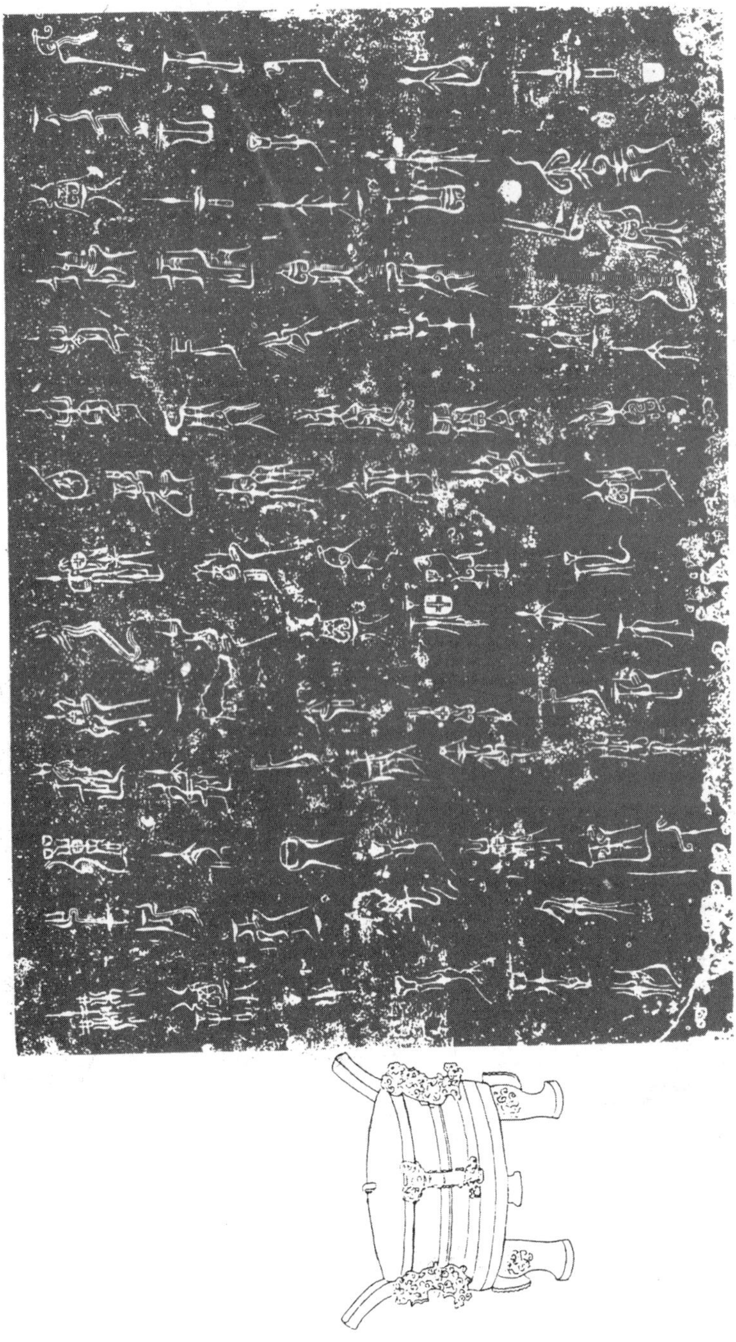

26. 王子午鼎

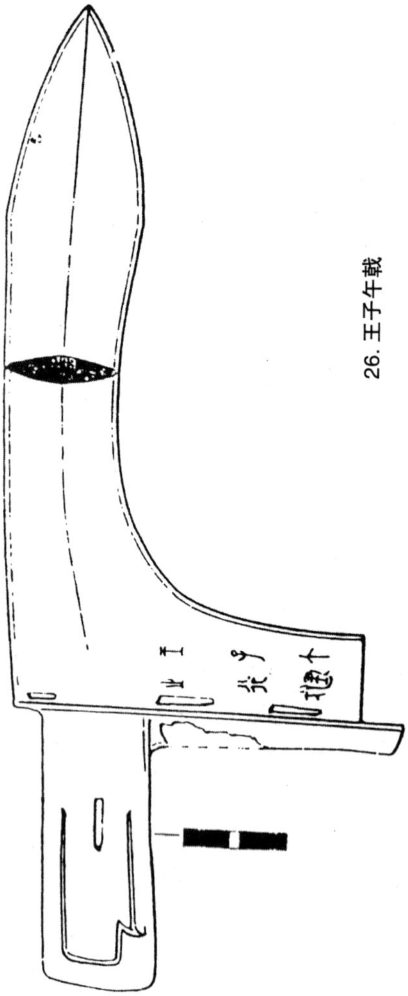

26. 王子午戟

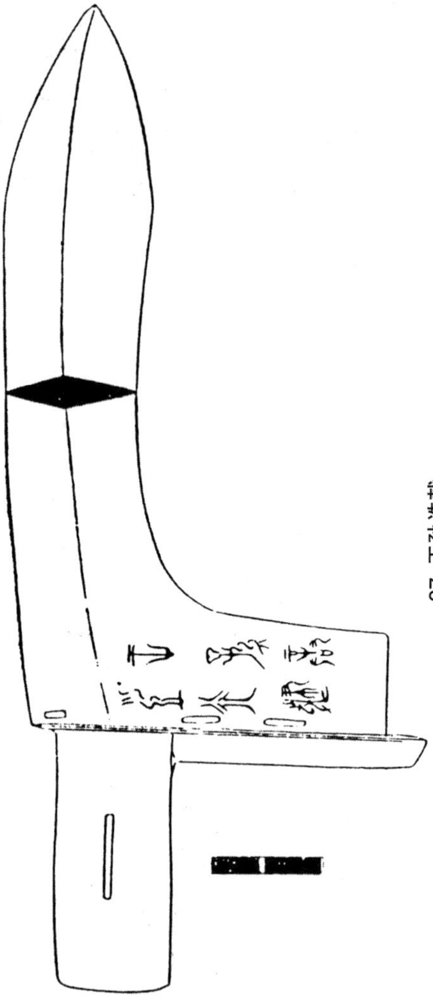

27. 王孙诰戟

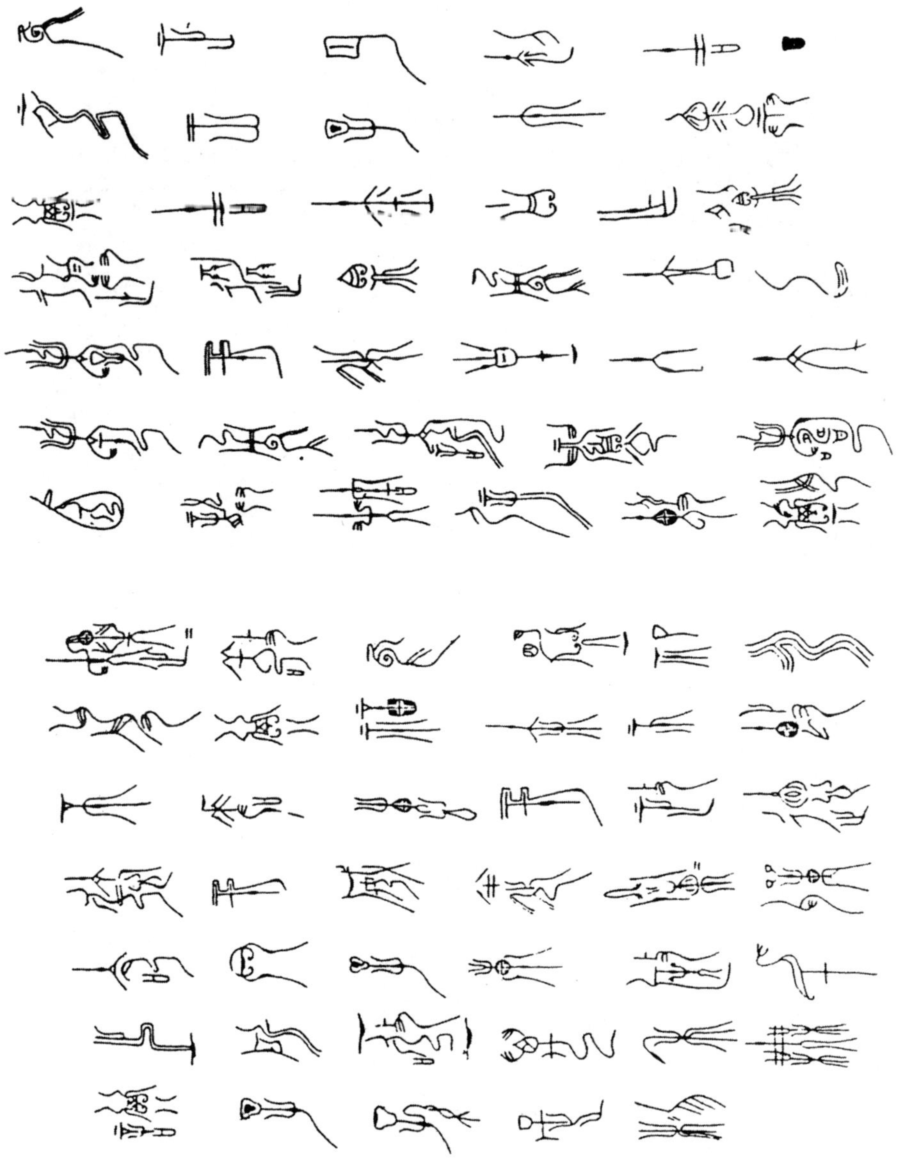

27. 王子午鼎铭文摹本

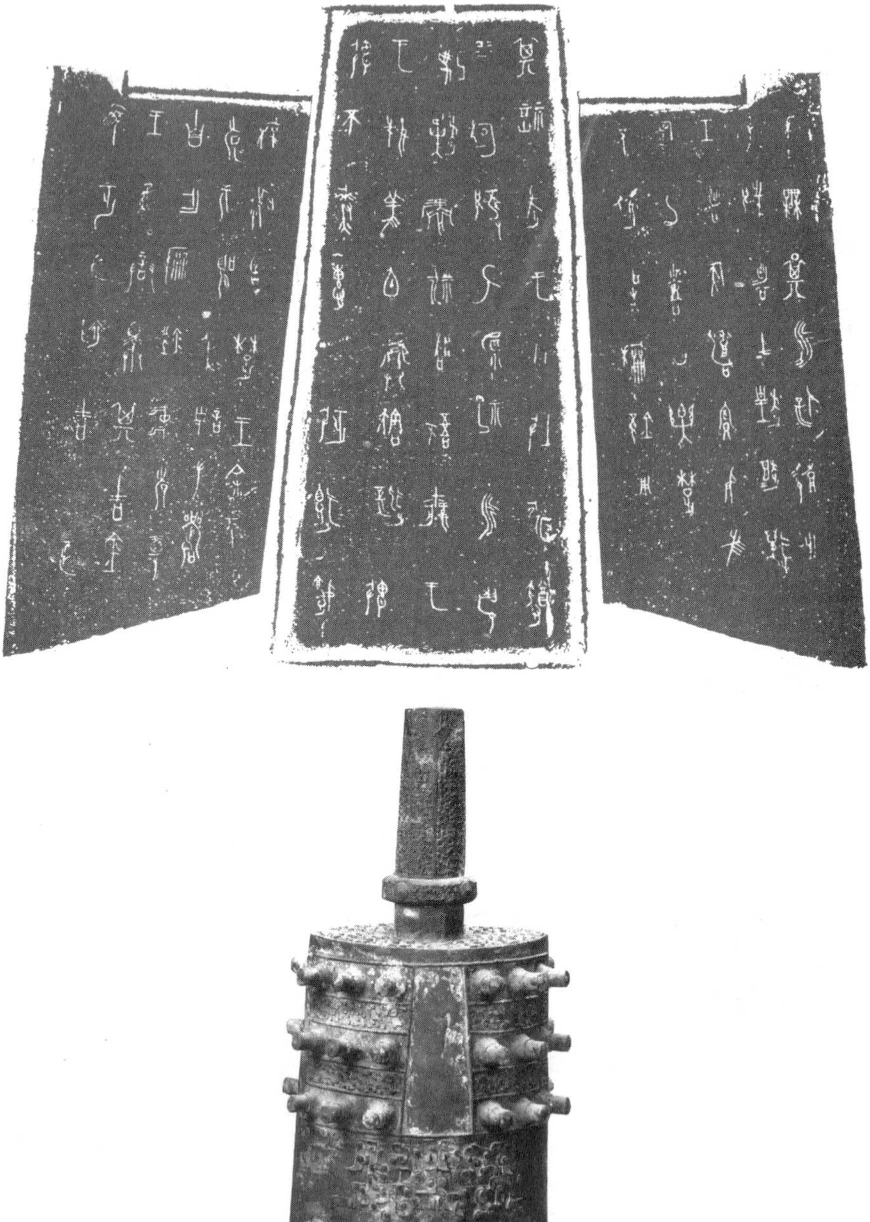

27. 王孙诰钟

28. 王孙遗者钟

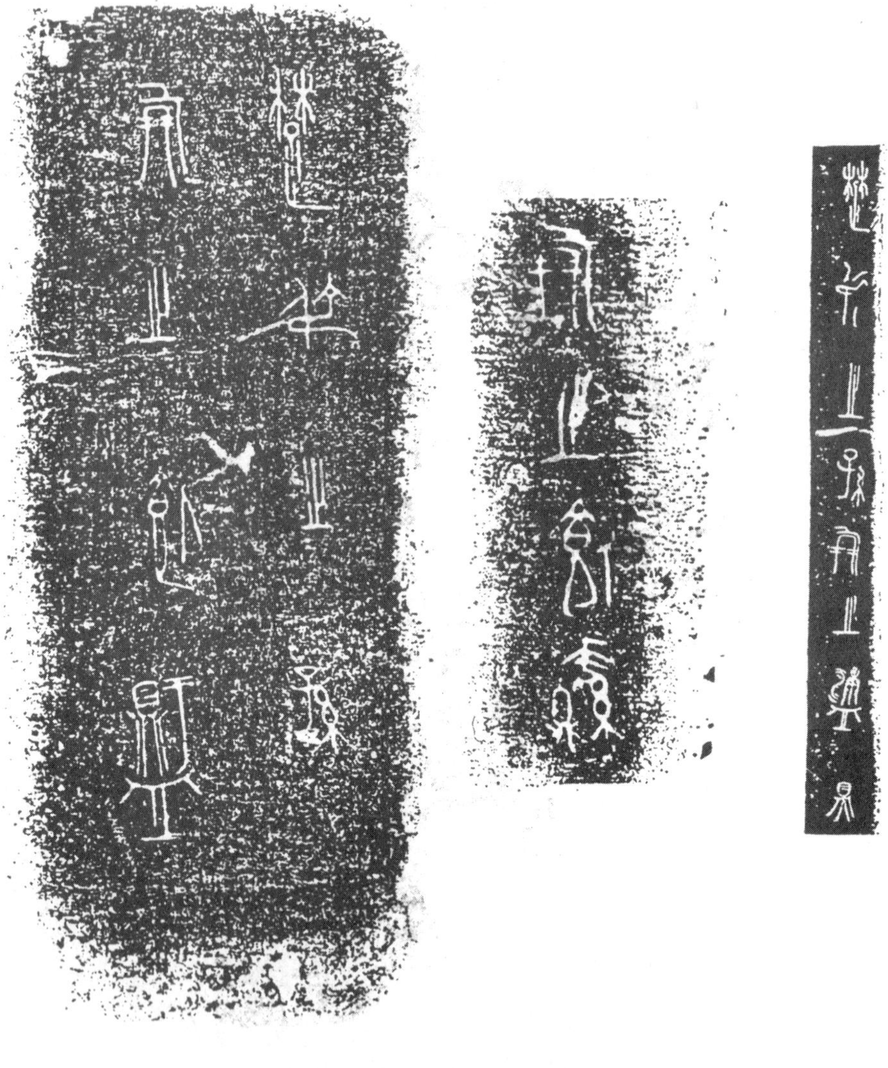

29. 倗之鼾鼎、繁鼎、𨑝鼎

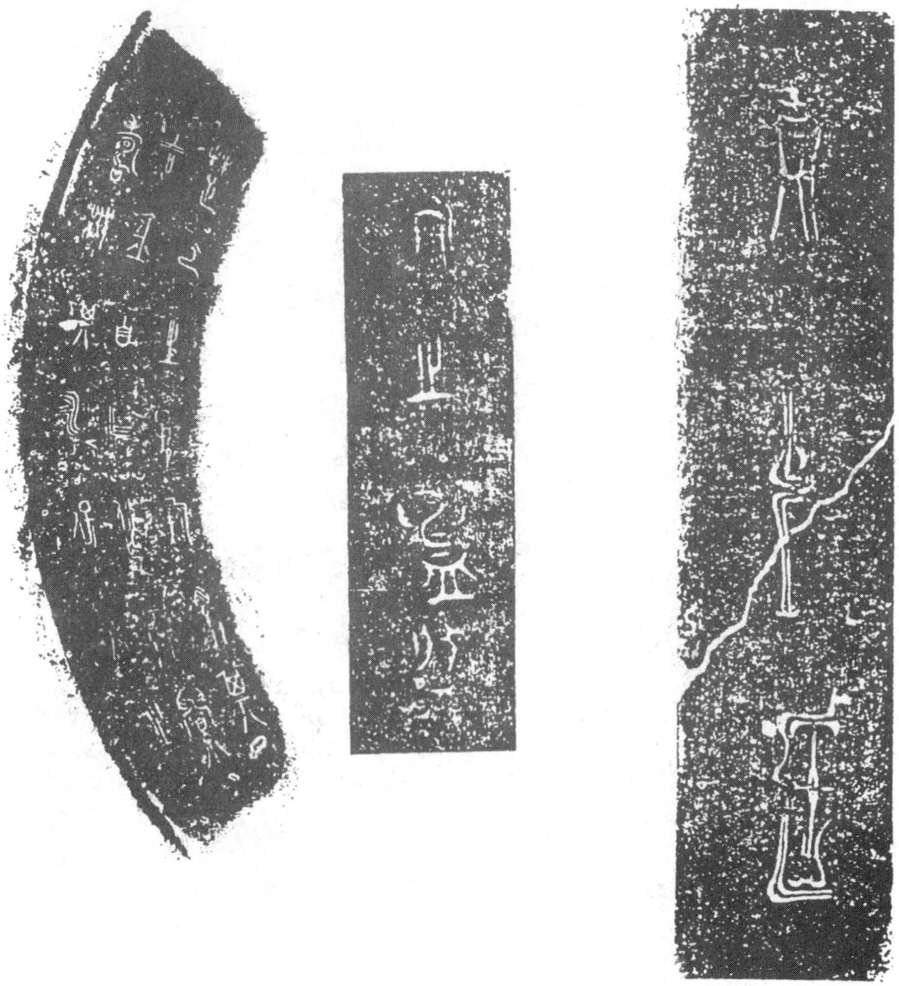

29. 左　倗之浴鼎铭文
中　倗之盘铭文
右　倗之簠铭文

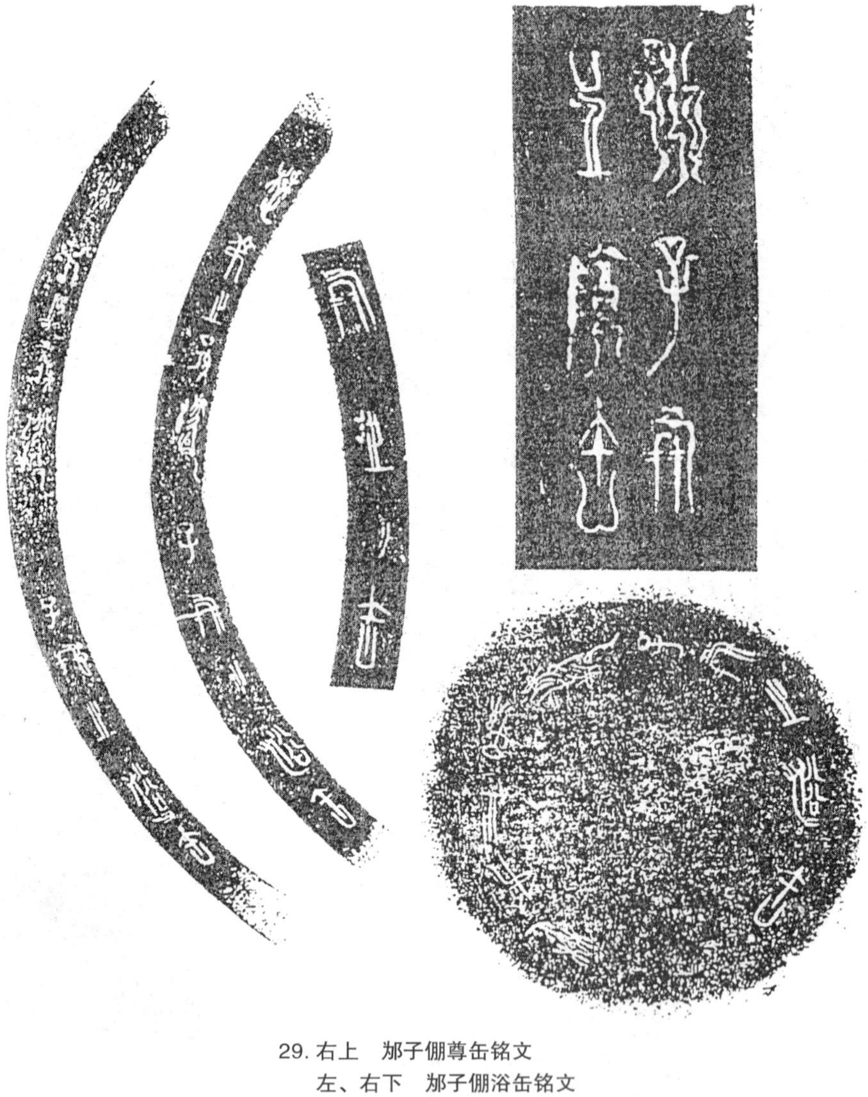

29. 右上　郝子倗尊缶铭文
　　左、右下　郝子倗浴缶铭文

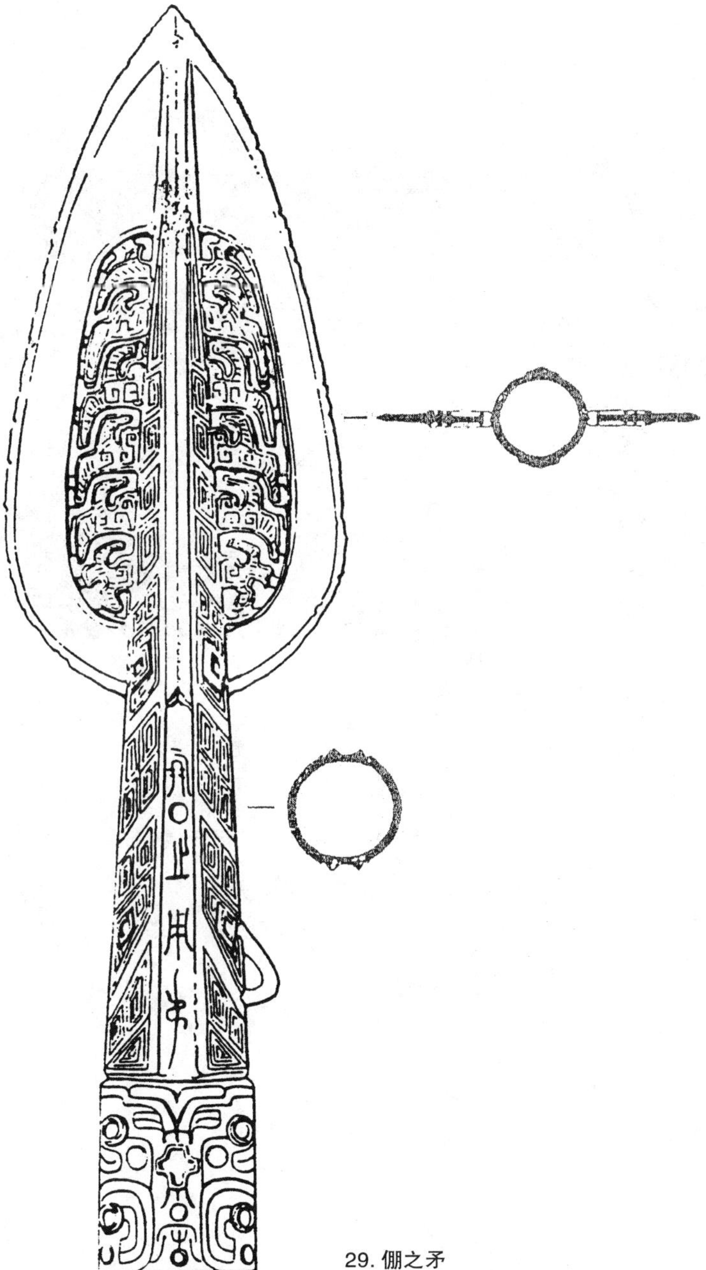

29. 倗之矛

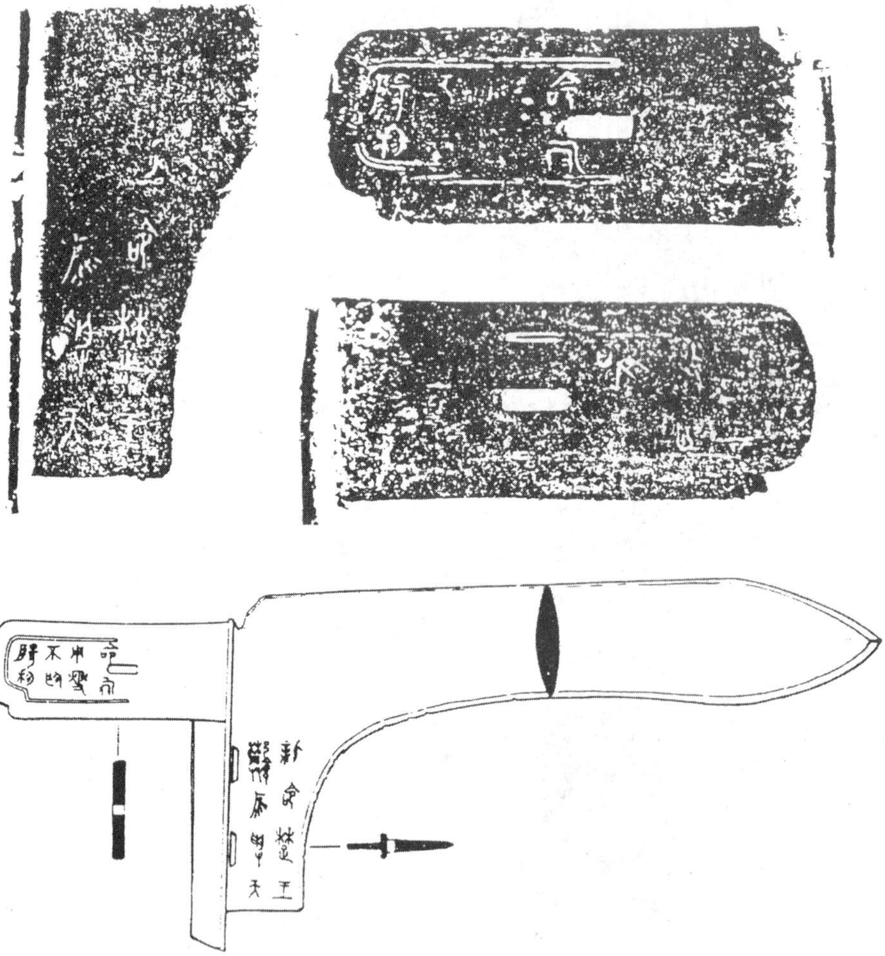

29. 倗之戈

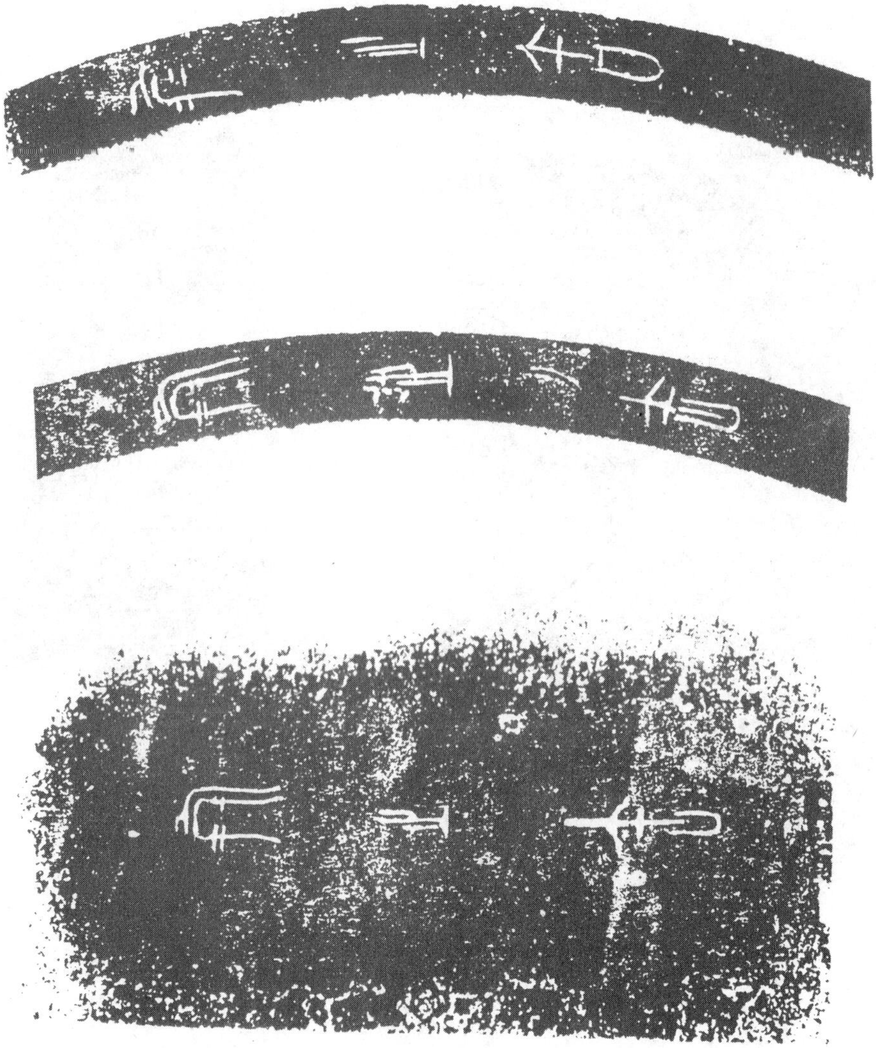

29. 倗缶

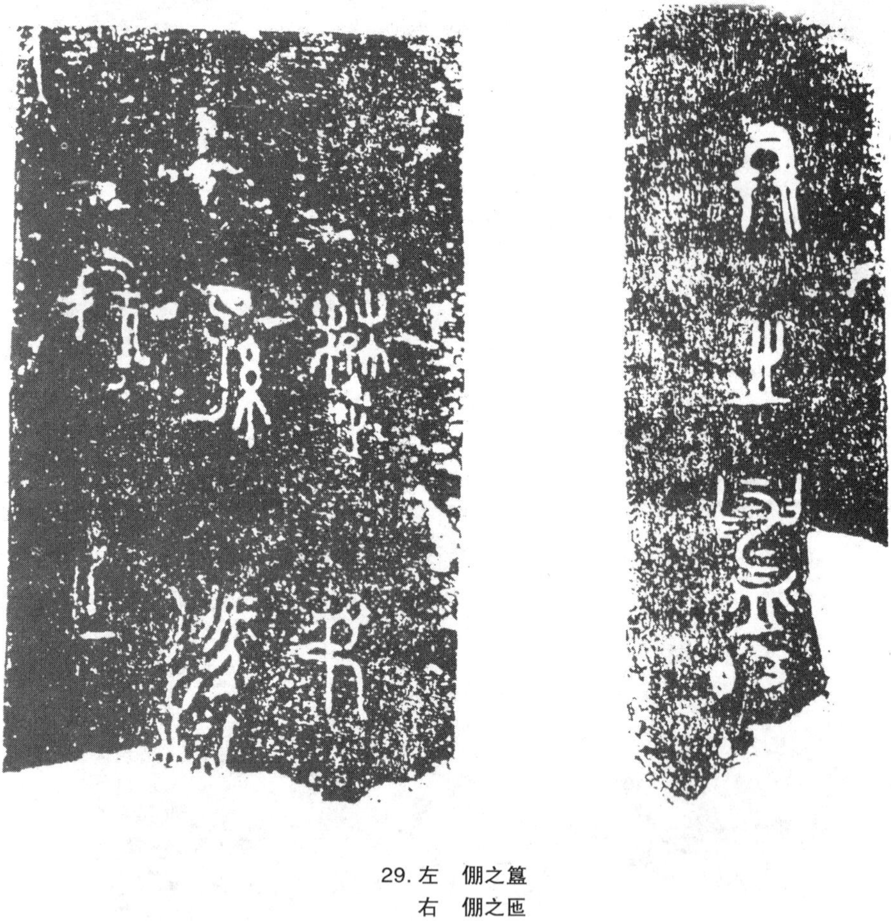

29. 左　倗之簋
右　倗之匜

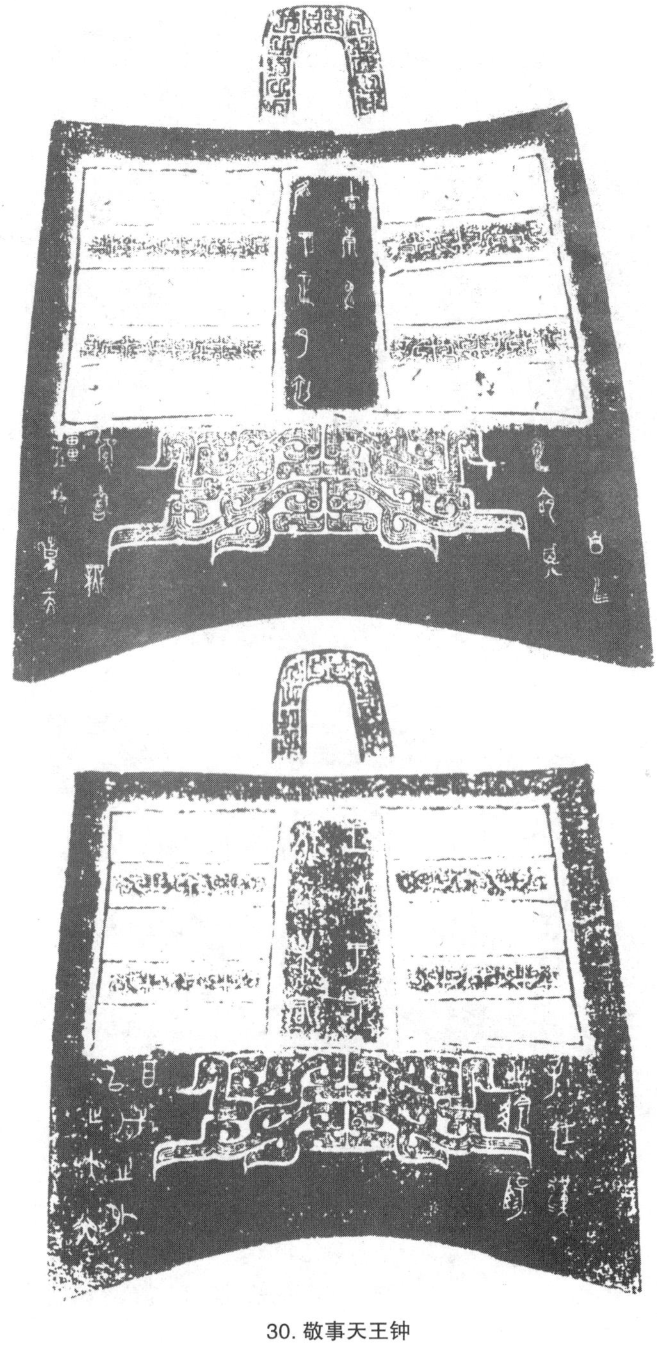

30. 敬事天王钟

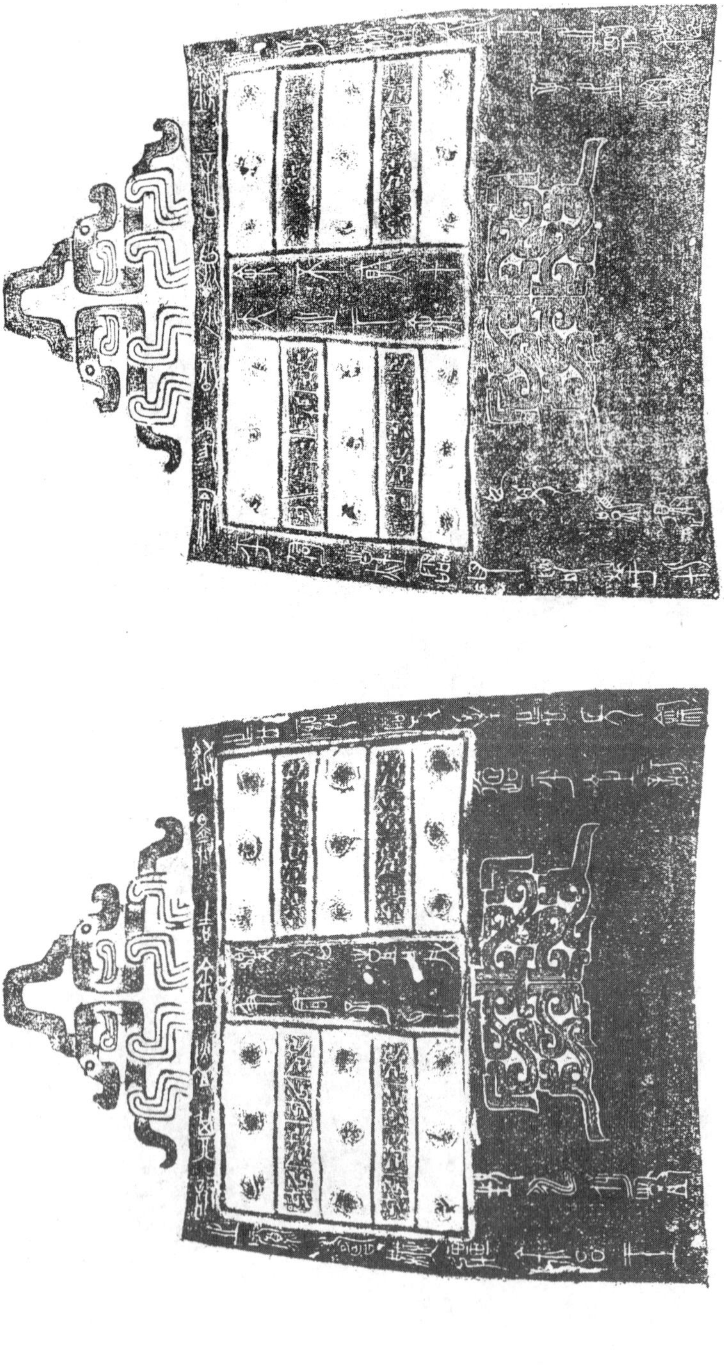

31. 黝钟

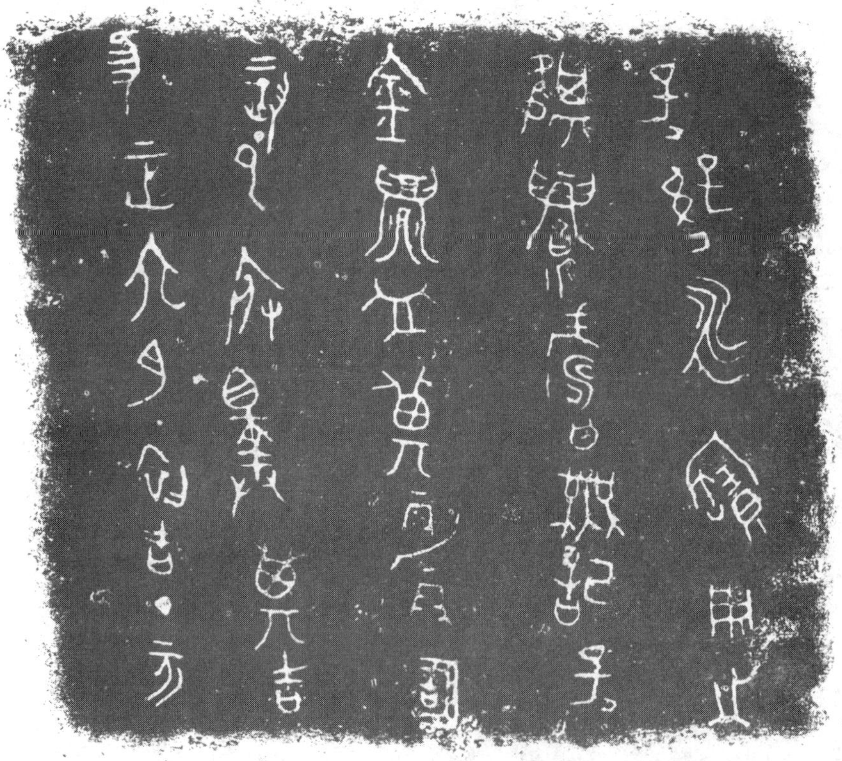

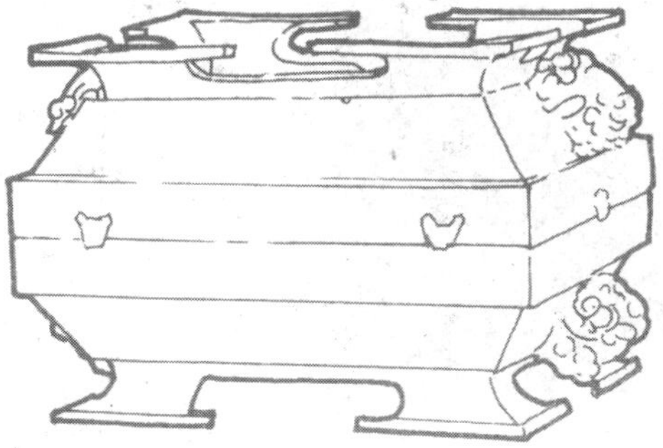

32. 上鄀府簠

33. 楚子弃疾簠

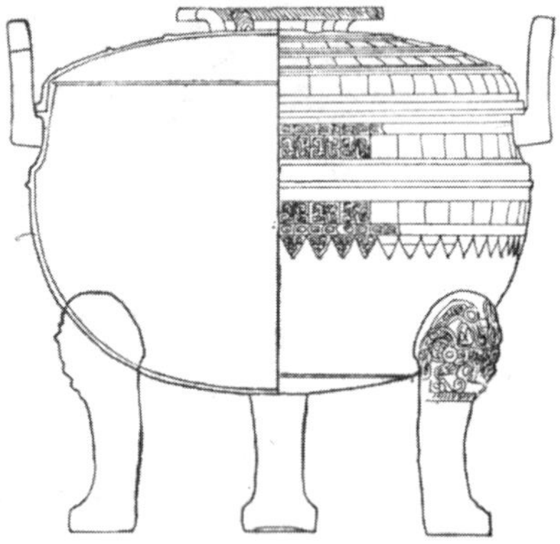

34. 楚子适鼎

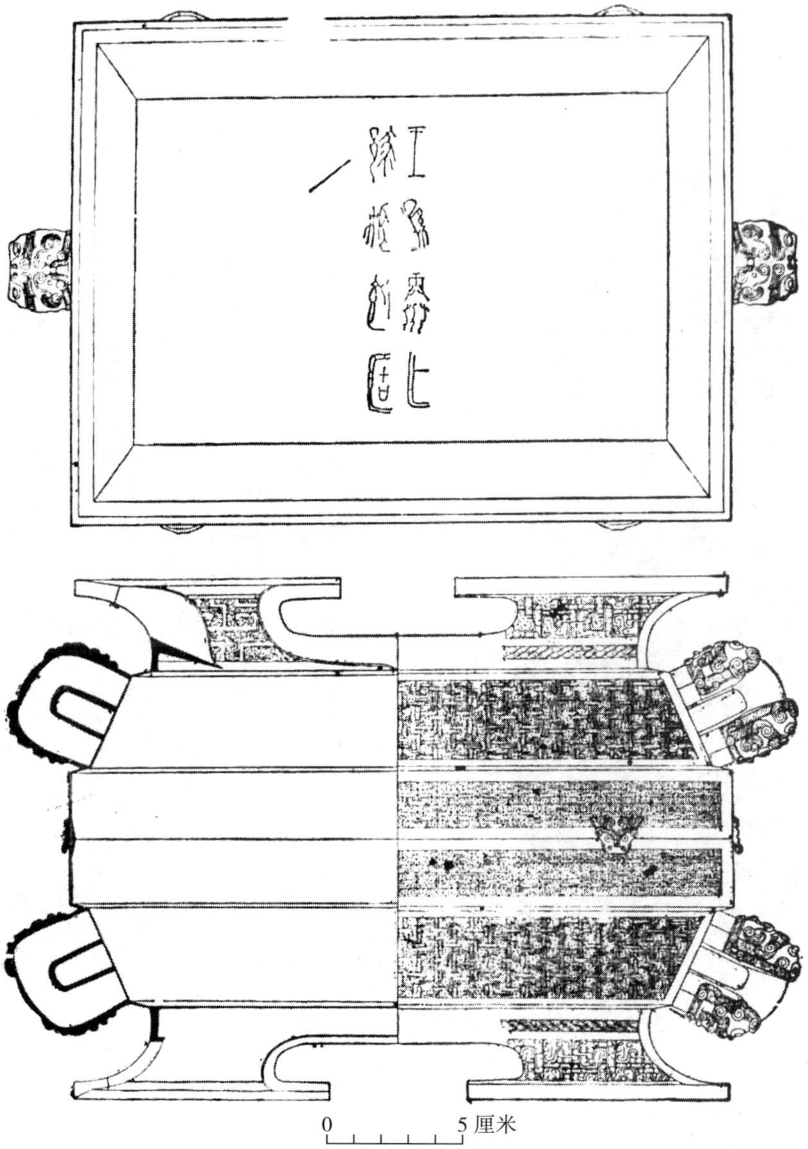

35. 王孙霥簠

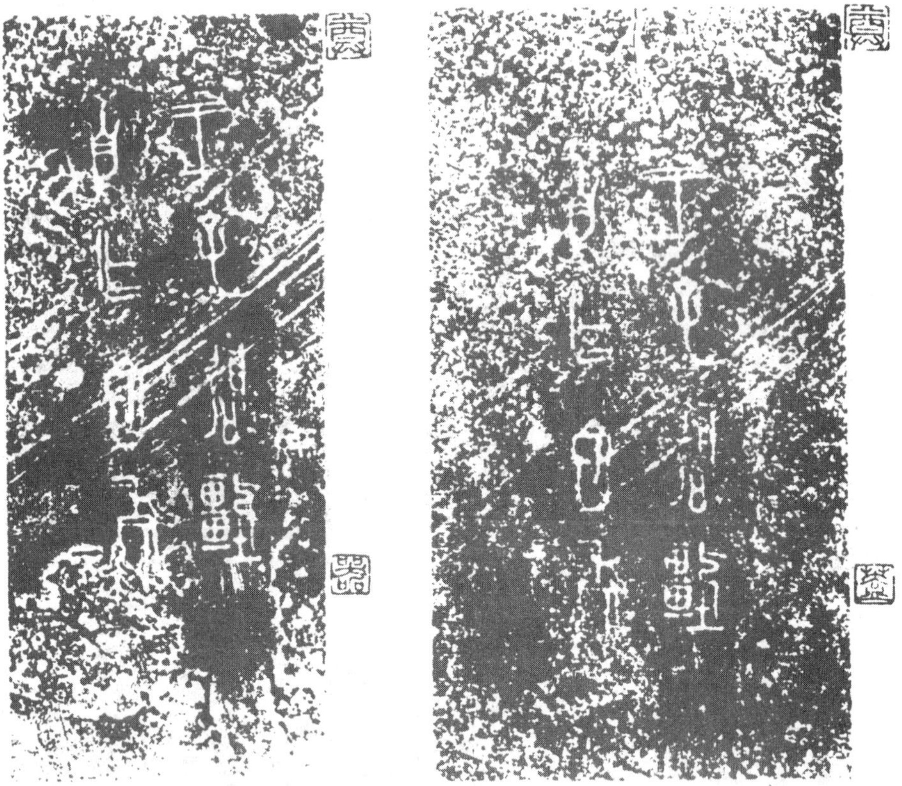

36. 王子启强鼎

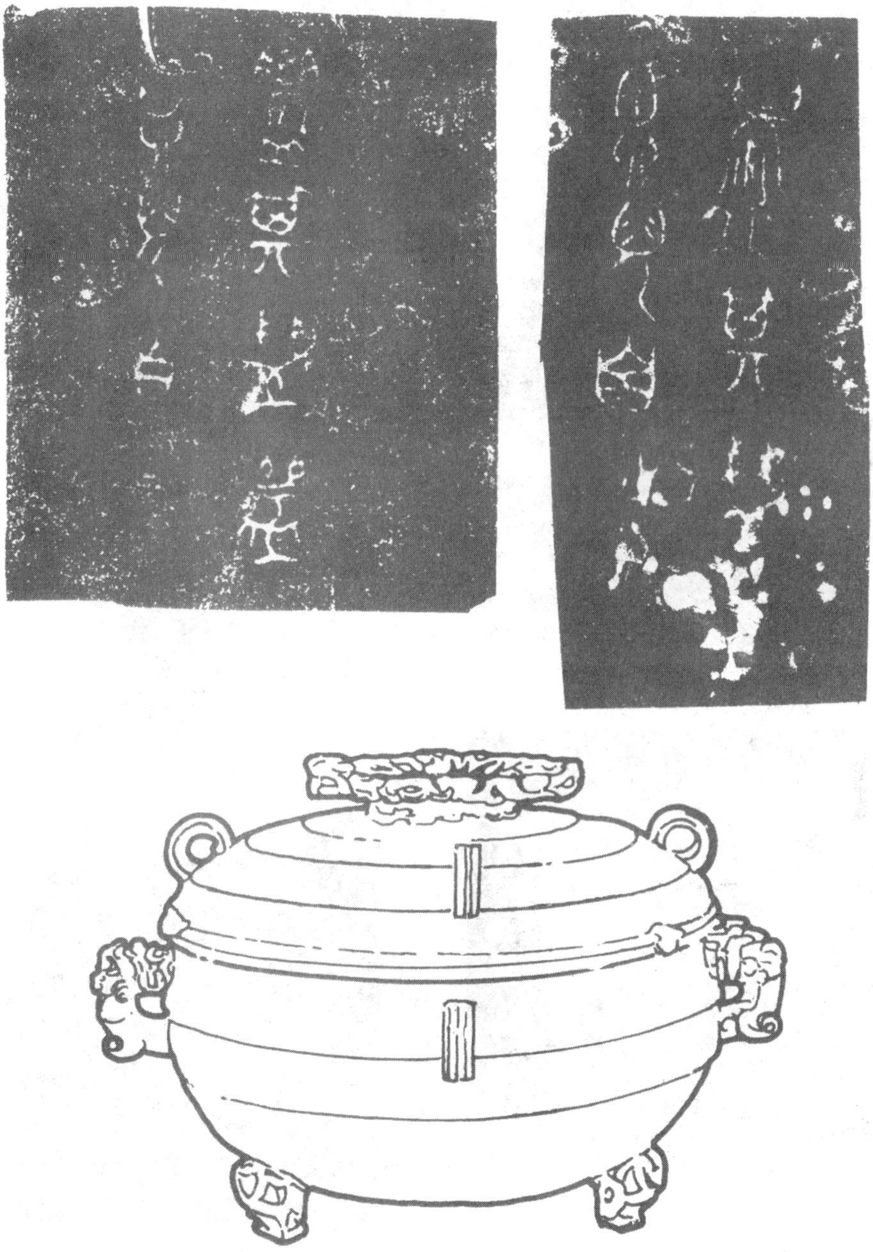

37. 慍儿盏

38. 邓公乘鼎

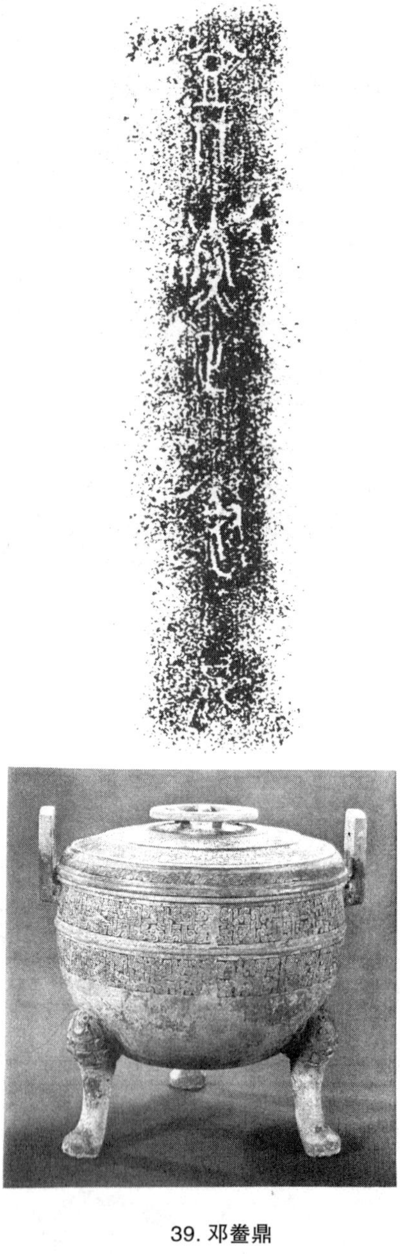

39. 邓鲞鼎

40. 蔡儿缶

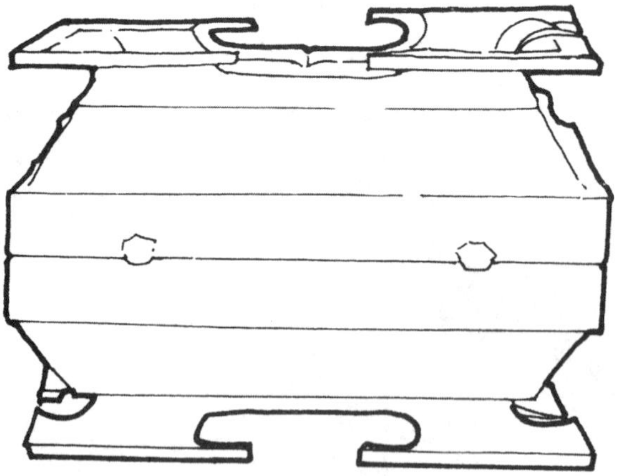

41. 许公买簠

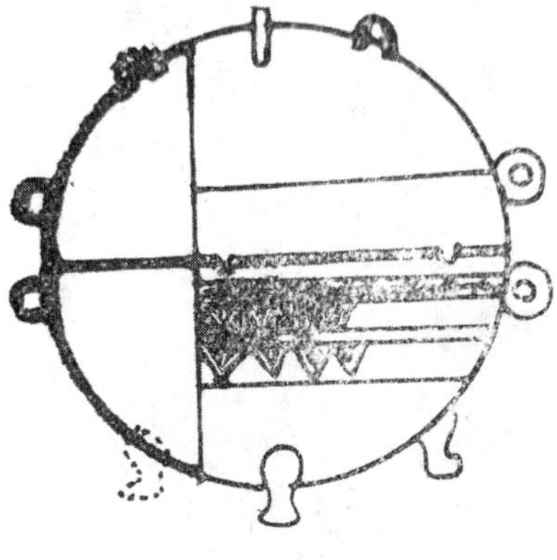

42. 楚子夜鄭敦

43. 子季嬴青簠

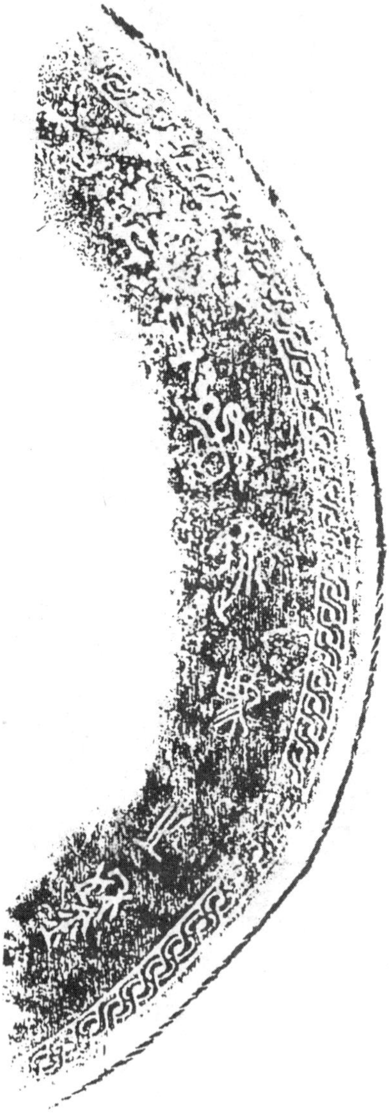

44. 楚叔之孙途为盉

45. 中子鬓浴缶

46. 邓尹疾鼎

47. 邓子午鼎

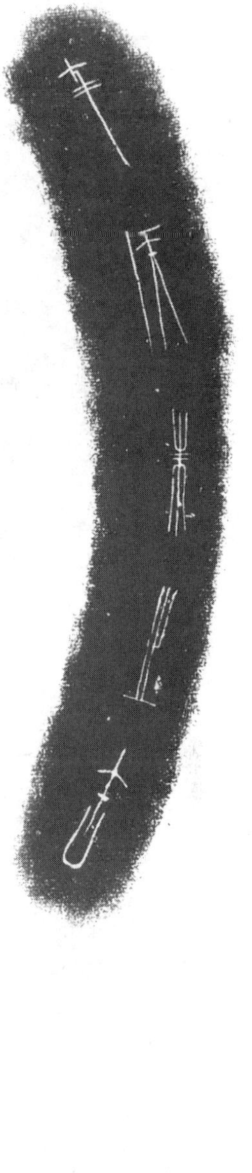

48. 蔡侯朱之缶

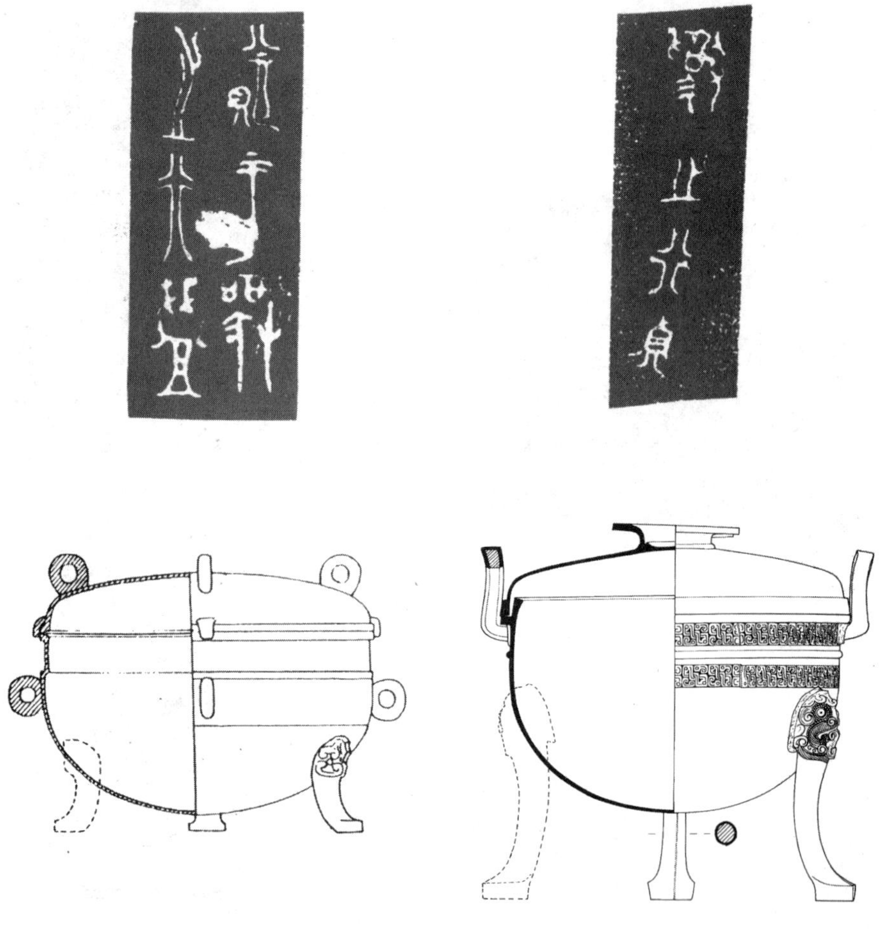

49. 郷之鼎盏

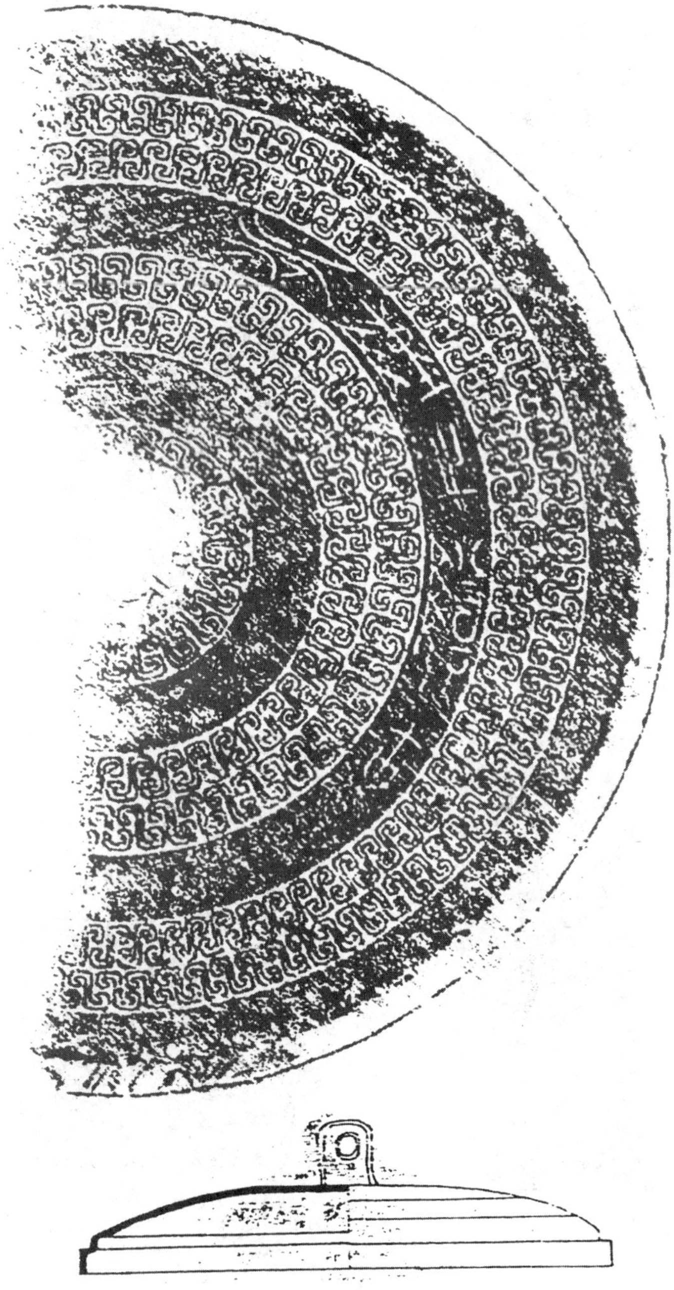

50. 永陈尊缶盖

51. 蔡侯申𪔂等器

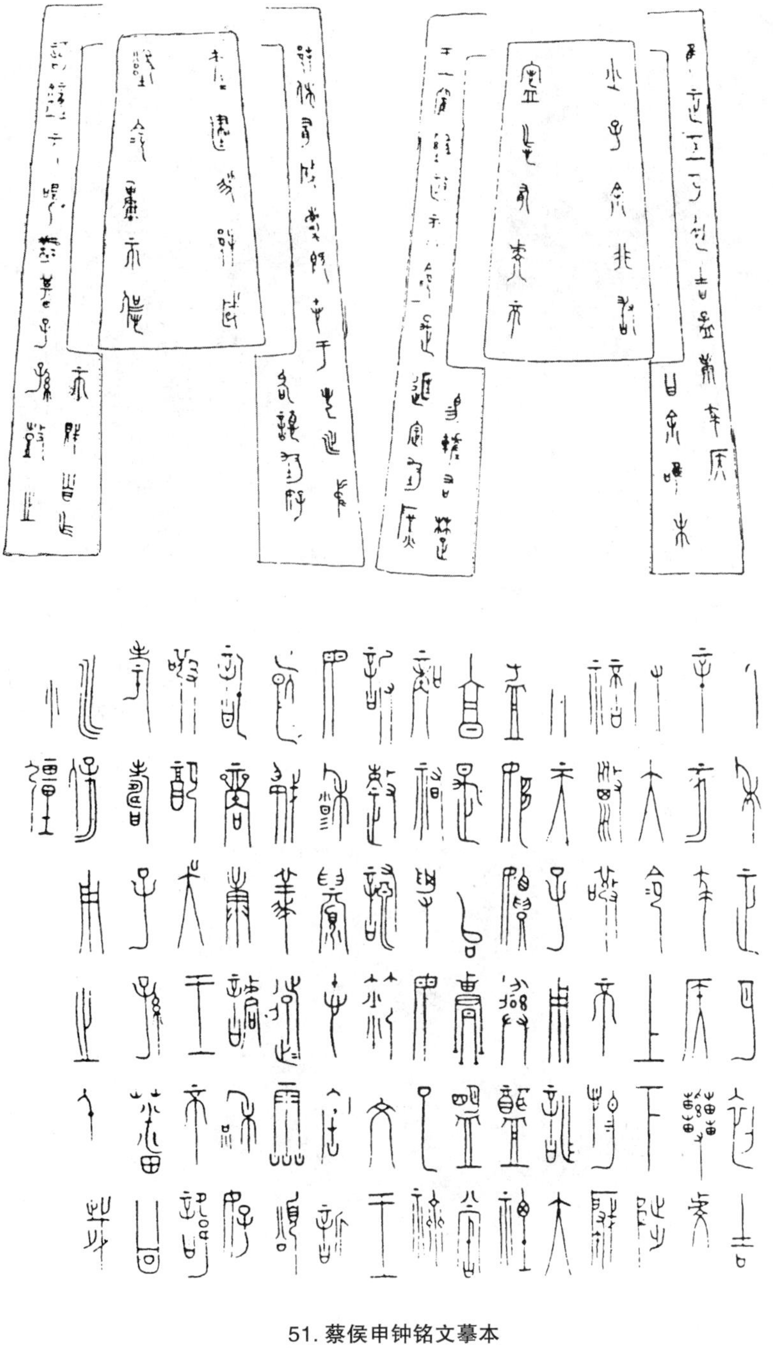

51. 蔡侯申钟铭文摹本

52. 昭王之諻鼎、簋

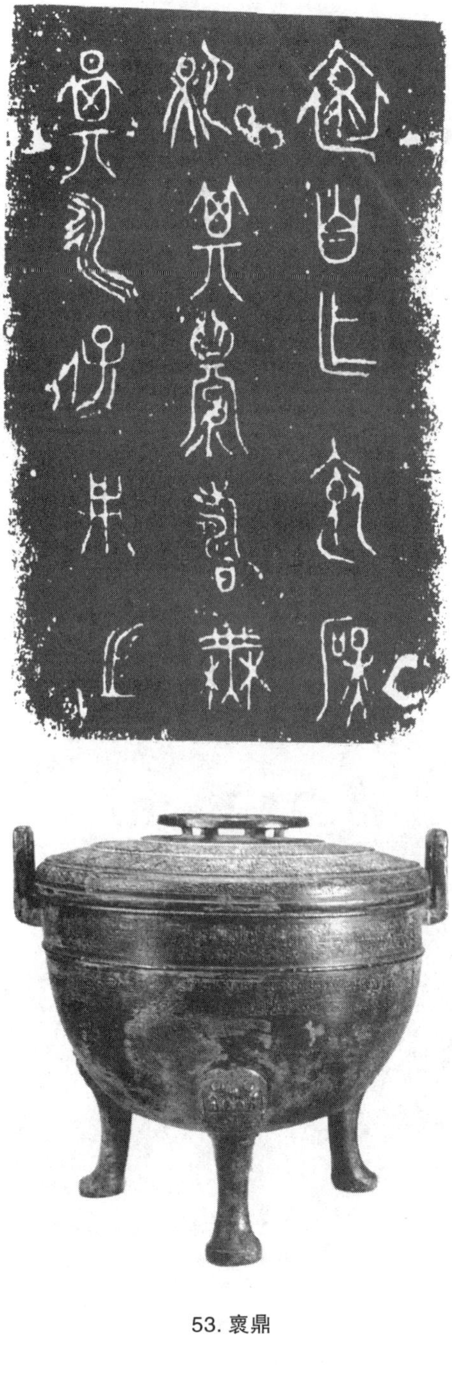

53. 褱鼎

54. 楚王酓章作曾侯乙镈

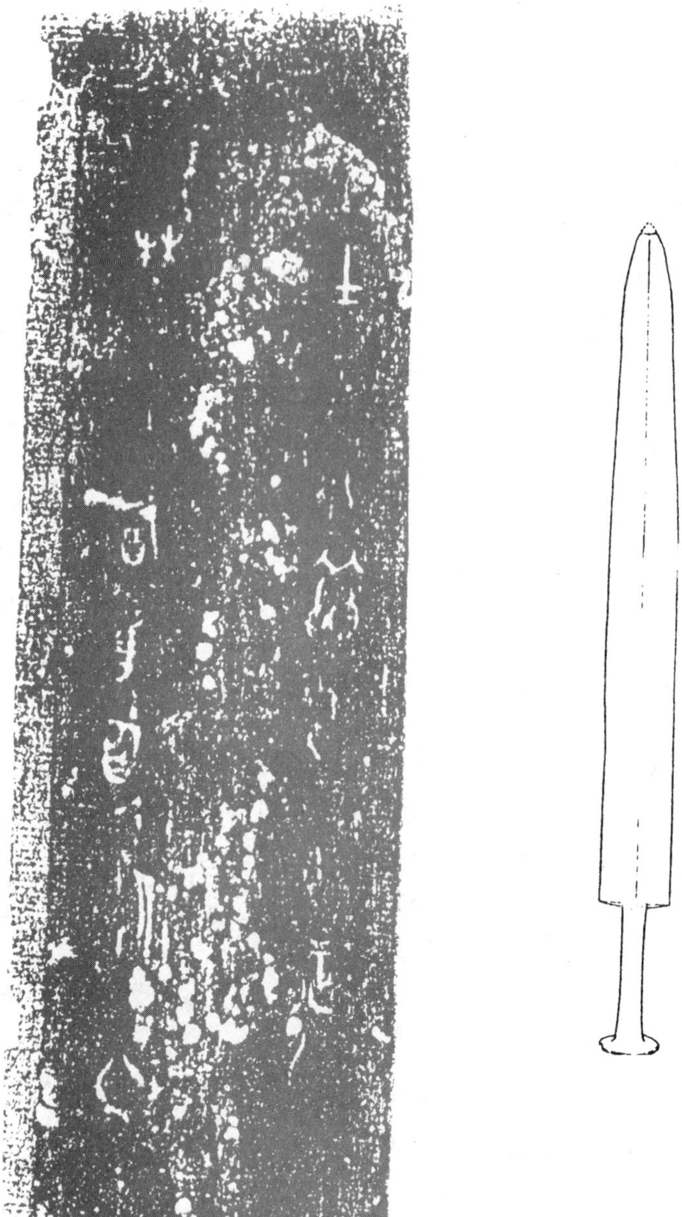

54. 楚王酓章剑

54. 楚王酓章戈

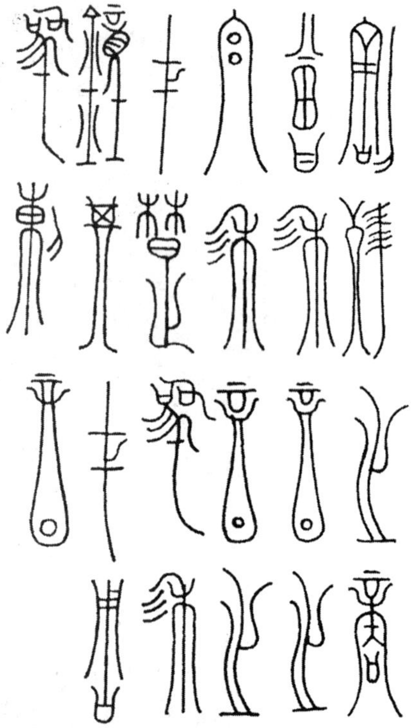

55. 曾侯乙钟铭文

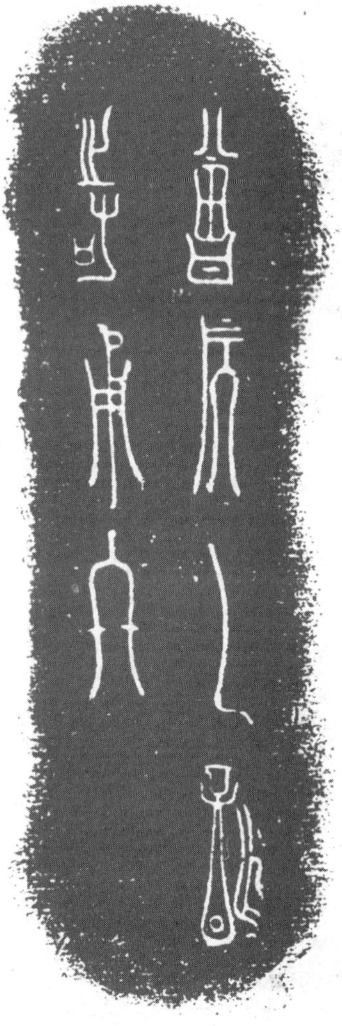

55. 曾侯乙鼎

56. 坪君夜鼎

57. 57 号番子成周钟铭文，图像其时未公布，是据简报文字笔者判断为楚器。图像见本书附录五之文图十，2；铭文见拙著《楚系金文汇编》一书。

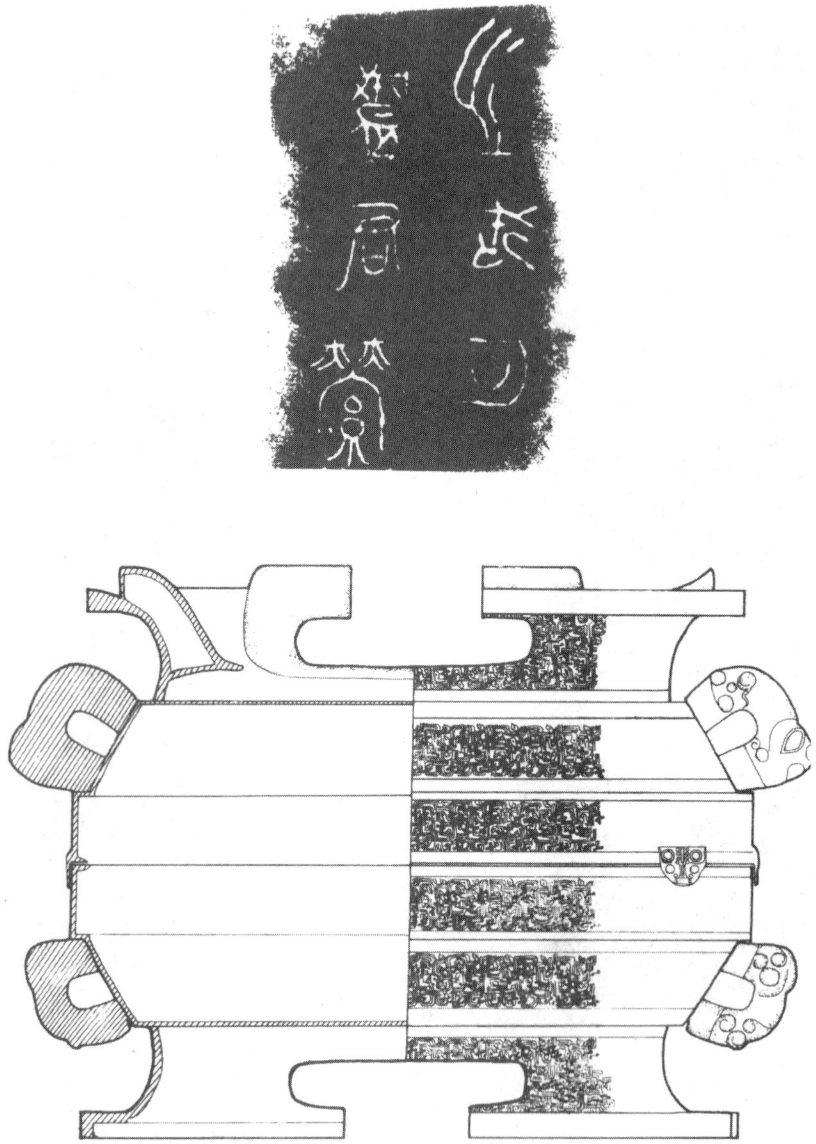

58. 盛君萦簠

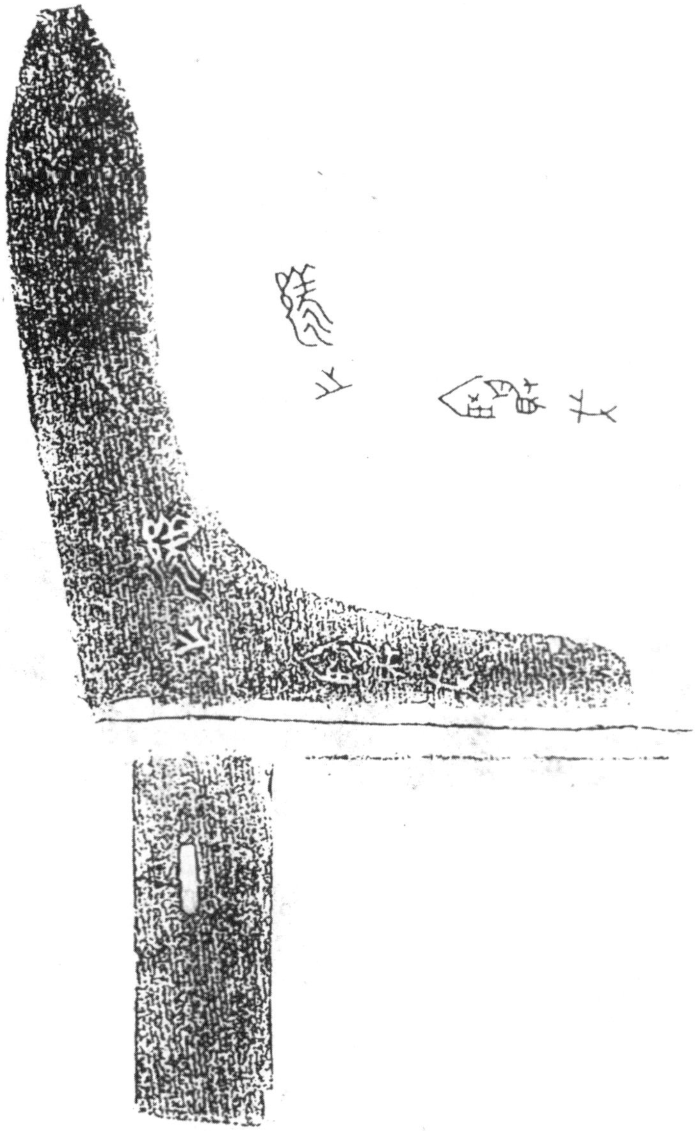

59. 鄴之宝戈

61. 番仲作伯皇戈

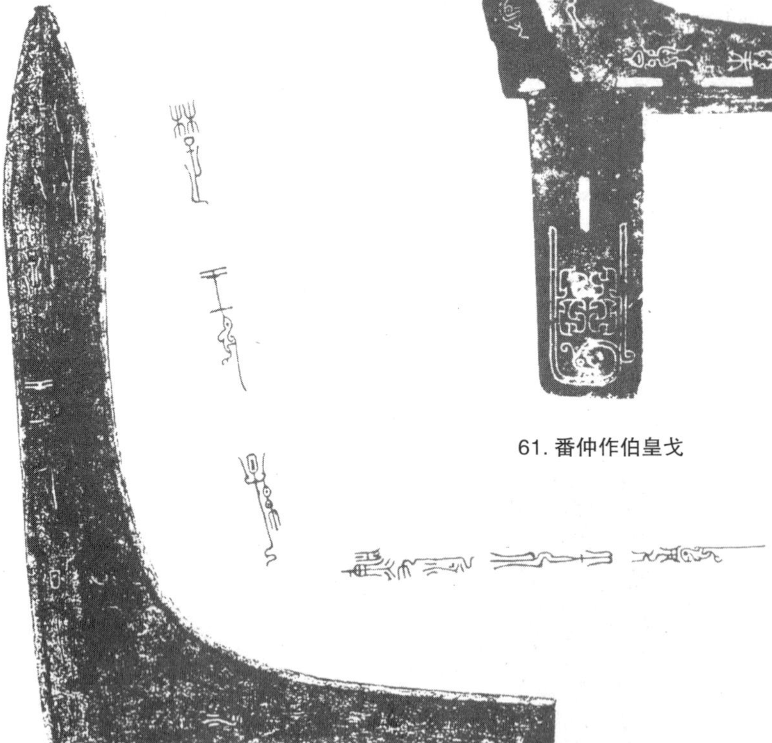

60. 王孙鱼戟

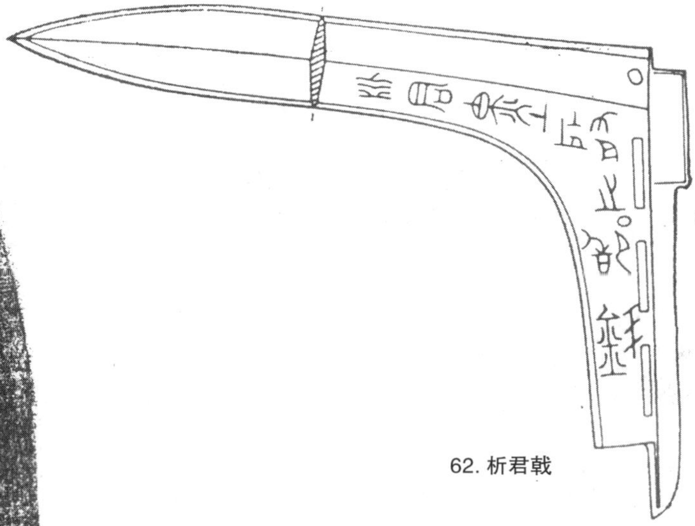

62. 析君戟

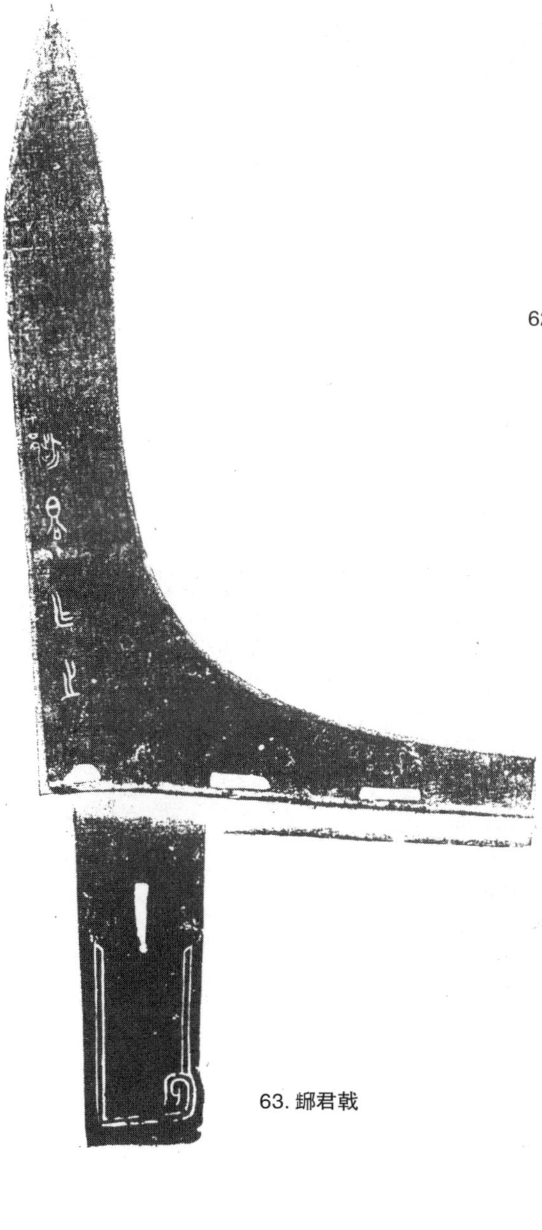

63. 郙君戟

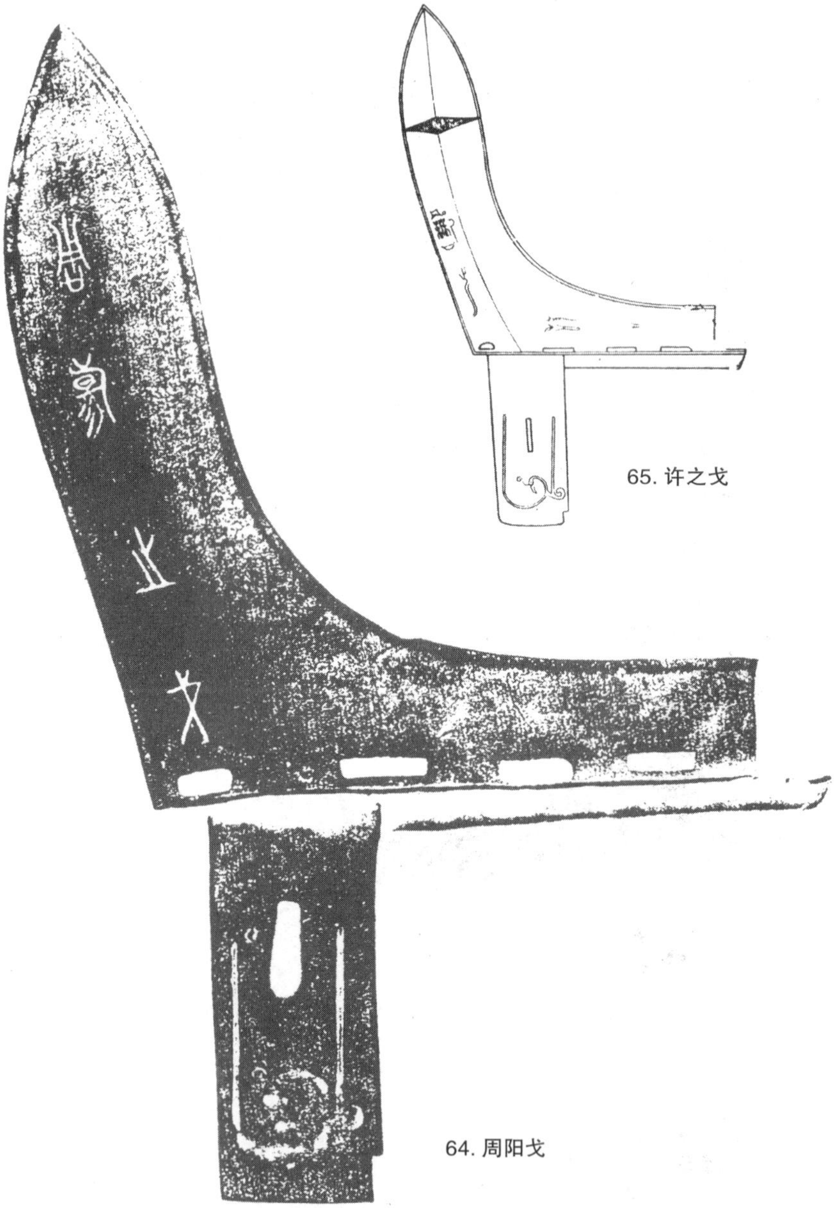

65. 许之戈

64. 周阳戈

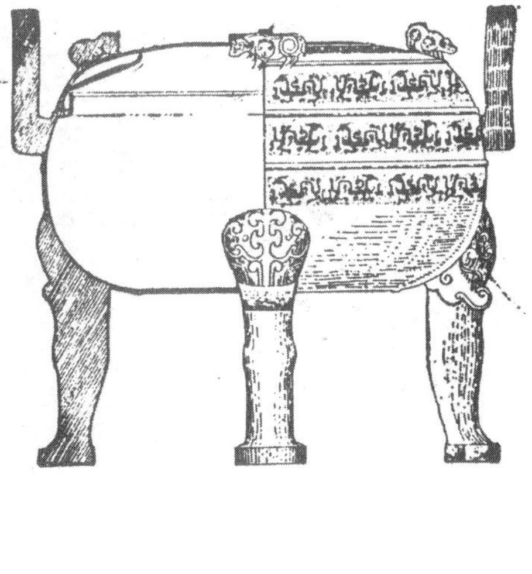

66. 昭方豆、食鼎

67. 卑命钟

68. 荆历钟

69. 曾姬无卹壶

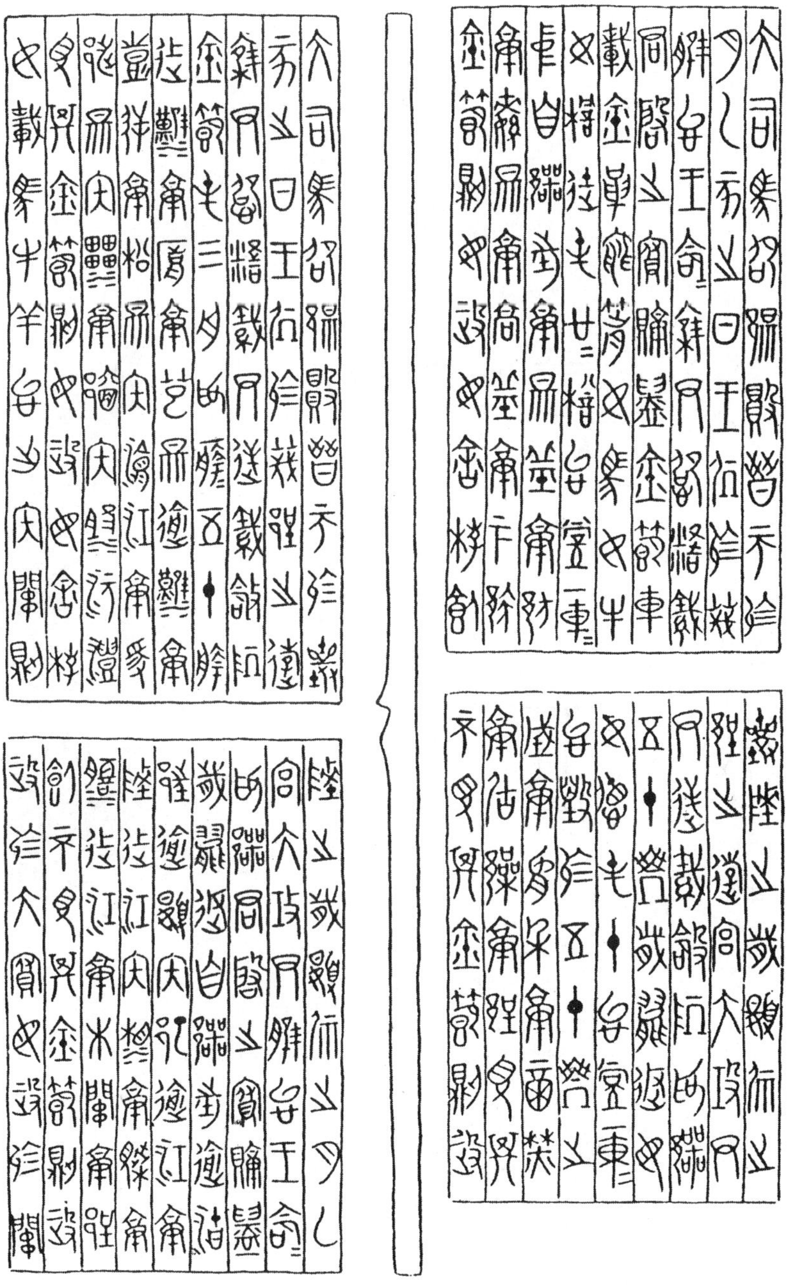

70. 鄂君启节

71. 正阳鼎

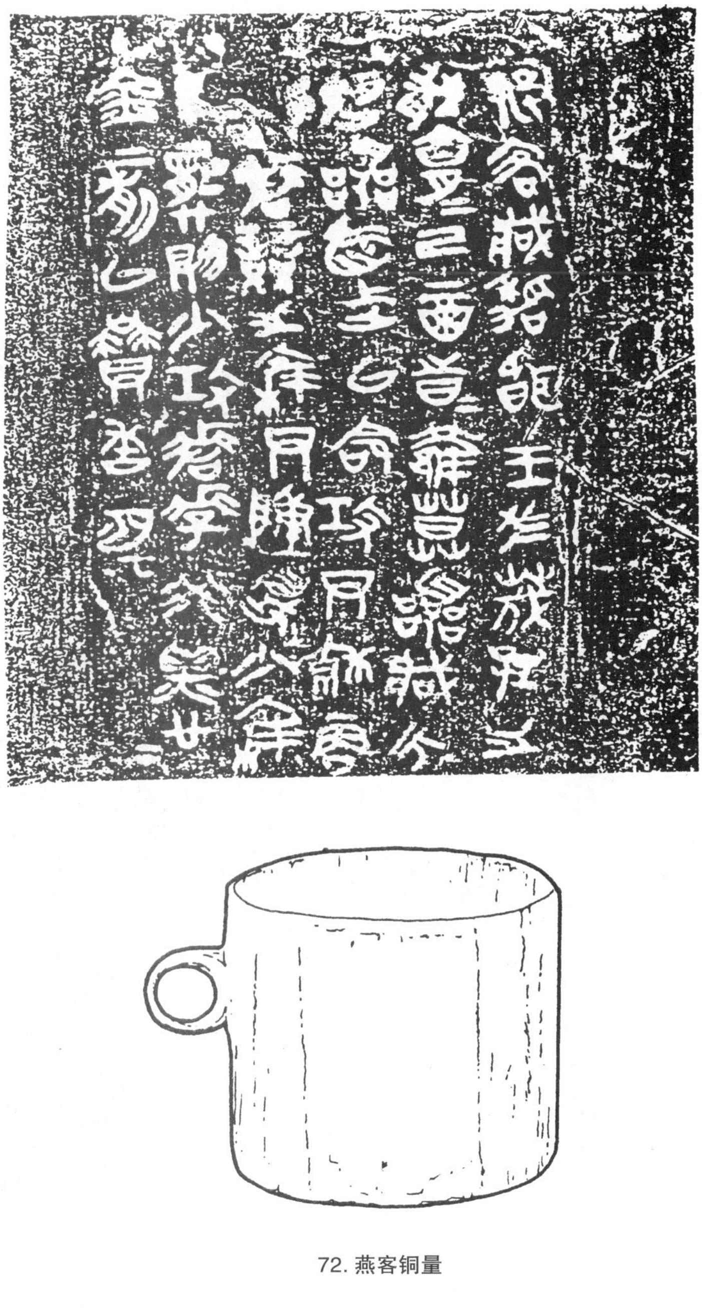

72. 燕客铜量

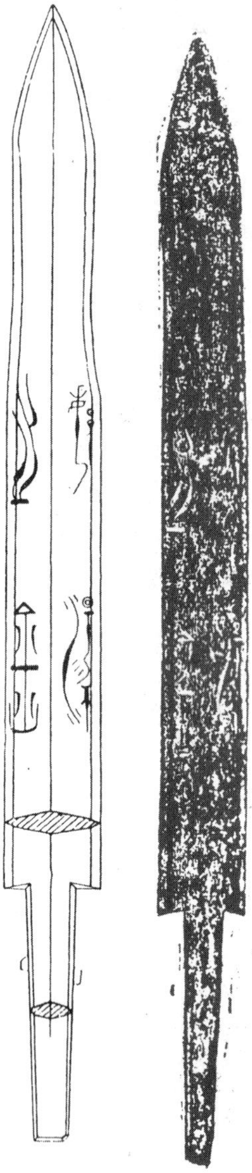

73. 繁阳之金剑

74. 陈往戈

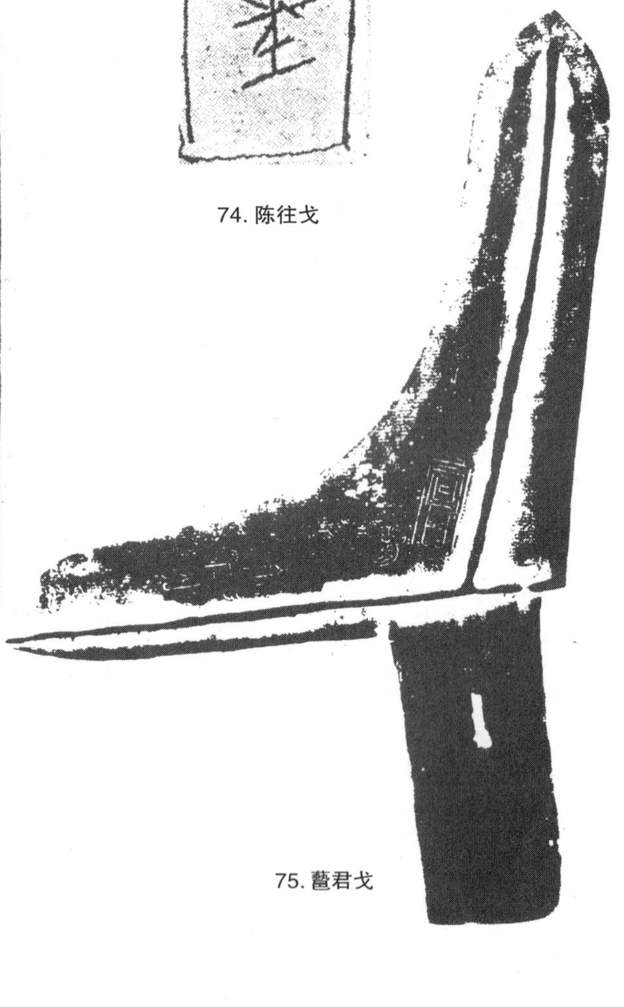

75. 䕫君戈

76. 陇公戈

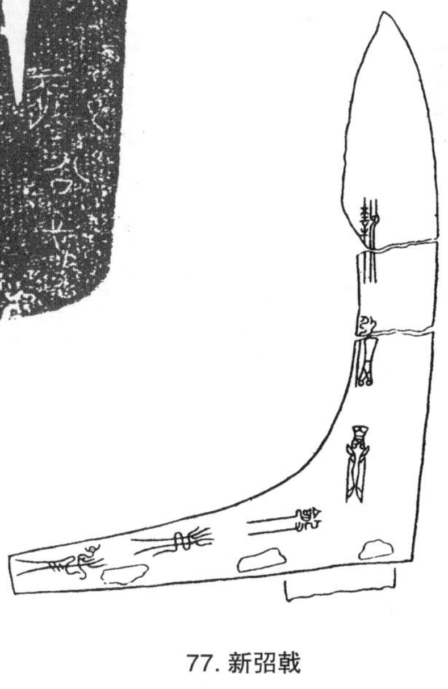

77. 新弨戟

78. 鄀之戈

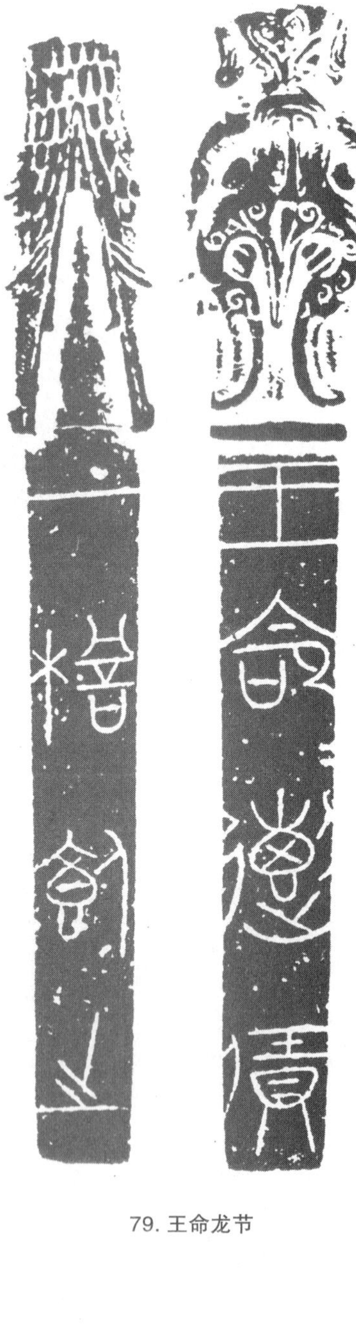

79. 王命龙节

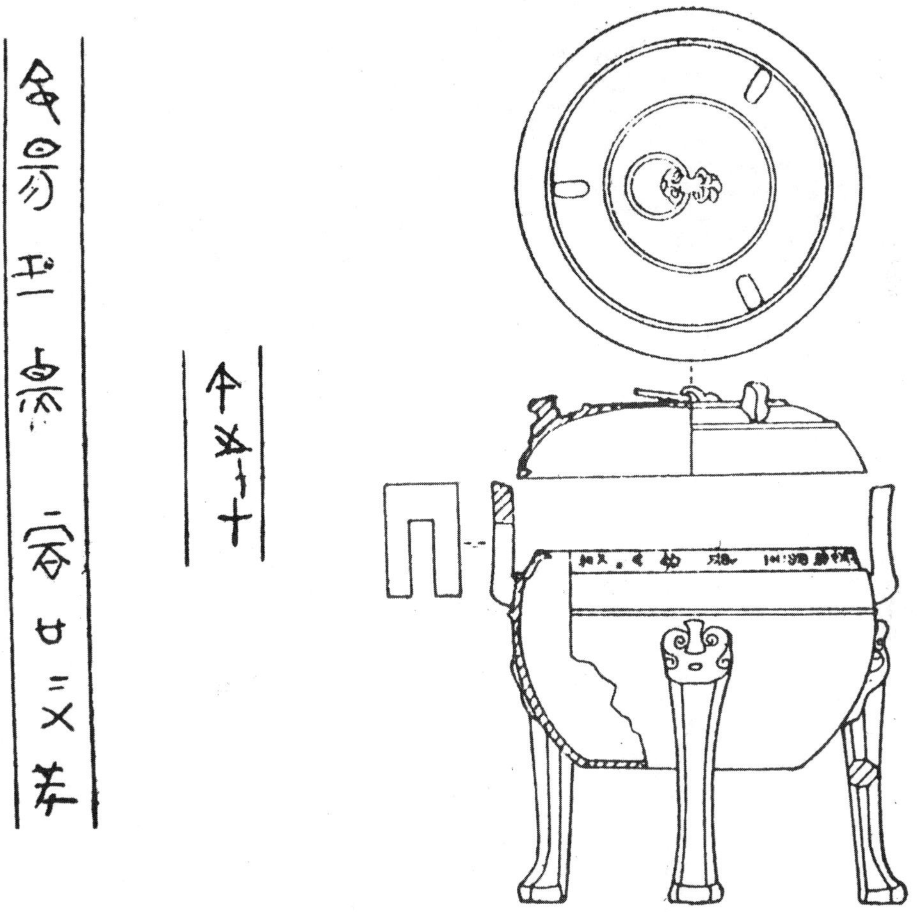

80. 中阳鼎

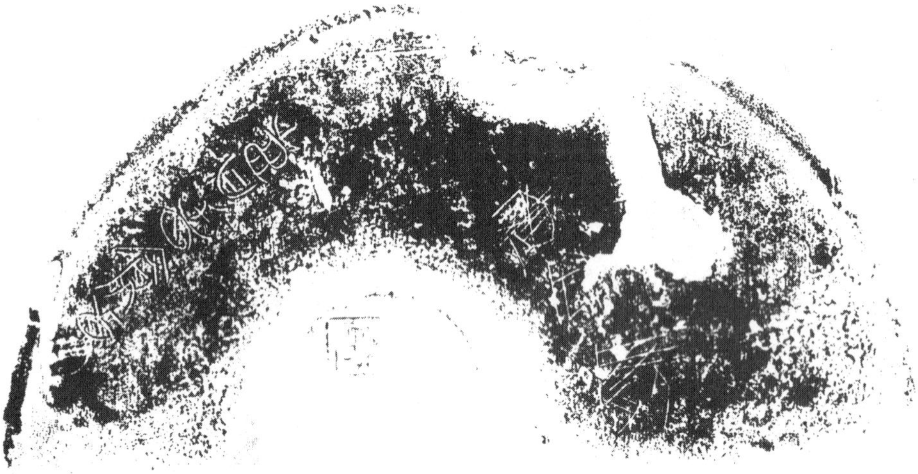

81. 寿春府鼎

82. 造府之右鼎

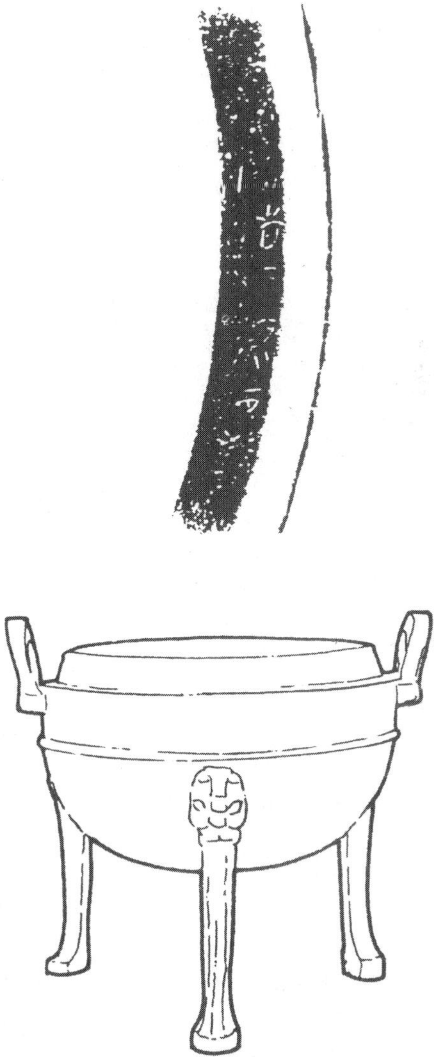

83. 膻鼎

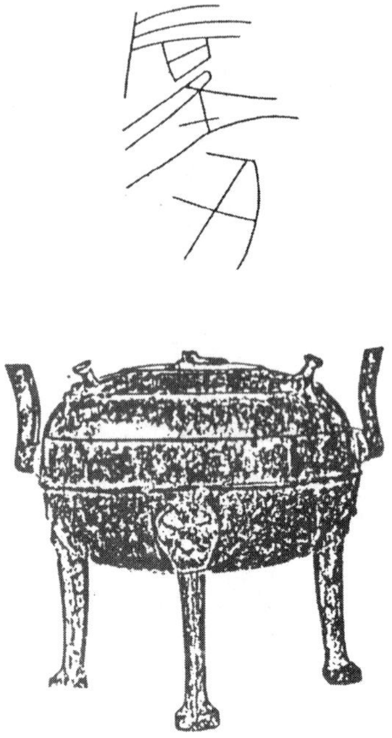

84. 石圣刃鼎

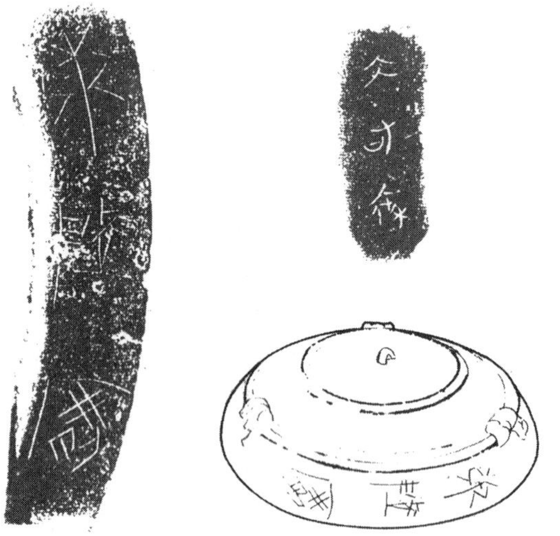

85. 东陵鼎

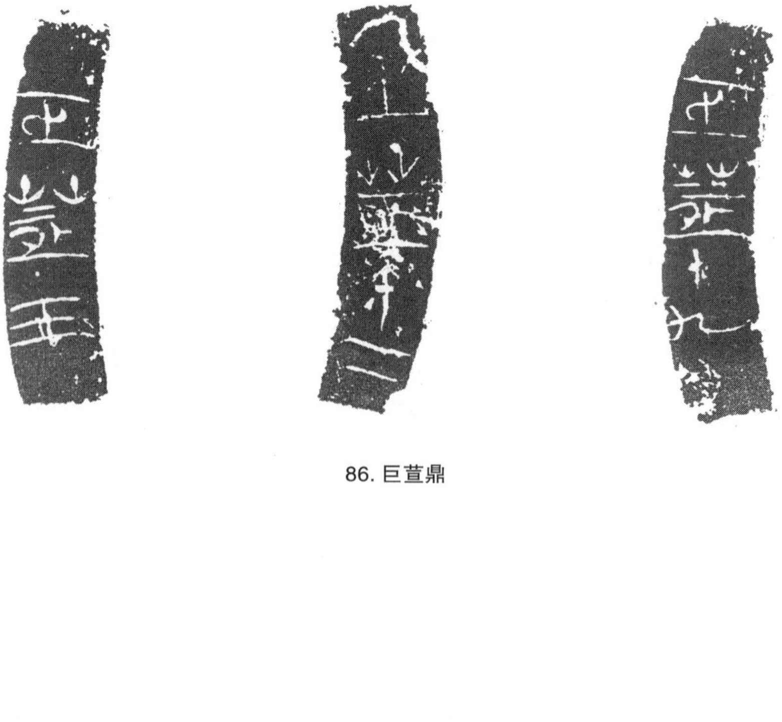

86. 巨荁鼎

87. 酓前鼎、簠、盘

88. 太子鼎

89. 酓忎鼎

89. 酓忎鼎

89. 酓忎盘

89. 冶勺、匕

90. 大府镐

91. 太后脰官鼎

90. 大府簠、敦

王后豆

王后鼾

王后簠

91. 王后鼾、镐、簠、豆

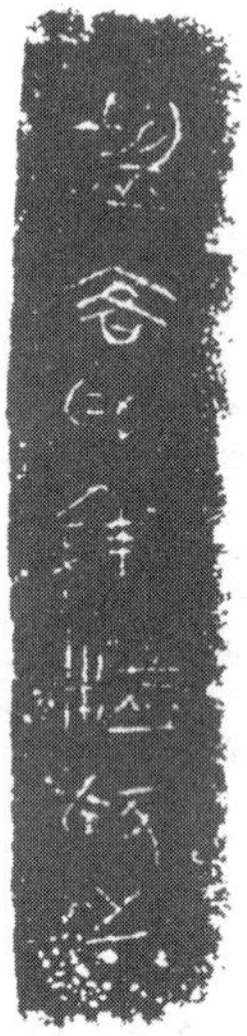

91. 集糈鼎

91. 御室匜

91. 集酭炉

91. 集脰鼎

91. 集脰方炉

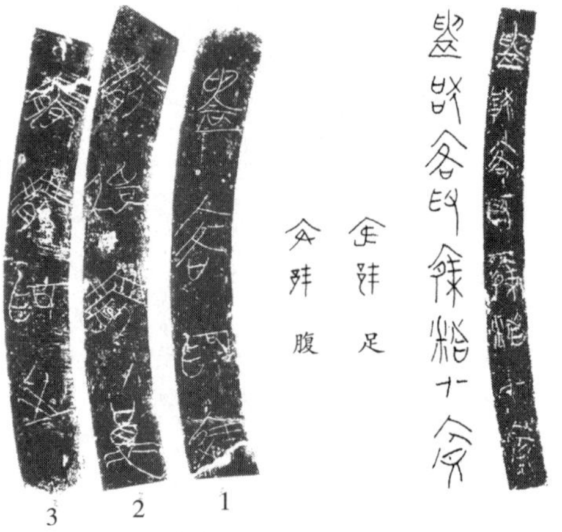

91. 集糈甗

91. 集脰大鼎

92. 客豊愆鼎

93. 君夫人鼎

94. 楚高缶

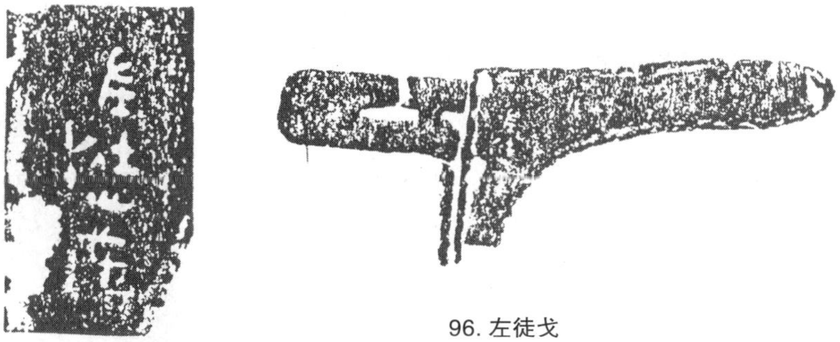

96. 左徒戈

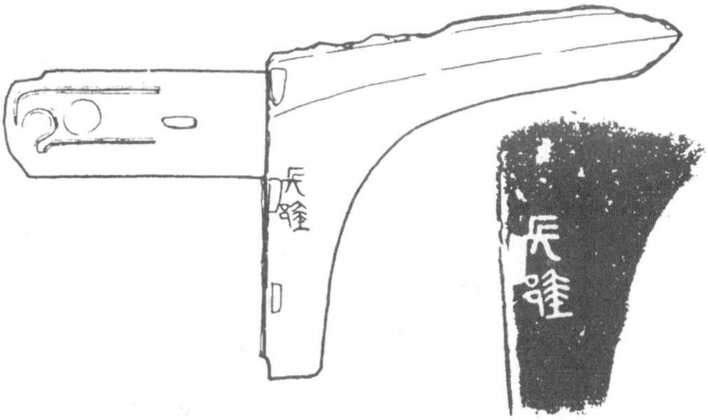

97. 长郵戈

95. 羕陵公戈

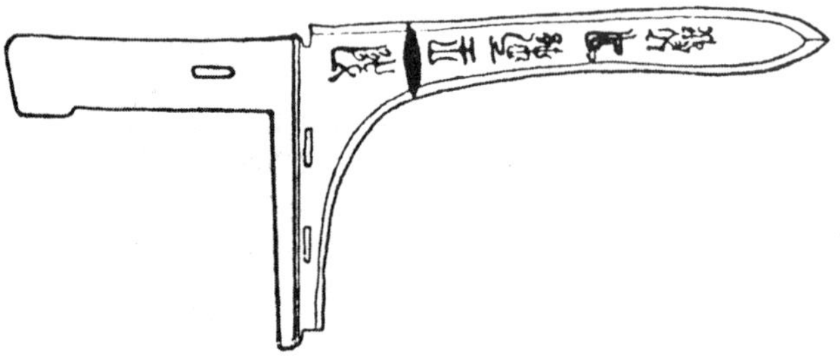

98. 敚作戈

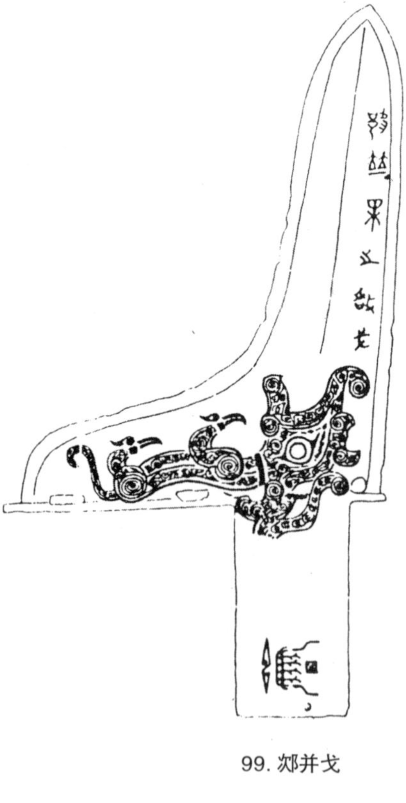

99. 郯并戈

100. 王孙袖戈

103. 大府铜牛

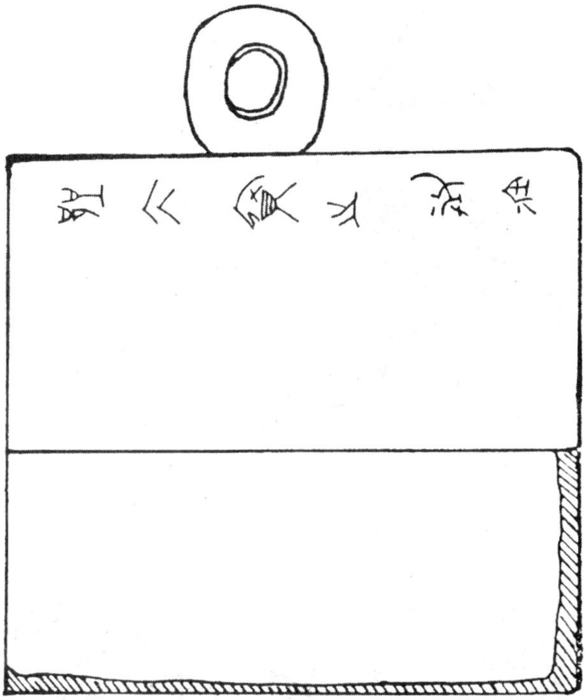

104. 大府铜量

105. 钧益铜环权

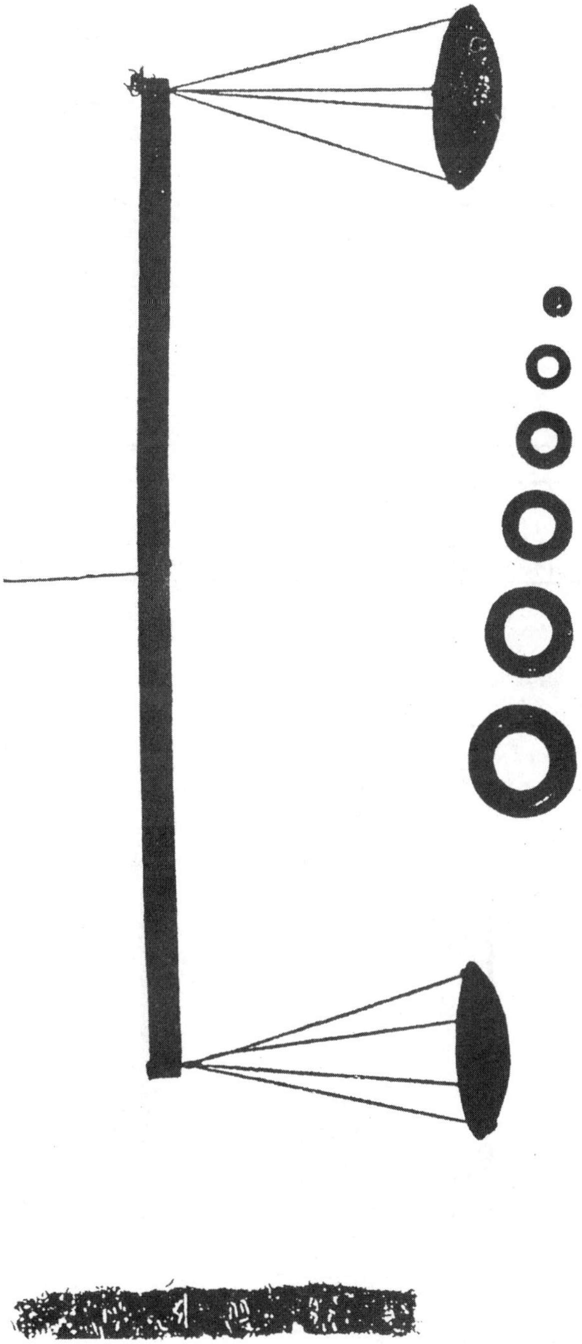

106. 贤子之官环权

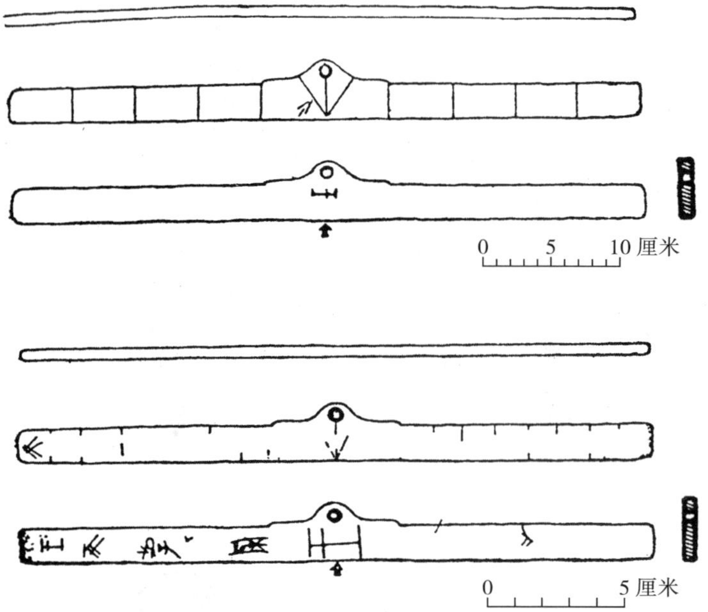

上：甲衡　下：乙衡

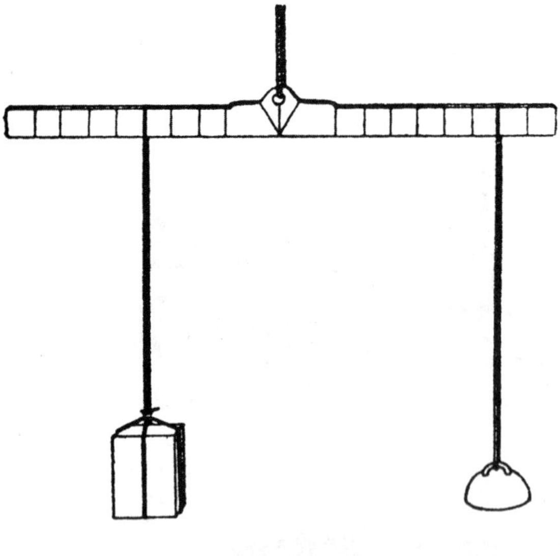

107. 王字衡杆

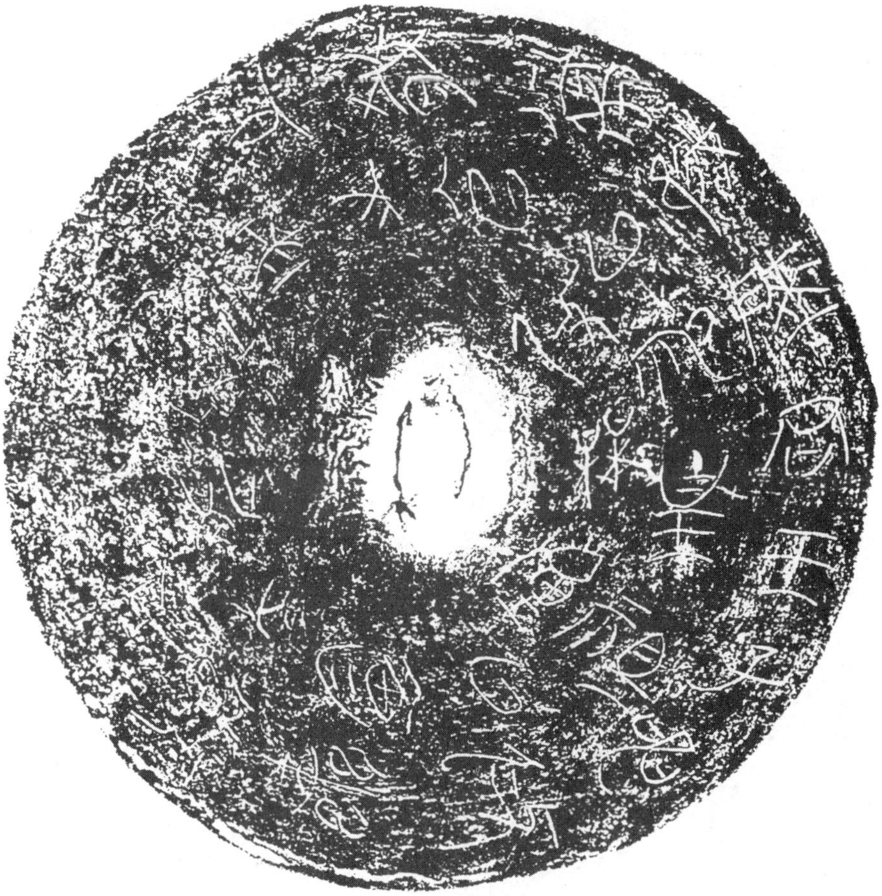

108. 鄴陵君王子申攸豆

108. 挪陵君王子申攸鉴

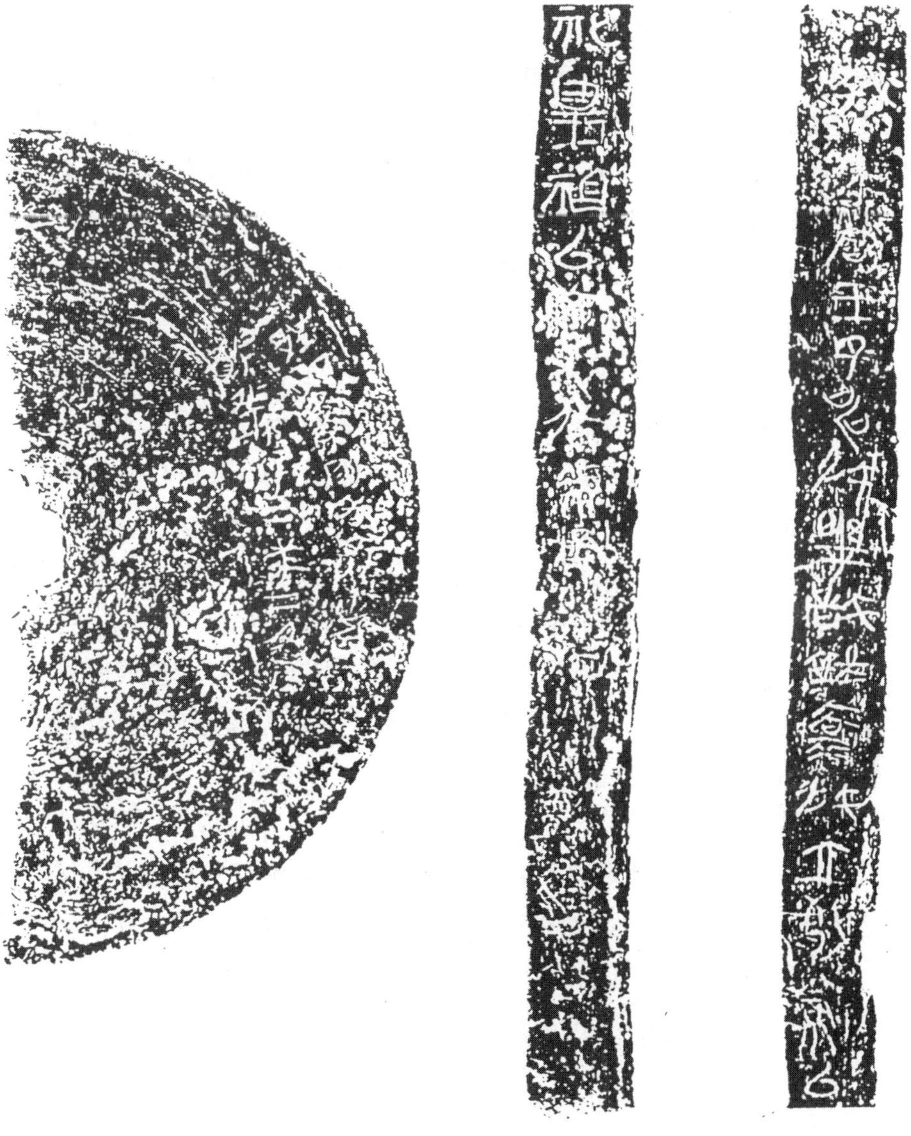

108. 郪陵君王子申攸豆

附录五　近年楚系青铜器研究评述[①]

1995 年出版的拙著《楚系青铜器研究》一书，“是第一部对楚系青铜器进行全面系统研究的集大成之作”[②]，但我自己并不满足，因我只重点研究了楚系青铜礼乐器，而对兵器和工具两个门类则基本未涉及（仅在铭文一章内汇集了有铭兵器）。为此，在本人出版的第二本专著《江汉文化与荆楚文明》一书中[③]，以较大篇幅论述楚系兵器和工具，这可视为《楚系青铜器研究》的续编。就在我此书出版的 1995 年，朱凤瀚著《古代中国青铜器》一书出版了[④]，这是迄今为止全面论述古代中国青铜器的权威性著作。该书著者对春秋战国时期楚国青铜器的论述也占了不少篇幅，将春秋时期楚铜器分为四期，和本人之分为四期相同，但具体到每个典型器群的具体期别归属则有的和本人不同；战国时期的该书分为五期，我则只分三期（细分六组）。对楚系青铜器的型式分析也和我的有异。朱书对楚系青铜器资料的收集、整理研究，在现今所见论述古代中国青铜器的书中是较详尽而严谨的。在对楚系青铜器的研究中，李零对楚系青铜器的研究也是起步较早而卓有成效的。他在 20 世纪 80 年代初所作的硕士论文就是楚系青铜器的研究，以后分作了三篇论文发表。他的论文集《入山与出塞》一书于 2004 年 6 月出版[⑤]，其中的第六、七两个部分“淅川楚墓研究”“楚国铜器研究”，都是 20 世纪八九十年代旧作的重新发表，修订的地方并不多，有关楚铜器的若干看法也与本人所论相左，这是可以讨论的。作为学术研

① 原载《湖南省博物馆馆刊》第 3 辑，岳麓书社 2006 年出版。

② 高至喜.《楚系青铜器研究》评介［N］中国文物报，1995-10-29.（日本石黑日沙子博士在 1998 年也写了书评）。

③ 江苏教育出版社 2008 年出版（此书为《早期中国文明》丛书之一，国家“九五”出版规划重点图书）。

④ 朱凤瀚. 古代中国青铜器［M］. 天津：南开大学出版社，1995.

⑤ 李零. 入山与出塞［M］. 北京：文物出版社，2004.

究，也可以表述一下我对朱凤瀚和李零两位先生研究中不足之处的看法。朱书重视对楚系青铜器的分期研究，对组合研究，尤其是青铜器群反映的等级差别注意不够。李零之文则注重器物类型和铭文研究，而较忽视分期研究，二位对楚系青铜器的纹饰特点演变注意不够或完全忽略。

楚系金文和楚系简帛文字是楚系出土文字材料中的两大类，对楚系金文，本人在拙著《楚系青铜器研究》中第六章楚系金文的基础上，尽量吸纳新的研究成果，编著了《楚系金文汇编》，于 2009 年出版[①]。

近 10 年来考古新发现的楚系青铜器资料仍如涌泉般破土而出，不少积压多年的楚系青铜器资料也相继公布，例如 1995 年出版了《江陵九店东周墓》，1996 年出版了《江陵望山沙冢楚墓》，1999 年出版了《枣林岗与堆金台》，2000 年出版了《长沙楚墓》，都公布了一些青铜器新资料。2003 年出版《新蔡葛陵楚墓》，此墓青铜器大多被盗，出土竹简有纪年资料，论者据此研究，论定该墓下葬年代为公元前 377 年[②]。我认为应改定为公元前 398 年。[③]

2003 年出版的《荆州天星观二号楚墓》和 2004 年出版的《淅川和尚岭与徐家岭楚墓》《固始侯古堆一号墓》三本考古发掘报告，发表了大量重要的楚系青铜器资料。

2002 年发掘的湖北枣阳九连墩一、二号楚墓出土了大批楚青铜器，但仅发表过简要报道，已有文章作了初步研究[④]。

2004 年出版了《荆门罗坡岗与子陵岗》。[⑤]在罗坡岗楚墓地出土的

① 此书现已收入《荆楚文库》重新出版。

② 李学勤．论葛陵楚简的年代［J］．文物，2004（7）．

③ 刘彬徽．葛陵楚墓年代及相关问题的讨论［C］//楚文化研究会论集：第七集．长沙：岳麓书社，2007．

④ 王红星．九连墩 1、2 号墓的年代与墓主身份［C］//楚文化研究论集：第六集．武汉：湖北教育出版社，2005．

⑤ 湖北省文物考古研究所．荆门罗坡岗与子陵岗［M］．北京：科学出版社，2004．

青铜器资料中，有前所未见的新资料，例如一件青铜剑的格上有人面纹，人面两侧蛇纹，剑首四蛇缠盘，头向外，剑身有人面鸟形图案。又有一件带钩，钩身呈人形，十分罕见，乃难得之珍品（图一）。

以下对新公布的三处重要楚系青铜器群作进一步评论。

1. 和尚岭与徐家岭楚墓出土的青铜器群[①]

和尚岭、徐家岭楚墓（简称两岭楚墓）是在1990年发掘的，2004年发表了全部资料。其甲类组合的青铜器群填补了春秋战国之际楚国高等级贵族墓青铜器群的空白，值得深入研究。

关于和尚岭、徐家岭楚墓的年代。和尚岭 M_1、M_2 两座墓的年代，有文章已论定为春秋晚期偏晚和战国早期偏早[②]，可从。徐家岭五座出青铜器墓的年代，报告定 M_3、M_9 为春秋晚期，M_1、M_{10} 为战国早期，M_6 为战国中期，我认为 M_3、M_9 的年代也应为战国早期（偏早），相对年代的早晚序列为：M_3、M_9、M_1、M_{10}、M_6。M_{10} 的年代已近战国早中期之际。[③]

但这批墓葬中有不少铜器均要早于墓葬的年代，已为大家熟知的是和尚岭 M_1 出土的克黄鼾（图二），其铸造年代比墓葬年代约早百年左右。和尚岭 M_2 的倗（蒍）子受钟的铸造年代，我考定为楚昭王十四年，即公元前502年[④]，早于墓葬年代。徐家岭 M_3 出土蒍子受戟，徐家岭 M_9 出土蒍子受鼎、鬲为同一人之器，其制造年代均早于徐家岭 M_3、徐家岭 M_9 的年代。

① 河南省文物考古研究所．淅川和尚岭与徐家岭楚墓［M］．郑州：大象出版社，2004.

② 高成林．淅川和尚岭楚墓的时代问题［J］．中原文物，1996（4）.

③ 刘彬徽：《楚系青铜器研究的新进展》，刊日本国早稻田大学《长江流域文化研究所年报（第四号）》，2006年（此为2005年赴早稻田大学参加学术会议的学术讲演稿之定本）。

④ 刘彬徽：《新见楚系金文考述》，《第三届国际中国古文字学研讨会论文集》，香港中文大学中国文化研究所中国语言及文学系出版发行，1997年。

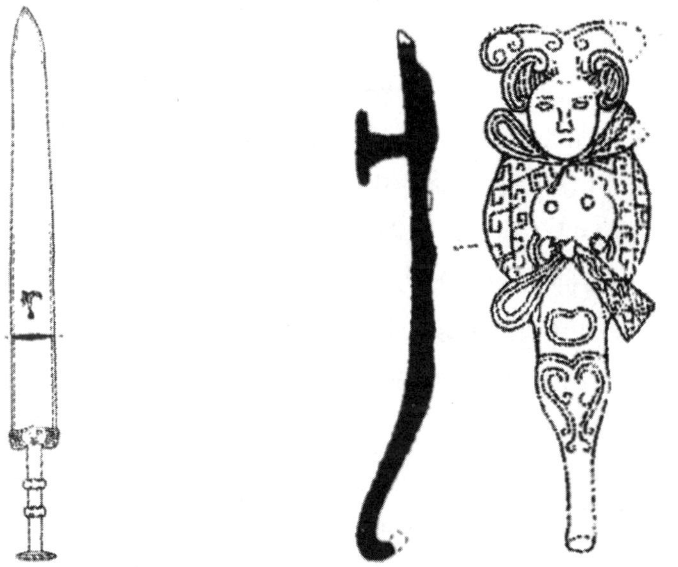

1. M_{143} 出土的人面鸟形纹铜剑　　2. M_{115} 出土的人形铜带钩

图一　荆门罗坡岗楚墓出土青铜器

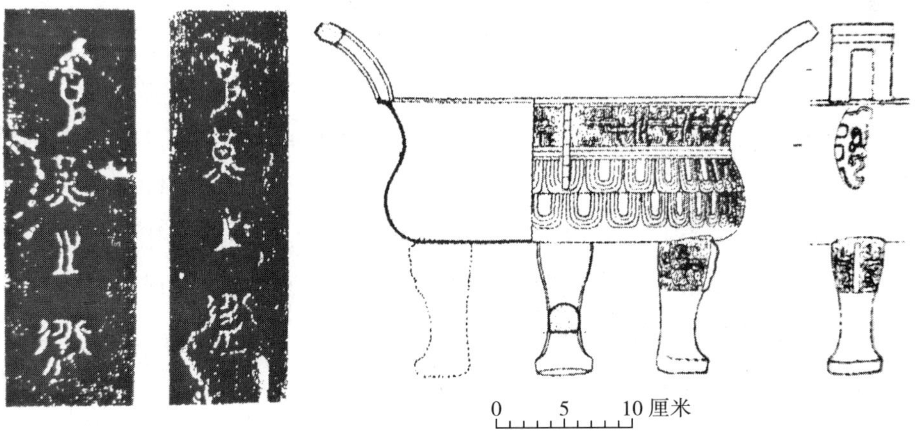

1. 克黄鼒铭文　　2. 克黄鼒器形

图二　和尚岭 M_1 出土克黄鼒

器类组合与形态分析。和尚岭 M_1、M_2，徐家岭 M_3、M_9、M_1、M_{10}、M_6 都出土了青铜礼器，和尚岭 M_2 和徐家岭 M_3、M_{10} 出土了青铜乐器。除和尚岭 M_2 外，都出了青铜兵器。各墓出土青铜礼器种类、数量不一，可参阅发掘报告之登记表。关于鼎的形态，按拙著《楚系青铜器研究》所分型式标准，A 型折沿鼎、B 型箍口鼎、C 型子口鼎、D 型平底鼎均有出土（图三，1、2、3；图四；图五，1）。以下以未被盗、保存较完整的徐 M_{10} 铜器群作重点分析。

徐 M_{10} 的组合较为复杂，属于拙著所云甲类组合（图四、图五、图六）。其他的为乙类组合（徐 M_3、徐 M_9 被盗严重，原可能为甲类组合）。这七座墓只有和 M_2 和徐 M_{10} 的椁室未被盗扰。

徐 M_{10} 有 11 件鼎；5 件鬲，鬲可分 2 式；簠 2 件，一有铭、一无铭；簋 4 件，形制、大小、纹饰基本相同，其上波曲纹及方座均仿早期形式（图五，3），敦分画像敦（图六，1）和素面敦；豆分方豆、盘豆；壶亦分方壶和圆壶；浴缶 2 件形制也有异；鉴 2 件，形、纹相同；盘分三足盘与圈足盘；匜为平底素面，圆壶的颈腹部有三组凹弦纹，有铺首衔环（图五，5）。过去我认为这种壶型的年代为战国中期偏早，现在据此墓材料，其年代可以早到战国早期偏晚。

过去已发现的甲类组合青铜器群，其墓主身份为楚王、曾、蔡国君、令尹、左尹、封君等高级贵族，而此墓墓主应为随葬的有铭铜鼎上的蒍子昃。此人身份，据出土礼器情况，有的为杂凑，且蒍子昃的两件 C 型鼎，器形不大（高 35.8 厘米和高 28 厘米），器体无纹饰，可以认为此人之贵族身份不高，在高级贵族与中等贵族之间，据其礼器组合为甲类，可视为已失去权势之没落高等贵族。过去只有曾国曾侯乙青铜器群为战国早期楚系青铜器的典型代表。有此徐 M_{10}，则增加了楚国贵族的战国早期甲类标准器群，所以前面提出填补了这一时期楚国高级贵族器群之空白。

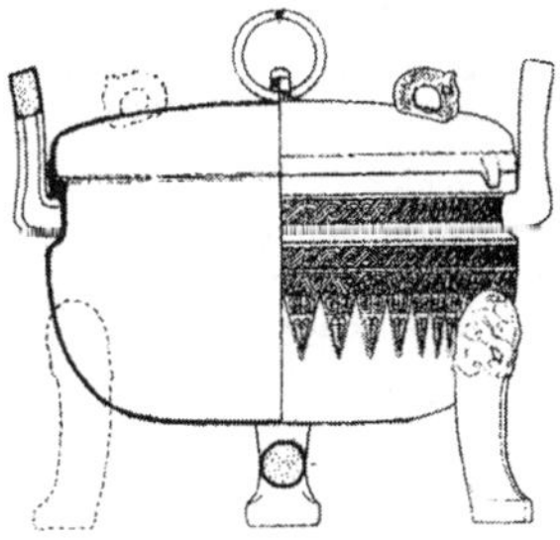

1. A 型

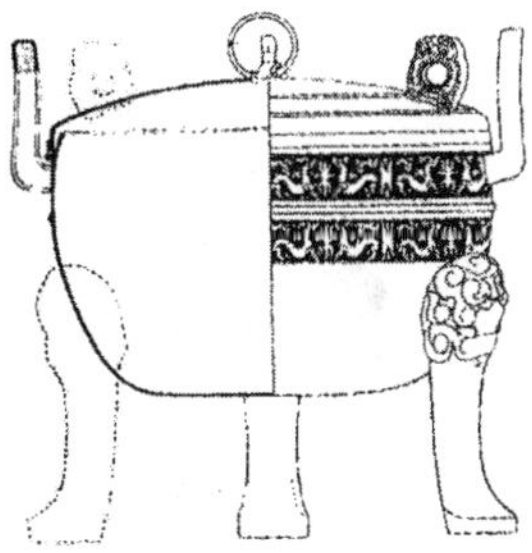

2. B 型

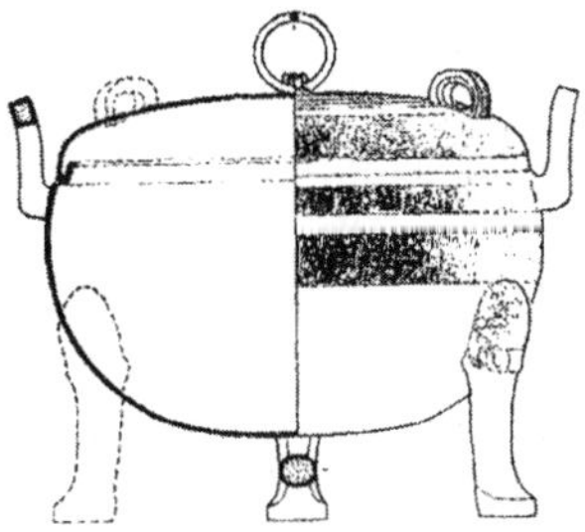

3. C 型

图三　和尚岭 M_2 鼎型

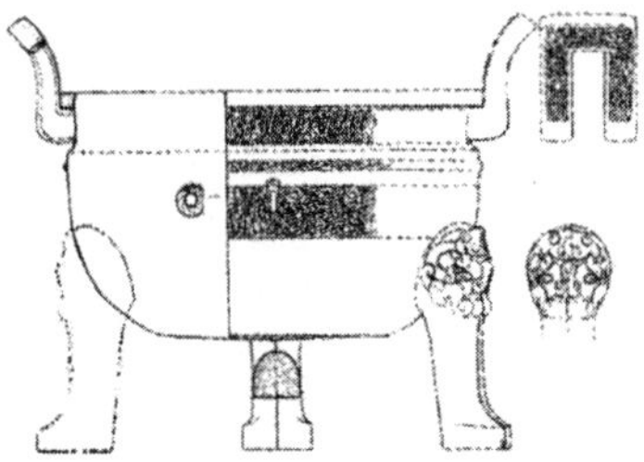

1. A 型鼎

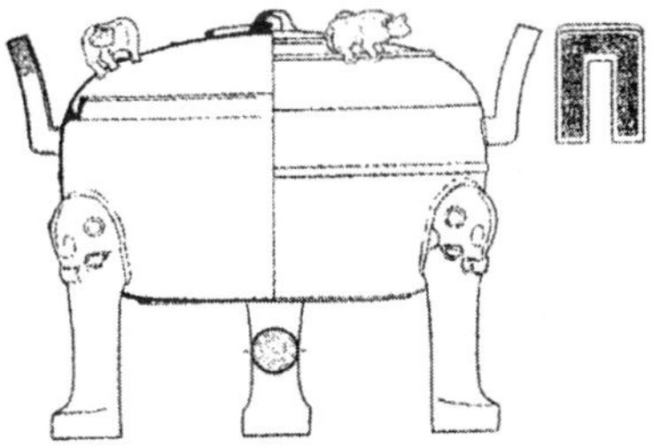

2. C 型、倗（蔿）子昃鼎

3. 蔿子昃鼎铭文

图四　徐家岭 M_{10} 出土的鼎

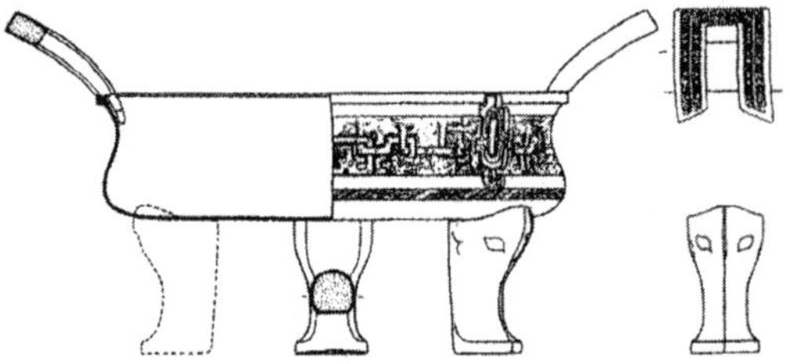

1. D 型鼎

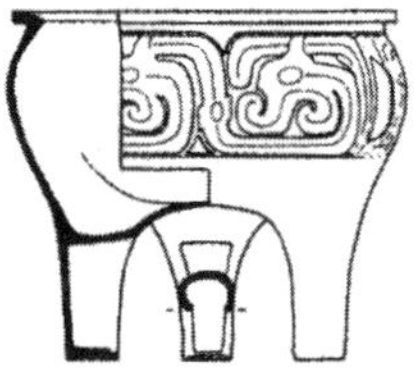

2. 鬲

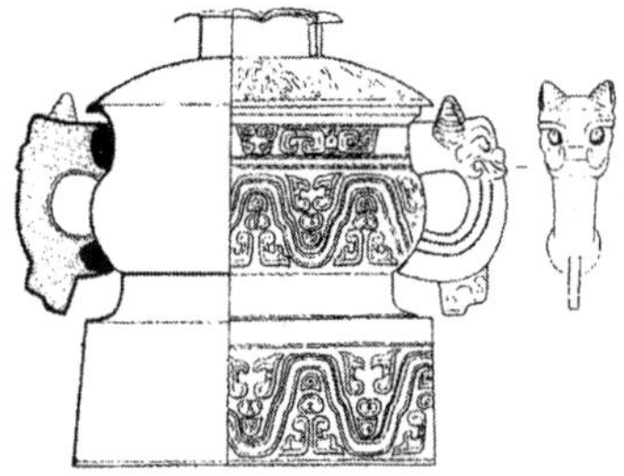

3. 簋

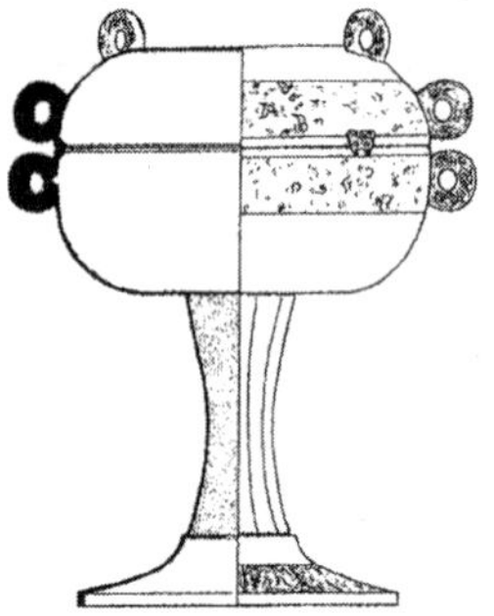

4. 豆

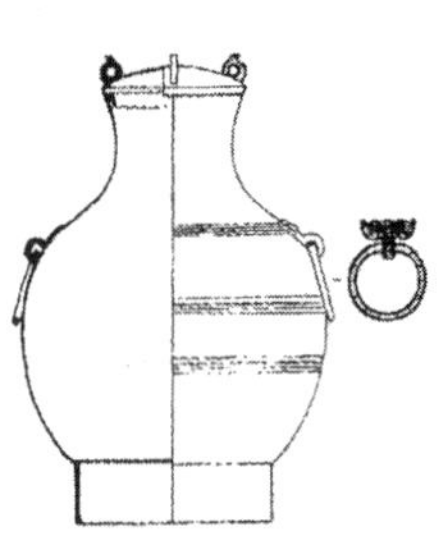

5. 壶

图五 徐家岭 M_{10} 出土青铜器

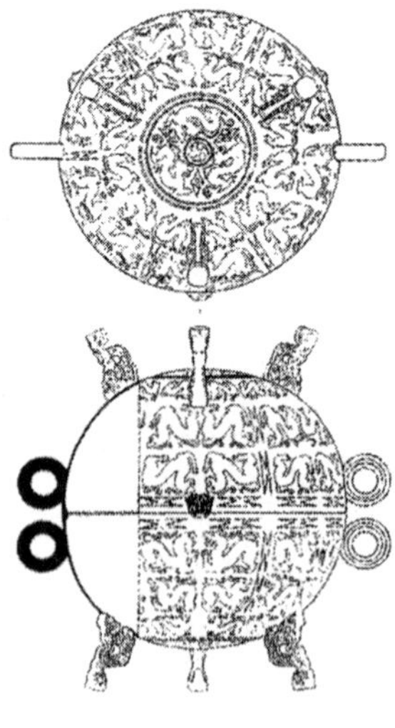

1. 青铜敦

2. 编镈之一

图六 徐家岭 M_{10} 出土青铜器

和 M_2 属乙类青铜器群，我曾以湖北襄阳蔡坡 M_4 为战国早期晚段（第十组）的代表，此墓年代为战国早期偏早（第九组），此为新增补的一个典型器群。

器物纹饰。两岭楚墓器物的纹饰有龙凤纹、几何纹等多种纹样，这里只选取图像纹稍加讨论。

和 M_2 出土了两件图像纹壶，其纹饰可分为两种类型，一类是两两相对的龙纹、凤纹、鹿纹（图七，2）。龙纹也被称为兽纹，在淅川下寺 M_1 的薳子冯浴缶上就已出现了，是这种年代最早的龙纹，往后历春秋晚期的蔡侯申墓盥缶等器、战国早期的曾侯乙墓浴缶等器物上都连续地出现这种纹样。在和 M_2 的器座上、徐 M_{10} 的一件敦上也有这类龙纹。这都是楚式龙纹。中原地区也有类似的龙纹，但体态及所附着的器物与楚器不同。

1.“神人”狩猎纹壶　　2. 龙凤鹿纹壶

图七　和尚岭 M_2 出土画像铜壶

第二类是铸镶“神人”和狩猎纹，见于和 M_2 的 26 号铜壶（图七，1）。这是首次公布的楚器上此类纹饰，弥足珍贵。2006 年 4 月我得到此发掘报告，看到这一图像，十分重视，真是百看不厌，反复揣摩其内涵及相关问题。《楚文化研究论集》第六集内有《试析和尚岭出土的一件嵌红铜画像铜壶》一文（李琴撰），对其反映的文化内涵有所分析。此文作者似尚未见到台湾学者所著《东周的图像纹铜器与刻纹铜器》一文[①]。该文收集图像资料甚丰，所论多有创获，但仍多有不足之处。例如说“不见于南方曾、楚各国”。有了和 M_2 此器图像，此说便应更正。也许会有人提出，这一图像纹壶会不会是北方之铜壶而由于某种原因葬入了和 M_2 内呢？这就需要认真分析对比此图像内涵，以证此为楚文化系统或楚式图像壶，这需要较多篇幅予以论证，这里只能从略。

铭文方面。两岭楚墓铜器铭文较多，该书附录有《淅川和尚岭、徐家岭楚墓铜器铭文简释》一文，其释文大多可从，仅有少量文字需加以改释。在此只讨论涉及墓主身份的铭文，和 M_1 有两类鼎有铭文，但都不是墓主的铭文，李零推测墓主是蔿子大，可备一说[②]。和 M_2 的铭文较多，也都不是墓主之器；此墓墓主为 M_1 妻室，有蔿氏先辈之编钟和妻族之器。徐 M_3 墓内出土有蔿子辛戈，流传海外有蔿子辛簠，我以为此簠很可能出自此墓，则徐 M_3 墓主为蔿子辛。徐 M_9 出土的有铭楚器也非墓主之器，而有墓主先辈蔿子受之器，推测此墓主属于蔿氏家族成员。徐 M_1 有蔿氏家族妇女之器，墓主也如同 M_9 一样，为蔿氏家族成员。徐 M_{10} 墓主为蔿子昃。由此看来，两岭楚墓均为蔿氏家族的墓地。

2. 固始侯古堆一号墓青铜器群[③]

河南固始侯古堆一号墓出土了一批较精青铜器和首次见到的三乘肩舆等珍贵遗物，况又兼具复杂的文化因素，自 1981 年发表简报以来，备受世人关注，对其年代、国别、墓主，有着截然对立的不同学术

① 许雅惠．东周的图像纹铜器与刻纹铜器［J］．故宫学术季刊，2002，20（2）．

② 李零．化子瑚与淅川楚墓［M］// 入山与出塞．北京：文物出版社，2004：242．

③ 河南省文物考古研究所．固始侯古堆一号墓［M］．郑州：大象出版社，2004．

见解。在拙著内我已将其归属楚系，1985 年王恩田先生提出了新的见解。[①]2000 年出版的《考古学研究（四）》有张钟云《淮河中下游春秋诸国青铜器研究》一文，将此墓定为楚国贵族墓，而定其年代为春秋晚期偏晚。2004 年北京大学内部油印的高成林硕士论文《东周吴越铜器墓研究》一文主吴墓说。2004 年 11 月出版此墓考古发掘报告《固始侯古堆一号墓》力主吴墓说，认为墓主即宋景公之妹、勾吴夫人。[②]

面对此墓不同意见的议论，笔者反复核阅此墓考古报告的所有材料。应该承认，此墓所显示出来的文化面貌，确实很复杂，引起不同的看法是很正常的。在此不妨将我的思考谈以下几点看法。

关于年代。判断一个墓葬的年代，当以年代最晚的一组遗物为准，绝不能以墓内的早期遗物作标准。主张吴墓说的均以墓内所出有铭文的铜簠为证，铭文提到宋公栾为嫁其妹（勾吴夫人）而作器。宋公栾于史有记载，报告乃据此推定“此墓的年代上限应是公元前 6 世纪末，即春秋末年”[③]。我早在拙著内已将其定为战国早期（东周五期）。现在详细检阅所发表的全部材料，仍认定已说之合理。其依据可进一步申论。第一，宋景公栾为其妹所作之簠，早于墓葬年代，番子成周编钟铸造年代也早于墓葬年代。[④]第二，具有战国早期风格的遗物有以下一些：所出 9 件青铜鼎不成套，其型式、纹饰各异，时代风格都类战国早期而非春秋晚期器形，其中 48 号鼎的鼎盖花纹和湖北襄阳蔡坡四号战国早期墓的鼎如出一辙[⑤]；其中 46 号、51 号鼎盖蟠螭纹和曾侯乙墓 96 号上鼎蟠螭纹雷同（图八）[⑥]；其中 45、50、52 号鼎盖上有三卧牛形钮，这种盖钮

① 王恩田．关于固始“勾吴夫人墓”兼论番国地理位置及吴伐楚路线［J］．中原文物，1985（2）．

②③ 河南省文物考古研究所．固始侯古堆一号墓［M］．郑州：大象出版社，2004：99-101．

④ 刘彬徽．楚系编钟与徐吴越编钟比较研究［C］// 湖南省博物馆馆刊：第 2 期．长沙：岳麓书社，2005．

⑤ 湖北省博物馆．襄阳蔡坡战国墓［J］．江汉考古，1985（1）．

⑥ 湖北省博物馆．曾侯乙墓［M］．北京：文物出版社，1989：190．

目前仅在曾侯乙墓、淅川徐家岭10号墓等战国早期墓内出现，至今尚未见到有确切年代的春秋晚期墓出有这种牛形钮盖鼎。所出浴缶的腹部最大径上移，两器耳上部高耸（图九，1）。这和蔡侯申墓浴缶则显出年代上早晚之差异。所出车軎、肩舆构件的纹饰风格也和曾侯乙墓的纹饰风格相似。所出漆木瑟尾部浮雕蟠蛇纹和曾侯乙墓之瑟上纹饰相似。漆木豆和下面将要论述的天星观二号楚墓等战国时期墓葬所出相似。所出陶器亦具战国风格，如楚式鬲折沿、凸肩、粗绳纹等时代特点，不会早于战国时期（图十，3）。

根据以上所述，应如实地推断此墓的年代为战国早期。此墓绝非吴国夫人墓，因吴国于公元前473年为越所灭，墓的年代晚于此年，当然就不应是吴墓了。

关于墓的考古学文化属性与国别。发掘报告和有关文章均据墓内出土物有吴文化特点及铜簠铭文，定此墓为吴墓。有必要分析一下墓葬所反映的考古学文化面貌，也就是说，要作考古学文化因素分析。

此墓主要有三种文化因素：楚文化因素、中原文化因素、吴越文化因素。先看楚文化因素。（1）此墓主墓的形制和椁棺结构颇具楚文化色彩，例如用青膏泥封固，特别是棺侧板微弧的形状，和楚墓弧形棺相似。（2）出土遗物中有一批楚式器：鼎、浴缶、方豆、壶、匜（图九，2、3、4）、勺（图十，1）、削刀、车軎和番子成周编钟（图十，2）、漆木瑟、豆以及陶壶、豆、盆（图十，4、5、6）等。其中铜壶上图像纹与和M_2的壶上图像纹相似，为楚器。

次看中原文化因素，墓内积石积沙显系中原葬俗。宋公栾作簠可归为中原文化因素。

再看吴越文化因素、主墓外置陪葬坑，主要的铜礼器置于陪葬坑内，可能为吴俗。随葬物中的三足盖壶形制为吴式，但其所刻纹饰则为楚式纹样。盉形制和楚盉相似而有小的差异，或可归为吴器。纹饰中的S纹和宋公栾簠上S纹相同，这种S纹在楚器上春秋时期已出现，也可能是受楚器影响。只有所出的原始青瓷、硬陶器才是地道的吴器，成为主吴墓论者的主要依据。

综上所述，此墓的文化因素应以楚文化因素为主。因此，此墓文化属性应为楚系墓葬，所出青铜器的大部分都为楚系青铜器。

关于该墓的历史地理位置。固始在先秦曾是蓼国所在地，后被楚灭，在楚、吴争战中确曾一度为吴所占，但时间不长，越灭吴前已为楚地。陈伟著《楚东国地理研究》和徐少华著《周代南土历史地理与文化》二书对固始的沿革及各种异说有很详细的研究。① 此墓年代定为战国早期，按陈、徐二位的研究，此地已属楚疆，则葬于此地的墓葬自应属楚。

关于此墓墓主之我见。此墓墓主既非宋公栾之妹勾吴夫人，也非番子成周之妻，而是战国早期楚国驻守此地的高级贵族或高级将领的妻子。也许是番子成周的后裔（子孙辈）的妻室，故而在墓内葬有其先辈的遗物。墓内的宋公栾作簠和吴地器物当系掠获物或其他原因所得。此地处于中原、楚、吴交错地带，文化的交流和相互影响，导致墓内有多种文化因素不足为奇。

3. 荆州天星观二号楚墓青铜器群 ②

20 世纪 70 年代发掘的荆州天星观一号楚墓乃其时湖北省发掘的楚国最大贵族墓，可惜被盗严重。2002 年春在此墓东侧发掘了二号墓，虽也被盗，但仅在南室盗去少量器物，大部分完好保存。仅经过短短一年，荆州博物馆的考古工作者就迅速地整理成发掘报告出版了。其发表速度之快和质量之高（器物线图特别精、量多），令人钦佩。

此墓年代和天星观一号墓年代相近而略早，绝对年代约在公元前 360 年前后，为战国中期的前段（相中于拙著中第六期第十一组），墓主应为天星观一号墓墓主邸阳君番胜之妻。

此墓青铜礼乐器共计 81 件，乃楚国贵族墓（曾国的曾侯乙墓、擂鼓墩二号墓除外）中出土礼乐器数量最多的一群青铜器，是介于战国早

① 陈伟．楚东国地理研究［M］．武汉：武汉大学出版社，1992；徐少华．周代南土历史地理与文化［M］．武汉：武汉大学出版社，1994．

② 湖北省荆州博物馆．荆州天星观二号楚墓［M］．北京：文物出版社，2003．

期和战国中期晚段之间的青铜器典型器物，值得特别重视。

青铜礼器有49件，计鼎15件（完整者14件，另有鼎耳1件），A型大鼎1件，B型箍口鼎1件（原不止1件，其他的已被盗走），C型子口鼎6件，D型束腰平底鼾5件（图十一，1），小口鼎1件、簠5件（图十一，2）、鬲5件、豆5件、敦2件（图十一，3）、盘2件、匜2件、盉1件、浴缶1件、匕11件。乐器有钮钟22件、镈钟10件（图十二），有漆木钟架一套，石编磬被盗，仅残存一件，有漆木编磬架。漆木器大多保存完整，光彩夺目，并有不少新见的有特色的器物，其器型、纹饰是工艺美术史研究的珍贵资料。

新见青铜器与楚文化及先秦文化研究的关系，按以下三个问题加以讨论。

第一，新见青铜器与楚墓鼎制、礼制问题。

关于周代的用鼎制度，自从俞伟超、高明《周代用鼎制度研究》① 一文发表以后，由于俞伟超先生在考古界和楚文化区的巨大影响，一些考古报告均以之为探讨用鼎制度的依据。例如《包山楚墓》所附论文就人为地将不同形制的鼎凑成七、五之奇数列鼎。现在见到的《荆州天星观二号楚墓》所论“用鼎制度所反映的等级和身份”，亦复如此，仍是人为地将其凑成几套七、五奇数列鼎。周代用鼎制度是一个亟待继续讨论的学术问题，林沄、朱凤瀚等学者们先后著文讨论②。笔者在拙著的第七章和拙著写成以后又写过几篇文章予以探讨，笔者的结论性意见是：

中原地区使用大小相次的列鼎，山东地区使用大小相同的列鼎；楚国地区使用成对的大小相次的列鼎。③

① 俞伟超．先秦两汉考古学论集［M］．北京：文物出版社，1985．

② 林沄．周代用鼎制度商榷［M］// 林沄学术文集．北京：中国大百科全书出版社，1998；朱凤瀚．古代中国青铜器［M］．天津：南开大学出版社，1995：1023-1026．

③ 刘彬徽．山东地区东周青铜器研究［M］// 早期文明与楚文化研究．长沙：岳麓书社，2001．笔者所写《包山楚简研究二则》，就包山楚墓的鼎制计算提出了己见（此文已收入《早期文明与楚文化研究》）。

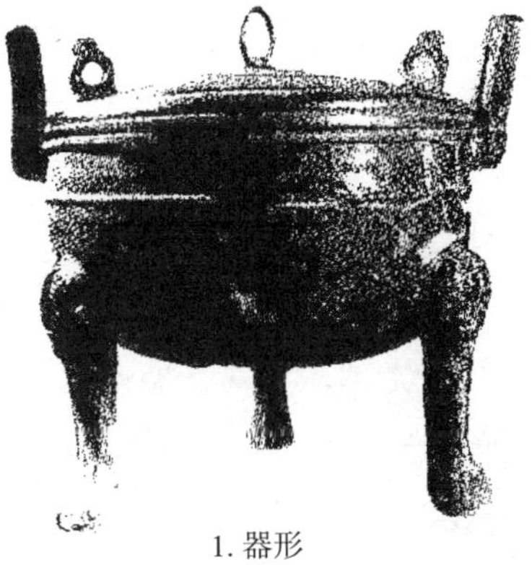

1. 器形

2. 盖上纹饰

图八 固始侯古堆 M_1 出土楚式鼎

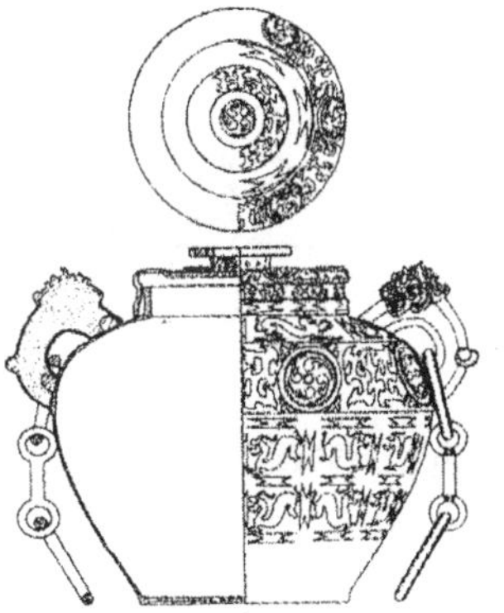

1. 浴缶

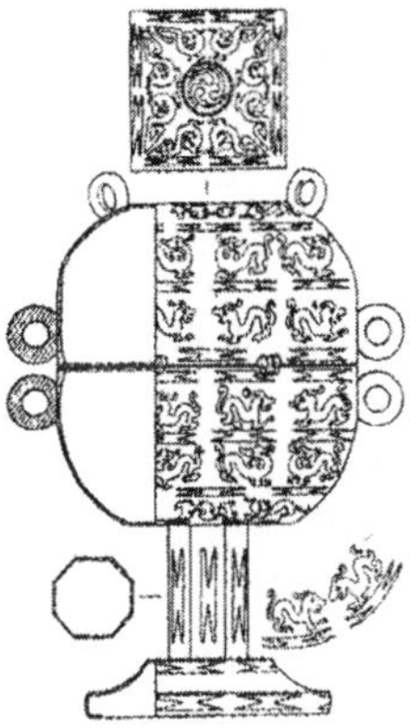

2. 方豆

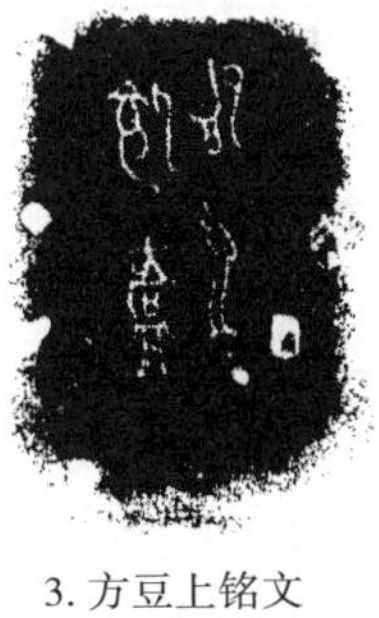

3. 方豆上铭文

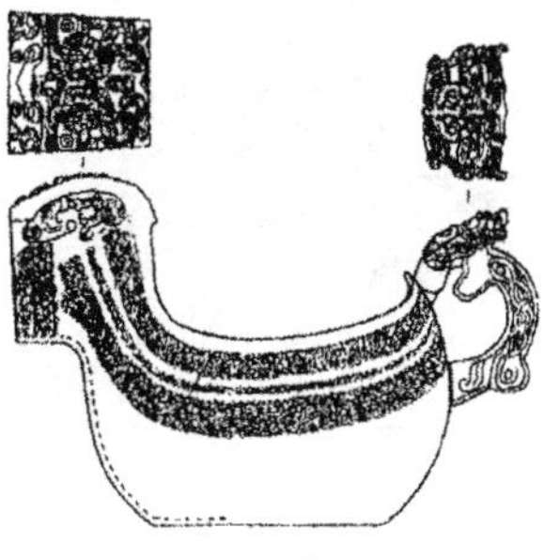

4. 匜

图九 固始侯古堆 M_1 出土楚式青铜器

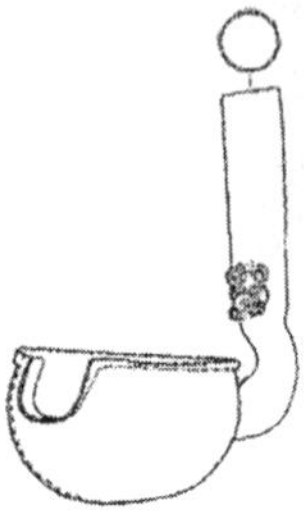

1. 青铜勺

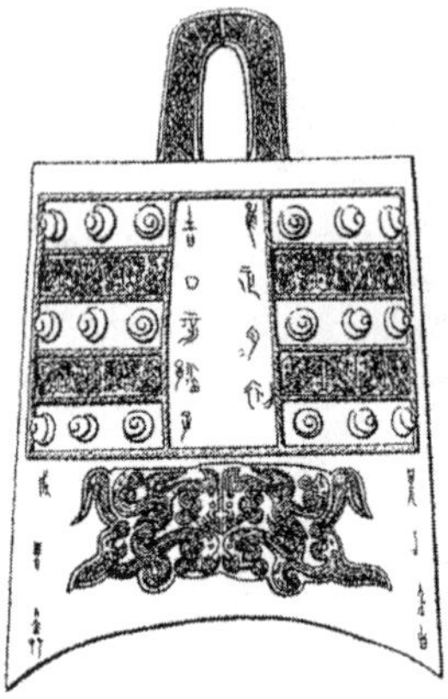

2. 编钟

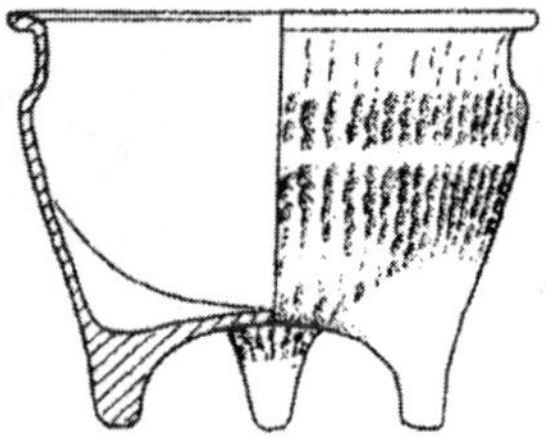

3. 陶鬲

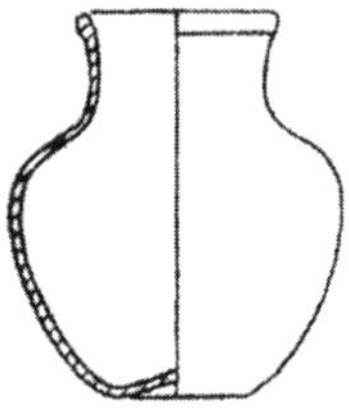

4. 陶壶

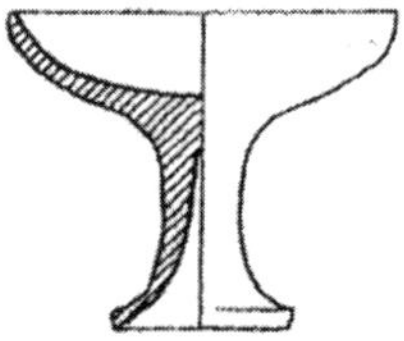

5. 陶豆

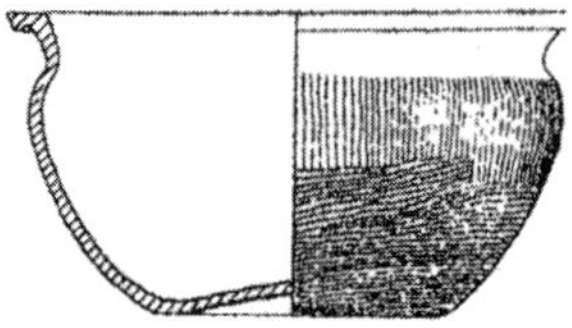

6. 陶盆

图十　固始侯古堆 M_1 出土楚式器

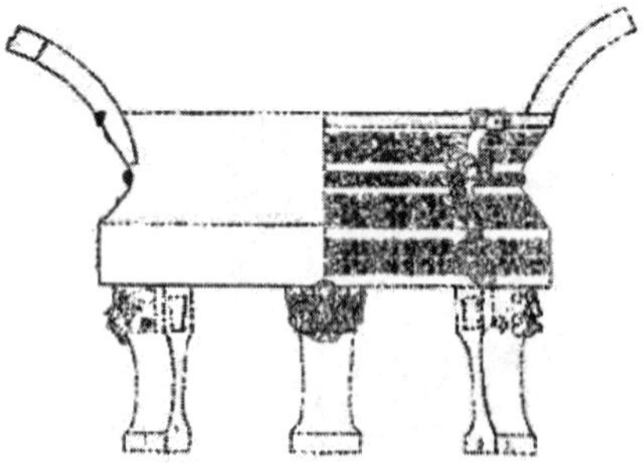

1. D 型鼎

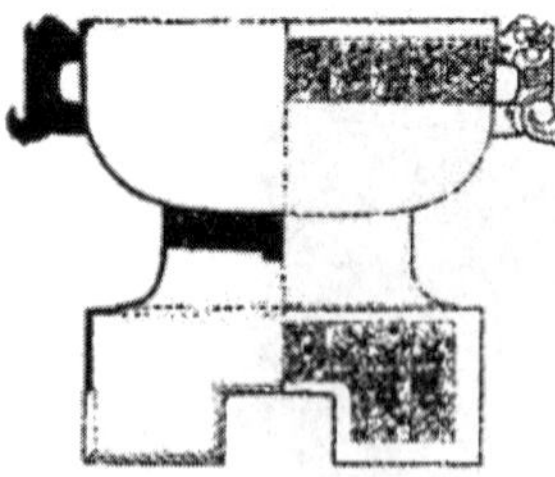

2. 簋

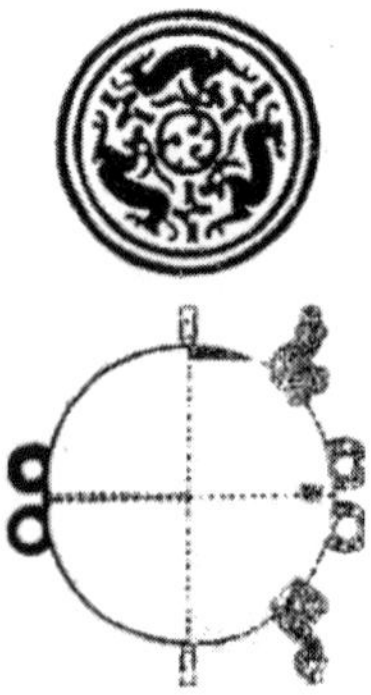

3. 敦

图十一　荆州天星观 M_2 出土青铜器

1. 编钮钟　　2. 编镈

图十二　荆州天星观 M_2 出土青铜编钟、编镈

现在对照上述三处青铜器群的新资料，可验对笔者提出的对楚墓鼎制的上述基本看法仍然是正确的。

先看荆州天星观二号楚墓的鼎制，此墓出土 15 件鼎，除去 1 件大鼎和 1 件小口鼎外，其他的均为两两成对、大小相次的鼎列，其中箍口鼎 2 件（被盗，有 1 件只有鼎耳）、子口鼎 6 件可分成两两成对的三对，相加得 4 对对鼎，但此墓被盗，据该墓“随葬遗物分布图（第一层）”，其南室有约一半的空白，表明已盗走铜鼎多件。因之，原来实葬铜鼎绝不止于这 4 对对鼎。拙著曾指出楚高级贵族用此类对鼎 5 对（10 件）以上，楚王墓可多达10对以上。此墓为楚封君（高级贵族）的妻子，使用对鼎鼎数应合乎墓主身份，估计原应葬有4对以上铜鼎。此墓出土的铜鬲有5件，其中2件为实用鼎，另3件为非实用鼎，这3件中有2件也是成对的。拙著也已指出，在楚高级贵族墓内的鬲使用九、七、五一类奇数列鼎，但它的构成仍有楚风，即仍由成对大小相次组成。天星观二号楚墓之鼎，又证成了己说之不误。

关于两岭楚墓的鼎制，以基本未被盗的和 M_2、徐 M_{10} 所出予以分析。和 M_2 有箍口鼎4件，两两成对，是2对。徐 M_{10} 的子口鼎有蔿子昃鼎2件，是为1对，另有3件卧牛形钮盖鼎，因破碎太甚，未复原，推测也应是子口鼎，至少有1对。同出鬲5件，为仿古式，5件纹饰不完全相同，从其大小尺寸看，也可分为2对加1件，和笔者对这类鬲的看法一致。和 M_2 和徐 M_{10} 的对鼎数只有2对或3对，而墓葬整体显示的身份等级，应为大夫或上大夫等级贵族。所出对鼎鼎列似不太符合其身份，这可能有几种解释：一种可能是仍有若干的鼎被盗；另一种可能是战国早期的这两座贵族墓使用鼎列不循旧制，可解释为“乱礼”。

乱礼的典型例子是侯古堆 M_1。它的9件鼎，非两两成对，也非大小相次的列鼎，单纯看数字为9件，则是一种僭越。更有甚者，它使用的礼器组合根本不符楚制，也不符周制。按其墓葬形制，应为中等贵族，应随葬簋、敦、尊缶等礼器，此墓全无这些礼器。这成为一些学者否定此墓为楚墓的重要理由。此墓的文化属性和国别问题，确是一个可继续讨论的学术问题。

第二，楚系青铜器的传承和创新问题。

关于这个问题牵涉的面很广，需要作专题研究，这里只就上述三处青铜器的材料谈点看法。所谓创新，是指楚系青铜器自创的有特色的器型（包括形制、纹饰）。例如楚式箍口鼎、楚式束腰平底鬲、楚式敦等，在两岭楚墓和天星观 M_2 内都有传承，并且还打上了时代特点烙印。其时代特点，除体现在器形上的微小变异外，还体现在纹饰及铸造等方面。研究铜器，是不能忽略纹饰的，然有的学者似乎没有看到它的重要性。这肯定会影响到其论述的精确性。有论者看到直到战国晚期楚幽王墓内的器类组合大多见于以前时期，就来断言“那些试图以直观可见的组合差异为楚墓断代的学者，指出了其研究的谬误”①。这种说法本身不太恰当。组合问题也是要作多方面研究的，既要分类（显示社会等级），也要作分型分式的分期研究。这种分期就包括了组合中每种器物型式上的时代变异，更重要的在于仔细考察纹饰上的时代变异。例如前述的两岭楚墓的鼎型式组合均不同。徐 M_{10} 和天 M_2 的青铜器群同为甲类组合，其鼎、鬲、簋、簠、敦、豆、浴缶、盘和编钟等每种器物都有型制、纹饰的差异而显出年代先后的不同型式，据这种不同型式的组合就可进行断代研究。因之，组合研究和器物型式、纹饰等方面结合起来研究，就可显示其在分期断代研究中的重要作用；也显示出楚系青铜器是不断创新的，反映出楚文化的创新精神。

关于楚铜器的传承。这种传承，既可传承楚文化本身特色的东西，也可传承中原文化或其他地域文化因素的东西。两岭楚墓中的平底鼾，像蔿子受鼎、克黄鼾就传流了几十年、上百年。徐 M_3、徐 M_{10} 和天 M_2 的平底鼎（3 件非实用鼎）是一种仿制前一时期的传承形态。九连墩 2 号墓用漆木制的鼾代替青铜鼾，也是一种传承形式，这都是传承楚式器。徐 M_{10}、天 M_2 的簋则是传承周式器。徐 M_{10} 的簋所饰波曲纹，乃传承西周晚期纹饰。有文提出“今式”与“古式”的说法②，上述青铜器中确有仿古而铸的“古式”器物，但并不是明器、鬼器，与中原地区自西周以来出现的根本不能盛物的微型明器是有差别的，仍应是宽泛意义上的祭器、人器③。

第三，楚系青铜器的传播与影响问题。

为什么要谈这个问题？先来引述一下国外学者就李零先生的楚铜器

① 李零. 入山与出塞［M］. 北京：文物出版社，2004：273. 罗泰先生的英译本前言。

② 王红星，胡雅丽. 由包山二号楚墓看楚系高级贵族墓的用鼎制度——兼论周代鼎制的发展［M］// 包山楚墓. 北京：文物出版社，1991.

③ 梁云. 周代用鼎制度的东西差别［J］. 考古与文物，2005（3）.

研究所说的一段话："李教授对楚国材料的处理，主要是想揭示它们的连续性和同质性。它导致了一种对春秋中期到战国晚期这四百年的共时性眼光。尽管它对历时性的变化只是一笔带过，但这一探讨都是有助于我们深入两大争议的核心，即楚文化到底意味着什么，以及如何评价人们反复议论的它的独特性。"① 这些话表明论者很重视楚青铜器与楚文化研究的密切关系，其着重点在注意"同质性""共时性"关系，但这是不够的。李零先生的确很强调"楚国铜器与北方铜器的相似性，将是一个反复出现的主题"，"地方差异的混融和整个文化的统一方是它的基本趋势"②。李零先生的这些话笔者是完全同意的，笔者也曾反复强调楚文化只是先秦华夏文化中的一个有特色的区域文化。但这只是问题的一个方面，还有更需要下苦功夫研究的另一个方面，这就是要看到在相似性中的差异性，如不仔细研究这种差异性，只注意其同质性，对差异性则贬之为"由地方主义所人为制造"③。这显然把问题简单化了。我们的责任是要在详细研究所有材料（包括青铜器材料）的基础上深刻地认识其"差异性"和产生差异的原因，及其与相似性的关系。只有如此，才能真正对楚文化有全新的理解。

中国青铜器发展的第二个高峰是在春秋战国时期（主要指春秋中期至战国中期），楚国和楚文化系统青铜器处于这第二高峰的顶级高度。"水往低处流"，楚系铜器对外影响与流传肯定是存在的。笔者在拙著内专辟章节予以讨论。④ 以前看到四川绵竹县船棺墓出土了楚式豆、尊缶和 1 件方壶上的动物图像（图十三）⑤，虽觉得应受楚器影响，但总觉实证材料不足。现在新见淅川和 M_2 的 27 号动物纹壶，其图像和绵竹这些铜器特别是方壶上的图像如出一辙，像一个模子翻铸出来一样，从而提供了最为直观的楚器影响周边地区的又一典型实例。

① 李零：入山与出塞［M］. 北京：文物出版社：2004：273.

② 李零：入山与出塞［M］. 北京：文物出版社：2004：276、326.

③ 李零：入山与出塞［M］. 北京：文物出版社：2004：326.

④ 请参阅本书第八章楚系青铜器和他系青铜器的关系。

⑤ 四川省博物馆. 四川绵竹县船棺墓［J］. 文物，1987（10）.

楚国独创的敦向三晋、燕、齐地区流传并为那些地区所仿制，也是不争的历史事实。对楚文化的强大生命力、辐射力、影响力，必须予以充分认识，要如实地、客观地评价它，既不能夸大，也不能贬低，这才是非“人为制造”的应有态度。

春秋战国时代的楚文化及其青铜器所蕴含的丰富内涵，直至今天似仍未得到完满的揭示，“探索楚文化形成和发展的奥秘，把楚文化在我国古代文明中的重要地位真正揭示出来”[①]，也有待进一步探讨。随着新材料的累积，需研究的新问题也多。“长江后浪推前浪”，楚文化及其青铜器的无穷魅力，吸引着世人更加热情地不断求索，为中国和世界古代文明研究做出新的贡献。

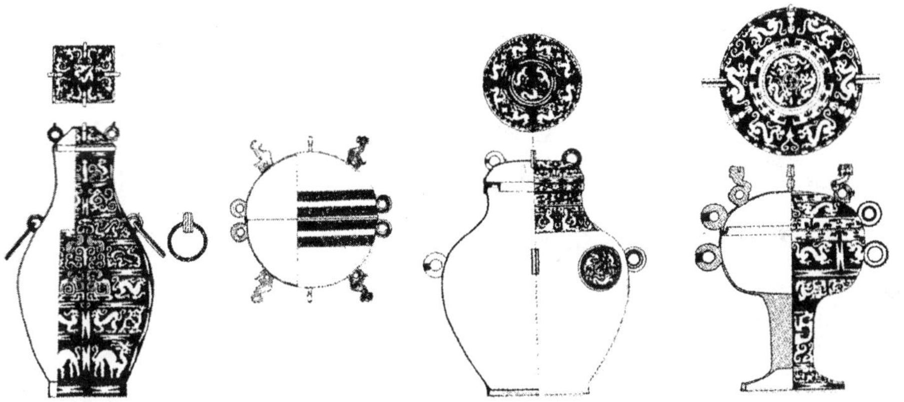

1. 方壶　　2. 敦　　3. 尊缶　　4. 豆

图十三　四川绵竹县船棺墓出土楚系青铜器

① 苏秉琦．楚文化探索中提出的问题——在中国考古学会第二次年会闭幕式上的讲话［C］// 苏秉琦考古学论述选集．北京：文物出版社，1984．

附录六　楚系青铜器研究续论[①]

拙著《楚系青铜器研究》（下文简称《楚铜研》）于1991年写成，1995年出版。[②]此书在国内外产生了较大影响，获得了多方面的好评。评论者指出："这是第一部对楚系青铜器进行全面系统研究的集大成之作……提供了一系列新的见解和取得了一批新的研究成果……是一部成功的力作。"[③]其后，在1998年完稿交出版社，延迟至2008年出版的拙著《江汉文化与荆楚文明》一书[④]在第七章"荆楚青铜器"中，对荆楚地区商周时期青铜器和新出楚系东周青铜器予以论述，并专辟两节重点研究了这一地区的青铜兵器和工具，使对楚系青铜器的研究更为全面、深入。随着考古新发现的楚系青铜器资料的增加和研究的深入，笔者认为有必要继续对楚系青铜器研究中的若干问题进行讨论。以下按西周时期、春秋早期、春秋中期以降三个阶段和楚系金文以及与楚文化研究的关系等五个方面续作讨论。

一、续论西周时期的楚国青铜器

拙著《楚系青铜器研究》第九章第二节"关于楚国早期青铜器的探索"中有如下的话："在楚文化研究中，一种意见认为楚在西周时期还处于原始社会阶段，还没有进入国家文明阶段。若依此说，西周时期不

---

① 原载《湖南省博物馆馆刊》第7辑，岳麓书社2011年出版。

② 刘彬徽．楚系青铜器研究［M］．武汉：湖北教育出版社，1995.

③ 高至喜．《楚系青铜器研究》评介［N］．中国文物报，1995-10-29；金良．楚学文库丛书与《楚系青铜器研究》评介［J］．南方文物，1996(1)；［日］石黑日沙子，刘彬徽．楚系青铜器研究［C］// 明大亚细亚史论集，1998(3)（中国古代史特集，日文）；中国考古学会．中国考古学年鉴·1996年［M］．北京：文物出版社，1998．此书在"夏商周时期考古"一节中有简短评述，又见此书的"考古学书目"；在我的论文集《早期文明与楚文化研究》（岳麓书社，2001年）一书第92-94页载有《楚系青铜器研究介绍》一文，内有邹衡、李学勤、朱凤瀚、郭德维等先生来信中对此书的赞语。

④ 刘彬徽．江汉文化与荆楚文明［M］．南京：江苏教育出版社，2008.

会有楚铜器。但是正如前面已提到的，由楚公冢钟（图一）、戈证明楚国铜器在西周晚期就已有与中原地区大体一致的发展水平。……正因为如此，我们对楚国西周早中期铜器的发现与认识，就是抱着如上所述的并非虚无主义、悲观主义的而是乐观主义的态度。”无独有偶，几乎和我同时完成的著作——罗运环先生的《楚国八百年》一书也辟出专节论“楚人早期青铜的探索”，认为“楚人可能在鬻熊以前或鬻熊进入青铜时代，而在鬻熊居‘丹阳’之际进入阶级社会”[①]，这真是“心有灵犀一点通”。其后他又撰写《西周楚国落后说相关史料辨证》一文，继续论证他的见解[②]，而我也和他一样走着继续论证之路。1993年，在山西省境的晋侯墓内出土了6件楚公逆钟，有68字铭文。（图二）其大意是，楚公逆为了用四方敌人的首级祭祀先祖，出征中多有擒获，锁融进献了赤铜九万钧。楚公逆用这些好铜铸造了形美音谐的编钟百组。这是楚国青铜器新的重大发现。为此，笔者在1994年开始写作的《江汉文化与荆楚文明》一书中对这一重要新发现作了较多的论述，深情地写道：“现今不少论著鉴于西周楚史料的匮乏，作出西周时楚尚处在原始氏族社会阶段的看法。或者即使认为其社会发展阶段已进入阶级社会，但其发展仍很缓慢、落后，只是到春秋时期才一跃成为强国。有此新发现，确如一道惊雷、一道闪光，让人们睁大了眼睛，重新来审视西周时期楚国的发展程度。因此，这一新发现，将极大地有助于改变人们以往对于西周时期楚国发展水平过低估计的看法，重新恰当地估价西周时期楚国文明发展水平。”[③]

水平的高低是可以比较的。同为春秋五霸的晋、楚两国，从西周晚期两国的编钟所反映的发展水平就是很明显的例证。为写作此文，笔者

① 罗运环．楚国八百年［M］．武汉：武汉大学出版社，1992：93.

② 罗运环．西周楚国落后说相关史料辨证［C］// 楚文化研究会．楚文化研究论集：第六集．武汉：湖北教育出版社，2005.

③ 刘彬徽．江汉文化与荆楚文明［M］．南京：江苏教育出版社，2008：527.

专门对山西晋侯墓出土编钟资料予以检索。① 晋侯墓地西周晚期的编钟出土于三个晋侯墓内，其 M_8 墓主为晋献侯（前 822—前 812 年在位），出土的晋侯苏编钟就是晋献侯之乐器，共 16 件，为铭文贯通的两组各 8 件，其上刻有 355 字铭文，追述周厉王三十三年（前 845），晋侯苏（献侯）奉命征伐夙夷，凯旋，获得周王给予的丰厚赏赐之事。但这套编钟和墓内其他青铜器非同时同地铸成。高至喜先生据编钟成色与合金成分的差异、铭文为镌刻、钟型为不同型式拼凑等三个理由，认为："由上述三点，说明晋侯苏编钟并不是在晋地铸造的，而是来自外地。这'外地'在何处呢？我认为应是江南。因为在江南可以找到许多与晋侯苏编钟相同或相似的甬钟。"② 最近他又撰文认为"早期甬钟起源于湘江中下游地区"③。晋侯苏编钟中有两件无旋虫，乃早期甬钟，若高至喜先生的看法可信，则晋侯苏编钟如他所说出自江南，这江南应即湘江中下游地区。关于西周甬钟起源于南方，周初传入周王朝中心地区的新见，已有许多学者如施劲松、曹玮、王子初等予以认可。④ 因之，高至喜先生的看法应可信。出土这套编钟的墓葬是三座西周晚期晋墓中年代最早的一座。

西周晚期三座晋墓之二就是出土楚公逆编钟之 64 号墓，墓主是上述晋献侯之子晋穆侯（前 811—前 785）。该墓出土楚公逆钟 6 件和非楚

---

① 山西省考古研究所，北京大学考系．天马——曲村遗址北赵晋侯墓地第四次发掘［J］．文物，1994（8）；上海博物馆．晋国奇珍——晋侯墓地出土文物精品［M］．上海：上海人民美术出版社，2002；上海博物馆．晋侯墓地出土青铜器国际学术研讨会论文集［M］．上海：上海书画出版社，2002；李朝远．楚公逆钟的成编方式及其他［M］// 青铜器学步集．北京：文物出版社，2007；朱凤瀚．中国青铜器综论（简称《综论》）［M］．上海：上海古籍出版社，2009：1142–1153．

② 高至喜．关于晋侯苏编钟的来源问题［J］．文物，1997（3）．

③ 高至喜．论早期甬钟起源于湘江中下游地区［C］// 湖南省博物馆馆刊：第六辑．长沙：岳麓书社，2009．

④ 施劲松．中原与南方在中国青铜文化统一体中的互动关系［C］// 长江流域青铜文化研究．北京：科学出版社，2002；曹玮．西周前期南北方钟的比较与北传路线［C］// 长江流域青铜文化研究．北京：科学出版社，2004；王子初．中国音乐考古学［M］．福州：福建教育出版社，2003：145–147．

公逆之钟 2 件，共 8 件。高至喜先生认为这与楚公逆钟相配的 2 件钟也应来自南方。令人纳闷的是堂堂一国之主的晋国国君墓内为何要下葬并非本国自产之编钟？难道晋国不能自铸编钟吗？至于楚公逆钟又为何会出自晋侯墓内？虽已有几种不同的看法。但尚难以定论。笔者以为馈赠的可能性较大。

西周晚期晋侯墓出土编钟之三为 93 号墓。墓主为穆侯之子晋文侯（前 780—前 746）年代已入春秋早期，但据王世民先生的论述，此墓出土 16 件编钟"具典型的西周晚期特征……这 16 件钟，一组较大，一组稍小，钟胎较薄，制作粗糙，似为明器"[①]。

现进而可以将楚公逆钟与之时代同为西周晚期的上述三墓出土之钟比较一下，楚公逆作为楚国国君于公元前 799—前 791 年在位，这一年代正好处于晋穆侯在位年代范围内，晋穆侯死去乃以楚公逆的 6 件钟和另两件钟随葬。晋献侯、穆侯、文侯祖孙三代死后所葬的编钟和楚公逆钟的年代同属西周晚期，在这一年代范围内的晋楚编钟有以下差异：

（1）从数量看，晋献侯墓 16 件，晋穆侯墓不计楚公逆钟，只有 2 件，晋文侯墓内 16 件，总计晋国国君自用的钟为 34 件，而楚公逆钟在晋穆侯墓内的 6 件，仅是其编钟数量的零头，据铭文知楚公逆铸造的钟超过百肆。可知楚公逆钟的数量比晋侯之钟多得多，多出了数十倍（以每肆十六枚计）。

（2）从编钟文化属性和自产能力看，晋献侯、穆侯墓内除楚公逆钟外的 18 件均非晋地自产，而来自南方，晋文侯墓 16 件钟为明器，应为自产，然反映不了编钟生产水平，看来晋国自铸编钟的能力很差，其生产能力远不如楚国。

（3）从编钟级别看，西周晚期三代晋国国君墓葬出土的编钟都不是晋国国君自铸标示国君身份的钟。晋侯苏钟属晋献侯铭功而非自产之钟，晋穆侯却用了他国（楚国）之钟随葬，其子文侯只用了明器钟，真

---

① 王世民．晋侯墓地编钟的再探讨［C］// 晋侯墓地出土青铜器国际学术研讨会论文集．上海：上海书画出版社，2002.

是一代不如一代。

楚国则是一代比一代强，楚公冡钟已知至少三套，到他的后代楚公逆时产量大增。他不仅一次可铸出百肆之钟，更有铭文不同的多套钟（传世楚公逆钟与这6件楚公逆钟铭文不同）。

可以设想楚公逆墓葬内肯定有大量自铸的钟，但愿不久的将来能掘到他的墓葬予以证实。

（4）从晋侯苏钟和楚公逆钟铭文内容看，晋侯苏钟用了南方的编钟加刻铭文，记载他因战功受到周厉王的丰厚奖赏。而楚公逆钟记载的则是通过自己率军出征大获全胜，战败者向楚国君进贡赤金九万钧，充分显示了楚为“大邦”的风范！两相对照，何其鲜明！

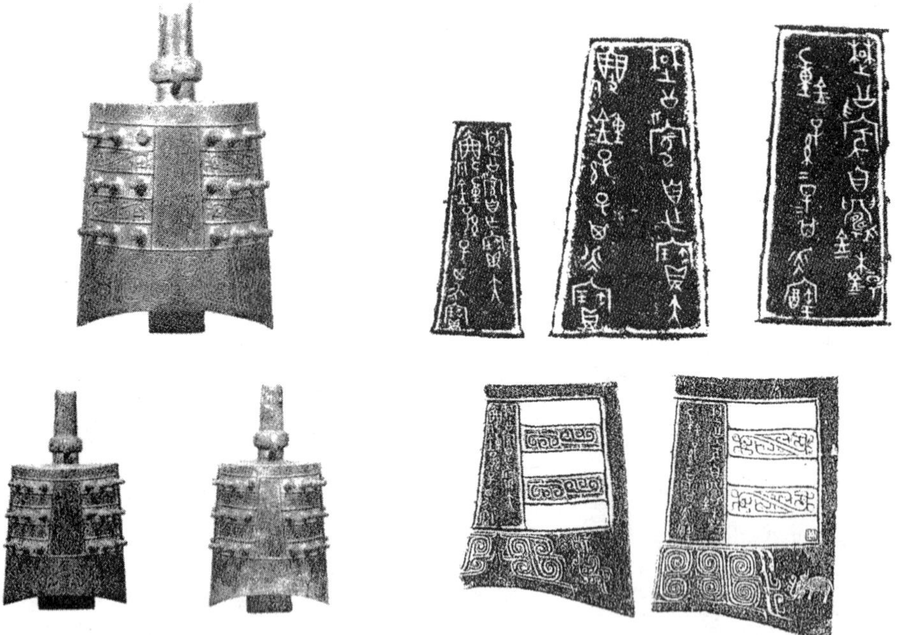

1. 传世楚公冡钟　　2. 楚公冡钟铭文拓片

图一

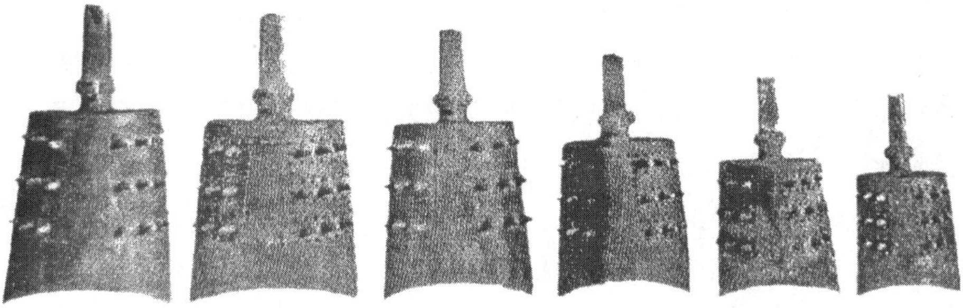

1. 山西新出楚公逆钟

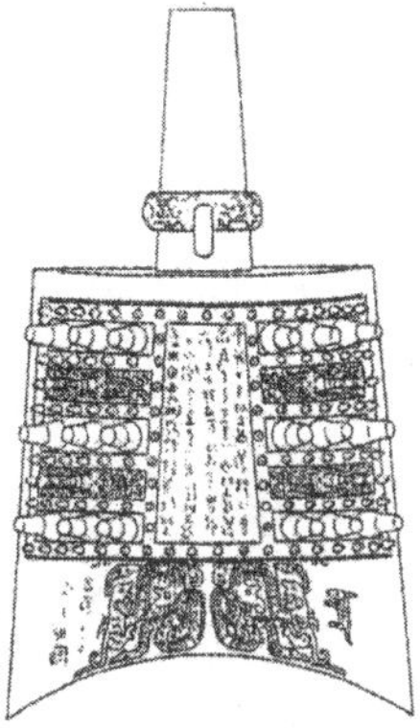

2. 楚公逆钟线描图之一

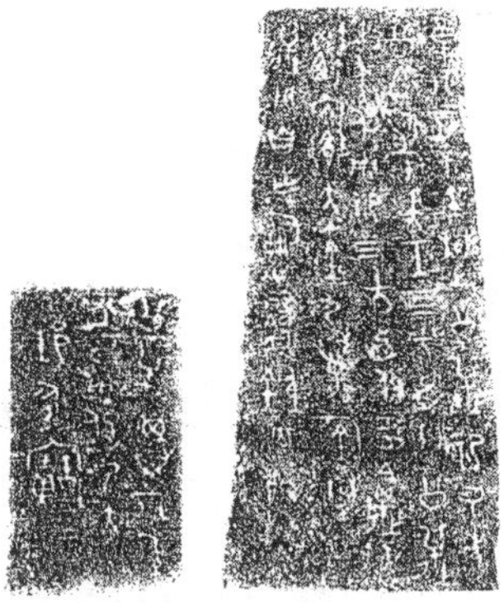

3. 楚公逆钟铭文拓片之一

图二

综上四点，可见西周晚期晋、楚编钟的发展水平悬殊之大，甚至可以说是天壤之别！试想，作为礼乐制度体现者之一的编钟，乃国之重器，其发展水平都有如此大的差异，足可反映出晋楚两国生产力水平和社会发展水平的巨大差异。本人对此感同身受，回想楚公逆钟实物在上海博物馆内展出时，笔者有幸看到这些难得一见的实物，其保存之好，铸造之精，形态之美，身临其境地观察，心灵的震撼自不待言。这些楚公逆钟反映了西周晚期楚国文明的辉煌，可以反推西周早中期楚国文明也已趋前列，早于楚公逆钟的楚公豪钟即是实证之一。楚公逆钟铭文祭祀的“先高祖”应是熊渠。熊渠在位约当周夷王、厉王之际，楚公豪编钟就是熊渠之钟。1998 年在陕西出土一件，传世四件今存三件在日本泉屋博物馆（图一，1）。2005年我去日本参加学术会议，有幸到那里看到仰慕已久的实物，喜出望外，能先后看到国宝级楚公冢、楚公逆编钟实物，真乃三生有幸。从楚公冢、楚公逆编钟所显示出来的特点和发达的铸造水平，更加有力地证明了西周时期楚国生产力与社会发展程度已不亚于中原地区。如上所述，从西周晚期三代晋侯墓所出编钟与楚钟的对比来看，楚国青铜业发展水平已高于晋国，从两国文化总体看，完全不亚于晋国，这种根据出土实物做出的判断，亦证明西周时期楚国落后的论调可以休矣！

诚然，就现有考古发现看，除上述楚公冢、楚公逆编钟外，属西周时期的楚国青铜器数量屈指可数，这可能与考古界迄今尚未发掘到楚重要墓葬和遗址有关，同时也与认识有关，即要找出一些西周时期的无铭楚铜器，已有学者在探讨西周时期楚国无铭编钟。① 今后如能像发掘晋侯墓一样，发掘到西周楚国国君墓，可以想象出土楚国青铜器会是既多且精，美不胜收。

二、关于春秋早期楚国青铜器

1. 春秋早期楚国青铜器的界定

先谈谈春秋早期的年代范围。对于楚国青铜器的分期，笔者将春秋战国时期分为七期，每期又分早晚两段，至今仍坚持认为这一分期法是合乎楚国历史发展和青铜器演变实际的。现在来看，每一期内的铜器年代有的可作适当的调整，但不影响七期分期法的科学性。《中国青铜器综论》（以下简称《综论》）一书采取的分期法和笔者的分期法 ② 在春秋早期的年代范围是相同的，即其年代范围为公元前770年—前670年，

---

① 熊建华．湘博藏西周无铭楚器的鉴识及相关问题［C］// 楚文化研究论集：第五集．合肥：黄山书社，2003；熊建华．湖南商周青铜器研究［M］．长沙：岳麓书社，2013．

② 《综论》分期年代见第1533、1585-1589页。

而研究中原地区青铜器，则多将其下限延后 20 年，即公元前 650 年。[①]

在春秋早期（前 770—前 670）这一年代范围内的楚国青铜器群，拙著《楚铜研》列出了三个单位的铜器：

（1）当阳赵家湖二号楚墓出土的铜器；

（2）南阳西关一组铜器；

（3）枝江百里洲一组铜器（𦬁父器）。

对于当阳赵家湖二号楚墓及出土铜器的年代，曾有不同看法，已有学者作了周密论证，确定无疑应为春秋早期。[②]《综论》一书以此墓铜器为春秋早期唯一的一项，否定枝江百里洲铜器年代为春秋早期，这是需要讨论的。

春秋早期的有铭楚铜器，除上述南阳西关和枝江百里洲的铭文器之外，尚有多件，在拙著《楚铜研》第六章和 2009 年我编著的《楚系金文汇编》一书已分别论述，此不复述。据我近日的研究，原列入东周二期（春秋中期偏早）的有铭器如曾孟妳谏盆可调整到春秋早期偏晚时期。至于无铭楚铜器，也如同判断西周时期无铭楚铜器一样，有一个逐渐深化认识和依据考古地层学、类型学予以判断的过程，相信今后能发现和断定更多的春秋早期楚铜器。

2. 枝江百里洲𦬁父铜器群的再研究

这组铜器在报道时就定其年代为春秋早期，拙著《楚铜研》也定为春秋早期（东周一期），一些楚文化著作如《楚文物图典》等，所定年代也相同。但《综论》一书则所论不同，并举出多条理由加以论述。鉴于此书的影响较大，故有必要加以讨论。这群铜器计有鼎 3、簠 2、壶 1、盘 1、匜 1，《综论》对簠、匜年代定得晚，就把这组铜器定到春秋中晚期之际。在此着重讨论其对簠、匜年代的看法。第一，关于簠的

① 高明．中原地区东周时代青铜礼器研究［M］// 高明论著选集．北京：科学出版社，2001．

② 郭伟民．当阳赵家湖几座楚墓的年代及相关问题［C］// 楚文化研究论集：第五集．合肥：黄山书社，2003．

年代问题。所出的两件簠（图三，1）均有相同的铭文，器主为“考叔𢼍父”。《综论》认为“簠器、盖接口处直边稍长、形制稍晚……约属春秋晚期偏早，是此组器中年代最晚者。”[①]仅凭“器、盖接口处直边稍长”这一点就把年代定晚是不妥的。判定簠的年代早晚应有以下几个标准：一是从簠的整体造型看，西周晚期至春秋早期的簠器腹斜边较长、底边较短，器的口径和器身器底径的长度相差较大，整器显得高而窄。例如曾孙史夷簠、蔡大膳夫簠（图三，7、8）；而春秋早期以后的则腹部斜边变短、底变长，整器显得矮而宽。例如春秋中期的上鄀府簠、春秋晚期的王孙霝簠（图三，3、4）。𢼍父簠（图十）整体形状接近西周晚期、春秋早期之器，而与较晚之簠的形态（还可和淅川下寺的春秋中晚期楚墓出土的簠比较）则相差较甚。二是看器口有无衔扣，西周晚期和春秋早期之簠多无衔扣，而春秋早期以后器口长边则有一至两个衔扣，晚于𢼍父簠的上鄀府簠、王孙霝簠已有衔扣；𢼍父簠无衔扣，年代必早。三是看其纹饰，这正是《综论》忽视的一点，观其纹饰，器盖和器口直边为窃曲纹，其斜壁为粗体的卷曲龙纹（图三，2），非吐舌蟠螭纹。以前我沿用李学勤先生的看法，把有无吐舌蟠螭纹作为划分春秋早中期的标志，直到近年学者发表的论文仍沿用此说（例如《考古学报》2008年第2期，第179页）。现在看来，在春秋早期晚段就已出现吐舌蟠螭纹，故不能以此作为区分春秋早期和中期的标志了。[②]既然𢼍父簠还没有出现吐舌蟠螭纹，进一步证明它绝不会晚至春秋中期了。从以上三点所论，可见单凭器口直边长短这一点去定簠的年代是不可靠的。即使单凭这一点去考察簠的年代，也可以找到西周晚期至春秋早期器口直边也有如同𢼍父簠这样较长的直边的。例如湖北宜城出土蔡大膳夫簠、山东平邑出土的叔虎父簠、叔朕簠、传世曾孙史夷

① 朱凤瀚．中国青铜器综论［M］．上海：上海古籍出版社，2009：1789.

② 刘彬徽．江汉淮地区春秋青铜器研究，待刊．补注：已发表，出处见新版补记注。

簋（图三，8、5—7）等[①]，尤以叔朕簋（图三，6）的直边和鄀父簋较长的直边最相近。此簋无衔扣，纹饰风格亦是西周晚期春秋早期风格，凡此均更加证明鄀父簋年代只能定为春秋早期，绝不会晚至春秋中期。《综论》把它定为春秋晚期偏早，更是欠妥的。

第二，关于鄀父匜（图十一）的年代问题，《综论》认为："鄀父匜亦近于中原春秋早期形制，唯流甚长而封顶，有铭文，言公孙鄀父自作匜……纹饰作蟠虺纹，且匜流口已封顶，在中原铜匜流口封顶已在春秋中期偏晚，故盘、匜的年代似不会早于春秋中期偏晚。"[②]所云"中原铜匜流口封顶已在春秋中期偏晚"与事实不符，传世的西周晚期皃叔匜、眉寿无疆匜、皇与匜就已是流口封顶的[③]，在东方和南方地区同样有春秋早期的流口封顶匜，《综论》内就收录有山东肥城小王庄出土的匜，"匜深腹、长流、高足均显示较早作风，流口已封顶（图三，11）……可归入春秋早期偏晚"[④]。在南方曾国的西周晚期墓——随州桃花坡 M_1 内也出土了流口封顶的四足匜（图三，9）。[⑤]传世的樊君夔匜（图三，10）也同样是流口封顶的，其年代也是春秋早期。[⑥]枝江鄀父匜和这些匜的共同点都是流口封顶，下有四足，乃西周晚期到春秋早期的特点，不会晚至春秋中期，匜上所饰蟠螭纹也具春秋早期偏晚特点。因此，《综论》

① 图三材料出处：图三，1、2、3、4 见拙著《楚铜研》第六章之 8、32、35 器；图三，5 见李常松：《平邑蔡庄出土一批青铜器》，《考古》1986 年第 4 期。同出鼎 2、鬲 1、簋 4、盘 1、匜 12，簋有铭文。"蔡庄出土这批青铜器的时代，从形制、纹饰看属西周晚期"，图三，6 叔朕簋传世三件，其中 1 件存故宫博物院，1 件存上海博物馆，另 1 件下落不明，这三件资料并见本页注 ③。其年代为春秋早期；图三，7 见湖北省文物考古所编：《曾国青铜器》，第 443 页，文物出版社，2007 年，图三，8 见襄樊市博物馆：《湖北宜城出土蔡国青铜器》，《考古》1989 年第 10 期，西周晚期器。

② 朱凤瀚．中国青铜器综论［M］．上海：上海古籍出版社，2009：1789.

③ 吴镇烽．商周青铜器铭文暨图像集成［M］．上海：上海古籍出版社，2012.

④ 朱凤瀚．中国青铜器综论［M］．上海：上海古籍出版社，2009：1720-1722.

⑤ 湖北省文物考古研究所．曾国青铜器［M］．北京：文物出版社，2007：251.

⑥ 刘彬徽．江汉淮地区春秋青铜器研究，待刊。补注：已发表，出处见"新版补记"注。

1. 枝江百里洲铜簠

2. 百里洲簠器体短边纹饰

3. 上鄀府簠

4. 王孙霖簠

5. 叔虎父簠

6. 叔朕簠

7. 曾孙史夷簠

8. 蔡大膳夫簠

9. 随州桃花坡出土匜

10. 传世樊君夔匜

11. 山东肥城出土匜

图三

说此匜年代“似不会早于春秋中期偏晚”的说法应予以否定，仍然以我所定春秋早期偏晚为宜。既然㾓父簠、匜年代为春秋早期，则枝江百里洲青铜器群年代为春秋早期也就进一步定论了。

匜铭“塞公孙㾓父”，簠铭“考叔㾓父”，乃一人之不同称谓，“塞”乃封地名或县名，新近发表的“塞公屈顈”戈[①]，证实此地乃楚三大王族之屈氏封地，这些青铜器均是楚国贵族之器，实乃春秋早期楚国青铜器之典型器群，为极具历史文化研究价值的重要器群。

3. 新见楚太师编钟研究

周亚先生曾邮赠《上海博物馆集刊》第十一期给笔者，内有他的论文《楚大师登编钟及相关问题的认识》[②]。阅后大喜过望，乃反复研读，产生了进一步探讨的愿望，特在周亚先生研究的基础上作点探讨。

这套编钟共9件，为钮钟，在此将其中一件图像和其中的两件拓片引录如下，可省去一些对形制、纹饰的描述（图四）。周亚依据其形态及文字特征，定钟的年代为春秋早期，可信。据其铭文定名为楚太师登则可进一步讨论，先将铭文录写如下，其中有的字参考了黄锦前的博士论文[③]。

> 隹（唯）王正月初吉庚午，楚大（太）师登辪（乂）慼＝（慎，慎）尗（淑）𥁕（温）龏（恭），武邘（于）戎工（功），用其吉金自作铃钟，龢鳴觑（且）𣪘（锽），用宴用喜（饎），用乐庶侯及我父兄，既𥁕（温）既记（忌），余保辪（乂）楚王，偯（威）𠭯（仪）屖（遟遟），万年毋改，子子孙孙永宝鼓之。

---

① 黄锡全．记新见塞公屈顈戈［C］// 庆祝高明先生八十寿辰暨从事考古研究五十周年论文集．北京：科学出版社，2006.

② 周亚．楚太师登编钟及相关问题的 认识［M］// 上海博物馆集刊：第十一期．上海：上海书画出版社，2008.

③ 黄锦前．楚系铜器铭文研究［D］：安徽大学博士学位论文，2009.

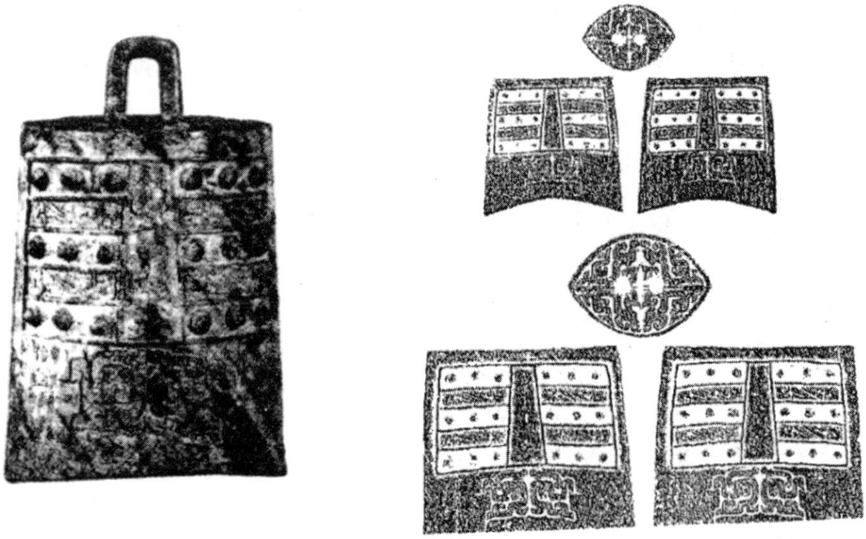

1. 楚大师编钟之一　　2. 楚大师编钟中的两件拓片

图四

先谈器主其名问题，既曰太师登编钟，即是认为“登”乃这个太师之名。笔者以为此乃太师族氏称谓，后面二字“辪（乂）慎”才是其名，全称为登（鄧，即邓）辪（乂）慎。这套钟可定名为鄧乂慎编钟。

登通鄧（邓），这已有青铜器铭文和包山楚简等文字为证，传世鄧公簋之鄧即此字形。此邓乂慎应为邓国贵族之仕于楚国者。史载楚有太师潘崇，应是潘国贵族仕于楚者，是辅佐楚穆王登上王位的功臣。《左传》文公元年：楚“穆王立，以其为太子之室与潘崇，使为大师，且掌环列之尹”。杜预注：“环列之尹，宫卫之官，列兵而环王宫。”周亚据此认为太师是“楚国的禁军首领”。据《史记·楚世家》曰“使为太师，掌国事”来看，太师确为辅弼国君之高官，故有能力铸造和享用成套成编的乐钟。

其次，这套编钟的年代上限和下限可以推定得更准确些。铭文中有“余保辪楚王”之语，则应作于楚武王称王之后，楚武王称王之年为其三十七年即公元前704年，这是钟的年代上限。其下限，周亚已指出，这套钟应早于传世的楚王领钟，楚王领就是楚王熊囏（艱）即堵敖，楚文王之子，公元前676—前672年在位。这套钟的年代应早于公元前676—前672年，应铸于楚武王称王之后和楚文王在位期间的近三十年间。这期间楚国和邓国关系很好，楚武王夫人邓嫚就是邓国国君之女，楚文王乃邓国国君之甥。有此背景，作为出身邓国国君宗族中的邓乂慎成为楚太师这样的高官，乃顺理成章之事。后来楚文王为了对外扩张的需要，在他晚年（前678）灭掉邓国。这套编钟也许应在灭邓之前所铸。

关于"辪（乂）"字，既有"治理"之义，又有"辅助""辅相"之义。例如《尚书·君奭》："用乂厥辟。"《尚书·多方》："尔曷不夹介乂我周王享天之命。"铭文中的"余保乂楚王"就是邓乂慎保驾、辅相楚王之意。

新见的这套编钟确为一重要新发现，特别是在春秋早期这一时段内，以往发现的有铭文的楚国青铜器多为单件，且铭文字数也少，而这套钟9件成组且有长达71字铭文，乃春秋早期迄今为止最重要的一组青铜器，为填补空白的重器，是连接西周中晚期楚公冡钟、楚公逆钟和春秋中晚期楚王孙诰编钟等之间乐器的承前启后的重要环节，具有十分重要的学术意义和研究价值。

由这套邓乂慎编钟可以确知，春秋早期楚国青铜器发展水平循着西周时期楚器继续向前发展，同样显示一定的特色。比较春秋早期其他地区包括中原地区各地出土同时期编钟，其形态纹饰之美及铸造水平，一点也不逊色，且有过之之处。

这套编钟总体风格沿袭西周中晚期以来的周文化传统，自身特色不如春秋中期以后的鲜明。"就篆部的纹饰而言，除了与西周晚期楚公冡钟篆部的斜角双龙纹（图一、二）比较相似外，与西周时期其他青铜钟的斜体两头龙纹还是有所区别的。"[①] 这当是其特点之一。钟侧鼓部有铭文，见不到像楚公冡、楚公逆钟侧鼓部那样富有特色的纹样。编钟的音

① 周亚．楚太师登编钟及相关问题的认识［M］//上海博物馆集刊：第十一期．上海：上海书画出版社，2008．

乐性能应有地域与文化属性上的差异，曾侯乙编钟的音乐性能及铭文所示，楚国自有一套音名、音律，成套的楚公逆编钟和楚太师编钟的音律也应有自身特色。对此，有待音乐学家的研究。

三、关于春秋中期至战国时期的楚系青铜器

春秋中期以降（包括中期）至战国中期，是中国青铜器发展的第二个高峰时期，楚国和属于楚文化系统的青铜器处于这第二高峰的顶级高度。拙著《楚铜研》也是以这一时期的论述为主要内容的。近二十多年来又有许多新的重要发现和研究成果。2005年拙作《楚系青铜器研究的新进展》（日文）和2006年发表的《近年楚系青铜器研究评述》①，便是我对这些新的发现及其研究的一次总结性论述，在此不再复述。但有必要提及文中所提到的三个问题：（1）新见青铜器与楚墓鼎制、礼制问题；（2）楚系青铜器的传承与创新问题；（3）楚系青铜器的传播与影响问题。

研究这一高峰时段的楚系青铜器，有两点应特别重视。

第一，仍应特别注重楚墓及其青铜器的年代学研究，例如新蔡葛陵楚墓的绝对年代和固始一号墓的年代、淅川下寺甲组楚墓年代等因有不同的看法而需再论证。②

第二，仍应特别注重楚系青铜器与他系青铜器的比较研究，此前我

---

① 2005年9月笔者应日本国早稻田大学工藤元男教授邀请，赴日参加楚文化研究学术会议，在会上以《楚系青铜器研究的新进展》为题作讲演，并回答提问。其后刊发在日文版的《早稻田大学长江流域文化研究所年报》第四号（2006年2月）；拙作《近年楚系青铜器研究评述》，载《湖南省博物馆馆刊》第三期，岳麓书社，2006年（此为前述赴日演讲的中文本）。

② 刘彬徽．葛陵楚墓的年代及相关问题的讨论［C］//楚文化研究论集：第7集．长沙：岳麓书社，2007．研究者推定该墓年代为公元前377年，笔者据楚历建丑推定为公元前398年。关于楚历建丑，笔者于2006年赴台北参加“古文字与古代史”学术讨论会提交的论文《楚国历法的建正问题辨证》，亦以葛陵楚墓年代为佐证之一（该文刊于台北史语所出版的《古文字与古代史》第1辑）；固始一号墓国别、年代见《近年楚系青铜器研究评述》一文；另《江汉淮地区春秋青铜器研究》一文对有的学者将下寺甲组楚墓 M_8 的年代推迟至春秋晚期偏早予以讨论，再次论定应为春秋中期偏早。

已先后撰作《吴越地区东周青铜器与徐楚青铜器比较研究》《山东地区东周青铜器研究》《论东周青铜缶》《秦楚青铜器比较研究》等[①]，这类比较研究有助于进一步认识楚系青铜器的特点及其形成原因。

探讨楚系青铜器特点及其渊源与形成原因，看来仍然是个常谈常新的重要问题。例如盏的源起，过去把淅川下寺 M_7 之盏视为最早形态，其实当阳县境出土的盏才是最早形态（图十二）。这件盏报道时称簋，未曾引起注意，直到《当阳楚文物图集》一书展示了其器形、纹饰的彩色照片[②]，才引起笔者高度注意：观器底下有三个极短之足，从形制、纹饰考察应为春秋早中期相交之际的器物，据此可以认定它就是年代最早的盏。

楚系平底束腰升鼎是楚系青铜器中最有特点、最引人注目的重要青铜礼器。这种极具楚文化特色的鼎型到底是何时因何而产生的？这涉及楚文化源流的重要问题。拙著《楚铜研》内已略有论及，但直到近年，仍有截然不同的看法，从而引起笔者对此的再次关注，并有了新的认识。为此，不妨先行引述 2008 年一篇论文中的看法："平底束腰升鼎是春秋中期以后楚文化典型器，其渊源可追溯至春秋早期的曾国青铜器中。1980 年随州均川刘家崖出土的平底束腰鼎（图五，5），属于第二阶段春秋中期，铭文有'盅之登鼎'，学者认为登即升，故登鼎即升鼎，其年代早于早期形态的楚式升鼎，如和尚岭 M_1 出土的克黄鼎（图五，1）。刘家崖出土的鼎显然继承第一大阶段春秋早期的万店周家岗鼎（图五，4）后者是西周晚期周文化系统附耳垂腹鼎的延续形式……"[③] 在这种论述中存在两个问题要首先辨明。

第一个问题，要辨明为两种类型的鼎。通观春秋中期至战国时期的

① 分别载《吴越地区青铜器研究论文集》（香港两木出版社，1997 年）；《中国考古学会第九次年会论文集》（文物出版社，1997 年）；《考古》（1994 年第 10 期）；《周秦文化研究》（陕西人民出版社，1998 年）。

② 当阳市政协．当阳楚文物图集［M］．武汉：湖北美术出版社，2009.

③ 张昌平．曾国青铜器简论［J］．考古，2008（1）．图五，4、5 引自此文。图五，1 克黄升鼎年代为公元前 605 年之前，相对年代为春秋中期偏早，和刘家崖盅鼎年代为同一时段。

这类楚式升鼎，从器形看必须具备五条标准：（1）立耳外撇；（2）敞口，口沿外侈，口径大于腰径；（3）束腰，腰径小于口径和下腹径；（4）平底；（5）足根接于平底之上。只有具备了以上五条标准才能确定为楚式升鼎（图五，1—3）。

以此标准来衡量图五，4、5 两种鼎，差异十分明显，这两件鼎都是附耳、敛口，口径小于腰径，并不束腰，按上述五条标准，其 1、2、3、4 条均与楚升鼎不符，仅第 5 条稍相近，但细察之，图五，4、5 的足根接于腹底交界处，仍有区别。这样比较，图五，1、2、3 鼎和 4、5 的鼎是截然不同的两类鼎，不能相提并论。即一为楚式升鼎，二为周式升鼎，二者应各有起源，无源流关系可言。我在《楚铜研》一书中就已指出："看来，要追溯楚䵅的渊源，恐怕要到更早的两周之际的鼎类之中去寻找。"当时还未曾追寻其更早的渊源，现在则可以论列了，此点下文再谈。

第二个问题，升鼎的定名问题。论者说"登鼎即升鼎"是对的，但这升鼎（或登鼎）的称谓乃指器物功用而言，并非据器形定名。《周代用鼎制度研究》一文对此已讲得很清楚，它引述《仪礼・士冠礼》"载合升"郑玄注"煮于镬曰亨，在鼎曰升"之后明确指出："'升'本为动词，把镬中煮熟的牲肉实之于鼎这一动作即谓之'升'。"[①] 该文认为升鼎即正鼎，凡具备了这一功能，不管它是圆腹鼎也好，平底束腰鼎也好，都可以称之为升鼎。该文就把楚墓内的一些并非束腰平底鼎的附耳圆腹鼎也作为升鼎即正鼎论述。因之，图五，5 鼎铭中的"登鼎"，只能表明其有升牲之鼎的功能，不同形态的鼎都可称为升鼎。大概正缘于此，到春秋中晚期之际，楚人为了和其他形态升鼎相区别，就把这类束腰平底鼎的形态专门造出一个新字：䵅。卒于公元前 548 年的芳子倗，他在王子午升鼎（图五，2）的盖上铭文即用此䵅字。此后直至战国中期望山楚简里也仍把这种升鼎写成䵅字，所以绝不能把形态不同的两类鼎就其

① 俞伟超．先秦两汉考古学论集［M］．北京：文物出版社，1985：68.

功用而言是升鼎而说成有源流关系。

辨明了以上两个问题就可以追溯楚式升鼎的渊源了。为此，近来笔者对商代晚期以来的各类青铜鼎反复检索，终于有了新的发现，即在与周式升鼎不同类型的越式鼎上找到了与楚式升鼎在形态上的联系。关于越式鼎，自 20 世纪 80 年代以来，已有高至喜、吴铭生、何介钧、彭浩等多人论及，近年又有专著论及，其年代最早者已可追寻到商代晚期。例如湖南望城高砂脊出土了越式鼎（图五，8）。其年代的判定有的定为西周早、中期。[①] 朱凤瀚则认为应早至商代晚期。高砂脊越式鼎出土于墓葬 AM_1、AM_2 和 AM_5，它和商式 A 型鼎同出，被定为 Ba、Bb、C 型鼎。为说明问题，需较长地引述他的如下看法："高砂脊铜器除 A 型鼎及刀应是殷晚期商人器物或完全仿制商器外，余 Ba、Bb、Bc 鼎、C 型鼎皆是对殷晚期商器的部分改造，器身、纹饰是殷墟型的，足的形制具有地方特点……应该指出的是，高砂脊铜器没有明显的关中与中原地区西周早期器物的特征……由于高砂脊铜器确实难以看出与周初铜器的联系，所以，AM_1、AM_2 的年代可以暂定为殷代晚期，相当于殷墟文化四期这一时段……AM_1、AM_5 墓主人有可能属于此地土著族属中的贵族。而随葬品中有殷墟铜器以及多数殷墟式铜器的改造器物，证明湖南北部湘江下游地区在商代后期确实受到殷墟文化较强的影响。这不仅从高砂脊墓葬与铜器中可以看到，上述以宁乡为中心的湖南东北部与殷墟文化有密切联系的所谓宁乡铜器群亦已表明这一点。"[②] 高砂脊墓葬及近年新发现的宁乡炭河里古城遗址、墓葬，已命名为"高砂脊文化类型"或"炭河里文化"，其年代有学者断为西周时期。[③] 笔者已著文论定应可早

① 郑小炉．吴越和百越地区周代青铜器研究［M］．北京：科学出版社，2007．此书第 98 页图 10 定高砂脊越式鼎为西周前期，株洲白关越式鼎为西周前后期之间，长沙路口高桥的越式鼎为西周后期；向桃初．越式鼎研究初步［M］// 北京大学中国考古学研究中心．古代文明：第 4 卷．北京：文物出版社，2005．该文图一将高砂脊越式鼎定在西周中期。

② 朱凤瀚．中国青铜器综论［M］．上海：上海古籍出版社，2009：1189．

③ 向桃初．炭河里城址的发现与宁乡铜器群再研究［J］．文物，2006（8）．

至商代晚期[①]，和朱凤瀚的看法相同，论证更有说服力。

这样，如图五，8所示，这是年代最早的越式鼎，其立耳、敞口外侈，束腰，口径大于腰径，底近平，足近于腹底，按前述立耳、敞口、束腰平底升鼎的五条标准，已相当接近。当年代后延至西周中晚期和春秋早期，有湘潭青山桥、株洲白关、长沙路口高桥出土的越式鼎和资兴旧市春秋早期越式鼎为代表（图五，9—12）。[②]

从商代晚期到春秋早期，越式鼎的演变一脉相承，源流关系已很明显。看图五，12的春秋早期越式鼎和楚式升鼎鼎型更为接近。说楚式升鼎和自商代晚期始的越式鼎存在源流关系应是事实。当然，楚式升鼎和越式鼎的差别也应是肯定的。形态上它并不等同于越式鼎，从纹饰看它既有越文化因素，也有商周文化因素，铸造工艺的先进性也是在周文化传统上的创新。因此，楚式升鼎大概是在两周之际和春秋早中期间的时段内融合了周式鼎和越式鼎因素予以创新的产物，而非如前引论文所说的源自周式鼎的单线演变，从形制看应主要受越式鼎的口沿外侈、口径大于腰径这种形态上（图五，8—12）的影响而来。就是说楚式升鼎的渊源只追溯到刘家崖、周家岗出土的周式附耳垂腹鼎（图五，4、5）是不确切的。刘家崖、周家岗周式鼎与楚式升鼎（克黄鼎等，见图五，1—3）的演变是两条平行的线，彼此并无直接的演变关系。

刘家崖的“登鼎”和楚克黄升鼎同属春秋中期偏早，把同时期的升鼎说成派生、演变关系也是不妥的。虽然目前尚未发现更早的楚式升鼎，而从当阳赵家湖楚墓出土有立耳外撇、敞口外侈的陶鼎（图五，6、7）来看，意味着也可能存在着更为原始的楚式青铜升鼎，这有待于今后的考古新发现。

---

① 刘彬徽．关于炭河里古城址的年代及其和宁乡青铜器群年代相互关系的思考［M］//湖南省博物馆馆刊：第五辑．长沙：岳麓书社，2008．

② 湘潭青山桥和资兴旧市的鼎见袁家荣：《湘潭青山桥出上窖藏商周青铜器》和湖南省博物馆等：《资兴旧市春秋墓》，同载岳麓书社1982年出版《湖南考古辑刊》第1集；长沙高桥鼎见宋少华：《长沙出土商、春秋青铜器》，载岳麓书社1991年出版《湖南博物馆文集》。

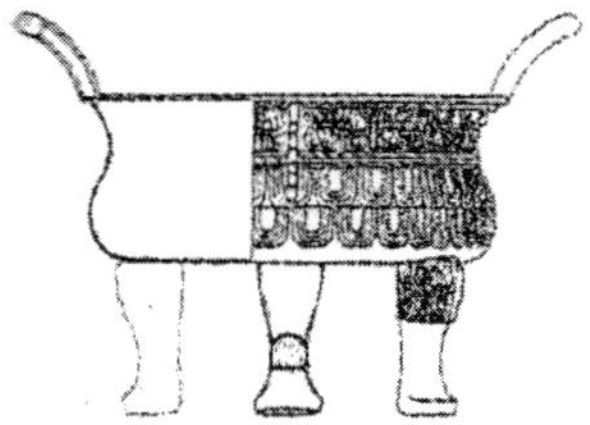

1. 克黄升鼎

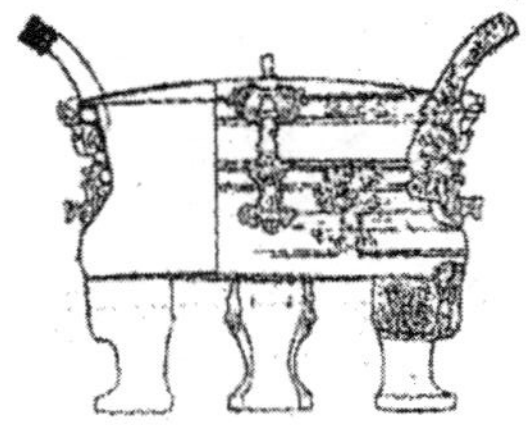

2. 王子午鼎

3. 荆门包山楚墓升鼎

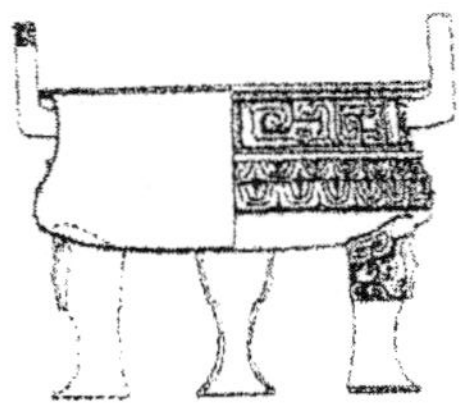

4. 随州万店周家岗鼎

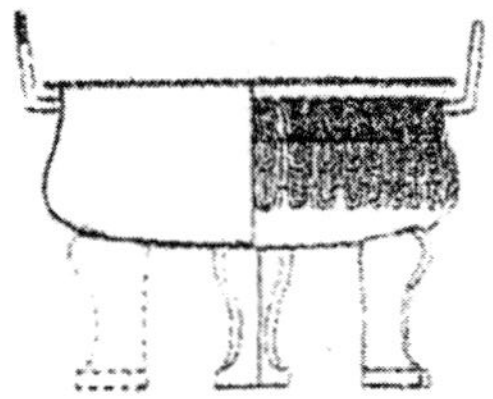

5. 随州均川出土鼎

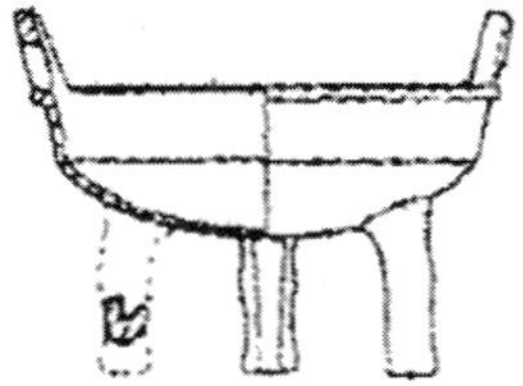

6. 当阳赵家湖 M_2 陶鼎

7. 当阳赵家湖楚墓陶鼎

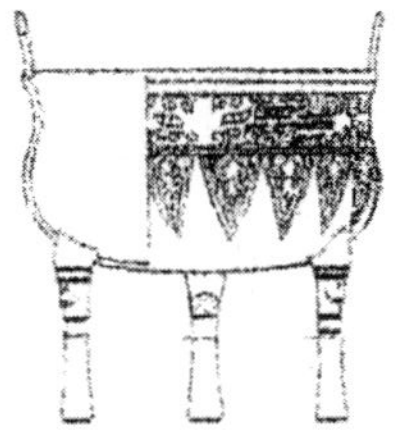

8. 望城高砂脊出土越式鼎

9. 湘潭青山桥出土鼎

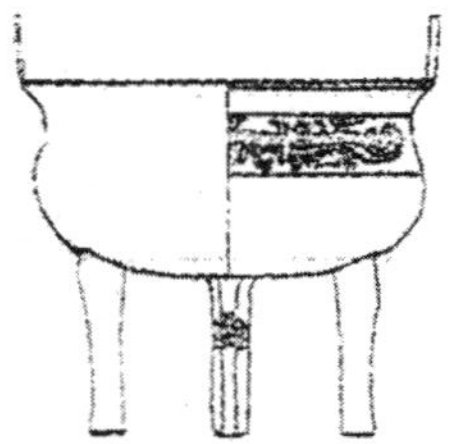

10. 长沙路口高桥出土鼎

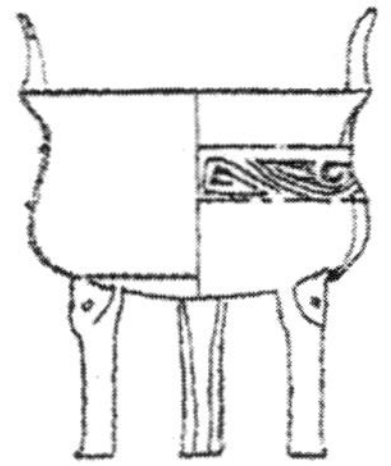

11. 株洲白关出土鼎

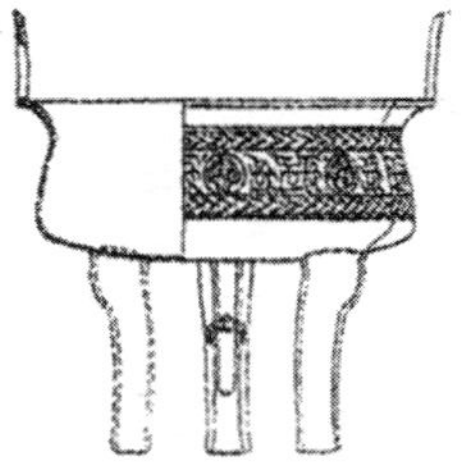

12. 资兴旧市出土鼎

图五

对楚式升鼎渊源的这种新认识，不由得让笔者想起郭沫若早在20世纪30年代的话："楚实商文化之嫡系，南北二流实商周之派演。"[①]今从楚式升鼎源于商晚期之越式鼎来看，楚文化渊源确可远溯至商殷文化。但可以补充的是，由于越式鼎并不是商文化单线演变而来，而是商文化和南方土著文化融合的产物。因此，也可以认为楚文化是在商文化和本土文化融合过程中予以继承（包括西周文化）、创新的结果。俞伟超先生在《早期中国的四大联盟集团》一文中认为楚、越联盟是早期文明时期楚国能取得成功的重要原因，并从四大联盟集团的全局考察，认为："两大族群集团的联盟为早期中国建成统一王朝的重要原因，是考察中国青铜文化区域划分情况所得到的一个新的认识。"[②]这种宏观视野的新见，颇具卓识。上面笔者着重讨论的楚式升鼎和早期越式鼎的源流关系，乃印证这一新认识的最好实例，应为与时俱进的新研究成果。

四、关于楚系青铜器铭文研究

拙著《楚铜研》第六章为"楚系青铜器铭文编年考述"，将已著录的楚系青铜器铭文按西周晚朝、东周一至七期的铜器分期予以论述，以后又多次作了订补。后总其成编著《楚系金文汇编》（以下简称《汇编》）一书于2009年出版。[③]书内录入了我2005年发表的《楚系金文研究的新进展及相关问题》一文。此书与其他单纯的金文字编或楚文字编体例不同的特点有二：一是按年代先后序列，二是对铭文考释新成果的来源均以简注的方式予以说明，这一来可避免掠人之美，二来可免去读者查检之劳。由于本人曾在于省吾先生主持的古文字研究进修班学

① 郭沫若《两周金文辞大系图录考释》序言。

② 俞伟超．早期中国的四大联盟集团［M］// 古史的考古学探索．北京：文物出版社，2002．

③ 刘彬徽，刘长武．楚系金文汇编［M］．武汉：湖北教育出版社，2009．此书正编收录资料至2001年，补编至2004年，2006年又续补几件；本文所列有铭楚铜器图像、拓片、释文和简注均见此书。

习[①]，打下了古文字研究的初步基础，于楚系铭文考释歧见处，能谨慎地择其较优者录入释文，也能尽可能地作点考释。例如关于长沙铜量铭文的尾句和末尾二字“沓爵”的考释和整句释读（图六），学界存有多种歧见，本人在诸家释读基础上运用新见文字资料予以重新考释与通读。[②]

近年来又有若干新的研究值得重视。以下略举三例：

第一，关于競（景）平王之定钟铭（图七，另见本书 397 页）的释读问题，2008 年的一篇论文《出土文献所见“以谥为族”的楚工族
附说〈左传〉“诸侯以字为谥因以为族”的读法》（简称《读法》）对“競平王之定”一类语句的解释，此文提出的“要点如下：（1）遍检古籍中‘某之某’类的人名，总结其例。（2）讨论出土文献、传世文献资料所见‘某之某’或‘某王之某’格式的龚、臧、競（競坪）、卲、惡、文、武共七族十二个楚人名，指出其均为楚王族人。（3）讨论一般格式的楚王族人名，分属六族：昭、景、庄、成、怀、合并与前论所重复，计得以谥法为族的九个楚王族……”[③]。据此认定“競平王之定”即指

① 著名古文字学家、吉林大学教授于省吾先生受国家文物局委托，在吉林大学主持古文字研究进修班两期，学员主要来自全国文博系统和高校历史系中级职称以上专业人员，例如，第一期学员有周世荣、罗运环等，第二期学员有李仲操、陈秉新、李昭和、孙敬明、王慎行、唐复年、黄德宽等，我于 1983 年参加第二期学习。

② 长沙铜量铭文尾句最末一字的“爵”字类似字体见于上博楚简，我于 2002 年参加上海大学主办的学术研讨会，提交论文《读上博楚简小识》，收录于《新出土文献与古代文明研究》，上海大学出版社，2004 年。对上博楚简中的此字，以往被隶定为雀或尐，读为爵，我则径直隶定为雀，通爵，并联系金文类似之字和楚墓出土器物，将以往被定名为瓚之器改定名为爵，这是我的新见。（关于爵与实物的对应关系，其后也有学者论及，参见何景成之文，载《古文字学论稿》）。2008 年我参加安徽大学主办的“第五届国际中国古文字学研讨会”，将这一新见撰作论文：《长沙铜量铭文尾句释读》，收录于张光裕、黄德宽主编的《古文字学论稿》，安徽大学出版社，2008 年。此文对这一尾句新释为：“以賹（益）沓（行）爵（筲）”（黄锦前的博士论文已录入）。

③ 董珊．出土文献所见“以谥为族”的楚王族——附说《左传》“诸侯以字为谥因以为族”的读法［C］// 复旦大学出土文献与古文字研究中心．出土文献与古文字研究：第二辑．上海：复旦大学出版社，2008．董珊在另文认为此钟铭文“秦王”指“秦昭王”。

楚平王后裔这一王族人的名叫定的人。这种对楚系青铜器铭文和楚简以及文献中所见的楚王族"以谥为族"的人名研究，确属创新之见。和此文同为一年发表的《论"景之定"及有关史事》一文，看法则稍异。《读法》认为"某（某王）之某"的人，为该王族后代子孙均可称"某之某"，而后者认为"'景平王之定'或'景之定'"即（楚）"平王之子名定"[①]，仅限定为某（王）之子，即"某王之某"只限定为某王之子。这两种解释各有所据，究竟何者为是，有待新材料的验证。（不限定为某王之子，见本书"新版补记"）

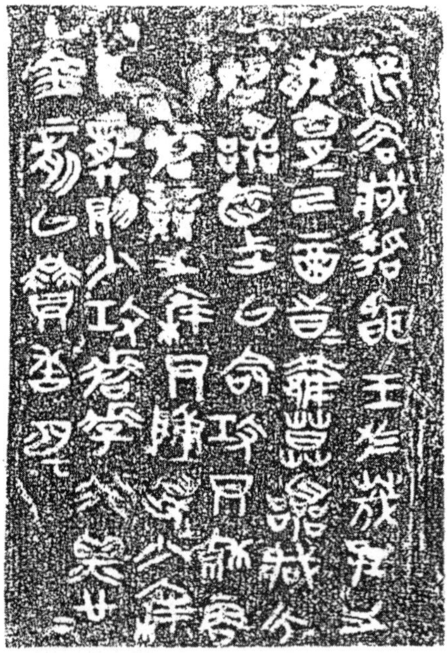

图六　长沙铜量铭文

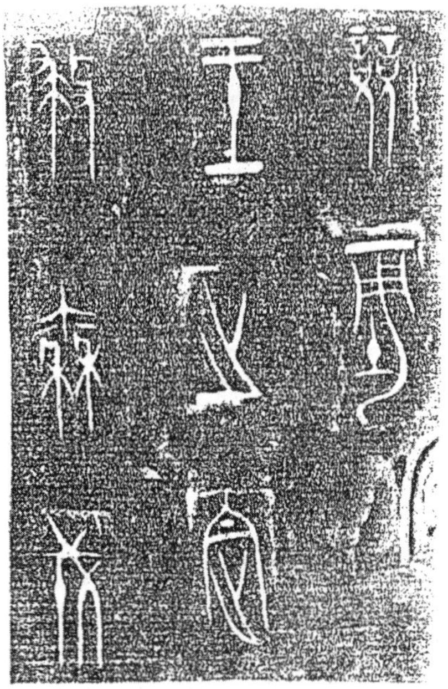

图七　競（景）平王之定钟铭文

① 李学勤．论"景之定"及有关史事［J］．文物，2008（2）．这是对新见一组有铭楚铜器铭文中的"竞（景）之定"的讨论。"竞之定"青铜器群可能存在真伪问题，在此不论。

第二，关于倗戈铭文中所见楚王名的考释问题。《汇编》书中已将其字体隶定作“鷍”（图八，见《汇编》三三九号）。但对此字如何解读却存在歧见。2009 年发表的《楚简“羿”字试解》一文第二部分“倗戈所见楚康王名”对此字作了详尽的考释，认为“研究者有‘误字说’和‘一名一字说’两种解释……那个繁复的表康王名之字，当分析为从‘食’从‘欠’，皆为义符，从‘䕼’为声符；‘䕼’则又从林为义符而从‘羿’得声。古书所记楚康王之名‘招’‘昭’以‘刀’为基本声符，跟前文所说‘羿’释读为从‘刀’声之‘到’正好相合。倗戈与楚简国别相同，时代接近，这是对说明关于‘羿’字形音义的假设的最直接有力的证据”①。

对倗戈铭中楚康王名的这一新的考释，确是较有说服力的，值得称道。

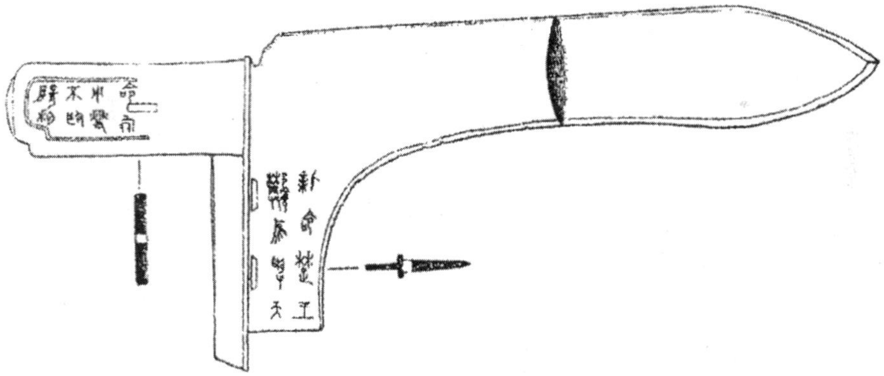

图八　倗戈及其铭文

① 陈剑．楚简“羿”字试解［C］// 武汉大学简帛研究中心．简帛：第四辑．上海：上海古籍出版社，2009．已收入他的论文集《战国竹书论集》2013 年版。

第三，关于两种申氏铜簠铭文中的器主名的新释。2010年发表的《楚国申氏两簠读释》一文，对笔者收录在《楚系金文汇编》一书的两件有铭铜簠（图九）提出新释："近因工作绎读刘彬徽等先生《楚系金文汇编》（以下简称《汇编》）……本文想着重讨论的，是两件春秋晚期的簠铭，一件是《汇编》补编四四，依原行款写出释文：……申文王之孙州桒择其吉金自作飤簠。……另一件是《汇编》六六，也依原行款写其释文：申王之孙叔姜自作饮簠……学者或以为这是申曾称王，并于当时复国的证据……复国称王之说是和史实不合的……楚之申氏有三：申公巫臣之后，屈氏别族也。申舟之后及申[无]宇，即申氏也。申叔时而下，申叔氏也。簠铭的州桒属于申舟以下的申氏。查《左传》，申舟又称子舟、无（毋）畏、文之无畏……看申舟称'文之无畏'，他应当是楚文王的幼子。因此，申氏的后裔都是（楚）'文王之孙'，簠铭'申文王之孙'意即（楚）文王之孙的申氏……再谈叔姜簠。'文王之孙'可省作'王之孙'所以'申王之孙'意即作为王之孙的申氏，用以区别于屈氏别族的申氏和申叔时后的申叔氏。在男系的楚世系中，这乃是作器者叔姜的夫氏，在夫氏下系以母姓（姜），其时铭文及文献常见。只要确定州桒簠的'文王'和叔姜簠的'王'是楚王，释读就没有障碍了。"①

以上新见不仅有助于对此两簠的研讨，更对楚国历史文化研究有重要意义，故特较多引录之。

楚系青铜器铭文文字中的疑难字，由于有大批楚简资料可资对照研究，不断有新的突破（在拙著《汇编》内所列甚多）；同时随着楚文化研究的深入，对于铭文内容的研究，也不断有新的创获，以上所列，仅是举例而已。相信今后对楚系青铜器铭文的研讨定会获得更多新的研究成果。

① 李学勤．楚国申氏两簠读释［J］．江汉考古，2010（2）．

1. 申文王之孙州桒簠铭文

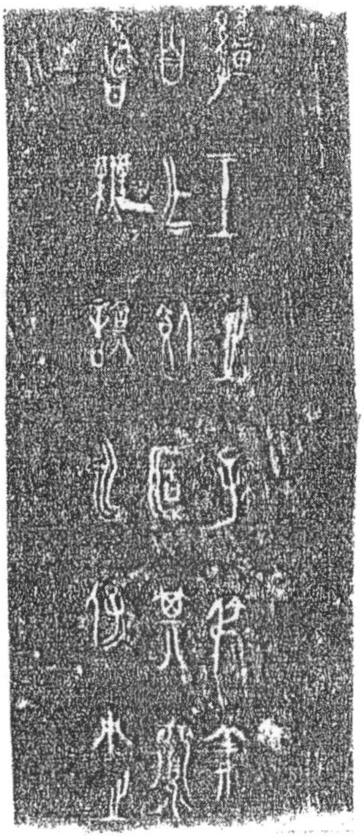

2. 申王之孙叔姜簠铭文

图九

五、余论

以上对楚系青铜器从西周至东周时期的若干问题及其铭文作了剪影式的续论。此外，尚有其铸造技艺等方面未曾论及。由于拙著《楚铜研》是“楚学文库”的一种，文库内另有论楚国科技方面的专著，为免重复，略去了铸造方面的内容，后在拙著《江汉文化与荆楚文明》书中也只是概略地叙述。本人对铸造方面也无深研，乃不再续论，但有一点必须在此稍加补述，即关于楚国以及我国的熔模铸造技艺失蜡法。近年有论者多次著文否定我国先秦（包括楚国）有失蜡法熔模铸造工艺。对此，已有冶铸史研究方面的专家予以反驳并再加论证。犹忆起 1979 年召开的关于曾侯乙墓青铜器铸造工艺的鉴定会，参加者为当时国内铸造工艺方面知名的顶级专家，本人在会上也感染到会议鉴定的科学性、权威性。不妨重温一下对曾侯乙墓尊盘的鉴定结论："我们认为青铜尊、盘之附饰透空花纹系由熔模铸造法成形。鉴于附饰花纹之繁杂纤细精巧，说明这并不是最早期的熔模铸件。"[①] 其后经有关专家的研究，又肯定了更多的失蜡法铸件并确认有更早的铸件，且仅见于楚国和楚系青铜器，例如楚王畬审盏为楚共王（前590—前560）之器（《汇编》二六号），这是年代最明确的一件楚器，其器盖上捉手和足部就采用失蜡法技艺，也许今后有望发现更早的失蜡法铸件。有的学者并从世界范围内作宏观考察，认为中国和西方的失蜡法是有差异的，至今"尚未发现西方古代有类似中国的传统蜡料与捏、拨、剥等蜡模制作技法"[②] 这是颇具卓识的见解，值得重视。

楚系青铜器的年代分期、器类组合、形制、纹饰、铭文、铸造工艺等各个方面，可资进一步续论的问题尚多，在这类研究中，笔者以为必须紧紧抓住体现在青铜器中的楚文化特征、发展水平、在中国早期文明发展中的历史地位这三个方面予以深入地研讨。拙著《楚铜研》最后一章总论对这三个方面已有所论述，今后对楚文化特征及形成原因，更须进一步探讨。笔者在《近年楚系青铜器研究评述》一文中已有所论及。本文前面关于楚式升鼎特点、渊源的论述也仍然是朝着这方面的继续探讨。

在此，笔者还可谈谈最近反复思考的一个问题。就是关于楚文化、楚青铜器特征的形成时间与标志问题。现在一般认为有独特风格的楚文化（包括青铜器）形成的时间是在春秋中期，但春秋中期的年代范围论者所说不一，年代长度也有差异。春秋中期的起始年和终止年的时间，学者间的看法差异甚大，同样是说春秋中期，但框定的年代可相差

① 湖北省博物馆．曾侯乙墓［M］．北京：文物出版社，1989.

② 华觉明．中西失蜡法之同异［N］．中国文物报，2010-7-2.

数十年[1]，这很不利于较准确地判定楚文化形成时段。因此笔者提出一个绝对年代范围的新说，即楚青铜器总体特征形成年代可以早到公元前670—前600年之间，为笔者所分的楚青铜器第二期，大致相当于有的论者所说的春秋早中期之际和春秋中期偏早。这是根据其组合、形制、纹饰等方面总体情况而言。例如颇具楚青铜器特征的器类升鼎、盏、浴缶等都始于这一时期，而有的则更早；组合方面的鼎、簠、壶、盘、匜这一特征可提早至春秋早期，而纹饰的特征出现更早，在西周中晚期楚公冢钟、戈和楚公逆钟上就已出现。楚公冢钟右鼓部的象纹（图一）、楚公逆钟右鼓部“穿山甲纹”和正鼓部龙凤虎纹（图二）都不见于周式钟同一部位，为楚钟所独创、独具，表明楚文化风格早在西周时期就已显示。为什么早在西周时期就有自身特征？这只能表明楚文化有它的本土渊源，而不是如有的学者所说的“楚文化生在黄河流域”。其实，楚人早在春秋早期就高调喊出“我蛮夷也，不与中国之号谥”（《史记·楚世家》）。我们从前面论楚式升鼎之渊源，就可看出，楚文化应是在本土文化基础上和商文化、周文化、越文化相互交融之下予以创新的文化，楚人是“博采众长而独创一格”的。应着重指出，楚文化的根是在长江中游地区，而不是黄河流域。这种本土文化的根是无论如何不能否定的。试想，代表音乐文化最高水准的十二律，楚人的律高、律名不同于周制，东周楚国的历法和周历同为四分历，但历法建正和月名则和周历不同，如此等等。如果没有自身的根，是无法解释这种差别的。楚系青铜器各方面的特征并非源自周式青铜器的单线发展，而是源自更早的商式、越式青铜器的多元多线的演变发展。楚人有自身的独创精神，在本土文化的根系上接续商式、周式和越式青铜器因素，逐渐演变出有独特

① 春秋中期起始年有两种看法，一是我和朱凤瀚所说的公元前670年（正文已述及），二是推迟20年，为公元前650年。其终止年有二说，一是公元前570年，二是公元前550年。我的分期法将春秋时期分为四期，其第二期终止年代为公元前600年。比较一下，其终止年最早者为公元前570年，晚者为公元前530年，二者相差40年。这样的差异，导致对于若干青铜器年代，有的定春秋中期，其实为春秋早期，有的定春秋晚期，其实应定春秋中期。

风格的楚式青铜器。我们必须作宏观、中观、微观的全面考察，才不致产生偏颇的看法，取得符合客观历史实际的新的研究成果。

楚系青铜器考古新发现仍将愈来愈多，需探讨的新老问题尚多，对其研究仍然任重道远。“路曼曼其修远兮，吾将上下而求索”，让我们共同努力，去继续求索吧！

图十　湖北枝江百里洲出土的䏍父簠

图十一　湖北枝江百里洲出土的䏍父匜

图十二　湖北当阳出土的盏

附录七　论青铜敦的南北二系及其互动关系[①]

2018年出版的《东周青铜容器谱系研究》（上下册），内容丰富，自成体系，多有创新。例如青铜簠、匜谱系的新见值得关注。但此书尚存较多要再讨论的若干学术问题，其中青铜敦谱系问题便是其中之一。同在2018年，笔者已著文“提出鼎、盏、敦中的周楚二系的新认识，并提出楚系鼎、簠、盏、敦演化的时空格局和在地域上的南北轨迹”[②]。但对敦的南北二系并未详究，经过近期再考察，认为有必要着重讨论。以下分为两个部分论述。

一、敦的南北二系论

为什么说敦也可如同《东周青铜容器谱系研究》关于簠、匜南北二系新论那样分为南北二系？这一方面来自笔者对拙著关于敦的论述的进一步持续研究，另一方面也是对所见有关南北敦的资料的检索、再思考。这要感谢有关敦的论著提供的大量图像资料。[③]

敦的南系以楚系为中心，北系以晋、三晋、齐系为主，南系之楚敦型式、序列在拙著《楚系青铜器研究》分为盆体敦、圆体敦两类论述。[④]对北系敦在此提出新论。

对于敦的型式划分、年代序列，本文不同于以往将南北地域统一划分型式，而是首先区分南北二系（南为楚系，北为晋、齐系）。限于时间与篇幅，不再分出过多型式，仅对主要型式作散文式论述，且着重对

① 原载《湖南省博物馆馆刊》（第十五辑），岳麓书社2019年版。

② 刘彬徽.春秋战国时代青铜器研究的新进展与新思考［M］//湖南省博物馆馆刊（第十四辑）.长沙：岳麓书社，2018.

③ 朱凤瀚.中国青铜器综论［M］.上海：上海古籍出版社，2009年.路国权.东周青铜容器谱系研究（上下册）［M］.上海：上海古籍出版社，2018.

④《楚系青铜器研究》“把盆体敦称盏”，指器底有足之器，未包括无足的“废敦”。这种有足之盆体敦对应圆体敦，也可称之为非圆体敦，广言之，和圆体敦都可通称为敦，圆体敦指器体周缘呈圆环形，有扁圆、正圆、椭圆形且有早晚演变关系。

圆体敦进行研究，请读者见谅。

南北二系敦的年代、形制、纹饰等方面的异同，以下分论。

1. 南北二系敦年代序列

（1）南系圆体敦出现年代新论

1　　　　2

图一　南系东周二、三期陶敦

1.1985 年当阳金家山 M_{252} 出土，宜昌博物馆藏

2.1979 年当阳赵家湖 M_8 出土，当阳市博物馆藏

以往多认为南系圆体敦出现年代，最早者为东周四期即春秋晚期，2018 年拙文已认为可提早到东周三期后段。[①] 近日考察湖北当阳楚墓陶器资料，知有东周二期后段和东周三期前段的陶圆体敦两件：一件通高 16 厘米，口径 13.2 厘米，由两个半球状体相扣成一扁球体形，盖钮及三足均作鸟状；另一件通高 18 厘米，口径 15.2 厘米，扁球体，由两个半球状体扣合而成，上下各有三个钮足。此两件陶器，因发掘报告原定名鼎形器[②]，未引起注意，待看到后出的当阳楚文物图集定名为敦形

① 刘彬徽 . 春秋战国时代青铜器研究的新进展与新思考 [M] // 湖南省博物馆馆刊（第 14 辑）. 长沙：岳麓书社，2018.

② 湖北省宜昌地区博物馆，北京大学考古系 . 当阳赵家湖楚墓 [M]. 北京：文物出版社，1992.

器[①]，笔者方悟出应改名为陶敦（图一；图二，1、2）。问题是有没有同时期的青铜敦呢？有可能。理由是笔者注意到了张懋镕教授关于陶器与铜器关系的论述："非仿陶铜器，是从别的铜器派生出来的。"[②]陶敦为此类器之一。铜敦并非仿自陶敦，而应是陶敦仿自铜敦，就是说这种陶圆体敦应仿自同时期圆体铜敦，只是迄今为止尚未见到或尚未出土同时期的这种铜敦而已。但由此可认为南系圆体敦出现年代应可按陶敦的年代提前到东周二期后段和东周三期前段。[③]

据上所述，南系圆体敦年代应从东周二期后段起历经三、四、五、六、七期存在连续的年代序列（图二）。[④]

（2）北系圆体敦出现年代问题

《东周青铜容器谱系研究》列出 1 件东周二期的器物（该书第 116 页 8 号图）。学者对此器年代有不同看法，例如有论著把此器和洛阳中州路 M_4 的 1 件同归为一个期内。[⑤]然中州路 M_4 的年代为东周四期，则与之同列的这件铜敦应非东周二期，故本文不选择此件，又找不出其他可列入东周二期的北系敦。看来北系敦的年代序列只能从东周三期开始，略晚于南系圆体敦的年代，从东周三期以降至七期，北系圆体敦也

---

① 当阳市政协．当阳楚文物图集［M］．武汉：湖北美术出版社，2009. 图一、二—1、2 采自此书 023、024 号彩图。

② 张懋镕．简论仿陶铜器与非仿陶铜器［C］// 古文字与青铜器论集（第四辑）．北京：科学出版社，2014.

③ 当阳赵家湖楚墓 M_2、M_3、M_4 年代紧相连接，其 M_2 年代为东周一期，M_3 为东周二期前段，M_4 为东周二期后段，知 M_4 出的陶圆体敦自应为东周二期后段，其 M_8 出土的陶质圆体敦为东周三期前段，金家山 M_{252} 出土敦，从形态看似应略早于赵家湖 M_8 之敦，故金家山 M_{252} 之陶敦年代当与 M_4 年代相当，为东周二期之后段。

④《东周青铜容器谱系研究》第 116 页图中编号 14，指安徽寿县朱家集出土的圆体敦，14 号之图有误，其盖为误配，准确图形见本书第 146 页图十三，9，同见本文图二，10。又见《楚文物图典》，湖北教育出版社，2000 年版，第 49 页。其半器就是有铭文的大府盏（本文图四，2）。

⑤ 谷朝旭．中国古代青铜器整理与研究·青铜敦卷［M］．北京：科学出版社，2016 年．此书有张懋镕教授为此书所作的代序论文《青铜敦：非仿陶青铜器产生、演进的典型代表》，有很多精彩论述，值得重视。

存在连续序列（图三）[①]。

以上所述南北二系圆体敦主要器型年代早晚序列，与盆体敦年代相较，圆体敦出现年代略晚于盆体敦（最早为东周一期后段），但延续年代至东周七期，比盆体敦最晚年代的东周四、五期间，年代长度长得多，且圆体敦数量最多，故圆体敦的南北二系更具典型性、重要性。当然，在比较研究中也不可忽视盆体敦。

2. 南北二系圆体敦的形制异同

青铜敦尤其是圆体敦的形态多种多样，如何准确地划分型式，是研究中首要的基础性问题。但目前所见型式划分也是多种多样，有必要通过进一步相互讨论求取共识。如前面所言，本文仅限定在对圆体敦的南北二系予以讨论，暂不过多讨论多种型式划分中有争议的问题。

（1）器体对称与不对称之分，如图一、二所示，南系敦盖和器身为大小相同的两个半圆形体（半球状）合成，盖和器身是对称的，图二显示从早期到晚期都是这种对称敦体。北系敦的盖小器身大或曰盖浅腹深，盖和器身是不对称的，图三显示从早到晚都是这种不对称敦体。故南北二系敦这种器体对称与不对称之分，应分属两系（南系敦并有器足和盖钮对称的敦）。

（2）器身口沿有平沿、子口之分。南系敦口沿为平口沿（图一、二；图四，1、2），其盖沿有衔扣，卡住器身口沿。北系敦为子口，和盖合成子母口（图三；图四，3、4）。南北二系敦口沿这种截然不同的状况从早期到晚期存在，乃区分南北二系圆体敦又一重要标志之一。

---

① 北系敦的分期与年代序列图（见图三）是据《东周青铜容器谱系研究》第116页图经笔者改编、改排而成。其中1、2、3号图采自其116页图9、10、11号图，共同点为扁圆形器体，其后逐渐向正圆（球形）、椭圆体演进。本文“图三，4”号图采自246页，本文“图三，5”采自其116页36号图（图列入116页四期，但其书404页之年代表则列入东周五期，故本文用五期之说。本文“图三，7、8”图采自《东周青铜容器谱系研究》第435页、439页之图。北系敦之共同特征为圜形（扁圆、球形、椭圆），盖小器身大，不对称，全都呈子母口，详见本文南北敦形制论述。本文“图三，6”采自《中国青铜器综论》第2030页。

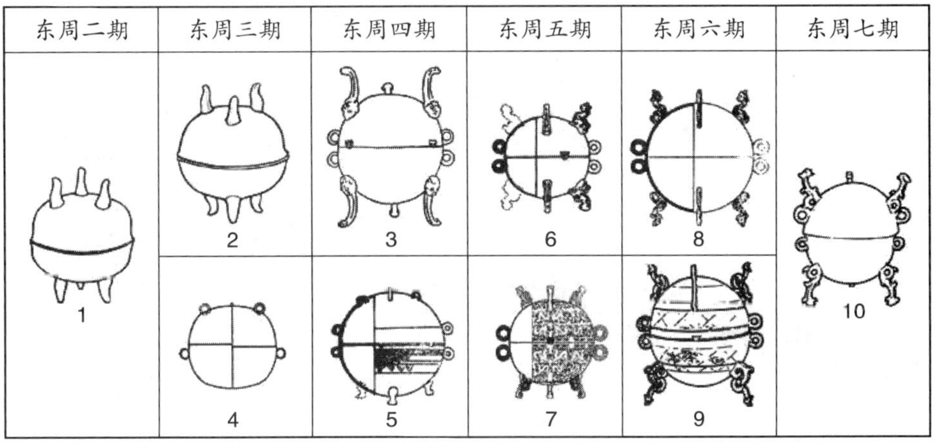

图二　南系敦年代序列图

1. 湖北当阳金家山 M_{252} 出土陶敦　2. 湖北当阳赵家湖 M_8 出土陶敦　3. 安徽寿县蔡侯墓出土　4. 湖北当阳金家山 M_{235} 出土（足残）　5. 湖北襄阳山湾 M_{33} 出土　6. 湖北襄阳余岗 M_4 出土　7. 河南淅川徐家岭 M_{10} 出土　8. 湖北江陵望山 M_2 出土　9. 湖北随州擂鼓墩 M_{13} 出土　10. 安徽寿县朱家集出土

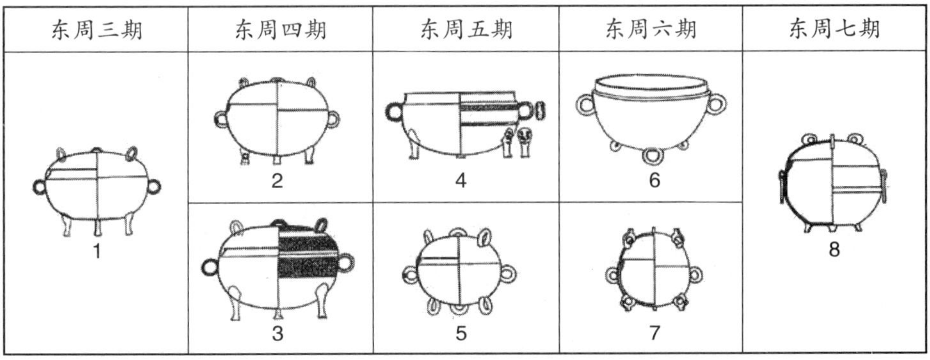

图三　北系敦年代序列图

1. 山西临猗 M_{1003} 出土　2. 河南洛阳西工区 M_{8829} 出土　3. 山西临猗 M_{1023} 出土　4. 山西长治 M_{25} 出土　5. 山东济南左家洼出土　6. 陈侯因資敦　7. 山东 . 淄国家村 M_4 出土　8. 山东临淄赵家徐姚 M_1 出土

（3）盖钮结构有差异，南北二系圆体敦盖钮三个立钮（偶见四个）和盖体结构方式不同，南系敦盖钮立面线垂直于盖缘弧线，状如（图五，1）。北系敦盖钮立面线平行于盖沿弧线，状如（图五，2、

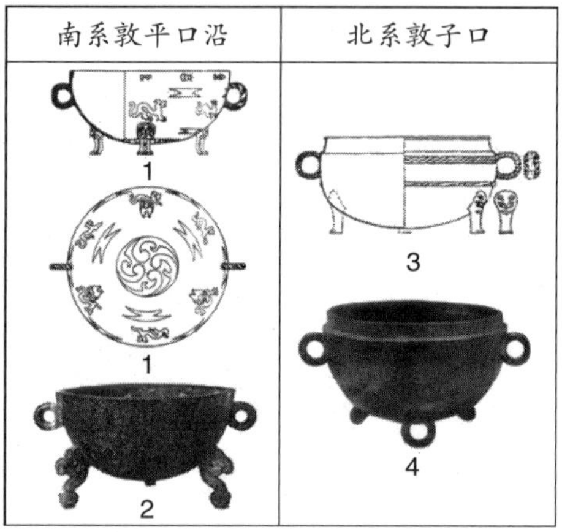

图四　南系、北系敦口沿的区别

1. 东周四期王孙敦（湖北谷域出土）
2. 东周七期大府敦（安徽寿县楚王墓出土）
3. 东周五期山西长子 M_7 出土
4. 东周六期陈侯因脊敦

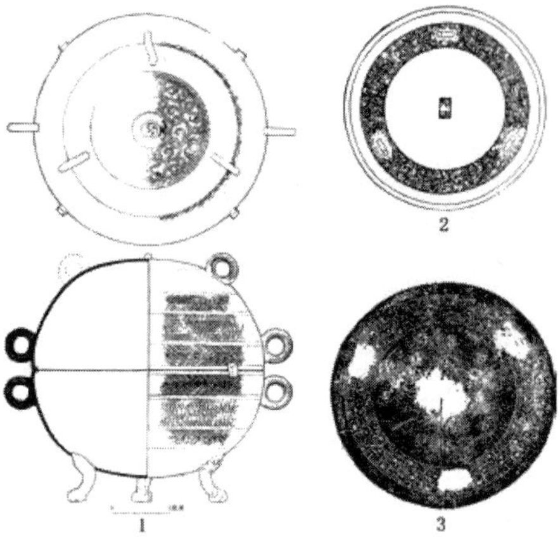

图五　南系、北系敦盖钮结构的区别

1. 南系敦：河南淅川下寺 M_{10} 出土
2、3. 北系敦：山东济南左家洼出土

3）[①]。南北二系圆体敦盖钮这种看似微小的差异从早期到晚期也同样存在，同样是南北二系圆体敦差异的又一显著标识之一，此前似尚无人论及，特在此予以揭示。南北二系盖钮形状也有差异，看图便知，不再述。

（4）器足的异同，同为三足（有极个别四足者），南系敦足有曲线美，多呈外撇弯曲状或蜷龙形足，北系则多为蹄状小直足或环形足。南北都有环形足，数量不多。

以上所述南北敦形制上的差异是区分南北两系或者两型的最重要、最根本的标准，以下再从其他方面作辅助说明[②]。

① 本文图五左图采自《淅川下寺春秋楚墓》第 256 页。本文图五右图采自《考古》1995 年第 3 期 210 页图，同墓出土敦盖钮结构为北系样式，但无图，只好暂时采用其同出土的鼎盖钮结构图，可启示南北系盖钮结构之差异可能受南北系鼎盖钮结构的影响所致。

② 南北系敦在组合、礼制、使用制度等方面也同样存在差异，暂不论列。可参阅张闻捷《楚国青铜礼器使用制度》第 89—105 页“楚国铜敦的使用制度”（厦门大学出版社，2015 年）。

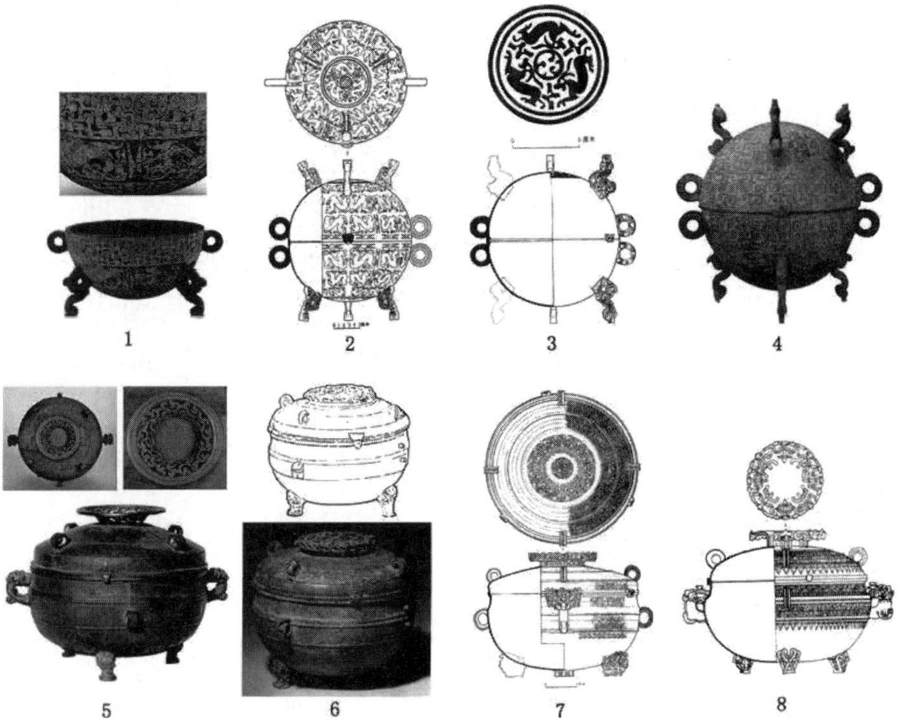

图六 南系敦纹饰举例

1. 湖北当阳窑湾出土 2. 河南淅川徐家岭 M_{10} 出土 3. 湖北荆州天星观 M_2 出土 4. 秭归敦
5. 湖北当阳金家 M_9 出土 6. 楚王酓审盏 7. 淅川下寺 M_1 出土 8. 湖南岳阳凤形山 M_1 出土

3. 南北二系敦纹饰的差异

南北二系敦纹饰的差异同样显著，尤以东周三期至五期为最，南系动物纹多，北系素面多①。南北都有几何纹，风格有差异。南系纹饰华丽、缤纷多姿、赏心悦目；北系多简朴，对比鲜明。例如：（1）东周四期南系楚敦已流行镶嵌动物纹饰，有湖北谷城的1件镶嵌动物纹

① 例如山西侯马上马 M_{13} 是一高等级贵族墓，出土鼎7件、编钟9件、石磬10件，铜器种类多，有纹饰者也多，唯独4件敦全为素面，时代为东周三期偏晚，而同期及更早的东周二期南系盆体敦已见通体繁饰（见图六6、7、8），其构件采用当时先进的失蜡法铸造技术。

敦（图四，1）；在同期的盆体敦如宜城出土的1件也同样镶嵌龙形动物[①]。（2）东周五期有湖北当阳窑湾出土的镶嵌蟠龙纹敦（图六，1），有河南淅川徐家岭楚墓出土的通体画像动物纹敦（图六，2）[②]。（3）东周六期仍延续动物纹风格之敦，湖北荆州天星观 M_2 之敦即其例（图六，3）[③]。（4）更可见通体装饰勾连云纹等标准敦，见有湖北出土的1件曾流失海外后经多方努力得以收回入藏湖北省博物馆的敦（图六，4）[④]，以及随州擂鼓墩出土的1件（图二，9）等均为其例。（5）还要提到盆体钵敦出土的许多精品均有“繁饰”，上至楚王之敦，下至中小贵族之敦均有多例（图六，5、6、7、8）[⑤]。北系则多素面或简朴几何纹。连北系齐国国君之敦也是素面的。南北二系敦纹饰种类、风格差异至显。

4. 南北二系敦之自名不同

南系圆体敦自名为盏，不称敦[⑥]，北系则自名为敦，不称盏，泾渭分明。

以上所述南北二系敦的诸多不同和差异，肯定了南北二系圆体敦广泛存在的历史事实。其实在东周时代文化上的南北之分，不仅敦一例，

---

① A. 熊北生，李广安 . 湖北谷城过山出土春秋有铭铜盏［J］. 文物，2002（1）；张吟午，李福新 . 湖北宜城骆家山一号墓出土几件青铜器［J］. 江汉考古，1983（1）.

② 当阳敦见《当阳楚文物图集》第45号蟠龙纹敦；河南省文物考古研究所等 . 淅川和尚岭与徐家岭楚墓［M］. 郑州：大象出版社，2004：266.

③ 湖北省荆州博物馆 . 荆州天星观二号楚墓［M］. 北京：文物出版社，2003：58.

④ 拓古 . 勾连云纹敦［J］. 江汉考古，1999（4）.

⑤ “图六，5”见《当阳楚文物图集》42号，“图六，6、7、8”见《楚系青铜器研究》第166、413、433页。“图六，6”见《流散欧美殷周有铭青铜器集录》338号，“图六，8”见《文物》1993年1期第5页。

⑥ 南北二系有铭盏、敦均见吴镇烽编著的《商周青铜器铭文暨图像集成》（2012年出版），其后又出续编，2016年，均由上海古籍出版社出版。《东周青铜容器谱系研究》《中国古代青铜器整理与研究·青铜敦卷》二书也予收录。南系敦自名盏，仅盆体敦有个别名“繁鼎”“盂”者。《青铜敦：非仿陶青铜器产生、演进的典型代表》一文称为盂形敦、鼎形敦、无足者称盆形敦。

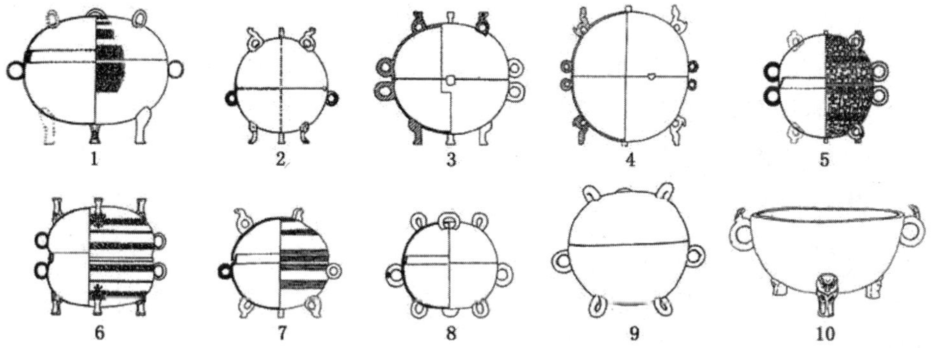

图七　南系敦北传、影响北系敦举例

1. 河南平顶山滍阳岭 M_{301} 出土　2. 河南平顶山滍阳岭 M_{10} 出土　3. 河南新郑李家村出土　4. 河南上蔡砖瓦厂出土　5. 山西长治分水岭 M_{12} 出土　6. 山西长治分山岭 M_{25} 出土　7. 山东临淄相家庄 M_6 出土　8. 山东临淄辛店 M_2 出土　9. 陈侯午敦之一　10. 陈侯午敦（半器）之二

而表现在诸多方面，近当代学者们多有论述①，不繁引述。

二、南北二系敦互动论

上部分所述为南北之分，这个部分则要论述南北二系之合，论其交互影响、传流，考察两系之间“传承、吸收、融合、创新”②的交融演变关系。殷商、西周发展起来的相对统一的华夏文化到东周时代分化为几大文化系统、各具其区域本土文化特色而又相互影响，“你中有我，我中有你”，呈现多姿多彩的复杂局面，弄清此类复杂关系，并不是很容易的事。还要注意到曾有学者们指出的“重北轻南”倾向③。考古界对先秦文化的双向、反向影响也是多有论及：“只重视中原文化的影响

① 早在 20 世纪 30 年代初，敦沫若在其巨著《两周金文辞大系》中就有名言：“综而言之，可得南北二系，江淮流域诸国南系也，黄河流域诸国北系也……二系之色彩浑如泾渭之异流。”

② 张忠培 . 研究考古学文化需要探索的几个问题［C］// 文物与考古论集 . 北京：文物出版社，1986.

③ 例如著名楚学研究专家张正明在其主编的《楚学文库》所写“编者献辞”：“……春秋战国时代北方以晋（韩、赵、魏）为表率，南方则由楚独领风骚。近数十年来，学术界论及中国古代文化，大抵重北轻南、重河轻江……总之，不免失之偏颇……”

是远远不够的，还应重视南方青铜文化对中原文化的反向影响。”[①] 这一看法值得重视，考察南北两系青铜敦互动关系，应着重考察南系青铜敦对北系的“反向影响”。

（1）盆体敦北传，拙著认为“最早之盆体敦产自楚地，且不乏精工之器”，“推测盆体敦乃楚人所创制”。[②] 河南新郑铁岭出土的两件敦，《东周青铜容器谱系研究》116 页列其年代东周四、五期，晚于南系楚敦，可视为南系楚盆体敦向北“反向影响”的例证。[③] 新郑郑伯墓内也有其例[④]。

（2）圆体敦南系对北系的影响，拙著也已认为“圆体敦年代最早者，也在楚文化区首见”[⑤]。向北在中原地区的许、郑、蔡等诸侯国有流传。在平顶山原许国境内出土东周四期的是北系圆体敦，到东周五期被南系圆体敦取代，即是楚敦向北的流传[⑥]（图七，1、2）。新郑李家村原郑国境内出土的南系圆体敦也是北向影响所致[⑦]（图七，3）。原蔡国

---

① 施劲松．中原与南方在中国青铜文化统一体中的互动关系［M］// 长江流域青铜文化研究．北京：科学出版社，2002.

② 刘彬徽．楚系青铜器研究［M］．武汉：湖北教育出版社．2019：138.

③《东周青铜容器谱系研究》第 116 页图 3、4 号，年代晚于南系楚敦 2 号，其所列 1 号北系敦似乎反映了著者的意图是北系影响了南系。但可以讨论的是：1. 这个编为 1 号的敦年代能否早到东周二期？观其铜器群（284 页）组合不全，其敦形腹部纹饰有点异样，显得粗放，似可置疑。2. 再者南方楚系敦在淅川下寺 M_7、南漳川庙山 M_{18} 已有东周二期同型敦，其中当阳一件年代应早至东周一期偏晚，《春秋战国时代青铜器研究的新进展与新思考》一文已有论述。因此，笔者仍坚持南系盆体敦的年代要早于北系敦，如果今后有新材料发现证明北系敦（《东周青铜容器谱系研究》Baa 型）之年代早于南系同型敦，则笔者可以修改现有的看法。

④ 笔者在拙著《楚系青铜器研究》第八章第一节楚铜器与中原地区铜器的关系，已认为郑伯墓的盏受楚盏影响。

⑤ 刘彬徽．楚系青铜器研究［M］．武汉：湖北教育出版社．2019：138.

⑥ “图七，1、2”在《东周青铜容器谱系研究》列入东周四、五期，见其 256、258 页之分期表。这是南系圆体敦北传在东周五期取代北系四期敦实例。

⑦ 新郑李家村圆体敦，《东周青铜容器谱系研究》列入东周四期，从其铜器组合中其他器物形制看也有可能年代为东周五期。即使为东周四期，看此敦的足为中原式小直足，则可能为北系受南系影响仿铸南系所致。

境内上蔡出土的 1 件南系圆体敦年代为东周六期更是南系敦北传的又一例证（图七，4）。①

南系圆体敦或其因素北渐，战国时期已波及北系晋、齐境内，所见到的多件圆体敦（图七，5–8）均为子母口结构，多件的盖钮结构也是北系，从这两点看，应属北系圆体敦，但盖和器身则为各半相同的对称体，显示乃南系圆体敦特征，应是受到了南系圆体敦的影响所致。②

齐国国君陈侯午敦，一件完整，一件为半体，完整者盖器对称（图七，9），也当是受南系圆体敦影响，存半器者（图七，10）器口平沿，也应是受南系影响，而器足则又具北系特征。陈侯因資敦存半器，（图四，4）器口为子口、直足仍是北系敦特征，保留了北系敦传统，直到战国晚期仍见此传统。

图八　南北系敦相互影响一例：宋右师延敦

（3）讨论一个个案实例——宋右师敦（图八）的系属问题。先看其年代、器主。据简报报道，此器为宋国官至右师名叫皇缓者之器，年

① 此为南系典型楚圆体敦，《东周青铜容器谱系研究》列入东周六期。

② “图七，5、6、8”《东周青铜容器谱系研究》列入东周六期，其 7 号列入东周五期，“图七，5–9”均呈南系圆体敦器体对称体（盖器各为同大的半器）。“图七，10”推测也是同样的器体，“图七，5–8”均为子母口，属北系敦特征，这几件应是仿南系敦铸造，沿用了南系敦的对称体形制。“图七，9、10”两件陈侯午敦器为对称体，器口为平口沿，则仿南系敦制铸造，陈侯午敦半器之足仍为北系敦形制。

代在公元前478年至前469年之间[①]，为东周四期偏晚。此器的形制是“盖的形制与敦体相同，微占圆球的一少半，三个盖钮已失，通体光素”[②]，其器口为子母口。据此可知盖、器不完全等同，但大小已相近，器为子母口长直足，具备了北系圆体敦特征，可归入北系器，但值得关注三点：第一点，其盖钮结构据其缺失遗痕看，应是采用南系敦的结构（见图五所示）。由此观之，当是接受了南系敦盖钮结构的影响。第二点，盖与器虽不完全等同，但已接近等同，应是受到了南系盖、器对称的影响所致。第三点，其器名为“粢食器”，既非北系之敦名，也非南系之盏名，从器名看似乎既非南系也非北系，而是在南北两系影响下具本土特色之器。

（4）略述南系敦向北“反向影响”的历史背景。南系敦北渐，或整器北传，或北系敦接受了楚敦因素，与当时的历史发展大势尤与楚势力向北推进有关。东周时代楚国为春秋五霸、战国七雄之一，其国力和经济文化发展后来居上。“国之大事，在祀与戎”，青铜礼器、兵器制造业处于领先水平。拙著将楚系青铜器分为七期和楚国历史发展的七期合拍，历史分期为：始强期、争霸期、霸业期、守成期、争雄期、强盛期、衰亡期。[③]早在东周二期的争霸期，公元前642年“郑伯始朝于楚，楚子赐之金”，[④]以后又多次朝于楚，可见其时作为北系诸侯国的郑国已屈服于楚，楚敦或其文化因素北传至郑境内应毫不奇怪。同是东周二期，公元前639年，楚势深入宋国境内，楚和宋、陈、蔡、许、郑、曹等北系诸侯国会于宋境盂地，“执辱宋公”[⑤]。第二年伐宋，射伤宋公。

---

① 徐俊英．南阳博物馆藏一件春秋铜敦［J］．文物，1995（5）．

② 吴镇烽、商周青铜铭文暨图像集成［M］．上海古籍出版社，2016.

③《楚系青铜器研究》第41–55页论述七期分法及每期的绝对年代。刘彬徽．江汉文化与荆楚文明［M］．南京：江苏教育出版社，2008：169—171. 在书内论述早在东周一期公元前704年楚已称王，开启了楚王朝时代，与其北之周王室分庭抗礼，南北对峙。

④《左传·僖公十八年》。

⑤《左传·僖公二十一年》《左传·僖公二十二年》。又见《史记·楚世家》。

楚势咄咄逼人，中原小国望风披靡，其势力已推进到宋国以北的曹、卫两国境内，宋国及周边地区受楚文化、楚敦影响势所必然，上述宋右师敦之有楚文化因素，同样毫不奇怪。公元前606年楚庄王伐戎至洛，观兵周郊问鼎中原。东周三期之初，公元前597年，楚晋邲之战，楚胜晋败，楚人饮马黄河，楚之霸业达于顶峰。[①] 战国时期，楚势不减，向北灭许、蔡、杞、莒等小国，"广地至泗上"[②]，深入今山东境内，楚文化向北影响是必然的，南系圆体敦楚敦向北影响、北传也是势所必然。应当如实地看待这一客观历史事实，对南系楚敦的向北"反向影响"也就好理解了。

当然，影响应该是双向的，既要看到南系敦对北系敦的影响、流传，也要看到北系敦对南系敦影响。但应承认南系敦对北系敦的影响远远大于后者，故本文着重考察了南系对北系的影响，限于篇幅与精力，暂不对北向南的影响进行较多研究、论述。

"学术贵在创新，应提出新的有说服力的见解。"[③] 本文之新论恳请学术界和读者诸君评论、赐教为感。

---

① 邲之战，其年春天，楚攻入郑国都城内，"郑伯肉袒牵羊以迎"，俯首称臣。张正明《楚史》："四年之内，楚人伐陈而定其乱，伐郑而降其君，与晋人决战而大捷，伐萧而灭其国，伐宋而使之唯命是从。诸侯莫不重足而立，屏息而听。晋人不敢渡黄河而南进，齐人不敢逾泗上而西进，秦人不敢越崤山而东进，中原诸国则唯楚人马首是瞻，庄王的霸业达到了顶峰。"（湖北教育出版社，1995年，第148页）。

② 《史记·楚世家》。

③ 刘彬徽．楚系青铜器研究［M］．武汉：湖北教育出版社．2019：5.

初版后记

本书的准备工作数易寒暑，但书稿的写成却是近一年来的事，现在终于按期完稿，笔者如释重负。“孰无施而有报兮，孰不实而有获？”（《楚辞·九章·抽思》）总算是完成了一件义不容辞的任务，了却了一桩心愿。

本书的完成有赖于诸多师友的指教、帮助。撰写工作得到了湖南省博物馆的领导和有关同志的大力支持与帮助。承蒙有关省、市、地、县文博单位与有关同志提供资料，给予大力支持与协助。宋少华同志为本书重新描绘了大量插图。王露、金陵同志及有关单位、个人提供了照片、铭文、纹饰拓片。

湖北教育出版社以远见卓识的创举，推出《楚学文库》丛书，令人钦佩；主编张正明先生审阅了本书文稿。在撰写工作中，夫人李咏君全力予以支持。

对以上诸多单位、个人所给予的支持、帮助，在此一并致以衷心的谢忱和崇高的敬意。

完成这样一部综论性的长篇著作，诚非易事；自知学力有限，加之成稿时间较为匆促，疏漏纰缪之处在所难免，恳请读者方家多加匡正，以待来日修正。

作者

1991 年 11 月 30 日于长沙

新版补记

本书原是国家“八五”重点出版项目《楚学文库》之一，荣获第三届国家图书奖，其“内容和质量已为业界认可”。为传承发展中华优秀传统文化，湖北省重点出版工程《荆楚文库》收纳此书重新出版。在此书即将重新出版之际，为对读者负责，有必要对原版的疏误之处予以订正，并对此书出版以后二十多年来的新发现、研究的新进展予以简要论述。

一

先作简要回顾。本书于1995年出版之后，广受关注。[①]这是对楚系青铜器研究的第一部填补空白的奠基性专著，但笔者并不满足于已有的成就，此后仍持续不断、与时俱进地研究。在本人第二部专著《江汉文化与荆楚文明》一书中对这第一部专著中较少涉及的部分作补充论述。[②]2006年发表了《近年楚系青铜器研究评述》，[③]对新发现的三处重要青铜器群与相关问题予以评论。2011年发表了《楚系青铜器研究续论》[④]，对新发现的重要青铜器及研究中的新问题继续深加研究。这两

① 《楚系青铜器研究》湖北教育出版社1995年出版，出版不久旋即脱销，之后加印两次。报刊、论著多有书评。

② 刘彬徽.江汉文化与荆楚文明（“早期中国文明”丛书之一）[M]. 南京：江苏教育出版社，2008. 在《楚系青铜器研究》的序论中指出“青铜礼乐器可以代表当时的青铜文化”，故对兵器、工具、生活用器如铜镜等较少涉及，在此书内予以补充。

③ 刘彬徽. 近年楚系青铜器研究评述[C]// 湖南省博物馆馆刊：第三辑. 长沙：岳麓书社，2006. 这是2005年应日本国早稻田大学工藤元男教授邀请赴日本参加学术会议讲稿的中文版。

④ 刘彬徽. 楚系青铜器研究续论[C]// 湖南省博物馆馆刊：第七辑. 长沙：岳麓书社，2011. 此文和上一文针对新发现和研究中的不同看法论证笔者的见解。

篇论文已作为附录收入本书。近几年来，对楚系青铜器年代学、类型学及其反映的楚国礼制等方面的研究有新进展，有必要做出简要评论。

（一）关于楚系青铜器墓的年代与分期问题，是一项基础性研究，至今论者仍多，现以2015年发表的一篇论作《楚系青铜器的分期与年代》[①]为例。此文认为“目前有必要在《楚系青铜器研究》的基础上，结合新资料对楚系青铜器进行分期，为进一步的研究提供参考”。这表明此文是在拙著基础上的新研，某些方面有所前进。但美中不足也确实存在。例如：把春秋早期的楚铜器排除在年代分期之外。其实，楚铜器的春秋早期不容否定。朱凤瀚著《中国青铜器综论》[②]和另一专著《春秋青铜器年代综合研究》[③]等书均予以肯定。我在2013年发表的《江汉淮间春秋青铜器研究》一文也进一步在拙著基础上作了论定。[④]战国中晚期之际到战国晚期早段之间，拙著只列举了低层次的楚铜器群，但现有大贵族之高层次铜器群如湖北枣阳九连墩墓、襄阳陈坡墓铜器群[⑤]。其代表性铜器并未列入其分期图内。列入其分期图中有的并非楚式器，例如下寺M_7的平盖鼎，包山M_2的越式鼎等。

（二）从铜器组合中的等级差异论其反映的礼制问题，是从考古学研究上升到社会历史文化研究的重要课题，拙著已专辟一章讨论。2015年出版的《楚国青铜礼器制度研究》一书同样是在拙著基础上研究取得的新进展，值得赞许。此书认定“刘彬徽先生的《楚系青铜器研究》一

① 袁艳玲，张闻捷．楚系青铜器的分期与年代［J］．考古学报，2015（4）．此文中有些问题值得再讨论，拟另行文。

② 朱凤瀚．中国青铜器综论．下册［M］．上海：上海古籍出版社，2009：1769-1798．

③ 彭裕商．春秋青铜器年代综合研究［M］．北京，中华书局，2011．

④ 刘彬徽．江汉淮间春秋青铜器研究［C］//楚简楚文化与先秦历史文化国际学术研讨会论文集．武汉：湖北教育出版社，2013．此文继续对拙著中有关春秋早中期年代研究中的不同意见予以详细讨论、论证。在本书附录六的论文和《楚系金文汇编》重版补述中也有再论，可以再重复强调，拙著分期表中第一期（春秋早期）三处铜器群都是楚器，在2018年元月召开的“春秋战国历史文化学术研讨会”上，对于春秋早期枝江百里洲铜鼎，我已论述应为有楚文化特征的楚器的新见解。

⑤ 枣阳九连墩铜器在《楚国青铜礼器制度研究》一书内有列述。陈坡铜器见本文后面论述。

书不仅全面考察了楚系青铜器的年代、形制、纹饰、组合等方面内容，并结合铭文资料探讨了相关铜器的功能和分类，在此基础上又进一步揭示了楚国礼制特点以及与周边诸国的异同……”[①] 此书引用拙著不少于二十处，同时汇聚了拙著出版二十多年来楚系青铜器研究取得的许多新成果。然也有美中不足之处。例如关于河南新蔡葛陵楚墓的年代已存在两说，此书仅引用公元前 377 年之说[②]，而忽视了公元前 398 年之说。此说由本人第一次提出[③]。有论者也论述此说[④]。这个年代应更准确。或是著者未看到这一研究新成果吧。又如荆州天星观 M_1 的墓主名，楚简中的缶名，已对旧释否定，要改用新释，应吸收古文字研究的新成果。[⑤] 此书瑕不掩瑜，毕竟是楚国礼器制度研究的一本专著，是此项研究的新成果。

（三）楚铜器铭文研究十分重要，拙著出版以来，新铭文资料层出不穷，铭文考释不断出新成果本人也持续不断加以补充研究，并已加以订补再版。[⑥] 在此不再复述。本书新版中的楚金文部分基本保持不动，仅作个别变动，请读者参阅重新出版之《楚系金文汇编》。

总之，拙著自出版以来，经受住了时间的检验，历久弥彰。冀后来研究者继续与时俱进，更上一层楼。

二

近三四年来，楚铜器又有好几项重要新资料公布，极有助于楚铜器

① 张闻捷．楚国青铜礼器制度研究［M］．厦门：厦门大学出版社，2015：9.

② 张闻捷．楚国青铜礼器制度研究［M］．厦门：厦门大学出版社，2015：15.

③ 刘彬徽．葛陵楚墓的年代及相关问题的讨论［C］// 楚文化研究论集：第七集．长沙：岳麓书社，2007；刘彬徽．楚国历法的建正问题辨证［C］// 台北史语所．古文字与古代史：第一辑，2007．此文是 2006 年赴台参加学术会议论文。以上两文都论述了葛陵楚墓的年代。

④ 宋华强．新蔡葛陵楚简初探［M］．武汉：武汉大学出版社，2010：134–135．该书论年代时引述了笔者的见解。

⑤ 墓主名二字中的第二字应改释为“朥”。楚简中的“迅”缶应改释为“让缶”。见该书第 185 页、第 120 页。应改释的这两个字见李守奎编著的《楚文字编》第 787 和第 80 页，华东师范大学出版社 2013 年。

⑥ 刘彬徽、刘长武：《楚系金文汇编》，重版本收入《荆楚文库》。

及其反映的重要历史文化信息的研究，在此着意补述。

（一）宜昌万福垴遗址出土的西周时期青铜器。2016 年公布了此遗址的发掘简报及出土楚季编钟的一篇论文。[①]发掘简报从地层关系确认了此遗址存在早、中、晚三个连续的时期，但对遗址的年代定为西周晚期、春秋早期、春秋中期。这种判断可靠吗？笔者仔细核查了遗址出土陶器资料和甬钟形态，做出了相左的判断，即：遗址的年代同样为早、中、晚三期，第一期为西周早期晚段，第二期为西周中期，第三期为西周晚期。出土的 12 件甬钟年代可早至西周早期晚段，下限为西周中期（图一）；刻有楚季铭文甬钟的刻制年代下限也不晚于西周中期[②]（图二，分期图；图三，铭文拓片）。这些甬钟和一些陶器共存于灰坑 H_1 内，都是楚人的遗物。这里是一处重要的楚文化遗存。青铜器除这 12 件甬钟外，还有西周时期青铜鼎一件、青铜剑一件、青铜斧一件（图四，1—4）。这是在西周时期的楚遗址内第一次出土的青铜器，其重要意义不言而喻。

关于西周时期的楚国青铜器，笔者在拙著内就已提及“已知楚国最早的铜器为西周中晚期之际的楚公豪钟与戈，比这更早的楚国铜器则还是一个未知数，不可妄言”。之后新发现有楚公逆钟和传世的楚公逆钟铭文同为西周晚期，更早的铜器就是这万福垴遗址所出了，故被视为石破天惊的重大发现，具有重要价值。

对此，笔者自实地考察此遗址和青铜甬钟、铜鼎、陶器等实物以来，一直在关注和研究，先后已著两篇论文《楚季编钟及其他新见楚铭铜器研究》[③]《论万福垴楚遗址及其出土楚季编甬钟的年代与相关问

① 湖北省文物考古研究所，武汉大学历史学院考古系，宜昌博物馆．湖北宜昌万福垴遗址发掘简报［J］．江汉考古，2016（4）．图二分期图据此文分期图改制而成。

② 刘彬徽．论万福垴楚遗址及其出土楚季编甬钟的年代与相关问题［C］// 湖南博物馆馆刊：第 13 辑．长沙：岳麓书社，2017．文内图一、图二采自万福垴遗址发掘简报。

③ 此文刊发于《湖南省博物馆馆刊》第九辑，岳麓书社 2013 年。

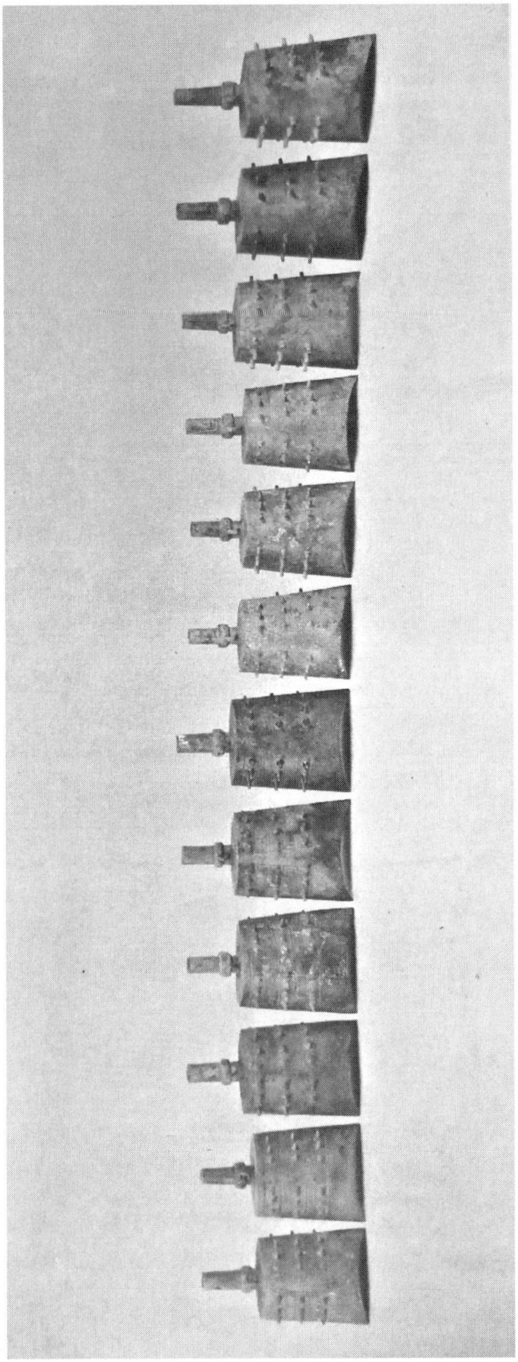

图一　宜昌万福垴遗址出土 12 件青铜甬钟

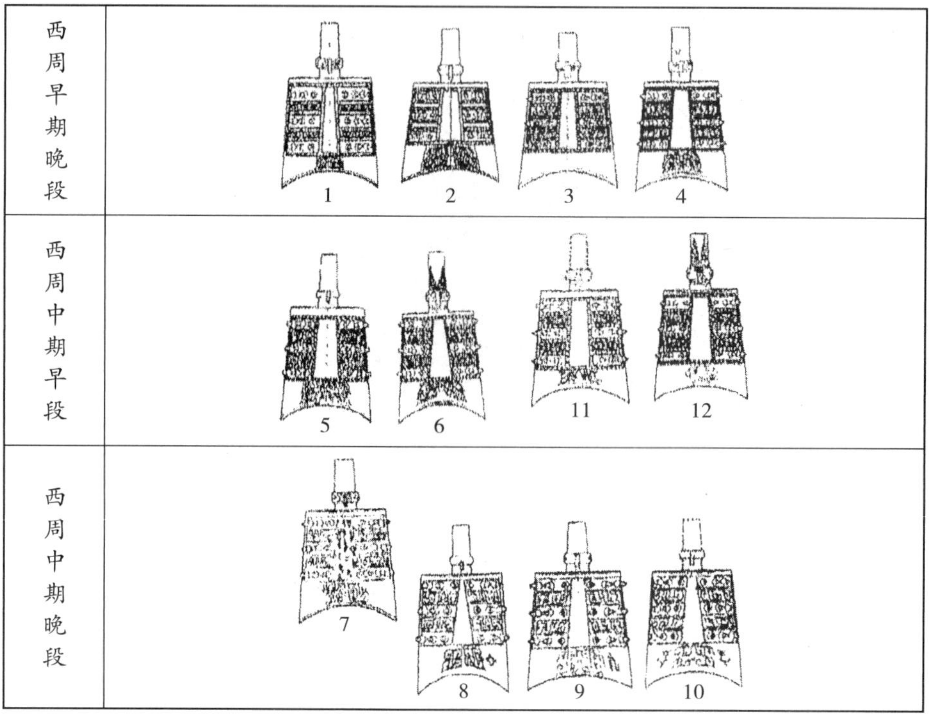

图二　万福垴遗址出土青铜甬钟分期图

注：甬钟编号为发掘简报原编号，此图是在简报基础上的重新分期。

图三　甬钟拓片

铭文：楚季宝钟，其孙乃献于公，公其万年受其福

1. 青铜鼎

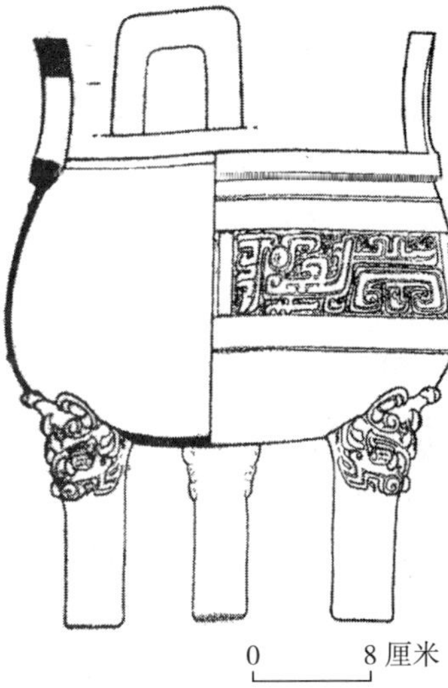

2. 青铜鼎

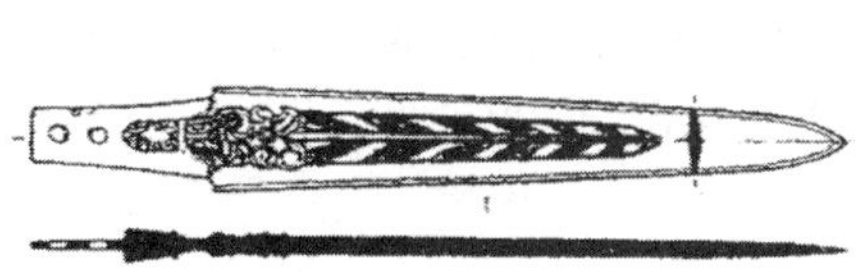

3. 青铜剑

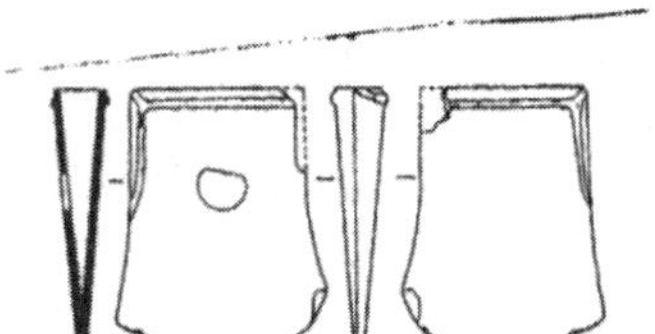

4. 青铜斧

图四　万福垴遗址出土的青铜器

题》[①]。后文是对遗址陶器资料的分析来改断其年代。对甬钟及刻铭年代认为要早于楚公豪钟、楚公逆钟的年代，其下限不能晚于西周中期，有几件钟的年代可早至西周早期晚段。鉴于这些论述篇幅太长，在此不再复述，请读者参阅笔者此两文。2018 年，李伯谦著文指出："万福垴遗址是典型的楚文化遗存，学术界没有争议……年代具有西周时期的特点……刘彬徽先生……认为是楚国都城，还是有这种可能性的。"[②]2019 年，又有论者再指认："万福垴遗址主体内涵属于楚文化范畴……主体年代处于西周时期，部分遗迹单位甚至可以早到西周中期以前……万福垴遗址铜器的铸造以及刻铭年代都与遗址人类活动时间重合，可能都是楚人的遗留物。"[③] 上述这些引文均进一步证实了笔者的前述见解。

（二）湖北南漳川庙山一组春秋中期偏早的青铜器。2015 年公布了川庙山墓地的考古发掘资料。[④] 其中的十八号墓出土了一组楚青铜器：鼎 2、盏 2、浴缶 2、盘 1、匜 1（图五，1—6），观这些铜器的形制、纹饰、组合，无疑应归入拙著所论东周第二期的年代范围，属春秋中期早段。在年代序列上应早于河南淅川下寺 M_8、M_7 所出的青铜器。在拙著第二章论分期与年代的第二期时指出第二期青铜器群的"年代序列也有缺环，信阳平桥 M_2 与下寺 M_8、M_7 之间的年代差距较大，应还有中介环节的楚系墓葬与铜器，这有待于今后的新发现，以填补年代序列中的这一小段空白"[⑤]。现在有了这新发现的川庙山铜器，就是填补这一小段空白的新例证，可补充到拙著东周二期偏早的典型铜器分期表内。

① 刘彬徽．论万福垴楚遗址及其出土楚季编甬钟的年代与相关问题［C］// 湖南博物馆馆刊：第 13 辑．长沙：岳麓书社，2017.

② 李伯谦．宜昌万福垴遗址发掘引发的思考［J］．华夏文明，2018（1）.

③ 马仁杰，崔剑锋，黄文新，等 . 宜昌万福垴遗址青铜器的科技分析及相关考古学问题［J］．江汉考古，2019（5）. 校补：在山西新出土西周楚公逆短剑。

④ 湖北省文物考古研究所，南漳县博物馆．湖北南漳川庙山东周墓地 2014 年发掘报告［J］．江汉考古，2015（4）.

⑤ 见本书第二章表 2–1。此铜器群可列入本书表 2–1 分期表中的第三组。

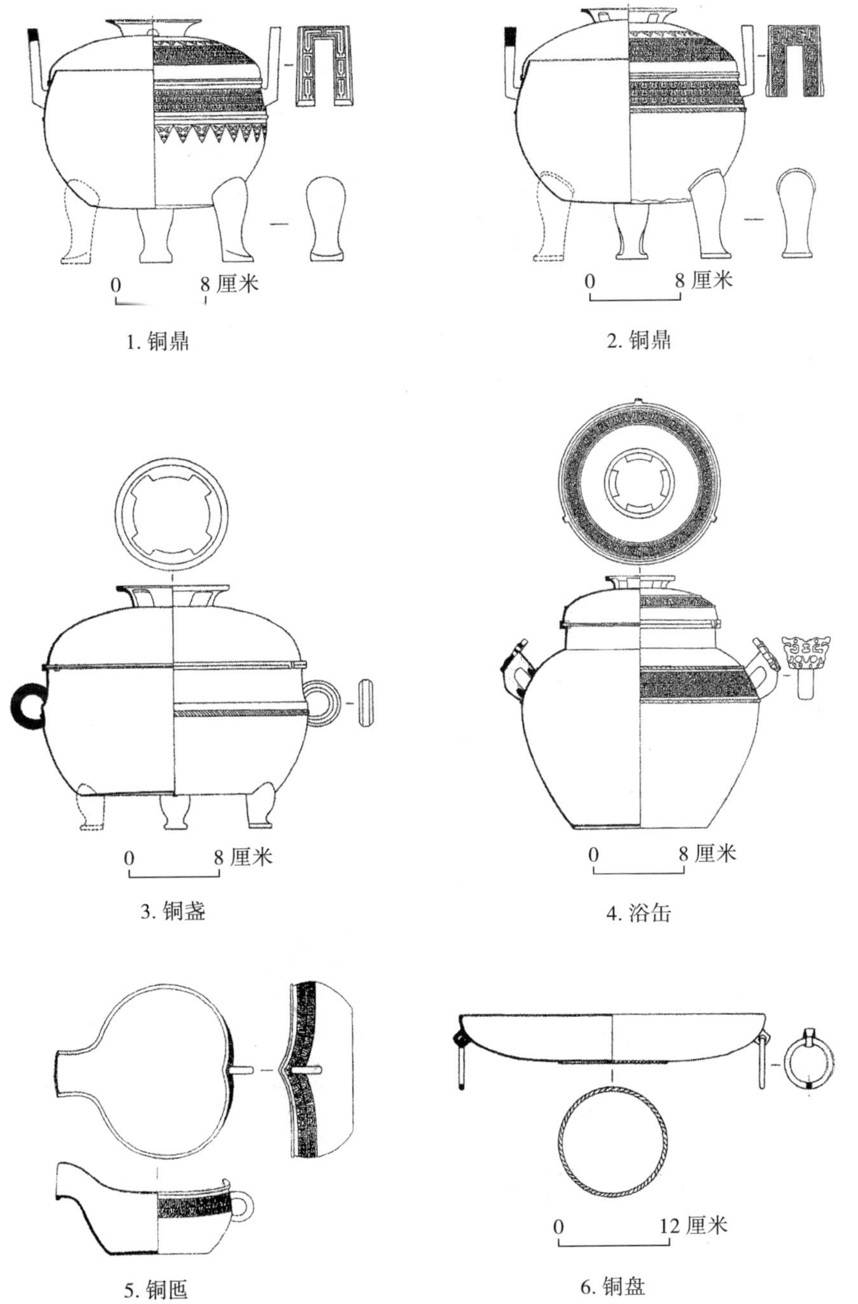

图五　南漳川庙山 M_{18} 出土的青铜器

1. 湖北当阳出土的盏

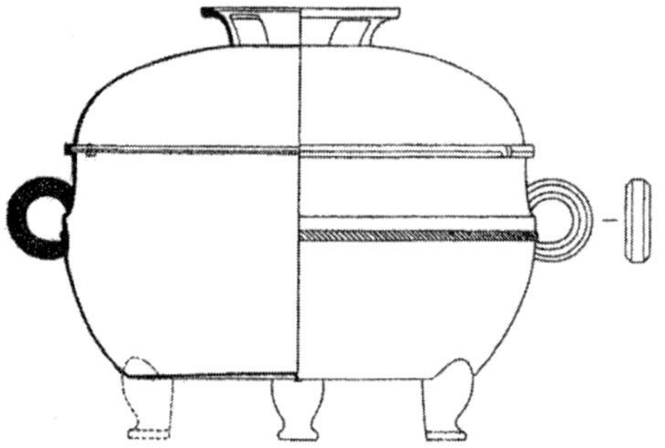

2. 南漳川庙山出土的盏

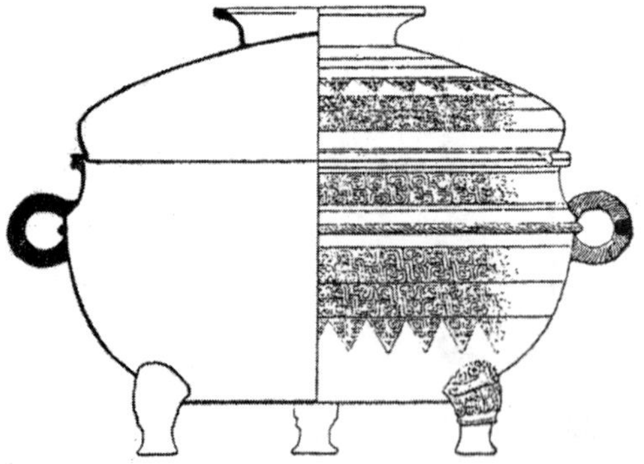

3. 淅川下寺 M_7 出土的盏

图六　当阳、南漳、淅川三地出土的青铜盏

川庙山出土的青铜盏很值得关注，此器从年代上如上述应稍早于淅川下寺 M_7 之盏。从年代上看，川庙山之盏也不是最早的，在当阳楚墓区的一件盏（图六，1）[①]。其三足极短矮，酷似 1 件盆，拙著写作时未留意此器，现正好可补入，这应是年代最早盏之一。从形态观察，当阳这件盏早于川庙山盏，川庙山盏又早于淅川下寺 M_7 盏（图六，3）[②]。见微知著，从这一点可以看到文化上的流变。拙著和附录五论文专就楚青铜器的传播、对外影响作过论述，在前面提到的《汉淮间春秋青铜器研究》论文中也以新实例证明春秋时期的楚文化政治和文化扩展都是由南向北、向东推进的。从前述当阳盏、川庙山盏、下寺盏的年代早晚关系看，也是自南向北流变，这正好是又一实例。川庙山铜器的历史文化意义，值得重视。以川庙山铜器为中介，串联当阳赵家湖楚墓铜器和淅川下寺楚墓铜器，探求其早晚关系，也会发现很有意义的历史文化信息，笔者稍后有专文论述，在此从略。[③]

（三）春秋晚期和战国前期楚系曾（随）国国君墓青铜器。2014 年、2015 年相继公布了三代曾侯墓葬的资料，其墓葬经破坏，仍残存不少重要的青铜器。

1. 随州文峰塔 4 号墓为春秋中晚期之际的某代曾侯墓[④]。此墓出土青铜器 16 件，计甬钟 1 件，小铃 1 件、戟之戈 1 件，镞 3 件，马镳 2 件，马衔 1 件，铸两组（共 103 小件）、车辖 1 件、柄构件 2 件、削刀 1 件（图七）。

这些残存的青铜器中最重要的是 1 件甬钟上残存有 34 字铭文，最

① 宜昌博物馆．馆藏铜器介绍［J］．江汉考古，1986（2）；当阳市政协．当阳楚文物图集［M］．武汉：湖北美术出版社，2009.（宜昌市辖当阳市）。

② 河南省文物研究所．淅川下寺春秋楚墓［M］．北京：文物出版社，1991．此器彩版见《淅川楚国青铜器精粹》中州古籍出版社 2013 年。

③ 刘彬徽．早期楚文化发展历程的新思考［C］// 楚文化研究论集：第 13 辑．上海：上海古籍出版社，2018.

④ 湖北省文物考古研究所，随州市博物馆．湖北随州文峰塔墓地 M_4 发掘简报［J］．江汉考古，2015（1）.

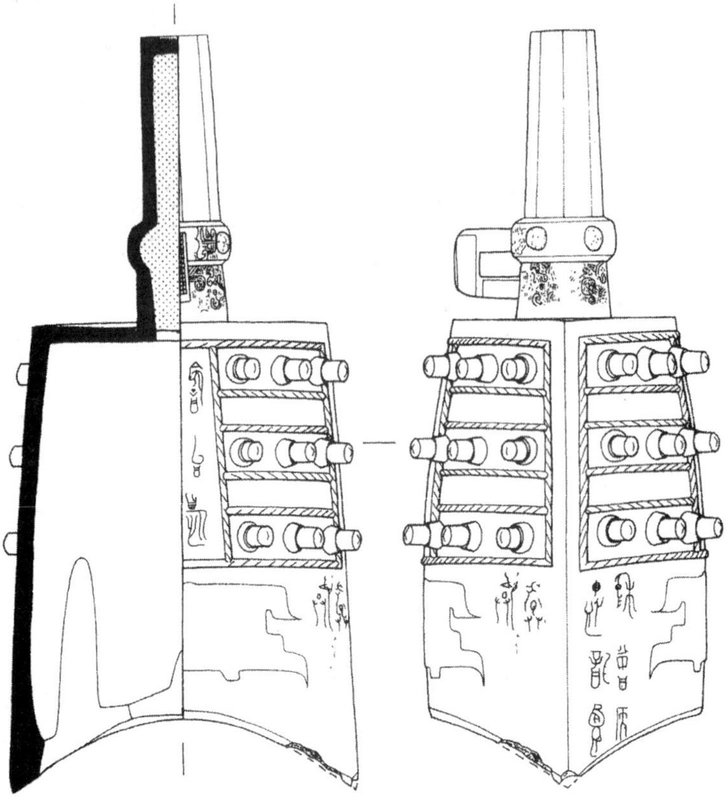

1. 曾侯铭文甬钟

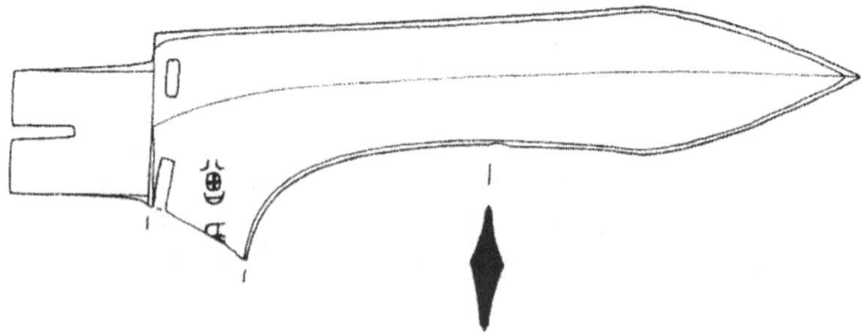

2. 曾侯铭文戈（戟之戈）

图七　随州文峰塔 M_4 出土的青铜器

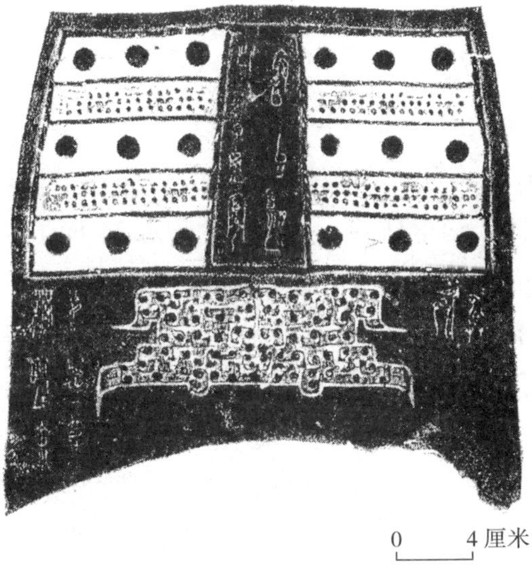

拓片一 M$_4$出土甬钟正面拓片（M$_4$：016）

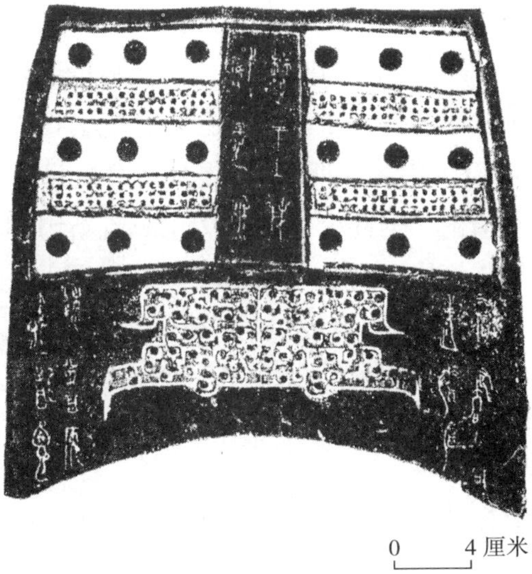

拓片二 M$_4$出土甬钟背面拓片（M$_4$：016）

图八 随州文峰塔M$_4$出土甬钟拓本

重要的是以下文字"……徇骄壮武，佐佑楚王，弗讨是许、穆穆曾侯，畏忌温龚……"。"佐佑楚王"表明曾国已臣服于楚国，楚国也不会征讨它，这与《左传》记载相同。[①]出土之戟上也残存"曾侯"二字，发掘简报定此墓为"春秋晚期偏早"的曾（随）侯墓。

2. 文峰塔 M_1 为春秋晚期曾侯与之墓[②]。出土陶器 9 件，铜器有鼎 2 件，鬲 2 件，残件 2 和车马器、兵器等（图八）。而最重要的是出土编钟，其中 5 件完整，都有铭文（图九，4、5），兹录最重要的文字："吴持有众庶，行乱，西征南伐，乃加于楚……荆邦既削……有严曾侯……复定楚王。"另一甬钟铭文："……曾侯与曰：余稷之玄孙……"发掘简报已指出此乃《左传》所记吴国伐楚、曾侯助楚之事，并推断此墓曾侯下葬年代为公元前 497 年。对这一年代尚可讨论。在 2018 年举行的"曾侯乙编钟出土四十周年学术讨论会"上，笔者提交《曾侯乙编钟文化源流新识》（《江汉考古》2022 年第 5 期）一文，依据年代早于曾侯乙且更早于曾侯与的曾侯编钟铭文有"左右（辅佐、护佑）楚王"之语，表明其对的曾（随）国已是楚附属国，应已改用楚国历法。而关于楚国历法，笔者早在 1988 年就已首倡楚历岁首冬栾建丑，后又多次论述。2019 年在荆州召开的湘鄂豫皖楚文化研究会第十六次年会上，笔者再著《楚国历法建丑新证》（《江汉考古》2021 年第 4 期），以更加可靠的证据详加论证，是经得起历史检验的科学结论。据此，在前述文化源流新识的论文中，依据楚历检索得到的曾侯与墓年代当为公元前 502 年，而非公元前 497 年。

3. 文峰塔 M_{18} 为战国中期曾侯丙之墓。[③]同时还报道该墓地 53 座曾国中小贵族墓，出土带铭文青铜器甚多，曾侯丙墓出土文物仅公布了曾侯丙方缶（图十，1、2）和无铭之鉴缶、提链鉴和匜、提梁壶、罐、灯

① 在曾侯与编钟铭文中有"左右文武"，即曾侯与先祖辅佐周文王、周武王。此处左（佐）右（佑）楚王，也即作楚王的忠臣，服事楚国。《左传》记载楚、随订有盟约，故"弗讨是许"。

② 湖北省文物考古研究所，随州市博物馆．随州文峰塔 M_1（曾侯与墓）、M_2 发掘简报［J］．江汉考古，2014（4）．

③ 湖北省文物考古研究所．湖北随州市文峰塔东周墓地［J］．考古，2014（7）．

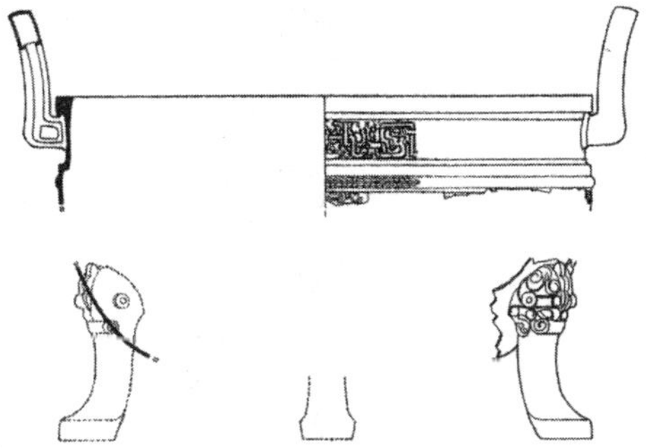

1. 镬鼎

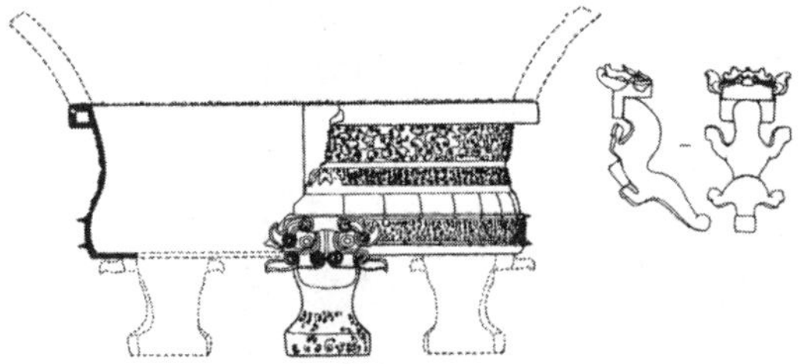

2. 升鼎

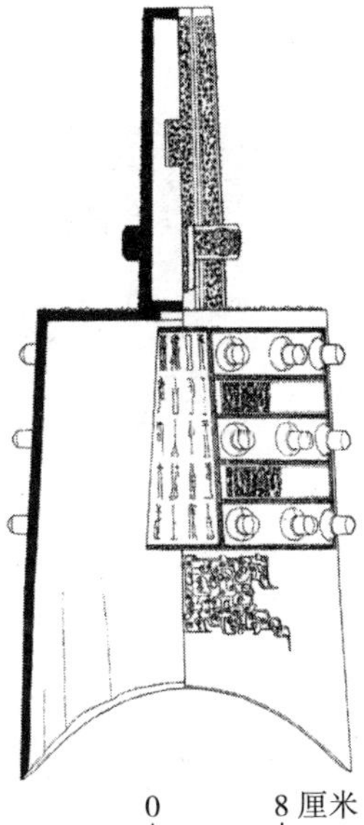

3. 编钟（M_1：1）

4. M_1：1 正面钲部铭文拓片

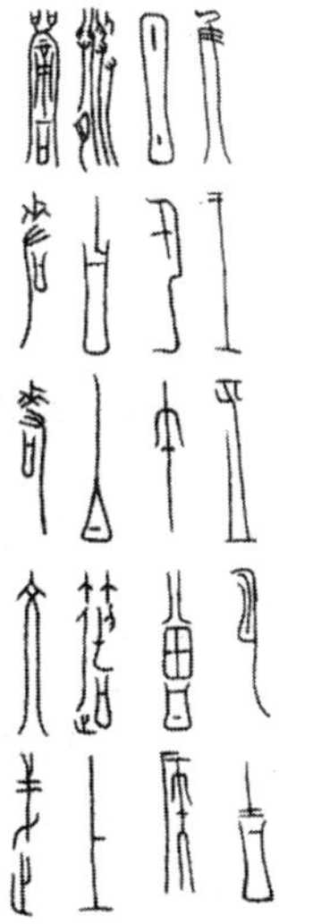

5. M_1：1 正面钲部铭文摹本

图九　随州文峰塔 M_1 出土的青铜器

1. 铜方缶

2. 铜鉴缶

3. 铜方缶盖和盖内铭文

4. 铜灯

图十　随州文峰塔 M_{18} 出土青铜器

（图十，3、4）。另外 M_{21} 出土有“随大司马嘉之行戈”。发掘简报认为：“首次揭示了一批春秋中晚期至战国早、中期的曾国墓葬，出土了大批带有曾字铭文的铜器，是迄今集中发现的大部分墓主身份明确的该时期曾国墓地……曾侯丙墓为战国中期偏早。”笔者梳理曾侯世系为：M_4 某代曾侯—曾侯昃—曾侯与—曾侯郕—曾侯乙—曾侯丙。这是前后相继的六位曾侯。①

曾（随）国墓葬考古发掘在近年来确实取得了令世人瞩目的重大发现，曾国历史文化从西周早期以降至战国中期序列已完全显示。②其与周楚文化的关系更加清晰，众多考古材料证实曾国文化从春秋中期以后已由周文化体系转变为楚文化体系。③这对研究楚系青铜器的发展与特征提供了至为丰富的珍贵资料，都是可补充到拙著分期表中的典型楚系铜器群。

《江汉考古》2019 年第 3 期和《考古》2020 年第 7 期公布了曾（随）国三个国君及其夫人和一些曾国贵族的简要报道。其中曾侯宝夫人孎加的墓内出土了数十件楚国国君为其女孎加出嫁曾国的媵器和她自铸之器，其鼎、编钟有极重要铭文。笔者已撰《“孎加”青铜器群研究》（由湖南省博物院编的商周青铜器研究论文集，中华书局 2023 年出版）一文，指出这一青铜器群为东周二期甲类楚系青铜器典型器群，此前未见，乃填补这类典型器群空白的重要新资料，值得特别关注。

（四）战国中晚期之际的大型楚墓青铜器群可举出湖北枣阳九连墩 M_1、M_2 和襄阳陈坡 M_{10}，九连墩墓青铜器群在前述《楚国青铜礼器制度研究》④一书中已有列述，此不再论。襄阳陈坡 M_{10} 出土青铜器共 605

---

① 刘彬徽、刘长武《楚系金文汇编》书之“重版补述”，载《荆楚文库》丛书之一，湖北教育出版社拟于 2023 年出版。

② 方勤．随州叶家山西周早期曾国墓地［M］北京：文物出版社，2013；枣阳郭家庙曾国墓地［M］．北京：文物出版社，2015．

③ 刘彬徽．从近年出土曾器看楚文化对曾国的影响［M］// 早期文明与楚文化研究．长沙：岳麓书社，2001；张昌平．曾国青铜器研究［M］．北京：文物出版社，2009．

④ 张闻捷．楚国青铜礼器制度研究［M］．厦门：厦门大学出版社，2015：224–237．

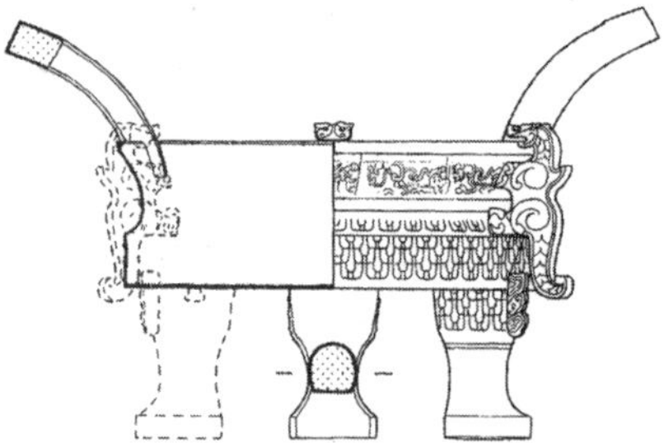

1. 升鼎

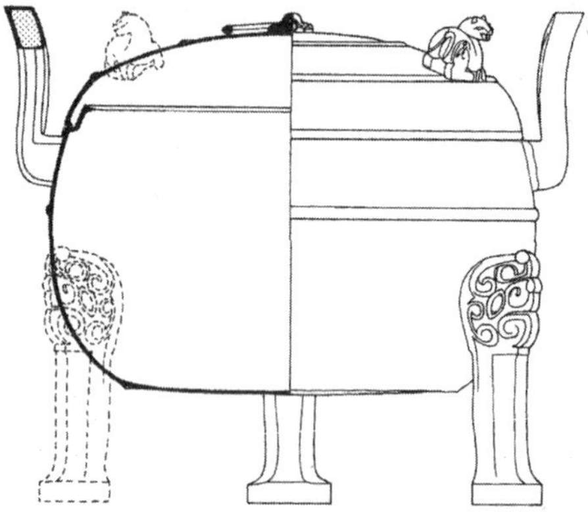

2. 虎钮鼎

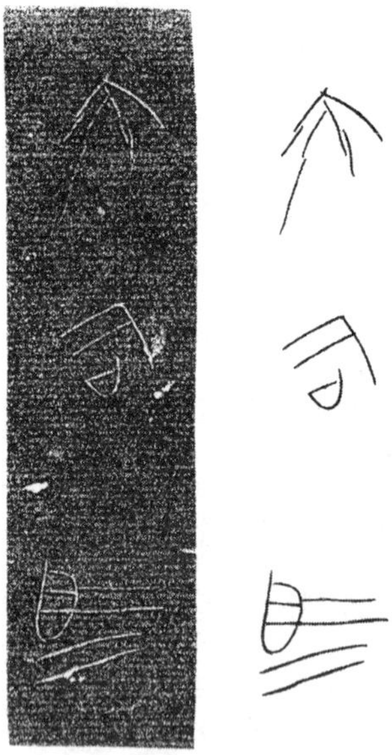

3. 虎钮鼎上大司马铭文

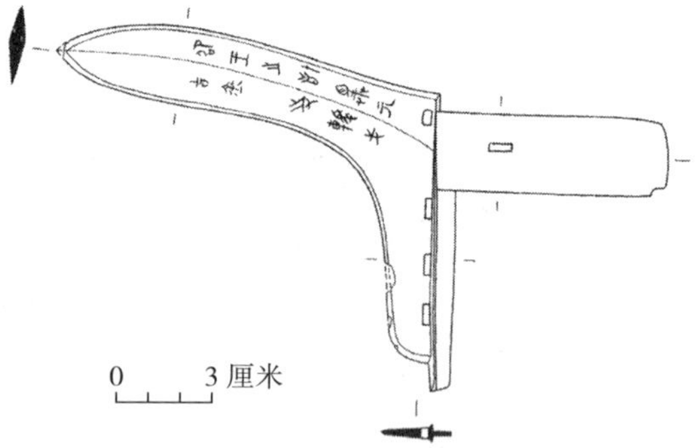

4. 昭王之信戈

图十一　襄阳陈坡 M_{10} 青铜器

件（套）。[①] 出土时均有较大残破，大件都已修复复原，青铜礼器 95 件（套）器类有鼎、鬲、甗、簋、盒、豆、缶、壶、尊、盘、汤鼎、匜鼎、盉、樽、鉴、盘、匜、勺、斗、匕等（图十一，1、2），其中 1 件虎钮鼎腹内壁针刻“大司马”三字（图十一，3）。生活用器有杯、炭炉、箕、镜、器盖等。145 件兵器中有剑 12 件，戈 7 件，其中 1 件有铭文“昭王之信择其吉金作（？）持锌戈”（图十一，4）。这是楚昭王后代子孙名“信”者之兵器。矛 5 件，戟 4 件，晋投 1 件，镞 114 件。车马器 298 件，工具 17 件，其他 42 件。发掘报告论其年代：“该墓随葬的这批青铜器，绝大部分属战国中期之器，而只有少数器物属战国晚期前段之器。因此，推测该墓的下葬年代应在楚顷襄王之前，楚怀王末年，即公元前 300 年前后是比较合适的。”至于墓主，报告只是说“楚国中等贵族墓”。笔者据出土铜鼎有“大司马”刻文，铜戈有“昭王之信”人名，推测墓主是大司马家族中的重要成员，墓主名或许就是“昭王之信”，是楚昭王之后代子孙。[②] 当然仅凭 1 件兵器的铭文，证据不足，聊备参考而已。对这批青铜器的铸造年代，器形特征（形制、纹制）及体现的文化因素值得进一步研究，弥补了拙著典型铜器群分期表中第七期（战国晚期）第十三组（战国晚期前段）甲类铜器群之不足，十分重要。

近几年来楚铜器的重要新发现不止以上所述，限于篇幅，不再罗列。

（五）顺带要补充一下楚铜器铜料来源和矿冶考古的新发现。2015 年公布的湖北大冶铜绿山四方塘墓地发掘资料，证实这处墓葬“呈现的文化面貌以春秋楚文化为主，共存有本地吴越文化因素，因此，四方塘墓地的国属应当为楚国，其年代起于春秋早期，以春秋中期为主，延至春秋晚期……与相邻的铜绿山 7 号矿体 1 号点采冶遗址的年代相当……是中国矿冶考古首次发现从事矿冶活动人员的墓地，实现了四十一年来

① 湖北省文物考古研究所等．襄阳陈坡［M］．北京：科学出版社，2013．

② 刘彬徽．“武王”戈及其铭文综考［J］．湖南省博物馆馆刊：第十辑．长沙：岳麓书社，2014．“某王之某”句式新解首由董珊著文论述，此文已引述。戈铭综采刘钊之释文。

数代矿冶考古人的探索梦想，具有重大的划时代意义”[①]。

这一发现表明，早在春秋早期或更早，楚国青铜器铸造已有着十分丰富的铜料来源。惜铸造青铜器的铸造遗址尚待寻找。早在新石器时代晚期的天门石家河遗址就已发现铜料，在湖南石门发现了商代二里岗时期炼铜铸铜遗址。更有学者认为湖南宁乡一带“可能有一较发达的青铜器铸造中心”[②]。又有学者研究湖南省博物馆藏的石门卣旁及陕西宝鸡石鼓山出土的四耳簋“均铸造于商代南方作坊，年代从二里岗晚期到殷墟早期，石门卣不晚于殷墟早期。南方工匠在武丁时期被迁至安阳……”[③]按此论述，至迟在商代中晚期南方已存在不亚于中原地区的铸铜技艺和作坊。这就不难理解，为何西周早期南方由大铙演变的甬钟北传到了陕西宝鸡周王朝中心区，也不难理解在万福垴遗址会出土那么多西周时期甬钟，也不难理解西周晚期有那么多楚公豪钟、楚公逆编钟，可证早在西周时期以迄东周时期，楚国就已有了高水平的青铜铸造业，造出了有楚文化特征的大批量青铜器。

以上简要回顾拙著出版以来研究的新进展和重要新发现，对继续推进研究很有必要。近期看到《东周青铜容器谱系研究》（上下册）一书。此书内有关青铜敦的型式分析与相关问题，值得讨论。笔者对此颇费思绪，撰《论青铜敦的南北二系及其互动关系》一文，希望对东周青铜敦乃至青铜器的整体研究有所助益，故有必要收入本书，编入附录七，请读者参阅。

当前楚系青铜器研究中还必须加重从理论的高度去进行创新研究，要对楚系青铜器研究更上一层楼，即将基础研究上升到历史文化研究的

① 湖北省文物考古研究所．大冶铜绿山四方塘墓地第一次考古主要收获［J］．江汉考古，2015（5）．

② 朱凤瀚．中国青铜器综论：下册［M］．上海：上海古籍出版社，2009：1184．

③ 苏荣誉．石门卣初探［C］//湖南省博物馆馆刊：第十二辑．长沙：岳麓书社，2016．

层面，把蕴含在楚系青铜器中的诸多信息、奥秘充分地揭示出来，① 希望能有助于今后楚系青铜器研究。② 现以在拙著中已引述过的伟大诗人屈原的诗句作为本文的结语句："路曼曼其修远兮，吾将上下而求索。"

刘彬徽 2017 年 3 月写于已八秩诞辰日之后

近年为传承和弘扬中华优秀传统文化，坚定文化自信，湖北省加大了对收入《荆楚文库》中一些学术著作的宣传。2023 年春节，湖北电视台综合频道《荆楚文库·书人书事》第 6 季《青铜时代》播出，主讲《楚系青铜器研究》这本书。《荆楚文库》编辑部主任周百义先生说，此书对楚系青铜器及其研究的新进展做了全面系统的总结，对读者来说，了解楚文化和青铜器这是一部不可多得的权威著作。

本书纳入《楚学文库（增修版）》再版，笔者深感荣幸。为此，对此书再略作订补，并附录一篇较为重 要的新刊论文，以示对楚系青铜器持续不断的研究与进展。

2023 年 2 月写于八秩又六诞辰日之后

① 在对本书校阅中已感到在写作此书时贯串着理论性、整体性思考。兹不嫌重复地再引述此书"序论"中的一段话："研究楚国历史与楚文化特征、水平，就不能不首先把楚系青铜器的情况弄清楚。楚系青铜器资料在阐明楚国政治、经济、文化、军事等方面都有着特殊重要的地位。我们将会看到，如果不把蕴蓄于楚系青铜器中的奥秘予以淋漓尽致地揭示出来，那么，会如有的学者指出的：'对我国古代文明的发展的理解就会是片面的或者是比较片面的。'只有抱着这样的认识，我们才能予以高度重视，热切关注，深入研究。"

② 对于今后如何进一步推进对楚系青铜器的研究，在本书第一章列举了五个待加强的课题（见第 29–30 页），至今仍应具有可操作的现实意义，请读者参阅。